KB187362

현대 윤리학의 기원과 동향

박정순 지음

현대 윤리학의 기원과 동향

현대 윤리학의 시종   규범 및 응용 윤리
종합적 파악   겸비적 탐구

박정순 지음

철학과현실사

차 례

제2부 응용윤리학의 관점

서 문

저자는 인천고등학교를 졸업하고, 연세대학교 문과대학 철학과에 진학하여 학사와 석사를 취득하고, 미국 애틀랜타 소재 에모리대학교 (Emory University) 대학원 철학과에서 철학박사학위(Ph.D.)를 취득하였다. 귀국 후 연세대학교 미래캠퍼스 철학과 교수로 봉직하였다. 연세대학교 미래캠퍼스 철학과 교수 시절 현대 영미 윤리학과 정치철학에 학문적으로 헌신하고 2019년 8월 말 정년퇴임을 하였다. 그간 한국윤리학회 회장을 2005년부터 2009년까지 5년간 역임하면서 학회 발전에 미력이나마 기여하였다.

그간 출간한 단독 저서들은 다음과 같다. (1) Jung Soon Park, *Contractarian Liberal Ethics and the Theory of Rational Choice* (New York: Peter Lang, 1992). (2) 『익명성의 문제와 도덕규범의 구속력』 (서울: 정보통신정책연구원, 2004). (3) 『마이클 샌델의 정의론, 무엇이 문제인가』 (서울: 철학과현실사, 2016). (4) 『마이클 월저의 사회사상과 철학적 깨달음: 복합평등, 철학의 여신, 마방진』 (서울: 철학과현실사,

2017). (5)『사회계약론적 윤리학과 합리적 선택: 홉즈, 롤즈, 고티에』 (서울: 철학과현실사, 2019). (6)『존 롤즈의 정의론: 전개와 변천』(서울: 철학과현실사, 2019). 이 중『마이클 샌델의 정의론, 무엇이 문제인가』가 2016년 대한민국 학술원 인문학 분야 우수도서로 선정되었다. 아울러『사회계약론적 윤리학과 합리적 선택: 홉즈, 롤즈, 고티에』가 2019년 세종도서 학술부문에 선정되었다. 또한『존 롤즈의 정의론: 전개와 변천』이 2020년 세종도서 학술부문에 선정되었다. 그리고「자유주의 정의론의 철학적 오디세이: 롤즈 정의론의 변모와 그 해석 논쟁」 (1992. 10)으로 철학연구회 제2회 우수논문상을 1993년 5월 수상하였다. 그 외 공저로는 황경식·박정순 외,『롤즈의 정의론과 그 이후』 (서울: 철학과현실사, 2009), 박정순 외,『윤리적 삶과 사회적 규범의 성찰: 실천철학의 쟁점들 1』(서울: 철학과현실사, 2020), 박정순 외,『정의론과 정치철학: 실천철학의 쟁점들 2』(서울: 철학과현실사, 2020) 등이 있다. 번역서로는 루번 아벨, 박정순 옮김,『인간은 만물의 척도인가』(서울: 고려원, 1995), 공역으로는 마이클 왈쩌, 김용환·박정순·윤형식·정원섭 옮김,『자유주의를 넘어서: 다산기념 철학강좌 3』(서울: 철학과현실사, 2001) 등이 있다.

그런데 이 책들은 서양 현대 철학 혹은 윤리 사상가들을 집중적으로 다룬 것이어서 저자의 전문 영역인 서양 현대 윤리학에 관한 일반적 입문서는 아직 없었다. 정년퇴임 후 시간 여유가 생겨 그러한 입문서를 내보기로 작정하고 시작한 것이 이 책이다. 그러나 처음부터 새로운 책을 쓰기는 쉽지 않음을 절감하였다. 그래서 이 책은 저자가 강사 시절부터 쓴 논문들과 교수가 된 이후에 쓴 10개의 기존 논문들을 합하여 현대 윤리학의 기원과 동향을 파악할 수 있는 단행본으로 출간한 것이다.

물론 10개의 논문들만 가지고는 현대 윤리학의 동향을 샅샅이 파악한다는 것은 역부족임을 인지하고 있지만, 현대 윤리학의 기원과 방법론에 관련하여 4편의 논문들, 응용윤리학의 관점에서 쓴 3편의 논문들, 사이버 공간에서의 윤리와 연관하여 3편의 논문들을 배치하여 어느 정도의 종합성을 갖도록 하였다. 그중 2개 논문들, 즉 「논리실증주의의 검증원리와 형이상학과 윤리학의 배제」, 「디지털 컨버전스 시대의 인간 의식과 행동의 변화」는 완전히 윤리학 논문들은 아니지만 윤리학에 밀접한 연관을 가진 논문들이므로 이 책에 포함하였다.

이 논문들의 출처는 다음과 같다.

1. 「논리실증주의의 검증원리와 형이상학」. 오영환 외, 『과학과 형이상학』 (서울: 자유사상사, 1993), pp.285-307.
   위 논문을 「논리실증주의의 검증원리와 형이상학과 윤리학의 배제」라는 제목으로 변경하여 전재.

2. 「일상언어와 도덕적 합리성: 툴민의 정당근거적 접근방식을 중심으로」. 박영식 외, 『언어철학연구 1: 비트켄슈타인과 언어』 (서울: 현암사, 1995), pp.421-456.
   위 논문을 동일 제목으로 전재.

3. 「감정의 윤리학적 사활」. 정대현 외, 『감성의 철학』 (서울: 민음사, 1996), pp.69-124.
   위 논문을 동일 제목으로 전재.
   위 논문은 원래 「감정의 애로: 서양윤리학에서 감정의 위치」로 철학연구회, 『철학연구』, 가을호 별책 (1994), pp.33-64에 발표되었다.

4. 「윤리학에서 감정의 위치와 역할」. 『철학』, 제55집 (1998), pp.307-335.

위 논문을 동일 제목에 다음 부제를 새로 달아 전재.
「윤리학에서 감정의 위치와 역할: 공동체주의, 여성주의, 자유주의」.
위 논문은 「윤리학에서 감정의 위치와 역할: 공동체주의, 여성주의, 자유주의」로 부제를 달아 박정순 외, 『정의론과 정치철학: 실천철학의 쟁점들 2』(서울: 철학과현실사, 2020), pp.245-275에 전재되었다.

5. 「윤리학에서 본 기업윤리관」. 『기업윤리연구』, 제12권 (2006), pp.1-18.
위 논문을 동일 제목으로 전재.
위 논문은 2006년 6월 22일 연세대 상남경영원에서 열린 한국윤리학회와 한국기업윤리학회가 공동 주최한 학술대회에서 발표한 「윤리학에서 본 기업윤리관」을 수정 증보한 것이다.

6. 「현대적 의미의 청렴성 개념과 그 윤리적 기반의 구축」. 한국윤리학회·국가청렴위원회 공개토론 자료집, 『현대적 의미의 청렴 개념 조명』 (2007. 4. 6), pp.49-78.
위 논문의 제목을 「공직윤리: 현대적 의미의 청렴성 개념과 그 윤리적 기반의 구축」으로 변경하여 전재.
위 논문은 원래 저자도 연구자들의 한 사람인, 한국윤리학회, 『청렴교육콘텐츠개발을 위한 「현대적 의미의 청렴 개념 정립을 위한 연구」의 국가청렴위원회 연구결과 보고서』(2006. 12)에서 축약 발췌한 것이다.
위 논문은 원래 제목으로 박정순 외, 『윤리적 삶과 사회적 규범의 성찰: 실천철학의 쟁점들 1』(서울: 철학과현실사, 2020), pp.271-298에 전재되었다.

7. 「악행금지 원칙」. 한국의료윤리학교육학회 편, 『의료윤리학』. 제2판

(서울: 계축문화사, 2003), 제2장 2절. pp.81-103.

위 논문의 제목을 「생명의료윤리에서 악행금지 원칙」으로 변경하고 수정 증보하여 전재.

8. 「정보통신문화와 도덕의 정체성 문제」. 『철학』, 별책 제5집 (1998), pp.244-289.

위 논문을 동일 제목으로 전재.

위 논문은 아래 학술지에 3회에 걸쳐 수록되었다.

『정보화사회』, 제115권 (1997), pp.42-49; 제116권 (1997), pp.52-56; 제117권 (1997), pp.40-46.

9. 「익명성의 문제와 도덕규범의 구속력」. 정보통신정책연구원 편, 황경식 외, 『고도 과학기술사회의 철학적 전망』 (서울: 민음사, 2005), pp.99-140.

위 논문을 동일 제목으로 전재.

위 논문은 원래 저자의 최종연구보고서, 『익명성의 문제와 도덕규범의 구속력』 (과천: 정보통신정책연구원, 2004)에서 축약 발췌한 것이다.

10. 「디지털 컨버전스 시대의 인간 의식과 행동의 변화」. 『한국사회의 방송·통신 패러다임 변화 연구 워크숍 자료집: 컨버전스 기초연구』 (서울: 정보통신정책연구원, 2008), pp.105-127.

위 논문을 동일 제목으로 부분적으로 축약 수정하여 전재.

저자는 정보통신정책연구원, 『2008 메가트렌드 기초연구과제: 의식과 행동의 영역』에서 기획총괄위원으로 활동하면서 위 논문을 집필하였다.

현대 윤리학, 엄밀히는 현대 서양윤리학의 기원과 동향을 파악하는 이 책은 현대 영미 윤리학이라는 제한된 범위에서만 그러할 뿐이다. 그렇다면 현대 서양윤리학의 기원과 동향을 전체적으로 간략하게 명시하는 것이 필요할 것이다. 논리실증주의의 혹독한 시련 아래 죽었다던 윤리학과 정치철학은 1950년대 논리실증주의의 붕괴와 1960년대 이후 발생한 다양한 시민적 사회운동들을 규범적으로 해명할 뿐만 아니라 그러한 다양한 시민적 사회운동들의 착종된 사회적 요구들로 말미암은 아노미적 상황을 타개하기 위한 시대적 상황을 배경으로 재부활했다. 현대철학적 상황에서 볼 때도 윤리학 및 정치철학에 종사하는 철학자들이 미국에서 거의 65퍼센트 이상에 달하는 것으로 알려져 있다. 그러므로 윤리학과 정치철학은 대유행이며, 철학의 영역뿐만 아니라 사회과학 분야에서도 많은 주목을 받고 있다. 이 책에서 다루지 못한 윤리학적 주제들과 현대 윤리학사는 서울대학교 철학사상연구소 엮음, 『처음 읽는 윤리학』 (파주: 동녘, 2013)과 이석호, 『근세·현대 서양윤리사상사』 (서울: 철학과현실사, 2010) 참조. 백과사전류로는 Lawrence C. Becker and Charlotte B. Becker, eds. *Encyclopedia of Ethics*, 3 Volumes (New York and London: Routledge, 2001); Hugh LaFollette, ed. *The International Encyclopedia of Ethics*, 9 Volumes (Chichester, UK: Wiley-Blackwell, 2013).

그러면 현대 서양윤리학의 기원과 동향을 간략하게나마 살펴보기로 하자.

1. 논리실증주의와 정의론(情意論, emotivism)은 현대 윤리학의 기원에 관련하여 필수적으로 논해야만 하는 주제들이다. 현대 윤리학의 기원은 무어(G. E. Moore)의 *Principia Ethica* (Cambridge: Cambridge University Press, 1903, 1993)에서 시작된다. 이 책은 현대 윤리학의 시

발이자 뒤에 등장하여 한 시대를 풍미했던, 분석철학과 윤리학이 접합
된 분석윤리학 혹은 메타윤리학의 시발점으로 간주된다. 또한 그는 뒤
에 나올 일상언어학파의 선구자로도 간주된다. 『윤리학 원리』는 반자
연주의적인 직관주의적 윤리학설을 기본으로 한다. 그래서 선(善, good-
ness)은 그 이상 분석할 수 없는 본유적 가치로서 직관적으로 파악되는
것이므로 비정의성(非定義性)을 가지는데, 자연적 대상들에서 선을 찾
아 그 속성을 정의하려는 시도는 모두 자연주의적 오류(naturalistic
fallacy)에 빠진다고 강력하게 비판함으로써 메타윤리학에서 최초이자
가장 유명한 논증을 제기하였다. 그의 실질적 규범윤리학의 입장은 자
유, 지식, 정의, 선, 아름다움 등 진선미를 탐구하고 음미하며, 그것들을
최고의 지성들이 모인 한 집단 속에서 우정과 인격적 교류를 통해 같이
음미하고, 향유하고, 공유한다면 최상의 삶이 될 것이라는 탐미적, 혹은
이상적 공리주의의 입장을 견지하였다. 그래서 무어는 비록 정식 멤버
는 아니었지만 20세기 전반부 영국에서 유명했던, 존 메이너드 케인즈
(John Maynard Keynes)와 버지니아 울프(Virginia Woolf) 등이 정식
멤버였던 학예적 지식 사교 클럽인 블룸스버리 그룹(Bloomsbury
Group)에서 영향력이 컸던 것은 우연이 아니었다. 무어는 자연주의적
오류의 중요한 예로서 존 스튜어트 밀(John Stuart Mill)의 『공리주의
(Utilitarianism)』(1863)를 비판적으로 분석하였다. 그렇다면 무어는 자
연주의로서의 공리주의를 배척했지만, 탐미적 혹은 이상적 공리주의로
서는 수용하는 이중적 태도를 보였던 셈이다. 『윤리학 원리』의 번역은
G. E. 무어, 정석해 옮김, 『윤리학 원리』(서울: 민중서관, 1958); G. E.
무어, 김상득 옮김, 『윤리학 원리』(파주: 아카넷, 2018). 연구서로는 장
동익, 『G. E. 무어의 윤리학: Principia Ethica에 대한 분석적 이해』(서
울: 씨아이알, 2014) 참조. 그러나 비엔나학파가 성립된 1922년부터 검
증원리와 아울러 그것을 방법론적으로 실현할 정의론(情意論)으로 말
미암아 윤리학은 학문적 유배를 당하는 입장에 처하고 말았다. 검증원

리는 수학적, 논리적 명제들과 경험적 명제들만이 유의미하다고 주장하고, 형이상학적 명제들과 윤리학적 명제들은 사이비 명제로서 이 두 명제들에 속하지 않으므로 진정한 명제들도 아니며, 다만 비인지적인 무의미한 언설적 태도들로 폄하하였다. 특히 윤리학은 검증원리에서 더 나아가 정의론(情意論)이 적용되었는데, 그것은 윤리적 명제들이 단지 감정을 표현하는 데 불과한 것이라고 격하되었다. 다시 말하면, 윤리학은 마치 운동 경기장에서 환호와 야유(Hurrah-boo)를 보내는 것에 불과하다는 것이다. 이러한 정의론적 입장을 취했던 것은 A. J. Ayer, *Language, Truth, and Logic* (London: Penguin, 1936; 2nd edn. 1946; Reprinted 2001 with a New Introduction). 번역은 알프레드 J. 에이어, 송하석 옮김, 『언어, 논리, 진리』 (파주: 나남, 2010). 그리고 찰스 스티븐슨(Charles L. Stevenson)의 *Ethics and Language* (New Haven: Yale University Press, 1944) 참조. 여기에 상응하게 유럽 대륙에서는 그 당시 장 폴 사르트르(Jean Paul Sartre)의 실존주의가 지배적이었는데, 실존주의는 윤리학이 인지적인 것이 아니고 오직 실존적 결단을 통해 자신의 윤리적 입장이 드러나게 된다고 주장했다. 정의론에 대한 전반적 논의는 황경식, 「情意的 意味의 起源(정의적 의미의 기원)」, 『철학』, 제11집 (1977. 6), pp.39-66. 논리실증주의는 검증원리의 종언을 실질적으로 선언한 칼 헴펠(Carl G. Hempel)의 논문, 「의미의 경험주의자적 기준의 문제와 변화」가 쓰인 1950년까지가 그 일생의 전부라고 할 수 있을 것이다. Carl G. Hempel, "Problems and Changes in the Empiricist Criterion of Meaning," *Revue Internationale de Philosophie*, Vol. 4 (1950), pp.41-63 참조.

2. 1950년 논리실증주의가 붕괴하고 정의론(情意論, emotivism)의 세력이 약화된 이후 윤리학 분야에서 등장한 것은 스티븐 툴민(Stephen Toulmin)의 *An Examination of the Place of Reason in Ethics* (Cambridge: Cambridge University Press, 1950)이다. 이 책은 이성적, 혹은

합리적 추론을 통해서 도덕의 근거를 찾으려는 시도로서 정당근거적 접근방식(the good reasons approach)이라고 불린다. 다시 말하자면, 행위자가 어떤 행위에 대한 정당한 근거들을 가지고 있다면 그 행위는 도덕적으로 정당화될 수 있다는 것이다. 윤리학에서는 이러한 정당화 이외에 존재론적, 직관적, 자연적, 감정적 정초를 추구할 필요가 없다는 것이다. 20세기 후반 사회계약론적 정의론(正義論)으로 영미 윤리학계를 풍미하고 있었던 존 롤즈(John Rawls)의 평등주의적 정의론과 데이비드 고티에(David Gauthier)의 협상적 정의론이 초기에는 정당근거적 접근방식의 한 유형에서 출발했다는 사실은 그 접근방식이 가진 중차대성을 잘 말해준다. 현대 윤리학의 기원에 관련하여 추가로 언급할 것은 헤어(R. M. Hare)의 보편적 규정주의(universal prescription)이다. 헤어는 보편적 규정주의를 하나의 메타윤리학적 혹은 분석윤리학적 이론으로 제시하였고, 도덕적 담화의 형식적 측면의 분석을 통해 선호 공리주의를 주창하였다. 보편적 규정주의는 윤리적 문장들이 어떤 문장들을 표현하는 것이 아니라 보편화될 수 있는 명령처럼 기능한다는 것이다. 메타윤리학적 이론과 규범윤리학적 이론 양자에 걸친 헤어의 윤리학설은 20세기 후반부에서 널리 인정되었다. 그의 주저들은 다음과 같다. *The Language of Morals* (Oxford: Oxford University Press, 1952, 1964, 1972); *Freedom and Reason* (Oxford: Oxford University Press, 1963); *Moral Thinking: Its Levels, Method and Point* (Oxford: Clarendon Press, 1981). 번역은 R. M. 헤어, 김형철 · 서영성 옮김, 『도덕사유: 그 단계, 방법, 그리고 목적』(서울: 서광사, 2004). 헤어의 윤리학에 관한 전반적 고찰 논문은 김영진, 「현대의 사상: 헤어의 윤리설」, 『한국논단』, 30권 (1992. 2), pp.202-207 참조. 헤어에 관한 비평 논문 선집은 Douglas Seanor and N. Fotion, *Hare and Critics: Essays on Moral Thinking with Comments by R. M. Hare* (Oxford: Clarendon Press, 1988).

3. 존 롤즈의 『정의론(*A Theory of Justice*)』 (Cambridge: The Belknap Press of Harvard University Press, 1971)이 출간됨으로써 현대 윤리학에서 규범윤리학으로의 복귀가 달성되었다. 번역은 존 롤즈, 황경식 옮김, 『정의론』 (서울: 이학사, 2003). 그의 정의론은 1950년대 이후 개인의 실존적 결단을 강조하거나 아니면 언어분석적 메타윤리학에만 사로잡혀 있던 서구 철학계의 불모지대에서 체계적인 거대 규범 철학의 복귀를 가져올 수 있었던 것이다. 보다 엄밀히 롤즈는 "도덕성의 요소를 갖는다는 것은 순전히 개인적인 선택이나 결단의 문제도 아니고, 도덕적 성질을 직관하는 문제도 아니며, 감정이나 태도를 표현하는 문제도 아니다. 철학적 견해는 이러한 세 가지 해석 사이를 갈팡질팡하고 있다"고 단언하였다. John Rawls, "Justice as Fairness," *The Philosophical Review*, Vol. 67 (1958), p.183. 그리고 퀜틴 스키너 편, 이광래·신중섭·이종흡 옮김, 『현대사상의 대이동: 거대이론의 복귀』 (춘천: 강원대학교 출판부, 1987) 중 앨런 라이언(Alan Ryan)이 쓴 제6장 「존 롤즈」 참조. 그의 대표작인 『정의론』은 정치적, 경제적 자유와 권리가 개인들 사이에서 상호 양립 가능한 방식으로 동일하게 최대한 보장되어야 한다는 자유의 원칙을 우선시하는 고전적 자유주의에다가, 유사한 능력과 재능을 가진 사람들은 유사한 삶의 기회를 가져야 한다는 공정한 기회균등의 원칙과 아울러 불평등은 최소수혜자들의 삶의 기대치를 향상시키는 한 허용된다는 차등의 원칙을 통한 분배적 정의의 실현이라는 평등주의적 요소를 결합한 것이다. 그는 권리준거적, 사회계약론적, 자유주의적, 개인주의적, 칸트적인 의무론적 정의론을 피력하였다. 『정의론』은 그 당시 지배적이었던 규범윤리학으로 자리 잡고 있던 공리주의에 대한 대안적 정의론을 제시하려고 시도했다. 공리주의의 문제점은 그 슬로건, "최대다수의 최대행복"이 소수자들의 권리를 박탈할 수 있는 원리적 가능성을 내포하고 있었다는 것과 효용의 개인적 측정과 개인 간 비교가 어렵다는 것이었다. 그는 최대의 평등한 자

유의 원칙과 공정한 기회균등의 원칙과 아울러 한 사회의 최소수혜자들의 기대치를 최대로 하라는 차등의 원칙을 설정함으로써 공리주의의 그러한 원리적 가능성을 불식시키려고 노력했다. 참고해야 할 저서는 황경식·박정순 외,『롤즈의 정의론과 그 이후』(서울: 철학과현실사, 2009). 롤즈의 사상에 대한 전반적 고찰은 황경식,「현대사상: J. 롤즈의 정의론」,『한국논단』, 2권 (1989. 10), pp.94-102.

4. 그러나 공리주의에 대한 대안적 정의관을 추구하려는 롤즈에 대한 반론이 공리주의자들로부터 제기되었다. 공리주의적 경제학자 존 하사니(John C. Harsanyi)는 공리주의의 슬로건, "최대다수의 최대행복"이 모든 사람들이 한계효용체감의 법칙을 만족시키는 동일한 효용함수를 가지고 있다는 자유주의적 평등의 원리라고 주장했다. 그리고 한계효용체감의 법칙은 상층부의 부가 하층부로 이동할 때 최대한의 사회적 효용이 달성한다는 것을 주장하므로 그 법칙은 분배적 정의의 기준으로 작동할 수 있다고 주장했다. 그리고 역시 공리주의적 경제학자 케네스 애로(Kenneth Arrow)는 다음과 같이 반론했다. 즉 공리주의는 효용의 개인적 측정과 비교를 모든 사람이 동일한 효용함수를 갖는다는 가정과 효용 측정과 비교를 금전적인 방식으로 환원함으로써 해결한다고 논증했다. 그는 롤즈도 자신의 사회적 기본가치들 중 부와 수입을 통해서 삶의 만족도를 금전적 방식으로 측정한다고 비판했다. 현대 공리주의의 발전에서 빼놓을 수 없는 학자는 피터 싱어(Peter Singer)이다. 그는 동물해방을 부르짖었고, 동물을 인간을 위한 수단으로만 간주하는 것은 종차별주의라고 힐난했다. 그래서 그는 제러미 벤담(Jeremy Bentham)으로부터 유전되어온 공리주의의 기본적 논증, 유정적 존재자들(sentient beings), 즉 쾌락과 고통을 느낄 수 있는 존재자들일 경우에는 기본적으로 생명에 대한 권리를 가진 것으로 보아야 한다는 것을 수용하면서, 모든 유정적 생명체들의 이익들에 대한 평등한 고려의 원칙만이 종차별주의를 타파할 수 있다고 주장했다. 싱어는 공리주의를 전

지구적 윤리로 확장시키면서 가난한 나라들에 대한 원조의 의무가 있다는 논지도 펼쳤다. 싱어는 *Animal Liberation: A New Ethics for Our Treatment of Animals* (New York: Anchor Books, 1975)를 출간했다. 번역은 피터 싱어, 김성한 옮김, 『동물 해방』(고양: 연암서가, 2012).

5. 자유주의 내에서의 논란으로는 로버트 노직(Robert Nozick)의 자유지상주의(libertarianism)의 대두를 들 수 있다. 노직은 *Anarchy, State, and Utopia* (New York: Basic Books, 1974)를 출간함으로써 자유지상주의에 대한 철학적 전거를 이룩하였다. 번역은 로버트 노직, 남경희 옮김, 『아나키에서 유토피아로: 자유주의 국가의 철학적 기초』(서울: 문학과지성사, 1983). 자유지상주의자들은 최소국가를 옹호하는데, 최소국가란 시장 질서를 보호하고, 계약 집행을 확인하고 감시하며, 범죄자를 처벌하고, 개인의 재산을 보호하며, 사회적 평화를 유지하는 정도의 국가로서, 국가는 온정주의적 간섭, 도덕법, 과세에 의거한 소득과 부의 재분배 등 그 이상의 것을 추구해서는 안 된다고 강조했다. 또한 자유지상주의는 국가적 간섭에 의한 재분배를 거부하는 자유시장 체제를 옹호한다. 노직은 롤즈의 정의론이 국가에 의한 분배적 정의를 실시함으로써 개인의 자유와 사유재산권을 침해한다고 비판했다. 그는, 보다 자세히 말하면, 롤즈 식의 국가에 의한 최종결과적 정형적 이론(end-state patterned principles)의 실행은 끊임없는 국가의 간섭을 초래함으로써 사회적 최대수혜자들의 자유와 사유재산권을 침해하고, 그들의 삶의 기대치를 최소수혜자의 삶의 기대치를 향상시키는 수단으로 전락시킨다고 비판했다.

6. 존 롤즈의 정의론이 의무론적이고 권리준거적인 자유주의적 개인주의에 기반한다는 점에 대해서 공동체주의자들이 다양한 비판들을 제기함으로써 1980년대 이후 "자유주의 대 공동체주의 논쟁"이 전개되었다. 공동체주의자들은 롤즈를 위시한 자유주의자들은 모두 지나치게 개인주의적이라는 점에서 오도된 것이라고 비판했다. 자유주의자들은 사

회는 추상적 개인들로 이루어졌으며, 각 개인들은 그들의 권리와 선호를 단순히 사회 속으로 가져오는 것으로 생각했다. 반면에 공동체주의자들은 개인들이 사회적, 역사적 상황 속에 처해 있고, 또한 공동적 가치와 가치 있는 삶의 이상이 결부된 공동체의 구성원임과 동시에 그 공동체에 부담과 책임을 지고 있는 존재자들이라고 주장했다. 주요 공동체주의자들로는 찰스 테일러(Charles Taylor), 알래스데어 매킨타이어(Alasdair MacIntyre), 마이클 월저(Michael Walzer), 마이클 샌델(Michael Sandel)을 들 수 있다. 테일러는 자유주의적인 추상적 자아관에 대한 공격을 통해서 공동체주의를 부각시키려고 했다. 테일러는 자유주의적 자아관이 소위 원자적인 것으로서 개인의 자기충족성을 그 중요한 특성으로 간주하는 것으로 파악했다. 테일러는 인격적 동일성의 사회적, 문화적, 역사적, 그리고 언어적 구성을 강조하는 상호 주관적인 관계적 자아관을 옹호했다. 이러한 그의 옹호가 체계적으로 결실을 본 것이 *Sources of Self: The Making of the Modern Identity* (Cambridge: Cambridge University Press, 1989)라는 저서이다. 번역은 찰스 테일러, 권기돈·하주영 옮김, 『자아의 원천들: 현대적 정체성의 형성』 (서울: 새물결, 2015). 매킨타이어는 자유주의적인 개인주의의 문제점은 근대적인 계몽주의적 기획의 실패에서 온다고 주장하였다. 그는 자유주의적 개인주의는 공동체 속에서 한 개인이 갖는 덕목의 상실을 가져왔으므로 그러한 덕목들을 회복시켜야 한다고 주장했다. 그는 *After Virtue* (Notre Dame: University of Notre Dame Press, 1st edn. 1981; 2nd edn. 1984)를 출간했다. 번역은 알래스데어 매킨타이어, 이진우 옮김, 『덕의 상실』 (서울: 문예출판사, 1997). 월저는 현대와 같은 다원주의 사회에서는 롤즈의 정의원칙들과 같이 단일 원칙 혹은 소수의 단일 원칙들의 집합만으로는 분배적 정의 문제를 해결할 수 없다고 주장했다. 그래서 그는 다양한 분배적 영역들에 걸맞은 다양한 분배적 정의의 원칙들이 있어야 한다고 주장하며, 그것들이 모여 한 사회의 분배적 정의가 총체적으로 달성되는데 그것이 복합평등 혹은 다원평등이라고 역설했다. 그는 *Spheres of Justice: A Defence of Pluralism and Equality* (New York: Basic Books, 1983)를 출간했다. 번역은 마이클 왈쩌, 정원섭 외 옮김, 『정의와 다원적 평등: 정의의 영역들』(서울: 철학과현실사, 1999). 샌델의 공동체주의는 *Liberalism and the Limits of Justice* (Cambridge: Cambridge University Press, 1982)에서 본격적으로 피력되었다. 번역은 마이클 샌델, 이양수 옮김, 『마이클 샌델, 정의의 한계』(고양: 멜론, 2012). 여기서 샌델은 롤즈의 『정의론』에서 합리적 계약자들은 현실과 동떨어진 무연고적 자아, 즉 공동체에의 소속, 부담, 의무를 방기한 자일 뿐이라고 비판했다. 샌델은 이러한 무연고적 자아를 가지고는 롤즈가 주창하는 최소수혜자들에 대한 최대의 고려를 추구하는 차등의 원칙의 실현이 불가하고, 또한 평등주의적 복지국가를 위해서 각 개인들의 재능들을 공동적 자산으로 가정하는 롤즈의 분배적 정의론은 무연고적 자아와는 자가당착이라고 지적했다. 샌델은 자유주의적 정의관들을 비판하고, 자신의 공동체주의적 정의관을 옹호한 저서, *Justice: What's the Right Things to do?* (New York: Farrar, Straus, and Giroux, 2009)를 출간했다. 이 책의 번역 마이클 샌델, 이창신 옮김, 『정의란 무엇인가』(파주: 김영사, 2010)는 우리나라에서 120만부나 팔리는 커다란 업적을 이룩하였다.

7. 1960년대 그 맹아가 등장하여, 1980년대에 본격적으로 등장한 덕의 윤리의 부활은 개인의 도덕적 행동을 중시하는 칸트식의 의무론적 윤리와 공리주의와 같은 결과주의적인 목적론적 윤리를 동시에 비판하고 인간의 성품적 유형인 덕스러운 사람, 즉 유덕자 중심의 윤리를 전개했다. 이러한 덕의 윤리는 하나의 목적론이며, 인간의 행위를 규정하는 의무론적 도덕규칙들과 공리주의적 결과주의보다는 우리가 궁극적인 목적으로서 어떠한 유형의 사람이 되어야 하는가에 집중했다. 의무론적 윤리와 공리주의적 윤리는 도덕평가에 관련하여 지나치게 행위

중심적이기 때문에 외적인 행위로 표현되지 않는 내적인 의도와 동기가 무시되기 쉽다. 물론 공리주의적 윤리에 비해서 의무론적 윤리는 내적인 의도와 동기를 중시하는 것이 사실이지만, 그것은 진정한 내적인 의도와 동기가 아니라 의무론적 도덕규칙들의 형식성에 복종하려는 의도와 동기일 뿐이다. 의무론적 윤리와 공리주의적 윤리는 도덕을 일종의 규칙의 연역 체계로 이해함으로써 삶의 구체적인 상황에서 행위 주체자가 발휘할 수 있는 도덕적 창조성을 반영하지 못한다. 현대 덕의 윤리학자들은 거의 대부분 아리스토텔레스의 중용적 덕목들에 관한 논의를 수용함으로 신아리스토텔레스적 덕의 윤리(neo-Aristotelian virtue ethics)라고 불린다. 이러한 상황은 현대의 덕윤리로의 전회(comtemporary aretatic turn)라고 지칭된다. 덕의 윤리의 시발은 영국 철학자 엘리자베스 앤스콤(Elizabeth Anscombe or G. E. M. Anscombe)의 "Modern Moral Philosophy"라는 논문이다. 이 논문의 출처는 "Modern Moral Philosophy," *Philosophy*, Vol. 33, No. 124 (Jan. 1958), pp.1-19. 그리고 이어지는 책은 (6)항에서 논한 공동체주의자 알래스데어 매킨타이어의 『덕의 상실』(1981)이다. 덕의 윤리에 대한 편집서로는 Roger Crisp and Michael Slote, eds. *Virtue Ethics* (Oxford: Oxford University, 1997) 참조. 덕의 윤리 일반에 대해서는 황경식, 『덕의 윤리의 현대적 의의』 (서울: 아카넷, 2012) 참조.

8. 여성주의 윤리학의 출현은 현대 윤리학의 동향 중 중대한 것이다. 여성주의 윤리학의 출현은 로렌스 콜버그(Lawrence Kohlberg)의 도덕성 발달 6단계에 대해서 캐롤 길리건(Carol Gilligan)이 비판함으로써 "콜버그 대 길리건 논쟁"으로 비화된 것이 그 효시였다. 콜버그의 도덕성 발달 단계는 발달심리학에 의거하여 도덕성 발달 6단계를 설정하였다. 6단계는 각각 2단계들이 인습과 관련하여 인습 이전 수준, 인습 수준, 인습 후 수준으로 소속되어 구분되었다. 인습 이전 수준은 단계 1. 복종과 처벌 정향, 단계 2. 자기 이익 정향이다. 인습 수준은 단계 3. 인

간 상호 간 동화와 승인 정향, 단계 4. 권위와 사회적 질서 유지 정향이다. 인습 후 수준은 단계 5. 사회계약론적 정향, 단계 6. 보편적인 윤리적 원칙들 정향이다. 길리건은 이 발단 단계에서 남성들은 대체로 단계 4 이상으로 나온 반면, 여성들은 대체로 단계 3. 인간 상호 간 동화와 승인 정향을 가지는데 이 단계는 사회적 규범을 기계적으로 준수하고 착한 소년/소녀의 태도를 견지하는 것이라고 비판하였다. 그래서 길리건은 콜버그의 도덕성 발달 6단계는 여성을 고려하지 못하는 남성 우월적 사고가 지배하고 있다고 힐난하면서 남성들은 권리와 정의와 계약이 그들의 윤리에서 중요하다면, 여성들은 인간관계와 보살핌과 배려가 그들의 윤리에서 더 중요하다고 주장하였다. 따라서 길리건은 여성주의 윤리학을 정립하기 위한 노력은 여성들만이 가지는 다른 목소리에 경청하는 것에 다름이 아니라고 지적하였다. 이러한 주장은 Carol Gilligan, *In a Difference Voice: Psychological Theory and Women's Development* (Cambridge: Harvard University Press, 1982)에서 피력되었다. 번역은 캐롤 길리건, 허란주 옮김, 『다른 목소리로: 심리이론과 여성의 발달』 (서울: 동녘, 1997). 콜버그의 입장은 Lawrence Kohlberg, Charles Levine, Alexandra Hewer, *Moral Stages: A Current Formulation and A Response to Critics* (Basel: Karger, 1983) 참조. 번역은 콜버그·레빈·휴어, 문용린 옮김『콜버그의 도덕성 발달 이론』 (서울: 아카넷, 2000). 여성주의 윤리학에 대한 저서는 허라금, 『원칙의 윤리에서 여성주의 윤리로: 자기성실성의 철학』 (서울: 철학과현실사, 2004) 참조. 이 책에 대한 논평은 박정순, 「현대 윤리학의 지평 확대와 여성주의 윤리학의 공헌」, 『철학사상』, 제20권 (2005), pp.168-179 참조.

9. 진정한 마르크스주의는 1991년 소련이 해체되고 동구 공산권 국가들이 붕괴된 이후 실질적으로 사라졌다고 아니 할 수 없다. 그러나 마르크스주의는 실질적으로 사라졌지만 자본주의 사회의 불평등이 고조되고 있는 상황에서, 즉 승자독식 사회와 상층부 20퍼센트가 사회적

부의 80퍼센트를 갖는 20 대 80의 사회에서 하나의 견제 세력으로 남아 있을 수 있다고 생각한다. 사회계약론을 주요 주제로 공부하고 있는 저자의 뇌리에 남은 마지막 좌파는 마르크스적 정치경제학을 그린 (T. H. Green)의 윤리적 자유주의와 결합하려고 했던 맥퍼슨(C. B. Macpherson)이다. "C. B. Macpherson," *Wikipedia* 참조. 맥퍼슨은 저자가 주요 주제로 삼고 있는 사회계약론에 대해서 그것이 소유적 개인주의라고 신랄한 비판을 전개하였기 때문에 기억에 남았다. C. B. Macpherson, *The Political Theory of Possessive Individualism: Hobbes to Locke* (Oxford: Clarendon Press, 1962). 번역은 C. B. 맥퍼슨, 황경식 · 강유원 옮김, 『홉스와 로크의 사회철학: 소유권적 개인주의의 정치이론』 (서울: 박영사, 1990). 공산국가의 붕괴 이후 마르크시즘에서 가장 괄목할 만한 동향은 1980년대에 일어난 분석적 마르크시즘(Analytic Marxism)이다. "Analytic Marxism," *Wikipedia* 참조. 분석적 마르크시즘은 분석철학(Analytic Philosophy)적 기법을 사용하며, 사회과학에서 널리 사용되고 있는 합리적 선택이론을 마르크시즘에 적용하여 그 타당성과 적실성을 입증하려는 시도이다. 분석적 마르크시즘의 유래는 코헨(C. A. Cohen)의 *Karl Marx's Theory of History: A Defence* (Oxford: Clarendon Press, 1978)이다. 여기서 코헨은 사적 유물론(historical materialism)을 두 수준에서 기술했다. 첫째 수준은 보다 생산적인 기술을 채택하고 인간의 노동력 부담을 줄이는 것이 합리적이라는 하부구조적 방안을 도출하는 것이다. 둘째 수준은 그러한 하부구조적 방안을 합리적이라고 인정하는 상부구조적 정책 방안을 수립함으로써 인간의 역사는 인간의 생산력을 증진하는 일련의 합리적 단계들로 이루어졌다고 해석할 수 있다는 것이다. 이상기, 「분석적 마르크시즘의 공과」, 『한국언론정보학보』, 통권 45호 (2009. 2), pp.7-48 참조.

10. 칼-오토 아펠(Karl-Otto Apel)로부터 시작하여 위르겐 하버마스(Jürgen Habermas)에 의해서 발전된 담론 윤리학은 주목할 만한 현대

윤리학의 한 동향이다. 담론 윤리학은 discourse ethics 혹은 communi-
cative ethics로 불린다. 담론 윤리학은 이상적 담론 상황의 전제들, 즉
공정하고 개방적이며, 왜곡되지 않고 진실하며, 상호 양립 가능한 동등
한 간주체적 담화를 탐구함으로써 규범적인 혹은 윤리적인 진리를 확
립하려는 시도이다. 담론 윤리학은 두 가지 목표를 가지고 있다. 먼저
담화의 이상적 조건들을 구체화하고, 그 다음 그러한 담화의 실행을 통
해서 도달한 합의들 속에 윤리학을 정초시키는 것이다. 담론 윤리학은
따라서 만약 사람들이 공정하고 개방된 방식으로 안건을 토의한다면,
도출된 결론들은 그러한 담화에 정당하고 진실되게 참여한 사람들에게
는 도덕적으로 구속력을 가지게 될 것이라는 우리의 직관을 잘 예증하
고 있다는 것이다. 하버마스의 담론 윤리학은 도덕적 통찰과 규범적 타
당성의 영역에서 담론적 혹은 의사소통적 합리성이 함축하는 바를 설
명하려는 시도이다. 그의 담론 윤리학은 의사소통적 구조에 대한 분석
을 통해 칸트적인 의무론적 윤리학이 갖는 중추적인 통찰력을 재구성
하려는 복합적인 이론적 노력이다. Jürgen Habermas, *Erläuterungen
zur Diskursethik* (Frankfurt am Main: Suhrkamp, 1991, 1992). 번역은
위르겐 하버마스, 이진우 옮김, 『담론윤리의 해명』(서울: 문예출판사,
1997).

11. 롤즈의 『정의론』이 출간된 이후 현대 윤리학은 보편주의적, 객관
주의적, 정초주의적, 일원론적 윤리학으로 발전되어왔다. 그러나 현대
윤리학계의 일각에서는 윤리학은 상대주의적(특수주의적), 주관주의적,
반정초주의적, 다원주의적일 수밖에 없다는 강력한 비판이 제기되었다.
극단적인 입장은 반이론(anti-theory)을 취하는 입장이었다. 관련 저서
는 Stanley G. Clarke and Evan Simpson, eds. *Anti-Theory and Moral
Conservatism* (Albany: State University of New York Press, 1989); N.
Fotion, *Theory vs. Anti-Theory in Ethics: A Misconceived Conflict*
(New York: Oxford University Press, 2014). 상대주의와 다원주의는

인식론적 관점에서 뿐만 아니라 문화적인 관점에서도, 즉 문화상대주의와 문화다원주의로서도 제기되었다. 보편윤리의 기초로서의 「세계인권선언」(1948)도 이러한 관점에서 논란의 대상이 되었다. 따라서 상황윤리가 다시 주목을 받게 되었고, 사례 중심적인 귀납법적 결의론(a-case-based inductive casuistry)도 주목을 받게 되었다. Joseph Fletcher, *Situation Ethics: New Morality* (Philadelphia: Westminster Press, 1966). 그가 주장하는 요점은 "원리는 긍정하되 법칙은 부정한다"는 것이다. 번역은 조셉 플레처, 이희숙 옮김, 『새로운 도덕 상황윤리』 (서울: 종로서적, 1989). Albert Jonsen and Stephen Toulmin, *The Abuse of Casuistry: A History of Moral Reasoning* (Berkeley: University of California Press, 1988). 번역은 앨버트 존슨 · 스티븐 툴민, 권복규 · 박인숙 옮김, 『결의론의 남용: 도덕 추론의 역사』 (서울: 로더스, 2014).

12. 이론적인 규범윤리학(normative ethics)에 대한 실천적인 응용윤리학(applied ethics)의 대두, 즉 생명의료윤리, 제약(製藥)에 관한 세계윤리, 기근과 난민에 대한 세계윤리, 환경윤리와 기후윤리, 직업윤리(공직윤리, 언론윤리), 기업윤리, 군사윤리와 정의전쟁론, 사이버 공간에서의 사이버 윤리, 인공지능(AI)의 윤리, 자율주행차의 윤리, 로보틱스(robotics)의 윤리(roboethics), 코로나 바이러스 감염증(Covid-19)의 윤리 등이 1980년대 이후 현대 윤리학사에서 오늘날까지 면면히 이어진 괄목할 만한 중요한 현상들이다. 참고문헌으로는 James Fieser, *Methaethics, Normative Ethics, and Applied Ethics: Historical and Contemporary Readings* (Australia; Belmont, Calif.: Wadsworth/Thomson Learning, 2000). Andrew I. Cohen and Christopher Health Wellman, eds. *Comtemporary Debates in Applied Ethics* (Malden: Blackwell Publishing, 2005). 백과사전류로는 Ruth Chadwick, Editor-In-Chief, *Encyclopedia of Applied Ethics*, 4 Volumes (San Diego: Academic Press, 1998). 국내 저서로는 김일순 · N. 포션 편역, 『의료윤

리: 삶과 죽음, 그 영원한 숙제』(서울: 연세대학교 출판부, 1982). 정의 전쟁론의 분야에서는 마이클 월저(Michael Walzer)의 『정의로운 전쟁과 부정의한 전쟁(*Just and Unjust Wars: A Moral Argument with Historical Illustrations*)』(New York: Basic Books, 1977)이 가장 주목할 만한 연구 성과이다. 번역은 마이클 월저, 권영근・김덕형・이서구 옮김, 『마르스의 두 얼굴: 정당한 전쟁・부당한 전쟁』(서울: 연경문화사, 2007).

13. 트롤리 문제(trolly problem)는 필리파 풋(Philipa Foot)에 의해서 최초로 논의되었고, 그 후 일파만파로 번져 나가고 있다. 두 갈래 선로들에 있는 상이한 수의 인부들을 앞에 둔 기관사가 제동장치가 고장 났을 때 어느 철로로 가야 하는가 하는 트롤리 문제는 Philippa Foot, "The Problem of Abortion and the Doctrine of the Double Effect," *Oxford Review*, No. 5 (1967), pp.5-15에서 제기된 것이다. 트롤리 문제에 의해서 촉발된 실험윤리학(experimental ethics)의 출현은 현대 윤리학사에 가장 흥미진진한 부분이다. 주요 관련 저서는 Kwame Anthony Appiah, *Experiments in Ethics* (Cambridge: Harvard University Press, 2008). 번역은 콰메 앤터니 애피아, 이은주 옮김, 『윤리학의 배신』(서울: 바이북스, 2011). 실험윤리학에서 실험은 사유 실험이거나 아니면 실제 실험이다. 트롤리 문제는 사유 실험이고, 1971년 필립 짐바르도(Philip Zimbardo)의 "스탠포드 교도소 실험"은 실제 심리실험이다. 이 실험에서 간수들은 자신들의 우월한 입지를 이용한 권위에의 맹종을 통해 수감자들을 점점 매우 혹독하게 다루어 죄수들의 불안 심리가 고조하고, 간수의 폭력적인 태도가 도를 넘어 6일 만에 미완성으로 끝이 났다고 한다. 실험윤리학과 연계되어 있는 분과 학문들은 매우 다양하다. 도덕적 의사결정을 경험적 관점에서 다루고 있는 도덕심리학, 도덕의 인지과학, 뇌신경생리학(윤리적인 기능적[functional] 자기공명영상, fMRI), 진화심리학과 진화생물학에 기반한 진화론적 윤리 등

이다. 그리고 사회생물학도 여기에 포함된다. 도덕심리학에서는 마크 하우저(Marc Hauser), 조너선 하이트(Jonathan Haidt), 조슈아 그린 (Joshua Greene)이 저서와 논문을 출간하면서 왕성하게 활동하고 있다. 마크 하우저는 *Moral Minds: How Nature Designed Our Universal Sense of Right and Wrong* (New York: Ecco, 2006)을 출간했고, 조너선 하이트는 *The Righteous Mind: Why Good People Are Divided By Politics and Religion* (New York: Pantheon Books, 2012)을 출간했고, 조슈아 그린은 *Moral Tribes: Emotion, Reason, the Gap Between Us and Them* (New York: Penguin Press, 2013)을 출간했다. 번역은 조너선 하이트, 왕수민 옮김, 『바른 마음: 나의 옳음과 그들의 옳음은 왜 다른가』 (파주: 웅진지식하우스, 2014); 조슈아 그린, 최호영 옮김, 『옳고 그름: 분열과 갈등의 시대, 왜 다시 도덕인가』 (서울: 시공사, 2017). 도덕심리학의 5부작으로 유명한 것은 Walter Sinnott-Armstrong, ed. *Moral Psychology*, Vol. 1-5 (Cambridge: MIT Press, Vol. 1-3, 2008; Vol. 4, 2014; Vol. 5, 2017)이고 제5권의 편집만 크리스티안 밀러 (Christian B. Miller)가 추가로 참가하였다. 각 권의 제목은 Vol. 1, *The Evolution of Morality: Adaptations and Innateness*; Vol. 2, *The Cognitive Science of Morality: Intuition and Diversity*; Vol. 3, *The Neuroscience of Morality: Emotion, Disease, and Development*; Vol. 4, *Free Will and Moral Responsibility*; Vol. 5, *Virtue and Character*. 도덕의 인지과학 분야에서는 Mark Johnson, *Moral Imagination: Implications of Cognitive Science for Ethics* (Chicago: The University of Chicago Press, 1993). 번역은 마크 존슨, 노양진 옮김, 『도덕적 상상력: 체험주의 윤리학의 새로운 도전』 (서울: 서광사, 2008). 뇌신경생리학에서는 마이클 가자니가(Michael S. Gazzaniga)가 *Ethical Brain* (New York: Dana Press, 2005)을 출판하였다. 번역은 마이클 S. 가자니가, 김효은 옮김, 『윤리적 뇌: 뇌과학으로 푸는 인간 본성과 생명윤리의 딜레

마』(서울: 바다출판사, 2009). 진화론적 윤리에 관한 저서는 Giovanni Boniolo and Gabriele De Anna, eds. *Evolutionary Ethics and Contemporary Biology* (Cambridge: Cambridge University Press, 2006) 참조. 그리고 레오나드 캐츠(Leonard D. Katz) 엮음, 김성동 옮김,『윤리의 진화론적 기원(*Evolutionary Origins of Morality*)』(서울: 철학과현실사, 2007) 참조.

14. 윤리학과 합리적 선택, 그리고 게임이론과의 접합은 정당성뿐만 아니라 합리성의 차원에서도 윤리학적 이론 체계의 정당화를 확보하려는 시도가 경주되고 있다는 것을 의미한다. 이 노력은 브레이스웨이트(R. B. Braithwaite), *Theory of Games as a Tool for the Moral Philosophy* (London: Cambridge University Press, 1955)로부터 시작되었다. 이 학제 간 분야에서 가장 중요한 두 문제는 수인의 딜레마(prisoner's dilemma)와 무임승차자의 문제(free-rider problem)이다. 존 롤즈는『정의론』(1971)에서 수인의 딜레마는 고립(isolation)의 문제로, 무임승차자의 문제는 확신(assurance)의 문제로 분류했다. 고립의 문제는 고립적으로 이루어진 많은 개인들의 결정의 결과가, 타인들의 행위가 이미 전제된 것으로 보아 각자의 결정이 지극히 합리적으로 이루어졌다고 할지라도, 어떤 다른 행동 방식보다 모든 사람에게 더 좋지 못할 때면 생겨나는 것이다. 홉스의 자연상태가 그 전형적 예이다. 확신의 문제는 협동하는 당사자들에게 공통의 합의가 수행되고 있음을 확신시키기 위한 것이다. 기여하고자 하는 각 사람의 의욕은 타인들의 기여에 달려 있다. 따라서 그 제도가 모든 이의 관점에서 볼 때 우월하며, 그것이 없을 때 생겨난 상황보다 더 낫다는 데 대한 공공적 확신을 유지하기 위해서 상벌을 다루는 어떤 방도가 확립되어야 한다는 것이다. 존 롤스, 황경식 옮김,『정의론』(서울: 이학사, 2003), p.362 참조. 수인의 딜레마의 경우 단판적 수인의 딜레마는 해결이 불가능하지만 반복적 수인의 딜레마는 해결이 가능하다. 그 해결책은 응수전략(tit for

tat)이다. Tit for tat은 응수전략으로서 상대방의 선택에 대해서 동일한 선택으로 대응하는 것이다. 여기에 한 가지 추가된 것은 처음에는 협동을 하라는 것이다. 응수전략은 하나의 황동률(the Copper Rule)로서 상대방의 선택을 동일하게 되풀이하는 것이다. 처음에는 협동하라는 것은 황금률(the Golden Rule)로서 우선적으로 호의를 베푸는 것이다. 그래서 처음의 황금률과 나중의 황동률을 합친 것이 바로 응수전략인데 엄밀히는 변형된 응수전략(reformed tit for tat)이다. 수인의 딜레마에 관해서 광범위하면서도 세밀한 논의는 Richmond Campbell and Lanning Sowden, eds. *Paradoxes of Rationality and Cooperation: Prisoner's Dilemma and Newcomb's Problem* (Vancouver: The University of British Columbia Press, 1985). 변형된 응수전략은 인간들뿐만 아니라 동물들, 예를 들면 흡혈박쥐도 사용하고 있는 것으로 알려졌다. 이러한 전략은 생물학적으로는 로버트 트리버스(Robert Trivers)의 상호적 혹은 호혜적 이타주의(reciprocal altruism)로 알려져 있다. 관련 저서는 Robert Axelrod, *The Evolution of Cooperation* (New York: Basic Books, Publishers, 1984). 번역은 로버트 액설로드, 이경식 옮김, 『협력의 진화, 이기적 개인의 팃포탯 전략』 (서울: 시스테마, 2009). 진화생물학의 관점에서 가장 잘 알려진 저서는 Richard Dawkins, *The Selfish Gene* (Oxford: Oxford University Press, 1978; 2nd edn. 1989). 번역은 리처드 도킨스, 홍영남 옮김, 『이기적 유전자』 (서울: 을유문화사, 1993). 무임승차자 문제는 공공재(public goods)의 설비에 관련된 것이다. 여기서 가장 대표적인 것이 바로 공유지의 비극(the Tragedy of the Commons)이다. 무임승차자 문제에 대한 이론적 전거는 가레트 하딘(Garrett Hardin)의 「공유지의 비극」이다. 공유지의 비극은 아무런 제약 없이 누구나 자유롭게 사용할 수 있는 공유 자원은 사람들 혹은 목축을 위한 소들의 남획으로 고갈되고 만다는 이론이다. 이 이론은 지구의 자원은 유한하지만 인구는 증가하므로 자원이 고갈되는 대재앙이 발생할 수 있다고 우려하고 있다. Garrett Hardin, "The Tragedy of the Commons," *Science*, 162 (3859), pp.1243-1248. 무임승차자의 문제에 대한 논의는 Anthony de Say, *Social Contract, Free Ride: A Study of the Public Goods Problem* (Oxford: Clarendon Press, 1989) 참조. 무임승차로 인한 공유 자원의 고갈 문제에 대한 하향적 규제 혹은 사유화를 통한 해결책이 아니라 공동체 구성원들의 자발적 합의를 통한 해결책을 조사하고 탐구한 것은 2009년에 노벨 경제학상을 받은 엘리너 오스트롬(Elinor Ostrom)이다. 아마도 합리적 선택의 관점에서 가장 잘 알려진 환경 문제 용어는 님비(nimby: not in my back yard) 현상일 것이다. 이것은 지역이기주의의 한 전형이며 환경 및 사회 문제 해결을 위한 공공재 설비, 즉 쓰레기 매립 및 소각장, 장례 화장 시설 등 혐오 시설이 자기네 구역에 들어오는 것을 적극적으로 반대하려는 것을 말한다. 반대되는 되는 것은 핌피(pimfy: please in my front yard) 현상으로 지역경제 활성화와 요양시설 등 복지시설의 확충, 조경이 잘된 공원과 도로 등 사회 기반 시설의 설비 등 여러 유인책들로 말미암아 혐오 시설을 자기네 구역에 적극적으로 유치하려는 것을 말한다. 최근 장례 화장 시설이 모자란 수도권 지역에 지역경제 활성화를 위해서 주민 합의로 장례 화장 시설을 유치한 한 지역의 사례가 보고되었다. 롤즈는 『정의론』(1971)에서 정의론을 합리적 선택이론의 일부로 보았고, 데이비드 고티에(David Gauthier)는 『합의도덕론(*Morals By Agreement*)』 (Oxford: Clarendon Press, 1986)에서 본격적으로 확률적 게임이론에 기반한 협상적 정의론을 추구하였다. 번역은 데이비드 고티에, 김형철 옮김, 『합의도덕론』 (서울: 철학과현실사, 1993). 경제학 방면에서는 케네스 빈모어(Kenneth Binmore)가 대표적인 학자인데, 그의 주저들은 *Game Theory and Social Contract*, Vol. 1. *Playing Fair*; Vol. 2. *Just Playing* (Cambridge: MIT Press, 1994)이 있다. 저자가 미국 프린스턴 고등학술연구소(Institute for Advanced Study) 사회과학부에 연구교수로 있었을 때(2001. 9-2002. 7) 빈모어 교수는 런던시립대학(University College London)에 있었는데 2002년 봄 학기 연구년 동안 내 옆방에 연구실이 있었던 관계로 자주 만나서 사회계약론과 윤리학과 게임이론의 관계에 대해서 많이 배웠으며, 빈모어 교수가 연구소 블룸버그 홀에서 강연을 할 때도 참가하였고, 몇 가지 질문도 하였다.

15. 학제 간 연구로서 PPE(Philosophy, Politics, and Economics) 통합 연구 과정을 들 수 있다. 이 통합 연구 과정은 옥스퍼드대학교에서 처음 실시되었으며, 존 롤즈의 『정의론』(1971) 출간 이후 활성화되었다. 롤즈는 『정의론』 한 권의 책에 철학, 정치학, 경제학에서 본 정의관들을 모두 피력하였다. 옥스퍼드대학교에서 1920년대 PPE가 개설될 때 그것은 중세와 근세의 인문학적 고전 과정을 대체하기 위한 것이었다. 이 과정은 아무래도 한 방면의 전문가들을 키우기보다는 일반적 지식인들을 양성할 수밖에 없다는 비판도 있었다. 옥스퍼드대학교 PPE 공동 연구 과정에서 있었던 영국 철학자들은 필리파 풋과 마이클 더밋(Michael Dummett)을 들 수 있다. 1980년대 이후 옥스퍼드대학교의 PPE를 모델로 하여 전 세계 유수의 대학들이 앞다투어 PPE 공동 연구 과정을 개설하였다.

이 책의 시작 단계부터 격려의 말을 아끼지 않은 연세대학교 미래캠퍼스 철학과 교수님들, 김영근 명예교수님, 리기용 교수, 이상인 교수, 이진용 교수, 정대성 교수에게 먼저 감사드린다. 그리고 이 책에 대한 한국윤리학회 회원들의 관심과 건의에 감사한다. 정원규 회장님, 주동률 교수, 김신 교수, 정원섭 교수, 목광수 교수, 강준호 교수, 박상혁 교수, 최경석 교수, 김수정 교수, 김은희 교수, 이양수 교수, 강철 교수, 성창원 교수, 김현섭 교수, 정훈 교수, 엄성우 교수가 이 책의 구성을 큰 틀에서, 작은 틀에서도 조망해준 점에 대해서 고맙게 생각한다. 이 책을 쓰는 동안 추가 자료 조사에 도움을 주고, 교정에 도움을 준 이주석

박사와 최동용 박사의 노고에 감사한다. 그리고 이 책이 좋은 윤리학 입문서가 될 것이라고 집필을 북돋아준 강성훈 교수와 이영환 교수에게 감사한다. 그리고 이 책을 논리적 관점에서 살펴보아준 양은석 교수에게도 감사드린다. 그리고 철학계의 원로 명예교수님들, 김형석 교수님, 차인석 명예교수님, 이명현 명예교수님, 엄정식 명예교수님, 이한구 명예교수님, 정대현 명예교수님, 정인재 명예교수님, 황경식 명예교수님의 어깨 위에서 더 멀리, 더 넓게, 더 높게 볼 수 있었던 것은 이 책을 고안하고 집필함에 있어서 커다란 홍복이었다. 그리고 연철회 선배 교수님들, 피세진 교수님, 장기수 교수님, 김영진 교수님, 김용복 교수님, 박순영 교수님, 김용환 교수님의 인간적 권면과 윤리 전공자적 혜안을 보여주신 점을 잊을 수 없다. 퇴임교수의 책을 흔쾌히 출판해주신 전춘호 철학과현실사 사장님에게 감사를 드리며, 이 저서를 잘 편집하여 좋은 책으로 만들어준 김호정 출판부장에게 고마움을 표하고 싶다.

우거 영유재(永遊齋)에서 저자 씀

제 1 부

현대 윤리학의 기원과 방법론

제 1 장

논리실증주의의 검증원리와 형이상학과 윤리학의 배제

1. 서론

오늘날 논리실증주의의 검증원리(verification principle)를 논하는 것은 아마도 구시대의 역사적 유물을 논하는 것 이상의 의미는 없을지도 모른다. 왜냐하면 이제 논리실증주의자임을 자처하는 사람은 아무도 없기 때문이다. 확실히 하나의 철학적 사조로서 논리실증주의(Logical Positivism)는 종말을 고했다. 그러한 종말의 중대한 이유 중의 하나는 유의미성의 기준으로서 논리실증주의가 전반적으로 의존하고 있었던 검증원리의 내적 취약성이다.[1] 이러한 관점에서 볼 때 논리실증주의는 비엔나학파(the Vienna circle)가 결성된 1922년부터 검증원리의 종언을 실질적으로 선언한 칼 헴펠(Carl G. Hempel)의 논문, 「의미의 경험주의자적 기준의 문제와 변화」가 쓰인 1950년까지가 그 일생의 전부라고 할 수 있을 것이다.[2] 헴펠은 그 논문에서 심지어 검증원리의 가장 관대하고 개방적인 형태도 선진적 과학이론이 포함하고 있는 고도의 이론적 구성물들을 배제할 수밖에 없다고 선언한 바 있다.3) 그러한 선언은 검증원리를 구성하려는 모든 시도들에 대해서 조종을 울리는 것이며, 결과적으로 논리실증주의 자체에 대한 조종을 울리는 것이다.

검증원리에 관한 문제들을 해결하려는 일련의 시도들이 논리실증주의의 복잡다단한 역사의 중대한 한 부분을 형성하였다는 것은 모리츠 슐리크(Moritz Schlick)와 루돌프 카르납(Rudolf Carnap), 그리고 알프레드 에이어(Alfred J. Ayer)의 저작들을 통해서 잘 예증된다. 크게 본다면, 검증원리에 관한 문제들은 다음 여섯 가지 관점에서 정리될 수 있다.4) (1) 검증원리는 무엇에 적용되는가? 명제인가, 진술인가, 문장인가?5) (2) 검증원리는 어떤 특수한 명제의 의미가 무엇인가를 결정하는 기준인가, 아니면 그것은 단순히 명제 일반의 유의미성 여부를 결정하기 위한 기준인가? (3) 어떤 한 진술이 비록 실제로는 검증가능하거나 혹은 반증가능하지 않다고 하더라도 그것을 검증가능하거나 반증가능하다고 말하는 것의 의미는 무엇인가? (4) 어떤 형태의 진술은 경험적 관찰을 직접적으로 전달하는데, 우리는 그러한 진술의 진위를 어떠한 방법으로 확인할 수 있는가? (5) 검증원리 자체는 분석적인가, 아니면 경험적으로 검증가능한 것인가? 만약 그렇지 않다면, 그것은 어떤 의미에서 유의미하다고 할 수 있는가? (6) 검증원리가 답변하려고 시도하는 질문, 즉 "어떠한 일반적 기준에 의해서 한 문장의 의미 혹은 유의미성이 결정되는가?" 하는 질문은 논리적으로 정당한 질문인가? 이상과 같은 여섯 가지 관점의 문제들은 깊숙이 상호 연관이 되어 있기는 하지만, 그중에서 가장 중요한 것은 세 번째 문제라고 생각된다. 세 번째 문제는 바로 검증원리 자체, 즉 검증가능성의 개념 자체를 해석하는 문제이다. 검증원리의 성공 여부는 논리실증주의자들이 원하는 것을 포함하되 원하지 않는 것을 배제할 수 있는 방식으로 검증원리의 기준을 어떻게 구성할 수 있는가에 달려 있다. 그리고 다섯 번째 문제도 중요한데, 그것은 검증원리 자체가 검증될 수 있는가 하는 문제이다. 검증원리가 검증되려면 두 가지 경우뿐인데, 그것은 검증원리 자체가 분석적 문장이거나 경험적으로 검증가능해야 한다.

따라서 본 논문의 주요 목적은 검증원리의 구성에 관련된 문제들과 그러한 문제들에 따른 검증원리의 변천 과정을 탐구하는 것이다. 2절에서는 논리실증주의에서 검증원리가 차지하는 위치에 대해서 논의할 것이다. 3절에서는 논리실증주의의 주요한 주창자들, 특히 에이어의 입장에 의거해서 검증원리의 구성에 관련된 여러 발전 단계들을 추적할 것이며, 또한 각 단계의 문제점들을 명시할 것이다. 주로 에이어의 입장을 다루는 이유는 그가 비교적 마지막까지도 "나 자신을 가능한 예외로 한다면, 어떠한 사람도 더 이상 논리실증주의자라고 불리기를 원치 않는다"라고 말하고 있기 때문이다.6) 또한 검증원리에 관련해서 마지막 논쟁이라고 말할 수 있는 논쟁이 주로 그의 검증원리에 대해서 행해지고 있기 때문이다. 4절에서는 위에서 언급한 헴펠의 논문 이후에 전개된 검증원리의 구성에 대한 여러 가지 시도들을 추적하고 그것들이 성공했는가의 여부를 판정할 것이다. 그러한 판정은 결론적으로 후기 실증주의(post-positivism) 혹은 후기 분석철학(post-Analytic Philosophy) 시대에서의 검증원리의 위상을 파악하는 일이 될 것이다.7)

2. 논리실증주의의 검증원리와 형이상학과 윤리학의 배제

논리실증주의의 주요 목적은 언어의 논리적 분석을 통한 형이상학과 윤리학의 배제와 과학의 통일이다. 이러한 목적 달성을 위한 기제로서 논리실증주의는 검증원리를 들고 나온다. 검증원리의 기본적 정신은 "한 명제의 의미는 그것의 검증 방법이다"는 슐리크의 슬로건으로 간명하게 표현될 수 있다.8) 검증원리로부터 유의미성의 기준(criterion of meaningfulness)이 도출된다. 유의미성의 기준은 만약 한 진술을 검증할 수 있는 아무런 방법도 없다면, 다시 말하면 그것이 참인지 거짓인지, 즉 진위치를 말할 수 없다면, 그것은 인식론적으로 볼 때 무의미한 (meaningless or nonsensical) 진술이 된다는 것이다. 검증원리의 기본적 의도는 아주 명백한 것처럼 보인다. 마치 데이비드 흄(David Hume)이 관념 사이의 관계(논리학과 수학)와 사실의 문제(경험과학)에 관한 진술들만을 의미 있다고 생각한 것처럼, 논리실증주의자들은 언어분석을 통해 분석명제(analytic proposition or statement)와 종합명제(synthetic proposition or statement)에 속하지 않는 어떠한 진술도 무의미한 것으로 배제한다. 이러한 분석/종합명제의 이분법은 논리실증주의자들에 의해서 마치 "오캄의 면도날(Ockham's Razor)"처럼 작동한다. 크게 보면 분석/종합명제의 이분법에 따른 검증원리는 "설명을 함에 있어서 최소한 필연적인 것 이상의 것을 아무도 가정해서는 안 된다(*Entia non multiplicanda sunt praeter necessitatem*)"는 "오캄의 면도날"의 현대적 발현이라고도 할 수 있을 것이다.

순수 형식적인 논리학과 수학이 유의미성과 타당성에 대한 그 자체의 기준을 가지고 있다는 것을 감안한다면, 유의미성의 기준으로서 검증원리는 사실적인 명제와 문제들을 형이상학적이거나 윤리학적인 사이비 명제들(pseudo-propositions)과 사이비 문제들(pseudo-problems)로부터 분리하기 위한 것이다. 형이상학적 명제들과 윤리학적 명제들은 분석명제도 종합명제도 아니기 때문에 사이비 명제들로서 무의미하거나 혹은 감정의 표현에 불과하게 된다. 하이데거의 존재의 철학에 대한 카르납의 예리한 분석, 특히 마르틴 하이데거(Martin Heidegger)의 그 유명한 말, "무 자체가 무화한다(The nothing itself nothings)"에 대한 카르납의 철저하고도 신랄한 비판은 그 말의 무의미성을 극명하게 잘 드러내주고 있다.9) 유의미성의 기준으로서 검증원리는 형이상학적 명제들과 윤리학적 명제들이 검증가능하지 않기 때문에 무의미한 명제들로서 진위치를 가릴 수 없으므로 비인지적인 명제들(non-cognitive propositions)로 간주한다. 따라서 논리실증주의의 검증원리로 말미암아 형이상학과 윤리학은 학문적 존폐의 위기에 내몰린다. 형이상학은 형이상학적 개념들의 실재 가능성 문제로 비판을 받았지만, 윤리학은 논리실증주의의 검증원리의 하위 작업가설로서 윤리학적 명제들이 비인지적인 감정의 표현에 불과하다는 이모티비즘(emotivism)이 추가적으로 동원됨으로써 윤리학은 어떤 의미에서 형이상학보다 더 혹독한 시련을 겪었다고 볼 수 있다. 윤리학적 명제들은 심지어 환호와 야유(Hurrah-boo)에 불과한 것으로 비유됨으로써 참담한 지경에 처하고 말았다.10) 물론 아주 무의미한(meaningless) 것보다야 낫겠지만 윤리학적 명제들이 환호와 야유로 비견됨으로써 윤리학의 학문적 지위는 수직 낙하했다. 그러나 검증원리가 그 자체의 모순, 즉 검증원리 자체는 검증될 수 있는가 하는 내부적 모순 등으로 말미암아 붕괴함으로써 형이상학과 윤리학이 불사조처럼 일어나 회생하는 것을 목도하는 것은 본 논문에서 가장 드라마틱한 부분이라고 할 수 있다. 아울러 우리는 윤리학에서의 정당근거적 접근방식과 규정주의의 대두로 인해 이모티비즘도 동시에 붕괴하는 것을 목도하게 된다. 이러한 붕괴는 본서 제1부 제2장 「일상언어와 도덕의 합리성」, 제3장 「감정의 윤리학적 사활」에서 찾아볼 수 있다.11)

과학의 통일이라는 논리실증주의의 궁극적 목적은 언어의 통일성이라는 신념에 근거하고 있었으며, 그러한 신념은 단일한 형태의 검증행위와 그 검증행위에 대응하는 단일한 형태의 검증적 진술(verification-statement)이 존재해야만 한다는 견해에 의해서 뒷받침되고 있었다.12) 비록 논리실증주의자들이 무엇이 단일한 형태의 검증적 진술, 즉 원초적 관찰 명제(basic observational statement)와 직접 경험할 수 있는 관찰, 지각의 결과를 나타낸 프로토콜 명제(protocol statement)인가에 대해서 아주 광범위한 견해들을 가지고 있었지만, 단일한 형태의 검증적 진술에 대한 신념은 확고부동한 것이었다. 이러한 관점에서 본다면 검증원리는 철저한 환원주의(radical reductionism)라고 생각된다. 철저한 환원주의는 모든 유의미한 진술들이 직접적 경험, 즉 관찰에 의거하고 있는 용어들에 관한 논리적 구성과 동일하다는 신념이다.13)

논리실증주의자들은 검증원리를 루트비히 비트겐슈타인(Ludwig Wittgenstein)의 『논리철학논고』에서 유래한 것으로 생각한다. 그 책에서 비트겐슈타인은 "한 명제를 이해한다는 것은 그것이 참이 되는 사태가 무엇인가를 안다는 것을 의미한다"고 말한 바 있다.14) 논리실증주의들에 대한 비트겐슈타인의 영향력과 함께 검증원리는 논리실증주의의 기본적 강령으로 등장하게 된다. 그 이유는 검증원리가 논리실증주의의 주요한 철학적 목적인 형이상학과 윤리학의 배제와 과학의 통일에 대한 기본적 기제이기 때문이다. 바로 그러한 이유 때문에 흔히 검증원리는 논리실증주의의 정수라고 불린다.

3. 검증원리의 변천 단계들과 각 단계의 문제점

논리실증주의의 역사를 통해서 볼 때, 검증원리를 정식화하려는 여러 시도들이 전개되어왔다. 그러한 여러 시도들은 서론에서 언급했던 헴펠의 논문에 잘 정리되고 요약되어 있다. 그의 논의 순서를 따라서, 우리는 검증원리가 변천한 제 단계와 각 단계가 가지고 있는 문제점이 무엇인지를 규명하여, 그 변천의 본질적인 이유와 기본적 방향에 대해서 상론할 것이다.

1) 검증가능성(Verifiability)

헴펠의 해석에 의하면, 검증원리는 그 초기 단계에서 다음과 같이 정식화된다. 즉 "한 문장은 그것이 분석적이 아니라면 관찰 문장들의 유한하고 논리적으로 일관된 어떤 집합으로부터 도출될 때 오직 그때에만 경험적 의미를 가진다."15) 이러한 정식화가 일반적으로 의도하는 바는 한 진술은 그것이 적어도 원리적으로 완전히 검증가능할 때만 의미를 갖는다는 것이다.16) 이러한 정식화를 이해하기 위해서는, 우선 실제적 검증가능성(practical verifiability)과 원리적 검증가능성(verifiability in principle)의 구분이 필수적이다. 이러한 구분에 따라서, "달의 이면에는 산이 있다"는 진술이 1930년대에도 의미가 있는 것으로 간주되었다. 원리적 검증가능성은 실제적 검증의 편협성을 해소시키기 위해서 도입되었다. 따라서 비록 1930년대에는 상기의 진술에 대한 실제적 검증 수단이 결여되어 있었지만, 원리적 검증가능성의 기준에 의거해서 의미 있는 것이 될 수 있었다.

실제적 검증가능성보다 더 협소한 기준은 "나의 현재 지각(my present perception)"이다. 그러나 그러한 기준은 유아론(solipsism)에 빠지게 된다. 좀 더 포괄적인 기준은 각 개인과 그의 동료들이 일생을 통해서 한 관찰에 의거한 검증이다. 그러나 이 기준에 의하면 먼 미래나 과거에 관한 모든 진술들이 인식론적으로 무의미하게 된다. 이상과 같은 문제점들 때문에 슐리크는 논리실증주의자들 중에서 처음으로 원리적 검증가능성을 유의미성의 기준으로 채택했다. 2절에서 언급했던 그의 유명한 슬로건은 이러한 상황에서 탄생한 것이다.17)

"한 문장의 의미를 진술한다는 것은 그 문장이 사용될 때 의거하는 규칙을 말하는 것이다. 이것은 그 문장이 검증이 (혹은 반증이) 될 수 있는 방식을 말하는 것과 같은 것이다. 한 명제의 의미는 그것의 검증 방법이다."

"검증원리"라는 명칭은 "검증가능성의 원리"라는 명칭보다는 간편하기는 하지만 정확한 것은 아니다. 슐리크가 그의 검증원리를 명백히 하기 위해서 검증가능성이라는 말을 자세히 분석한 이래로 검증가능성이라는 말은 특정한 의미로 사용되었다. 슐리크는 "검증가능성"이라는 말이 "실제적 검증(actual verification)"이 아니라 "검증가능성(possibility of verification)"을 의미하는 것으로 생각한다.[18] 더 나아가서 그는 검증가능성을 "경험적 검증가능성"과 "논리적 검증가능성"의 두 종류로 분류한다.[19] 경험적 가능성은 자연법칙과의 양립 가능성을 의미한다. 슐리크는 원리적 검증가능성이 사실은 검증의 논리적 가능성이라는 것을 밝힌다. 그렇다면 무엇이 논리적 가능성인가? 슐리크는 다음과 같이 말한다. "나는 하나의 사실 혹은 과정이 기술될 수 있다면 그것을 '논리적으로 가능한' 것이라고 부른다. 다시 말하면 하나의 사실 혹은 과정을 기술하는 문장이 우리의 언어를 규정하고 있는 문법 규칙에 부합한다면 그 사실 혹은 과정은 논리적으로 가능한 것이다."[20]

그렇다면 검증원리가 원리적 검증가능성으로 정식화되는 현 단계에서 어떤 종류의 명제들이 의미 있는 것으로 간주되는가? 첫째, "명왕성에는 산이 있다는 명제"는 의미가 있다. 둘째, 미래와 과거에 관한 명제들도 의미가 있다. 그러나 과학법칙은 어떠한가? 과학법칙에 관련해서 원리적 검증가능성은 몇 가지의 심각한 난점을 갖는다.

헴펠의 해석에 따르면, 슐리크의 원리적 검증가능성의 기준은 논리적 검증가능성을 검증의 결정적 기준으로 삼는 것이다. 본절의 초두에서 언급한 것처럼, 이 기준은 관찰 문장들의 유한하고 논리적으로 일관된 어떤 집합을 요구한다. 따라서 현 단계에서의 검증원리는 보다 정확하게 "완전한 혹은 결정적인 원리적 검증가능성(complete or conclusive verifiability in principle)"이라고 표현될 수 있다. 이 기준은 실제적으로 어떤 진술 S가 인식론적으로 의미가 있기 위해서는, 유한하고 일관된 관찰 문장들의 어떤 집합, 즉 O_1, O_2, ⋯, O_n이 있어야만 되며, 또한 S가 관찰 문장들의 연언(conjunction)을 함축하고, 또 그 연언에 의해서 함축되어야만 한다는 것을 요구한다.[21] 그러나 헴펠은 완전한 원리적 검증가능성의 기준에 관해서 다음과 같은 심각한 난점들을 지적한다.[22]

(1) 그것은 보편적 형태의 모든 진술들을 배제하며, 따라서 모든 과학적인 일반적 법칙들을 배제한다. 왜냐하면 과학적인 일반적 법칙들은 관찰적 자료들의 어떠한 유한한 집합에 의해서 완전히 결정적으로 검증될 수 없기 때문이다.

(2) 어떤 진술 S가 현재의 기준에 의해서 의미 있는 진술이지만 진술 N은 어떤 무의미한 진술, 예를 들면 "절대자는 완전하다"와 같은 진술이라고 가정해보자. 이 경우 복합진술 S or N은 의미 있는 진술이 된다. 왜냐하면 복합진술은 논리학의 변형 규칙인 "부가(addition)"에 의해서 도출될 수 있기 때문이다.

(3) 그것은 부정의 개념을 파괴한다. 어떤 존재 진술 명제 (Ex) Px, 즉 어떤 속성 P를 가진 사물이 적어도 하나는 존재한다는 명제는 완전히 결정적으로 검증가능하기 때문에 유의미하다. 그러나 그것의 부정인 전칭부정판단 (x) −Px, 즉 아무것도 속성 P를 가진 것은 없다는 판단은 모든 x는 P가 아니다라는 보편적 진술이므로 (1)에서 논의한 바와 같이 완전히 결정적으로 검증될 수 없다.

이상과 같은 난점들은 완전한 원리적 검증가능성의 기준을 유의미성의 기준으로 받아들이기에는 너무나 심각한 것들이다. 완전한 원리적 검증가능성의 기준은 (1)의 난점으로 볼 때는 너무나 협소한(overly restrictive) 것이며, (2)의 난점으로 볼 때 너무나 포괄적인(too inclusive) 것이 된다.23)

2) 반증가능성(Falsifiability)

원리적 검증가능성의 기준이 내포하고 있는 난점들을 회피하기 위해서 칼 포퍼(Karl Popper)는 반증가능성의 기준을 들고 나온다. 그는 "급진적인 실증주의는 형이상학과 윤리학뿐만 아니라 자연과학도 역시 파괴한다"고 지적한다.24) 헴펠은 포퍼의 반증가능성의 기준이 원래 유의미성의 기준으로 제시된 것은 아니고 경험과학적인 진술을 수학과 논리학으로부터 뿐만 아니라 형이상학적 진술로부터도 분리하기 위한 "구획의 기준(criterion of demarcation)"으로 제시된 것임을 지적한다. 그는 반증가능성의 기준을 다음과 같이 정식화한다. 반증가능성의 기준은 엄밀히 말해서 "완전한 원리적 반증가능성(complete falsifiability in principle)"으로서 "한 문장은 원리적으로 유한한 수의 관찰 자료들에 의해서 완전히 반증될 수 있을 때 오직 그때에만 경험적 의미를 갖는다"는 것이다.25)

위에서 언급한 급진적 실증주의에 대한 포퍼의 우려는 소위 "반증과 검증 사이의 비대칭성"에 근거하고 있다.26) 비대칭성이 의미하는 바는 우리는 "모든 백조는 희다"는 보편적 긍정판단을 완전히 결정적으로 검증할 수는 없는 반면에 그것이 거짓이라는 것을 희지 않은 백조 한 마리를 지적함으로써 결정적으로 반증할 수 있다는 것이다. 따라서 완전한 원리적 반증가능성의 기준에 의거하면 보편적인 과학적 진술들은 유의미한 것이 된다. 그러나 비대칭성은 일견적으로 볼 때만 그러할 뿐이며, 반증가능성의 기준도 헴펠이 지적한 것처럼 다음과 같은 난점들을 가지고 있다.27)

(1) "적어도 한 마리의 흰 백조가 있다"와 같은 특칭적 존재 진술 명제 S는 완전히 결정적으로 반증될 수 없기 때문에 무의미한 문장이 된다. 만약 명제 S가 어떤 존재 진술 명제라면, 그것의 부정인 "흰 백조는 없다"는 명제는 전칭부정판단이므로 이미 완전한 검증가능성을 논할 때 언급한 것처럼 검증될 수 없기 때문이다. "적어도 한 마리의 흰 백조가 있다"는 명제를 반증하기 위해서 "흰 백조는 없다"는 명제를 검증해야만 하는데, 그것은 불가능하다. 우리가 아무리 오랫동안 흰 백조를 찾지 못했다고 하더라도 그것이 흰 백조는 없다는 것을 함축하지 않는다.

(2) 반증가능성의 기준에 의해서 비록 보편적 명제가 완전히 결정적

으로 반증가능하다고 하더라도, 그것의 부정인 특칭적 존재 진술 명제는 결정적으로 반증될 수 없다. 왜냐하면 (1)에서 본 것처럼 특칭적 존재 진술 명제는 무의미하기 때문이다. 따라서 반증가능성의 기준은 논리적 부정의 개념을 파괴한다. 즉 유의미한 문장의 부정은 무의미한 문장이 되는 것이다.

(3) 만약 문장 S가 완전히 반증가능하기 때문에 유의미한 명제인 반면에 문장 N은 그러하지 않은 무의미한 명제이라고 가정해보자. 이 경우 S와 N의 연언, S and N은 완전히 반증가능하게 된다. 왜냐하면 −S가 일련의 관찰 명제들에 의해서 함축되어 나온다면, −(S and N)도 당연히 함축될 수 있기 때문이다. 즉 반증가능성의 기준은 "모든 백조는 희다. 그리고 절대자는 완전하다"와 같은 명제를 배제해야만 함에도 불구하고 그러할 수 없게 된다는 것이다.

지금까지의 논의를 요약한다면, 완전한 원리적 검증가능성의 기준은 보편적 명제를 무의미하게 만들며, 완전한 원리적 반증가능성의 기준은 특칭적 명제를 무의미하게 만든다. 또한 한편으로 볼 때 두 기준은 너무나 편협하고 또 다른 한편으로 볼 때 두 기준은 너무나 포괄적이다. 이러한 난점들을 회피하기 위해서는, 우선 보편명제와 특칭명제에 대한 각각의 독립된 유의미성의 기준이 존재해야만 한다. 이 경우 검증원리 혹은 반증원리는 유의미성의 보편적 기준으로서는 더 이상 작용할 수 없게 된다. 또한 이 경우 가장 기초적인 논리적 규칙, 즉 한 문장이 참이거나 거짓이라면 그것의 부정은 거짓이거나 참이며 또한 인식론적으로 의미가 있다는 규칙을 포기해야만 한다. 결국 완전한 원리적 검증가능성과 완전한 원리적 반증가능성의 기준 모두는 딜레마적 상황에 봉착하게 된다.

3) 확인가능성(Confirmability)

검증가능성과 반증가능성의 기준이 갖는 이상과 같은 난점들을 회피하기 위해서 논리실증주의자들은 논리적으로는 더 일관되면서도 경험적으로는 편협하지 않은 검증원리를 구성하려고 노력하게 된다. 이러한 단계에서 등장하는 기준이 약한 검증가능성(weak verifiability) 혹은 확인가능성(confirmability)의 기준이다. 이 기준은 경험적 가설들을 관찰적 증거를 통해 오직 부분적이며 간접적인 약한 검증가능성 혹은 확인가능성만을 요구하는 검사가능성(testability)의 기준을 구성하는 것과 관련된다.28) 이러한 기준의 주창자는 에이어이다. 『언어, 진리, 그리고 논리』(1936)에서 에이어는 보편적 명제들을 무의미하게 만드는 완전한 검증가능성의 기준이 가지고 있는 난점들을 회피하기 위한 슐리크의 시도를 비웃은 바 있다. 슐리크는 보편적 명제들이 난센스이기는 하지만 "중대한(important) 난센스"라고 생각했다.29) 에이어는 슐리크의 그 말이 문제의 본질적 난점을 회피하지 못하는 미봉책적인 양다리 걸치기라고 신랄하게 비판한다.30)

에이어는 그의 단계를 이전 단계들과 구별하기 위해서 우선 강한 검증가능성과 약한 검증가능성을 구분한다. 강한 검증가능성은 "한 명제는 그것의 진리치가 경험 속에서 결정적으로 확립될 때 오직 그때에만 검증가능하다"는 것을 의미한다. 그러나 이러한 강한 혹은 결정적 검증가능성, 그리고 반증가능성은 이미 논의한 것과 같이 많은 난점을 가지고 있다. 에이어는 그 대신에 약한 검증가능성을 제시한다. 약한 검증가능성은 "한 명제는 만약 그것이 경험상으로 개연적임을 입증할 수 있을 때 약한 의미에서 검증가능하다"는 것을 의미한다.31) 이것을 통해 우리는 에이어가 경험적 명제를 개연적 가설로 간주하는 것을 알 수 있다. 약한 검증가능성에 관한 그의 주장은 한 명제는 만약 우리가 그 명제의 진위치를 결정하는 데 관련이 있는 어떤 가능한 관찰을 할 수 있다면 유의미하다는 것이다. 이러한 주장은 당연히 보편적인 과학적 명제들과 먼 과거에 관한 명제들이 유의미한 명제가 될 수 있다는 것을 함축한다.

그의 주장을 보다 명백히 하기 위해서 에이어는 그의 약한 검증가능성의 기준을 다음과 같이 정식화한다.[32]

"우리는 그것이 하나의 진정한 사실적 명제의 징표라고 말할 수 있다는 것이지, 그것이 하나의 경험적 명제나 혹은 유한한 수의 경험적 명제들과 동일해야만 한다는 것을 말하는 것은 아니다. 그것은 단순히 경험적 명제들이 어떤 다른 전제들과 연언된 어떤 명제로부터 도출될 수 있지만, 단지 오직 그 다른 전제들만으로부터는 도출될 수 없다는 것을 규정하고 있을 뿐이다."

이러한 정식화에 따르면, 어떤 명제 S는 만약 그것이 다른 보조적 가설 X, Y 등과 연언할 때(in conjunction with) 적어도 하나의 관찰 문장 O가 도출될 수 있다면 (단 관찰문장 O는 S 혹은 X, Y에서 단독으로는 도출될 수 없다면) 유의미한 것이다. 이러한 정식화는 과학자들이 한 이론에서 관찰적 결과를 얻고자 할 때 통상적으로 하고 있는 행위를 구체화한 것이다. 과학자들은 어떤 관찰적 결과를 도출하기 위해서 한 이론을 어떤 배경적인 실험적 조건들과 결합한다. 만약 한 이론이 어떤 보조적 가설들과 결합하여 관찰적 진술 $O_1 \cdots O_n$을 함축한다면, 그 이론은 참일 개연성이 확인된 것이다.[33]

그러나 에이어는 『언어, 진리, 그리고 논리』 제2판 서문에서 그의 확인가능성의 기준은 어떠한 무의미한 문장도 검증가능한 것으로 만든다는 결정적 결함을 발견하고, "이 기준은 너무 관대한 것처럼 보인다"는 것을 자인하게 된다.[34] 그 자신이 든 예를 통해서 보면 확인가능성의 기준은 다음과 같은 우스꽝스러운 결과에 이르게 된다.

어떤 다른 전제:　　　만약 절대자가 게으르다면, 이것은 회다.

검증되어야 할 명제: 절대자는 게으르다.

관찰 명제:　　　　　이것은 회다.

"절대자는 게으르다"는 명제는 관찰 명제 "이것은 회다"가 어떤 다른 전제나 혹은 검증되어야 할 명제로부터 단독적으로 도출되지 않으므로 유의미하게 된다. 이러한 추론은 논리학의 전건긍정규칙(affirming the antecedent, *modus ponens*)으로부터 유래한다. 원래 이러한 종류의 반론은 이사야 벌린(Isaiah Berlin)에 의해서 제기되었으며 그가 든 예도 흥미롭다.[35) 이러한 추론은 논리학의 후건부정규칙(denying the consequent, *modus tollents*)으로부터 유래한다.

이 논리 문제는 아주 밝은 초록색이다.

나는 어떤 종류의 초록색도 싫어한다.

따라서 나는 이 문제를 싫어한다.

따라서 에이어는 보다 엄밀한 형식적 구성을 갖춘 확인가능성의 새로운 기준을 다음과 같이 제시하게 된다.[36)

"나는 한 진술이 직접적으로 검증가능한 경우는 만일 그 진술 자체가 관찰 명제이거나 혹은 그 진술이 하나 혹은 그 이상의 관찰 명제들과 연언하여 그러한 다른 전제들로부터 단독으로 연역될 수 없는 적어도 하나의 관찰 명제를 함축할 때라고 제안하고 싶다. 그리고 나는 한 진술이 간접적으로 검증가능한 경우는 그 진술이 다음 조건들을 충족시킬 때라고 제안하고 싶다. 첫째, 어떤 다른 전제들과 연언하여 그 진술이 그러한 다른 전제들로부터 단독으로 연역될 수 없는 하나 혹은 그 이상의 직접적으로 검증가능한 명제들을 함축하는 경우, 둘째, 그러한 다른 전제들이 분석적

이 아니거나, 혹은 직접적으로 검증가능하지 않거나, 혹은 간접적으로 검증가능하다고 독립적으로 확정될 수 없는 어떠한 진술도 포함하지 않은 경우. 나는 이제 검증원리를 분석적이 아닌 엄밀하게 유의미한 명제에 대해서 그것이 앞에서 말한 의미에서 직접적으로 혹은 간접적으로 검증가능해야만 한다는 것을 요구하는 것으로 재구성할 수 있게 된다."

우리는 검증원리의 이상과 같은 재구성이 "만약 절대자가 게으르다면, 이것은 희다"와 같은 보조가설을 배제하게 되는 것을 쉽게 이해할 수 있다. 그러한 가설은 분석적인 것도 아니고, 직간접적으로 검증될 수 있는 것도 아니며, 당연히 그 자체가 관찰 명제도 아니기 때문에 무의미한 것으로 배제된다.

그러나 불행하게도 문제는 여전히 남는다. 헴펠이 지적한 것처럼 재구성된 확인가능성의 기준도 만약 명제 S가 의미 있는 것이라면, S and N도 의미 있는 것이 된다. 이것은 명제 N이 검증원리가 배제하려는 형이상학적 진술을 포함한 어떠한 진술이든지간에 성립한다.[37] 그 근거는 단순화의 규칙(rule of simplification)인데, 그것은 연언(conjunction)으로부터 우리는 어떤 한 요소 명제를 도출할 수 있다는 규칙이다.

여기에 부가해서 알론조 처치(Alonzo Church)는 또 다른 결정적 문제점을 들고 나온다. 즉 만약 어떤 세 개의 관찰 명제 O_i, O_{ii}, O_{iii}가 있고 그중의 어느 것도 다른 어떤 것을 함축하지 않는다고 한다면, 어떠한 진술 S나 그것의 부정인 $-S$는 검증가능하게 된다는 것이다.[38]

$-O$와 $-S$를 각각 O와 S의 부정이라고 하자. 그렇다면 에이어의 기준에 따라 $(-O_i \cdot O_{ii})$ or $(O_{iii} \cdot -S)$는 직접적으로 검증가능하다. 왜냐하면 O_i과 함께 그것은 O_{iii}를 함축하기 때문이다. 또한 S and $(-O_i \cdot O_{ii})$ or $(O_{iii} \cdot -S)$는 O_{ii}를 함축한다. 따라서 에이어의 기준에 따르면 S는 간접적으로 검증가능하다. 만약 그렇지 않다고 한다면 $(-O_i \cdot O_{ii})$

or $(O_{iii} \cdot -S)$ 단독적으로 O_{ii}를 함축하는데, 이 경우 $-S$ and O_{iii}는 O_{ii}를 함축하며 따라서 $-S$는 직접적으로 검증가능하다.

헴펠과 처치에 의해서 제기된 이상과 같은 문제들은 복합 문장에 포함된 어떤 요소 명제가 불필요하고 또한 무의미한 경우에 발생한다. 즉 그 요소 명제의 포함 여부가 복합 문장에서 검증될 명제가 논리적으로 함축되어 나오는 것에 대해서는 아무런 영향을 미치지 않는 경우이다.

헴펠과 처치의 반론에 답할 수 있도록 에이어의 확인가능성의 기준을 좀 더 세련화하려는 시도들이 전개되었다. 그러한 시도들의 주안점은 무의미하고도 불필요한 요소 명제를 제거하는 것이다. 이러한 시도들은 다음 장에서 언급될 것이다. 이러한 일련의 시도들과 함께 논리실증주의자들 사이에서 다른 한편으로 팽배하고 있었던 것은 결국 유의미성의 기준을 변경해야만 한다는 자각이었다. 그러한 자각에 따른 방향 전환은 헴펠과 카르납에 의해서 주도된다. 이 단계에서 검증원리는 언어의 형식적 분석과 이상언어의 구축에 직접적으로 관련된다. 여기서 검증원리는 "경험적 언어로의 번역가능성"으로 나타난다.

4) 번역가능성(Translatability)

번역가능성의 기준에 대한 헴펠의 정식화는 "한 명제는 그것이 경험론적 언어로 번역될 때 오직 그때에만 인식적 의미를 갖는다"는 것이다.39) 좀 더 정확히 말하면 번역가능성의 기준은 인식적으로 유의미한 명제를 그것을 구성하고 있는 어휘들과 그 구성을 규제하고 있는 구문론적 원칙들(syntactical principles)을 통해서 특징짓는 것이다.

헴펠은 그의 번역가능성의 기준이 에이어의 두 번째 확인가능성의 기준을 포함한 검증원리의 이전 단계들이 가지고 있는 난점들을 피할 수 있다고 주장한다.40) 첫째, 형식화된 경험론적 언어의 어휘와 구문

법칙은 "절대자는 완전하다"와 같은 무의미한 진술들을 배제한다는 것이다. 비록 그러한 무의미한 진술들이 복합 명제의 요소 명제라고 해도, 그러한 것들은 경험론적 언어로 번역될 수 없다는 것이다. 둘째, 번역 가능성의 기준은 보편적 명제와 존재 진술 명제, 그리고 그것들의 부정에 대해서 적절한 설명을 제공한다는 것이다.

그러나 헴펠의 번역가능성의 기준에도 역시 심각한 난점이 기다리고 있다. 그것은 성향적 술어(dispositional terms)와 물리학에서의 고도의 이론적 구성물(theoretical constructs)이 경험론적 언어로 쉽사리 번역될 수 없다는 문제점이다. 카르납은 성향적 술어, 즉 깨지는 성향이 있는, 물에 녹는 성향이 있는 등을 소위 환원 문장을 통해서 정식화한다. "깨지는 성향이 있는"에 대한 환원 문장(R)은 다음과 같다: 어떤 임의의 시간에 어떤 사물의 경우, 만약 그것이 어떤 시간에 강하게 부딪혔을 때, 그것이 깨어질 때 오직 그때에만 그것은 깨지는 성향을 갖는다. 즉 (R): $(x)(t) [Sxt \supset (Fx \equiv Bxt)]$.[41] 그러나 이러한 환원 문장은 부딪히지 않은 사물에 대해서는 결코 그것이 깨지는 성향이 있는지를 말할 수 없는 사후약방문적인 것이다. 따라서 이것은 오직 성향적 술어에 대한 부분적 혹은 조건적 정의(partial or conditional definition)일 뿐이다.[42]

자연과학의 고도의 이론적 구성물에 대한 문제는 더욱 심각하다. 헴펠의 번역가능성의 기준에 의거하면, 한 진술은 오직 그것이 경험론적 언어로 환원될 때 오직 그때에만 인식적 의미가 있다. 그렇다면 경험론적 언어란 무엇인가? 경험론적 언어란 그것을 구성하고 있는 어휘들이 관찰 술어에 의해서 명백히 정의되는 언어를 의미한다. 그러나 물리학의 많은 고도의 이론적 구성물들은 그렇게 정의될 수가 없다. 이미 서론에서 언급한 것처럼, 번역가능성의 기준은 따라서 "절대온도", "전자기장", "가능중력", "중력파", "양자역학" 등을 인식적으로 무의미한 것으로 배제할 수밖에 없게 된다. 여기서 헴펠은 "우리 경험론자적 의미의 마지막 형태도 더 적절한 다른 것으로 대체되어야만 할 것이다'라는 단순한 희망만을 피력하고 있다.43) 그러나 논리실증주의의 기본적 강령을 포기함이 없이 어떻게 그러한 희망이 달성될 수 있을 것인가?

4. 검증원리에 대한 후속적 논의

검증원리에 전반적으로 의존하고 있었던 논리실증주의는 잘 알려진 바와 같이 그 이후에 등장했던 모든 철학적 조류들에 의해서 비판의 표적이 된다. 비트겐슈타인 후기 철학의 등장과 그 영향, 옥스퍼드 일상언어학파의 번성은 언어학의 발달과 과학에 대한 새로운 관점들의 등장과 함께 논리실증주의를 거의 잠식하게 되었다. 결국 제2차 세계대전 이후에 논리실증주의는 하나의 유효한 철학적 운동으로서는 종말을 고하게 된다. 제임스 엄슨(James O. Urmson)이 언급한 것처럼, " '명제의 의미는 그것의 검증 방법이다'라는 도그마 대신에 우리는 '의미를 묻지 말고, 용법을 물어라'라고 충고를 받으며, 또한 '모든 명제는 그 고유의 논리가 있다'는 말을 듣는다."44) 말할 필요도 없이 인용된 두 슬로건은 후기 비트겐슈타인과 일상언어학파의 입장을 대변해주고 있다.

2절에서 우리는 검증원리를 분석명제와 종합명제의 구분과 철저한 환원주의와 관련해서 논의했다. 이러한 두 가지 신조들은 이제 윌리엄 콰인(William Quine)에 의해서 "경험론의 두 도그마"로 비판된다.45) 여기서 그러한 비판에 대해서 자세히 논할 수는 없으며, 우리는 다만 두 도그마와 검증원리와의 관련성을 지적하는 것으로 충분할 것이다. 콰인은 "우리는 후자의 문제[철저한 환원주의]로부터 의미의 검증이론을 통해서 전자의 문제[분석/종합명제의 구분]로 이행한다는 것을 알게 되었다"고 말한다.46) 결국 콰인의 비판은 한 과학이론의 명제들이 우리의 경험과 개별적으로 직면하는 것이 아니고 하나의 이론 체계 전체로서 그렇게 한다는 견해로 이어지게 된다. 이것은 검증원리의 가장 최종적인 개방적 기준, 즉 번역가능성의 기준도 그 근거를 상실하게 된다는 것을 의미한다. 더 이상 경험으로 환원될 수 없는 고도의 추상적인 가설들은 인식론적으로 볼 때 호머의 신들(the Gods of Homer)에 비견될 수 있다는 것이다![47)

그렇다면 도대체 검증원리의 현재 위상은 무엇인가? 그것은 완전히 죽은 것인가? 아니면 다양한 비판에도 불구하고 아직 살아 있는 것인가? 만약 그것이 완전히 죽은 것이라면, 심지어 1980년대에 에이어의 확인가능성의 기준에 대한 논의가 계속되고 있는 것은 어떠한 연유에서인가?48) 만약 그것이 살아 있다면, 검증원리는 우리가 논의한 그 무수한 반론과 내적 취약성을 어떻게 극복할 수 있는 것일까? 검증원리에 대한 논의는 아마도 검증원리에 대한 역사적 고찰 이외에 현실적 목적과 공헌을 염두에 둔 것은 아닐 것이다. 3절 3항에서 우리는 에이어의 두 번째 확인가능성의 기준을 헴펠과 처치의 반론을 회피할 수 있도록 구성하려는 시도들이 있었다는 것을 언급했다. 이러한 시도들의 기본적인 의도는 무의미한 문장이 검증가능한 복합 문장의 요소 명제로 삽입될 수 없도록 하는 것이다. 한편으로 오코너(D. J. O'Connor), 브라우닝(R. Browning)과 와틀링(J. Watling), 피터 니디치(Peter Nidditch), 프레슬리(C. F. Presely), 조너선 코헨(Jonathan Cohen) 등은 그러한 의도를 전통적 논리학 내에서 달성하려고 시도한다.49) 다른 한편으로 고다드(L. Goddard)는 다치 논리학의 도움을 얻어 보다 엄밀하고 복잡한 형식적 구성을 해보려고 시도한다.50) 형식적인 고도의 복잡성 때문에 이상과 같은 시도들을 여기서 구체적으로 다룰 수는 없다. 그러나 우리가 검증원리의 구성에 관한 형식논리학적 성공을 수용한다고 해도, 이번 절 마지막에서 언급될 것처럼 더 중대한 문제가 남아 있다.

데이비드 라이닌(David Rynin)은 이상의 시도들과는 달리 헴펠과 처치의 반론이 잘못되었다는 것을 주장한다.51) 그의 주장은 진술 N이 불필요하고 무의미한 진술이기 때문에 복합 진술의 구성 요소가 될 수 없다는 것이다. 이러한 주장은 진술 N은 검증가능한 진술과 연언이나 함축과 같은 어떠한 논리적 관계에 설 수 없다는 것을 말하는 것이다. "만약 헴펠이 인정하는 바와 같이 우리가 이미 '절대자는 완전하다'는 문장이 무의미하다는 것을 안다면, 도대체 어떻게 그것을 논증의 한 전제로서 취급할 수 있으며, 또한 그것 단독으로부터 혹은 다른 문장들과 연언하여 결론을 도출하려고 시도할 수가 있는가? 한 문장이 논증에서 역할을 하는 것은 순전히 그것의 진리치에 의한 것일 뿐이다."52) 나중에 헴펠은 이러한 라이닌의 주장에 수긍한다.53)

이제 우리는 문장 N을 검증불가능한 것으로 확인하는 그 과정 자체가 그러한 문장 N을 한 구성 요소로 포함하고 있는 복합 문장을 충분히 배제할 수 있다고 결론을 내릴 수 있을 것이다. 그러나 오즈월드 한플링(Oswald Hanfling)의 반론은 이러한 결론에 중대한 유보 사항을 제공한다.54) 그는 그러한 결론은 에이어의 확인가능성의 기준이 가지고 있는 기본적인 약점을 감추고 있다고 지적한다. 우리가 이미 고찰한 바와 같이 에이어의 두 번째 기준은 일종의 연역가능성 혹은 도출가능성(deductibility)에 근거하고 있다. 즉 그것은 한 문장 S는 만약 적어도 하나의 관찰 문장 O가 그것으로부터 도출될 수 있을 때 검증가능하다는 것이다. 그러나 확실히 관찰 문장 O는 문장 S의 전체 의미는 결코 아니다. 그렇다면 관찰 문장 O에 의해서 나타나지 않은 나머지 의미는 어떻게 파악할 것인가 하는 문제가 제기된다.

한플링의 이러한 반론은 번역가능성의 기준에까지 확대될 수 있다. 특히 카르납의 환원 문장이 부분적 정의(partial definition)라는 점을 감안하면 더욱 그렇다. 이것은 검증원리가 과학적 이론의 전체 의미를 결정할 수 없다는 것을 의미한다. 콰인이 지적한 것과 같이, 검증원리는 오직 경험과 부닥치는 "주변 근처(near periphery)"에만 적용될 뿐이며, "전체적 영역(the field as a whole)"에는 적용되지 않는다.55)

그렇다면 이제 우리는 에이어의 확인가능성의 두 번째 기준을 재구성하려는 다양한 시도들에 대해서 평가해야만 한다. 그러한 시도들은 복합 문장의 불필요한 여분적인(superfluous) 부분을 제거하려는 것을 주안점으로 한다. 그러나 불필요한 부분은 형이상학과 윤리학적 내용들 뿐만이 아니라 과학에서의 고도의 이론적 구성물이 될 수도 있다. 따라서 우리는 자연세계에서의 관찰상 불필요한 여분적인 내용에 관한 고도의 이론적 함축성도 동시에 배제하지 않고서는 복합 문장의 불필요하고 관찰상 여분적인 내용을 그것이 형이상학적이거나 윤리학적이라는 근거로 배제할 수 없게 된다. 이러한 관점에서 헴펠은 검증원리의 결정적 난점은 "경험과학의 명제들이 적절한 관찰 문장으로 표현될 수 있는 것 이상의 잉여적 의미(surplus meaning)를 갖는 것이다"라고 지적한다.56) 우리는 검증원리를 유의미성의 기준으로 수용하려는 논리실증주의가 여기서 대참패(Waterloo)를 경험하며, 에이어의 기준에 대한 헴펠과 처치의 반론은 다만 조그만 전초전(skirmishings)에 불과하다는 것을 인식하게 된다.57)

5. 결론

우리가 자세히 논의한 것과 같이 검증원리는 검증가능성, 반증가능성, 확인가능성, 그리고 번역가능성의 기준으로 다양한 발전과 변천 단계를 거쳐왔다. 그러나 3절에서 밝혀진 것처럼, 우리는 검증원리를 원하는 것, 즉 보편적 과학법칙, 이론적 가설들을 포함하고, 원하지 않는 것, 즉 형이상학적 진술들과 윤리학적 진술들을 배제하도록 구성하는 것이 힘든 일이라는 것을 알았다. 즉 한편으로 검증원리는 너무나 편협하면서도, 또 다른 한편으로는 너무나 방만한 기준이다. 이러한 관점에서 에이어는 솔직하게 다음과 같이 인정한다: "불행하게도 그들[논리실증주의자들]은 확인에 관한 물샐틈없는 형식적 이론을 가지지 못했으며, 우리도 역시 아직 그것을 가지지 못하고 있다. 따라서 검증가능성의 원리 그 자체는 결코 만족할 만하게 정식화된 적은 없다."58) 과학의 새로운 관점들로부터의 비판, 특히 콰인의 총체주의적 과학관(holistic view of sciences)으로부터의 비판에 대해서 에이어는 역시 다음과 같이 양보한다.59)

"이론 전체는 경험적으로 검사가능해야만 한다. 그렇지 않다면 그것은 아무짝에도 쓸모가 없다. 그러나 이론 전체 중 어떤 명제가 순 형식적인 것인지, 그리고 어떤 명제가 사실적 내용을 가지고 있는지에 대한 질문에 어떠한 일률적인 해답은 아마도 없을 것이다. 경험적인 내용을 가진 명제들을 형이상학적이라고 간주되는 명제들과 확연히 구분하는 방식은 없을지도 모른다."

검증원리에 대한 에이어의 이상과 같은 완전 양보를 통해 볼 때, 우리는 검증원리가 완전히 죽은 것이라고 결론내릴 수 있는가? 그러한 결론은 아직 시기상조일지도 모른다. 왜냐하면 에이어는 비교적 근래의 저서에서도 검증원리가 아직도 살아 있다고 주장하고 있기 때문이다. 검증원리의 현재적 위상을 좀 더 포괄적인 관점에서 파악하기 위해서, 논리실증주의에 대한 전반적 평가를 내리고 있는 에이어의 아래와 같은 주장을 인용하는 것이 좋을 것 같다.60)

"철학은 그 양식이 항상 변하고 있기 때문에 비엔나학파의 주요한 테제 중 변하지 않은 것은 거의 없다. 형이상학과 윤리학은 이제 더 이상 치욕의 대상은 아니며, 형이상학자들은 난해한 개념적 문제들에 대한 고유의 이해와 평가를 통해서 기발한 결론에 도달하게 되었다는 것이 인정되고 있다. 과학적 이론에 대한 실용주의적 관점은 과학적 실재론보다 비엔나학파의 테제에 덜 우호적이다. 분석/종합명제의 구분과 감각 자료의 개념 자체가 의문시되고 있으며, **감각 자료의 개념 혹은 그와 비슷한 어떤 것**

이 상당한 소용이 있다고 믿고 있는 사람들 중에도 모든 경험적 진술들이 감각 자료적 용어로 재구성될 수 있다는 것을 믿는 사람은 거의 없다. 다른 한편으로 의미와 검증가능성의 관련성에 대해서 상당한 지지가 아직도 남아 있으며, 의미와 진리 조건들의 관련성에 대해서는 더 강한 지지가 보내지고 있다. 최종적으로 나는 비엔나 실증주의의 정신은 생존한다고 말할 수 있다고 본다. 철학의 과학적 재수용, 그 논리적 기술, 확실성에 대한 강조, 애매모호하고도 뜬구름 잡는 철학적 고담준론이라고밖에는 말할 수 없는 경향의 추방을 통해서, 비엔나 실증주의는 지금이라고 해서 반전될 것 같지 않은 문제의식에 대한 새로운 방향을 제시했던 것이다."

불행하게도 에이어는 왜 의미와 검증가능성, 그리고 진리 조건 사이의 관련성에 대해서 상당한 지지가 아직도 남아 있는지에 대해서 구체적인 설명은 하지 않고 있다. 그러나 우리는 그 이유를 다음과 같이 생각해볼 수 있을 것이다.

검증원리는 직설적 문장(indicative sentence)의 의미를 그것이 표현하려고 하는 명제의 진리 조건과 부분적으로 동일한 것으로 간주함으로써 살아남고 있다. 비록 그러한 문장 표현의 기술적 용어들(descriptive terms)이 과학적 가설과 이론들의 의미를 총망라한 것은 아닐지라도 그러할 것이다. 만약 언어의 형식이 세계를 기술하는 데 사용될 수 있다고 한다면, 그러한 형식의 규칙은 순전히 구문론적 규칙들(syntactic rules)만은 아닐 것이다. 왜냐하면 언어가 기술적인 것이 되기 위해서 그것은 또한 의미론적 규칙들(semantic rules)을 가져야만 하기 때문이다. 즉 그 규칙들은 기본적 술어들의 사용과 세계의 어떤 사태를 연결시키는 역할을 한다. 의미론적 규칙에 대한 이러한 요구조건은 후기 실증주의의 시대에도 검증원리가 살아남아 있다고 믿고 있는 철학자들이 가진 본질적인 신념이다. 예를 들면, 애쉬비(R. W. Ashby)

는 "언어가 기술적이기는 하지만 아무런 의무론적 규칙도 가지고 있지 않다고 말하는 것은 모순일 것이다"라고 말한다.61) 만약 어떤 철학자가 언어를 사용해서 세계에 관한 명제들을 산출하고 있지만 그러한 명제들이 어떠한 의미로도 검증가능하지 않다고 말한다면 그의 입장은 일관되지 못한 것이다.

그러나 우리는 4절에서 논구한 것처럼 세계는 관찰적 내용이 다 담을 수 없는 불필요한 잉여적 부분을 가지고 있다는 것을 상기해야만 한다. 그래서 비록 검증원리가 이론의 경험적 "주변 근처"에서 부분적으로 삼아남아 있다고 해도, 만약 의미론적 규칙이 기본적인 관찰적 술어와 비관찰적 술어 사이의 관계와 함축성에 대해서 구체적인 기준을 제시하지 못한다면, 검증원리는 "단지 주먹구구(a mere rule of thumb)"에 불과할 것이다.62)

검증원리의 현재적 위상에 대한 최종적 판결을 내리기 위해서는 논리실증주의 붕괴 이후 전개되고 있는 분석철학과 과학철학의 다양한 논의들을 다루지 않으면 안 될 것이다. 그러한 논의들은 과학적 실재론을 둘러싼 논쟁, 알프레드 타르스키(Alfred Tarski)의 의미론적 진리관과 다른 진리관들의 대립, 자연주의적 인식론(naturalistic epistemology)과 진화론적 인식론(evolutionary epistemology)의 문제들, 토머스 쿤(Thomas Kuhn)에 의해서 제기된 과학적 혁명의 패러다임 논쟁, 그리고 많은 파란을 일으키며 리처드 로티(Richard Rorty)가 선언했던 인식론의 종언과 후기 실증주의 혹은 후기 분석철학의 위상 논쟁 등이다. 그리고 논리실증주의의 검증원리와 형이상학과 윤리학에 관련된 궁극적 문제는 결국 논리실증주의도 하나의 형이상학적 체계인가, 아니면 규범적 권유의 체계인가 하는 문제로 귀착되므로 그러한 문제에 대해서도 충분한 논의가 있어야 할 것이다.63)

비록 우리는 검증원리가 주먹구구에 불과하다는 결론을 도출하기는 했지만, 이상에서 언급한 산적된 논의 과제들의 그 광범위성을 볼 때 우리의 결론도 검증되지 않은(?) 주먹구구임을 자인하지 않을 수 없을 것이다. 여기서 우리는 다만 검증원리의 여러 변천 단계들과 그 문제점들을 논의하면서 가장 기초적이고 근본적인 문제들은 그래도 다루었다고 자인해볼 뿐이다. 그러나 그 무엇보다도 중요한 것은 형이상학과 윤리학이 논리실증주의의 검증원리라는 질곡을 벗어나 자신들만의 고유 영역 속에서(*sui generis*) 힘차게 발전하게 된 것이라고 말하고 싶다.

제 2 장

일상언어와 도덕적 합리성:
툴민의 정당근거적 접근방식을 중심으로

1. 서론: 툴민의 정당근거적 접근방식의 메타윤리학적 좌표

분석철학과 윤리학이 접합된 분석윤리학 혹은 메타윤리학은 무어(G. E. Moore)의 『윤리학 원리』(1903)에서 시작하여 쿠르트 바이어(Kurt Baier)의 『도덕적 관점』(1958)에서 종말을 고하게 된다.[1] 바이어의 견해는 정당근거적 접근방식(the good reasons approach)의 한 입장으로 간주되는데, 정당근거적 접근방식은 스티븐 툴민(Stephen Toulmin)의 『윤리학에서 이성의 위치에 대한 고찰』(1950)로부터 그 본격적인 출발을 한다.[2] 제2차 세계대전 이후 태동한 정당근거적 접근방식은 일상언어학파와 후기 비트겐슈타인(Ludwig Wittgenstein)의 강력한 영향을 받아 "도덕적 담화의 의미론과 도덕적 추론의 논리"에 관심을 집중함으로써 메타윤리학의 새로운 지평을 열었다.[3] 이 접근방식의 기본적 주장은 다음과 같다: 사람들은 도덕적 담화에서 그들의 도덕적 신념과 행동에 관한 다양한 이유와 근거를 제시함으로써 그것들을 정당화하고 있으며, 어떤 이유와 근거들은 정당하거나 타당하거나 혹은 충분한 것으로 간주되지만, 어떤 다른 이유와 근거들은 그렇지 않은 것으로 간주된다는 것이다.

후기 비트겐슈타인과 일상언어학파의 입장은 일상언어가 논리적으로 의미론적으로 더 만족스러운 이상적인 언어로 대치되어야 한다는 버트런드 러셀(Bertrand Russell)과 논리실증주의자들의 요구를 거부한다. 또한 그 입장은 진술과 명제의 검증 방법과 의미가 중요한 것이 아니라 오히려 그 용법이 중요하다는 점을 강조한다. 나아가서 그 입장은 "모든 명제는 그 고유한 논리를 가진다"는 슬로건도 내세운다.4) 정당근거적 접근방식은 후기 비트겐슈타인과 일상언어학파의 이러한 입장을 수용함으로써 메타윤리학에 있어서 다음과 같은 중대한 방법론적 전환을 이룩한다.

정당근거적 접근방식은 (1) 도덕적 용어와 개념에 대한 분석에서 도덕적 추론의 타당성에 대한 분석으로 철학적 관심을 이행시킨다. (2) 과학적 합리성만을 인정했던 논리실증주의의 편협성에서 벗어나 도덕에도 나름대로의 합리성이 있다는 것을 인정한다. (3) 도덕적 견해의 차이나 갈등은 무어(G. E. Moore) 식으로 비자연적인 속성의 인식에 관한 차이나, 혹은 로스(W. D. Ross) 식으로 직관적 의무들 사이의 상충에서 오는 것이 아니다. 그리고 도덕적 견해와 그 차이가 단순한 감정 표현이나 권유이거나, 혹은 순수한 개인적 결단의 차이와 같은 것도 아니다. 또한 도덕적 판단이 사실판단과 무관한 것은 아니지만, 자연주의적인 사실판단 혹은 도덕의 과학화를 통해서 도덕적 판단들 사이의 갈등이 간단하게 해소될 수 있는 것도 아니다. (4) 일상언어에 나타난 도덕적 합리성은 인간의 행위에 지침을 주고 관심을 유발하고 행동을 변화시킬 수 있는 고유한 추론, 즉 타당성 혹은 적합성에 관한 논리적 규칙 혹은 절차와 아울러 배경적인 사회적 관행이라는 경험적 사실과도 연관되어 있다. 따라서 정당근거적 접근방식은 도덕적 비인지주의와 경험적 인지주의의 사이의 교묘한 줄타기로서 "존재와 당위" 사이의 간격을 메우려는 한 시도로 해석될 수 있다. (5) 정당근거적 접근방식은 타당한 추론 규칙과 정당한 사회적 관행이 함축하는 실질적 가치와 규범적 원칙으로 말미암아 규범적 중립성을 전제하는 메타윤리학의 한계 내에 더 이상 수용될 수 없었기 때문에 메타윤리학은 내부 붕괴하여 "규범윤리학에로의 복귀"를 이룩해내는 한 계기가 된다.5) 물론 다른 한편으로 정당근거적 접근방식은 다양한 추론 규칙의 확인과 선택 과정에서 결국 이모티비즘(emotivism)의 한계를 극복하지 못했다는 지적도 가능할 것이다.6) 그러나 오늘날 사회계약론적 정의론으로 영미 윤리학계를 풍미하고 있는 존 롤즈(John Rawls)와 데이비드 고티에(David Gauthier)가 초기에는 정당근거적 접근방식의 한 유형에서 출발했다는 사실은 그 접근방식이 가진 중차대성을 잘 말해준다. 정당근거적 접근방식과 사회계약론적 정의론(正義論)의 윤리학사적 연관성을 밝혀내는 것도 본 논문의 주요한 목표 가운데 하나가 될 것이다.

우리의 기본적 목표는 정당근거적 접근방식이 가지는 이상과 같은 메타윤리학적인 방법론적 전환의 의미를 오늘날의 관점에서 평가하는 일이다. 이러한 목표를 위해 우리는 2절에서는 툴민의 대표적 저서『윤리학에서 이성의 위치에 대한 검토』에서 정당근거적 접근방식이 어떻게 전개되고 있는가를 구체적으로 분석해보려고 한다. 이어서 3절에서는 툴민의 정당근거적 접근방식에 대한 가장 영향력이 있는 비판을 전개했던 롤즈의 논평을 중심으로 해서 툴민의 입장이 가진 메타윤리학적 한계를 밝혀보려고 한다. 4절 결론에서는 툴민의 정당근거적 접근방식이 남긴 성과와 교훈을 짚어볼 것이다. 그리고 우리는 그러한 성과와 교훈에 대한 비판적 인식을 통해서 실천적 규범윤리학이 주류를 이루고 있는 현대 윤리학의 방법론적 실천적 과제에 대한 한 시사점을 얻어보려고 한다.

2. 툴민의 『윤리학에서 이성의 위치』에 대한 분석

툴민에 따르면, 윤리학의 중심적 문제는 정당하고 타당하고 강력한 도덕적 주장들을 그렇지 못한 도덕적 주장들로부터 구별하는 방식을 찾는 일이다. 다시 말하면, 우리가 도덕적 결론을 지지하기 위해서 제시하는 근거들 중 "어떤 근거가 정당한 근거인가?" 하는 것이다.[7] 더 나아가서 우리가 도덕적 논증과 담론을 할 때 어디에서 "근거를 제시하는 일이 불필요하게 되는가?"를 아는 것도 역시 중요하다.[8] 간략히 말해서, "윤리학에서 이성의 위치가 무엇인가?"라는 질문이 가장 핵심적이라는 것이다. 툴민의 『윤리학에서 이성의 위치』는 그러한 핵심적인 문제를 "전통적인 접근방식", "논리와 삶", "윤리학의 본성", "이성의 한계"라는 네 부분으로 나누어 탐구하고 있다. 그러면 이러한 네 부분을 기본적으로 따라가면서 툴민의 입장을 탐구해보기로 하자.

1) 전통적 윤리학설들에 대한 비판

툴민은 무어(G. E. Moore), 찰스 스티븐슨(Charles L. Stevenson), 알프레드 에이어(Alfred J. Ayer)에 의해서 각각 대표되는 객관적 윤리설(objective theory), 주관적 윤리설(subjective theory), 명령적 윤리설(imperative theory)을, 전통적 윤리학설들을 큰 무리 없이 포섭할 수 있는 분류방식으로 생각한다.[9] 이러한 세 가지 윤리학설들은 모두 동일한 반론에 직면한다. 즉 그것들은 모두 도덕적 추론과 담화에 있어서 정당한 근거가 무엇인가를 제시해주지 못하고 있다는 것이다. 다시 말하면, 그것들은 보통 사람들이 실제적인 일상언어에서 사용하고 있는 도덕적 추론의 유형을 정확하게 기술하지 못하고 있다는 것이다. 또한 그것들은 도덕적 추론보다는 도덕적 개념들의 정의(定義)와 의미의 탐구에 치중한다는 것이다. 객관적 윤리설은 "좋음" 혹은 "옳음"과 같은 도덕적 개념들은 그러한 개념들을 통해서 지칭되는 것이 무엇이든지 그 지칭 대상에 어떤 종류의 속성(properties)을 부여하는 것이라고 주장한다. 주관적 윤리설은 도덕적 개념들이 개인 혹은 그러한 개인이 소속되어 있는 집단의 감정을 표출하는 것이라고 주장한다. 명령적 윤리설은 도덕적 개념들은 아무런 인식적 의미도 내용도 없는 사이비 개념으로서 다만 설득과 명령을 위한 도구에 불과한 것이라고 주장한다.10)

툴민이 비판하는 객관적 윤리설은 "선(goodness)"이 직접적으로 인식될 수 있는 단순한 비자연적 속성이라고 주장하는 무어의 입장이다.11) 툴민은 객관적 윤리설은 실패했다고 본다. 그 이유는 객관적 윤리설이 도덕적 판단과 가치의 속성을 확인해내는 방식에 대한 합의를 마련하지 못하고 있기 때문이다. 전통적으로 객관적 윤리설이 많은 철학자들을 매혹시켜온 이유는 다음과 같다. 즉 "이것은 노랗다"와 "이것은 좋다"라는 말이 모두 사물에 어떤 속성을 부여하는 것이라고 생각되어, 사람들이 도덕적 가치와 판단에 대해서 동의하지 못하는 것은 그러한 속성에 대해서 동의하지 못하는 것이라고 일관성 있게 설명될 수 있기 때문이다.12) 그러나 툴민은, 예를 들어, 한 행위의 정당성과 같은 가치에 대한 불일치는 그 행위를 하거나 하지 않을 이유나 근거에 대한 차이 혹은 그러한 이유와 근거가 정당한 것인가에 대한 의견의 차이로 보다 잘 설명될 수 있다고 주장한다. 따라서 툴민은 객관적 윤리설이 도덕적 추론에 대한 이해에 아무런 도움도 되지 못할 뿐만 아니라 심지어 "실제적 방해(positive hindrance)"가 된다고 비판한다.13) 예를 들어, 철수는 "x는 좋다"고 하고 영희는 "x는 나쁘다"고 할 때, 철수는 어떤 단순한 비자연적 속성을 인식하는 반면에, 영희는 그것을 인식하지 못한다고 말하는 것은 무의미하다는 것이다. 툴민은 우리가 "철수는 x를 해야 할 어떤 좋은 이유를 알고 있는 반면에, 영희는 그것을 알고 있지 못하다"고 말하는 것으로 충분하다고 주장한다.14)

툴민이 비판하는 주관적 윤리설은 도덕적 판단이 발화자의 심리적 상태에 관한 어떤 주관적 속성을 지시한다고 주장하는 스티븐슨의 입장이다.[15] 주관적 윤리설의 잘못은 도덕적 판단이 객관적 속성을 지시한다고 주장하는 객관적 윤리설의 잘못과 동일한 것이다.[16] 툴민은 만약 도덕적 판단이 개인적인 선호 혹은 태도를 지칭하는 것에 불과하다면, 우리는 도덕적 판단의 차이나 불일치를 의미 있게 설명할 수 없게 된다고 비판한다. 예를 들어, 철수는 "x는 좋다"고 말하고, 영희는 "x는 나쁘다"고 말한다면, 철수와 영희는 실제적으로 어떤 도덕적 판단의 차이를 가지고 있지 않다. 이 경우 도덕적 판단은 다만 선호나 태도에 불과하게 된다는 것이다.[17] 스티븐슨은 소견의 불일치와 태도의 불일치를 구분하고, 우리가 관련된 경험적 사실에 대해서 일치하면 소견의 불일치는 해소될 가능성이 있기는 하지만, 도덕적 판단의 불일치는 쉽사리 해소될 수 없는 감정이나 태도의 불일치라고 주장한 바 있다. 따라서 스티븐슨은 도덕적 추론이 태도에 호소하는 것 이외에 다른 어떤 타당한 기준을 갖는 것으로 보지 않는다. 여기서 툴민은 우리가 도덕적 판단에 대해서 아는 것은 여러 가지 도덕적 문제에 대해서 우리가 어떠한 태도를 가지고 있는가를 아는 것으로 충분하지 않다고 주장한다.[18] 우리는 그러한 태도가 정당화될 수 있는가를 더 물어야 한다는 것이다. 물론 어떤 감정과 태도를 가지는 것을 합리적으로 설명할 수는 없겠지만, 우리는 그러한 감정과 태도가 도덕적으로 옳은 것인가를 최소한 입증해야 할 의무가 있다는 것이다. 우리가 그러한 의무를 갖는다는 것은 어떤 도덕적 판단을 내릴 때 우연히 갖게 된 개인적 선호나 변덕성에 관련된 이유나 근거가 아니라 그러한 도덕적 판단을 합리적으로 지지할 수 있는 정당한 이유나 근거가 무엇인가를 제시할 수 있어야 한다는 것이다.[19]

툴민이 비판하는 명령적 윤리설은 도덕적 판단이 감탄이나 설득과 명령에 불과한 것이라고 주장하는 에이어의 입장이다.[20] 명령적 윤리설은 도덕적 판단이 어떤 속성을 지칭하고 있다는 객관적 윤리설과 주관적 윤리설의 공통적 잘못을 피하려고 한다는 점에서 옳다는 것이다. 그러나 명령적 윤리설의 잘못은 도덕적 판단을 명령과 같이 진위치를 판정할 수 없는 사이비 명제로 본다는 것이다.21) 명령적 윤리설에 따르면, 예를 들어, 철수가 "x는 좋다"고 말할 때, 그것의 의미는 "x를 하라"이고, 영희가 "x는 나쁘다"고 말할 때, 그 의미는 "x를 하지 마라"가 된다. 그래서 명령적 윤리설을 따르게 되면, 어떤 도덕적 판단이 참이나 거짓이 될 수 있는지를 설명할 수 없게 된다. 이러한 설명 불가능성은 결국 객관적 윤리설과 주관적 윤리설의 잘못을 명령적 윤리설도 회피하지 못하는 셈이 된다는 것이다.22) 즉, 어떤 도덕적 판단이 참이 되려면, 그것은 객관이나 주관의 어떤 속성을 지시 혹은 지칭해야만 한다. 그런데 도덕적 판단이 지시 또는 지칭하는 어떠한 객관적 혹은 주관적 속성도 없다. 따라서 우리는 어떤 도덕적 판단에 대해서도 참과 거짓을 말할 수 없게 된다는 것이 명령적 윤리설의 결론이다. 이러한 명령적 윤리설의 결론은 일종의 도덕적 비관주의라고 툴민은 지적한다.

툴민은 윤리학에 있어서 이성의 위치를 탐구하는 자기의 논의가 비록 전통적 윤리설들에 대한 비판에서 출발하기는 하지만, 그것들이 도덕적 판단과 추론에 대해서 나름대로 중요한 측면을 부각시키고 있다는 점도 아울러 지적한다.23) 즉, 객관적 윤리설은 객관적 속성의 기준과 인식을 강조함으로써 도덕적 판단과 추론의 정당한 근거에 대한 필요성을 입증해준다. 주관적 윤리설은 도덕적 판단에 있어서 시인과 의무의 감정이 가진 중요성을 말해준다. 명령적 윤리설은 도덕적 판단의 수사학적 힘에 대한 관심을 불러일으켜준다. 이러한 전통적 윤리설의 긍정적 측면은 툴민의 정당근거적 접근방식이 도덕적 판단의 지시론적 의미론(the referential theory of meaning)이 아니라, 인과적 혹은 심리적 의미론(the causal or psychological theory of meaning)이나 도덕적 담론의 구체적 용법에 의거하도록 만든다. 그래서 툴민에 따르면, 도덕 판단은 "우리의 감정과 행동을 변화시키는" 기능을 가지고 있으며, "한 추론은 그것이 '도덕적'으로 간주되는 한 우리의 행동에 영향을 미치도록 꾸며져야만 한다."24)

2) 추론의 논리에 대한 일반적 고찰과 그 다양성 인식

그렇다면 우리의 감정과 행동을 변화시킬 수 있는 도덕적 추론의 논리는 어떻게 찾을 수 있을 것인가? 툴민은 『윤리학에서 이성의 위치』제2부 "논리와 삶"에서 도덕적 추론의 논리를 찾기 위한 전제 작업으로서 추론 일반에 대한 탐구를 전개한다. 여기서 툴민은 논리적 추론의 일반적 용례, 경험과 설명, 그리고 추론과 실재에 관련된 문제들을 다루고 있으나, 우리는 도덕적 추론의 논리를 이해하는 선행적 조건으로서만 그러한 문제들을 간략하게 다룰 것이다.

툴민은 우선 우리 인간의 다양한 언명들 속에서 발견될 수 있는 논리는 그러한 언명들이 사용되는 인간적 활동의 관점과 분리될 수 없다는 것을 밝힌다. 이것은 정당한 논증과 정당하지 못한 논증을 구분하는 특유한 기준과 각각의 고유한 목적을 가진 다양한 추론들이 존재한다는 것을 의미한다.25) 따라서 우리가 일반적으로 무엇이 정당한 추론이고 무엇이 정당한 추론이 아닌지를 물어보는 것은 무의미하고, 또한 우리는 그러한 질문에 대답할 수도 없다고 본다.26) 우리는 오히려 무엇이 정당하고 적절한 연역적 추론인지, 귀납적 추론인지, 혹은 도덕적 추론인지를 물어야 한다는 것이다. 추론의 일반적 본성에 대해서 우리가 말할 수 있는 것의 전부는 추론의 형태가 무엇이든지 그 고유한 목적을 위해서 우리가 결론을 "받아들일 만한 가치가 있는 것이 되도록" 논증을 제시해야 한다는 것이다.27) 이것은 이미 언급한 대로 "모든 명제는 그 고유한 논리를 가진다"는 일상언어학파의 슬로건을 받아들이는 것이다. 또한 이것은, 툴민도 인용하듯이, 후기 비트겐슈타인의 한 상징으로 널리 언급되고 있는 각기 고유한 사용 목적과 기능을 가진 "도구함

속의 일련의 도구들(tools in a tool-box)"을 연상시킨다.28) 따라서 기술적 용법 이외에 언어가 사용되는 많은 방식이 있는 것은 당연하다. 우리가 언어가 사용되는 다양한 방식에 관심을 집중한다면, 다양한 목적적 행위에 관련되어 있는 다양한 추론 방식은 그 표현에 있어서 다양한 언어 사용 방식을 포함한다는 것을 알게 될 것이다. 바로 이러한 관점에서 툴민은 도덕적 추론의 논리를 신선한 안목으로 다시 보아야 한다고 강력하게 주장한다.29) 툴민은 도덕적 추론의 언어가 단순히 사물을 기술하거나 감정을 표현하는 것 이상임을 보여주려고 한다.

툴민에 의하면, 추론의 다양성을 인식하는 것은 매우 중요하다. 우리는 추론의 다양성을 인식하지 못한 고전적인 사례로 데이비드 흄(David Hume)을 들 수 있다.30) 흄은 연역적 추론을 모든 추론의 전형인 양 간주함으로써 다른 종류의 추론들도 연역적 추론의 모형에 의거해서 평가하려고 했다. 그는 다른 종류의 추론들이 연역적 추론의 기준을 만족시키지 못하므로, 우리는 태양이 내일 떠오를 것인지를 믿을 아무런 이유도 없고, 또한 손가락 하나가 긁히는 것보다 이 세계가 파괴되는 것을 더 선호하지 않을 아무런 이유도 없다고 결론을 내린 바 있다. 툴민은 이러한 종류의 철학적 실수는 추론의 방식과 종류의 다양성을 깊이 인식함으로써 피할 수 있는 것이라고 지적한다.31)

그 구체적인 추론의 방식과 논리는 다르지만, 마치 과학철학이 과학적 탐구 방법의 근저에 있는 논리적 구조를 밝히려고 노력하는 것처럼, 툴민의 정당근거적 접근방식도 도덕적 신념이 어떻게 참 또는 거짓으로 확증될 수 있으며, 또한 어떠한 근거에서 참 또는 거짓이 되는 것을 안다고 주장할 수 있는가를 밝히려고 한다. 여기서 툴민은 과학적 추론의 논리에 대한 자기의 생각을 제시한다. 과학적 이론과 가설에 있어서 정당한 근거로 간주될 수 있는 것은, 그 이론과 가설에 따른 "예측을 신뢰할 수 있는 일관되고 간편한 것"이라는 생각은 과학의 목적과 밀접한 관계가 있다는 것이다.32) 다시 말하면, 과학적 추론의 논리는 그 추론이 행해지는 목적에 따른 상대적인 것이 된다. 툴민은 "추론과 실재(Reasoning and Reality)"의 관계에 대해서도 비슷한 생각을 가진다. 즉 "진정으로 실재적인(really real)" 것이 무엇인가를 묻는 것은 무의미하다는 것이다. 과학적 "실재"와 예술적 "실재"는 서로 양립 불가능한 것이 아니다. 예술과 과학은 실재에 대한 각기 다른 언명을 필요로 하는 각각의 고유의 목적적 활동을 가진다는 것이다.33)

3) 도덕적 추론의 정당한 근거와 윤리학의 기능

툴민은 이러한 추론의 논리에 대한 일반적 고찰의 결과로 "논리"는 "기능"에 의존한다는 원리를 정식화한다. 따라서 그가 제기하는 물음은 다음과 같은 것이 된다. "우리는 도덕적 언명들이 가장 중요하게 사용되는 인간적 상황과 활동의 종류들에 대한 지식으로부터 어떤 종류의 주장들이 한 행위 방식을 옹호하기 위한 것으로서 적절한 것인지를 발견할 수 있는가?"34) 윤리학의 기능과 역할을 통해서 도덕적 추론의 정당한 근거를 발견하겠다는 것이 툴민의 철학적 포부이다.35) 이러한 그의 포부는 어떤 특정한 도덕규범이나 도덕설을 구성한다든지 혹은 현존하는 도덕규범을 옹호하는 것이 아니라 우리가 매일 사용하는 일상언어에서 발견될 수 있는 윤리적 판단의 기능을 확인함으로써 달성하려고 하는 것이다.36) 툴민은 윤리적 판단이 일상언어에서 사용되고 있는 것을 잘 주목해보면, 윤리적 판단은 논리적이고 형식적인 관점에서 형평성(equity)을 가져야만 하고, 또한 보편화가능성(universalizability)을 가져야만 한다는 것을 알 수 있다고 주장한다.37) 만약 윤리적 판단이라고 주장되는 판단이 어떤 개인이나 단체만을 제한적으로 지칭한다면, 그러한 판단은 "윤리적 판단이 아니라 특혜(privilege)에 관한 판단"에 불과하다고 주장한다.38)

툴민은 윤리학이 과학인가의 문제는 과학적 판단과 윤리적 판단의 기능에 대한 차이에 주목함으로써 가장 잘 처리될 수 있다고 믿는다.39) 과학적 판단은 자연적 경험에 관련된 우리의 기대를 변화시키려는 것이다. 그러한 기대는 과학적 예측에 의해서 이룩된다. 그런데 도덕적 판단도 우리의 감정과 행동을 변화시키려는 의도를 갖는다는 것이다.40) 따라서 그는 당시를 풍미하고 있던 일반적 경향, 즉 과학은 이성적, 논리적 추론을 포함하고 있는 반면에 도덕적 판단 혹은 윤리학은 수사적 기교와 경멸적 의미의 합리화(rationalization)만을 포함한다는 견해는 잘못된 것이라고 비판한다. 과학적 활동과 윤리학적 활동은 둘 다 이성과 이성적 추론을 사용할 뿐만 아니라 수사학과 합리화도 역시 사용한다는 것이다. 중요한 것은 각각의 영역에서 이성적 추론과 수사학과 합리화가 사용되는 방식에 관한 차이를 인식하는 것이라고 툴민은 주장한다.41)

일상언어에서 도덕적 주장을 지지하는 이유와 근거들이 제시되는 방식을 조사함으로써 툴민은 밀접한 연관이 있는 다음과 같은 두 가지 종류의 근거가 "도덕적" 근거라고 결론짓는다.42) 첫째는 어떤 행위가 그러한 도덕적 담론이 행해지고 있는 공동체의 도덕적 규범에 대한 의무라는 점을 입증시키는 근거들이고, 둘째는 그 공동체의 구성원들의 고통, 곤혹, 그리고 불편함의 제거에 관계되어 있는 근거들이다. 이러한 툴민의 주장은 도덕적 의무의 개념이 공동체적 삶을 가능케 하고 조화롭게 하는 것으로서 그 공동체에 의해서 채택된 도덕적 관행에 바로 연결되어 있다는 것을 의미한다. 따라서 공동체의 도덕적 규범과의 일치와 인간의 복지라는 두 가지 근거는 같은 뿌리를 갖는다. 즉, 그것들은 공동체 구성원들의 이익과 행동을 조화롭게 만드는 것에 관련된다.43) 이익의 조화는 이익의 갈등을 해소할 수 있는 어떤 절차를 요구하고 도덕은 그러한 절차를 제시해준다는 것이다. 이미 우리는 툴민에 의하면 도덕적 판단의 기능은 우리의 감정과 행동을 변화시키려는 의도를 갖는다는 것을 언급했다. 도덕적 판단의 기능이 그러하다면 당연히 윤리학의 기능도 그러한 의도에 관계될 것이다. 툴민에 따르면, 윤리학의 기능은 "우리의 감정과 행동을 모든 사람의 목적과 욕망의 실현이 최대한 양립 가능한 방식으로 상호 연관시키는 것이다."44) 간단히 말해서 "윤리학은 욕망과 이익의 조화로운 만족에 관여한다"는 것이다.45)

만약 툴민의 정당근거적 접근방식이 여기에서 끝난다면, 그는 공동체주의적 보수주의자와 인습주의자 혹은 공동체주의적 정태주의자라는 비판을 면할 수 없을 것이다. 툴민은 한 공동체에서 현재 통용되고 있는 도덕적 규범을 무비판적으로 수용하라고 주장하는 것은 아니라고 밝힌다. 그는 공동체의 도덕적 규범도 사회적 조건들의 변화에 따라서 변화하고, 발전하고, 진화해나간다는 점을 망각하지 않는다.46) 한 공동체의 윤리가 발전해나가는 초기 단계에 있어서 일련의 원칙들이 그 구성원들의 행위를 규제하기 위해서 고안된다.47) 그러나 어떤 원칙들은 이익의 조화를 달성하는 데 그렇게 효과적이 아니라는 것과 동시에 특정한 상황에서 원칙들이 상충되기도 한다는 것이 경험을 통해서 밝혀지게 된다. 여기서 공동체의 도덕적 규범들은 통상적인 초기 단계에서 비판적 단계로 이행한다. 이러한 비판적 단계에서는 공동체 구성원들의 다양한 행위가 지닌 "동기(motives)"와 사회적 관행들의 "결과(results)"가 중대하게 고려된다.48) 동기와 결과에 대한 고려는 도덕원칙들을 변경하게끔 함으로써 더 만족스러운 도덕규범들을 산출하게 만든다. 툴민에 따르면, 더 만족스러운 도덕적 규범들은 고전적 공리주의처럼 적극적으로 최대다수의 최대행복을 증진하라는 것이 아니고 오히려 이익의 조화와 고통의 감소를 중시하는 것이다.49) 이러한 점에서 툴민의 입장은 일종의 부정적 공리주의(negative utilitarianism)라고 해석될 수 있을 것이다.50)

그러나 우리는 툴민의 정당근거적 접근방식이 일종의 부정적 공리주의라는 간단한 해석으로 만족할 수는 없다. 그의 정당근거적 접근방식에서 "도덕적 추론의 논리(the logic of moral reasoning)"는 가장 중요한 것이기 때문에 이것을 좀 더 구체적으로 살펴볼 필요가 있다. 도덕적 추론의 논리에서 툴민은 먼저 어떤 행위자의 숙고적 행위가 옳은가 옳지 않은가 하는 문제는 그 행위가 (그 행위자가 소속된) 공동체의 도덕규범들 속에 포함된 어떤 원칙에 부합하는가의 문제로 귀착될 수 있는가에 대해서 설명한다.51) 어떤 도덕적 결정들을 지지하는 이유들을 제시한다는 것은 그러한 상황에서 그 행위를 규제하는 원칙을 참조하는 것과 마찬가지다. 물론 그러한 원칙이 수용된 사회적 관행을 구현하고 있는 원칙이어야 하는 것은 두말할 필요도 없다.

그러나 이미 언급한 것처럼, 원칙들에 사이에서 의무의 상충이 있을 경우에는 예상된 결과에 대한 비교를 통해서 올바른 행위가 무엇인가를 결정할 수밖에 없다. 그러나 정당성(rightness)은 결과를 직접적으로 참조함으로써 결정되는 것이 아니라 근거와 이유에 대한 고려에 의해서 결정된다.52) 여기서 툴민은 정당성에 대해서 단순한 결과주의(consequentialism)를 주장하고 있지 않다는 것을 알아야만 한다.53) 가장 중요한 문제는 언제나 어떤 행위 방식이 인습적 관행에 의해서 확립된 원칙과 합치하느냐의 여부이며 결과에 대한 고려는 원칙에 관한 전적인 대안이 될 수는 없다.54) 그러나 어떤 원칙 자체의 정의로움이 문제시될 때, 그 원칙의 유용성(utility), 즉 이익을 조화시키거나 혹은 회피할 수 있는 고통을 줄일 수 있는 능력을 고려하는 것이 적절한 것이 된다. 그렇다고 해서 어떤 원칙에 부합하는 행위가 특정한 사례에 있어서 유용성을 가질 것인가를 결정하는 것은 도덕적 추론의 몫은 아니다. 이미 우리는 그러한 방식으로 행위하는 이유와 근거를 가지고 있고 또한 그것은 도덕적 이유로서 충분한 것이다. 다시 말하면, 그 행위는 원칙에 의해서 요구된다는 것이다. 예를 들면, 약속 이행의 원칙에 따른 어떤 특정한 행위가 나에게 유리한가 불리한가를 따지는 것은 도덕적 추론이 아니라는 것이다. 우리는 유리하든 불리하든 약속을 지켜야만 하는 것이다. 툴민은 "어떤 특정한 행위의 정당성을 문제 삼는 것과 어떤 관행 자체의 정의로움을 문제 삼는 것은 다른 것이다"라는 점을 분명히 한다.[55] 개별적 행위와 원칙 사이의 이러한 구별을 통해서 툴민은 "행위 공리주의(act utilitarianism)"가 아니라 "규칙 공리주의(rule utilitarianism)"를 주장하게 되는 것이다.[56] 행위 공리주의는 유용성의 대상을 행위로 보는 반면, 규칙 공리주의는 유용성의 대상을 규칙으로 보는 점이 다르다. 물론 툴민의 입장을 어떤 특정한 윤리학설과 연계시키는 것에 전혀 문제가 없는 것은 아니다. 툴민은 여전히 정당근거적 접근방식의 규범윤리학적 중립성을 주장하면서, 자기는 어떤 하나의 윤리학설을 제시하려는 것이 아니라는 것을 강조하고 있다.[57] 그러나 우리는 툴민의 이러한 주장이 타당한 것이 아니라는 것을 입증해야 할 필요가 있다. 이러한 문제는 툴민에 대한 다양한 비판적 견해를 언급할 때 다시 취급될 것이다.

물론 두 개 이상의 대안적 행위 방식들이 도덕적 선택의 기준들을 동시에 만족시키는 경우가 있는 것이 사실이다. 즉 상이한 대안들이 동일한 원칙과 규범 체계에 부합할 뿐만 아니라 보다 동일하게 좋은 결과를 산출하는 경우도 있다. 그러한 경우에 있어서 도덕적 고려 사항은 더 이상 적용되지 않는다. 만약 그러한 대안들 사이에서 선택을 해야 한다면, 그 선택은 도덕적이 아닌 다른 근거에서 내려져야만 할 것이다.[58] 그러한 다른 근거 중 가장 중요한 것은 "삶의 방식"일 것이다.[59] 따라서 동일한 사회 속에서의 상이한 삶의 방식에 관한 비교와 더 나아가서 상이한 사회에서의 상이한 도덕적 관행과 삶의 방식에 관한 비교와 평가는 도덕적이고 합리적인 관점에서는 불가능하다는 것이다.[60] 여기서 우리는 툴민에 대한 후기 비트겐슈타인의 영향을 다시 확인하게 된다.

툴민은 "무엇이 어떤 도덕적 근거를 정당한 것으로 만들고, 어떤 도덕적 판단을 타당한 것으로 만드는가?"라는 질문에 대한 일반적인 답변(general answer)을 추구할 필요가 없다는 점을 밝힌다.[61] 툴민은 우리는 다만 특정한 사례에 있어서 정당한 근거를 구성하는 것이 무엇인가를 고려하는 것으로 충분하다고 본다.62) 이러한 점은 툴민이 나중에 구체적으로 발전시키게 되는 소위 결의론(決疑論, casuistry)의 중대한 모태가 된다.63)

4) 도덕적 추론의 한계

제4부 "이성의 한계"는 정당근거적 접근방식이 그 스스로의 한계를 인식하기 위해서 다루지 않으면 안 되는 문제를 취급하고 있다. 이성의 한계에 대한 툴민의 이러한 인식은 철학자의 주요한 임무가, 도덕성의 영역을 한정한다는 의미에서, 도덕성이 무엇인가를 규정하는 것이라고 보는 것이다. 즉 "어떻게 도덕이 법률, 금기, 에티켓, 기술, 계몽적 자기이익과 인접하고 있으면서도 그것들과 구별될 수 있는가를 보여주는 것이다."64) 툴민은 다시 한 번 전통적 윤리학설, 특히 객관적 윤리설과 주관적 윤리설이 도덕적 속성에 관련해서 전개했던 철학적 윤리학의 논쟁들은 윤리적 용어가 어떤 속성을 지시한다는 공통된 잘못된 가정에 놓여 있었다고 비판한다.65) 또한 도덕적 추론의 보편적이고도 유일무이한 근거를 찾으려는 시도에서 전개되었던 목적론과 의무론의 대립도 역시 오도된 것이라고 비판한다.66) 이미 우리가 2절 서두에서 밝힌 것처럼, 툴민의 과제는 정당하고 타당하고 강력한 도덕적 주장들을 그렇지 못한 도덕적 주장들로부터 구별하는 방식을 찾는 일이다. 다시 말하면, 우리가 도덕적 결론을 지지하기 위해서 제시하는 근거들 중 "어떤 근거가 정당한 근거인가?"라는 것이다.67) 더 나아가서 우리가 도덕적 논증과 담론을 할 때 어디에서 "근거를 제시하는 일이 불필요하게 되는가?"를 아는 것도 역시 중요하다.68) 근거를 제시하는 일이 불필요하게 되는 경우는 이미 우리가 언급한 것처럼 다음과 같은 경우이다. 즉 두 개 이상의 대안적 행위 방식들이 도덕적 선택의 기준들을 동시에

만족시키는 경우가 그것이다. 상이한 대안들은 동일한 원칙과 규범 체계에 부합할 뿐만 아니라 동일하게 좋은 결과를 산출하는 경우도 있다. 그러한 경우에 있어서 도덕적 고려 사항은 더 이상 적용되지 않는다. 만약 그러한 대안들 사이에서 선택을 해야 한다면, 그 선택은 도덕적이 아닌 다른 근거에서 내려져야만 할 것이다. 그러한 다른 근거 중 가장 중요한 것은 "삶의 방식"이라는 것은 이미 논의했다.69) 이러한 삶의 방식에 대한 언급은 툴민의 입장이 여전히 비인지주의(non-cognitivism) 이며, 이모티비스트들과 실존주의자들과 함께 도덕적 추론의 최종적 근거는 역시 개인적인 결단(personal resolution)임을 인정하고 있는 것으로 해석될 수 있다.70) 또한 툴민의 입장은 모든 사회적 관행과 규범이 한꺼번에 모두 의문시될 수는 없다는 인식에도 근거하고 있다. 또한 툴민의 입장은 모든 철학적 근거를 찾으려는 시도가 만약 어떤 출발점 혹은 준거점을 가정하지 않는다면 무한 소급 혹은 무한 퇴행의 오류에 직면할 수밖에 없다는 점을 잘 말해준다.71)

이러한 관점에서 툴민은 도덕적 추론의 근거와 이유를 묻는 질문은 그 질문이 제기되는 상황 속에서만 유의미하다는 한계를 가지고 있다고 본다. 그는 그러한 한계를 벗어난 질문을 도덕적 추론의 한계와 영역을 밝혀준다는 점에서 "한계선상적 질문(limiting question)"이라고 명명한다.72) 이러한 "한계선상적 질문"의 예로서 툴민이 들고 있는 것은 다음과 같다. 첫째, 이미 언급한 것처럼, 원칙과 결과의 관점에서 동일한 두 선택 대안들에 대해서 각자의 개인적 선택에 근거하지 않는 어떤 절대적인 근거를 묻는 질문이다. 개인의 행복한 삶에 대해서 절대적인 근거를 묻는 질문이 이러한 유형의 질문이다.73) 따라서 상이한 사회의 상이한 삶의 방식에 대한 객관적인 평가와 비교의 기준을 묻는 질문도 이러한 유형의 질문이 된다.74) 둘째, 윤리학 전반에 관련해서 "왜 올바른 행위를 해야만 하는가?"를 묻는 질문이다.75) 툴민은 올바른 행위를 해야 하는 것은 자명한 것이며, 그것은 한 공동체의 도덕적 규범과 원칙에의 일치 여부, 그리고 그 원칙의 실제적 결과를 고려하는 것 이상으로는 아무런 답변도 제시될 수 없다고 주장한다.76)

물론 툴민은 논리실증주의자들처럼 과학적 설명의 한계를 벗어나는 개인의 운명과 형이상학에 관련된 질문들과 윤리학의 최종근거에 관한 질문들이 전혀 무의미한 것이라고 생각하지는 않는다. 그러한 "한계선 상적 질문들"은 개인의 심리적 관점과 인류의 역사적 발전 단계에서 중요한 것이라고 생각한다.77) 왜냐하면 우리가 합리성의 한계를 벗어나는 질문들을 제기하지 않았더라면 결코 그러한 질문들을 합리적으로 제기하는 능력을 가질 수 없었기 때문이라는 것이다.78) 이러한 관점에서 툴민은 합리적 근거를 추구하는 윤리학과 신앙에 근거하는 종교는 상호 양립 가능하다고 주장한다. 즉 윤리학은 한 행위를 정당한 것으로 간주하는 이유(reasons)를 제시하는 반면에, 종교는 그러한 윤리적 개념들을 정신적(spiritually)으로 수용할 수 있도록 우리에게 영감을 주고, 우리의 가슴에 불을 댕기고, 우리에게 올바른 행위를 수행할 수 있는 의지를 준다는 것이다.79)

3. 툴민의 정당근거적 접근방식에 대한 비판적 고찰: 롤즈의 비판을 중심으로

툴민의 『윤리학에서 이성의 위치』가 발간되자마자, 그 책에서 제시된 정당근거적 접근방식에 대한 다양한 찬사와 아울러 신랄한 비판들이 나온 것은 그 당시의 윤리학적 상황으로 보아 당연한 일이다. 일방적 찬사이건 혐오적인 비하이건 우호적 비판이건 주요한 논평을 쓴 윤리학자들은 롤즈, 헤어(R. M. Hare), 바이어, 리처드 브랜트(Richard B. Brandt), 카이 닐센(Kai Nielson), 조지 커너(George Kerner), 브랜드 블랜샤드(Brand Blanshard) 등이다. 여기서 이러한 모든 찬사와 비판을 전부 다룰 수는 없다. 어떻게 정당근거적 접근방식이 (현대 윤리학을 풍미하고 있는) 롤즈의 사회계약론적 분배정의론과 윤리학사적으로 연결되고 있는가를 밝히는 것도 본 논문의 중요한 의도 가운데 하나이므로, 우리는 주로 롤즈의 견해를 중심으로 해서 툴민의 저작을 비판적으로 평가해보려고 한다.

롤즈는 1951년 툴민의 저작을 논평했는데, 그 논평에는 툴민의 입장에 대한 날카로운 비판과 아울러 윤리학의 본질과 윤리학의 과제에 대한 많은 중대한 논의들이 전개되고 있다.80) 롤즈의 논평은 툴민이 "전통적 윤리학설들"이라고 부른 객관적 윤리설, 주관적 윤리설, 명령적 윤리설로부터 시작한다. 롤즈는 전통적 윤리학설들이 도덕적 판단에 있어서의 정당근거에 주목하지 않음으로써 윤리적 추론의 타당성을 밝혀내지 못했기 때문에 모두 실패한 것이라고 주장하는 툴민의 입장에 동조한다.81) 그러나 롤즈는 유구한 역사를 가지고 있는 전통적 윤리학설들이 세 가지 학설들로 종합될 수 있는지에 대해서 의문을 품는다. 그리고 무어, 스티븐슨, 에이어는 현대 윤리학자들이며 전통적 윤리학자들은 아니라는 점을 지적한다. 또한 롤즈는 헨리 시지윅(Henry Sidgwick)을 비롯한 전통적 윤리학자들도 툴민과 비슷하게 도덕적 추론에 대한 설명을 제시하려는 다양한 시도를 전개했다는 것을 지적한다. 롤즈는 마치 타인의 도덕적 경험으로부터 절연된 사람은 편협한 도덕적 견해를 갖게 되는 것과 마찬가지로 윤리학의 오랜 전통으로부터 절연된 탐구는 편협할 뿐만 아니라 위험하기까지 하다고 주장한다.82)

롤즈는 모든 추론에 있어서 일반적으로 정당근거를 찾는 시도는 무의미할 뿐만 아니라 쓸모없는 짓이라는 툴민의 주장에 찬동한다. 즉 우리는 정당한 연역적 추론, 정당한 귀납적 추론, 그리고 정당한 도덕적 추론이 무엇인가를 각각 물어야 한다는 것이다. 이러한 관점에서 롤즈는 윤리학이 그 고유한 추론 방식을 가질 수 있다는 주장(ethical reasoning as *sui generis*)을 강화하고 있는 셈이다.83) 롤즈는 정당한 근거와 이유에 관한 기준을 찾기 위해서는 조사하려고 하는 추론의 종류에 관한 사례들을 탐구해야만 한다는 것을 인정한다. 그러나 롤즈는 탐구해야만 할 사례들을 선정하기 위한 어떤 기준이 미리 존재하지 않으면 안 된다는 것을 지적한다.84) 예를 들면, 귀납적 추론의 기준을 명백히 하기 위해서 귀납적 논증들의 사례를 연구할 때, 우리는 상품의 광고 선전이나 국가의 정책적 선전 자료를 조사해서는 안 된다. 우리는 법정에서 사용할 수 있는 증거의 종류와 과학자들이 그들의 이론을 뒷받침하기 위해서 제시할 수 있는 증거의 종류를 탐구해야만 한다. 이와 비슷한 제한들이 윤리학자들이 탐구하기를 원하는 도덕적 추론의 사례들에 관해서도 가해져야만 한다는 것이다.85) 그래서 롤즈는 도덕적 추론의 영역과 한계를 밝히려는 툴민의 "한계선상적 질문"에 관한 통찰은 탁견이라고 칭찬하고, 도덕적 추론에는 한계가 있으며 더 이상의 근거를 물을 수 없는 상황이 온다는 것을 인정한다.86)

롤즈의 논평 중 가장 중요한 것은 툴민의 정당근거적 접근방식 자체에 관련된 것이다. 롤즈는 도덕적 추론에도 다양한 종류가 있다는 툴민의 견해에 동조한다. 그러나 롤즈는 툴민이 제기한 도덕적 추론의 종류는 도덕적 추론의 일부분에 불과할 뿐이라고 비판한다. 이러한 비판을 위해서 롤즈는 툴민의 정당근거적 접근방식에서 다루어지고 있는 도덕적 추론의 종류와 그 추론 방식을 다음과 같이 분류한다. (a) 널리 인정된 사회적 규칙이 있을 경우, 개별적 행위들의 정당성에 관련된 추론 / 인정된 사회적 규칙과의 합치성 여부, (b) 규칙의 상충이 있을 경우, 개별적 행위들의 정당성에 관한 추론 / 각 대안들의 상대적 위험성과 결과 비교, (c) 확정된 규칙이 없을 경우, 어떤 행위의 정당성에 관한 추론 / 결과에 대한 고찰, (d) 사회적 관행의 정당성에 관한 추론 / 관행의 수용 결과에 대한 고찰, (e) 규칙들의 정의 여부에 관한 추론 / 대안적 규칙들의 수용 결과에 대한 장단점 비교. 다음의 추론은 이상의 추론들과는 종류를 달리한다. (f) 상이한 삶의 총체적 방식들의 비교적 가치에 대한 추론 / 개인적 결정.

우선 (a)에 관련해서 롤즈는 개별적 행위들의 합치 여부를 판정할 수 있는 사회적으로 널리 인정된 도덕적 규칙이 존재한다는 것에 반대한다.[87] 롤즈는 툴민이 들고 있는 "약속을 지켜야 한다" 혹은 "도로의 왼쪽(혹은 오른쪽)으로 차를 몰아야 한다"는 규칙들은 그러한 규칙이 아니라고 주장한다. 약속에 관한 규칙은 실생활에 관련된 것이라기보다는 도덕철학자들이 애용하는 사례에 불과할 뿐이고, 교통 규칙은 도덕적 규칙이라기보다는 법률적 규칙이라고 본다. 사회적으로 널리 인정된 도덕적 규칙은 있다고 해도 아주 소수라는 것이다. 개별적 행위의 정당성 여부를 판정하기 위해서 언제나 참조할 수 있는 널리 인정된 도덕적 규칙들이 있다는 믿음은 도덕을 법률과 같은 것으로 간주하는 셈이라는 것이다.

롤즈는 의하면, 툴민의 정당근거적 접근방식의 가장 큰 결함은 도덕적 추론이 두 가지의 종류에 국한된다는 주장이다.[88] 즉 툴민의 정당근거적 접근방식은 (1) 사회적으로 인정된 규칙에의 호소를 통한 개별적 행위들의 정당화와 (2) 이익의 조화와 갈등과 고통의 해소라는 사회복지적 결과를 통한 사회적 관행의 정당화가 그것이다. (1)은 (a)에 관련되고 (2)는 (b), (c), (d), (e)에 관련된다. 롤즈의 이러한 비판은 의무론적 추론(1)과 목적론적 추론(2)이 단계적으로 확연히 구분되어 적용될 수 있다는 툴민의 입장을 비판하는 것이다. 롤즈는 도덕적 추론이 그 두 가지 종류에 국한되는 것이 아니고, 도덕적 추론을 가능하게 하는 도덕적 "이성은 성숙한 사람들이 반성적 순간에 어떤 비중을 두어야만 한다고 느끼는 일종의 숙고"라고 주장한다.[89] 롤즈는 특정한 행위가 언제나 규칙이나 원칙에 종속되는 것만은 아니며, 특정한 행위가 어떤 규칙이나 원칙에서 예외가 되는 경우도 있고, 또한 그러한 예외가 어떤 규칙이나 원칙을 그 경우에는 적용되지 않는 것으로, 더 나아가서는 규칙이나 원칙의 일반적 적용을 폐기시키게 되는 경우도 있다고 주장한다. 여기서 롤즈는 도덕적 규칙의 개방적 상황성과 규칙의 폐기 가능성에 관련된 도덕적 추론의 복잡성을 툴민이 도외시했다고 비판하는 것이다.

이어서 (만약 그러한 규칙들이 있고, 또한 규칙들 사이에 갈등이 없다는 것을 일단 가정한다면) 롤즈는 사회적으로 널리 인정된 규칙에의 호소가 언제나 동일한 효력을 가진다는 툴민의 주장을 비판한다. 롤즈는 규칙에의 호소는 상황에 따라 상이한 효력을 가진다는 것을 지적한다.[90] 즉 교통 규칙과 같은 조정 규칙(coordination rule)은 그 내용이 무엇이든지, 즉 오른쪽으로 주행하든지 왼쪽으로 주행하든지 간에 전반적으로 시행되기만 하면 되는 것이다. 그러나 사유재산에 관련된 규제적 규칙(regulative rule)은 그 내용이 중요하고 또한 그 내용에 관한 정의 여부, 특히 분배적 정의의 문제가 중요하게 결부된다. 따라서 조정 규칙에의 호소와 규제적 규칙에의 호소는 그 효력에서 중대한 차이가 날 수도 있다. 롤즈는 또한 이익의 조화와 고통의 감소라는 결과에 호소하는 툴민의 입장은 분명히 공리주의적이라는 것을 지적한다. 특히 롤즈는 (d)와 (e)에 관련된 공리주의적 추론에 대해서 우려를 표명한다. 롤즈는 심지어 공리주의자 자신들도 사회적 관행을 정당화하는 데 있어서 공리주의적 원칙이 유일무이한 기준인가에 대해서 의문을 제기했다고 주장한다. 분배적 정의와 정당한 권리의 설정 문제나 인간성의 존중과 같은 기준들은 오직 결과에만 호소하는 공리주의적 기준에 의해서 희생될 가능성은 얼마든지 있다는 것이다.[91] 요약하면, 롤즈는 툴민이 "결과에의 호소"를 강조함으로써 정당근거적 접근방식은 일종의 공리주의가 되었지만, 공리주의의 더 적합한 유형으로의 변경에 관련된 문제는 전혀 취급하지 않고 있다고 비판한다.[92]

롤즈의 이상과 같은 비판 이외에도 툴민의 『윤리학에서 이성의 위치』에 쏟아진 비판들은 아주 다양하다. 우리는 그러한 비판들을 다음과 같이 정리할 수 있을 것이다.

(1) 툴민의 정당근거적 접근방식은 그가 주장하는 것처럼 일상언어

의 중립적인 분석에 의거한 메타윤리학이 아니라 실질적인 도덕적 권고를 포함하고 있는 가장된 규범윤리학이다.93)

(2) 따라서 툴민이 제시하고 있는 윤리학의 기능과 그에 따른 도덕성의 규정은 특수하고도 협소한 것으로서 윤리학의 기능과 도덕성에 대한 다른 규정 방식을 임의로 배제한다. 예를 들어, 인간의 완전성을 최대한으로 발현해야 한다고 주장하는 완전설적 윤리설, 종교적 헌신과 사랑을 강조하는 기독교적 윤리설, 가장 효과적인 적자생존적인 전략을 추구하는 진화론적 윤리설, 최소수혜자의 복지증진을 강조하는 평등주의적 혹은 이타주의적 윤리설 등이 어떤 납득할 만한 필연적인 이유도 없이 배제되고 있다는 것이다.94)

(3) 툴민의 정당근거적 접근방식은 그 자체의 기준으로 볼 때도 많은 문제점이 있다. (a) 도덕적 추론의 정당근거에서 결론적인 도덕적 판단으로의 이행 관계가 어떠한 것인지가 구체적으로 밝혀지지 않고 있다. 툴민은 정당근거가 사실적 이유와 근거(R)로서 어떤 윤리적 결론(E)에 도달하는 데 타당성을 제공한다고 주장한다.95) 그러나 그러한 사실적 이유와 근거(R)는 자연주의적 오류를 인정하고 있는 툴민에게 있어서 자연주의적인 윤리적 추론과 어떻게 다른지가 명백히 밝혀지지 않고 있다.96) 결국 툴민의 입장은 자연주의로 귀착하고 말거나,97) 아니면 위장된 삼단논법, 즉 가언적 전건긍정식(*modus ponens*)에 불과하게 된다는 것이다. 툴민의 정당근거적 접근방식은 엄밀하게 분석해보면 다음과 같은 구조를 갖는다. (i) 만약 어떤 사회적 관행이 이익의 갈등을 경감시킨다면, 그것은 옳은 것이다. (ii) 이 사회적 관행은 이익의 갈등을 경감시킨다. 따라서 (iii) 이 사회적 관행은 옳은 것이다. 그런데 이러한 가언적 전건긍정식의 대전제는 논리적이거나 메타윤리학적 주장이 아니고 툴민이 개인적으로 선호하고 있는 실질적인 윤리적 가정이나 위장에 불과한 것이다. 또한 툴민이 그 전제를 이상과 같은 도덕적 추론을 타당하게 만드는 전제가 아니라 추론의 규칙 자체로 보는 것은 잘못

된 것이다.98) (b) 툴민의 정당근거적 접근방식은 사회 전반에서의 이익의 갈등을 해소하려는 보편적 공리주의의 함축성과 상이한 삶의 방식의 비교에 관련된 상대주의적 함축성 사이의 내부적 불일치의 문제를 잘 처리할 수 없다.99) 이러한 비판은 결국 정당근거적 접근방식이 공리주의와 이모티비즘을 조야하게 혼합해놓은 것에 불과하다는 것을 말하고 있다. (c) 툴민의 정당근거적 접근방식의 두 가지 축, 즉 널리 수용된 규칙에의 일치 여부와 이익의 조화와 고통의 감소라는 결과주의적 고려에도 많은 문제가 도사리고 있다. 툴민이 널리 수용된 규칙에의 일치 여부를 강조할 때, 그는 도덕적 보수주의자로 보인다. 그러나 툴민이 사회적 관행의 결과주의적 고려를 할 때, 그는 사회적 관행의 진보적 개선 가능성을 강조하는 공리주의적 자유주의자처럼 보인다. 그는 보수주의자인가 아니면 자유주의자인가?100) 또한 툴민이 보다 중요하게 여기고 있는 이익의 조화와 고통의 감소에도 다양한 방식들이 존재한다는 점을 지적하지 않을 수 없다. 그러한 다양한 방식들의 상대적 비중이나 그것들 사이에 존재하는 갈등을 어떻게 해소시킬 수 있는가를 고려하지 않고 있다면, 툴민은 어리석은 낙관주의자에 불과할지도 모른다.

(4) 한계선상적 질문을 도덕의 영역에서 배제하는 툴민의 입장에도 많은 문제점이 도사리고 있다. 툴민은 개인적 행복의 추구 방식 등 총체적인 삶의 방식의 문제는 정당근거적 접근방식의 영역에 포섭될 수 없다는 것을 주장한 바 있다. 그러나 사회적 관행에 대한 변경은 언제나 개인적 행복의 추구 방식과 삶의 방식에 영향을 미친다. 그러므로 툴민이 주장하는 결과주의적 계산은 그러한 삶의 방식의 변화에 따른 행복과 고통을 측정할 수 없다면 결국은 현실적으로 불가능한 것이 된다.101) 그리고 도덕에 관련해서 일반적으로 "왜 도덕적이어야만 하는가?"라는 질문도 툴민은 무의미한 것으로 축출한 바 있다. 이 질문은 다양한 방식으로 해석될 수 있지만102) 우선 윤리학과 다른 분과과학,

즉 생물학, 심리학, 사회학, 정치학, 생태학(적 위기)과의 연관성 혹은 윤리학의 분과과학으로의 환원가능성을 묻는 질문으로 볼 수 있다. 근래에 사회생물학에 근거한 진화론적 윤리학이 상당히 유행하고 있다. 특히 이익의 갈등에 관한 조화로운 해결 방식과 협동 방식에 관련해서 등장한 변형된 응수전략(tit-for-tat) 혹은 상호적 이타주의(reciprocal altruism)는 도덕철학자들의 많은 관심을 끌고 있다.103) 툴민은 여전히 그러한 생물학적 고려 사항들을 무의미한 것으로 생각하고 있는 것일까? 보다 중요하게, 위 질문은 "왜 우리는 비도덕적(immoral) 혹은 무도덕적(amoral)이 아니라 도덕적(moral)으로 행위해야만 하는가?"라는 질문으로 해석될 수 있다. 이러한 질문은 자기 이익의 극대화를 합리성으로 설정하고 있는 서구 자본주의에서의 경제인간(*homo economicus*)에게는 아주 심각하고도 중대한 질문이다. 도덕성과 경제적 합리성의 관계, 그리고 계몽적 자기 이익(enlightened self-interest)과 도덕성의 관계는 결국 툴민에 의해서는 구체적으로 취급되지 못하고, 그의 제자인 바이어의『도덕적 관점』에서 발전적으로 다루어지게 된다.104)

롤즈와 고티에에 의해서 주도되고 있는 사회계약론적 윤리학은 경제학 등 사회과학 분야에서 널리 수용되고 있는 합리적 선택이론(rational choice theory)을 통해서 계몽적 자기 이익의 문제를 도덕의 기초로 설정하려는 시도를 전개하고 있다.105) 앞으로 현대 윤리학의 전개 방향도 합리성과 도덕성의 관계를 어떻게 처리할 수 있느냐에 달려 있다고 해도 과언이 아닐 것이다. 툴민은 결국 부족하나마 현대 윤리학을 풍미하고 있는 합리적 선택이론의 초석을 놓은 것으로 생각될 수 있다. 근래에 롤즈는 합리성(the rational)과 합당성(the reasonable)의 구분을 통해서 경제적 합리성에만 매달리고 있는 합리적 선택이론의 편협성을 탈피함으로써, 그가 처음 철학적 출발점으로 삼았던 툴민과 바이어의 정당근거적 접근방식으로 회귀하고 있는지도 모른다.106)

4. 결론: 툴민의 정당근거적 접근방식의 성과와 교훈, 그리고 현대 윤리학의 과제

우리는 지금까지 툴민의 『윤리학에서 이성의 위치』에 제시된 정당근거적 접근방식이 가진 메타윤리학적 좌표와 규범윤리적 함축성을 탐구했고, 또한 정당근거적 접근방식에 대한 다양한 비판을 롤즈의 논평을 중심으로 해서 다루어보았다. 이제 우리는 툴민의 정당근거적 접근방식의 성과와 교훈을 정리해보고, 그것을 토대로 현대 윤리학의 추후 과제가 무엇인가를 가늠해볼 차례이다.

툴민은 『윤리학에서 이성의 위치에 대한 고찰』(1950)이 발간된 지 36년 만인 1986년에 새로운 서문을 덧붙여서 그 책을 『윤리학에서 이성의 위치』라는 제목으로 다시 출간한다. 이 서문에서 그는 제2차 세계대전 이후 영국의 분석철학자들이 어떤 문제를 도덕철학의 중추적 문제로 간주했고, 또한 어떻게 그러한 문제를 탐구했는가를 역사적 상황속에서 재서술하고 있다. 그는 『윤리학에서 이성의 위치』는 윤리학사를 배경으로 볼 때, 다음과 같은 세 가지의 역사적 관점을 가진다는 것을 밝힌다.107) (1) 그 책은 분석철학의 전환기적 시점에서 쓰였다는 것이다. 즉 그 책은 분석의 초점이 "논리와 언어"에서 "개념과 실천적 과정"으로 이행하는 시점에서 등장했다는 것이다. (2) 도덕적 규칙들의 보편성을 의문시함으로써, 그 책은 "결의론(casuistry)" 혹은 "사례 중심적 도덕(case morality)"의 부활을 예견했을 뿐만 아니라 선도했다는 것이다.108) (3) 그 책은 그 당시 과학철학에서 그러했던 것처럼 도덕철학에서의 "역사화"를 시사하고 있다는 것이다. 물론 툴민의 이러한 주장은 사후 약방문적인 자기 변호적 해석일 수도 있다. 왜냐하면 (1) 그는 그 책에서 도덕적 추론의 정당한 근거의 메타윤리적 관점을 중시했지, 결코 구체적이고 실천적인 합의 과정을 중시한 것은 아니었기 때문이다. (2) 비록 그는 그 책에서 도덕적 추론이 과학이나 수학과 논리학에서 사용되고 있는 귀납적 혹은 연역적 추론과는 다른 고유한 추론 방식을 가지고 있다는 것을 주장하기는 했지만, 윤리학적 추론 자체는 형식적으로 보편화가능성을 가지고 있다는 것과 그의 정당근거가 보편적 근거를 가지고 있다는 것을 결코 의심하지 않았다. 툴민은 의료윤리, 환경윤리, 직업윤리 등의 대두에 고무된 것이 사실이나 그의 정당근거적 접근방식이 그 대두를 선도했다는 것을 지나친 것이다.109) (3) 과학적 이론도 시대적인 제약뿐만 아니라 과학자 집단 자체에서 오는 제약을 가지고 있다는 것은 이제 널리 인정되고 있는 사실이기는 하지만, 도덕철학의 역사화는 도덕철학을 상대주의화할 위험성을 가지고 있는 것도 사실이다. 그가 "한계선상적 질문"에 대한 인식을 통해서 어떤 질문들이 한 학문적 활동 영역 안에서 유의미한 질문으로 간주될 수 있는가를 밝힌 것은 탁견이기는 하지만, 우리가 이미 언급한 것처럼 그가 한계선상적 질문으로 간주한 것, 즉 "왜 도덕적이어야만 하는가?" 하는 질문이 오늘날에는 정상적인 문제로 간주되고 있다는 사실은 어떻게 설명할 것인가? 그러나 툴민이 윤리학도 어떤 패러다임(paradigm)과 언어 게임(language game)을 배경으로 하고 있는 것을 밝힌 점은 하나의 공로로서 인정해야 할 것이다.

툴민의 정당근거적 접근방식의 가장 큰 실패는 언어분석을 통해서 도덕적인 결론이 나올 수 있다는 잘못된 믿음이었다. 브랜트가 지적한 것처럼, 오늘날 사라져버린 윤리학적 신념은 "일상언어에 대한 분석을 통해서 어떤 규범적 원칙들을 도출할 수 있다거나, 아니면 그 반대로 일상언어에 대한 분석을 통해서 윤리학적 진리 혹은 정당화가 불가능함을 입증할 수 있다는 주장이다."110) 그러나 우리는 정당근거적 접근방식이 윤리학에서 합리성 혹은 합당성의 문제를 중시함으로써 합리주의적 도덕 혹은 인지주의적 도덕의 가능성을 향한 위대한 첫걸음이었다는 것을 인정해야 할 것이다. 그 첫걸음은 물론 결함 많은 위태로운 아기 걸음마였다고 볼 수 있다. 앨런 거워스(Alan Gewirth)는 정당근거적 접근방식에 대해서 다음과 같은 비판을 전개한다. 정당근거적 접근 방식을 반대하는 이유는 윤리학적 직관주의를 반대하는 이유와 비슷하다는 것이다. 즉 "마치 윤리학적 직관주의가 실질적인 도덕적 문제들을 직관이라는 미명 아래 어떤 독단적인 선언을 통해서 해결하려는 것과 마찬가지로 정당근거적 접근방식도 그러한 문제들을 언어적 인가 (linguistic fiats)에 의해서 해결하려고 시도한다"는 것이다.111) 따라서 정당근거적 접근방식은 경쟁적인 도덕원칙들과 근거들(reasons)이 존재한다는 것을 무시하고 있으며, 또한 그것은 그 자신의 원칙들에 대해서 어떠한 논증도 제시하지 못하고 있다는 것이다. 특히 그것은 그 자신의 도덕적 근거들이 어떻게 이성, 즉 이성적 추론에 의해서 확증될 수 있는지를 보여주지 못하고 있다는 것이다. 그러나 불행히도 합리적 선택 이론을 윤리학의 정초로 삼으려는 다양한 시도들도 정당근거적 접근방식이 남긴 이러한 문제를 아직도 해결하지 못하고 있는 것도 사실이다.112)

우리는 툴민의 정당근거적 접근방식에 대한 롤즈의 비판을 통해서 정당근거적 접근방식과 현대 윤리학을 풍미하고 있는 사회계약론적 윤리학이 윤리학사적으로 연계될 수 있다는 점을 주장했다.113) 정당근거적 접근방식은 도덕적 판단과 추론이 단순히 직관, 감정, 혹은 개인적 선택의 문제가 아니라는 것을 보여주었다. 그 결과 존재와 당위 혹은 가치와 사실에 관한 논리실증주의적 구별은 의문시된다. 왜냐하면 행위는 사회적 관행, 다시 말하면 사회적 사실에 의해서 정당화될 수 있기 때문이다. 메타윤리학에서는 약속 혹은 계약에 의해서 가치가 사실로부터 도출될 수 있느냐의 문제로 논쟁이 계속되고 있었다. 이러한 상황에서 롤즈는 정당근거적 접근방식에 근거한 초기 생각을 사회계약론적 분배정의론으로 발전시켜 제시하였던 것이다.114) 롤즈와 함께 사회계약론 윤리학을 주도하고 있는 고티에의 경우도 정당근거적 접근방식과 윤리학사적 맥락을 잇고 있다는 점은 우연이 아니다.

고티에의 철학적 작업은 논리실증주의가 붕괴하고 난 뒤 도덕의 합리적 근거를 일상언어에서 찾으려는 툴민과 바이어 등의 정당근거적 접근방식을 일차적으로 답습하여『실천적 추론』의 문제를 파헤치기 시작한 1960년대 초반부터 시작된다.115) 그러나 그는 정당근거적 접근방식이 도덕적 판단은 "모든 사람들의 행위를 조화시키는 데 사용된다" 혹은 "모든 사람들을 동일하게 좋게 해야만 한다"라는 등의 피상적인 언어분석을 하는 것에 한계를 느끼게 된다. 따라서 그는 "자기 이익 추구로서의 합리성"의 문제에 관한 근대적 출발점인 토머스 홉스(Thomas Hobbes)의『리바이어던』의 구조를 분석하면서『도덕성과 합리적 자기이익』의 관련 방식에 대한 문제의 해결을 일생의 철학적 과제로 삼게 된다.116) 그의 이러한 과제는 롤즈도 역시 그러하였듯이 사회과학에서 "경제인간"의 "도구적, 인식적 합리성(instrumental and cognitive rationality)"을 기초로 하여 1950년대 이후 본격적으로 발전한 합리적 선택이론을 비판적으로 수용함으로써 급진전을 보게 된다. 합리적 선택이론은 확실성(certainty), 위험부담(risk), 불확실성(uncertainty) 아래서의 여러 선택 상황과 기준들을 가치효용론, 게임이론, 사회적 선택이론 등의 다양한 선택 모형들과 결합하여 그것을 소비자 행동론, 조직집단 행동론, 그리고 공공정책의 기술적 및 규범적 의사결정에 적용하려는 엄밀한 공리체계(axiomatic system)의 방대한 집합체이다.117) 합리적 선택이론은 전통적인 도덕철학에서처럼 "최고선(*summum bonum*)"의 실질적인 내용을 규정하는 "본질적 가치와 목적(intrinsic values and ends)"을 제시하는 것이 아니고, 단지 "주어진 신념과 목적(the given beliefs and ends)"을 달성할 수 있는 최선의 "도구적 가치"와 "수단적 합리성"만을 추구한다.118) 고티에의『합의도덕론』은 지난 25년여에 걸쳐서 그러한 합리적 선택이론의 구도 아래 "가치 상대주의"와 "가치 주관주의"를 취하면서 사회계약론적 도덕철학을 재구성하려는 원대한 시도의 산물이다.119)

그러나 우리는 정당근거적 접근방식에서 출발한 롤즈와 고티에의 사회계약론적 윤리학이 각각 상이한 추론 과정과 실질적 결론을 가짐으로써 동일한 정당근거를 공유하지 못하고 있다는 점을 지적하지 않을 수 없다.120) 이러한 문제는 사회계약론적 윤리학의 내부 문제일 뿐만 사회계약론적 윤리학을 반대하고 있는 공리주의, 자유지상주의, 공동체주의, 여성주의, 신마르크스주의 등과 복잡하게 연관된 중차대한 문제이다. 합리성 혹은 합당성을 중시하고 있는 현대 윤리학은 그 다양한 추론 방식과 실질적 결론의 차이를 극복하고 동일한 정당근거로 윤리학적 문제를 해소할 수 있는 날이 올 것인가? 아니면 그것은 하나의 백일몽에 불과할 것인가? 이러한 질문에 대해서 우리에게 대답해줄 수 있는 것은 무엇인가? 경제적 합리성인가? 자연상태와 같은 철학적 상상력인가? 언어인가? 사회적 관행인가? 생태학적 위기인가? 진화론적 적자생존인가? 아니면 협상이나 민주주의적 합의인가? 툴민이 주장한 것처럼 상충하는 이익의 조화와 고통의 감소가 윤리학에서 "하나의 정당근거(a good reason)"가 되어야 한다는 것을 부정하는 사람은 아마도 없을 것이다. 그러나 그러한 하나의 정당근거도 이익의 조화와 고통의 감소에 관련된 다양한 방식과 이론들 사이의 조화를 먼저 달성할 수 없다면, 바벨탑 아래서 전개된 언어의 혼란처럼, 소통되지 않는 무력한 윤리학적 이상으로 남을지도 모른다. 그러나 우리 인류는 그러한 윤리학적 이상의 추구를 국지적으로도 전 세계적으로도 결코 포기해서는 안 될 것이다.

제 3 장
감정의 윤리학적 사활

1. 서론: 서양윤리학사 편취(騙取) ─이성과 감정, 주인과 노예의 메타포

이성과 감성의 싸움은 인간의 정신 내면 혹은 정신과 육체 사이의 싸움으로서 신화적 인류사로 볼 때 다섯 번째로 등장하는 큰 싸움이다. 신들의 전쟁과 그 황혼, 신들과 타이탄들의 싸움, 신들과 타이탄들에 대한 영웅적 인간들의 싸움, 인간들끼리의 처절한 싸움, 그리고 우리가 주목하려고 하는 인간 내면의 싸움.1) 그 싸움은 아직도 끝나지 않았다. 본 논문의 목적은 그 싸움을 서양윤리학의 관점에서 관전해보고, 어느 편을 들 것인가를, 아니면 그 싸움을 이제는 종결 ─ 종결이 아니라면 최소한 휴전이라도 ─ 시킬 수 있는가를 심각하게 고려해보는 것이다. 그렇지 않다면 루트비히 비트겐슈타인(Ludwig Wittgenstein) 식으로 문제 자체를 해소함으로써 문제를 해결하는 길이라도 있는지 알아보는 것도 한 목적이 될 것이다. 이 모든 것의 궁극적인 목적은 감성에 대한 인식론적, 윤리학적 이해가 우리의 보다 가치 있고 참된 삶에 공헌하는 길을 찾는 것이다.

인간의 정신(과 육체가 가진) 능력은 통상 이분법적으로는 이성과 감성, 삼분법적으로는 지정의(知情意)로 나누어진다.2) 그러나 이러한 이원론과 다원론은 당연히 이원적, 다원적 구성요소 혹은 측면들의 관계 방식에 관한 미묘한 철학적 문제를 야기한다.3) 그러한 문제의 가장 손쉬운 해결책은, 마치 정치적 혼란을 해결하기 위해서는 강력한 독재자를 옹립하는 것이 필수적이라는 속견처럼, 지배적 요소(a dominant factor)를 확정하는 것이다. 윤리학을 포함한 서양철학사에서 당연히 그러한 지배적인 요소는 인류를 지칭하는 현명하고도 이성적인 인간(homo sapiens)의 개념으로부터 나온다는 것은 주지의 사실이다.4) 이성과 감정(reason and emotion)에 관한 가장 고전적이고도 지속적인 비유는 주인과 노예(the metaphor of master and slave)의 메타포였다는 것이 그 사실을 웅변적으로 입증해준다.5) 이성(logos)이 정념(pathos)과 윤리적 정신(ethos)을 비유적으로 묘사한 플라톤적 흑백 쌍두마차의 마부로, 그리고 이성이 동물적 정기의 파고를 헤쳐 나가는 데카르트적 선장으로 비유되었을 때도, 주인과 노예의 메타포는 언제나 그 배경에 있었다. 따라서 감정(感情)의 애로(隘路)는 충분히 예상할 수 있으며, 그 애로를 감정적으로 느껴보기 위해 우리는 베르디의 「히브리 노예들의 합창(Chorus of the Hebrew Slaves)」(Nabucco, Act III)이라도 들어야 할 것 같다. 주인과 노예의 메타포가 절정에 다다른 것은 스토아학파의 무감동(apatheia) — 스토아학파 철학자들도, 요절복통은 안 되겠지만, 여전히 농담을 즐겼다고 한다6) — 과 에피쿠로스학파의 평정심(ataraxia) — 비록 쾌락에서 출발하기는 했지만 "쾌락의 역설"에 대한 이성적 이해를 통해서 갖는 마음의 평화이므로 — 이다.7)

감정(emotion)은 고전적으로 마음에 닥쳐오는 강렬한 느낌(feeling)으로 육체적, 생리적 반응을 수반하는 것으로 간주되어왔다.8) 또한 정넘(passion)이라는 말도 쓰여왔는데, 정념은 그 수동성과 비자발성이 특징으로 이성을 잃은 강렬한 감정, 즉 격노와 성적 충동 등을 지칭한다. 정념이라는 말 자체에 "노예가 된다" 혹은 "지배를 당한다"는 주인과 노예의 구조가 담겨 있다.9) 따라서 감정과 정념은 미천한 것일 뿐만 아니라, 더 나아가서 내부의 적(inside enemy) 혹은 내부의 괴물(inside dragon)로서 내적 동요(inner commotion, turbulence, perturbation)와 영혼의 혼란(disorder of the soul)을 야기하는 것으로 간주되었다. 그것들은 영혼이 통제하고 정화해야 할 "동물적 정기(animal spirit)" 혹은 닦아내어야 할 "마음의 땀(the sweat of the activity of the mind)", 그리고 종국에는 철학에 의해서 치유되어야 할 "병리적 현상(pathological phenomena)"에 불과했던 것이다.10) 정념론(*pathologia*: study of the passions)은 바로 병리학(pathology)이며, 이것이 바로 파토스(pathos)에 대한 에토스(ethos)의 우위를 단적으로 말해준다. 서양윤리학에서 정념론은 진단술이고, 윤리학은 치유술이다.

주인과 노예의 메타포가 주는 의미는 이성의 통제 아래 우리는 감정의 위험한 충동을 안전하게 억제하거나, 혹은 일정한 방향으로 이끌거나, 혹은 (이상적으로) 이성과 조화를 이루도록 함으로써 우리 자신의 주인(our own master)이 된다는 것이다. 물론 이러한 메타포를 통해서 말하려고 하는 것은 이성 중시의 경향이 지배적이었다는 것이지, 감정을 중시한 철학자들이 전혀 없었다는 것을 말하려는 것은 아니다. 또한 이성을 중시한 철학자들도 감정을 전면적으로 배격한 것이 아니라, 통제해야 할 감정과 육성해야 할 감정을 구분하고, 전자가 적절히 통제되고 후자도 과도하지 않는다는 조건 아래, 양자를 모두 도덕철학에서 중요한 것으로 간주한 것도 사실이다. 이러한 점은 감정을 윤리학의 기초로 삼으려는 철학자들에게서도 마찬가지라고 할 수 있다. 서양윤리학사를 전체적으로 볼 때 보다 정확하게 말한다면, 감정은 상반되는 감정들이 교차될 수 있는 반대 감정 병존(ambivalence)이 감정의 중요한 특징의 하나이듯이, 고정되지 않은 양면적인 역할을 해왔다.11) 감정은 서양 윤리학사에서 자신의 위치에 대해서 울 수도 웃을 수도 없는, 혹은 울면서 웃어야 할 위치에 있다. 즉 감정은 도덕의 적으로도, 도덕의 기초로도, 혹은 그 양자의 결합으로도, 혹은 도덕과 무관한 것으로도 간주되어왔던 것이다. 이러한 다양성은 감정에 관한 언어가 미덕과 악덕에 관한 언어와 밀접하게 관련된다는 것을 반영한다. 시기심, 적의, 원한, 질투심, 자만, 탐욕, 관능적 욕구, 격노 등의 감정은 동시에 악덕도 지칭하고, 사랑, 공감, 감사, 동정심, 자비, 자선 등의 미덕은 동시에 감정도 지칭한다.12) 그러나 어떤 미덕들, 4원덕 중 정의를 제외한 나머지인 지혜, 용기, 절제는 어떤 특정한 행위의 수행을 대상으로 한다기보다는 대체로 감정의 동기적 힘을 억제하는 능력으로 간주되어왔다.13) 그러나 본질적이고 고정된 의미에서 도덕적 감정과 부도덕한 감정, 그리고 미덕과 악덕의 구분이 있는 것은 아니다. 아리스토텔레스가 중용설을 통해서 갈파했듯이 그러한 구분들은 정도의 문제임과 아울러 구체적인 배경 상황에도 달려 있다.14) 격노의 감정도 도덕적 분노가 되면 사회적 개선의 원동력이 될 수 있다. 반면에 마르크스주의자들이 지적하듯이 자선이라는 감정적 덕목도 혁명의 열기를 식힘으로써 분배적으로 부정의한 사회를 영속화시키는 역할을 할 수 있다.

서양윤리학자들은 다양한 이유에서 그러나 한 가지 목적을 위해서, 즉 감정을 육성하거나 말살시키거나 혹은 그 양자를 결합하거나 간에, 보다 나은 개인적, 사회적 삶을 위해서 나름대로 감정을 이해하려고 노력해왔다. 그런데 서양윤리학사에 있어서 감정의 위치에 대한 이러한 다양한 견해는 인간이 지닌 감정의 역할과 위치를 어떻게 규정할 것인가에 대한, 특히 감정이 이성, 육체, 그리고 의지에 대해서 갖는 관계에 대한 인식론적 이해의 불확실성에 기인하고 있는 것도 사실이다. 그러나 우리가 앞으로 논의하겠지만, 인식론의 문제가 윤리학의 문제를 완전히 혼란시키거나 혹은 완전히 해결해주는 것은 아니다.

주인과 노예의 메타포에 대해서 한 가지 더 주목할 것이 있다면, 윤리학에서 감정과 의지를 중시한 철학자들도 여전히 주인과 노예의 메타포를 사용하고 있다는 아이러니이다. 데이비드 흄(David Hume)이 "이성(reason)은 정념의 노예(the slave of the passions)"라고 선언했을 때, 그는 감정의 구조에 대한 정교한 분석과 아울러 이성과 정념의 투쟁은 사이비 문제라는 것을 밝혔음에도 불구하고, 결국 주인과 노예의 유구한 메타포로 귀환했던 것이다.15) 프리드리히 니체(Friedrich Nietzsche)가 그리스 문화를 아폴론적, 디오니소스적 요소로 양분한 것도, 그리고 기독교적 도덕을 강자에 대한 패배주의적 원한(ressentiment)에 기반한 노예의 도덕(Sklavenmoral)이라고 비난하고 초인의 도덕을 자기가 주인이 되는 군주의 도덕(Herrenmoral)이라고 찬양한 것도 역시 유구한 메타포로의 귀환이다.16) 이성과 감정에 관한 주인과 노예의 메타포는 철학 일반에서의 이성중심주의를 말하는 것으로서, 그것의 파장은 일파만파로 퍼져 나간다. 동물에 대한 인간의 우위, 육체에 대한 정신의 우위, 야만인에 대한 문명인의 우위, 차이성에 대한 동일성의 우위, 이상하거나 미친놈에 대한 정상인의 우위, 일상인에 대한 철학자의 우위, 자연적 감정의 발현에 대한 감정의 교육적 순화의 우위, 존재에 대한 당위의 우위, 감성적 여성에 대한 이성적 남성의 우위,17) 노예에 대한 자유민의 우위, 민주제에 대한 귀족제의 우위, 자유민에 대한 위정자의 우위, 즉각적 소비의 무산자에 대한 절제의 덕목을 가진 자본가의 우위, 낭만적 삶에 대한 계산적 이성의 우위, 감정유입적 판단에 대한 냉철한 논리적 판단의 우위,18) 그리고 (도덕적 감정과 정서적 고려를 중시하는) 도덕감의 철학에 대한 (이성적 원리와 법칙에 의거한 행위와 의무를 중시하는) 법칙주의적인 의무론적 도덕철학의 우위에 이르기까지 다양하게 걸쳐 있다.

흔히 칸트와 흄이 이성과 감정의 관계에 대해서 반대의 의견을 말한 철학자들로 잘 인용되고 있다. 하지만 그 둘 모두가 이성과 감정의 고전적이고 통상적인 이분법을 고수함으로써 이성과 감정이 서로 섞일 수 있는(commingled) 가능성, 즉 인지적 감정(cognitive emotions)의 가능성을 탐구하지 않았다는 사실은 잘 지적되지 않고 있다.19) 우리는 이제 우리 시대를 풍미하는 다원주의적인 철학적 정조로부터의 일갈, 즉 "탈이분법!"의 외침에 또 하나의 사례를 더함으로써 그러한 철학적 정조를 더욱 공고히 하고 있는 셈이다. 물론 우리는 서양철학사에서 이성과 감정을 융합하려는 시도가 전혀 없었다고 말하려는 것은 아니다. 그러나 이성과 감정을 융합해서 어느 하나로 환원하려는 시도, 특히 감정을 "이성의 저급한 종류(inferior genus of reason)"인 "혼돈된 지각(confused perception)" 혹은 "왜곡된 판단(distorted judgment)"으로 환원하려고 노력한 철학자들도 여전히 그 이분법을 유지하면서, 결국에는 이성의 우월성을 주장했던 것이다. 이러한 점은 앞으로 논의하겠지만 요즈음 득세를 하고 있는 감정의 인지주의적 모델에도 적용될 수 있을지도 모른다. 여기에는 묘한 딜레마가 잠복해 있다. 감정을 인지적으로 해석하면 전통적인 이분법을 해소할 수 있으나 여전히 이성주의를 견지하는 것이다. 그렇다고 감정을 인지적인 요소를 갖지 않는 것으로 이해한다면 이분법을 고수하는 것이고, 결국 감정의 열등성을 드러낼 뿐이다.20) 물론 양 뿔을 피해 갈 수 있는 길은 (잡을 수 있는 길도?) 있는 것처럼 보인다. 전자의 뿔을 피해 갈 수 있는 길은 이성주의의 폐해를 이성주의를 통해서 해소하는 결자해지의 원칙을 주장하고 그 결과로 감정을 이성과 대등한 위치에 놓는 것이다. 후자의 뿔을 피해 갈 수 있는 길은 감정을 감정 자체에 의해서 이해하거나 찬양하는 것이다.21) 다시 말하면 우리는 감정 자체의 자연적 발로에 따라 삶을 유지하는 것이다. 즉 그것이 풍류지도이든지, 보헤미안적인 낭만적 삶에의 침잠이든지, 사드적인 성적 충동의 무제약적 발현이든지 간에,22) 돈 후안이든지 카사노바이든지 간에. 그러나 후자의 길도 "쾌락의 역설"을 통해서 배우게 되듯이 어느 정도의 금욕주의와 연계되지 않는다면 곧 발기 능력의 멸절로 이어질 뿐이다. (무절제를 위한 절제!) 이성이 처벌하지 않는 것은 자연이 처벌하는 셈이라고나 할까. 어떤 길을 택한다고 해도, 신이나 동물, 혹은 바보가 아니라면, 어차피 우리 인생은 모순을 안고 살아갈 수밖에 없지 않을까?23)

감정에 대한 오늘날의 이론과 논쟁은 철학사의 풍부하고도 착종된 과거를 어느 정도 이해하지 않고서는 잘 포착될 수 없다. 그런 의미에서 우리는 최소한의 노력은 했다고 느낀다. 그러나 감정에 관련된 철학사, 특히 서양윤리학사 읽기는 하나의 편취(騙取)에, 그것이 단편적 취함이든지, 편파적 취함이든지, 간편한 취함이든지, 속여서 취함이든지 간에, 불과했다. 어느 정도의 과도한 일반화와 왜곡, 그리고 생략은 피할 수 없는 것이다. 철학사를 세세하게 전부 다 읽는 것은 어느 한 철학자가 할 수 있는 일도 아니고, 또한 바람직한 일도 아니다. 여기서는 이 정도로 만족해야만 하겠다.

2. 이모티비즘 유감(遺憾)

서양윤리학에서 감정의 위치를 논하면서, 빠뜨리면 내가 후회하거나 다른 사람이 화를 낼 것은 이모티비즘(emotivism)일 것이다. 이모티비즘은 흔히 정의론(情意論) 혹은 정의주의(情意主義)라고 번역된다. 이러한 번역은 이모티비즘이 인간의 성정 중 정서적이고 의욕적인 측면(affective-conative side)이 도덕의 전부라는 것을 주장하는 것으로 보거나, 아니면 이모티비즘이 감정적 의미(emotive meaning)를 기조로 하는 윤리학이라고 보는 것이다. 둘 다 약간의 문제는 있기 때문에 차라리 도덕 감정주 혹은 도덕 정서설(情緒說)이라고 하는 것이 좋을지도 모르겠다. 정교한 합리적 선택이론이 압도하고 있는 오늘날의 서양윤리학계에서 이모티비즘을 갑자기 소리 높여 주장하는 것은 "죽은 말에 채찍질을 가하는 것(flogging a dead horse)"처럼 미친 짓일 것이다.

우리의 논의는 이미 죽어버린 이모티비즘을 본격적으로 논의하거나 재구성하려는 것이 아니라, 거기서 무엇인가 훔칠 수 있는 것이 있는지 기웃거려보는 정도일 것이다.24)

이모티비즘은 논리실증주의의 충견이었다. 이모티비즘은 (논리적 명제와 경험적 명제를 제외한 모든 명제들, 즉 형이상학적, 윤리적, 종교적, 미학적 명제들은 사이비 명제들로서 무의미하다고 주장하는) 논리실증주의의 "검증원리"라는 날카로운 이빨로 무장했다.25) 그러한 이빨에는 무자비한 과학주의적인 "의미론적 사디즘(semantic sadism)"의 침이 질질 흐른다. 메타윤리학의 관점에서 이모티비즘은 그러한 이빨을 방어할 아무런 수단이 없음을 자각한다. 그래서 이모티비즘은 윤리적 언명이 감정 혹은 태도의 표현(expression of emotion or attitude)이나 상대방의 감정 혹은 태도를 변화시키는 수사학적 설득에 불과하기 때문에, 서술적으로도 인식적으로도 사실적 진리치를 지니지 않는 무의미한 언명이라고 선언한다. 결국 이모티비즘은 그 침이 흐르는 이빨을 겸허하게 윤리학적 살에 깊숙이 박히게 하는 "메타윤리학적 마조히즘(metaethical masochism)"이 된다.26) 한마디로 이모티비즘은 사디즘과 마조히즘이라는 처절한 감정의 양면성으로 점철되어 있었던 것이다.

이모티비즘의 주장은, 간략하게 요약하면, 도덕적 언명은 승인과 불승인의 감정을 표현하고 그러한 감정을 타인에게 유발하는 것이 된다. 이모티비즘은 어떤 의미에서는 윤리학의 기초에 대한 한 이론으로서 제시된 것으로 볼 수 있다. 즉 어찌됐든 윤리학적 언명은 감정에 달려 있다는 것이다. 그러나 이모티비즘을 자세히 들여다보면, 그것은 윤리학도 감정도 모두 심각하게 고려하지 않았을 뿐만 아니라, 그것들에 심각한 손상을 가했다는 것을 곧 알 수 있게 된다. 이것이 이모티비즘의 주요한 두 가지 잘못이다. 이모티비즘이 윤리학을 심각하게 다루지 않았다는 것은 윤리학적 문제를 합리적 토론이 불가능한 단순한 개인적인 감정의 표현으로 만들어버렸다는 것이다. 즉 윤리학은 기호나 선호의 인정이나 불인정(approval or disapproval)의 문제가 된다: "기호에 관한 것은 논쟁거리가 되지 않는다(*De gustibus non est disputandum*)." 그러나 현대 서구사회의 자유주의적, 개인주의적인 병리적 파괴상을 절감하면서, 공동체주의적 덕의 윤리를 구축하려는 알래스데어 매킨타이어(Alasdair MacIntyre)의 주장을 들어보면 또 다른 평가도 가능하다. 그는 이모티비즘을 주요한 도덕적 문제에 대한 아무런 합리적 합의도 불가능한 현대 서구사회의 도덕적 병리 현상을 극명하게 드러내는 것으로 본다.27) 그렇다면 이모티비즘은 규정적 윤리(prescriptive ethics)의 관점에서는 몰라도 적어도 서술적 윤리(descriptive ethics)의 관점에서는 윤리학에 아무런 잘못을 하지 않았는지도 모른다.28)

그러나 규정적 윤리의 관점에서는 이모티비즘에게 면죄부가 발부되기 힘들다. 이것은 이모티비즘이 감정의 표현과 도덕적 판단 사이의 관계에서 규범적 오류가능성(normative fallibility)의 문제에 직면하게 된다는 것을 통해서 잘 드러난다.29) 규범적 오류가능성의 문제는 가령 이모티비스트가 어떤 도덕판단 S를 내릴 때 S를 내리는 것이 정당한 것인지를 스스로 물을 수 없게 된다는 것이다. 왜냐하면 그가 그러한 도덕판단을 정당한 것으로 간주하는 것은 단지 그러한 판단을 감정적으로 표현하는 것이기 때문이다. 따라서 그러한 판단의 정당성을 확인하는 것은 단지 그러한 판단을 갖는 것일 뿐이다. 이러한 문제는 이모티비즘이 감정을 심각하게 다루지도 못했을 뿐만 아니라 그것에 손상을 가한 이유도 아울러 밝혀준다고 로널드 드 수사(Ronald de Sousa)는 지적한다.30) 여기서 우리는 이모티비스트들에게서 감정을 구체적으로 규정하는 문제도 결국 쉽지 않은 문제로 나타났다는 것을 지적하지 않을 수 없다. 감정의 표현과 감정의 유발도 기본적으로 다른 것이며, 그것들이 감각적 느낌(sensational feeling)과 어떤 관련이 있는지도 논의되지 않고 있다. 또한 이모티비즘의 별칭으로 알려져 있는 도덕적 언어의 환호와 야유 이론(Hurrah-boo theory of moral language)에 관련해서 보면,31) 감정의 표현과 유발도 스포츠 경기에서 우리 팀이 반칙 없이 멋진 골을 넣었을 때처럼 어떤 환호가 순간적으로 터져 나오는 것인지(hurrah!), 상대 팀 선수가 반칙을 했을 때처럼 어떤 야유가 순간적으로 터져 나오는 것인지(boo!), 아니면 비교적 지속적인 감정의 표현과 유발도 있는지, 승인과 불승인으로 나타나는 감정의 표현이 쾌락과 고통과 비슷한 심리적 상태인지, 또한 타인의 감정을 유발하는 속 내용이 소망인지 명령인지 권고인지 설득인지 탄원인지 부탁인지도, 그리고 그 속 내용이 그것들과 다르다면 어떻게 다른 것인지도 밝혀지지 않고 있다.32)

이러한 비판은 흔히 흄의 도덕감 이론이 그 역사적 기원의 하나가 된다고 간주되고 있는 이모티비즘에서 흄이 분석한 것과 같은 감정 자체에 대한 논의가 거의 전무하다는 것으로도 잘 입증된다.33) 수사는 규범적 오류가능성의 문제를 결국은 마찬가지인 규범적 교정가능성(normative correctability)의 문제로 탈바꿈시킨다.34) 만약 이모티비즘이 객관적인 윤리적 기준이 없다는 것을 주장하는 것이라면, 이모티비즘은 감정 자체의 교정가능성에 대한 그러한 기준도 역시 없다는 것을 주장하지 않을 수 없다. 결국 이모티비즘은 감정이 객관적 도덕의 기준이 될 것이 두려워서 감정의 합리성이나 교정가능성에 대한 논의를 완전히 배제할 수밖에 없었던 것이다. 따라서 이모티비스트들은 자기들의 입지를 상실할까 봐 감정 자체를 단순히 순수한 사실(raw facts), 즉 평가(evaluation)의 여지가 없는 것으로 보게 되었다.35) 물론 우리는 찰스 스티븐슨(Charles L. Stevenson)이 도덕적 견해의 차이를 소견(belief)의 차이와 태도(attitude)의 차이로 구분한 점을 무시해서는 안 된다. 스티븐슨은 어떤 새로운 사실이 발견되고 인정됨으로써 우리가 소견의 차이에 대한 해소에 이르게 된다면, 태도의 차이도 해소될 수 있다는 것을 인정하기는 했다. 그러나 그는 소견과 태도 사이의 관계는 논리적인 것이 아니고 인과적인 것이며, 또한 그러한 인과성도 우연적이고 심

리적인 것일 뿐이라는 주장을 고수했다는 것을 우리는 알아야만 한다.36)

이모티비즘이 도덕과 감정 모두에 저지른 두 가지 잘못이 결합되어 나오는 것은 우리가 직관적으로 도덕적 평가가 가능하다고 믿는 부도덕한 감정에 관한 것이다. 플라톤도 언급했던 사악한 조소자(phthonic laughter), 즉 남의 불행을 고소해하고 속으로 혹은 밖으로 박장대소하는 사람의 드러난 혹은 드러나지 않은 감정의 표현과 태도를 어떻게 부도덕한 것으로 판단할 수 있느냐 하는 것이다.37) 이모티비즘은 어떤 사람의 행위나 선택이 그의 진정한 도덕적 신념이나 소견(moral belief)에 대한 더할 나위 없이 훌륭한 지시자(excellent indicator)라는 것을 밝혀 놓았다는 점에서 윤리학에 중요한 공헌을 했다는 것은 대부분의 철학자들도 인정하고 있다. 이모티비즘에 따르면, 감정과 태도가 윤리적 소견이나 확신의 필수 구성요건이며 그러한 감정과 태도는 행위와 선택에서 현시적으로 나타날 것으로 기대된다. 그러나 이러한 단순한 설명은 사람들이 때때로 어떤 행동이 잘못이라고 느끼고 또한 잘못이라는 것을 시인하지만 그것을 행하고 싶은 유혹에 넘어간다는 사실을 고려에 넣을 수 없다.38) 고대와 중세에서 이미 널리 회자되었던 그 유명한 경구, "(주여!) 나는 그것이 더 좋다는 것을 느끼고 시인하고 있지만 왜 더 나쁜 것을 따르게 되는 것입니까!"라는 한탄을 이모티비스트들은 감지하지 못하고 있었단 말인가?39) 전통적으로 철학과 신학에서 이러한 문제는 "의지박약(weakness of will, *akrasia*)"의 문제로 잘 알려진 것이다. 또한 프로이트 심리학이 밝혀낸 사실, 즉 표현된 감정과 그 감정의 무의식적 실상은 항상 일치하지 않는다는 사실, 즉 의식적으로는 싫어하고 있지만 사실은 사랑하고 있음을 모르는 경우도 있음을 우리는 염두에 두어야 한다.

수사는 이모티비즘이 저지른 두 가지 잘못이 결합된 것의 또 다른 예로서 "조건적인 도덕적 진술(conditional ethical statements)"의 문제를 든다. 문제의 출발점은 우리가 어떤 신념을 가언적으로(hypothetically) 받아들일 수 있지만 어떤 태도나 감정을 가언적으로 받아들일 수 없으므로, 우리는 도덕적 진술을 조건화하는 것처럼 우리의 감정을 조건화 할 수 없게 된다는 것이다.40) 비록 상황이 달라지기는 했지만 수사가 든 예를 그대로 사용해보기로 하자. 우리는 다음과 같은 조건절의 전건에 나타난 도덕적 입장을 지지하지 않더라도 그 조건절을 유의미하게 말할 수 있다. "만약 남아프리카공화국에 투자를 하는 것이 도덕적으로 그르다면, 그러한 투자는 법으로 금지되어야 한다(*If it is morally wrong to invest in South Africa, then* it should be forbidden by law)." 그러나 감정의 표현은 이러한 방식으로는 되지 않는다. 우리가 그 도덕적 전건을 감정의 표현으로 대치한다면 다음과 같은 조건절이 될 것이다: "만약 제기랄, 남아프리카공화국의 투자! 그러한 투자는 법으로 금지되어야 한다(*If Damn South African investments!* then they should be forbidden by law)." 도대체 이러한 대치를 통해서 이모티비즘이 해준 것은 무엇인가? 감정은 조건절의 전건에 표시되거나 표시되지 않거나 둘 중의 하나이다. 만약 감정이 전건에 표시되어 있지 않다면, 추정적인 도덕적인 판단은 감정의 표현과는 무관한 것이 된다. 만약 감정이 전건에 표시되어 있다면, 그것은 전건을 실제적으로 시인하는 것이므로, 후건은 자동적으로 딸려 나온다. 수사는 감정이 표현된 전건을 지닌 조건절에는 사실상 어떠한 조건적인 것도 없다고 지적한다. 따라서 이모티비즘은 조건적인 "도덕적 진술을 말이 안 되는 우스꽝스러운 것으로 만든다(makes nonsense of the conditionalization of ethical statements)"는 것이다.41)

그렇다면 우리가 이모티비즘에서 편취할 수 있는 것은 무엇인가? 도덕적 언명은 감정의 표현과 유발인데, 감정의 표현과 유발은 비인지적인 것이기 때문에, 도덕적 언명은 그 진위를 판명할 수 없는 비인지적인 것이 된다는 주장이 이모티비즘의 요체이다. 따라서 이모티비즘은 윤리학에서 비인지주의(non-cognitivism)의 한 전형으로 불리게 되었던 것이다. 이제는 감각(sense 혹은 sense perception) 자체도 인지적인 것으로 이해되는 것이 통례라고 한다면, 감정도 당연히 인지적인 것으로 이해되어야 할 것이다. 그렇다면 이모티비즘은 인지적 감정에 근거하고 있기 때문에 당연히 인지적인 것이 되어야 할 것이다.42) 만약 감정의 윤리학이 인지주의적 입장을 취하려고 시도한다면 이모티비즘은 부정적인 의미에서나마 그 기본적인 출발점을 마련한 셈이다. 이모티비즘이 윤리학설로서 더 이상 타당하지 않다는 것을 주장하는 많은 철학자들도 인정하는 공헌이 있다. 그것은 이모티비즘이 우리가 어떤 사태에 우호적인 도덕적 용어를 진지하게 사용할 때면 언제나 (혹은 대부분) 그 사태에 관한 상응하는 우호적인 도덕적 감정과 태도의 표현이 부수된다는 것을 밝혀냈다는 점이다. 또한 (비록 논리적이고 인식적인 관점이 아니라 수사적이고 심리적인 관점에서였지만) 감정의 유발과 상호주관적 관련성을 통해서 감정의 전이성 혹은 전염성을 밝혀놓았다는 점도 공헌으로 인정된다. 또한 이모티비즘이 도덕적 언명에는 감정적 의미 (emotive meaning)도 포함되어 있다는 것을 밝힌 것도 공헌이다. 그러나 감정의 윤리학의 가능성을 심각하게 고려하는 사람들은 이모티비즘은 감정에 대한 "무한한 추구"의 한 출발에 불과하다고 본다. 자! 훔칠 것을 훔쳤다면 이제 미련 없이 다음 절로 옮겨가도록 하자.

3. 이모티비즘 이후: 합리적 선택이론에서 감정의 위치

현대 영미 윤리학은 흔히 다음과 같은 여섯 단계를 거쳐서 발전해온 것으로 간주된다. 즉 직관주의(intuitionism), 이모티비즘, 규정주의(pre-scriptivism), 기술주의(descriptivism), 정당근거적 접근방식(the good reasons approach), 합리적 선택이론(rational choice theory)의 여섯 단계이다. 물론 직관주의 이전에는 공리주의적 자연주의가 있었고 미국의 실용주의적 자연주의는 처음 두 단계와 중첩적으로 존재하고 있었다는 것이 더 정확할 것이다. 우리는 여기서 이러한 현대 윤리학의 발전 단계를 전부 추적하려는 것은 아니며,43) 다만 이모티비즘에 대한 반동의 마지막 끝, 즉 합리적 선택이론에서 감정의 위치를 간략히 찾아보려고 한다. 합리적 선택이론은 주어진 정보(informations)와 신념(belief) 아래 자기 이익을 극대화하려는 욕망(desire)을 가진 선택자들의 합의를 도덕의 기초로 삼으려는 시도이다. 그러한 시도가 가장 극명하게 나타나는 것은 현재 영미 윤리학을 풍미하고 있는 존 롤즈(John Rawls)의 『정의론』과 데이비드 고티에(David Gauthier)의 『합의도덕론』이다.44) 여기서는 롤즈와 고티에의 입장에 대해서 구체적으로 논의할 상황이 아니므로 롤즈를 중심으로 하여 고티에의 입장은 언급하는 정도로 논의하겠다.

롤즈의 정의론은 합의의 공정성을 확보하기 위해서 자기 이익을 추구하는 합리적 계약 당사자들이 자신의 구체적인 사회계층적 위치와 가치관을 모르는 무지의 장막 속에서 분배적 정의의 원칙을 선택한다는 기본적인 구도를 설정한다. 따라서 롤즈가 인정하고 있듯이 그의 사회계약론적 분배정의론은 합리적 선택이론의 한 부분이 된다. 무지의 장막 속에서는 각 개인들의 구체적인 상황이 전부 가려져 있으므로, 롤즈의 계약 당사자들은 (자신의 비관적 혹은 낙관적 경향과 같은 어떠한 심리적 태도뿐만 아니라 이타적 감정도 가지지 않는) 냉철한 합리적 선택자로 나타난다. 롤즈는 자신이 설정한 선택 모형과 가장 대비되는 것으로 흄과 애덤 스미스(Adam Smith)의 도덕감 이론(moral sentiment theory)을 연원으로 하고 있는 고전적 공리주의의 "공평한 동정적 관망자(impartial sympathetic spectator)"의 모형을 든다. 그리고 그러한 모형은 분배적 정의의 문제가 첨예화되어 있는 상황에서는 비현실적인 모형일 뿐만 아니라 개인들 간의 차이도 심각하게 고려하지 못한다고 일축한 바 있다.45)

그러나 롤즈의 정의론은 그 이면에 감정에 관한 중대한 가정을 깔고 있다. 롤즈는 우선 계약 당사자들이 "정의감(the sense of justice)"과 자신의 "가치관(the concept of the good)"을 가진 도덕적 인간이라는 것을 가정한다.46) 이러한 점에서 롤즈는 자신의 정의론이 우리의 도덕적 능력, 특히 정의감을 규제해줄 원칙들을 제시할 "도덕감 이론(a theory of moral sentiments)"이라는 것을 천명한다.47) 또한 롤즈는 무지의 장막에서 합리적 선택자들에게 선택의 동기(motive)를 제공할 뿐만 아니라 아울러 분배적 정의의 원칙이 적용되는 대상인 "사회적 기본가치(the primary social goods)"의 목록에 "자존감의 기초(the bases of self-respect)"를 포함시키고 있다. 롤즈가 자존감의 기반을 어떤 의미에서는 가장 중요한 사회적 기본가치로 보고 있는 것은 결국 상대적 박탈감(relative deprivation strain)의 문제를 해결하려고 하는 것이다.48) 물질적인 재화와 자원이 나누어지는 방식은 각자의 자존감에 심각한 영향을 미친다는 것은 움직일 수 없는 사실이다. 롤즈는 결국 "분배적으로 정의로운 사회"는 우리의 분배적 입지에 관한 우리의 감정 상태에 달려 있다는 것을 밝힌 셈이다. 목적론적 전통의 윤리학은 어떤 쾌락적 상태와 선호를 본질적 선과 정당성의 규정, 그리고 개인의 행위와 사회 정책을 결정하는 중요한 기준으로 삼아왔다. 즉 행복, 복지, 후생, 공리, 효용, 욕구의 만족 혹은 충족 등이 그것이다. 비록 롤즈는 의무론적 관점에서 자기의 정의론을 전개하고 있지만, 선이 합리적 욕구의 만족으로 정의된다는 점에서는 공리주의적 목적론에 동의하고 있다. 그러나 롤즈는 구체적으로 합리적 욕구의 만족 상태가 어떠한 감정 상태인지에 대해서, 그리고 그것이 사회적 기본가치들에 대한 지수(index)로서 충분히 파악될 수 있는지에 대해서 많은 문제점을 남기고 있다. 물론 이것은 롤즈만의 문제는 아니고 동시에 공리주의자들과 후생경제학자들의 문제이기도 하다.49)

롤즈는 또한 분배적으로 정의로운 사회는 질투심(jealousy)과 시기심

(envy)을 박멸할 수는 없지만 그러한 감정들이 만연하지는 않을 것이라는 점을 밝히고 있다. 그렇다면 롤즈의 정의로운 사회에서는 "사촌이 땅을 사면 배가 아픈" 사람들의 복통은 거의 완전히 치유된다고 볼 수 있다. 또한 롤즈는 장 피아제(Jean Piaget)와 로렌스 콜버그(Lawrence Kohlberg)의 도덕 발달심리학에도 주목함으로써 도덕적 추론 능력뿐만 아니라 도덕감의 형성 과정에도 많은 관심을 쏟고 있다. 또한 롤즈는 정의원칙을 위반했을 때 가지게 되는 죄책감(guilt)과 자존감이 상처를 받을 때 생기게 되는 수치심(shame) 등 많은 개별적인 감정들을 세밀하게 분석하고 있다. 최종적으로 롤즈는 『정의론』의 제3부에서 정의감 자체가 선이 된다는 주장, 즉 플라톤 시대부터 윤리학의 중대한 과제가 되어온 선과 정당성의 정합성을 입증하려는 원대한 시도를 전개하고 있다.

그러나 롤즈는 논란의 여지가 많은 원초적 입장의 칸트적 해석을 들고 나옴으로써 그의 정의론은 두 배경적 이론들, 즉 도덕감 이론과 칸트적 의무론 사이의 정합성 문제를 야기한다.50) 개인의 모든 구체적이고도 경험적인 요소를 배제하는 원초적 입장에 대한 칸트적 해석은 결국 도덕론에 있어서 감정의 위치를 전혀 인정하지 않는 것처럼 보인다.51) 만약 롤즈가 칸트적인 입장을 보다 중요한 것으로 간주한다면, 도덕감 이론은 (칸트적 의무론을 기본적 배경으로 해서 도출된 정의의 두 원칙을 준수하려는 의무에 대한) 감정적 보충이라는 도구이고 부수적인 위치만을 차지하게 된다. 여성해방론적 윤리학을 주장하는 사람들의 근래 비판을 들어보면 다음과 같은 해석이 타당한 것처럼 보인다. 롤즈의 정의론은 여성들의 고유한 도덕적 감정인 "배려(caring)"와 가족적 "연고(connecting)"를 무시하고 추상적인 권리와 정의 혹은 법칙과 의무만을 강조하는 남성우월주의적 편협성에 경도되어 있는 가부장적 이데올로기에 불과하다.52) 반면에 롤즈의 정의론에서 칸트적인 요소를 배제하고, 공리주의적인 계산적 요소를 강조하거나 아니면 흄이나 루소의 도덕감 이론을 부각하려는 사람들은 차례로 다음과 같이 지적한다. 첫째, 최소극대화 규칙(maximin rule)을 기반으로 해서 최소수혜자의 기대치를 최대한으로 증진하려는 롤즈의 "차등의 원칙"은 계약당사자들의 극도의 비관적이고 보수적인 심리적 상태에 의존하고 있다는 것이다. 둘째, 롤즈의 정의론, 특히 차등원칙은 개인의 재능을 "공동의 자산(collective assets)"으로 간주하는 타인에 대한 공감(compassion) 혹은 동정심(sympathy or commiseration)을 배경으로 하지 않으면 도출될 수 없다는 것이다. 롤즈 정의론의 윤리학사적 배경은 칸트인가 아니면 흄인가? 합리적 선택이론이 정교하게 전개되고 있는 롤즈의 정의론의 배경에 감정에 관해서 상반된 견해를 말한 두 철학자가 도사리고 있다는 점은 포스트이모티비스트들에게 어찌 아이러니가 아니라고 할 것인가!

고티에는 합리적 선택이론 중 게임이론을 탁월하게 구사함으로써 사회계약론적인 "협상적 정의론"의 모형을 구축한다. 그러한 모형을 통해서 고티에는 복지국가의 옹호자인 롤즈와 최소국가의 옹호자인 노직 사이의 대립을 해소하려는 시도를 『합의도덕론』에서 전개한다.[53] 감정에 관련해서 주목할 것이 있다면, 고티에가 정서성(affectivity)이 합리성(rationality)에 수반된다는 주장을 하고 있다는 것이다.[54] 보다 엄밀히 말하면 합리성은 정서적인 것을 함축하지만 정서적인 것은 꼭 합리성을 함축하지는 않는다는 것이다. 어쨌든 그는 "지성과 감정 모두가 그[자유주의적 개인]를 도덕적 존재로 만든다"는 것을 천명한다.[55] 그러나 고티에에게 있어서 감정은 부차적인 것이며 합리적 선택 자체에 영향을 미칠 수 있는 본질적인 요소는 되지 못하고 있다.[56]

롤즈와 고티에를 종합적으로 볼 때, 합리적 선택이론과 감정을 본격적으로 접합시키려는 문제는 현대 윤리학과 합리적 선택이론, 그리고 의사결정론에서 하나의 공통된 과제로 등장하게 되었다. 이미 언급한 로널드 드 수사와 우리가 다음 절에서 다루게 될 앨런 기바드(Allan

Gibbard)는 이러한 과제를 위한 중대한 첫발을 내디딘 것이다. 그러나 아직 아무도 이러한 과제를 성공적으로 완수했다는 소문을 듣지 못했다. 다만 욘 엘스터(Jon Elster)는 합리적 선택이론의 기본적 구도에다 감정을 포섭시키려는 시도를 하고 있는데, 우리는 거기에 많은 관심을 기울이지 않으면 안 될 것이다. 본격적인 논의는 후일의 과제로 하고, 다만 그의 기본적 입장만을 언급하려고 한다. 그는 합리적 선택이론의 전형적 구도인 신념과 욕구의 모형(belief-desire model)에다 다음과 같이 감정을 포섭시키려고 한다.57)

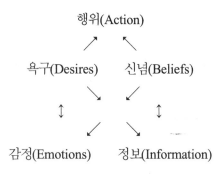

그러나 감정의 위치 설정과 감정과 관련된 화살표들의 향방이 꼭 그렇게 되어야 하는지는 아직도 많은 논란의 여지가 있다. 이것을 합리적 선택이론과 감정의 만족할 만한 결합이라고 하기는 아직도 시기상조이다. 또한 감정 자체를 신념과 욕구의 일부분이거나 혹은 감정 자체가 그것들을 포함한다고 보는 이론들도 있으므로 많은 논의가 더 필요하다.58) 그러나 엘스터의 이러한 모형은 우리에게 좋은 출발점을 제공해주는 것은 사실이다. 여기서 우리는 감정이 인지적 신념(cognitive belief), 욕구(desires), 그리고 정서성(affectivity)의 복합체(complex)로 이루어진다는 성분 이론(component theory)을 지지하며, 그리고 소위 비의도적인 현상(non-intentional phenomena)도 성분을 구성하는(constitutive) 것으로 인정해야 한다는 점만을 밝히고자 한다. 우리가 독사를 보았을 때 (그것을 독사라고 인식하고, 독사는 해롭다고 믿기 때문에, 독사에게 해를 입지 않으려는 욕구를 통해) 우리도 모르게 눈동자가 커지고 소스라치게 놀라는 감정을 드러내는 것이다.59) 물론 보다 구체적인 논증은 후일의 과제로 남긴다.

그러면, 이제 감정을 윤리학의 관점에서 본격적으로 다루려고 하는 감정의 윤리학의 근래 면모와 그러한 감정의 윤리학에서는 감정의 도덕적 중요성이 어떻게 다루어지고 있는지를 살펴보기로 하자.

4. 감정의 도덕적 중요성과 감정의 윤리학의 근래 면모

감정의 윤리학은 기본적으로 가치 있는 삶을 위해서 우리가 어떻게 감정을 도덕철학의 영역에 유입시킬 것인가의 문제이며, 그러한 문제는 일차적으로 감정이란 무엇인가 하는 개념적 정의와 분석에 관한 인식론(epistemology)의 문제에 달려 있다. 그러나 감정의 인식론 자체가 감정의 윤리학의 향방과 내용을 완전히 결정하는 것은 아닐 것이다.60) 감정의 인식론이 감정이 인지적이고 합리적인 요소를 포함하고 있다는 것을 경험적으로 이론적으로 완전히 밝혀냈다고 하더라도 감정의 윤리학적 위치는 아직도 미지수이다. 즉 감정의 인식론은 감정이 윤리학의 본질적 기초가 되어야 하는지,61) 아니면 감정의 심리적 실재론을 통해 윤리학을 재구성할 수 있는지,62) 아니면 감정은 합리적 선택이론에 따른 선호와 결정의 강렬도 혹은 긴박성을 나타내는 단순한 지시자에 불과한 것인지, 아니면 감정은 객관적인 도덕적 규범이 존재한다는 것을 간접적으로 입증하는 표현 양식으로만 존재하는 것인지, 아니면 감정은 천인공노(天人共怒)처럼 도덕적 객관성을 직관적으로 파악하는 도덕적 감수성의 능력인지, 아니면 감정은 인간을 도덕적 의무와 행동으로 이끌게 하는 도구적인 역할을 가진 것에 불과한 것인지, 아니면 감정은 다른 사람을 도덕적 의무와 법칙에 따라서 경직되게 도와주는 사람보다는 그것을 감정적으로 수용하여 시행하는 사람이 더 인간적이라는 정도의 것인지, 아니면 감정은 이성적인 도덕적 행위를 수행하지 못한 것에 대한 설명, 변명, 책임의 면제, 혹은 정당화를 제공하는 부차적이고 부정적인 위치만을 차지하는지를 결정해주지는 못한다. 그러나 감정의 인식론은 감정이 인지적인 요소를 가지고 있고 또한 이성과 비견할 만큼 인간생활의 전반에서 중요하다는 것을 밝혀줌으로써 도덕적 영역에서도 역시 중요하다는 것을 입증할 수는 있을 것이다.63) 감정은 동물이나 식물의 종처럼 자연적 집합(natural class)은 아니다.64) 따라서 감정에 대한 이론의 종류는 철학 이외의 다른 학문을 포함해서 세세하게 나누면 수백 종에 이르며, 감정이 인지적인 요소를 가지고 있다는 주장도 수십 종에 이르고 있기 때문에 여기서 전부 열거해서 구체적으로 논할 수는 없다.65)

전통적으로 감정은 감각적 느낌 혹은 기분(feeling)으로서 흔히 생리적 반응을 수반하거나, 혹은 감각적 느낌 자체가 생리적 자극과 반응에 의해서 촉발 혹은 병발되는 것으로 여겨졌으며, 또한 우리가 내성(introspection)을 통해서 느낄 수 있는 것으로 간주되어왔다. 그러나 행동주의적 이론은 행동으로 표출되고 현시된 감정을 중시하고, 프로이트적 감정론은 감정의 무의식적 요소를 강조하며, 칼 구스타브 융(Carl Gustav Jung)은 민족의 집단적인 무의식적 정조까지 가능한 것으로 본다. 반면에 감정의 인지주의적(cognitivistic) 입장은 감정이 단순히 감각적 느낌만이 아니라고 보고, 감정이 가지고 있는 지향성 혹은 의도성(intentionality)을 부각시키면서, 신념, 판단, 평가, 사유, 구성, 관점, 관심과 고려, 합리성 등 다양한 방식으로 감정의 인지주의적 요소를 말하고 있으며, 그것들 중 어느 하나만을 강조하거나 그것들을 다양한 방식으로 결합시키기도 한다.66) 또한 심리학, 사회학, 정치학, 생물학, 진화론, 문화인류학, 뇌신경생리학 등도 나름대로 감정을 규정하는 독특한 방식을 견지하고 있다. 또한 감정 중 어떠한 감정이 기본적이고 원초적인가, 어떠한 감정이 부차적이고 학습적인가에 대해서 많은 이론들이 존재한다. 우리는 쇠렌 키에르케고르(Søren Kierkegaard) 등 실존주의 철학자들과 마르틴 하이데거(Martin Heidegger)를 통해서 실존적 현존재가 느끼는 불안과 고뇌와 염려(Angst, 앙스트)가 삶의 기본적이고 원초적인 정조라는 주장에 어느 정도 익숙해 있다. 이러한 문제는 감정의 윤리학에서 무엇이 도덕성과 관련해서 기본적인 감정이 되어야 하느냐의 문제로 나타난다. 감정의 윤리학의 구체적인 내용과 향방은 이러한 기본적 감정에 달려 있다고 해도 과언은 아닐 것이다.

그러면 감정에 관한 이러한 기본적인 인식론적 논의를 배경으로 감정의 윤리학에 관련된 문제들을 추적해보기로 하자. 감정의 윤리학은 우선 다양한 기존의 규범적 윤리학을 배경으로 해서 부분적으로 전개될 수도 있다. 즉 감정의 윤리학은 이미 언급한 것처럼 여성해방론적 윤리학을 배경으로도, 사회생물학적 발견에 힘입거나, 아니면 윤리학적 전통에서 이타주의 윤리학을 감정을 통해 재구성하려는 의도를 배경으로도,67) 비록 매킨타이어는 이모티비즘을 자유주의적 개인주의 사회의 필연적 귀결로 비난하기는 했지만, 애국심과 공동체적 소속감과 같은 지속적이고 사회적인 감정을 존중하는 공동체주의 윤리학과 타인에 대한 감정적 고려와 아울러 자기의 감정을 훌륭히 조절하는 책임을 지닌 인격과 덕의 윤리학을 배경으로도,68) 혹은 사회적 연대감(social solidarity)을 강조하는 리처드 로티(Richard Rorty) 식의 자유주의를 통해서도,69) 그리고 쾌락과 고통을 느낄 수 있는 유정적(有情的) 존재(sentient beings)를 "최대다수의 최대행복"에 관한 계산 대상으로 하는 공리주의를 통해서도 전개될 수 있다. 공리주의 일각에서는, 불교의 자비심처럼, 유정적 존재의 감정적 수용 능력이 도덕적 고려의 기준이 되면, 인간과 동물에 동일한 위상이 부여됨으로써 편협한 인간중심주의(human chauvinism)가 아닌 (적어도 동물중심주의 혹은 더 나아가서 생명중심주의라는) 환경주의가 도출될 수 있다는 주장이 제기되고 있다.70) "생명에의 외경"을 주창했던 알베르트 슈바이처(Albert Schweitzer)는 일찍이 이러한 점을 알고 있었음에 틀림없다.

그러나 우리가 여기서 주목하려는 것은 감정을 윤리학의 기초로 삼으려는 여러 가지 시도들이다. 우리는 간략하게나마 그러한 시도들이 감정 자체에 대해서 어떠한 견해를 가지고 있는지와 그것들이 감정을 도덕적으로 중요하게 여기는 이유들을 밝혀보려고 한다. 물론 이러한 시도들도 윤리학적 전통과 다른 관련 과학들의 전통과 무관하게 갑자기 돌출되어 나온 것은 아니며, 나름대로 윤리학과 과학적 전통에 맥을 대고 있는 것이 사실이다. 또한 우리는 감정의 윤리학이 전통적으로 감정을 윤리학에서 배제하려는 주장들에 대해서 어떻게 답변하고 있는지도 아울러 밝히려고 한다. 칸트를 비롯해서 감정을 윤리학에서 배제하려고 하는 철학자들의 주장은 다음과 같이 요약될 수 있을 것이다.71) (1) 감정은 순간적이고, 변화무쌍하고, 변덕스러운 것이다. (2) 따라서 감정적으로 동기화된 행동은 신뢰할 수 없고, 비일관적이며, 무분별하고, 심지어 불합리한 것이기까지 하다. (3) 어떤 상황의 선악과 정사를 파악하기 위해서는 우리 자신을 감정으로부터 격리시켜야만 한다. (4) 우리가 통제할 수 없는 감정에 사로잡힐 때, 우리는 수동적이 되므로 책임을 질 수 없다. (5) 감정은 특정한 상황에서의 특정한 사람에 관련되기 때문에 이성적 도덕에 요구되는 일반성과 보편성을 가질 수 없다. 따라서 감정은 원칙에 근거하지 않는 "편파성(partiality)"을 드러낼 뿐이다.

많은 저작들이 있기는 하지만, 감정의 윤리학의 근래 면모를 살펴보기 위해서 우리가 주목하려는 저작은 다음 세 가지이다. 즉 로널드 드수사의 『감정의 합리성』(1990), 앨런 기바드의 『현명한 선택과 적절한 감정』(1990), 저스틴 오클리(Justin Oakley)의 『도덕성과 감정』(1992) 이 그것들이다.72) 본격적인 감정의 윤리학이라고 할 만한 것은 기바드와 오클리의 저작들이나, 수사는 감정의 인지주의설 중 윤리학과 관계가 깊다고 할 수 있는 감정의 합리성과 평가적 신념(evaluative belief)을 기본 축으로 논의를 전개하고 있기 때문에, 그의 저작을 언급하려고 한다. 물론 여기서 이 세 저작들을 세세히 논한다거나 그것들을 서로 비교하려는 과욕을 부릴 수는 없다. 우리의 논의는 다만 전통적으로 감정이 윤리학에서 배제되어야 한다는 주장에 대해서 이러한 저작들이 어떻게 답변하는지를 살펴보려고 하는 제한적 입장을 가질 뿐이다.

감정의 인지적 기초에 대한 인정은 감정의 합리성에 대한 관심을 당연히 불러일으킨다. 전통적으로 감정은 불합리할(irrational) 뿐만 아니라 합리적인 것과 무관한(non-rational) 것으로도 간주되어왔다. 그 이유는 감정을 단순한 느낌이나 생리적인 과정으로 보았기 때문이다. 그러나 분명히 감정은 두통과 같이 합리적인 것과 무관한 것은 아니다. 우리가 분노와 같은 감정을 가지게 되는 데는 어떠한 이유(reasons)가 존재한다. 물론 그것이 정당한 이유인가 아닌가(good reasons or not)는 또 다른 문제이다. 따라서 감정을 비합리적인 것 혹은 불합리한 것으로 보는 것은 정당한 이유가 전혀 혹은 대부분 존재하지 않는다는 주장으로 해석된다. 그렇다면 어떤 감정을 갖는 것에 정당한 이유가 있다면 감정 자체는 합리적인 것이 될 수 있다.73) 따라서 감정은 적절하거나 부적절하거나, 분별이 있거나 무분별한 것으로 구분될 수 있다. 그러한 구분은 감정의 발현이 배경적 상황에서 볼 때 수용될 만한 것인가의 여부뿐만 아니라(여기서 사회적 상황은 중요한 것으로 작용한다), 개인의 지각과 신념과 욕구에 관련해서도 내려질 수 있다. 감정이 적어도 부분적으로는 인지적인 요소를 포함한다는 사실은 우리가 신념과 의도를 평가하는 데 사용하는 것과 동일한 인식적, 윤리적 기준을 통해서 감정을 평가할 수 있다는 것을 의미한다. 즉 우리는, 그 감정은 상황에 맞는 것인가? 그 감정은 사실을 고려에 넣고 생긴 것인가? 그 감정의 배경이 되는 인식과 평가는 공정하고 합리적인가? 하는 일련의 질문을 유의미하게 제기할 수 있다. 수사에 의하면, 우리는 감정의 근거들을 포착하지 않고서는 감정을 이해할 수 없고, 그러한 근거들은 나아가서 우리에게 평가의 토대를 제공해준다.74) 여기에 관련된 근래의 논쟁들은 그러한 근거들이 어떻게 이해되어야 하며, 또한 감정의 합리성이 보다 충분히 숙고적이고, 명료한 행위들의 합리성과 비교될 만한 것인지의 여부에 집중되어 있다.

그러면 감정의 합리성에 대한 이러한 일반적인 논의를 배경으로 해서 수사의 입장을 알아보자. 수사는 "감정은 철학의 중추를 형성한다. 그것은 인식론, 존재론, 철학적 심리학, 그리고 윤리학의 문제들로 우리를 인도한다"고 서두를 연다.75) 그의 『감정의 합리성』은 합리적 삶에 있어서의 감정의 위치를 정하는 문제에 초점이 맞추어진다. 그는 합리적 삶에서의 감정의 도구적 역할을 탐구함으로써, 감정이 어떻게 그러한 삶의 한 구성요소가 되는지를 밝힌다. 인간은 자신과 자신의 환경에 대한 많은 정보들에 노출되어 있고 또한 그것들을 필요로 하지만, 그것들은 너무나 과다하기 때문에, 인간은 자신의 특정한 신념과 욕구를 형성하고 결정을 내리고 계획을 세우는 데 있어서 대부분의 것들을 무시하지 않을 수 없다는 것이다. 수사에 의하면, 감정은 정보의 "현저성(salience)"을 조건화함으로써 과도한 정보로부터 우리가 마비되는 것을 방지한다.76) 이것이 바로 감정이 합리적 삶에 공헌하는 주요한 기능이다. 이러한 공헌은 생물학적 기반을 가지고 있다. 감정은 생물학적으로 유용한 것인데, 왜냐하면 감정은 많은 정보에 노출된 유기체가 정보를 통제하고 조절함으로써 이 세상에 잘 대처하기 위해서 필요한 것이기 때문이다. 이것은 감정의 다윈적 선택(Darwinian selection)을 설명해준다.

수사에 따르면, 본질적으로 또는 비도구적으로 합리적인 감정들도 존재한다. 감정은 대략적으로 언어가 학습되는 방식으로 학습된다. 우리는 주위 사람들의 죽음 등의 범형적 사례(paradigm cases or scenarios)에 친숙해짐으로써, 어떤 특정한 감정 형태들의 독특한 대상들 (objects)과 그러한 대상들에 대한 반응(response)을 알게 된다는 것이다. 하나의 특정한 감정이 본질적으로 합리적이 되는 경우는, 그 감정의 대상이 세계의 어떤 실재적인 대상일 때, 그 대상에 대한 감정적 반응이 적합한 경우이다. 우리의 감정은 암묵적으로 가치론적 속성(axiological properties)을 지향적 목표가 되는 대상에 부여한다. 본질적으로 합리적인 감정들은 그러한 목표들에 관련된 대상의 속성들에 대한 일종의 지각으로 간주된다. 따라서 어떤 감정들은 단순한 주관의 투영이 아니라, 이 세계의 실재적 속성에 대한 "객관성의 포착"이 된다.77) 이것은 수사가 플라톤의 대화편 『유티프로(*Euthyphro*)』에 의거해서 "유티프로 딜레마"라고 부르는 것이다.78) 신뢰감(trust)을 예로 들어 설명하면, 신뢰의 감정이 생기는 것은 우리의 주관적인 신뢰감을 단순히 투영하기 때문이 아니라, 신뢰의 대상이 신뢰할 만한 것이기 때문에 신뢰의 감정이 생긴다는 것이다. 다른 예를 들면, 천인공노할 사건은 분명히 모든 사람을 노하게 하는 어떤 공통적이고 객관적인 도덕적 실재성을 가지고 있다는 것이다.

　수사가 주장하는 감정의 객관성은 윤리학에 중대한 결과를 초래한다. 그것은 이모티비즘을 비판할 뿐만 아니라 더 나아가서 일종의 도덕적 실재론(moral realism)을 주장하고 있는 것이다.79) 또한 그것은 합리적 감정이 지니고 있는 실재론적인 가치적 속성을 이해하게 함으로써, 우리의 도덕적 지평을 확장시키고 있다. 그리고 감정의 기초에 놓여 있는 범형적 사례는 감정이 사회적 속성을 가지고 있다는 것을 잘 밝혀주고 있다. 그러나 수사는 특정한 시간과 환경에서 결국 개인이 감정의 담지자가 된다는 점을 부인할 수 없기 때문에, 다시 일종의 도덕적 개인주의로 환원한다. 수사는 우리의 감정은 최종적으로 "피할 수 없는 비극"이 도사리고 있는 이 세계의 가치론적 측면을 적나라하게 드러낸다고 본다: "모든 개인성이 함축하고 있는 죽음, 상대성, 그리고 고독은 …

우리의 감정적 삶의 본질적 요소이다."80) 그러한 비극적 세계에서 우리의 인생을 이끌어 나가기 위해 우리는 나름대로 계획도 세우고 결단도 내린다. 그러한 계획과 결단을 이해하고 평가하는 데는 합리성의 기준이 요구된다. 수사는 그러한 합리성의 기준을 형성하는 데 있어서 우리의 감정적 삶이 본질적으로 중요하다고 주장한다. 수사의 이러한 결론은 불안과 부조리 등 감정의 어두운 측면을 강조했던 실존주의자들을 연상시킨다. 물론 실존주의의 전형적인 비합리주의(irrationalism)를 수사는 배척하고 있기는 하지만.

감정의 합리성은 철학사에서 중요한 문제로 항상 간주되어왔던 감정과 윤리학의 관계에 대한 문제를 철학의 중심무대로 옮겨놓는다. 윤리학적으로 감정은 어떤 방식으로 이해될 수 있으며, 또한 도덕성과 감정이 가지고 있는 상호 관련성은 무엇인가 하는 문제가 전면에 부각된다. 이러한 문제로부터 기바드의 『현명한 선택과 적절한 감정』은 출발한다. 기바드는 이모티비즘에서 유전된 비인지주의(non-cognitivism)를 재구성하려고 한다. 물론 이모티비스트들과 달리 기바드에게서 도덕을 훼손하려거나 감정 자체에 손상을 가하려는 의도는 전무하다. 그의 입장은 소위 "규범 표현적 분석(norm-expressivistic analysis)"으로서 도덕성뿐만 아니라 합리성 전반에 관련되어 있다: "우리가 어떤 것을 합리적이라고 부르는 것은 그것을 허용하는 규범을 우리가 수용한다는 것을 표현한다"는 것이다.81) 이러한 규범 표현적 분석은 합리성에 대한 실재론적 입장, 즉 어떤 것을 합리적이라고 부르는 것은 그것에 하나의 독특한 속성을 부여한다고 생각하는 수사(Ronald de Sousa) 식의 인지주의를 거부한다. 그런데 기바드는 전통적인 이모티비즘적 비인지주의와도 약간 입장을 달리한다: 즉 "도덕판단은 감정이 아니라 어떤 도덕적 감정을 갖는 것이 합리적인 것인가에 대한 판단이다"라는 것을 분명히 한다.

기바드는 규범 표현적 분석을 진화론적 생물학의 배경 속에 집어넣음으로써 인간의 문화적 삶에 있어서 규범의 위치를 진단한다. 그에 따르면, 규범은 인간의 상호 협동을 촉진시키기 위한 삶의 전략이다. 그런데 규범은 행동뿐만 아니라 감정에 동시에 관련됨으로써 도덕적 판단의 형태를 띠게 된다. 여기서 기바드는 규범의 기초적 감정으로서 죄책감(guilt)과 분노(resentment)를 든다: "어떤 한 사람의 행위가 도덕적으로 그르다는 것은 그 사람이 그 행위에 대해서 죄책감을 느끼는 것이 합리적이고, 또한 그 사람의 행위에 대해서 다른 사람들도 분노를 느끼는 것이 합리적일 때 오직 그때뿐이다(… if and only if …)."82) 여기에 대해서 우리가 직관적으로 느낄 수 있는 생각은 죄책감이나 분노를 느끼는 것 그 자체가 도덕적 판단을 형성하지는 않는다는 것이다. 어떤 사람은 죄책감을 느끼지만 아무런 잘못도 안 했다고 생각할 수 있고, 어떤 사람은 화를 내지만 주위 사람들은 "아니 저 사람 그만한 일로 뭘 그렇게 화를 내는가" 하고 의아해할 수 있기 때문이다. 기바드는 이러한 경우 그가 그러한 감정을 느끼는 것은 사리에 맞지 않으므로(makes no sense) 그러한 감정은 비합리적이라는 것이다. 따라서 감정도 적절하거나 적절하지 않을 수 있으며, 도덕적 판단은 어느 때 죄책감과 분노가 적절한지에 관한 판단과 다르지 않다는 것이다.

그러나 죄책감과 분노의 느낌이 도덕적 판단에 대해서 필요충분조건이 된다는 그의 주장은 많은 반론을 불러일으키고 있다. 우리는 불필요한 죄책감에 시달릴 수도 있고, 과도하게 분노할 수도 있다. 또한 도덕적으로 사악한 의도를 가진 분노도 있을 수 있다. 이와 관련해서 가장 중요한 반론은 순환성의 문제이다. 우리가 어떤 사람이 비난을 받아 마땅하다고 생각하는 것은 그 사람에 대해서 화를 내는 것과 똑같은 것은 아니다. 그러한 생각은 그 사람이 잘못했다는 신념을 포함하고 있으며, 이러한 신념이 규범적 판단의 내용을 형성하는 것이다. 기바드는 도덕적 판단을 설명하기 위해서 죄책감과 분노에 호소하고 있지만, 그는 우리가 그러한 죄책감과 분노가 적절한지 아닌지를 판단하기 위해서는 이미 그 사람이 잘못했다는 도덕적 신념에 대한 판단을 가지고 있지 않으면 안 된다는 것을 망각하고 있는 셈이다.83) 이러한 순환성의 문제는 그의 비인지주의적인 규범 표현적 분석 전체에 심각한 손상을 가한다. 그렇다면 이모티비즘을 합리성을 통해 재구성하려는 그의 시도는 실패한 것인가? 그러나 우리는 이러한 단정을 내리기 전에 좀 더 포괄적인 관점에서 이 문제를 생각해보아야만 한다. 양심, 양심의 가책, 죄책감, 그리고 분노가 도덕성(혹은 도덕성의 학습, 형성, 표현)에 깊은 관련을 가지고 있다는 주장은 유구한 전통을 가지고 있다. 이러한 주장은 현대의 다양한 심리학적 이론들에 의해서도 기본적으로 인정되고 있다. 우리는 폭넓은 학제적인 연구를 통해서 이러한 문제를 해결하도록 노력해야 할 것이다.84)

기바드에 있어서 또 한 가지 중요한 것은 감정이 문화 제한적이라는 것을 받아들인다는 점이다. 그러나 한 문화권에서는 감정의 객관성을 확보할 수 있다는 것이다. 그는 감정의 합리성과 그것에 의거한 도덕적 판단은 결국 지방적일 수밖에 없으므로, 모든 문화권에 통용되는 도덕적 판단은 없다는 지방주의(parochialism)를 주장하고 있다.85)

오클리의『도덕성과 감정』은 감정의 합리성과 도덕성의 차이를 인정하고 아리스토텔레스의 전통 속에서 감정의 윤리학을 구성하려고 한다. 그러면 오클리는 감정의 합리성과 도덕성이 어떤 점에서 차이가 난다고 생각하는지를 알아보자.86) 우리는 부당한 피해를 보았기 때문에 화를 내는 경우도 있지만, 자기의 입장과 이익을 확보하기 위해서 과도하게 화를 내는 경우도 있다. 첫 번째의 분노는 합리적으로도 도덕적으로도 타당하지만, 두 번째의 분노는 합리적으로는 타당하지만 도덕적으로는 타당하지 않다. 또한 우리는 도덕적으로는 타당하지만 합리적으로는 타당하지 않은 감정, 예를 들어 모든 사람에 대한 형제애(brotherly love)를 품을 수도 있다. 오클리는 두 번째의 경우에서 보는 것처럼 도덕성과 합리성은 차이점을 보이기 때문에 감정의 합리성이 감정의 윤

120

리학에 큰 도움을 줄 것으로 생각하지 않는다. 이러한 오클리의 생각은 어떻게 평가될 수 있는가? 우리의 주요 관심은 합리적으로는 타당하지만 도덕적으로는 타당하지 않거나 무관한 감정의 문제이다. "우는 아이 떡 한 개 더 준다"라는 말과 "눈물은 여자의 무기이다"라는 말을 잘 음미해보자. 의도적으로 운다는 전제 아래, 그것들은 (물질적 자원이나 타인의 관심과 위로와 같은 정신적 고려를 막론하고 감정을 통해서 자기의 분배적 입지를 강화하려는) 위협적 이득의 전략으로 해석될 수도 있다. 이것은 분배적 정의론에서 자주 언급되고 있는 것으로, 소위 "타인으로부터의 이중적 고려(double counting)"를 확보하기 위한 전략이다. 그러나 그러한 이중적 고려를 위한 전략적 울음은, 마치 늑대가 온다고 거짓말하는 소년의 말을 사람들이 처음에는 믿지만 한 번 속고 난 다음부터는 믿지 않듯이, 지속적으로 효과적이 아니다. 계속해서 우는 아이는 떡이 아니라 볼기를 맞을 수도 있으며, 계속 우는 여자는 볼썽사납고 어찌 해볼 수 없는 막무가내로 사람들의 눈 밖에 날 수도 있기 때문이다. 그때 아이와 여자는 울음을 그치는 것이 합리적일 것이다. 그렇다면 감정에 있어서 도덕성과 합리성은 궁극적으로 상호 수렴한다고 생각할 수도 있다. 어쨌든 이러한 주장은 앞에서 언급한 고티에와 기바드가 제기하고 있는 것이다. 그러나 이러한 문제는 자기 이익의 극대화를 기반으로 하는 합리적 선택이론이 도덕의 기초가 될 수 있느냐 없느냐 하는 현대 윤리학의 중차대한 문제에 연관되어 있기 때문에 여기서 결론을 내릴 수는 없다.[87]

오클리는 아리스토텔레스의 덕의 윤리의 관점에서 윤리학에서 감정의 위치를 정립하려고 한다. 아리스토텔레스의 『니코마코스 윤리학』에서, 도덕적 덕목은 우리에게 올바른 행위를 할 것을 요구할 뿐만 아니라 적절한 대상을 향한 적절한 정도의 올바른 감정을 가질 것을 요구한다.[88] 오클리는 아리스토텔레스적 덕의 윤리가 궁극적으로 지향하는 행복(*eudaimonia*)에 있어서도 감정의 위치는 본질적으로 중요하다고 본다. 그는 감정을 "인식, 욕구, 정서성"이라는 세 요소가 역동적으로 관련되어 있는 복합체라고 주장하면서, 그의 논의를 전개한다.[89] 첫째, 동정심과 공감과 같은 이타주의적 감정은 다른 사람의 처지와 경험을 이해하고 기억하는 데 결정적인 도움을 주므로 우리는 다른 사람의 고통과 필요에 대해서 보다 감수성 있고 민감하게 반응할 수 있다는 것이다. 또한 타인을 도와줌으로써 우리는 우리 자신에 대해서 뿌듯한 감정을 느낄 수 있다. 둘째, 감정은 우리를 다른 사람과 보다 강하고 심원하게 결속시킬 수 있다. 그러한 감정적 결속은 안정감과 환희, 즉 삶의 맛을 준다는 것이다. 사랑과 우정과 같은 감정이 없다면, 우리의 인생은 무연고적 삶으로 전락하게 된다는 것이다. 사랑과 우정과 같은 감정은 타인을 하나의 인격체와 도덕적 중요성을 가진 존재로 인식하는 능력과 결부되어 있다는 것이다. 셋째, 감정은 다른 사람과의 결속을 줄 뿐만 아니라 우리가 추구하는 이상과 목표에 강한 헌신을 준다는 것이다. 우리가 어떤 이상에 감정적으로 결속되어 있지 않다면, 우리는 조그만 어려움에도 그것을 포기하기가 십상이라는 것이다. 그렇지 않은 경우라고 해도 우리는 우리 자신의 삶에 있어서 순수성과 고결성을 상실하기가 쉽다는 것이다. 넷째, 타인과 우리의 이상에 관한 헌신적 감정을 유지하고 발전시키는 능력은 우리 자신에 대한 자긍심(self-esteem)과 직접적으로 관련되어 있다는 것이다. 오클리의 이러한 네 가지 주장을 좀 더 포괄적으로 해석해보자. 기본적으로 오클리의 주장들은 우리의 상식적 신념, 즉 고통은 나누면 감소하고 환희는 나누면 증가한다는 것을 말해주고 있다. 또한 그것은 우리가 흔히 비도덕적 혹은 도덕과 무관한 감정이라고 생각하는 분노, 슬픔, 그리고 좌절도 결국 우리가 우리 자신과 타인과 우리의 이상과 자긍심을 염려하고 배려하는 데에서 온다는 점이다.[90] 우리가 그러한 것들을 전혀 염려하지 않는다면, 그러한 불행한 감정들을 피할 수는 있겠지만, 그때 우리 인생에서 남는 것은 무엇인가? 그러한 감정들을 단절하려고 노력했던 많은 신비주의적이고 금욕주의적인 종교적 시도들의 최종적 목표인 무아경과 해탈(ecstasy, nirvana)도 결국 어떤 감정 상태가 아닌가?

더 나아가서, 오클리는 어떤 사람의 인격이 그 사람이 가진 감정을 통해서 도덕적으로 평가될 수 있다고까지 주장한다. 감정은 행운과 불운처럼 단순히 닥쳐온 것이 아니라는 것이다. 물론 엄밀한 구별을 하는 것은 어렵지만, 감정은 확실히 "우리의 상황적 특징이라기보다는 우리 자신의 특징"이라는 것이다.[91] 따라서 우리는 어떤 사람이 지닌 감정을 통해서 그 사람을 평가할 수 있다. "찬양을 받아 마땅하다" 혹은 "비난을 받아 마땅하다"와 같은 엄격한 기준이 아니더라도, 우리는 적어도 타인에 대한 존경 혹은 경멸을 통해서 그 사람이 가진 감정을 평가할 수 있다. 만약 우리가 후자의 기준이 아니라 전자의 기준을 사용할 수 있다면, 우리는 감정에 대해서도 책임을 져야만 한다. 오클리는 물론 우리가 우리 자신의 감정과 관련해서 수동적임을 인정한다. 하지만 우리는 어느 정도까지는 우리의 감정이 초래할 반응과 결과가 어떻게 될 것인지를 예견할 수 있고, 비록 성공을 확신할 수 없지만, 그것들을 통제할 수 있는 어떤 조치를 취할 수 있다는 것이다.[92] 오클리는 예견과 통제적 조치의 가능성이라는 조건이 충족된다면, 우리는 우리 자신의 행동과 그 결과에 대해서 책임을 지기에 충분하다고 주장한다. 따라서 우리는 우리의 감정에 대해서도 같은 방식으로 책임을 질 수 있다는 것이다.[93] 즉 사람의 인격은 그 인격이 가진 감정에 관련해서 평가될 수 있는데, 그러한 평가는 존경과 경멸의 관점에서 뿐만 아니라 "찬양을 받아 마땅하다" 혹은 "비난을 받아 마땅하다"는 기준의 관점에서도 가능하다는 것이다.[94]

오클리는 감정의 욕구적 측면을 인정하고 있지만, 그것이 의지의 문제와 어떤 연관을 갖는지를 납득할 만큼 구체적으로 밝히지 않고 있다. 이것은 행위뿐만 아니라 감정에 관한 도덕적 책임과 자유의지의 문제를 야기하는데, 이 문제는 유구한 철학적 전통을 가진 복잡한 문제이다.95) 더욱 문제를 복잡하게 하는 것은 감정에도 의지박약(emotional *akrasia*)의 문제가 존재한다는 것이다. 어떤 감정은 그것을 품을 이유와 근거가 사라졌거나 혹은 잘못된 것으로 밝혀졌음에도 불구하고 계속해서 유지되는 경우가 있다. 우리 민족은 "한(恨)의 정서"를 통해서 일찍 이러한 감정 현상을 깨달아왔다. 한마디로 말하면, 좋은 시절이 왔으니 이제 맺힌 한은 풀려야 하지만 "그래도 한은 남는다"는 것이다. 여기서 우리가 감정과 의지와의 관계, 그리고 그것들이 예견적 지성과 통제적 조치의 선택과 실행에 관련된 실천적 이성과 갖는 복합적인 관계에 대해서 해명하지 못한다면, 우리는 감정의 책임 문제를 해결하지 못할 것이다. 결국 우리는 처음의 문제로 다시 돌아온 셈이다. 지정의 (知情意)란 도대체 무엇인가? 그러한 구분은 몇 세기 전 아니 2천 년 전 과거의 퇴물에 불과한가? 그럼에도 불구하고 그것은 아직도 유력한 민간 심리학(folk psychology)인가? 윤리학에도 주지주의적, 주정주의적, 주의주의적 전통이 면면히 존재하고 있다. 지에도 정의적 요소가 있고 정에도 지의적 요소가 있고 의에도 지정적 요소가 있다면, 우리는 지의 꿈 속에서 정의 꿈을 꾸고, 정의 꿈 속에서 의의 꿈을 꾸고, 의의 꿈 속에서 다시 지의 꿈을 꾸는 영겁회귀의 거대한 삼환(三環) 환몽(幻夢) 속에 있는 것이 아닌가? 이것은 장자(莊子)의 호접몽(胡蝶夢)이 감정으로 다시 촉발되는 것인가?

5. 결론: 이성과 감정의 윤리학적 통합과 그 과제

우리는 서양윤리학에서 이성과 감정의 위치에 대한 탐구를 주인과 노예의 메타포라는 단초에서 출발하여, 서양윤리학사를 편취해보고, 이 모티비즘에 대한 유감을 표명하고, 합리적 선택이론에서의 감정의 부차적 위치를 확인하고, 감정을 도덕의 기초로 삼으려는 감정의 윤리학의 근래 면모를 안쓰럽게 살펴보았다. 우리는, 비록 딜레마는 남아 있고,

감정을 인식론적으로 이해하기가 어렵다는 회의를 내비추기는 했지만, 이성과 감정의 전통적 이분법을 탈피하고 감정의 예종적 애로에 활로를 터주어야 한다는 느낌이 들도록 논의를 진행하려고 했다. 서양윤리학의 주노 이분법은 중국철학에서는 이성으로 감정을 순화 혹은 통제하는 "이리화정(以理化情)" 혹은 "이성제정(以性制情)"으로 나타난다. 동방이나 서방이나 감정의 애로사항은 동일하다.

다시 한 번 강조하지만, 이성과 감정의 전통적인 주노 이분법은 너무나 많은 폐해를 끼쳐온 것이 사실이다. 오늘날 철학자들은 거의 대부분 교육을 담당하고 있으므로 그 교육적 폐해를 언급해보기로 하자: "인식과 감정의 적대적 관계는 양자와 관계되는 모든 것을 왜곡시킨다. 그것은 과학을 기계화하고, 예술을 감상주의화하는 한편, 윤리학과 종교를 정서와 비이성적인 헌신이라는 두 늪 속으로 빠뜨린다. 교육은 두 개의 기괴한 분야로 분리된다. 즉 가슴이 없는 지식과 생각이 없는 감정."96) 대부분의 철학자들의 감정에 대한 태도는 그러한 교육적 비극을 영속화하고 있는 듯이 보인다. 물론 우리는 여기서 도덕적, 예술적, 체육적 정서순화 교육이 무의미하다는 것을 말하려는 것은 아니다. 우리는 진정한 의미의 전인교육(全人敎育, education for *homo totus*)을 하자는 것이며, 이성의 우세한 위치만을 강조하는 부분적 인간을 위한 교육(education for *homo partialis*)은 안 된다는 것이다. 전인교육은 "지덕체(智德體)의 동시적 함양"을 모색해야만 한다. 우선 문무겸전(文武兼全)을 추구하여, 공부(工夫)하면서 쿵후(功夫)해야 할 것이다. 그리고 문예(文藝), 즉 인문과 예술을 동시에 추구해야 할 것이다.

또한 우리는 억제되어야 할 감정과 정념이 있다는 것도 부인하지 않는다. 그러나 어떤 감정들이 억제되어야 한다고 해서 감정 전체가 간단히 매도되어서는 안 된다. 이 점에서 우리는 서양윤리학사에서 감정의 위치는 다면성을 띠어왔다고 해석하는 것이 더 정확할 것이라는 점을 지적했다. 즉 감정은 도덕의 적으로도, 도덕의 기초로도 간주되었지만,

엄밀히 말하면, 그 양자의 결합으로 간주되었다고 생각하는 것이 더 타당하다. 따라서 우리는, 스토아학파처럼, 윤리학에서 감정 전체의 위치를 일괄적으로 문제 삼는 것은 무의미하고, 영국의 도덕감학파처럼 동정심, 공감, 관용과 같은 도덕적 정조(moral sentiments)를 선별하여 도덕의 기초로 삼거나, 아리스토텔레스처럼 각기 다른 감정들의 도덕적 위치를 그것들의 중용적 수용 여부(golden mean, aurea mediocritas)를 통해 결정하는 것이 좋다고 느낀다. 우리는 감정 전체에 대한 보편론이 아니라, 개별적 감정들에 대한 세세한 사례 중심적인 귀납적 결의론(決疑論, casuistry)이 필요하다.97)

더 나아가서 우리는 감정의 도덕적 위치가 문화적인 이데올로기적 요소에 의해서 영향을 받는 점도 고려해야만 한다. 그래서 우리는 특히 여성해방론적 윤리학과 공동체주의적 윤리학이 (자기 이익의 추구라는 합리적 선택이론에 의거한) 자유주의 윤리학에 대해서 제기한 비판을 감정의 관점에서 간략히 언급했다. 그러나 정의의 원칙과 권리가 여성적 배려와 연고, 그리고 공동체적 소속감으로 완전히 대체된다는 것은 바람직하지도 않고 또한 불가능한 일이다. 우리는 어떻게든 도덕철학에 있어서 이성과 감정 양자의 조화를 찾아야만 할 것이다. 그러나 그러한 조화는 합리적 선택이론과 감정이 완전히 융합되지 않는 한 손쉽지는 않을 것 같다. 감정의 문화적, 이데올로기적 영향에 관해서 한 가지 더 언급할 것이 있다. 그것은 부도덕한 감정들의 전형인 인종 차별, 계층 차별, 성차별, 지역 차별에 관련된 감정들이다. 우리가 고질적으로 여기는 지역감정도 감정에 대한 그러한 영향 현상의 한 전형이다. 자유주의와 공동체주의가 모두 어느 정도 이러한 부도덕한 감정들에 대한 책임이 있다고 생각된다. 그래서 공동체주의가 유독 애국심과 공동체적 소속감 등 우호적인 도덕 감정만을 내세우면서 자유주의는 추상적 권리와 원칙에만 근거하고 있다는 비판을 전개하는 것은 편파적이라고 느낀다.

감정의 인지주의는 어느 정도 감정의 윤리학의 등장에 대한 견인차 역할을 한 것이 사실이다. 사람들의 동기를 유발시키고 구체적인 행동 및 삶의 양식을 꾸려나가는 주요 원천이 합리적 이성에만 있지 않다는 사실이 밝혀지면서, 인간의 감정은 이제 중심적인 연구대상이 되었다. 감정은 인간 정신의 사소한 파생물이 아니고 기억과 판단, 평가와 학습 등 고도의 이성적 사고와도 관련되어 있다는 것이 감정의 인지주의가 하고 있는 주장이다. 이것은 가히 감성 지수인 EQ(Emotional Quotient) 혁명이라고 말할 수 있으며, 지능 지수인 IQ(Intelligence Quotient)에 필적하게 EQ, 감성 지능인 EI(Emotional Intelligence), 감성 지능 지수인 EIQ(Emotional Intelligence Quotient), 그리고 IQ 테스트에 대비하여 EQ, EI, EIQ 테스트라는 용어들이 등장하였다. 그리고 사회 지능(Social Intelligence)을 배양하고 측정하는 데는 감정 이입을 통한 상호 협동과 이해, 공감, 동정심, 관용, 개방성, 접대를 잘함, 친절 등 여러 감성 지능(EI)이 매우 중요한 역할을 한다는 것이 널리 인정되고 있다.[98]

그러나 감정의 인지주의의 배경에는 인간들이 자신들의 감정에 대해서 염려하는 "나르시시즘적 배려"가 자리 잡고 있음을 아무도 부인하지 못할 것이다.[99] 어쨌든, 우리가 도덕의 감정적 동기를 무시한다면, 윤리학은 감정적 동기와 형식적인 도덕판단과 의무 사이의 "자아분열증"을 피할 수 없을 것이다.[100] 우리가 감정의 윤리학을 새롭게 구축하려는 근래의 시도들을 논의했을 때, 그것들을 평가하기 위한 대립적 배경으로 칸트를 위시한 의무론적 보편주의자들은 감정이 도덕적 기초가 될 수 없다고 주장하는 다섯 가지의 이유를 들었다. 그중 감정의 "변덕성"과 "불합리성"은 감정이 습관을 통해서든지 헌신을 통해서든지, 지속적 성향으로 될 수 있다는 가능성과 감정이 합리적 이유를 가질 수 있고 또 그 이유가 평가될 수 있는 상황이 있다는 것으로 답변이 되었다고 본다. 그리고 "도덕적 상황의 정확한 판단을 위한 감정의 배제"는 오히려 감정적 배려와 관심이 없이는 "나 몰라라" 하는 수수방관적 태도를 취할 수가 있다는 점과 정확한 도덕적 판단을 내리기 위해서는 오히려 다른 사람의 처지에 감정 이입을 하는 것이 중요하다는 것으로 답변이 되었다고 본다. 그러나 우리는 감정의 윤리학이 완전하게 해결하지 못한 문제로서 감정의 "특수성"과 감정의 "책임에 관련된 자유의지의 문제"를 지적했다. 그리고 부가적으로 감정의 윤리학이 당면한 가장 심각한 방법론적 난제를 언급했다. 즉 감정을 도덕적 기초로 할 때, 감정 자체가 도덕적 기준을 마련하지 못하기 때문에, 어떤 선재적인 도덕적 기준에 의존할 수밖에 없다는 "순환성"의 문제이다. 감정의 윤리학에 관련된 이러한 세 가지 문제들, 즉 자유의지의 문제, 보편성과 특수성의 문제, 그리고 방법론적 순환성의 문제는 철학의 고전적인 문제들이므로 여기서 최종적인 결론을 내리려고 하지 않겠다.

다만 감정의 특수성에 관련된 문제는 두 가지 관점에서 볼 수 있다는 점을 지적하겠다. 첫째는 기바드가 주장한 것과 같이 보편주의에 정면으로 반기를 들고 감정의 특수성을 옹호하는 것이다. 윤리학적 보편주의는 탁상공론에 불과할 뿐 우리의 일상적인 삶은 감정적으로 연계된 특수한 사람들을 우선적으로 고려할 수밖에 없고 또 그렇게 하는 것이 바람직하다는 것이다.101) 소크라테스는 『유티프로』에서, 공자는 『논어』 「자로편」, 18장에서 각각 살인을 저지른 아버지를 고발해서 처벌하려는 자식에 경악한 바 있다. 동양철학의 전통을 구체적으로 빌려 말하면, 맹자는 『맹자』 「등문공장구하」에서 묵자의 무차별적 겸애설(兼愛說)을 아비 어미도 없는 금수(禽獸)와 같은 무부지설(無父之說)로서 힐난하고 차등적(差等的) 인(仁)을 옹호하고 있다. 감정의 특수성이 몰고 오는 폐해도, 정실주의, 충과 효의 권위주의적 강조, 연고주의, 지역주의, 친인척 등용주의, 가족적 이기주의 등 적지 않은 실정이므로 이러한 문제를 감정의 윤리학이 어떻게 해결할 수 있는지는 중대한 과제가 될 것이다.102) 둘째는 감정이 꼭 특수적인 것이 되어야 할 필요가 없다는 것이다. 동정심과 공감에 근거한 흄이나 루소(J. J. Rousseau)의

도덕감 이론은, 각각 공평한 동정적 관망자론과 보편의지론을 통해서 볼 수 있듯이, 서양윤리학사에서 절대 무시할 수 없는 중요한 보편주의이다. 이것은, 이미 언급했듯이, 고전적 공리주의의 방법론적 기초로서 흄의 공평한 동정적 관망자론을 비판했던 롤즈도 인정하고 있는 것이다. 그리고 이것은 또한 칸트적 보편화가능성의 원리를 규정주의의 중요한 방법론적 정초로 삼고 있는 헤어(R. M. Hare)에 의해서도 확증된다. 그는 타인의 위치에 우리 자신을 이입시키는 "동정적 상상력"이 없다면 보편화가능성의 원리는 수용되기 어렵다는 것을 분명히 한 바 있다.103) 이러한 동정적 상상력은 기독교적 황금률과 공자의 충서지도(忠恕之道)에서 이미 오래전부터 요구되고 있었던 것이다.104)

많은 문제들을 혼란스럽게 열거만 했지, 아무런 문제도 해결하지 못했다는 자괴감이 엄습해온다. 무지를 더 큰 무지로 율(律)하는 것이라 (*Ignotum per ignotius*)! 이 논문은 기껏해야 감정 공부 좀 더 하자는 하나의 감정 표현에 불과할 뿐, 감정에 대한 인식론적, 윤리학적 문제를 이성적으로 명쾌하게 해석하거나 해결하려고 의도한 것은 아니라는 감정적 합리화로 위안을 받았을 뿐이다. 여기서 한 가지 더 말하고 싶은 것은 감정이 오랫동안 철학에서 배제됨으로써 우리는 이성과 감정에 관한 전통적 주노 이분법에 의거한 치유술로서의 철학적 윤리학의 공헌도 지켜나가지 못하고 있다는 사실이다.105) 20세기를 정신분석과 심리치료의 세기라고 말하는 사람이 있을 정도지만, 철학은 리어왕처럼 자신의 영지를 정신분석학과 심리학 등 다른 인접 과학들에게 모두 빼앗기고 스스로의 감정도 타인의 감정도 알지도 못하고 치유하지도 못하는 버림받은 "만학의 여왕"이 되었다. 감정에 대해서 전혀 신경을 쓰고 있지 않는 철학자들의 감정론은 이제 상식에 되어버린 뇌의 양 반구 역할 분담 이론, 즉 이성은 뇌의 좌반구에, 감성은 뇌의 우반구에 자리잡고 있다는 뇌신경생리학의 정설(가설?)을 말없이 따르고 있는 것일까?

근래에 임상철학과 철학적 상담의 부활을 통해서 철학의 유구한 치유적 전통을 부활하려는 시도가 있어서 주목된다.106) 임상철학의 가능성은 어떤 면에서 철학이 감정을 얼마만큼 이해하고 다룰 수 있느냐에 전적으로 달려 있다고 해도 과언이 아닐 것이다. 철학자들은 대개 초연하고 엄숙하고 목석같이 무표정한 얼굴(philosophical poker face)을 하고 있지만, 실상은 누구보다도 정신적 위안 특히 감정적인 위안과 카타르시스가 필요한 사람들이다.107) 잘못된 시대의 잘못된 환경에서 철학함으로써 스스로를 의기소침하고 능력도 없는 "못난이 철학자(*Invita Minerva*)"로 자조하는 회색빛 무드에 젖어 있는 것이 우리 철학자들의 숨길 수 없는 감정적 실상이 아닌가? 철학한답시고 우왕좌왕해봐야 그것은 "실망에 이르는 첩경(the highway of despair)"에 불과함을 우리는 익히 깨닫고 있지 않았던가? 우리는 피할 수 없는 인생의 비극을 깊이 절감하고 철학에 뛰어든 것이 아니었던가? 우리는 "참을 수 없는 존재의 가벼움"을 철학이 주는 무게로 지탱해보려고 한 것이 아니었던가? 이제 실존주의적 감정은 단순히 병리적 현상에 불과한 것이 되었는가? 철학의 시작은 "경이감(Taumazein, Staunen)"이라고 말하고 있지만, 우리 철학자들의 삶에는 아무런 경이감도 없을 뿐만 아니라, 다른 사람들에게도 아무런 경이감도 주지 못하고 있다. 우리 시대의 무표정한 "젊은 철학자들의 자화상"은 서서히 일그러져가고, 그 표정 속에는 "성난 얼굴로 돌아보는" 또 다른 얼굴이 숨겨져 있다. 그 숨겨진 성난 얼굴의 의미는 무엇인가? 다윈은 인간과 동물의 얼굴 표정은 감정의 진화론적 표징이라고 갈파한 바 있다.108) 철학자들이여! 우리의 자화상에 어떠한 감정의 어떠한 진화론적 표징을 남길 것인가?

역사의 종언을 부르짖고 있는 프랜시스 후쿠야마(Francis Fukuyama)는 헤겔적인 상호 인정 투쟁과 플라톤적 기개(*thymos*)가 세계사의 원동력이 되어왔다고 주장했다.109) 그리고 역사의 종언 시대에는 아마도 권태감이 새로운 역사를 시작하는 원동력이 될 것이라는 것을 조심스럽게 지적한다. 권태감, 그렇다! 기나긴 철학 논문을 읽은 뒤에는 언제나 권태감이 바늘의 실처럼 따라온다. 노래방에라도 가야겠다. 그리고 감수성 풍부하고 혈기 방장한 몇몇 철학자들과 어울려 감정의 위대한 해방자인 술의 신을 찬양하는 바쿠스의 오르지(Bacchanalian Orgy, Revel, Der Bacchantische Taumel)라도 벌여야겠다. 니체는 『비극의 탄생』에서 "소크라테스여, 노래하라(practice music)!"고 강권한다. 공자는, 니체의 권고도 없이, 이미 2,500년 전에 노나라 노래판에 출입할 줄 알았던 이성과 감성의 조화자가 아니었던가! ("공자께서 남과 같이 노래하다가 상대가 잘 부르면 반드시 되풀이하도록 부탁하고 이에 합창하셨다(子 與人歌而善, 必使反之, 而後和之)." 『논어』「술이편」) 또한 『논어』는 학문과 친구와 자존감이 우리에게 기쁨을 준다는 것으로 시작하지 않는가! 또한 왕양명이 좋아했던 『대학』 전6장의 그 유명한 구절, 즉 성의(誠意)는 "악취를 싫어하듯 호색을 좋아하듯(如惡惡臭 如好好色)" 하면 저절로(?) 이루어진다고 공자는 말하지 않았던가! 물론 성리학자들은 공자가 과연 도덕의 선정주의(煽情主義)를 옹호했겠느냐고 화를 내면서 다른 해석을 시도하겠지만. 그러나 공자가 다시 살아난다면, 서양철학사에서 죽어버린 이모티비즘을 옳게 부활시킬 수 있을지도 모르겠다.

헤겔, 니체, 심지어 칸트를 위시한 많은 철학자들이 "열정 없이 어떤 위대한 일도 성취된 적이 없다(Nothing great has been done without passions)"는 금언을 애용한 바 있다. 우리는 그 말이 도덕철학과 일상적인 도덕적 삶에서도 역시 지당하신 말씀이라고 생각하고 다음 구절을 끝으로 인용하면서, 감정과 감정의 담지자인 몸을 밝히려는 그 글쓰기 열정 자체로(*furor scribendi*) 말미암아 괴로웠던 이 기나긴 논의를 레테강 건너의 망각의 피안이나 생사고해 건너의 열락의 세계로 소멸시켜버리는 방도나 찾아보아야겠다.110)

"도덕에 관한 하나의 중대한 사실이 망각되어서는 안 된다. 도덕에 열정이 결여되어 있다면, 그리고 도덕에 정신적 온기가 결부되어 있지 않다면, 그것은 단지 경직되고 형식적인 정직성에 불과하다. 진정한 도덕성은, 아름다움처럼, 지성 이상의 것을 필요로 한다. 도덕은 안으로부터 타오르는 따스한 불길로서 고양된 타인에 대한 선의의 감정을 포함하지 않으면 안 된다."

감정에 관련해서 마지막으로 주목할 것은 괴테(Johann Wolfgang von Goethe)의 『파우스트(*Faust*)』의 마지막 구절이다. 아! "영원히 여성(Das Ewig-Weibliche)적인 것이 우리를 인도하는구나." 우리를 인도하는 영원히 여성적인 것이 위대한 것은 여성이 의미와 감정의 진정한 담지자이고 발현자이기 때문일 것이다.

제 4 장

윤리학에서 감정의 위치와 역할: 공동체주의, 여성주의, 자유주의

1. 서론: 감정의 윤리학적 공헌 가능성

윤리학에서 감정의 위치와 역할에 대한 논의는 서양윤리학사에서 왜 감정이 윤리학의 영역에서 배제되고, 오직 이성만이 윤리학의 기초가 된다는 신념이 팽배하게 되었는가에 대한 이해로부터 출발해야 할 것이다. 이성과 감정의 이분법은 인간의 정신에 대한 가장 고전적인 이해 방식이라고 할 수 있다.[1] 윤리학을 포함한 서양철학사에서 그러한 이분법은 단적으로 감정에 대한 이성의 우위를 위한 위계적 이분법이다. 감정에 대한 이성의 우위는 그 양자의 관계에 대한 가장 고전적이고 지속적인 비유가 주인과 노예의 메타포였음을 통해서 잘 입증된다. 따라서 감정은 미천한 것일 뿐만 아니라 이성에 의해서 통제되고 순화되어야 할 내부의 적이거나 영혼의 혼란으로, 혹은 육체적 충동으로 간주되었다.[2] 물론 이러한 메타포가 의미하는 것은 이성 중시의 경향이 지배적이었다는 것이지, 감정을 중시한 철학자들이 전혀 없었다는 것을 의미하는 것은 아니다. 그러나 감정을 중시한 철학자들도, 데이비드 흄 (David Hume)처럼 "이성은 정념의 노예"라고 선언하면서 여전히 전통적인 이분법과 메타포를 고수했다. 또한 감정을 중시한 철학자들도 이성을 중시한 철학자들과 마찬가지로 이성과 감정이 서로 섞이거나 상호 연관성을 가질 가능성에 대해서는 거의 생각하지 못했다. 그들 모두에게 감정은 육체적 반응을 수반하는 감각적 느낌(sensational feeling)에 불과했던 것이다. 서양윤리학자들은 감정을 말살하거나, 육성하거나, 혹은 그 양자를 적절히 결합하거나 간에 보다 나은 개인적, 사회적 삶을 위해서 감정을 알고 통제하기를 원했다. 따라서 서양윤리학에서 감정의 위치와 역할은 감정이 말살의 대상인가, 육성의 대상인가, 아니면 선별적 취급의 대상인가에 대한 견해에 따라서 상응하게 변화해왔다.3)

근래에 감정의 인지주의의 등장으로 사람들의 동기를 유발시키고 구체적인 행동 및 삶의 양식을 꾸려나가는 주요 원천이 합리적 이성에만 있지 않다는 사실이 밝혀지면서, 인간의 감정은 이제 중심적인 연구 대상이 되었다.4) 감정의 인지주의는 감정이 인간 정신의 사소한 파생물이 아니고 기억과 판단, 평가와 학습, 관심과 구성 등 고도의 이성적 사고와도 관련되어 있다는 것을 주장한다. 이러한 감정의 인지주의의 대두에 힘입어 본격적으로 감정의 윤리학을 정립하려는 여러 가지 시도들이 전개되었다.5) 이러한 감정의 윤리학의 대두는 아직 일천한 것이기 때문에 앞으로 이론적, 실천적 관점에서 많은 보강이 이루어질 것으로 기대되고, 또한 많은 새로운 이론들이 등장할 것으로 예상된다. 그렇다면, 과연 서양윤리학의 오랜 숙원이며 당면과제인 이성과 감정의 도덕적 조화는 이루어질 것인가?

본 논문의 목적은, 이상과 같은 배경적 상황을 염두에 두고, 이성과 감정의 윤리학적 조화의 문제를 현재 서양윤리학의 전통에서 주류를 형성하고 있는 자유주의 윤리학에 대한 논의를 통해서 살펴보려고 하는 것이다. 이성과 감정의 윤리학적 조화 가능성은 여러 각도에서 타진될 수 있지만, 우선 기존의 규범윤리학을 배경으로 점검될 수 있을 것이다. 우리가 자유주의 윤리학, 특히 존 롤즈(John Rawls)의 사회계약론적 정의론(正義論)을 통해서 이성과 감정의 문제를 살펴보려고 하는 것은 자유주의 윤리학이 이성과 감정에 관련해서 상반된 평가와 비판을 받고 있다는 점 때문이다.6) 자유주의 윤리학에 대한 두 주요 비판들은 공동체주의 윤리학과 여성주의 윤리학을 들 수 있을 것이다. 공동체주의의 선두주자인 알래스데어 매킨타이어(Alasdair MacIntyre)는 자유주의적인 개인주의 문화가 도덕의 합리적 정당화를 표방하고 있지만 종국적으로는 주요한 도덕적 문제들에 대한 어떠한 합리적 합의도 불가능한 정의주의(情意主義, emotivism), 즉 개인의 자의적인 선호와 감정을 표현하는 문화적 상황으로 귀착되고 만다고 주장한다.7) 반면에 캐롤 길리건(Carol Gilligan)을 위시한 여성주의 윤리학자들은 자유주의 윤리학, 특히 로렌스 콜버그(Lawrence Kohlberg)의 도덕발달론과 롤즈의 정의론이 여성들의 고유한 도덕적 감정인 배려(보살핌, care)와 가족적 연고를 무시하고 추상적인 권리와 정의 또는 법칙과 의무만을 강조하는 메마른 이성주의라고 신랄하게 비판한다.8) 그렇다면 우리는 여기서 이성과 감정의 윤리학적 위치와 역할에 관한 자유주의 윤리학의 실상은 도대체 무엇인가라는 질문을 심각하게 던져보아야 할 것이다.

본 논문의 목적은 자유주의, 공동체주의, 그리고 여성주의 윤리학을 본격적으로 탐구하거나, 상호 비교하거나, 어떤 한 입장의 우월성을 입증하려는 시도는 아니다.9) 우리는 다만 자유주의 윤리학이 이성과 감정의 윤리학적 위치와 역할에 관련해서 공동체주의와 여성주의로부터 상반된 비판을 받고 있는 현상에 주목해보려고 한다. 그리고 이러한 외부적 비판의 불일치가 사실은 이성과 감정에 관한 자유주의 윤리학의 내부적 불일치에 기인한다는 주장을 다루게 될 것이다. 나아가서 자유주의 윤리학에서 이성과 감정의 불일치를 해소할 수 있는 새로운 해석 방식을 탐구하려고 한다. 따라서 본 논문은 이성과 감정의 윤리학적 통합에 관한 논의의 한 사례를 정립함으로써 그러한 통합 가능성을 평가할 수 있는 시금석을 제공하려고 한다.

2. 공동체주의의 자유주의 윤리학 비판: 합리성이 결여된 정의주의

매킨타이어가 자유주의 윤리학을 정의주의(emotivism)라고 비판한 것은 자유주의 윤리학이 그 본질에 있어서 감정의 윤리학이라는 것을 밝혀주는 우호적인 해석이 아니다.10) 오히려 그것은 자유주의 윤리학에 대한 최악의 이중적 낙인이다. 이것은 우선 자유주의 윤리학이 공언하고 있는 도덕의 합리적 정당화가 실패했다는 것을 주장하는 것이다. 그리고 이러한 실패의 결과, 자유주의 윤리학은 자의적이고도 비합리적인 감정의 표현과 유발로 전락하게 된다는 것을 아울러 주장하는 것이다. 정의주의는 매킨타이어가 규정한 것과 같이 "모든 가치평가적 판단 또는 더 정확하게 말하면 모든 도덕적 판단은, 이들이 본질상 도덕적 또는 가치평가적인 한에서, 선호의 표현, 즉 태도와 감정의 표현에 불과하다는 학설이다."11)

그런데 태도와 감정의 표현으로서의 도덕적 판단들은 참도 아니고 거짓도 아니다. 도덕적 판단에서의 일치는 합리적 방법에 의해서 보장되지 않는다. 왜냐하면 그와 같은 합리적 방법이 이 영역에는 보장되지 않기 때문이다. 만약 일치라는 것이 도대체 가능하다면, 그것은 서로 다른 의견을 갖고 있는 사람들의 태도와 감정에 특정한 비합리적 영향을 행사함으로써만 보장될 수 있을 뿐이다. 우리는 자신의 태도와 감정을 표현하기 위해서 뿐만 아니라 다른 사람에게서도 그와 같은 효과를 산출하기 위해서 도덕판단을 사용하는 것이다.

정의주의에서는 도덕적 판단의 사용이 각자의 태도와 감정의 표현, 그리고 타인에 대한 동일한 태도와 감정의 유발이라는 두 가지 목적을 가진 것으로 해석된다. 그런데 이러한 정의주의가 최악의 낙인이 되는 것은, 윤리적 언명은 화자의 태도와 감정을 표현하고 청자의 태도와 감정을 변화시키려는 수사학적 설득에 불과하므로 참도 아니고 거짓도 아닌 무의미한 언명이라고 하는 도덕적 용어의 "정의주의적 의미론(the emotive meaning of ethical terms)" 때문이다.12) 그렇다면 왜 매킨타이어는 자유주의 윤리학이 정의주의에 불과하다고 주장한 것일까? 이러한 주장은 타당한 것일까?

매킨타이어는 우선 현대사회의 도덕적 상황이 통약 불가능한 전제들과 상이한 대안적 신념체계들로 말미암아 도덕적 불일치에 대한 어떠한 합리적 종결도 가능하지 않은 심각한 상대주의적 무질서 속에 있는 것으로 규정한다.13) 따라서 비록 롤즈를 비롯한 현대 자유주의 윤리학자들이 도덕성에 대한 "객관적이고 몰개인적인(objective and impersonal)" 근거를 제공하는 것을 목표로 삼고 있기는 하지만, 자유주의 윤리학 내에서 그러한 객관적인 근거들 사이의 논쟁을 판정할 합리적 방법이 없기 때문에 자유주의 윤리학은 결국 개인들의 주관적 선호에 의거하는 정의주의로 귀착하고 만다는 것이다.14) 이렇게 해서 현대 자유주의적 개인주의 사회와 문화 속에서는 공동체적 선의 개념으로부터 유리된 정의주의적 자아(the emotivist self)가 횡행하게 되고, 자기 자신의 태도와 감정에 대한 표현과 타인의 태도와 감정에 대한 조작이라는 이중성을 그 특징으로 갖게 된다. 따라서 개인적 만족에 몰두하는 "탐미주의자들", 효율적인 관료적 통제를 추구하는 "전문 경영인들", 그리고 타인의 삶에 대한 태도와 감정을 조작하는 "심리적 치료사들"이 대표적 인물들로 등장하게 된다.15) 현대사회와 문화는 이러한 개인적 선호의 자의성과 공공적 조작성의 교묘한 은폐로 말미암아 개인과 사회의 도덕적 통합이 해체되고 조작성과 비조작성에 대한 윤리적 구

분이 상실되는 도덕적 위기를 맞게 된다는 것이다.16)

매킨타이어의 도덕 계보학에 의하면 이러한 정의주의적 자아가 야기하는 도덕적 위기의 역사적, 사회적 원천은 서구의 근대성 자체에서 기인한다.17) 근대 자유주의적 개인주의는 "계몽주의적 기획(the Enlightenment Project)"을 통해서 자율적인 개인의 합리적 이성이 도덕성에 대한 보편적인 합리적 정당화를 제공해줄 것으로 기대했다. 그러나 이러한 합리적 이성은 도구적 이성에 불과한 것으로 그것은 도덕적 추론에서 인간의 본성에 대한 자연적 목적(telos)을 배제함으로써 윤리학적 논증은 역사적 사회 공동체에서 유리된 허구적인 자유, 권리, 또는 계약의 개념이나, 칸트에서 보는 것처럼 이성을 논리적 정합성으로만 간주하는 추상적인 도덕규칙의 의무론으로 전락하고 만다는 것이다.18) 이마누엘 칸트(Immanuel Kant)의 의무론적 윤리설은 드니 디드로(Denis Diderot)와 흄의 욕망과 감정의 윤리학에 대한 반동으로 등장했으나, 그 형식적 공허성으로 말미암아 윤리적 삶은 개인의 자의적 선택에 불과하다는 쇠렌 키에르케고르(Søren Kierkegaard)의 실존주의적 윤리학의 심각한 도전을 받게 되었다는 것이다.19) 매킨타이어는 비록 공리주의가 목적론의 입장을 취하기는 했지만 그것은 쾌락과 자기 이익의 추구라는 극히 편협한 목적을 택함으로써 공리주의의 역사는 존 스튜어트 밀(John Stuart Mill)의 질적 쾌락과 헨리 시지윅(Henry Sidgwick)의 직관의 도입이 보여주고 있는 것처럼 자기부정의 역사라고 갈파한다.20) 이상과 같은 역사적 고찰이 보여주는 것은 계몽주의적 기획이 노리는 합리적 정당화에 대한 어떠한 시도도 결국 실패할 수밖에 없다는 것이다. 이러한 실패는 자유주의 사회가 막스 베버(Max Weber)적인 가치중립성을 표면적으로 내세우지만 내면적으로는 가치조작적인 전문 관리인만을 양산하게 되는 결과를 낳았기 때문이라는 것이다. 사실만을 엄밀하게 다룬다는 그들의 전문지식(expertise)이라는 것도 정확한 사회적 예측을 결코 보장하지 못한다는 것이다.21) 서양의 현대사회와 문화는 이러한 경로를 거쳐 결국 정의주의에 도달하게 되었다는 것이 매킨타이어의 해석이다.

매킨타이어에 의하면, 니체는 계몽주의적 합리성의 실패를 철저히 갈파하고 현대 서구문화가 개인의 자의적 의지의 표현인 정의주의로 나아가게 될 것을 예언한 위대한 허무주의자로 해석된다. 따라서 우리는 "니체인가, 아니면 아리스토텔레스인가?"라는 중차대한 선택의 기로에 서게 된다는 것이다.[22] 부연하면, 우리의 선택은 계몽주의적 기획을 시도하여 결국 니체적 허무주의로 빠지고 말든지, 아니면 계몽주의적 기획은 그릇되었을 뿐만 아니라 애초에 시작조차 되어서는 안 될 것으로서 아리스토텔레스적 덕의 윤리의 도덕적 전통으로 복귀하든지이며, 제3의 대안은 없다는 것이다.

그렇다면 우리는 매킨타이어가 자유주의적 개인주의에 대하여 정의주의라는 낙인찍기를 시도한 것을 어떻게 해석하고 평가해야 할 것인가?[23] 물론 매킨타이어는 정의주의가 윤리학적으로 참이라고 주장하는 것이 아니다. 그가 아리스토텔레스적인 덕의 윤리학을 부활시키려고 하는 것도 자유주의 윤리학이 실패한 도덕의 합리적 정당화를 공동체주의적인 객관적 선의 개념을 통해서 제공할 수 있다고 강변하고 있기 때문이다. 정의주의에 관한 매킨타이어의 주장은 보다 정확하게 말하면, 정의주의는 철학적 이론으로서는 틀린 것이지만 자유주의적 개인주의 문화에서 도덕적 용어가 사용되고 있는 방식을 정확히 묘사하고 있으므로 사회학적으로 참이라는 것이다.[24] 여기서 우리의 관심은 매킨타이어가 자유주의 윤리학에 정의주의라는 낙인찍기를 시도한 것을 이성과 감정의 관점에서 각각 해석하는 일이다.

이성의 관점에서 보면, 기본적인 논쟁점은 합리성의 개념 차이이다. 매킨타이어의 합리성 개념은 가치 합리성, 즉 "규범적 합리성"으로서 이성을 통해 최고의 가치와 목적 그리고 최선의 삶의 방식을 규정할 수 있다는 완전주의(perfectionism)적 입장이다. 반면에 자유주의의 합리성은 "도구적 합리성"으로서 주어진 목적에 대한 최선의 효과적인 수단을 강구하는 방책으로 간주된다.25) 물론 도구적 합리성이 최선의 삶의 방식과 객관적 선을 규정해주지는 못하지만, 이러한 점은 중세적 공동체 사회와 가치 절대주의의 질곡과 억압적 규범에서 해방된 근대 자유주의적 개인주의 사회의 긍정적 측면이기도 한 것이다. 따라서 도구적 합리성의 해방적이고도 긍정적인 측면은 완전히 무시하고, 그것의 자의적이고 조작적인 측면만을 강조하여 정의주의적이라고 매도하는 매킨타이어의 입장은 지나친 것이다.26) 물론 도구적 합리성의 자의적이고 조작적인 측면을 제외한다면, 자유주의 문화에 대한 매킨타이어의 정의주의적 해석은 수용될 여지도 있다. 즉, 도구적 합리성은 목적 자체를 합리적으로 설정해줄 수 없으므로 목적은 그러한 목적을 지향하는 욕구의 원천인 감정에 의해서 결정된다는 제한적 의미에서 자유주의 문화는 정의주의적이라고 할 수 있겠다. 그러나 감정이 욕망을 통해서 목적을 선택하는 것이 반드시 불합리하거나 자의적인 것만은 아니고 합리적이고 적절한 것이 될 수도 있다.

감정의 관점에서 보면, 매킨타이어는 자유주의 윤리학을 정의주의로 낙인찍음으로써 윤리학에서 감정의 위치와 역할에 대한 심각한 손상을 가한 것이다. 매킨타이어의 정의주의에 관한 주장은 다음과 같은 두 가지 환원주의로 요약될 수 있을 것이다. (1) 정의주의는 도덕성을 개인적 선호인 태도와 감정의 표현으로 환원시킨다. (2) 정의주의는 윤리학에서 감정의 위치와 역할을 한 개인이 자신의 비합리적인 개인적 선호를 증진시키기 위해서 타인의 태도와 감정에 영향을 미치는 수단으로 환원시킨다. 매킨타이어는 아리스토텔레스의 덕의 윤리학에 호소함으로써 정의주의가 도덕성을 개인적 선호의 표현으로 환원하는 점에서 오류라는 점을 입증하려고 노력하지만, 그는 어디에서도 하나의 체계적인 논증으로서 정의주의가 감정을 개인들 상호간의 비합리적인 조작적 수단에 불과한 것으로 서술한 것도 역시 오류라는 것을 받아들이지 않는다.27) 오히려 그러한 조작적 수단이 "정서와 감정(sentiment and feeling)에 주어진 주관적 지침들"이라는 것을 천명했을 뿐이다.28) 이렇게 매킨타이어가 감정을 무시한 것은 아리스토텔레스의 덕의 윤리학의 전통에서 감정의 위치와 역할이 무시되어왔기 때문이라고 생각될 수도 있겠지만, 결코 그렇지 않다.

물론 공동체주의를 감정의 윤리학으로 해석하는 것은 타당한 일이다.29) 매킨타이어도 애국심과 공동체적 소속감과 같은 지속적이고 사회적인 감정을 중시하는 것이 사실이다. 그는 "덕들은 특정한 방식으로 행위하는 성향일 뿐만 아니라 특정한 방식으로 느끼는 성향이다"라는 점을 분명히 하고, "도덕교육은 정서교육"이라는 것도 단언한다.30) 따라서 감정을 단지 원리와 규칙을 준수하는 부차적인 성향으로 보는 롤즈를 비판하고 있는 것도 사실이다.31) 그러나 매킨타이어의 감정의 윤리학적 위치와 역할에 대한 논의는 매우 피상적이라고밖에 말할 수 없다. 매킨타이어가 자유주의 윤리학을 정의주의로 비판함으로써 감정의 윤리학적 위치와 역할에 심각한 손상을 가했다는 것은 중대한 사실로서 인식되어야만 한다. 이제 그러한 손상을 치유하는 것은 현대 윤리학의 시급한 과제가 되었다.32)

3. 여성주의의 자유주의 윤리학 비판: 감정이 결여된 이성주의

여성주의 윤리학은 윤리학사를 포함한 철학사는 남성의 관점에서 구성되어왔으며, 결코 성 중립적이라고 할 수 없는 가정과 개념들을 통해서 구축되어왔다는 인식을 기본으로 한다. 그래서 여성주의 윤리학은 다른 모든 이론과 함께 윤리학 이론도 여성의 경험을 적절하게 고려하기 위해서 근본적으로 변형되어야 한다고 주장한다. 이러한 변형 중 가장 절실한 것은 (1) 이성과 감정의 분리와 그에 따른 감정의 폄하, (2) 공적 영역과 사적 영역의 구분, (3) 추상적이고 자율적인 개인주의적 자아 개념이다.33) 이러한 세 가지 항목은 개념적으로 구분되지만 실제적으로 모두 동일선상에 있다. 남성과 이성, 여성과 감정, 남성과 공적영역, 여성과 사적 영역, 남성과 개인적 자율성, 여성과 관계적 의존성을 대립적으로 결부시킨 것은 모두 상호 연결된다.34) 제너비브 로이드(Genevieve Lloyd)의 『이성의 남자(*The Man of Reason*)』는 이러한 대립을 가장 극명하게 축약하고 있으며, 이성과 감정의 이분법과 남성과여성의 이분법이 서구에서 유구한 역사를 통해서 서로 맞물려왔다는점을 여실히 보여주고 있다.35) 보다 자세히 표현하면, "분석적 개념과일상적 개념 모두를 통틀어서 서구에서 감정은 여성과 마찬가지로 전형적으로 문화적인 것이 아니라 자연적인 것으로, 합리적인 것이 아니라 비합리적인 것으로, 질서적인 것이 아니라 혼돈적인 것으로, 보편적인 것이 아니라 주관적인 것으로, 정신적이거나 지성적인 것이 아니라육체적인 것으로, 그리고 비의도적이고 통제할 수 없는 것으로, 따라서흔히 위험한 것으로 간주되어왔다."36) 감정의 범주에서 가장 중요한 측면은 그것이 여성과 결부된다는 것이며, 감정을 규정하는 속성들은 바로 여성을 규정하는 속성이기도 한 것이다. "이러한 이유 때문에 감정에 관한 어떠한 담론도 적어도 암묵적으로는 성에 관한 담론이기도 하다."37)

우리는 이미 길리건을 위시한 여성주의 윤리학자들이 자유주의 윤리학, 특히 콜버그의 도덕발달론과 롤즈의 정의론은 여성들의 고유한 도덕적 감정인 보살핌과 가족적 연고를 무시하고 추상적인 권리와 정의또는 법칙과 의무만을 강조하는 메마른 이성주의라고 비판한다는 점을지적한 바 있다. 콜버그의 도덕발달론과 롤즈의 정의론은 자유주의의전통 중 공리주의적 목적론보다는 사회계약론적인 권리의 전통과 칸트적 의무론을 우월한 도덕체계로 인정한다. 따라서 여성주의 윤리학자들의 비판, 통상적으로 감정을 윤리학의 영역에서 배제한 것으로 알려진 칸트의 윤리학에 콜버그와 롤즈의 자유주의 윤리학이 근거하고 있다는 점에서 표적을 빗나간 것은 아니다.38) 콜버그의 도덕발달론은 롤즈의 정의론과 밀접하게 연결되어 있다. 롤즈는 콜버그의 6단계론과 비슷한 3단계의 도덕발달론을 전개하고 있으며, 이것은 콜버그의 단계론에서 영향을 받은 것이다.39)

그러나 콜버그도 동시에 롤즈의 영향을 받고 있다. 콜버그의 최종 단계인 6단계는 정의와 권리에 대한 보편적 원칙의 단계로 규정되며, 이러한 정의와 권리의 보편적 원칙은 롤즈의 정의론에서 구현되는 것과 같은 것이다.40) 롤즈의 정의론은 콜버그의 도덕발달론보다는 더욱 체계적이고 정교한 입장이며, 콜버그의 도덕발달론이 전제하고 있는 자유주의적 사회에 대한 철학적 배경을 제공한다. 또한 콜버그는 개인들이 당면한 갈등 상황이 해결되는 것은 보편적 원칙과 특수적 도덕판단 사이의 롤즈적인 "반성적 평형(reflective equilibrium)"이라고 생각한다. 롤즈의 반성적 평형은 모든 도덕판단의 본질적 요소인 상호성, 평등성, 그리고 공정성이라는 기본적 관념들을 반영하고 있다는 것이다. 그리고 롤즈의 "무지의 장막"은 보편성의 형식적 관념을 예증하는 것일 뿐만 아니라 합리적 선택자의 완전한 상호 전환성(reversibility)의 관념도 동시에 예증하고 있다는 것이다.41) 그런데 길리건은 롤즈의 정의론에 대해서 직접적인 비판을 전개하고 있지 않지만, 롤즈의 정의론의 배경이 되는 사회계약론을 비판한다.42)

길리건은 콜버그의 도덕발달론에 대해서 정면으로 도전함으로써 많은 주목을 받은 바 있다. 길리건이 주장하는 것은 도덕적 문제를 남성들처럼 추상적인 정의의 원칙을 특수한 사례에 적용함으로써 해결되는 것으로 보아서는 안 된다는 것이다. 오히려 도덕적 문제는 여성들처럼 실제적인 인간관계를 보전하고, 그들이 책임이 있다고 느끼는 사람들에 대한 보살핌의 관점에서 보아야 한다는 것이다. 따라서 콜버그의 도덕발달론에 따르면 도덕적으로 미성숙한 것으로 나타나는 많은 여성들을 구제할 수 있는 길이 열린다. 지금까지는 많은 여성들이 콜버그의 최종적인 도덕발달 단계인 "보편적인 도덕원칙"의 6단계에는 이르지 못하고 "행위자의 상호 간의 일치나 착한 소년 소녀의 단계"인 3단계에 머물렀기 때문에 도덕적으로 미성숙한 것으로 나타났지만, 이제는 보살핌과 동감과 책임의 원리에 의해서 도덕적 성숙도를 잰다면 여성들도 도덕적으로 성숙한 것으로 나타난다는 것이다.43) 콜버그와 길리건 사이에 전개된 이상과 같은 논쟁은 "콜버그 대 길리건 논쟁(the Kohlberg-Gilligan debate)"으로서, 내용적으로 볼 때는 "정의(와 권리)의 입장 대 보살핌(과 책임의) 입장" 사이의 논쟁이다.44)

우리의 관점에서 가장 중요한 문제는 콜버그 대 길리건 논쟁을 통해서 이성과 감정의 윤리학적 통합에 관한 어떠한 함축적 시사점을 도출할 수 있느냐 하는 것이다. 콜버그 대 길리건의 논쟁에 주목한 사람들은 모두 정의와 보살핌 사이의 위계 문제에 사로잡혀 있었다고 해도 과언이 아니다. 콜버그 자신과 그를 옹호하는 사람들은 정의의 공적 영역과 보살핌의 사적 영역 사이의 "영역 상대주의(domain relativism)", 즉 영역이 달라지면 기존의 입장도 달라진다는 관점에 서 있다. 따라서 그들은 공적 영역에서는 정의의 입장이 보살핌의 입장보다 우월하다고 주장한다. 그리고 그들은 사적 영역에서는 보살핌이 중요하지만 가정폭력 등 정의의 문제도 중요하다고 역설한다. 또한 그들은 공적 영역에 들어오는 여성들이 정의의 입장을 기꺼이 수용한다는 점을 통해 정의의 입장이 보살핌의 입장을 포섭할 수 있다고 주장한다.45) 길리건에 대한 여성주의적 비판자들은 정의의 입장과 보살핌의 입장의 차이에 대한 강조는 서구 자유주의 사회에서 만연된 이성과 감정의 이분법을 영속화하는 데 공헌할 뿐이라고 지적한다.46) 한편으로 길리건의 여성주의적 옹호자들은 길리건을 보살핌의 윤리의 우월성만을 주장하는 입장에 귀속시키려고 노력한다. 그러나 만일 이러한 입장이 윤리학에서 이성을 무시하는 결과가 된다면, 그것도 바람직한 것은 아니다.47) 그렇다고 여성이 남성과 동일한 사회적 입지와 권력을 가지기 위해서는 감정을 모두 박멸하고 이성적으로 되어야 한다는 주장도 이성과 감정에 관한 남성적 편견을 여전히 수용하는 것이 될 것이다.

감정과 관련된 여성주의의 주장이 이상과 같은 다루기 힘든 딜레마와 난제들로 점철되어 있다는 것은 이상한 일은 아니다. 이것은 감정의 우월성을 주장하거나 아니면 이성의 우월성을 그대로 답습하는 것만으로는 이성과 감정의 윤리학적 조화를 달성하기에 아직도 불충분하다는 점을 웅변하고 있다. 그러나 그동안 감정이 윤리학의 영역에서 무시되어온 사실과 이러한 무시는 여성의 무시와 동일선상에 있다는 점을 감안할 때, 감정의 역할과 도덕성의 여성적 영역을 강조하는 여성주의 윤리학은 그 자체로서 충분한 공헌을 했다는 것은 절대로 부정할 수 없다.48)

여성주의 윤리학자들이 도덕성에 있어서 감정의 위치와 역할을 재평가하는 방식은 다음 두 가지 관점에서 정리될 수 있다.49) 첫째, 여성주의 윤리학자들은 이성의 우월성을 강조하는 도덕이론에 반대하고 도덕성은 도덕적 감정의 계발을 필요로 한다고 주장한다. 이러한 주장은 자녀를 보살피고 양육하는 어머니(caring mother 혹은 mothering)상을 모델로 하고 있는데, 우리에게는 전통적인 윤리학설에서 강조되어온 이성에 의한 감정의 통제가 필요한 전부가 아니라 오히려 바람직한 형태의 감정을 계발하는 것이 더 필요하다는 것이다. 둘째, 여성주의 윤리학자들은 구체적인 역사, 공동체, 연대, 그리고 인간 번영의 전망을 가진 성적 주체의 체현된 감정과 사유 모두를 포괄하는 도덕이론을 구축하려고 시도한다. 즉, 여성주의 윤리학은 감정의 고양을 통해서 "관계 윤리"와 아울러 몰개인적인 것이 아니라 개인들의 특수적 상황을 고려하는 "특수성의 윤리"를 구성하려고 한다. 물론 여성주의자들은 특수성의 윤리에만 머무는 것의 상대주의적 위험성을 자각하고, 보편적인 특수성의 윤리를 구축해야만 한다는 과제를 인식하고 있는 것도 사실이다. 여성주의 윤리학은 감정을 단순히 인정하는 것이 아니라, 감정이 적어도 도덕성 자체와 도덕적 이해의 부분적 기초를 제공해준다는 점에서 그것을 적극적으로 수용하려고 한다. 보살핌, 감정이입, 공감, 그리고 타인의 감정에 대한 감응은 실제 상황에서 이성의 추상적 규칙이나 합리적 계산보다 더 나은 도덕적 지침이 되거나, 아니면 적어도 적절하고 합당한 행동에 대한 필수적 구성요소가 된다는 것이다.

여성주의 윤리학자들은 더 나아가서 자유주의 윤리학이 주장하는 정의에 관한 최소한의 조건에 합의하기 위해서도 추상적 원칙에 관한 "합리적 인식"의 하나로서 관계적 감정(relational feeling)이 요구된다고 주장한다. 오늘날 전 지구적인 도덕적 안건을 생각해볼 때, 우리 인간들에게는 먼 지역의 기아선상에 있는 아동들의 고통과 미래 세대의 전망과 지구 전체의 복지를 위해서 보살핌의 윤리가 절실하게 요청된다는 것이다. 자유주의 전통에서 유전되어온 상호 무관심한 합리적 개인들은, 가족과 친구들 사이의 보살핌의 관계를 대변할 수 없는 것처럼, 전 지구적 수준에서의 도덕적 고려와 환경 보전을 위해 필요한 적극적 행동을 취할 만큼 충분한 보살핌의 감정이 결여되어 있다는 것이다.50)

이상과 같은 논의를 통해서 우리는 여성주의 윤리학자들이 자유주의적 합리성을 어떻게 규정하고 있는가를 추론할 수 있을 것이다.51) 우선 여성주의 윤리학자들은 자유주의적 합리성을 상호 무관심한 도구적 합리성으로 보는 점에서 매킨타이어에 동의한다. 이러한 도구적 합리성은 합리적 선택이론으로 정식화되며, 합리적 행동이란 주어진 목적에 대한 가장 효과적인 수단을 찾는 것이 된다. 여성주의 윤리학자들은 합리적 선택이론의 합리성을 편협하다고 비판한다. 우리는 무엇이 합리적인가를 결정할 때 주어진 목적뿐만 아니라 우리 자신의 정체성과 인격, 정서적 경향과 애착, 그리고 배경적 상황을 고려해야만 한다는 것이다. 그러나 합리적 선택이론은 이러한 요소들을 이론적으로 포섭하지 못하고 있다고 비판한다. 여성주의 윤리학자들은 또한 자유주의적 합리성을 공평무사성(impartiality)으로 해석한다.52) 이러한 공평무사성은 보편성과 상황 독립성을 추구하는 것으로서 도덕 행위자에게 정적 유대와 개인적인 특수한 역사와 상황으로부터 절연할 것을 요구한다. 이러한 공평무사성으로서의 합리성도 결국 이성과 감정 사이의 대립을 가중시키고 있다는 것이다.

4. 자유주의 윤리학에서 이성과 감정의 조화: 롤즈의 정의론

우리는 지금까지 자유주의 윤리학에 대한 공동체주의 윤리학과 여성주의 윤리학의 비판이 이성과 감정의 관점에서 상반된다는 사실에 주목하고 논의를 전개하였다. 그렇다면 자유주의 윤리학이 이러한 상반된 비판을 받게 된 것은 자유주의 철학사에서 그 연원을 찾아볼 수도 있지 않을까? 자유주의 윤리학에서 흄과 칸트는 이성과 감정에 대해서 상반된 견해를 가지고 있었다는 것은 잘 알려진 자유주의의 스캔들이다. 아직 아무도 흄과 칸트를 자유주의 윤리학의 구도 속에서 조화롭게 통합시키는 데 성공하지 못했다.[53] 합리성을 기반으로 하는 계몽주의적 전통에서 흄과 애덤 스미스(Adam Smith)를 위시한 영국의 도덕감학파(the moral sense school)가 나왔다는 사실로 미루어 이성과 감정의 윤리학적 조화가 이미 달성되었다고 생각할 수도 있다. 그러나 이것은 흄의 경우에서 명백히 지적할 수 있는 것처럼, 윤리학에서 이성의 위치를 약화시킴으로써 달성했을 뿐이다. 아마도 이성과 감정의 자유주의적 대립은 자유주의의 초석을 놓은 홉스에게서 유전되었는지도 모른다. 홉스는 통상적으로 고대 및 중세적인 규범적 합리성을 혁파하고 근대적인 도구적 합리성을 천명한 것으로 해석된다.[54] 그러나 홉스는 "자연상태를 벗어날 가능성은 부분적으로는 정념으로부터, 부분적으로는 이성으로부터 온다"는 것을 명백히 밝힌다. 그러나 진 햄프턴(Jean Hampton)이 지적한 것처럼, 이러한 정념과 이성의 두 요소는 홉스의 『리바이어던』에서 조화되지 않은 채로 남아 있다.[55]

우리의 과제는 이제 자유주의 윤리학이 이성과 감정에 관련해서 공동체주의와 여성주의 윤리학으로부터 상반된 비판을 받아왔다는 사실을 현대 자유주의 윤리학의 주류를 형성하고 있는 롤즈의 정의론을 통해서 해명하는 일이다. 우리는 여기서 매킨타이어의 자유주의 윤리학에 대한 정의주의적 낙인찍기를 롤즈의 자유주의 윤리학이 우회적으로 감정의 윤리학이라는 점을 시사해준 것으로 재해석하려고 한다.56) 또한 우리는 여성주의의 자유주의 윤리학에 대한 비판을 롤즈의 자유주의 윤리학이 도구적 합리성과 공평무사성을 기반으로 하는 합리적 선택이론에 의거하고 있다는 주장으로 해석하려고 한다.

롤즈는 그의 초기 논문 「윤리학을 위한 의사결정 절차의 개요」에서부터 대립하는 이해관계를 해결할 합리적인 의사결정 절차의 문제를 다루어왔다. 따라서 그는 도덕성의 요소를 갖는다는 것은 순전히 개인적인 선택이나 결단의 문제도 아니고, 도덕적 성질을 직관하는 문제도 아니고, 감정이나 태도를 표현하는 문제도 아니라고 단언한다.57) 롤즈의 정의론은 합의의 공정성을 보장하기 위해서 자기 이익을 추구하는 합리적 계약 당사자들이 자신의 구체적인 사회적 위치와 가치관을 모르는 "무지의 장막"을 배경으로 하는 "원초적 입장"에서 분배적 정의의 원칙을 선택한다는 기본적인 구도를 설정한다.58) 따라서 롤즈의 정의론은 합리적 선택이론의 한 부분이 된다.59) 무지의 장막이 내려진 원초적 입장에서는 각 개인들의 구체적인 상황이 전부 가려져 있으므로, 롤즈의 계약 당사자들은 "상호 무관심"을 기본적 동기로 하는 냉철한 합리적 선택자로 나타난다. 그래서 롤즈는 그의 정의론이 "자연적 애정의 광범위한 유대관계"와 같은 "강한 가정"을 전제해서는 안 된다는 것을 분명히 한다.60) 또한 롤즈는 원초적 입장에 대한 칸트적 해석을 중시하므로 그의 정의론은 흔히 의무론적 자유주의(deontological liberalism)로 명명되기도 한다.61) 개인의 모든 구체적이고 경험적인 요소를 배제하는 원초적 입장에 대한 칸트적 해석은 결국 윤리학에서 감

정의 위치와 역할을 전혀 인정하지 않는 것처럼 보인다.62)

그러나 롤즈의 정의론은 그 이면에 감정에 관한 중대한 가정을 내포하고 있다. 롤즈는 우선 계약 당사자들이 "정의감"과 자신의 가치관을 가진 "도덕적 인간"이라고 가정한다. 이러한 가정은 "질서정연한 사회"와 "원초적 입장"과 함께 롤즈의 정의론을 이루는 세 가지 기초적 개념이다.63) 롤즈는 이와 관련해서 다음과 같이 말한다: "내가 강조하고자 하는 바는 정확히 말해서 정의론은 이른바 하나의 이론이라는 것이다. 그것은 우리의 도덕적 능력, 혹은 더 특수하게 말하자면, 우리의 정의감을 규제해줄 원칙을 제시할 (18세기적인 명칭으로 말해서) 도덕감 (moral sentiment)에 관한 이론이다."64) 또한 롤즈는 이러한 정의감이 질서정연한 사회의 안정성을 확보하기 위한 정의원칙들의 준수에서 필수적으로 요구된다는 것을 분명히 한다.65)

이성과 감정에 관련해서, 롤즈의 정의론에는 또 하나의 내부적 불일치가 있다는 점이 지적되어왔다. 그것은 세대 간 분배적 정의의 문제이다. 원초적 입장에서는 상호 무관심이 가정되지만, 롤즈는 세대 간 분배적 정의의 문제에서 "계약 당사자들이 전후 세대들 간에 정적 유대로 연속되어 있는 가족 계열을 대표"하는 것으로 간주한다. 따라서 "한 세대는 어버이가 그들의 자식을 사랑하듯이 바로 그다음 세대들에 대해 관심을 갖는 까닭에 정의로운 저축원칙 … 에 대한 어떤 제한이 받아들여지게 된다"는 것이다.66)

그렇다면 롤즈에게서 발견할 수 있는 이성과 감정의 이러한 내부적 불일치는 과연 어떻게 해결될 수 있는가? 이러한 불일치를 해소할 수 있다고 주장하는 사람은 자유주의적 여성주의자로 알려져 있는 수전 몰러 오킨(Susan Moller Okin)이다. 그녀는 「정의에 관한 사유에서 이성과 감정」이라는 논문을 통해서 롤즈의 정의론에 대한 새로운 해석을 제시하여, 롤즈의 정의론을 여성주의적 비판으로부터 해방시키려고 한다.67) 우선 오킨은 롤즈가 근래에 "정의론을 합리적 선택이론의 일부로 보았던 것은 『정의론』의 (매우 큰) 오류였다"고 시인한 점에 고무된다.68) 즉, 롤즈가 이러한 점을 시인한 것은 합리성이 정의론의 충분조건이 아니라는 것을 나타낸다는 것이다.69) 따라서 이제 원초적 입장은 추상적인 합리적 선택이론에 의해서만 해석될 필요가 없다는 것이다. 오킨은 계약 당사자들의 상호 무관심의 가정은, 무지의 장막 속에서는 각자의 이익이 결코 "구별되고 분화된(distinct and differentiated)" 것으로 나타날 수 없으므로, 그 가정은 오히려 자신뿐만 아니라 타인에 대한 공정하고도 동일한 고려와 감정이입 그리고 보살핌을 요구하는 도덕적 관점으로 보아야 한다는 것이다.70) 또한 원초적 입장의 당사자들을 "현실에서 유리된 아무도 아닌 사람들(disembodied nobodies)"로 볼 것이 아니라 오히려 "모든 사람 각자를 차례로(each in turn) 고려한다는 의미에서 누구든지 모두(everybody)의 입장"으로 보아야 한다는 것이다.71) 이러한 입장에서 본다는 것은 결국 원초적 입장에서는 민족, 성별, 종교, 정치적 신념이 영향을 끼쳐서는 안 되고 자신과 타인에 대한 동일한 공감적 고려가 기본이 되어야 한다는 것을 의미한다. 이러한 동일한 공감적 고려와 보살핌을 통해서만 최소수혜자의 관점에서 선택하는 것이 바람직하게 되는 롤즈의 정의원칙들이 도출될 수 있다는 것이다. 따라서 최소수혜자의 최대이익을 도모하라는 "차등의 원칙(the difference principle)"은 결코 합리적 선택이론에서 직접 도출될 수 없다는 합리적 선택이론가들의 비판은 옳았다는 것이다. 특히 차등 원칙은 공감적 고려와 보살핌, 그리고 우리와 타인의 능력 사이의 연대감이 없으면 결코 도출될 수 없었다는 것이다.72)

　오킨은 원초적 입장에 대한 이러한 대안적 해석은 정의의 윤리 대 보살핌의 윤리, 그리고 보편성과 불편부당성 대 차이성과 특수적 타자성 사이에 전개되는 배타적 이분법을 해소한다고 주장한다.73) 물론 이러한 주장이 여성주의 윤리학자들에 의해서 수용될 것인지는 앞으로 더 논의되어야 할 것이다. 그러나 오킨이 롤즈의 정의론에서 보살핌과 감정이입적 공감이 중심적이라는 것을 밝혀냄으로써 롤즈의 정의론에 대한 보다 풍부한 해석 방식을 제시하고 있다는 점은 큰 공헌이다. 물론 이러한 오킨의 해석은 롤즈의 정의론을 감정의 관점에서만 본 측면도 있다. 그러나 이러한 감정적 관점으로부터의 선택이 가진 합리성, 즉 합리적 계약자가 자기의 이익을 증진하는 방식으로서의 감정의 발현을 밝힌 점에서 이성과 감정의 조화를 시도한 것으로 해석될 수 있을 것이다.

5. 결론: 이성과 감정의 윤리학적 조화와 현대 윤리학의 과제

우리는 서양윤리학에서 감정의 위치와 역할이라는 주제를 다루면서 하나의 배경적 신념을 전제로 했다. 그것은 지금까지 감정을 배제한 이성이 윤리학을 주도해왔으므로 이제부터는 반대로 이성을 배제한 감정이 윤리학을 주도해야 한다는 배타적 이분법을 피하고, 이성과 감정의 윤리학적 조화의 관점을 통해서 감정의 윤리학적 위치와 역할이 제대로 정립될 수 있다는 신념이다.74) 감정이 무엇인지에 대한 논의와, 그리고 감정의 윤리학적 위치와 역할에 대한 철학사적 배경에 관한 논의와 감정의 윤리학의 근래 변모에 관한 논의는 이미 기본적으로 제시되었으므로,75) 현 단계에서 중요한 것은 윤리학에서 감정의 위치와 역할을 이성과 감정의 윤리학적 조화의 관점에서 조망해야 한다는 것이다. 근래 여러 가지 형태의 감정의 윤리학이 대두되고 있기는 하지만, 이러한 윤리학의 가장 중대한 문제는 전통적 윤리학과의 입장을 제대로 정립하지 못하고 있다는 점이다. 물론 감정의 윤리학은 전통적 윤리학이 전혀 쓸모가 없다고 주장할 수도 있겠지만, 만일 현재 서구에서 주류를 형성하고 있는 자유주의 윤리학이 감정에 대해서 강력한 관심을 보이지 않는다면, 감정의 윤리학의 일반적 수용은 상당히 요원하다고 생각된다. 우리의 논의는 바로 이러한 관점에서 출발하였다. 이제 우리는 이성과 감정의 윤리학적 조화의 관점에서 현대 윤리학의 과제를 전반적으로 점검해볼 시점에 와 있다.

2절에서 우리는 공동체주의 윤리학의 주창자인 매킨타이어가 자유주의적 개인주의 사회를 정의주의적 문화라고 비판한 것은 감정의 윤리학적 위치와 역할에 대해 심각한 손상을 가한 것으로 평가하였다. 매킨타이어는 『덕의 상실』에서 "도덕교육은 정서교육"이라는 사실을 인정했지만, 감정의 윤리학적 위치와 역할에 관한 논의는 거의 하지 않고 있다.76) 아마도 덕의 윤리에서 가장 중요한 문제가 있다면, 그것은 덕은 가르쳐질 수 있는가의 문제일 것이다. 만일 매킨타이어가 도덕교육은 정서교육이라고 주장한다면, 그는 덕의 도덕교육으로서의 정서교육에 심혈을 기울여야 할 것이다. 이미 아리스토텔레스는 덕들은 특정한 방식으로 행위하는 성향일 뿐만 아니라 특정한 방식으로 느끼는 성향이라는 점을 분명히 함으로써 덕과 정서의 관계에 대한 모범적인 전형을 보여준 바 있으므로, 매킨타이어는 이 점에 보다 관심을 집중해야 할 것이다.77) 요약해서 말하면, 매킨타이어는 자유주의를 정의주의적 문화로 낙인찍음으로써 감정의 윤리학적 위치와 역할을 훼손할 것이 아니라, 감정의 윤리학적 위치와 역할에 대한 보다 적극적이고 우호적인 측면의 관점에서 덕의 윤리를 재구성해야만 할 것이다.

3절에서 우리는 여성주의 윤리학이 자유주의 윤리학을 감정이 배제된 메마른 이성주의라고 비판한 점을 콜버그 대 길리건 논쟁을 배경으로 해서 다루었다. 여성주의 윤리학자들이 보살핌과 책임과 동정심의 윤리를 통해서 감정의 윤리학적 위치와 역할을 격상시키고 도덕성의 여성적 영역을 강조한 것은 큰 공헌으로 평가될 수 있을 것이다. 그러나 여성주의 윤리학자들의 과제는 보살핌의 윤리와 정의의 윤리의 관계를 어떻게 정립할 수 있느냐의 문제이다. 만일 여성주의 윤리학이 보살핌의 윤리라는 여성 고유의 도덕적 영역만을 고수한다면, 그것은 여성주의가 비판하는 남성 중심적인 서구에서 전개된 이성과 감정의 전통적 이분법을 그대로 답습하는 것이 될 것이다. 그래서 여성주의 윤리학자들은 여성주의적 정의론을 아울러 추구해야 할 것이다.[78] 감정의 윤리학적 위치와 역할과 관련해서 여성주의 윤리학은 감정이 단지 여성의 전유물이 아니고 인간 모두에게 중요한 것임을 입증하는 방식으로 발전해야 할 것이다.[79] 물론 여성주의 윤리학이 여성의 억압과 감정의 억압을 동일시하면서도, 여성이 남성보다 더 감정적이라는 사실을 (그것은 결코 자연적인 것이 아니고 이데올로기적 사회화의 결과라고) 거부하는 것은 일견 모순으로 보일 수도 있다.[80] 그러나 우리는 그 일견적 모순이 여성주의 윤리학이 성 중립적인 이성과 감정의 윤리학적 조화에 공헌하는 것을 방해할 만큼 커다란 것은 아니라고 생각한다.

우리는 4절에서 자유주의 윤리학이 한편으로는 공동체주의로부터 이성이 배제된 정의주의라고 비판을 당하고, 다른 한편으로는 여성주의로부터 감정이 배제된 이성주의라고 비판을 당하는 상반된 상황을 주목하고 그것을 해명하기 위해서 노력했다. 따라서 우리는 이성과 감정의 윤리학적 위치와 역할에 관한 자유주의 윤리학, 특히 롤즈의 정의론의 실상은 도대체 무엇인가라는 질문을 심각하게 던져보았다.

롤즈의 정의론은 합리적 선택이론으로도 도덕 감정론으로도 해석될 수 있는 내부적 불일치에 직면하고 있는 듯이 보였다. 그러나 롤즈의 정의론은 원초적 입장에서의 무지의 장막을 통해서 합리적인 계약 당사자들이 자신과 타인에 대한 동등한 공감적 고려를 하도록 구성된 도덕적 체계라는 점이 밝혀졌고, 따라서 그러한 불일치를 해소할 수 있게 된 점이 지적되었다.

롤즈의 정의론에서 볼 때, 감정의 윤리학적 위치와 역할은 다음과 같이 정리될 수 있을 것이다. 우선 감정은 인간의 도덕적 능력 중 하나인 정의감을 통해서 도덕성의 가장 기본적인 위치를 점한다. 감정의 역할은 원초적 입장에서 (합리성과 함께) 정의원칙들, 특히 차등의 원칙의 선택을 위한 공감적 고려를 제공하는 것이다. 이것은 감정이 최소수혜자의 필요에 대해서 가장 민감하게 반응한다는 것을 의미한다. 그리고 감정의 역할은 더 나아가서 질서정연한 사회에서의 안정성을 유지하기 위한 지속적 헌신으로서 정의감을 제공해주는 것이다. 롤즈가 자신의 정의론에서 합리적 선택이론의 독점적 지위를 격하시킨 점과 관련해서, 우리는 근래에 합리적 선택이론가들이 감정을 합리적 선택이론과 조화시키기 위한 노력을 경주하고 있다는 사실을 지적해야 할 것이다.[81]

현대 윤리학의 과제는 결국 "도덕적 기획의 통합(the unity of moral enterprise)"을 달성하는 일이 될 것이다. 도덕적 문제를 해결한다는 것은 다음과 같은 세 가지 불가분적인 측면, "(1) 사실에 대한 견해의 변화, (2) 감정의 변화, (3) 어떤 행동이 건전한 것으로 간주되고 어떤 행동이 그렇지 않은지에 대한 견해의 변화에서 오는 행동의 변화"를 통합적으로 고려하는 것이다.[82] 감정은 이러한 통합 속에서 감정이입적 관심을 통한 도덕적 상황의 인식, 관계적 감정을 통한 특수적 도덕판단의 형성, 그리고 형성된 도덕판단의 실행과 준수를 위한 지속적인 동기적 헌신을 제공해줄 수 있을 것이다. 이것은 감정이 인식, 판단, 그리고 행동 모두에 관련된다는 것을 의미한다.[83] 우리는 길리건이 그리고 시드니 캘러핸(Sidney Callahan)이 말한 것처럼, 현대 윤리학과 합리적 선택이론, 그리고 심리철학에서 이성과 감정이 경쾌하게 서로 화답하는 이중 푸가(double fugue)의 주제처럼 상호 보완적으로 급속하게 발전될 것으로 기대해 마지않는다.[84]

제 2 부

응용윤리학의 관점

제 1 장

윤리학에서 본 기업윤리관

1. 서론: 기업윤리의 대두와 그 시대적 의의

오늘날 윤리적 관점은 하나의 시대정신(*Zeitgeist*)이 되었다. 냉전 이후 탈이데올로기의 시대에서 이제 윤리는 중요한 사회적인 통합적 기제로서 전 세계적인 보편적 가치로서 널리 인식되고 있다. 기업에 대한 윤리적 고려, 즉 기업윤리도 기업 자체의 윤리에 대한 현실적 관심과 점증하는 사회적 요구, 그리고 그에 따른 학문적 정립의 필요성의 고조에 부응하여 1970대 이후 본격적으로 태동하게 되었던 것이다.1)

기업윤리는 현재 그 명백한 정의와 학문적 고유 영역에 대한 논란이 있기는 하지만 대체로 철학, 경영학, 경제학, 사회학, 심리학 등이 참여하는 하나의 독립적인 학제 간 연구 영역으로 인정되고 있다. 기업윤리는 기업들의 사회적 신뢰를 저버리는 다양한 스캔들과 불법적이고도 비윤리적인 행태와 사건들에 대한 부정적인 각성에서 출발한 것이 사실이다. 그러나 이제 기업윤리는 기업의 사회적 책임을 강조하는 여러 사회운동에 따른 사회적 상황의 변화와 정부와 국제기구에 의한 각종의 부패방지 라운드와 윤리 라운드 등 다양한 제도적인 협약적 기제들로 말미암아 기업의 중요한 "생존 전략"일 뿐만 아니라 "경쟁력 우위의 원천"으로서 현실적 기업에서 널리 수용되고 있다.2)

기업윤리는 이제 그 말 자체가 모순어법(oxymoron)이라는 힐난과 "무도덕적 기업의 신화(the myth of amoral business)"를 불식시킴으로써, 다만 일시적인 유행(fad)이 아니라 기업에서 하나의 시대정신이 된다. 이제 기업윤리는 "윤리적 기업이 수익이 높은 기업이다(good ethics is good business)", 혹은 "윤리는 수지타산이 맞는다(ethics pays)"라는 강력한 호소력을 가진 캐치프레이즈로 인구에 회자되면서 기업윤리에 대한 사회적 인식과 기업 자체의 인식에서 대반전이 이루어짐으로써 기업의 필수불가결한 전략적인 경영 요소로 자리 잡게 된다.3)

철학적 윤리학의 관점에서 볼 때 기업윤리(business ethics)는 응용윤리학(applied ethics)에 속한다.4) 원리적으로, 인간의 모든 행동은 규범적인(normative) 도덕적 기준과 원칙에 의해서 그 시비선악이 평가되고 판정될 수 있으므로 기업적 상황에서의 인간의 행동도 예외는 아닐 것이다. 따라서 철학적 윤리학에서 기업윤리는 "연역적인 포섭적 모델(deductive and subsumptive model)"을 견지한다.5) 이러한 모델의 대전제인 규범적 도덕이론들로서는 공리주의, 결과주의, 의무론, 덕의 윤리, 자아실현의 윤리, 윤리적 상대주의, 윤리적 이기주의, 여성주의, 다원주의와 다문화주의, 공동체주의, 그리고 존 롤즈(John Rawls)의 사회계약론적인 자유주의 정의론을 위시한 여러 사회윤리 및 사회정치철학에 기반한 윤리학설들이 포진하고 있다.6) 또한 정의, 덕, 자유, 평등, 권리, 자존감, 인간적 번영, 역할, 해악의 회피, 배려, 연대, 공동체 등 윤리학적 개념들에 근거한 다양한 논의들도 제시되었다. 그리고 이러한 모델에서 윤리학적 탐구는 경제체제, 기업조직, 기업조직과 연관된 개인들에 관한 삼차원에서 유기적으로 전개되었다. 경제체제에 대한 규범적인 평가는 여러 전통적, 현대적 사회정치철학적인 이론들이 적용되었다. 기업조직에 관련해서 철학적 기업윤리는 기업조직이 도덕적 행위자 혹은 주체가 될 수 있는가 하는 철학적 문제를 제기함으로써 기업의 사회적 책임에 관한 찬반양론의 전형적 논변들을 제시한 바 있다. 기업조직과 관련된 개인들의 문제에서 철학적 기업윤리는 내부 고발자 혹은 공익 제보자 문제와 적극적 차별 시정 조치와 역차별 문제로부터 출발하여 기업조직에서 개인이 당면하는 다양한 윤리적 갈등 상황에 주목하여왔다.7)

그러나 이러한 연역적인 포섭적 모델은 윤리학의 규범이론적 관점에서는 기업윤리를 의미 있는 것으로 만들겠지만, 기업의 관점에서는 필연적으로 그렇게 되지는 않는다는 비판이 기업윤리를 연구하는 사회과학 진영과 기업 현장으로부터 제기된 것도 사실이다. 또한 그러한 연역적인 포섭적 모델의 대전제인 다양한 윤리학설들 사이의 상충이 해결되지 못한다면 철학적 기업윤리의 현실적 적용은 지난한 일이라는 비판이 제기된 것도 사실이다.8) 그러나 철학적 윤리학 진영에서는 철학적 기업윤리가 연역적인 포섭적 모델을 사용한다고 해서 어떤 손쉬운 결론이 바로 도출되는 것을 의미하는 것은 아니고, 그것은 다양한 이론적, 현실적인 도덕적 갈등 상황을 이해하게 함으로써 비판적인 도덕적 감수 능력과 윤리적 추론 능력을 가질 수 있게 하는 것이라고 답변한다. 또한 도덕적 학설과 구체적 사례의 관계에 대해서도 일방적인 연역적 포섭이 아니고, 도덕적 학설과 사례 사이에서 양방향 조정이 가능한 "반성적 평형(reflective equilibrium)"을 지향한다고 답변한다.9)

철학적 기업윤리에 대한 사회과학 진영과 기업 현장으로부터의 이러한 비판들은 충실히 재고되어야 할 것이다. 기업윤리가 기업의 관점, 즉 기업조직의 내외부적인 기능적 측면에서 의미가 있고, 또 소용이 되려면 "기업윤리가 좋은 것은 무엇인가(What good is business ethics)?" 하는 질문이 선행적으로 답변되지 않으면 안 될 것이다. 이것은 결국

"왜 기업이 도덕적이어야만 하는가(Why should business be moral)?" 하는 문제를 답변하는 것이며, 그러한 답변은 기업과 윤리의 관련 방식에 대한 고찰을 통해서 제시될 수 있을 것이다.10)

2. 기업윤리관의 네 가지 유형: 기업과 윤리의 관련 방식

기업과 윤리의 관련 방식에는 통상적으로 다음 네 가지 입장이 거론되고 있다. 이러한 입장은 바로 기업윤리관의 근간을 이룬다고 말할 수 있을 것이다.11)

(1) 기업과 윤리는 아무런 관련이 없다는 주장이 있다. 이것은 기업윤리가 모순어법이라는 입장으로서 철학자 드 조지(De George)가 강조한 "무도덕적 기업의 신화"에 근거하고 있다.12) 이러한 입장은 기업 활동이 인간의 본성적 측면에서 자기 이익을 합리적으로 극대화하는 호모 에코노미쿠스(homo economicus)에 근거하고 있고, 또한 기업 활동이 혹독한 경쟁이 전개되는 시장적 게임 혹은 전쟁 상황 속에서 전개되므로 도덕적 고려가 자리 잡을 수 없다고 주장한다. 그러나 이제 이러한 입장은 기업 활동이 완전경쟁시장에서 이루어지는 것이 아니고, 또한 환경오염 등 외부적 불경제를 일으키므로 기업은 도덕적 고려에서 자유로울 수 없다는 기업의 사회적 책임론을 통해서 부정되었다. 이러한 관점에서 철학자 로버트 솔로몬(Robert Solomon)은 기업에서 자기 도덕화 과정이 없다면 기업은 많은 비용을 치르면서 외부적인, 즉 정부의 법적 규제를 수용할 수밖에 없을 것이라고 지적한다.13) 기업과 도덕이 무관하다는 입장은 또한 마르크스주의적 입장에서 자본주의 체제 아래서의 기업 활동을 전반적이고 본질적으로 무도덕하고 부도덕한 것으로 폄하하는 방식으로 전개되기도 한다. 그러나 오늘날 자본주의와 그 아래서의 기업 활동에 대한 전반적이고 본질적인 무도덕성과 부도덕성을 강변하는 것은 시대착오적인 것이라고 말할 수 있을 것이다.

(2) 기업의 역할은 수익을 많이 내는 것이며, 그것이 바로 기업의 사회적 책임 혹은 윤리적 의무라고 보는 입장으로서 밀턴 프리드먼(Milton Friedman) 등에 의해서 개진되었다.14) 이 입장은 "수익이 높은 기업이 윤리적이다(good business is good ethics)"라는 캐치프레이즈로 정식화된다. 이 입장은 "기업의 임무는 장사이다(The business of business is business)"라는 명제에 동조한다는 점에서 첫 번째 입장과도 연계되지만 기업의 이윤추구를 기업의 사회적 책임이라는 도덕적 관점에서 주장하는 점이 다르다. 이러한 입장은 소위 기업의 "주쥬[이익 봉사] 이론(the stock/shareholder theory)"에 근거하고 있지만 이 이론은 기업의 대내외적 이해 관련 당사자들의 이익을 광범위하게 고려하는 "이해관계자 이론(the stakeholder theory)"에 의해서 극복된 것이 사실이다. 따라서 기업의 임무는 오직 기업의 이윤추구에만 달려 있는 것이 아니라 사회와 이해관계자들 혹은 집단들의 다양한 요구나 기대도 함께 고려해야만 한다는 것이다.

(3) "윤리적 기업이 수익이 높은 기업이다(good ethics is good business)"라는 입장은 "윤리는 수지타산이 맞는다(ethics pays)"는 신념을 견지한다.15) 따라서 윤리경영을 기업의 장기적인 수익률 제고를 위한 기업의 전략적 혹은 경쟁력 우위의 원천으로서 보는 입장이다. 이러한 입장은 윤리를 외부적인 제약 사항으로 받아들이는 것이 아니라 기업 경영과의 조직적 연관성을 통해서 윤리의 필요성을 강력하게 옹호한다는 점에서 많은 호응을 얻고 있는 것이 사실이다. 즉 기업윤리는 기업의 대외적 이미지를 제고시켜서 기업에 대한 우호적인 사회적 분위기, 그리고 신뢰성을 향상하고, 기업 내에서의 인간적 유대관계를 우호적으로 증진시킴으로써 결국 기업에 이익이 된다는 것이다. 그러나 이러한 입장은 비록 윤리를 기업의 내부적 연관성 속에서 고려하기는 하지만 윤리를 전략적인 입장에서만 취급함으로써 기업의 윤리적 기반을 확고하게 제공하지 못한다는 비판을 받고 있다. 그것은 이 입장은 기업이

이윤을 추구하는 전략적인 경영과 윤리가 상충될 때 윤리적 고려사항을 언제나 무시할 수 있는 가능성을 용인하기 때문이다. 그리고 환경윤리에 따른 기업의 비용 지출 증가는 기업의 재무 상태를 악화시킨다는 경험적 분석도 반증 사례로 제시되고 있다.

(4) 가장 효율적이고 가장 수익이 높은 기업 활동이 기업이 언제나 추구해야 할 목표가 아니라고 보는 이 입장은 세 번째 입장에 반대한다. 우리는 때때로 기업에서의 윤리적 고려 사항이 이윤추구적인 관점과 높은 수익률과 상충한다는 것을 인정해야만 한다는 것이다. 이러한 관점에서 기업윤리는 기업으로 하여금 수단과 방법을 가리지 않는 무절제한 이윤추구 행위에 대한 규범적 제약으로서 존재하게 된다. 이러한 입장은 윤리적 기업이 좋은, 즉 수익이 높은 기업이 되지 않을 경우에도 유의한다. 그러한 경우에 이 입장은 윤리경영이 수익이 높기 때문이 아니라, 기업의 대내외적 경영의 관점에서 종업원들을 가치 있고 자율적인 인간으로 인정하고, 기업의 제품과 용역에 관련하여 양심과 정직성을 지키고, 고객의 복지를 고려하고, 기업 내에서 종업원들 간의 인간적인 유대 관계를 창출하기 위한 하나의 "도덕적 관점(a moral point of view)"을 수용해야 하기 때문에 필요하다고 주장한다.16) 기업윤리에 대한 이러한 도덕적 관점에서의 입장은 기업의 사회적 책임론, 사회적 반응론, 사회정책 관여론, 전략적 경쟁력론보다 진일보한 관점이라고 주장되고 있다. 이러한 입장은 세 번째 입장과도 연관을 가질 수 있는 "기업문화(corporate culture)"의 창달, 혹은 기업에서의 "탁월성의 추구(the search for excellence)"가 도덕적 탁월성을 기반으로 해서 전개되어야 한다고 주장하고 있다. 이러한 입장의 한 유형에는 윤리를 경제적 성공과는 무관한 것으로 보는 강한 입장도 있고, 그러한 강한 입장은 경제적 성공을 기본적으로 하나의 행운으로 본다. 도덕적 탁월성을 추구하는 기업의 윤리화에서 도덕적 덕목은 그 자체로서 하나의 보답(its own reward)으로 보아야 한다는 것이다.17) 그러나 이러한

입장의 문제는 윤리적 기업도 수익률이 낮다면 결국 시장에서 퇴출되면서 사라지게 된다는 점이다. 따라서 이러한 입장도 기업윤리는 장기적이고 포괄적인 관점에서 모든 이해관계자들에게 진정한(?) 이익이 된다는 완화된 입장으로 다시 귀착하기도 한다.

3. 기업윤리관에 대한 철학적 윤리학과 사회과학의 갈등

근래 (구체적으로 보면 많은 입장 차이가 있지만) 미국의 기업윤리학계나 우리나라 학계의 대체적인 경향을 보면, 경영학이나 경제학 분야에서는 세 번째 입장이 지지되고 있고, 철학적 윤리학의 분야에서는 네 번째 입장이 지지되고 있다고 볼 수 있다. 이러한 입장 차이는 다음과 같이 대비적으로 인용될 수 있을 것이다.[18]

"과연 윤리적인 기업이 재무성과도 좋은가라는 문제의식은 오랫동안 기업의 경영자와 학계에서 주요한 관심사 중의 하나였다. 하지만 아직까지 윤리적인 기업이란 어떤 기업을 의미하는지, 또 윤리경영이란 구체적으로 무엇을 의미하는지에 대한 명확한 개념 정립이 부재하며, 더욱이 윤리경영과 기업성과 사이의 관계에 대한 연구는 매우 부족한 실정이다. 즉, 아직까지 막연한 수준 혹은 규범적 수준에서 윤리경영과 재무성과의 긍정적인 관계를 암묵적으로 전제하는 단계에 머물러왔다. 한편, 경제적인 이윤극대화를 기업의 기본 목표로 하는 경영자들은 윤리경영을 자발적으로 강조하기보다는 이를 대응해야만 하는 법적 규제나 사회적 규범 등과 같은 외부의 제약조건 정도로 간주하는 경향이 지배적이었다. 그래서 기업윤리의 문제는 사회적 압력이나 예외적으로 계몽된 윤리의식을 가진 몇몇 최고 경영자의 관심사에 머물러왔다. 그러나 만약 윤리경영과 재무성과가 밀접한 연관성이 있다는 실증적인 연구들이 충분히 제시된다면, 외부 압력에 대한 타율적 반응이 아니라 명확한 사회적 책임의식을 가진 기업들의 자발적인 윤리경영이 유도될 수 있을 것이며, 궁극적으로 기업의 윤리적 경쟁력에 대한 관심도 증가할 것이다."

"특정한 이기주의적 윤리설을 신봉하지 않는다면 윤리적 행동이 장기적으로 이익이 된다는 것은 우연적인 경향에 대한 통계적, 경험적 가설이지 규범적(normative) 법칙은 아니라는 점에 모두 쉽게 공감할 수 있을 것이다. 우선 현대의 가장 대표적인 윤리적 입장이라고 할 수 있는 사회계약론 계열의 이론들에서만 보아도 알 수 있듯이, 사회적 합의는 일차적으로 정의의 문제이지 이익의 문제는 아니다(Rawls, *A Theory of Justice*, 1971). 홉스에게서 나타나는 것처럼 설령 각자가 개인의 이익을 지키는 것을 목적으로 한다고 하더라도 이익 이전에 전제되어야 하는 것은 윤리적인 명제로 표현되는 합의의 조건이지 이익으로 표현될 수 있는 합의의 결과는 아닌 것이다(Hobbes, *Leviathan*). 또한 결과주의(consequentialism)적 입장에서 보아도 공익의 달성은 때때로 개인 — 여기서는 개별 기업 — 의 희생을 요구한다는 점에서 윤리적인 행동이 개체의 이익까지 보장하는 것은 결코 아니다. 그러므로 이렇듯 이익을 통해서 윤리성을 획득하려는 시도는 매우 성공할 가능성이 낮은 접근법임을 알 수 있다. 윤리적으로 행동하는 것이 장기적으로 이익이 되기 때문에 윤리적으로 행동한다면, 그것이 이익이 되지 않을 때는 언제나 윤리적으로 행동하지 않아도 된다고 생각할 수 있기 때문이다."

이러한 입장 차이는 기술적(descriptive) 사회과학과 규범적(normative) 철학 사이의 메울 수 없는 간극 때문에 존재하고 있는 것인가? 기업윤리관에 대한 이러한 사회과학적 입장과 철학적 윤리학의 입장에 대한 상충은 어떻게 조정될 수 있을 것인가?19) 우리는 기업윤리에 대한 학제 간 연구를 통해서 이러한 입장 차이가 해소될 수 있도록 노력을 경주해야만 할 것이다. 기업과 윤리의 연관 방식에 대한 이상의 네가지 입장과 연계되어 제기되고 있는 또 다른 논쟁은 과연 기업윤리가 기업에 대해서 전복적인(subversive) 역할을 하는지, 변호적인(apolo-getic) 역할을 하는지, 아니면 자애로운 조력자(benign helper) 혹은 중립적 비판자(neutral critic)의 역할을 하는지에 대한 것이다.[20] 철학은 소크라테스 이래로 전통적으로 늘어진 마소를 놀라게 하는 등에(gadfly)의 역할을 짊어지고 왔다. 그렇다면 철학적 기업윤리는 과연 다양한 이데올로기들 사이에서의 상이한 현실적 함축성과 다양한 규범이론들 사이에서의 도덕적 관점들의 상충을 극복하고 중립적인 비판자로서의 역할을 다할 수 있을 것인가?

4. 기업윤리의 최종근거를 위한 모색: 도덕성과 합리성의 조화

1) 호모 에코노미쿠스의 도덕적 본색

기업윤리에 대한 사회과학적 입장과 철학적 윤리학의 상충은 합리성과 도덕성에 대한 대립적인 시각에 기인한다. 그러한 상충의 해결은 결국 자기 이익 극대화를 합리성의 근간으로 하는 호모 에코노미쿠스(*homo economicus*)가 도덕적 인간(*homo moralis, homo ethicus*)이 될 수 있느냐 하는 안건과 연관되어 있다. 즉 기업윤리의 최종근거는 도덕적 경제인간(*homo ethico-economicus*)의 가능성에 달려 있다고 해도 과언이 아니다.

호모 에코노미쿠스는 경제인간(economic man), 경제성 추구자(economizer), 혹은 합리적 경제인간(rational economic man)을 지칭한다. 그것은 인간의 경제적 본성을 도구적 혹은 수단적 합리성(instrumental rationality)을 통해서 "최소비용 최대효과의 경제원칙"으로 정식화한 하나의 일반적 모형이다.[21] 신고전학파 경제학자 윌리엄 스탠리 제본스(William Stanley Jevons)에 의하면 "우리의 욕구를 최소의 노력을 통해 최대로 만족시키는 것 … 즉 … 쾌락을 극대화하는 것이 경제학의 문제이다."22) 따라서 호모 에코노미쿠스는 경제학의 어원이 그리스 시대의 "가계의 법(oikos-nomos)"을 지칭하는 것으로 보아 태초부터 인간의 경제생활사 전반에 흐르는 하나의 일반적 모형이라고 생각될 수 있다.23)

그러나 호모 에코노미쿠스는 엄밀하게 볼 때 근대적인 계몽주의적 인간관의 하나이다.24) 호모 에코노미쿠스의 연원은 멀리는 15-16세기 서구에서 시장경제가 태동할 때와 자연권 사상과 사회계약론의 발흥과 맥을 같이하지만, 보다 구체적으로 애덤 스미스(Adam Smith)의 고전주의 경제학에서 학문적으로 규정된 이후, 산업혁명을 통한 자본주의의 성공을 통해서 확고하게 자리 잡게 되었고, 최종적으로 신고전학파 경제학(neo-classical economics)에서 수학적으로 정식화되었고, 주류 경제학(main-stream economics)을 위시한 현대 경제학에서 널리 수용되고 있다. 즉 "경제학은 합리적 인간의 전제에 기초해 있다."25) 요약하면, 호모 에코노미쿠스는 주어진 예산의 범위 내에서 일관된 선호를 통해서 가능한 대안들과 그 결과들에 대한 완전한 정보와 완벽한 계산적 능력을 가지고, 효용(utility) 혹은 자기 이익(self-interest)의 극대화(maximization)를 합리적으로 추구하는 경제주체이다.26) 이러한 호모 에코노미쿠스들이 자유시장에서 자신들의 이익을 극대화하는 방식으로 재화와 용역을 서로 교환하면, 모든 사람들은 자신들이 원하는 것을 충족하는 효율적이고도 번영하는 사회를 창출할 수 있다는 것이다. 이것은 다른 어떤 형태의 사회경제체제 아래에서 보장하는 것보다 더 많은 사람들에게 자신들의 욕구를 충족시켜줄 수 있다는 것이다.27) 그리고 이러한 물질적 번영은 결국 보편적 교육과 다원주의적 가치와 개인적 시민의식의 향상을 통해 민주적 정치질서를 정착시키고, 종국적으로는 고도의 삶의 질과 문화적 수준을 향유할 수 있게 한다는 것이다.28) 물론 기업조직에서 그러한 호모 에코노미쿠스는 허버트 사이먼(Herbert Simon)의 제한적 합리성(bounded rationality) 모형에 의거하여 극대화

가 아닌 만족스러운 대안을 추구하는 것(satisficing)으로 변형되기도 한다.29)

이러한 호모 에코노미쿠스의 합리성 모형은 20세기 후반부터 합리적 선택이론(rational choice theory)으로 정교화된다. 이제 호모 에코노미쿠스에 기반한 합리적 선택이론은 경제학의 영역을 넘어서 결혼과 범죄라는 일상적 개인사로부터 철학, 심리학, 정치학, 사회학, 문화인류학 등 인문사회과학뿐만 아니라, (심지어는 쥐와 비둘기의 행동과 자연세계에까지도 적용되어) 자연과학으로 자부하는 사회생물학에까지도 적용되어 인간과 동물의 합리적 행동에 대한 보편적인 방법론으로 자리잡기에 이르렀다. 그리고 도저히 호모 에코노미쿠스적 발상이 적용될 것 같지 않았던 종교, 민권운동과 혁명에의 참여, 그리고 (분석적 마르크시즘 혹은 합리적 선택 마르크시즘을 통해) 마르크시즘의 영역에까지 적용되기에 이르렀다. 이러한 현상은 가히 경제학적 제국주의(economic imperialism)라고 할 만하다.30) 또한 경제학은 호모 에코노미쿠스의 합리적 행동을 수학적으로 정식화함으로써 엄밀한 가치중립적 실증과학으로서 뿐만 아니라 실증과학적 결론을 통해 사회정책 전반에 대한 처방을 주도하는 규범과학이기도 하며, 유용성의 사회철학을 가장 잘 구현하는 "사회과학의 여왕" 자리를 유지해왔다. 따라서 호모 에코노미쿠스에 기반한 경제학과 합리적 선택이론은 인간의 개인적, 집단적인 합리적 행동에 대한 간결하면서도 엄밀한 서술적인 예측적 설명력(descriptive and predictive explanatory power)과 아울러 처방적 규범성(prescriptive normativity)을 제시하는 호소력 있는 이론으로 인정되어왔다.31) 이러한 현상을 전반적으로 목도할 때 가히 호모 에코노미쿠스는 "보편적 인류(a universal *homo sapiens*)"가 된 느낌이다.32) 더 나아가서 호모 에코노미쿠스는 소련의 해체와 동구 공산권의 몰락 이후 정치경제에 대한 이데올로기적 투쟁이 종식된 "역사의 종언" 시대에서 "최후의 인간"으로 등장한 것처럼 보인다.33)

그러나 시장경제가 작동하고 자본주의가 발달하기 시작한 이래로, 호모 에코노미쿠스에 대한 비판은 지금까지 반복적으로 계속되어왔다. 호모 에코노미쿠스는 그 태동 시기부터 잇속만 밝히는 추악한 경제동물(economic animal)로 낙인이 찍혀, 아직 인간으로 승화하기에는 턱없이 부족한 동물적, 이기적 본능으로 점철된 비인간성의 전형으로 매도되었다. 따라서 경제학은 토머스 칼라일(Thomas Carlyle)의 지적처럼 골방에서 돈이나 세고 있는 쩨쩨한 인간을 다루는 "음울한 학문(dismal science)"이고, 또한 티보르 스키토프스키(Tibor Scitovsky)의 지적처럼 만족할 줄 모르고 끊임없이 새로운 욕망 대상을 찾아가는 소비광을 다루는 "향유 불능의 과학(joyless science)"일 뿐이며, 더 나아가서 존 러스킨(John Ruskin)의 독설처럼 배금주의와 황금만능주의에 물든 "인간 영혼의 가장 저주받은 측면(entirely damned state of soul)"을 다루고 있다고 비판받는다.34) 호모 에코노미쿠스의 철학적 근원이 되는 제러미 벤담(Jeremy Bentham)의 공리주의는 일찍이 "돼지의 철학(pig's philosophy)"으로 매도되었고,35) 니체도 『권력에의 의지』에서 공리주의적 호모 에코노미쿠스를 조롱하면서 오직 영국의 소상공인들만이 이익과 쾌락을 추구한다고 냉소를 보냈다. 이제 호모 에코노미쿠스는 그가 활동하는 자유시장이 인간의 경제욕구를 충족시키기 위해서 끊임없는 성장을 주도하여 재생할 수 없는 자원을 낭비하므로 환경위기를 초래하는 주범으로 죽어야 마땅한 인간으로 매도되는 결정타를 당한다.36) 사실 호모 에코노미쿠스가 주목을 받는 것은 특별할 것도 없다. 경제학이나 경영학에서 "자동차를 만드는 것보다 파는 일이 더 어렵게 되었을 때야 비로소 인간 자체가 인간에게 과학의 대상이 된 것뿐이다."37)

2) 도덕적 경제인간의 가능성

호모 에코노미쿠스에 대해서 이러한 논란이 전개되고 있기는 하지만,

기업 활동이 호모 에코노미쿠스적인 합리성에 근거하고 있다는 주장은 철학자 존 래드(John Ladd)에 의해서 제기되었다.38) 래드는 공적 조직인 기업의 경영은 기업의 목적인 이윤추구에 대한 수단적 효율성을 강구하는 합리성의 기제이므로 가치를 전제하고 지향하는 도덕성은 고려대상에서 배제된다고 주장했다. 그러나 철학적 관점에서 기업윤리를 전개하고 있는 케네스 굿패스터(Kenneth E. Goodpaster)는 래드의 합리성과 도덕성의 분석이 지나친 이분법에 근거하고 있다고 비판한다. 그는 이상적인 합리성을 도덕화된 합리성(moralized rationality)으로, 그리고 이상적인 도덕성을 합리화된 도덕성(rationalized morality)으로 보고 그 조화 가능성을 추구한다.39) 여기서 도덕화된 합리성이란 기업조직의 목표 설정에서 도덕을 가치 전제로서 배제할 것이 아니라 적절히 수용하는 것을 의미하며, 합리화된 도덕성이란 전통적인 의미의 강한 도덕성, 즉 도덕은 자기 이익의 이타적 희생이라는 완고한 주장을 완화하는 것을 의미한다.40)

합리성과 도덕성을 본격적으로 조화시키려는 시도는 사회과학과 철학적 윤리학의 양 진영에서 공동적으로 시도되었다. 사회과학 진영에서는 우리 학계에서의 논의를 예로 들면, "경제논리와 기업윤리"를 조화시키려는 시도로서 전개된다. "경제논리는 사람들이 흔히 말하듯이 비윤리적 행위에 대한 변명을 제공해준다거나 윤리와는 전혀 관련이 없는 무색무취한 것이 아니라 오히려 윤리적 행위의 기준에 대한 과학적인 근거를 제시한다."41) 보다 구체적으로, 경제논리는 모든 경제주체가 사회에 공헌한 만큼 대가를 받고 사회에 손해를 끼치는 만큼 대가를 치르도록 하는 한계원리에 따르는 것을 의미한다. 경제논리에 의해서 움직이는 시장은 사람들로 하여금 윤리적 행동을 하도록 하는 동기를 유발할 뿐만 아니라 경제논리에 어긋나는 정책과 사회경제 구조는 비윤리적인 행위도 조장하므로 국가와 기업에 커다란 손해를 끼치게 된다는 것이다. 물론 경제논리에 가장 충실한 시장은 완전경쟁이지만, 정부의 개입, 정보의 비대칭 및 거래비용 등은 시장이 완전경쟁 상태가 되지 못하도록 방해하고, 이러한 경제주체들이 비윤리적인 행동을 할 동기를 유발하게 된다는 것이다. 따라서 경제주체들이 비윤리적인 행위를 하지 못하도록 하려면 사회구성원들의 양심에 호소하거나 비윤리적인 행위에 대해서 대증요법적인 벌을 가하는 것은 별 효과가 없고, 사회경제 시스템을 완전경쟁시장에 가깝도록 만드는 것이 첩경이 된다. 즉 한계원리에 의한 자원배분과 가급적 가까운 배분이 이루어지도록 유도하는 법을 만들고 법과 제도를 운영하는 것이 올바른 방법이 된다는 것이다.42) 이상에서 주장되는 소위 한계원리는 엄밀하게는 "경제 시스템 내의 경제주체들은 사회적 한계수익(또는 한계편익)과 사회적 한계비용이 일치하도록 경제적 의사결정을 한다"는 것을 의미한다.43) 그러나 한계원리가 자본주의 시장경제체제의 일반적인 원리로서 매우 중요하기는 하지만, 그것은 사회의 모든 도덕적 규범성을 완벽하게 설명하지는 못할 것이다. 가령 자본주의 내에서 관습적으로 행해져온 가족 간의 상속(inheritance)은 그러한 한계원리에 어긋난다는 관점에서 비판이 되어온 것도 사실이기 때문이다.44)

철학적 윤리학의 진영에서 도덕성과 합리성을 조화시키려는 시도는 미국의 도덕철학자 데이비드 고티에(David Gauthier)에 의해서 개진된다.45) 그는 『합의도덕론』에서 자유주의적 개인이 호모 에코노미쿠스의 무분별한 자기 이익의 극대화로 야기되는 전형적 시장실패의 상황인 "수인의 딜레마(prisoner's dilemma)" 상황을 제어할 수 있는 신사회계약론적 합의도덕에 의해서 계몽되어 자기 통제의 덕목을 가질 수 있다고 주장한다. 따라서 자유주의적 개인은 자기 이익의 추구와 모든 사람에 대한 상호 이익의 증진이 연계되는 호조건의 영속화를 합리적으로도 정서적으로도 도모할 수 있는 유의미한 개인적 주체로 살아남을 수 있다는 것이다.46) 그의 주장의 요체는 합리성에 대한 공평한 제약으로서의 도덕성이 바로 호모 에코노미쿠스의 자기 이익의 극대화인 합리성 자체로부터 유래한다는 것이다. 즉 자기 이익의 극대화로서의 합리성의 개념에서 바로 자기 이익의 제한적 극대화로서의 합리성의 개념이 도출된다는 것이다.

이러한 주장은 일견 모순처럼 보인다. 경제적 합리성의 추구와 도덕성이 상충한다고 본 전통 윤리학의 입장과 도덕적 제약을 외부성으로 보는 에코노미쿠스의 합리성을 모두 고려할 때, 고티에의 시도는 처음부터 불가능한 것처럼 보인다. 그러나 그것이 가능하다는 것이 고티에의 신사회계약론적 윤리학의 핵심이다. 그는 단순히 "정직은 최선의 정책"이라는 격언적 교훈이나 단기적 이익보다는 장기적인 "계몽적 자기이익(the enlightened self-interest)"을 추구하는 것이 더 낫다는 전략적 권고를 제시하고 있는 것은 아니다. 물론 그의 논의가 그러한 통상적 교훈과 권고를 종국에는 입증하는 것이 되겠지만, 그는 자신의 논의를 정교한 합리적 선택이론을 통해서 합리성 개념의 변환 가능성을 입증하려고 한다. 고티에는 우선 "직접적 극대화(straightforward maximization)"와 "제한적 극대화(constrained maximization)"라는 두 종류의 지속적인 심리적 성향(disposition)에 따라 인간을 구분한다.47) 직접적 극대화 추구자는 상대방이 어떠한 성향을 가졌는지에 관계없이 자기 이익의 극대화를 추구한다. 반면에 제한적 극대화 추구자는 상대방이 제한적 극대화의 추구자일 경우 자기 이익의 직접적 추구를 제한하며 협동한다. 물론 제한적 극대화 추구자는, 상대방의 본색을 몰라 사취를 당하는 경우도 있겠지만, 상대방이 직접적 극대화 추구자인 것을 알아차린 경우에는 협동하지 않는다. 고티에가 합리적 선택이론을 원용하여 입증한 바는 개별적이고 단기적인 경우 직접적 극대화 추구자가 이익을 보게 되는 사례가 있겠지만 종국적으로 볼 때 그는 자신에게 이익이되는 사회적 협동체로부터 제외된다는 것이다. 제한적 극대화 추구자는 그 지속적인 성향으로 말미암아 협동체의 일원으로 받아들여져 자신의 이익을 증진시킬 수 있는 기회를 더 많이 가진다는 것이다.48) 따라서 제한적 극대화가 직접적 극대화보다 합리적이다. 여기서 고티에는 "합리적으로 선택하기 위해서는 도덕적으로 선택해야만 한다"고 천명하고 있다.49) 고티에의 이러한 주장은 일견 호모 에코노미쿠스와 호모 모랄리스(homo moralis)가 한 몸임을 증명하는 것이라고 볼 수도 있으나, 호모 에코노미쿠스가 진정한 자유주의적 개인으로 살아남기 위해서는 호모 모랄리스로 변환되어야 한다는 주장으로 보는 것이 더 타당할 것이다. 물론 그러한 변환 가능성은 호모 에코노미쿠스 자신의 합리성에 의거한 스스로의 자각에서 나오는 것이다. 이러한 철학적 시도가 성공했다고 확신하는 고티에는 자신의 입론이 반복적 게임 상황(interated game situation)이 아닌 단판승부 게임 상황(one-shot or non-repeated game situation)에서도 가능하다는 강한 주장을 펼치고 있다.50) 또한 보다 구체적으로 고티에는 제한적 극대화로서의 준수를 모든 형태의 협동에 대한 광범위한 준수(broad compliance)와 공평하고 최적적인 협동에 대한 협소한 준수(narrow compliance)로 나누고 오직 후자만이 합리적이라고 주장한다.51)

이러한 고티에의 철학적 시도가 성공했는가에 대해서는 많은 논란이 전개되고 있다. 우선 고티에가 자신의 증명이 반복적 게임 상황이 아닌 단판승부 게임 상황에서도 가능하다고 주장하는 것은 지나친 확신이라는 반론이 제기되었다. 우선 고티에가 주장하는 제한적 극대화 추구자의 지속적인 성향은 단판에서 결정되는 것이 아니고 게임이 반복되어야만 어떤 성향이 지속되는지를 판정할 수 있기 때문이다. 그리고 고티에의 이러한 주장은 직접적 극대화 추구자를 확인할 수 있는 인식적 능력을 제한적 극대화 추구자가 가져야 한다는 것을 의미하며,52) 그러한 인식적 능력은 실제적으로 홉스의 정치적 해결의 위장이라고밖에 말할 수 없다. 그리고 그러한 능력의 충분한 발휘는 루소적인 소규모 공동체에서나 가능할 것이다.53) 그러한 공동체는 나다니엘 호손(Nathaniel Hawthorne)의 주홍글씨(scarlet letter)를 직접적 극대화의 추구자가 달고 다니는 곳일 것이다. 그리고 제한적 극대화 추구자도 "하늘이 무너져도 정의는 실현되어야 한다(*fiat justitia, ruat caelum*)"는 사람들이 아니고 다른 사람들도 준수한다면(provided he expects similar compliance from others) 자기도 준수한다는 조건적인 사람이다. 그러한 사람들은 이미 많은 제한적 극대화 추구자가 존재한다는 순환적인 가정을 하지 않으면 안 되며 결코 자기가 최초로 그러한 사람이 되려고 하지 않을 것이다.54) 순환적 가정은 결국 도덕원칙의 철저한 준수론과 동일한 것이 된다. 이러한 순환적 가정은 고티에가 주장하는 협소한 준수의 경우 더욱 필요하게 될 것이다.

기업윤리에 관련해서 고티에의 입론을 해석해보자. 고티에의 제한적 극대화 추구자가 하나의 기업이라고 할 때 그러한 기업은 장기적인 관점에서 시장에서 이윤을 낼 것은 확실하다. 그러나 우리는 극히 소수에 의해 소유, 운영되고 있는 소규모 사업체에서는 장기적인 이해를 갖고 있지 않다는 점을 지적해야 할 것이다. 이러한 사업체는 오로지 단기적인 합리적 이해관계를 바탕으로 단기적인 운영을 생각해야만 하는 업체들이다. 특히 유행에 따라 재빨리 변모하는 사업의 경우 성공적인 회사란 유행을 빨리 타고 빨리 빠지는 회사라고 볼 수 있을 것이다. 단기적인 이윤을 추구하는 이러한 사업체의 경우, 제한적 극대화 추구자적 기업 행위보다는 직접적으로 자신의 단기적인 이익을 극대화하려는 직접적 극대화 추구자적 기업 행위가 더 합리적일 수가 있는 셈이다.55)

5. 결론: 기업윤리의 과제와 그 미래

우리가 그 발생의 관점에서 논구한 것처럼, 기업윤리는 하나의 시대정신으로서 구현된 것으로서, 그것은 기업의 중요한 생존 전략일 뿐만 아니라 경쟁력 우위의 원천으로서 적극적으로 수용되어야 할 것이다. 그러나 기업과 윤리의 관련 방식으로 간주될 수 있는 기업윤리관에는 적어도 네 가지의 유형이 존재함을 탐구했다. 우리는 그러한 네 가지 유형 중, 무도덕적 기업의 신화에 근거한 제1 유형과 기업의 역할은 단지 많은 이윤을 창출하는 것이라는 제2 유형은 수용될 수 없는 입장임을 밝혔다. 그렇다면 남은 것은 윤리적 기업이 수익이 높은 기업이라는 제3 유형과 기본적으로 제3 유형 입론을 인정하지만 윤리와 수익의 관계가 항상 상호 일치하지 않는다는 단서 조항을 강조하는 제4 유형이었다. 우리는 제3 유형은 주로 사회과학에 기반한 기업윤리 진영에서, 제4 유형은 철학적 윤리학에 기반한 기업윤리 진영에서 옹호되고 있다는 대립적인 상황에 주목한 바 있다.

현재 기업윤리에서 가장 중요한 과제는 그러한 대립적인 상황에 관련하여 기업윤리에 대한 두 이론적 근거, 즉 규범적(normative) 윤리학과 기술적(descriptive) 사회과학을 통합하는 일이 될 것이다. 인간의 도덕적 행위에서 기술적 측면을 무시한다면 우리는 비현실적인 기업윤리를 양산하게 될 것이고, 그 규범적 측면을 무시한다면 우리는 아울러 현상 옹호적이고 무비판적인 기업윤리를 양산하게 될 것이다. 이러한 통합이 달성된다면, 기업윤리는 사실과 가치, 존재와 당위의 이분법이 더 이상 타당하지 않은 하나의 단일한 학문적 영역으로서 자리 잡게 될 것이다.56)

이상과 같은 관점에서 기업윤리의 최종적 근거로서 우리는 도덕성과 합리성의 조화 문제에 초점을 맞추었다. 그래서 우리는 호모 에코노미쿠스의 도덕적 본색을 탐구하고, 도덕적 경제인간의 가능성을 추구했던 것이다.

이미 우리가 논구했던 것처럼, 사회계약론자인 고티에는 호모 에코노미쿠스를 규범적 선택의 출발점으로 삼는다. 그는 호모 에코노미쿠스가 각광을 받았을 때 경제학자들이 외친 일갈, 즉 "도덕가들은 만약 [타인에 대한] 피해를 말하는 대신 [각자의] 이익을 말한다면, 그들의 준칙이 준수되도록 하는 데 성공할 수 있을 것이다"라는 말을 명심하고 있는 셈이다.57) 그러나 고티에는 개인적 합리성으로부터 사회적 불합리성으로 이행하는 수인의 딜레마 상황을 해결하기 위해서 제한적 극대화의 지속적 성향을 가지는 진정한 자유주의적 개인에 호소한다. 그는 호모 에코노미쿠스가 사회적 협동의 산물의 분배에서 배제되지 않으려면, 자기 이익의 극대화로서의 합리성이 아니라 제한적 극대화로서의 합리성에 호소해야 한다고 주장한다. 그러나 그 호소는 바로 자기 이익의 극대화로서의 합리성에 기반한다는 역설적이고 순환적인 주장을 피력한다. 이러한 역설적 가능성은 "합리적으로 선택하기 위해서 우리는 도덕적으로 선택해야 한다"는 것을 입증하는 것이다.58) 여기에서 우리는 어떠한 해석학적 순환을 발견하게 된다. 그것이 악순환이 될 것인지 아니면 호순환이 될 것인지는 여기서 장담할 수 없다. 호모 에코노미쿠스가 스스로 자기 이익의 극대화로서의 합리성에 의거해서 제한적 극대화를 합리성의 기준으로 내면화하고, 그것을 지속적인 성향으로 가진 도덕적 인간(*homo moralis, homo ethicus*)으로 환골탈태할 수 있을 때, 인류는 자신의 종족과 문명을 멸망시키지 않고 존속할 수 있을 뿐만 아니라 더 나아가서 지속가능한 성장을 통해서 다른 생명체들과 함께 영구히 번영할 수 있을 것이라는 희망을 가질 수 있을 것이다.59) 그래서 인류 역사의 종언은 아직 시기상조이다.

『역사의 종언과 최후의 인간』에서 프랜시스 후쿠야마(Francis Fukuyama)가 지적한 대로 우리는 호모 에코노미쿠스적인 합리적 욕망의 추구가 인류사회를 이끌어온 중요한 원동력의 하나임을 부인하지는 못할 것이다.60) 그리고 경제적 합리성이 후기 산업사회에서도 여전히 안정과 번영을 위한 필요조건이기는 하지만 그것은 충분조건은 아닐 것이다. 그 밖에도 합리적 계산이 아니라 관습에 바탕을 둔 호혜성, 도덕률, 공동체에 대한 의무, 신뢰 등이 가미되어야 할 것이다. 후자는 현대사회에서 시대착오가 아니며, 도리어 성공을 위한 필수조건이 될 것이다.61) 시장 자체도 신용과 시민적 덕목이 없으면 작동할 수 없는 것이다.62) 앞으로 전개될 정보통신사회에서는 정보의 불균형에서 오는 시장의 불균형은 점점 더 심화될 것이다. 생산자와 소비자 모두 정보의 비교우위를 악용함으로써 각각 불량품 문제(lemon problem)와 역조 선택(adverse selection) 등 도덕적 해이 혹은 유해(moral hazard) 현상을 만연시킬 가능성이 더욱 높아졌다.63) 그리고 세계 경제는 기술의 혁신, 금융자본의 이동, 남북문제의 심각성, 승자독식 시장(winer-takes-all market)의 현상이 더욱 강해지고 있다. 특히 무한경쟁이라는 세계 경제 전쟁과 정보통신사회를 기반으로 지역적인 무역장벽을 자유로이 넘나드는 국제 금융자본의 자유로운 유통을 대변하는 신자유주의(neo-liberalism)가 저주인지 축복인지 우리는 아직도 모른다.

철학은 기업윤리에 대한 원죄가 있다. 철학자가 제대로 된 호모 에코노미쿠스가 될 수 있다는 사례가, 탈레스가 올리브유 압착기를 매점매석해서 돈을 번 경우뿐이라는 사실은 참으로 슬픈 일이다. "만물은 물이다"라고 강변했던 탈레스는 호모 에코노미쿠스를 영원히 물 먹인 셈이다. 물론 다음해에 올리브 풍년이 들 것을 알 정도로 천지운행을 꿰뚫고 있었던 탈레스의 예측력은 완전한 정보와 판단을 가정하는 호모 에코노미쿠스라도 감히 넘볼 수 없는 것이었기는 하지만. 경제학에서 신고전학파는 독과점을 방지함으로써 시장이 공정하게 거래될 것을 항상 꿈꾸어왔지만, 그 꿈, "완전경쟁시장의 일반균형이론"은 2,500여 년 전에 이미 탈레스에 의해서 박살난 셈이다. 만약 철학적 윤리학을 통해서 도덕성과 합리성이 조화롭게 일치하며 호모 에코노미쿠스가 도덕적 인간과 한 몸이라는 것이 입증된다면, 철학적 윤리학은 기업윤리에 대한 최종근거를 마련한 셈이 될 것이다. 호모 에코노미쿠스가 과연 도덕적 경제인간으로 거듭날 수 있을 것인가 하는 문제는 세계사적인 문제라고 해도 과언이 아닐 것이다.64)

동양적 전통에서 볼 때, 비록 맹자가 시장을 피하는 맹모삼천지교의 교육철학으로 성장했다고는 하지만, 일반 서민의 경우 "항산이 없으면 항심도 없다(無恒産因無恒心)"고 강조했다. 공자는 의(義)를 추구하는 군자와 이(利)를 추구하는 소인을 확연히 구분하고, 거친 밥 먹고 물 마시고 팔 베고 눕는 곡굉이침지(曲肱而枕之)의 안빈낙도(安貧樂道)를 말하면서 의롭지 못하게 부하고 귀한 것을 뜬구름(浮雲)처럼 보라고 권고했다. 그러나 그는 『논어』에서 부이호례(富而好禮)도 안빈낙도에 못지않은 높은 경지라고 말했다. 기업윤리는 결국 부이호례의 발현이 아닌가? 참으로 예를 아는 호모 에코노미쿠스가 아쉽고 그리운 시대이다. 기업윤리의 최종적 발현은 결국 부이호례하는 경영자들과 기업들에 의해서 이룩될 수 있을 것이다.65)

제 2 장

공직윤리: 현대적 의미의 청렴성 개념과
그 윤리적 기반의 구축

1. 부패 문제의 대두와 그 국제적 배경

부패 문제는 현재 인류사회가 당면한 가장 중대하고도 시급한 문제가 아니라는 지적도 있다. 인류사회는 전 지구적으로 볼 때 환경파괴, 전쟁과 인종청소의 참화, 인종적·종교적 갈등, 식량 부족과 기근 등에 시달리고 있으며, 국내적으로 경제적 불평등의 심화, 폭력, 마약, 인종적·지역적 갈등, 여성차별, 교육의 황폐화 등에 시달리고 있다. 부패는 이러한 문제보다 시급한 것은 아니라는 것이다.1) 그러나 이제 부패 문제도 그러한 전 지구적 문제들과 정도의 차이는 있지만 직간접적으로 연관되어 있다는 각성이 고조됨으로써 더 이상 국가 내부적으로 해결해야 할 과제에 머물지 않고 국제적으로 중요한 관심사가 된 것이 오늘날의 엄연한 현실이 되었다.

부패는 동서고금을 막론하고 정도의 차이는 있지만 어느 사회에서나 존재해온 대표적인 사회적 병리현상 가운데 하나이다. 따라서 오늘날

부패는 문화·경제적 후진국이나 개발도상국에서만 찾아볼 수 있는 것은 아니다. 즉 부패는 "국민성의 징후(stigma of nationality)"라기보다는 "인간의 재앙(affliction of human)", 즉 "인간성의 취약성(human susceptibility)"에서 유래한다.2) 그러나 물론 부패는 윤리·도덕적 측면에서 인간 개개인의 부도덕한 탐욕 때문에만 발생하는 것이 아니다. 부패는 인간사회의 구조적 측면, 제도적 측면, 사회문화적 측면에 깊숙이 연관되어 있다는 데 문제의 심각성이 가중된다.3) 설상가상으로 부패는 속성상 그 달콤한 유혹에서 벗어나기 어렵다는 마약과도 같은 습관성, 그리고 부패한 악화가 양화를 구축하는 암세포적 확산성, 자기정체성을 교묘히 세탁하여 감추는 은밀성과 익명성, 그리고 위선성으로 말미암아 노출되지 않고 은폐되어 있는 부분이 훨씬 큰 빙산의 일각성, 그리고 뇌물을 준 사람은 더 많은 뇌물을 받으려고 하는 보충성으로 점철되어 있다.4) 인간사회의 유구한 안건인 부패 문제가 오늘날 새롭고도 중차대한 관심의 대상으로 국제사회의 핵심 이슈로 등장한 것은 "반부패 라운드" 등에 따른 국제적인 윤리 환경의 급속한 변화, 부패에 대한 경제학적 논의의 부상, 부패의 용인에 대한 문화적 설명과 납득의 거부, 국가와 정부의 신뢰성 하락, 부패 방지책이 통제와 적발과 처벌 위주에서 적절한 제도적 관리와 교육, 그리고 윤리적 지도로 이행된 것 등의 다섯 가지 시대적 상황에서 기인한다.5)

2. 부패와 그 유관 개념들에 대한 분석

부패의 개념적 정의에 대하여 살펴볼 때, 부패는 가장 광의의 개념으로 해석되어야 할 것이다. 즉 "부패는 자신의 영향력을 부당하게 행사하여 부당한 몫의 사회적 가치를 실현하는 것이라고 넓게 정의해야 한다."6) 경제협력개발기구(OECD)의 윤리적 기반 구축 방안에서도 부패는 법의 규정을 명백히 위반하는 것으로서 형사적 범죄와 경범죄

(misdemeanors)를 포괄하는 불법적 행위(illegal acts), 윤리적 지침과 원칙, 혹은 가치를 위반하는 비윤리적 행위(unethical acts), 그리고 일상적 관습과 건전한 사회적 관행을 어기는 부적절한 행위(inappropriate acts)가 모두 포함되어 있다.7)

　이러한 관점에서 부패와 그 유관 개념들은 다음과 같이 분석될 수 있다. (1) 부패의 최광의 개념은 주어진 권한이나 권위를 오용하는 일체의 행위로서 부조리, 비리, 비위 등의 유사 개념이 사용되고 있다. (2) 부패의 광의 개념은 공직자에 의해 행해지는 일체의 불법·부당 행위로서 공직부조리, 공직비리, 공직부패, 관료부패 등의 유사 개념이 사용되고 있다. (3) 부패의 협의 개념은 공직자의 직무의무 위반 행위로서 오직, 독직, 직무상의 부당행위 및 의무불이행 등의 유사 개념이 사용되고 있다. (4) 부패의 최협의 개념은 공직자의 직무상의 범죄행위로서 공직범죄(금품수수, 공금횡령, 유용, 공문서 위조·변조, 비밀누설, 직권남용) 등의 유사 개념이 사용되고 있다.

　우리나라의 경우는 (1) 부패가 사회 전체의 불합리한 구조적 틀 속에서 발생하여 계속 만연되고 있으며, (2) 권력비리가 난무하는 가운데 국민들은 도덕적 불감증, 정부불신, 냉소주의, 자포자기 의식이 확산되어 개혁이 저해되고 있으며, (3) 부패문화가 하나의 세력권으로 형성되어 뇌물문화로 굳어진 점 등이 지적될 수 있다. 다시 말하면, 우리나라의 부패는 생계형 비리와는 차원을 달리하는 총체적 부패, 구조화·일상화·관행화된 부패, 조직화·대형화된 부패로 규정할 수 있을 것이다. 우리 한국사회에서처럼 부패의 원인과 현상이 구조적이고 제도화된 것이라면, 부패의 방지책도 아울러 구조적이고 제도화된 종합적인 대책이 되어야 할 것은 자명할 것이다. 따라서 부패는 "부패와의 전쟁" 등 적발과 처벌 위주의 대증요법이나 공직자 개인의 양심에 호소해서는 해결하기가 곤란할 것이다. 부패의 원인과 처방에서 개인의 도덕적 특성에 의거하는 것은 부패 행위가 특정한 유형의 인간에게만 나타나는 고유한 행위가 아니라는 점과 개인의 도덕적 특성 강조는 제도나 법률이 대체로 완전하다는 것을 전제로 할 수 있다는 약점이 있는 것도 사실이다. 따라서 가장 효율적인 부패 방지책은 결국 국가사회 전체의 청렴성(national integrity system)을 제고하기 위해서 윤리적 기반(Ethical Infrastructure)을 어떻게 구축할 것인가의 문제가 될 것이다.

국제기구를 통한 반부패와 청렴성 제고 방안의 전 지구적 전개에 대해서 서구의 도덕적 제국주의의 확장이라는 시각이 없는 것도 아니지만, 우리 한국의 국내적인 경제적, 사회적, 문화적 상황과 전통 도덕적 관점에서 보더라도 부패척결과 청렴성을 제고해야 할 충분한 도덕적, 경제적 이유와 문화적 전통과 가치가 존재하고 있다는 확신이 설 수 있을 것이다. 그런 의미에서 우리는 전통적인 청백리 정신이 깃들어 있는 청렴성을 논하고 그 현대적 의의를 강구할 필요가 있다.

3. 청렴성의 전통적 의미와 그 비판적 분석

청렴의 사전적 의미는 "마음이 고결하고 재물 욕심이 없음"을 뜻한다. 이러한 청렴성의 전통적 연원은 한국의 전통 윤리의 하나인 청백리(淸白吏) 사상에 기인한다. 청백이라는 것은 청렴결백(淸廉潔白)의 약칭으로서 우리나라를 비롯한 동양에서 가장 이상적인 관료의 미덕을 지칭하는 것이었다. 보다 구체적으로 우리나라에서 전통적으로 8덕목(淸白, 勤儉, 厚德, 敬孝, 仁義, 善政, 忠誠, 遵法)을 실천하는 바람직하며 깨끗한 공직자상을 지칭하는 말이었다. 청백리 정신에서 그 요체인 청렴 정신은 탐욕의 억제, 재물이나 권세를 얻으려고 이름이나 명예를 파는 매명(売名) 행위의 금지, 성품의 온화성 등의 뜻을 내포하고 있다. 또한 청백리 정신은 품행의 순결성, 정의를 위한 순직, 정도와 청백한 방법이 아니면 모든 공직에 나가지 않는 것, 신분에 부적합한 직업을 회피하는 것, 공과 사에서 사리가 분명하고 청초하여 과오가 없을 것, 지역 풍속에 밝고 애민하는 신하 등의 개념도 들어 있다.[8] 또한 청백리 정신은 단순히 청렴한 품성만을 의미하는 것이 아니라 더 나아가서 성심성의로 봉사하는 근면성과 이를 통해 실제 행정에도 효과를 올리는 능력까지도 포함한다.[9]

그렇다면 청렴성은 전통적으로 바람직한 공직자상을 나타내는 복합적인 도덕적 개념이라고 생각할 수 있을 것이다. 이러한 청백리 사상은 유교 사상에 그 철학적 근원을 두고 있다. 즉 자신을 다스린 연후에 정치에 나가는 수기치인(修己治人), 덕치주의, 정직과 염치의 정신, 근검 사상, 선비 정신 등이 전통적인 청렴성에 관련된다. 또한 청백리 사상에는 인격적 완성을 위해 끊임없이 학문과 덕성을 키우며 세속적 이익보다 대의와 의리를 위해 목숨까지도 버리는 선비 정신과 관련하여 청빈 사상이 연계되어 있다고 할 수 있다.[10]

그렇다면 이러한 전통적인 청백리 사상에 기초한 청렴성은 현대적으로 과연 적용 가능할 것인가? 청백리 사상이 도출된 전통사회와 현대사회는 그 상황 변화가 극심하기 때문에 무조건적인 액면 그대로의 수용은 힘들 것이라는 지적은 수긍할 수 있을 것이다. 그 상황 변화는 다음과 같이 정리될 수 있을 것이다.[11] (1) 정치·사회문화의 전환을 보면, 조선시대는 유교문화와 사상이 지배했던 반면, 현대사회는 자유민주주의적 문화와 사상이 지배하고 있다. (2) 통치구조의 전환을 보면, 조선시대는 왕조 지배체제와 양반계급의 독점체제였던 반면에, 현대사회는 민주적 다원체제와 개방적 상호 의존체제이다. (3) 행정이념의 전환을 보면, 조선시대는 유교 중심의 규범적 행정이념이었던 반면, 현대사회는 민주성, 효율성, 합법성, 합리성의 행정이념이다. (4) 행정 행태의 전환을 보면, 조선시대는 국왕에 대한 충성, 수기치인, 애민정신이 중심인 데 반해, 현대사회는 공익을 위한 충성, 대민봉사, 사회복지의 촉진, 미래지향적 창의력이 중심이 된다.

그렇다면 우리는 전통적인 청백리 사상에 기초한 청렴 개념을 어떻게 현대에서도 적용 가능한 것으로 정립할 수 있을 것인가? 물론 이러한 통시적인(diachronic) 시대적 상황 변화에도 불구하고, 공시적인(synchronic) 관점에서 청렴성은 여전히 유의미한 것으로 볼 수도 있을 것이다. 즉 "청백리 정신의 핵심 덕목인 청렴과 결백의 도덕성이야말로 현대사회에서 가장 절실한 윤리적 덕목이다. 개인윤리의 핵심은 이기심의 극복과 무사공평이다. 도덕적 삶은 다른 사람의 삶에 적극적인 관심을 갖는 타인에 대한 배려이며, 자신의 욕구와 감정을 절제할 수 있는 도덕적 성품과 의지력에 다름이 아니다."12) 또한 "청백리 정신의 요체인 청렴과 결백의 도덕성은 정의와 정도에 따른 공직의 수행, 공정하고 사리가 분명한 업무처리를 요구하고 있는 것이다."13)

현대적 의미의 청렴성 개념은 동양철학적 관점에서는 다음과 같이 정리할 수 있을 것이다. 동양적 전통에서 볼 때, 비록 맹자가 시장을 피하는 맹모삼천지교의 교육철학으로 성장했다고는 하지만, 일반 서민의 경우 "항산이 없으면 항심도 없다(無恒産因無恒心)"고 강조했다. 공자는 의(義)를 추구하는 군자와 이(利)를 추구하는 소인을 확연히 구분하고, 거친 밥 먹고 물 마시고 팔 베고 눕는 곡굉이침지(曲肱而枕之)의 안빈낙도(安貧樂道)를 말하면서 의롭지 못하게 부하고 귀한 것을 뜬구름(浮雲)처럼 보라고 권고했다. 그러나 그는 『논어』에서 부이호례(富而好禮)도 안빈낙도에 못지않은 높은 경지라고 말했다. 현대적 청렴성은 안빈낙도보다는 결국 부이호례의 발현이 되어야 하는 것은 아닐까 생각해본다.14) 부이호례는 결국 청빈론이 아니라 청부론으로 연결될 수 있을 것이다.15)

전통적인 청렴 사상은 중국 주(周)나라의 전설적인 형제 성인(聖人)인 백이숙제(伯夷叔齊)의 일화에서 단적으로 드러난다. 두 사람은 중국 은나라 말엽 주나라 초엽에 살았던 이름난 선비였다. 본래는 은(殷)나라 고죽국(孤竹国: 河北省 昌黎県 부근)의 왕자들이었는데, 아버지가 죽은 뒤 서로 후계자가 되기를 사양하다가 끝내 두 사람 모두 나라를

떠났다. 그 무렵 주나라 무왕(武王)이 은나라의 주왕(紂王)을 토멸하여 주왕조를 세우자, 두 사람은 무왕의 행위가 인의(仁義)에 위배되는 것이라 하여 주나라의 곡식을 먹기를 거부하고, 수양산(首陽山)에 몸을 숨기고 고사리를 캐어 먹고 지내다가 굶어 죽었다. 사마천의 『사기』「백이열전」에서 백이숙제는 청렴성의 전형으로 언급되고 있으며, 유가(儒家)에서도 이들을 청절지사(淸節之士)로 크게 높여 숭상했던 바 있다. 특히 맹자는 백이를 성인 중에서도 그중 청렴했던 사람, 즉 "백이(伯夷)는 성지청자야(聖之淸者也)"라고 간주하고 다음과 같이 높이 평가하고 있다.16)

"백이(伯夷)는 부정한 것이면 눈으로 보지 않았고, 부정한 소리면 귀로 듣지 않았다. 자기에게 맞는 임금이 아니면 섬기지 않았고 자기에게 맞는 백성이 아니면 다스리지 않았다. 다스려지면 나갔고, 혼란해지면 물러났다. 사나운 정치를 하는 데와 사나운 백성들이 머물러 있는 데에는 살지 못하였다. 그래서 예(禮)를 지킬 줄 모르는 향인(鄕人)과 함께 섞여서 사는 것을 마치 조복(朝服)과 조관(朝冠)의 차림으로 시커먼 진흙에 앉는 것과 같이 생각하였다. 주(紂) 때를 당하여서는 북해의 변두리로 피해가 살면서 천하가 맑아지기를 기다렸던 것이다. 그래서 백이의 기풍을 들은 사람들은 아무리 우둔, 탐욕하는 자라도 청렴해지고, 겁 많은 자도 지조를 지킨다."

도덕철학과 사회심리학의 관점에서 본다면, 백이숙제의 일화에 근거한 전통적인 청렴 사상은 다음과 같은 봉건사회의 특징을 가진 것으로 폄하될 수 있을 것이다. (1) 경제적으로 정태적인 전통사회에서 볼 때, 특히 가난한 농민사회에서 토지 등 한 사람의 부의 취득이 다른 사람의 부의 박탈을 의미하는 영합적 게임(zero-sum game) 사회였기 때문에 청렴성은 도덕적으로 타락한 사회에서 청빈을 기초로 하는 퇴행적인 자기 방어적, 자기 위안적 심리 기제로 작동할 수도 있었을 것이다. (2) 따라서 청렴 개념은 역설적으로 부도덕한 방식으로 축적된 정치적 권력과 경제적 부에 대한 가장된 시기심(disguised envy) 혹은 도덕적 분노(moral resentment)를 표명하는 윤리적 기제였을 가능성도 있다. (3) 청렴 사상은 부패 집단은 악으로, 청렴 집단은 선으로 구획하는 절대적인 도덕 흑백론적 입장에 서 있는 것으로 볼 수도 있을 것이다. (4) 따라서 청렴 사상은 정도(正道)와 청백한 방법이 아니면 모든 공직에 나가지 않는다는 조건도 있는 것으로 보아 청렴한 선비로서 남을지언정 타락할 가능성이 농후한 공직에 아예 나가지 않는다는 독야청청(獨夜靑靑)격의 높은 절개로서의 고지식하고 자기 고립적인 현실도피적 태도를 견지하게 만들 수도 있었을 것이다.[17]

이러한 해석은 청렴 사상에 대한 가능한 한 최악의 해석이라고 생각될 수도 있을 것이다. 그러나 과감히 이러한 최악의 상상력을 발휘해보는 것은 청렴 사상이 시대착오적인(anachronic) 것이 아니고 현대적으로 적용되기 위해서는 어떠한 변환과 극복이 필요한지를 대조적으로 파악할 수 있는 반면교사가 될 수도 있을 것이기 때문이다. 현대사회는 경제발전이 가능한 사회이고, 한 사람의 부의 취득이 다른 사람의 부의 취득을 저하시키는 것이 아닌 플러스적인 비영합적 게임(non-zero-sum game) 사회로 생각할 수 있으므로 우선 경제적 부에 대한 평가를 청빈에서 청부로 변경시킬 필요가 있을 것이다. 즉 우리는 "사회적 부는 상호 이익이 되는 협동의 결과로 생각하는 것이 옳을 것이다."[18]

4. 현대 자본주의 사회와 현대 법치국가에서의 청렴성

그러면 현대 자본주의 사회에서 청렴성은 어떠한 의미를 갖는지 살펴보기로 하자. 자본주의는 개인의 경제적 효용에만 전적으로 의존하는 것은 아니다. 자본주의도 나름대로의 도덕적 기초를 갖는다: "애덤 스미스가 자본주의에서의 도덕정서를 논한 것이나, 베버가 자본주의 정신으로서 청교도적 정신훈련을 강조한 것은 자본주의의 … 천민성을 극복하기 위한 것이다. 자본주의가 그 도덕적, 정신적 기반을 상실하고 오로지 경제적, 물질적 욕구에 조종될 때, 그것은 본래적 의미에서의 자본주의가 아닌 '천민자본주의'로 나타나게 된다."19)

그러면 현대 법치국가에서 청렴성은 어떠한 의미를 갖는지 살펴보기로 하자. 오늘날 공적 지위에서 요구되는 청렴 내지는 청렴 의무는 단순히 공직자 개인이 갖추어야 할 윤리적 덕목 내지 윤리적 소양 정도로 이해되어서는 아니 되며, 윤리적 의무보다 고양된 법적 구속력을 갖는 의무로서 이해되어야 할 것이다. 물론 이것은 윤리를 폄하하자는 것이 아니라, 비록 법과 윤리가 상충하는 경우도 있지만, 법은 윤리의 최소한이고 핵심이라는 관점에서 이해되어야 한다. 정치적 조직체로서 국가기관은 공직 기능과 서비스 수행을 본래적 업무로 하므로 불편부당성이 중요하며, 공직자 역시 공무담임권이라는 헌법적 권리를 통해서 "국민에 대한 봉사자"로서의 공적 의무를 수행하는 것이므로, 공직자들에게 요구되는 청렴은 국민에 대한 봉사로서 공적 기능에 적극적으로 구속될 의무로 이해되어야 할 것이다. 따라서 "청렴이 강한 윤리적 속성을 전제로 한 것은 사실이지만, 청렴이 법적인 영역에서 문제될 때, 그 의미는 국가의 기능을 저해하지 않고 나아가 이를 위해 적극적으로 노력해야 할 법적인 의무로서 이해되어야 할 것이다."20) 국가 청렴성을 이러한 시각에서 바라볼 때, 청렴성의 확보의 진정한 주체 내지는 수혜자는 바로 국민이라고 할 수 있다. 그래서 국가의 청렴성 확보는 법치국가의 온전한 실현을 위한 토대이다. 공직사회의 부패는 법치국가의 실현을 가로막는 요인이다. 공직사회의 부패는 결국 법에 의한 지배가 아니라 자의적인 인적 지배를 초래한다. 법치국가의 제반 법 규정의 일반성과 추상성과 보편성은 국민과 공직자에게 형평 내지는 평등을 담보하고 안정된 법적 생활을 제공하는 기능을 수행하는데, 이러한 법을 집행하고 판단하는 업무를 수행하는 공적 지위가 사적 이익을 추구하는 통로로 이용될 때 그러한 법적 기능은 상실되고 말 것이기 때문이다.21)

이러한 관점에서 공직자의 청렴 의무를 윤리학적 관점에서 해석하면, 그것은 공정성(fairness)과 성실성 혹은 충실성(fidelity, *bona fide*)과 함께 사회적 직책에 따른 사회적 책무(social obligations)에 해당한다. 그것은 결코 선택해도 그만이고 선택 안 해도 그만인 무차별적 행위(indifference acts)나, 의무로서 부과되지는 않지만, 하면 칭송을 받을 수 있는 것으로서 의무 이상의 행위인 여공적 행위(supererogatory acts)가 아니다. 무차별적 행위나 여공적 행위는 도덕적 허용 사항(moral permission)의 영역에 속할 뿐인 것이다.22) 어떤 의미에서 청렴 의무는 공직자를 포함한 국민 모두에게 부패가 결국 국가경제를 손상시키고, 궁극적으로 국민복지에 해악을 끼치고, 또한 사법 분야에서의 부패는 법치국가의 기반을 손상시켜 유전무죄 무전유죄의 냉소주의적이고 도덕 불신적인 한탄을 자아내므로, 상해 금지(not to injure or harm)와 무죄자 처벌 금지(not to harm the innocent)를 규정한 인간의 소극적인 자연적 의무(negative natural duties)이기도 하다. 더 나아가서 청렴 의무는 정의의 유지, 상호 협조, 상호 존중과 인간사회의 도덕적 신뢰를 유지할 수 있는 중대한 덕목이므로 동시에 인간의 적극적인 자연적 의무 사항(positive natural duties)이기도 한 것이다.23) 이러한 관점에서 보면, 청렴 의무는 인간의 도덕적 요구(moral requirements) 전반에 관련된 복합적인 도덕적 덕목으로서, 인간의 도덕적 의무, 즉 인간의 자연적 의무와 사회적 책무의 대강을 차지한다고 해석될 수 있을 것이다.

5. 도덕적 덕목으로서의 청렴성에 대한 현대적 고찰

영어의 integrity가 청렴성의 의미를 갖는 것은 그것이 moral integrity로서의 도덕적 통합성 혹은 완전무결성을 의미할 때이다. 즉 청렴성은 건전한 도덕적 목적을 지향하는 하나의 종합적인 혹은 복합적인 덕목으로서, 인간 행위에 대한 지속적인 성향으로 표출되어 자아의 도덕적 통합성을 견지하고 완전무결성을 지향하도록 한다. 따라서 청렴성은 인간의 도덕적 정체성(moral identity)을 구성하는 본질적인 요소라고 할 수 있을 것이다.[24] 이러한 관점에서 볼 때, 청렴성을 완전무결하게 갖춘 사람은 거의 없으며, 대부분의 인간에게서 청렴성은 하나의 지향적 목표로서 형성 과정에 있는 것이라고 볼 수 있다.[25] 따라서 청렴성은 인간의 도덕적 발전과 밀접한 관련을 갖는 것으로 나타난다.[26]

어떤 의미에서 청렴성이 복합성 혹은 복잡성을 갖는 다발 개념이라는 것은 청렴성을 하나의 개방적 개념(open concept)으로 생각하게 만든다. 그러나 이러한 개방적 개념의 약점은 그 영역적 외연과 속성적 내포가 명확하지 않다는 것이다. 따라서 도덕적 통합성으로서의 청렴성 개념에 대해서 철학적으로 일치된 정의를 찾기는 어려울 것이다. 다만 청렴성은 사회적 규범에 준수하려는 경향, 일탈적 행위를 피하려는 경향과 정의와 진실과 공정성을 수용하려는 태도 등을 포괄하는 도덕적 성향으로 정의되는 것이 일반적인 경향이다.[27]

흔히 경영학에서 행해지는 직업적성검사에서는 소위 빅 파이브(Big Fives), 즉 인간의 주요한 다섯 가지 성격적 특성이 직업적 숙련성, 교육적 숙련성, 개인적 데이터 등에 관한 평가 기준으로 조사된다. 그중 특히 직업적 적성과 수행 능력(job performance)과 청렴성(integrity test)이 주요 판정 기준이 된다. 그러한 다섯 가지 특성은 외향성(extraversion), 감정적 안정성(emotional stability), 호감성(agreeableness), 양심(conscientiousness), 경험적 개방성(openness to experience)

이다. 그 결과 양심은 모든 직업군에서 모든 직업적 적성과 수행 능력에 관련하여 가장 일관성 있는 관련성을 가진 것으로 나타났다.[28] 따라서 흔히 직업적성검사에서 청렴성이라고 하면 양심과 동일한 것으로 간주하는 것이 일반적인 경향이었다. 그러나 근래에는 청렴성이 복합적 덕목이라는 점을 감안하여 그것이 단순히 양심(honesty, conscientiousness)으로 환원될 수 없는 독특한 것이라는 논변이 제기되고 있다.[29] 이러한 논변의 핵심은 우선 양심은 하나의 내면적 소리로서 순전히 개인적인 도덕적 속성에 의거하므로 도덕적으로 중립적이거나 상대적인 것으로 나타날 수도 있다는 것이다. 또한 양심은 하나의 사태에 대해서 거짓을 꾸며내서는 안 된다는 인식인 데 반해서, 청렴성은 양심을 저버려서는 안 된다는 인식과 아울러 자신이 따르고 있는 진정한 원칙과 가치에 반해서는 안 된다는 추가적 인식도 포함하고 있다는 것이다.[30] 따라서 청렴성은 사실과 가치의 일치, 언행일치, 혹은 도덕적 신념과 행위의 일치라는 도덕적 통합성을 나타내고 있다는 것이다. 또한 청렴성은 어떠한 가치에 따라서 일관되게 행동하라는 것만을 말하는 것이 아니라 도덕적으로 정당화될 수 있는 객관적, 보편적 가치체계나 도덕원칙에 부응해서 행동하라는 것을 말하고 있다는 것이다.[31]

이제 청렴성은 복합적인 도덕적 덕목으로서 그 조작적 정의(operational definition)와 그 지표 측정이 가능한 "청렴 능력 구성(the integrity capacity construct)"으로 등장하게 된다.[32] 이러한 청렴 능력 구성으로서의 청렴성은 개인적 혹은 집단적 수준에서 나타난 "도덕적 자기 통할(moral self-governance)의 성정(性情)"이라고 정의될 수 있다. 이러한 청렴 능력 구성은 그간에 철학과 심리학에서 전개되었던 기존의 논의를 종합적으로 반영함과 아울러 우리 일상언어에서 (특히 영어에서) 나타난 다의성을 포괄하여 다음과 같은 네 가지 도덕적 요소로서 나타나게 된다.[33]

(1) 도덕적 양심(moral conscientiousness)과 분별(discernment): 선악정사(善惡正邪)를 분별할 수 있는 지속적인 반성적 고려와 관심과 아울러 양심적으로 고찰된 신념에 대한 신뢰할 만한 충심 혹은 충실성.

(2) 도덕적 결단(moral resolution)과 공공적 책임성(public account-ability): 개인과 집단이 자신들의 책임을 느끼는 분야와 사안, 그리고 자신들의 행위에 대한 정당화로서 공개적으로 공공적으로도 수용할 수 있는 가능한 합리적 태도에 대한 지속적인 종합적 고려와 아울러 도덕적 딜레마와 난관 봉착을 해결할 수 있는 균형적인 도덕적 판단.

(3) 도덕적 공약 혹은 헌신(moral commitment)과 성격(character): 개인과 집단이 불리한 상황과 유혹에 직면할 때 확고하고 견실하게 자신들이 중시하는 원칙을 준수하고 고수하여 기꺼이 윤리적으로 행동하려고 하는 변함없는 신념과 태도와 성향.

(4) 도덕적 일관성 혹은 통합성(moral coherence)과 진정성(authen-ticity): 판단, 신념, 표현, 공약, 특히 언행 사이의 제반적 일치, 그리고 이성적으로 숙고된 원칙들 사이의 조화(harmony)와 아울러 일상적 행동에서 그러한 원칙에 따른 확신이 견지되어서 성실성(sincerity)을 통해서 표출된다는 인식.

영어의 전통적인 일상용어법에 따르면, 청렴성은 흔히 개인적 원칙들에 대한 단순하고도 엄격한 충실성(fidelity)으로 국한되는 경우가 많다. 그러나 그러한 전통적 일상용어법의 심층적 저류를 분석하면, 우리는 청렴성이 다양한 수준의 인간 공동체에서 발생하는 도덕적 복잡성(moral complexity)을 보다 효과적으로 인식하여 분석 처리하기 위해서 필수적으로 요청되는 다양한 도덕적 고려(moral regard)와 포괄적 반응

(inclusive responsive)을 포함하는 복합적인 도덕적 능력이라는 사실을 알 수 있게 된다.34) 복합적인 도덕적 능력으로서 "청렴 능력(integrity capacity)"은 다음과 같은 네 가지 구성요소를 가지고 있다. 이러한 구성요소를 통해 "청렴 능력 구성(integrity capacity construct)"이 판정될 수 있다. 청렴 능력은 과정(process), 판단(judgement), 발전(development), 체계(system)를 통해서 종합적으로 구성된다.35)

(1) 과정 청렴 능력(process integrity capacity): 도덕적 인식, 숙고, 성격, 그리고 행위에 대한 "반복적인 과정적 조율 혹은 정합(repeated process alignment)"으로서의 지속적인 성향 표출.

(2) 판단 청렴 능력(judgment integrity capacity): 집단적 의사결정에서 도덕적, 사법적 복잡성에 대처할 수 있는 종합적이고 균형 잡힌 이론적, 실천적 판단 능력.

(3) 발전 청렴 능력(development integrity capacity): 개인적 혹은 집단적인 도덕적 추론 능력으로서 자기 이익 중심의 인습 전 단계(pre-conventional level)에서의 집단적 묵과(collective connivance)를 거쳐, 인습 단계(conventional level)인 집단적 준수(collective compliance)를 거쳐, 인습 후 단계(postconventional level)인 집단적 청렴성(collective integrity)으로의 발전.36)

(4) 체계 청렴 능력(system integrity capacity): 조직과 조직 구성원의 청렴성 제고를 위한 교육과 적성 능력 향상 등이 가능하도록 특별한 지원 구조(supportive framework)를 확립함과 아울러 조직과 조직 사이, 그리고 조직의 하부구조 내에서 전반적인 도덕적 개선이 지속적으로 이루어질 수 있도록 하는 일련의 통합적인 조직 정책과 전략의 적용에

관한 실행.

   이상의 논의를 종합해본다면, 청렴 능력은 개인적, 집단적인 도덕적 진보(moral progress)의 본질적 요소로서 그 자체로서도 가치 있는 것이다. 더 나아가서 그것은 개인이나 기업이나 공직자나 정부 조직의 신뢰성과 명망성과 투명성을 보장하는 "무형적 자산(intangible asset)" 혹은 "조직적 혹은 사회적 자본(organizational or social capital)"으로서 성공과 번영을 위한 "지속적인 경쟁우위(a sustainable competitive advantage)"를 확보해줄 수 있는 수단적, 도구적 가치로서도 중요한 것이라고 평가될 수 있을 것이다.37) 현대사회에서 청렴성은 결국 인간 공동체에서 개인과 다양한 조직의 "경제적 성공과 도덕적 진보"가 동시에 이룩될 수 있다는 가능성에 대한 심원한 인식과 투철한 신념을 일관되게 반영하는 것이다.38) 청렴성은 전통적 사회에서만이 아니라 현대사회에서도 "청렴 능력 구성"에서 예시된 그 현대적 의미가 잘 궁구되고 실현된다면 인간의 실현 가능한 도덕적 능력으로서 큰 의의를 갖는다고 평가될 수 있을 것이다.

   이러한 관점에서 다산 정약용이야말로 현대적 의미를 갖는 청렴성 개념을 이미 소유했다고 평가할 수 있을 것이다.39)

   "다산은 청렴이야말로 수령의 본분이며, 선의 원천이고, 모든 덕의 근본이라고 보았다. 청렴하지 않고는 능히 수령 노릇을 할 수가 없다는 것이다. 그는 청렴은 관료들의 당연한 의무이며, 그것이 천성적으로 체질화되어 자연스럽게 표출되어야 할 것으로 보았다. 그러나 그는 이 문제를 공리적으로 설명하기도 했다. 그는 청렴이 대단히 유익한 자산이라고 설파했다. 심지어 그는 청렴을 '천하의 큰 장사'라고 묘사하기도 했다는 것이다. 벼슬에 욕심이 큰 사람은 반드시 청렴하여야 한다는 것이다. 청렴에 대한 평가와 명성이야말로 계속하여 그 사람의 승진과 영전을 보장한다는 것이다. 이 때문에 그는 청렴하지 못한 사람들을 지극히 어리석게 보았다. 그토록 뻔한 사리를 지혜가 짧아 제대로 인식하지 못하고 부정과 부패에 물들어 관료로서의 빛나는 전도를 망치기 때문이라는 것이다."

6. 청렴 사회의 달성 가능성과 청렴성 제고의 과제

청렴성의 전통적, 현대적 개념이 분석되고, 현대에서도 유의미한 청렴성 개념이 파악된 연후에는 청렴성 제고를 위한 윤리적 기반 구축을 다각적으로 모색해야 할 것이다. 우선 우리는 인류 역사에 잔존했던 부패에 관한 금기와 허위의식을 파악하고 타파해야 할 것이다. 인류 역사에 유전되어온 다음과 같은 다섯 가지의 일상적 신념, 즉 뇌물에 대한 허위의식은 뇌물수수 행위를 도덕적인 잣대만으로 판정해서는 안 된다는 항변을 담고 있다.40) 이러한 항변은 다음과 같은 다섯 가지 주장이다.

(1) 뇌물수수 행위는 보편적 현상이다.
(2) 뇌물수수 행위는 필요악이다.
(3) 다양한 호혜주의적 행위는 형식적으로는 구별하기 어렵다.
(4) 뇌물죄의 단죄 과정 자체는 대단히 부도덕한 방식으로 전개된다.
(5) 비난받고 있는 뇌물수수 행위의 실질적인 효과는 사소하거나 입증할 수 없는 경우가 많다.

존 누난(John T. Noonan)은 이러한 다섯 가지 주장에 대해서 상세한 반론을 제기하고 있지만, 다음과 같이 요약될 수 있다.41)

(1) 뇌물수수 행위가 보편적이라는 주장은 하나의 통계적 주장으로

그 신빙성이 없으며, 설령 현재의 뇌물수수 행위가 아무리 보편적으로 행해지고 있다고 해도 그것이 도덕적으로 정당한 것으로 옹호되지는 못한다. 그러한 주장은 과거 노예제도의 옹호 주장과 비견될 수 있는 것이다.

(2) 미국과 해외에서 일하는 많은 회사들은 뇌물을 주지 않고서도 충분히 번성할 수 있었고, 오직 5퍼센트 정도의 회사만이 해외에서 뇌물을 준 경험이 있는 것으로 밝혀지고 있다. 필요해서 뇌물을 준다는 주장은 뇌물의 사회적 기능을 신봉하는 사람들이 역설하는 것이지만, 그것은 마치 식인 관습, 유아 제물, 인종 차별 등이 모두 일정한 사회적 기능을 가지고 있기 때문에, 즉 인간의 욕구를 충족시켜준다는 점에서 도덕적이라고 강변하는 것과 같다. "존재하는 것은 선하다"는 격언은 도덕적 판단의 기준을 박탈해버려 도덕을 유명무실한 것으로 만들어버린다.

(3) 비록 인간사회가 다양한 호혜주의적 방식으로 유지되는 것은 사실이고, 선물과 뇌물을 구분하는 것이 어려울 경우가 있지만, 뇌물수수 행위는 그 독특한 상호 관련 방식과 심적 부담감으로 구분될 수 있다. 뇌물은 자기가 원하는 것을 얻기 위한 절대적 의무감과 부담감을 주기 위한 것이다. 뇌물을 주는 자는 어떤 반대급부가 있기 때문에 뇌물을 준다. 마찬가지로 뇌물을 받은 자는 그런 이유로 반대급부를 내놓지 않을 수 없다. 따라서 뇌물은 팁의 경우에는 찾아볼 수 없는 의무의 갈등과 이해의 충돌을 발생시킨다. 뇌물은 정당한 선거 헌금과는 다르게 은밀하고 절대적인 특혜적 예외 제공의 의무를 요구하며, 선물에서는 찾아볼 수 없는 사랑 없는 결과적 반응만을 촉구한다.

(4) 뇌물죄의 적용이 대단히 부도덕한 방식으로 전개되고 있다는 주

장은 그 유효성을 내세우기 위해서 그 스스로 도덕률에 의존하고 있다. 만약 어떤 죄의 단죄 과정이나 적용 과정이 부도덕하다고 해서 그 죄 자체의 부도덕성이 없어지는 것은 아닐 것이다. 물론 도덕적인 정부는 뇌물을 방지하기 위해서 비열한 덫이나 수단을 동원해서는 안 될 것이다.

(5) 뇌물죄가 너무 사소하여 도덕률의 대상이 되지 않는다는 주장은 뇌물수수 행위가 주는 통계적인 물질적 손실만을 강조하는 경향이 있다. 그러나 뇌물이 미치는 구체적인 악영향은 사회적 공동선이라고 할 수 있는 도덕률을 파괴하는 것이다. 뇌물수수 행위가 그것에 참여한 개인들의 마음에 끼치는 부정적 영향은 이루 말할 수 없다. 즉 뇌물수수 행위는 창녀가 몸을 팔듯 공직을 팔아먹는 행위라고 볼 수 있다. 성윤리와 공직윤리는 이러한 점에서 같은 관점을 가지고 있다. 부패 (corruption)라는 용어는 로마시대 이후 뇌물의 접수와 성적 타락을 동시에 의미했다. 두 윤리의 핵심에는 두 가지 도덕률, 즉 충심(忠心)과 무상(無償)이 자리 잡고 있다. 공직과 성행위의 기능은 절대적으로 상업적인 관점에서 운영되어서는 안 된다.

이러한 뇌물에 대한 인류의 허위의식이 타파된 뒤에는 공직윤리의 기초로서 사익과 공익의 관련 방식이 구체적으로 해명되어야 하고, 전 지구적 자본주의 시대에서 타당한 기업윤리의 유형도 논구되어야 하고, 또한 국제기구, 특히 경제협력개발기구(OECD)의 윤리적 기반 구축 방안이 중점적으로 논의될 필요가 있다. 이어서 우리나라 국가 청렴성 제고를 위한 여러 윤리적 개선 방향도 구체적으로 논구되어야 할 것이다.42)

그리고 청렴성 제고를 위한 철학적 윤리학의 과제로서 생존과 번영을 위한 경쟁적 차원에서의 도덕성, 즉 도덕성의 합리적 근거와 정당화 문제도 논의되어야 할 것이다. 이와 관련하여 호모 에코노미쿠스의 도덕성 수용 문제가 천착될 필요가 있으며, 도덕성이 반드시 비용편익과 계산적인 합리성과 일치하지 않는다는 점도 인정되어야 할 것이다. 따라서 우리는 도덕성의 근거는 선을 추구하는 합리성(the rational)만이 아니라 넓은 의미에서 공정한 사회적 배경 질서를 따르려는 합당성(the reasonable)도 필요하다고 주장하는 존 롤즈(John Rawls)의 입장을 수용해야만 할 것이다.43) 그리고 사회적 불평등에 따른 시기심으로 인한 부패 발생 요인과 동시에 우리 한국사회의 문화적 부패 요인, 특히 공직을 이용한 사적 이익 추구와 각종의 연고주의, 특혜주의도 동시에 척결할 수 있는 사회윤리적 이상으로서 마이클 월저(Michael Walzer)의 복합평등론도 논의되어야 할 것이다.44) 복합평등 사회는 모든 사람의 행복과 불행이 공동체 전체에 의해서 공유되는 정도까지는 아니지만, 기본적으로 우리의 행복과 불행은 여러 종류와 방식으로 존재한다는 다원주의적 인식에 따른 상호 존중과 자존감이 풍만한 사회가 될 것이다. 상호 존중과 공유된 자존감은 복합평등의 심층적 원동력인 것이다. 아마도 이러한 사회만이 부패를 척결할 수 있는 사회윤리적 기반을 진정으로 확보했다고 말할 수 있을 것이다. 그러나 월저가 꿈꾸는 복합평등사회는 아직 인류역사상 한 번도 존재한 적이 없고, 또한 그 현실적 실현의 과제는 중차대하고 지난한 것이다.45)

따라서 지금 우리는 부패 척결을 위해서 인류역사에서 유전된 부패에 대한 집단무의식적인 허위의식과 우선적으로 싸워야만 한다. 존 누난은 부패라는 용어는 성적 타락과 뇌물의 접수를 동시에 의미했다고 파악하고, 공직윤리와 성윤리가 동질성을 가진다는 점을 부각했다. 즉 두 윤리의 핵심에는 두 가지 도덕률, 즉 충심과 무상이 자리 잡고 있다는 것이다. 그러나 현대사회에서 성윤리가 문란해지면서 공직윤리도 마찬가지의 길을 가는 것이 아니냐는 우려의 목소리가 나오고 있다. 그러나 이러한 비관적 전망에 대해서 우리는 비록 두 윤리가 비유적인 측면에서 같은 기능을 하지만 그 윤리가 적용되는 대상은 전혀 별개임을 지적할 수 있다. 오늘날 미국의 경우 성윤리에 대한 규제가 느슨해진 반면에, 그것에 대한 반발로 공직윤리에 대한 요구가 더 거세어진 측면도 있다.46) 그러나 최근에는 여성주의자들에 의해서 주도된 성희롱으로부터 성폭력에 이르기까지의 광범위한 미투 폭로 운동(Me too movement: 나도 당했어)으로 성윤리에 대한 규제가 강화되고 있는 실정이다.

뇌물을 섹스에 비유하는 것 이외에 또 다른 비유가 있다. 즉 심리적으로 당사자에게 영향을 미친다는 점에서 뇌물과 마술이 똑 같은 기능을 발휘한다고 보는 것이다. 마술의 희생자가 괴로움을 느낀다면, 뇌물을 받은 자는 부담을 느낀다. 이 두 가지 경우는 신체적으로 압박을 가하기보다 정신적인 부담을 준다. 오늘날 우리는 더 이상 마술의 초자연적인 힘을 믿지 않지만, 뇌물의 경우는 여전히 그 위력을 발휘한다고 믿는다. 그래서 뇌물수수 행위를 예방하기 위해 이해관계가 있는 공무원이 뇌물을 받았으면, 그 뇌물의 효과가 나타나지 않았더라도 뇌물죄로 처벌된다. 우리는 뇌물과 그 결과물 사이에 있는 상관관계에 관심이 있기 보다는 뇌물을 주고받는 행위 자체가 바로 사회를 오염시킨다는 점을 더 중시하는 것이다. 이것은 마치 중세 사람들이 마녀가 사회를 오염시킨다고 보았듯이 말이다.47) 또 한 가지 비유는 뇌물은 부당한 이득을 취한다는 점에서 고리대금업과도 비유된다.48) 서구에서 12-17세기까지는 고리대금업을 경제행위로 판단하기 보다는 도덕적인 문제로 단죄하는 입장이 더욱 강했다. 그러나 이제는 이슬람 국가를 빼면, 전세계 어디에서나 과거의 고리대금업과 같은 관행으로 이루어지는 은행의 이식 행위를 도덕적 잣대로 재단하는 국가는 없다. 물론 현대에서도 터무니없는 높은 이자를 받는 사금융권의 행패는 여전히 도덕적으로 비난할 수 있지만 말이다.

누난은 『뇌물의 역사』에서 앞으로 인류사회에서 뇌물과 부패의 미래

에 대해서 다음과 같이 예언했다:49)

"뇌물수수자들이 수치를 느낀다는 사실은 그것이 인간의 공동선을 침해하는 행위임을 잘 보여준다. 또한 금권정치는 혐오스러운 것이고 정부에 대한 신임은 곧 공직에 대한 신임이며 그러한 신임이 없는 정부는 철권통치세력일 뿐이다. 그리고 신의 질서는 명백하게 존재한다. 뇌물행위는 개인적 · 사회적 욕구를 파괴한다. 왜냐하면 그것은 돈보다 소중한 가치관을 숭상하는 기본적 욕구, 정부를 신임하려는 기본적 욕구, 하늘에 계신 아버지를 모방하려는 기본적 욕구를 파괴하는 것이기 때문이다. 뇌물의 본질은 완성을 향해 피어나는 인간의 본질과 정면으로 배치된 것이기도 하다. … 과거 한때 경제적 필요에 의해 강력하게 지지되었던 노예제도가 결국에는 파기되었듯, 공직자의 특혜를 노리고 돈을 주는 받는 행위인 뇌물은 결국 지상에서 사라질 것이다. 최근 공직자의 부당한 거래를 엄격하게 제한하는 각종 법규가 많이 제정되고 있는 것은 뇌물행위를 없애야 한다는 강력한 도덕심의 발로라 할 수 있다."

그런데 우리는 뇌물을 주고받는 그 수수(授受) 행위 속에는 아무런 도덕심의 발로도 없다고 말할 수는 없을 것이다. 뇌물수수 행위는 그 커다란 부도덕성 가운데서도 최소한의 도덕성을 가지고 있는데 그것은 호혜주의(reciprocity)에 대한 의무이다. 결국 뇌물이란 호혜주의의 한 형태이다. 잘 살펴보면 인간사는 이러한 호혜주의로 구성되어 있다.50) 이러한 관점에서 누난은 신에 대한 공물과 동물 희생제와 번제는 인간의 구원이라는 가장 고귀한 목적을 위해서 전지전능한 신을 설득시키는 거대한 규모의 뇌물이라는 신성모독적인 지적도 한다.51) 이것은 기독교만의 경우는 아니고 모든 종교와 미신과 샤머니즘에서의 기복신앙적 태도에서 찾아볼 수 있을 것이다. 여러 사회에서 상호 거래가 하나의 규칙이 되어 있음을 발견한 인류학자들은, 어떤 특정한 그룹의 다른 그룹보다 더 뇌물을 밝히는 것은 아니라고 주장한다. 뇌물수수 행위는 주고받는 양측의 호혜주의적 필요가 맞아떨어졌을 때만 가능하다는 것이다.52)

그렇지만 우리는 호혜주의 도덕도 그 수준이 다양하다는 것을 알아야 할 것이다. 누난은 호혜주의를 도덕발전의 관점에서 분석하고 있지는 않다. 그러나 뇌물수수 행위에서의 호혜주의는 로렌스 콜버그(Lawrence Kohlberg)의 도덕발전론의 관점에서 보면, 그것은 제1 수준인 인습 전 수준의 자기 이익 추구 단계인 제2 단계에 불과하다.53) 즉 이 수준의 호혜주의는 자기 이익이 되는 한 타인과의 호혜성을 고려하는 것일 뿐이다. 즉 "당신이 내 등을 긁어주면, 나도 당신 등을 긁어준다(You scratch my back, and I'll scratch yours)"는 식이다. 보다 높은 단계의 호혜성은 제2 수준인 인습적 수준의 제3 단계인 사회적 임무에 따른 개인들 상호 간의 조화와 순응이다. 이 단계에서는 개인 간 상호 협조와 상호 존중, 그리고 기독교적 황금률의 형식적 적용의 단계이다. 제3 수준인 인습 후 수준의 제5 단계인 사회계약적 단계는 전체적인 사회적 이익을 위해 보편적인 상호 계약을 하고, 또 그것을 준수하는 단계이다. 제3 수준인 인습 후 수준의 마지막 제6 단계는 보편적인 윤리적 원칙이 적용되는 단계이다. 여기서는 호혜주의는 칸트의 정언명법처럼 자신의 준칙이 모든 사람에게 보편적으로 적용될 수 있는 단계로서의 보편적 호혜주의라고 할 수 있을 것이다. 또한 기독교적 황금률의 이타주의적 적용도 이 단계에 속한다. 즉 상대방으로부터의 호혜를 바라지 않고, 원수를 사랑하듯이 선행을 베푸는 단계, 즉 선한 사마리아 사람의 단계인 것이다. 뇌물수수 행위가 비록 부도덕하지만 인류사회에서 끈질기게 잔존할 수 있었던 것은 "이번에 내가 봐주었으니 다음에는 네가 봐줘"와 같은 식으로 인간의 도덕발전 제2 단계에서의 조건적 호혜주의 때문이었다는 것은 참으로 큰 도덕적 아이러니라고 해야 할 것이다. 그것은 비록 깡패와 조폭 집단에도 상호 의리가 있고, 도둑 집단 사이에도 구성원 모두가 납득하는 분배적 정의의 관행이 없다면 그 집단은 망하고 말 것이기 때문이다. 외부적 불의를 저지르기 위해서 내부적 정의와 결속이 필요한 것이다.

이와 관련하여 한 가지 더 언급할 것은 부패한 사람은 돈 문제만이 아니라 모든 면에서 부패했을 것이라고 단정하는 경향이 있다는 것이다. 즉 뇌물은 받아먹었으니 그도 다른 사람에게 뇌물을 갖다 주었을 것이라는 믿음이다. 그러나 영국의 유명한 철학자 프랜시스 베이컨(Francis Bacon)은 성실한 사람이었음에도 불구하고 뇌물을 받았다. 역시 유명한 철학자 비트켄슈타인(Ludwig Wittgenstein)도 오스트리아가 나치에 병합되자 그 치하에 있는 자신의 두 누이들을 유대인 학살로부터 지켜내기 위해 영국에서 독일로 가서 나치당국에 뇌물을 주었고, 링컨 대통령도 노예제도 폐기를 위한 미국 수정헌법 13조의 제정을 위해 민주당 위원들을 매수했다는 의심을 받고 있기도 하다.[54] 물론 이 두 경우는 소위 "학대행위를 못하도록 돈을 주고 막는 것"(buy back harassment, *redimere vexationem*)이거나, 커다란 공익을 위해서 손을 더럽힐 수밖에 없는 고육책(dirty hand situation)으로 나온 것으로 이해해야 할 것이다. 우리나라의 경우 황희 정승도 나중에 뇌물죄로 단죄를 받았다는 이야기도 있다. 뇌물에 대한 이러한 아량 있는 인식은 부패를 절대적 악으로 보는 것을 방지하여, 부패가 개선될 수도 있다는 가능성을 심어 주는 측면도 있다. 따라서 공무원 사회에서 부패한 공무원들이 있었고, 앞으로 부패 가능성이 있다고 해서 공무원 집단 전체를 부도덕하고 사악한 집단으로 보고, 강한 통제와 적발 중심의 반부패 정책을 펴는 것은 옳지 않을 것이다. 우리가 반부패 정책의 경제개발기구(OECD) 유형에서도 보았듯이, 가장 선진적인 청렴성 준거 윤리체제 모형은 사회적 핵심가치를 추구하여 자발적인 도덕적 자정을 지향하는 "높은 길"인 것이다.[55]

제8회 반부패국제회의(ICAC)에서 채택된 「리마선언」(1997)은 인류는 부패와의 투쟁을 통해서 21세기는 "윤리와 청렴성의 새로운 천년시대의 개막"이 될 것을 희망하면서 종언했다. 우리 인류는 21세기가 윤리와 청렴성의 제고를 통한 새로운 "지복천년"으로 시작되었다고 자부하기에는 이르지만 그러한 희망과 그 실현을 계속적으로 견지해서 우리 마음속에서 "도덕의 재림"이 이루어질 때까지 반부패를 위해 분투하는 것은 이 시대를 사는 우리 모두의 도덕적 사명이라고 할 것이다. 그렇다면 모든 국가 사회에서 "바람직한 국정운영(a good governance)은 본질적으로 도덕적 사업(moral enterprise)"이 될 것이다.

제 3 장

생명의료윤리에서 악행금지 원칙

1. 악행금지 원칙의 정의

「히포크라테스 선서」에는 의학적인 기술의 사용에 대해서 "나는 나의 능력과 판단에 따라 환자를 돕는 데 의술을 사용하지 환자에게 피해를 입히거나 환자의 상태를 악화시키는 데 결코 사용하지 않겠다"고 천명되어 있다.1) 우리는 여기서 의술의 사용에 관한 두 가지 원칙을 찾아낼 수 있다. 하나는 선한 일을 위해서 의술을 사용하라는 것이고, 다른 하나는 피해를 주는 일에는 의술을 사용하지 말라는 원칙이다. 이러한 두 원칙은 생명의료윤리학에서 각각 선행 원칙(the principle of beneficence)과 악행금지 원칙(the principle of nonmaleficence)으로 지칭된다. 이 두 원칙을 총괄하여 행선피악의 원칙(the principle of doing good and avoiding evil)이라고도 한다.2)

"타인에게 해악을 끼치지 말라"는 악행금지 원칙(no harm principle)은 고래로부터 도덕적 요구 사항(requirement) 중 가장 기초적이고 우선적인 의무로 간주되어왔다. 왜냐하면 해악과 악행금지 원칙은 소극적 혹은 부정적 자연적 의무(negative natural duty)로서 자연인으로서의 인간만이 아니라 의료인을 포함해서 모든 사회적 직위와 직책에 따른 사회적 책무(social obligation)를 수행해야만 하는 사회인으로서의 인간도 준수해야만 하기 때문이다. 이러한 해악과 악행금지의 원칙이 확장되면 "비폭력의 원칙(non-violence principle)", "비침해의 원칙(non-aggression principle)", 그리고 전쟁을 반대하는 "평화주의(pacifism)"에 이르게 된다. 고대 인도에는 모든 생명에 대한 비폭력과 불살생이 적용되는 아힘사(Ahimsa)의 교설이 있었으며, 그것은 자이나교, 힌두교, 불교에서 중요한 덕목으로 간주되어왔다.3)

윤리학에서 악행금지의 원칙 혹은 상해금지의 원칙의 위상은 존 롤즈(John Rawls)의 『정의론』에서 나오는 도덕의 개념수(the conceptual tree of ethics)에서 단적으로 나타난다.4) 여기서 상해금지(not to injure)와 잘못이나 허물이 없는 무고(無辜)한 자의 처벌(해악) 금지(not to harm the innocent)는 개인에 관련된 도덕적 의무들에서 가장 우선적인 것들로 간주된다. 둘 중에서는 상해금지가 더 우선적이다. 도덕의 개념수에 대한 설명을 통해서 왜 두 항목들이 개인에 관련된 도덕적 의무들에서 가장 우선적인 것이 되는지를 알아보도록 하자.5)

맨 처음 실천적 추론(practical reasoning)이 나오는데, 이것은 도덕성이 한 사회에서 문화적으로 유전되어 주어진 것으로만 이루어지지 않고 실천이성을 사용하여 정사(正邪)와 선악(善惡)에 대한 시비(是非)를 추론적으로 가려야 한다는 것을 나타낸다. 이것은 아리스토텔레스(Aristoteles)의 실천적 지혜(phronesis)와 이마누엘 칸트(Immanuel Kant)의 실천이성(practical reason)을 염두에 둔 것으로 보인다. 실천적 추론의 아래에는 세 가지 개념이 포진해 있다. 첫 번째는 가치의 개념(the concept of value)이고, 두 번째는 정당성의 개념(the concept of right), 세 번째는 도덕적 가치의 개념(the concept of moral worth)이다.

(1) 가치의 개념(the concept of value, 선의 기초론): 선의 기초론인 가치 개념은 도덕적으로 중립적인 것으로 사람들이 어떠한 목적 체계를 갖는다고 하더라도 그 목적의 달성을 위해서 누구나 더 많이 갖기를 원하게 되는 필수적인 수단적 가치이다.6) 사회적 기본가치(primary social goods)는 "권리와 자유, 기회와 권한, 소득과 부, 자존감의 기초"이며 이에 대한 기대치로서 사람들은 정의원칙을 평가하게 되므로, 어떤 한 사회에서 분배적 정의의 원칙이 적용되는 주요 대상이 된다.7)

(2) 정당성의 개념(the concept of right, 정당성의 다섯 가지 형식적 제한조건과 정의원칙의 배경적 기반): 정당성의 개념은 가치의 개념에 우선하며, 추구될 수 있는 선의 허용 한계를 결정하고, 정의원칙 도출의 배경적인 기반이 된다.8) 그런데 정당성 개념은 다섯 가지의 형식적 제한 조건을 갖는다.9) ① 모든 도덕원칙은 그 표현에 있어서 일반적(general)이어야 하며 어떤 고유명사나 특정한 지칭을 포함해서는 안 된다. ② 모든 도덕원칙은 그 적용에 있어서 보편적(universal)이어야 한다. ③ 모든 도덕원칙은 공지성(publicity)을 갖는다. ④ 정의원칙은 상충하는 요구들에 서열(ordering)을 정해줘야 한다. ⑤ 정의의 원칙은 더 이상의 고차적인 기준이 없는 최종성(finality)을 가진다. 선(가치)과 정당성의 관계는 선 없는 정당성은 공허하고, 정당성 없는 선은 맹목이다. 그리고 선은 방향을 설정하고, 정당성은 한계를 설정한다.10)

(3) 도덕적 가치의 개념(the concept of moral worth, 선의 충분론): 선의 충분론은 정의원칙에서 허용된 행위 중 요구 사항이 아닌 허용 사항으로서 자선 행위 등 의무 이상의 행위, 좋은 인간, 좋은 사회 등 도덕적 찬양의 대상이 되는 행위와 도덕적 비난의 대상이 되는 허용되지 않는 비도덕적 행위를 구분해준다.11) 또한 도덕적 가치의 개념은 인간에 대한 선악 가치적 유형의 구분을 가능케 한다. 도덕적 가치의 개념

을 통해서 우리는 인간 유형의 구분을 다음과 같이 할 수 있게 된다. 즉 부정의한 사람, 선하지 못한 사람, 악한 사람의 구분이 그것이다. 이하의 세 가지 유형의 사람들은 순차적으로 더 큰 해악을 사회와 그 구성원들에게 끼친다고 하겠다.12)

① 부정의한 사람(unjust person): 어떤 사람이 과도한 권력, 다시 말하면 타인들에 대해서 정의의 원칙이 적용하는 이상으로, 그리고 자의적으로 행사될 수 있는 권한을 추구한다는 사실을 생각해보자. 이러한 경우에 있어서는 자신의 목적을 추구하기 위해서 부당하고 부정의한 것을 행하려는 욕구가 있게 된다. 그런데 부정의한 사람은 적절한 제한만 가하면 합법적인 것이 될 부 및 안전과 같은 목적을 위해서 지배권을 추구한다.

② 선하지 못한 사람(bad person): 선하지 못한 사람은 그것을 행사함으로써 갖게 될 지배권을 추구한다. 선하지 못한 사람은 그것을 행사함으로써 갖게 될 지배감을 자기가 즐길 수 있고 사회적인 명성을 추구하기 때문에 자의적인 권력을 바라는 사람이다. 또한 그는 적절히 제한되면 선이 될 것들, 즉 타인의 존경 및 자제감 등에 대한 지나친 욕구를 가지고 있다. 그를 위험하게 만드는 것은 바로 이러한 야망을 만족시키는 그의 방식이다.

③ 악한 사람(evil person): 이와 대조적으로 악한 사람은 부정의한 법규가 평등한 원초적 입장에서 독립적인 사람들이 합의하게 될 것에 위배되기 때문에, 그러한 법규를 소유하고 그것을 과시함으로써 자신의 우월성을 나타내고 타인들의 자존감을 모욕하기 위해 그 같은 부정의한 법규를 안출하게 된다. 추구되는 것은 바로 이러한 과시와 모욕이다. 악한 사람을 움직이는 것은 부정의에 대한 사랑인데, 그는 자신에게 복종하는 사람들의 무력과 굴복을 즐거워하며, 자신들에 의해서 그들의 몰락을 좌우하는 장본인으로 인정받는 것을 좋아한다.

정당성의 개념(the concept of right) 아래에는 (I) 사회체제와 제도 (social systems and institutions), (II) 개인(individuals), (III) 국제법(the law of nations)이 있다. 이것은 정당성의 개념과 정의의 개념이 발현되는 순서를 지정한 것이다. 즉 사회체제와 제도가 최우선이고, 그 다음이 개인의 영역이고, 마지막으로 국제법의 영역이다. 사회체제와 제도 아래에는 정의(justice)와 효율성(efficiency)이 있다. 롤즈에 의하면, 정의는 사회체제와 제도의 제1 덕목으로 간주된다.13) 그리고 롤즈의 우선성 규칙에 의하면, 효율성과 복지에 대한 정의의 우선성이 확보되어야 한다. 효율성은 각자가 타인들의 입지를 더 나쁘게 하지 않고 효율적으로 자신의 목적을 증진할 수 있는 경우를 말한다.14)

그러면 개인의 영역에는 어떤 의무가 있는지 살펴보자. 개인의 영역 아래에는 총 11개의 덕목과 의무가 있다. 개인의 영역 아래에는 요구 사항(requirements)과 허용 사항(permissions: IIc)이 있는데, 요구 사항이 허용 사항보다 더 우선적이다. 요구 사항 아래에는 자연적 의무 (natural duties: IIa)와 (사회적) 책무(obligations: IIb)가 있는데, 자연적 의무가 (사회적) 책무보다 더 우선적이다. 여기서 롤즈가 우선성을 표시한 것의 의미는 다음과 같다. II는 개인의 영역이고, 여기서 a, b, c로 우선성을 표시하였다. 그래서 개인의 영역에서 우선성을 보면, 요구 사항인 자연적 의무(IIa)와 (사회적) 책무(IIb)가 허용 사항(IIc)보다 더 우선적이다. 자연적 의무 아래에는 소극적(부정적) 의무와 적극적(긍정적) 의무가 있는데, 소극적 의무가 적극적 의무보다 더 우선적이다.15) 소극적 의무 아래에는 상해금지(not to injure)와 잘못이나 허물이 없는 무고(無辜)한 자의 처벌(해악) 금지(not to harm the innocent)가 있는데, 이 두 항목은 개인에 관련된 도덕적 의무들에서 가장 우선적인 것들로 간주된다. 둘 중에서는 상해금지가 더 우선적이다. 적극적 의무 아래에는 정의의 지지(to uphold justice), 상호 협조(mutual aid), 상호 존중 (mutual respect)이 있는데, 앞에 나온 것이 더 우선적이다.

사회적 책무 아래에는 공정성(fairness)과 성실성(fidelity)이 있다.[16] 이러한 의무들은 개인들이 공정하게 일을 처리하고, 상대방이 신뢰할 수 있도록, 그리고 성실하게 법적인 권리와 의무를 다해야 한다는 신의 성실의 원칙(the doctrine of good faith and sincerity)을 나타내고 있다. "계약 관계에 있는 당사자들이 권리를 행사하거나 의무를 이행할 때 상대방의 정당한 이익을 배려해야 하고 신뢰를 저버리지 않도록 행동해야 한다는 원칙. 모든 법 영역에 적용될 수 있는 추상적 규범이다. 민법(2조)은 '권리의 행사와 의무의 이행은 신의에 좇아 성실히 해야 한다'(1항), '권리는 남용하지 못한다'(2항)고 규정하고 있다."[17]

그러면 허용 사항을 살펴보기로 하자. 허용 사항의 아래에는 무차별적인(indifferent) 것과 의무 이상의(supererogatory) 행위들이 있다.[18] 무차별적인 것은 허용 사항 중에서 어느 것을 선택해도 무방하다는 것이다. 의무 이상의 행위들 아래에는 선행(beneficence), 용기(courage), 자비(mercy)가 있는데, 이러한 의무들은 자신 혹은 타인들에 대한 불완전한 의무라고 분류된다. 보다 엄밀히는 용기는 자신에 대한 불완전한 의무이고, 선행과 자비는 타인에 대한 불완전한 의무로 분류된다.[19]

다시 말하면, 소극적 의무 아래에는 상해금지(not to injure)와 잘못이나 허물이 없는 무고(無辜)한 자의 처벌(해악) 금지(not to harm the innocent)가 있는데, 이 두 항목은 개인에 관련된 도덕적 의무들에서 가장 우선적인 것들로 간주된다. 둘 중에서는 상해금지가 더 우선적이다. 따라서 그러한 소극적이고 부정적인 의무를 위반한 사람은 죄의 경중에 상응하는 처벌을 받아야 하고, 권리를 침해당한 사람은 그 침해에 상응하는 보상과 배상을 받아야 한다는 법칙이 정립되었다.

보다 구체적으로 그러한 법칙은 "눈에는 눈, 이에는 이"라는 함무라비 법전의 탈리오의 법칙, 즉 동해보복법(lex talionis)으로 정립되어 인간의 범죄 피해에 대한 처벌에서 가장 기본적인 도덕적 직관과 원시적 복수 감정으로 자리잡아왔다. 일견해서 이러한 탈리오의 법칙은 가혹한 것으로 생각될 수 있으나, 그 의도는 오히려 범죄의 처벌과 피해자의 배상에 관련하여 피해자는 가해자에게 자신에 입은 상해 이상으로 보복함으로써 발생하는 보복에서의 피의 악순환을 막고, 마음대로 사적 제재를 가하는 사형(私刑)을 금지하기 위한 것이다. 그런 의미에서 함무라비 법전의 동해보복법은 뒤에 상론할 윤리학의 기본 원칙인 이중 결과의 원칙(the principle of double effect)의 네 요건의 하나인 비례성(proportionality), 즉 좋은 결과와 나쁜 결과는 그 중요성에서 비례적 균형이 잡혀야 한다는 요구, 다시 말하면 가해자에게 피해를 입은 만큼만 보복하고 배상을 받아야만 한다는 실질적 한도를 수용했다고 볼 수 있다.[20]

또한 모세의 십계명에서 예증되는 것처럼 살인, 절도, 간음, 위증에 대한 금지 방식의 도덕원칙은 도덕의 가장 기초적이고 간명한 표현 양태로서 인류의 도덕사에서 면면히 이어져오고 있다. 우리 인간에게 이러한 악행금지 원칙을 지킬 의무가 있는 것은 모든 인간이 "타인으로부터 자신의 생명과 신체와 재산에 대하여 침해를 당하지 않을 자연적인 존엄성과 인격과 권리"를 가지고 있다고 생각되기 때문이다. 생명의 존엄성과 불가침의 권리에 의거해서 "인간의 생명을 해치지 말라"는 원칙이 도출된다. 「미국독립선언문」(1776) 전문(前文)에는 다음과 같이 규정되어 있다: "우리는 다음과 같은 것을 자명한 진리라고 생각한다. 즉, 모든 사람은 평등하게 태어났고, 조물주는 몇 개의 양도할 수 없는 권리를 부여하였으며, 그 권리 중에는 생명과 자유와 행복의 추구가 있다."[21]

프랑스의 「인권과 시민의 권리선언」(1789) 제5조는 다음과 같이 선언한다: "자유는 누구에게도 해악을 끼치지 않는다면 모든 것을 행할 수 있는 자유로 이루어진다. 그러므로 각자의 자연권의 행사는 사회의 다른 구성원들에게 같은 권리의 향유를 보장하는 이외의 제약을 갖지 아니한다. 그 제약은 오직 법에 의해서만 규정될 수 있다."[22]

그러나 악행금지 원칙이 권리의 침해만을 포함하는 것은 아니다. 악행금지 원칙은 흔히 피해회피의 원칙으로 정의되기도 하는데, 그것은 악행과 해악(maleficence)의 이해는 그 핵심 개념인 피해와 상해(harm, injury)를 어떻게 해석할 것인지에 달려 있기 때문이다. 일부 학자들은 피해를 준다는 말을 "그르게 행함(wrongdoing)" 혹은 "부당하게 행함(doing unjustly)" 등과 같은 의미로 해석하나, 이러한 해석은 의도적인 도덕적 잘못이나 권리의 침해만을 포함하는 것으로 해석되는 편협성을 지닌다. 우리는 비의도적인 질병이나 불운 혹은 위험성에 의해서 피해를 입을 수 있지만, 이는 결코 도덕적 잘못이나 권리의 침해와는 (전혀 혹은 크게) 상관이 없을 수도 있다. 따라서 피해는 그 자체로서는 도덕적으로 중립적인 개념이지만 구체적 상황에 따라 도덕적인 비난을 할 수 있거나 혹은 불가피한 것으로 보는 것이 좋을 것이다. 피해와 상해의 개념은 넓게는 생명, 건강, 명예, 자유, 행복, 재산, 사생활, 가족관계, 이익 등 정신적 해악이나 재산상의 손실 등을 포함하지만, 좁게는 고통, 무능력, 불구, 죽음 등 신체적 해악과 훼손을 의미한다.23) 의료윤리학에서는 좁은 의미에서의 해악과 피해 개념이 우선적인 고려 사항이다. 물론 정신과 치료의 대상이 되는 정신적, 심리적 피해나 의료보험 체계와 정의원칙과 관련해서 볼 때 제약회사와의 리베이트 관행, 지나치게 높은 의료 수가와 과잉 진료와 부당 진료 등 환자의 재산상의 이해관계에 대한 피해도 중요하게 부각되고 있는 것도 사실이다. 예를 들어 우리나라 산부인과에서 제왕절개 수술이 많은 것은 우연이 아니라는 항간의 비판에 대해서도 의료 전문인들은 유념해야 할 것이다.

피해에는 여러 가지 형태가 있기 때문에 피해와 악행의 금지에 관한 다양한 방식의 금지 명령이 존재하고 있다. 여기서 우리가 명심할 것은 악행금지 원칙은 절대적이지 않고 어디까지나 조건부적(*prima facie*)이라는 점이다. 즉 환자가 동의한다면, 항암요법의 예처럼 죽음을 막기 위해서 극약 처방이 가능하고 그에 따른 치료상의 상당한 피해가 정당화될 수 있다. 어떤 의미에서 이것은 이득과 피해의 문제라기보다는 죽음이라는 큰 해악을 피하기 위해서 방사선 요법에 따른 각종 부작용이라는 작은 해악을 감수할 수밖에 없는 고육책이다. 또한 신체의 각 부분은 신체 전체의 선을 위해서 존재한다는 총체성의 원칙 혹은 전체성의 원칙(the principle of totality)에 따라 급성 맹장염 시 맹장 제거 수술과 괴사된 사지의 절단은 악행금지 원칙에 어긋나지 않는다. 즉 "우리는 신체의 일부분을 희생시키는 것이 신체 전체의 건강을 보존하기 위해서 필수적인 경우에만 신체의 일부분을 합법적으로 희생시킬 수 있다." 그러나 "만약 신체 한 부분의 훼손이 신체 전체의 훼손으로 죽음을 가져온다면 그것은 거부되어야 한다."24)

그렇다면 여기서 악행금지 원칙과 다른 도덕원칙들과 관계를 간략하게 살펴보자. 악행금지 원칙은 존 스튜어트 밀(John Stuart Mill)이 그의 『자유론』에서 천명한 것처럼 자유주의의 기본이 되는 "자유 원칙(liberty principle)" 혹은 "자율성 원칙(autonomy principle)"에 대한 제약 조건으로 자유주의의 기본원칙 속에 포함되어 있다.25) 자유주의 기본원칙은 "다른 사람에게 해를 끼치는 것을 막기 위한 목적이라면, 당사자의 의지에 반해 권력이 사용되는 것도 정당하다고 할 수 있다. 이 유일한 경우를 제외하고는, 문명사회에서 구성원의 자유를 침해하는 그 어떤 권력의 행사도 정당화할 수 없다."26) 그리고 밀은 인간의 개별적 자율성과 그로부터의 자유를 강조하면서, 건전하고도 상식적인 판단력을 갖춘 성인이라면 자신의 생명, 신체, 재산에 관련하여, 타인에게 해악을 끼치지 않는 한, 설령 그 결정이 본인에게 있어서 불리한 것일지라도 자기가 결정할 권한을 갖는다고까지 주장하였다.27) 즉, "인간은 개인에 따라 서로 다른 것들을 획일적으로 묶어두기보다는, 다른 사람의 권리와 이익을 침해하지 않는다는 전제 아래 잘 가꾸고 발전시킴으로써 더욱 고귀하고 아름다운 존재가 될 수 있다."28) 그러나 판단력을 갖춘 환자의 경우에는 자신에게 불리한 결정은 의사의 권고에 따라서 변경 혹은 취소될 수도 있다. 더군다나 의사결정 능력이 없는 성인이나 어린이 환자의 경우는 의사의 관여와 개입 정도에 따라 다양한 형태의 온정적 간섭주의가 가능할 수 있다.

우리 속담에 "동냥은 못 줄망정 쪽박은 깨지 말라"는 말이 있는 것처럼 일반적으로 선행 원칙보다 악행금지 원칙이 우선적이다. 또한 "열 사람의 범인을 놓치더라도 한 사람의 무고한 자를 처벌해서는 안 된다"는 격언도 있다. 그렇지만 현실적으로 악행금지 원칙과 선행 원칙은 동전의 앞뒤처럼 밀접하게 연관된다. 또한 선행 원칙이 악행금지 원칙보다 그 위반 시 도덕적 비중이 더 크거나 우선적인 경우도 존재한다. 예를 들어 나와 전혀 관련이 없는 물에 빠진 사람을 보고 아무런 조치도 취하지 않는 것은 악행금지의 원칙에 어긋나는 행동은 아니지만 (특히 자신에게 심각한 피해가 예상되지 않은 경우) 선행 원칙을 위반했다는 점에서 도덕적 비판의 대상이 된다. 물에 빠진 사람을 구하기 위해서 적극적인 행동에 나서는 것은 선행에 해당된다. 물론 상황에 따라서 그러한 선행은 상당한 정도의 위험을 포함할 수도 있으므로 선행 원칙은 통상적인 상호 협조(mutual aid)의 의무를 벗어난 의무 이상의 행위(supererogatory act)가 되기도 한다. 또 다른 예로는 위험도가 낮은 연구 절차를 진행할 때, 연구 대상자에게 피해를 입히지 말라는 의무는 이미 그 실험 대상자가 되어 입은 피해를 치료해야 한다는 의무보다 더 엄격할 수는 없다. (물론 이 경우에도 피해의 치료가 필요한 경우를 근본적으로 해소시키기 위해서 위험도가 있는 실험을 중지해야 할 의무가 더 선행한다고 볼 수 있지만, 위험도가 낮은 연구를 포함해서 위험성 있는 연구를 모두 중지시킨다면 의학의 발전은 불가능하게 될 것이다.) 그리고 의사가 응급환자를 보고 아무 조치도 취하지 않는다면 악행금지 원칙을 위반하는 것은 아니지만 (물론 응급환자를 방치함으로써 타인의 상태를 더 악화시킨다는 점에서 여전히 악행금지 원칙이 적용된다고 볼 수도 있지만) 위급한 경우의 사람을 도와야 한다는 선행 원칙을 위반한다는 점에서 비윤리적이라는 비판을 받는다. 또 다른 예로서 백신 예방접종은 일부 사람에게 피해를 주지만 전체적 효용의 원리에 의해서 집단 면역 항체가 생성될 예방접종을 받아야 할 개인의 의무는 선행의 의무로서 악행금지와 피해회피의 의무를 능가한다. 집단 면역은 인구 중 70-90퍼센트가 백신 예방접종을 받아야만 생성된다. 지금 전 지구를 강타하고 있는 코로나 바이러스 백신의 경우도 마찬가지로 생각할 수 있다.

이러한 관점을 종합하여, 미국의 윤리학자 윌리엄 프랑케나(William Frankena)는 악행금지 원칙과 선행 원칙을 통합하여 다음 네 가지의 의무를 포함하는 광의의 선행 원칙을 제시한 바 있다. 즉 (1) 피해를 주지 말라, (2) 피해를 예방하라, (3) 피해를 줄 수 있는 것을 제거하라, (4) 선을 증진하라. 그는 이러한 네 가지 의무가 서로 상충될 있다는 것을 염두에 두면서도, 기본적으로 같은 조건이라면, 앞의 의무가 뒤의 의무에 비해서 우선한다고 밝힌다.29)

그러면 악행금지 원칙과 정의원칙과의 관계를 살펴보자. 악행금지 원칙은 처벌적 혹은 교정적 정의의 원칙의 근간을 이루지만 정당방위에 의한 상해는 처벌을 받지 않는 것처럼, 정의원칙과 상보적 관계와 아울러 상쇄적이고 대립적인 관계도 아울러 지니고 있다. 악행금지 원칙의 위반에 따른 손해배상의 유무와 정도, 그리고 면책 조건의 성립은 정의원칙에 의해서 구체적으로 결정된다고 볼 수 있다.

2. 악행금지 원칙의 적용 사례들

악행금지 원칙은 의료 현장에서 의사나 연구자는 환자에게 해악을 주는 진료 행위나 연구를 위한 실험을 해서는 안 된다는 규정으로 나타난다. 특히 인간을 대상으로 하는 실험에 관한 「뉘른베르크 강령(The Nuremberg Code)」은 제4조에 "[생물의료적] 실험은 모든 불필요한 신체적, 정신적 고통과 해악을 피할 수 있도록 수행되어야 한다"는 점을 명시하고 있다.[30] 악행금지의 원칙은 두 가지 형태로 분류할 수 있는데, 하나는 환자에게 피해와 악행을 가하는 적극적 행위를 하지 말라는 것이고, 다른 하나는 의사가 해야만 하는 행위를 보류 혹은 중단함으로써 환자에게 해악을 끼치지 말라는 것이다. 물론 이 두 가지 중 전자가 더 우선적인 것으로 볼 수 있으나, 후자의 결과가 심각하다면 그것은 전자와 구별되기 어려울 수도 있다. 1997년 있었던 보라매 병원 사건의 경우에는 의학적 충고에 반한 퇴원에 관련해서 의사가 환자나 환자 대리인의 결정을 결국 그대로 수용함으로써 악행금지 원칙의 후자 조항을 어긴 것이지만 전자와 마찬가지로 해석되어 살인죄라는 법원의 판결이 나온 것에 주목할 필요가 있다.[31]

"무엇보다 해를 입히지 말라(*Primum non nocere*)"는 경구는 의학에 있어서 고대로부터 신봉되어왔다.[32] 이 경구를 정식화한 악행금지 원칙은 모든 의료 전문인들이 환자에게 해가 되는 행위를 해서는 안 된다는 것이다. 이것은 치료 과정에서 환자에게 신체적으로 또는 정신적으로 피해나 상처를 주어서는 안 된다는 것을 의미한다. 또한 환자는 불공평하게 취급당하거나 자신의 의사 표명이나 행동에서 지나친 제재를 받아서도 안 된다. 하지만 합당한 치료 과정에서 환자들이 겪는 고통이나 불편함은 도덕적 평가와는 무관한 해악으로 생각될 수도 있을 것이고, 그러한 고통이나 불편함은 환자들의 더 큰 복지와 건강 회복을 위한 불가피한 선택으로 감수해야 할 상황이 빈번하게 존재한다(수술, 방사능 요법, 화학요법, 백신 예방접종으로부터 야기되는 고통이나 위험 등). 따라서 악행금지 원칙은 정확히 표현하면, 고통을 위한 고통은 금지되며 의료진은 환자들에게 위험과 불가피한 고통을 최소화하여야만 한다는 것이다. 그러나 우리가 고통의 완화에만 우선적인 가치를 둔다면 그것은 안락사와 존엄사의 문제에서 보는 것처럼 생명의 존엄과 유지라는 보다 큰 가치와 상충할 수도 있음을 인식해야만 한다.

아울러, 질병에 걸리거나 장애를 가진 의료인은 환자들이나 동료 의료인들을 위험에 처하게 하지 않는 영역으로 자신의 진료를 한정해야만 한다. 악행금지 원칙으로부터, 의료진이 환자에게 치료에 관한 정보를 정확하게 전달해야 할 책임이 도출된다. 왜냐하면 그 내용이나 전달방식에 있어서 잘못된 정보는 환자에게 해를 끼칠 수 있기 때문이다. 또한 이러한 책임은 모든 의료인들이 부단한 노력을 통해 그들의 지식과 기술이 시대에 뒤떨어지지 않도록 해야 한다는 것을 의미한다. 이것은 왜냐하면 만약 의사나 간호사를 포함한 의료진이 낡은 지식과 기술을 가지고 환자들을 치료할 경우 환자들이 불필요하고도 부당한 해를 입게 되기 때문이다. 안락사나 의료 과오에 대한 윤리적 논쟁의 초점도 악행금지 원칙에 입각하고 있다. 의료 전문인의 진료 방법의 옳고 그름과 관련된 윤리적 논쟁도 악행금지 원칙으로부터 비롯된다. 따라서 의료 전문인들은 가급적 환자에게 해악이 가장 적은 진료 방법을 강구해야 할 책임이 있다.

여기서 우리는 "합당한 진료(due care)"의 기준이 필요하게 된다. 합당한 진료의 기준을 구체적으로 어느 정도 정할 것인가의 물음은 항상 논란의 대상이 되고 있다. 즉 이 기준과 관련해서 의료 전문인이 지닌 의무가 구체적으로 무엇이며, 환자와 관련 당사자가 입은 피해에 대한 긴급한 혹은 장기적인 치료는 어느 정도가 되어야 부당 의료 행위에 속하는가, 의료 전문인이 지녀야 할 기술은 무엇이며, 의료인은 얼마나 근면해야 하는가 등의 질문이 제기된다. 이러한 문제 해결의 관건 중의 하나는 악행금지 원칙이 적용되는 범위가 얼마만큼인가의 파악에 달려있다.

따라서 의료 보건 분야에서 악행금지 원칙과 피해회피 원칙의 요구 사항을 구체화하려는 여러 가지 시도가 이루어진 것은 당연하다. 우리는 그러한 시도와 관련해서 다음과 같은 전통적인 네 가지 구분을 차례로 살펴보고 그것들은 비판적으로 평가하게 될 것이다.

1) 생명유지 치료의 보류와 철회

생명유지 치료(life-sustaining treatment)의 보류(withholding)와 철회 (withdrawing)는 죽음과 관련된 문제의 도덕적, 법적 측면을 다루고 있 다는 점에서 많은 주목의 대상이 되어왔다. 특히 이러한 구분은 안락사 와 임종환자의 관리, 그리고 뇌사와 장기이식의 문제와 밀접하게 연관 되어 있다. 이러한 문제들은 1960년대와 1970년대 이후 생명공학과 의 학의 급속한 발달로 더욱 가중되었다. 가족의 결정에 따라 식물인간 상 태에서 인공호흡기가 제거되었던 캐런 퀸랜(Karen Quinlan) 사례, 수뇌 증과 소뇌증에 이분척추를 가지고 태어남으로써 수술을 즉시 받지 않 으면 죽을 것이고 수술이 성공하더라도 일생을 고통스럽게 살게 될 것 을 인지한 부모가 수술을 거부했지만 생존했던 베이비 제인 도(Baby Jane Doe) 사례, 중환자 상태에서 음식을 거부하고 자발적 안락사를 요 청했으나 병원 측이 강제적 급식을 실행함으로써 논란이 되었지만 최 종적으로는 의사결정 능력이 있는 환자의 치료 거부를 수용하는 쪽으 로 결론이 났던 엘리자베스 보우비아(Elizabeth Bouvia) 사례 등은 큰 사회적 반향을 불러일으킨 바 있다.33)

이러한 의료기술의 비약적인 발달 이전에 인간은 생명연장이 절망적 인 상태에 이르면 곧바로 사망했다. 그러나 현대에는 신의 축복인지 저 주인지는 모르나, 현대 의학 덕분에 생명연장이 가능한 경우가 점점 많 아지게 되었다. 그렇지만 현대에도 여전히 치료로 인해 환자에게 해악 을 더 많이 가져다줄 정도로 삶의 질이 확실히 낮다면 치료를 보류하거 나 중단하는 것이 정당화될 수 있을 것이다. 이러한 상황에서도 일반적 인 도덕 신념에 따르면, 아예 생명유지 치료를 시작하지 않는 보류 (withholding)는 악행에 해당되지 않고, 생명유지 치료를 중간에 그만두 는 철회(withdrawing)는 악행에 해당된다. 그 이유는 치료의 중단과 철 회는 치료 시작의 보류에 비하여 그 미치는 영향이 중대하기 때문이다.

예를 들어, 호흡이 곤란한 환자에게 인공호흡기를 사용하다가 중간에 그 호흡기를 제거하는 철회는 죽음의 원인이 될 수 있는 반면에, 아예 호흡기의 사용을 처음부터 보류하는 것은 하나의 신중하고 사려 깊은 의학적 결정인 것처럼 보인다. 그러나 일부 학자들은 치료의 보류보다 치료의 철회가 더 신중하고 사려 깊은 행동이라고 주장한다. 왜냐하면 치료의 보류는 "구더기 무서워 장 못 담그는" 것에 비유될 수 있기 때문이다. 의사로서 일단 최선의 치료를 하다가 더 이상 그 치료가 의미 없다(futile treatment)는 판명이 날 때는 그만두어도 윤리적으로 문제가 없을 뿐만 아니라 양심에 어긋나는 행동이라고 볼 수는 없을 것이다. 치료의 중단도 인공호흡기의 배터리 충전을 안 하거나, 혹은 음식 공급 튜브로 음식을 공급하지 않는 것과 같은 부작위와 보류에 의해 일어날 수도 있다. 어떤 경우에는 다음 단계의 치료 보류 결정이 치료 중단이나 마찬가지인 상황도 많다. 실제로 병원에서의 의료 행위는 하나의 연속선과 여러 국면을 이루고 있으므로 한 단계에서 다음 단계로의 이행 보류를 치료의 철회로 볼 것인가, 아니면 치료의 보류로 볼 것인가 하는 문제가 발생한다.

다른 측면에서 보면 치료의 중단(stopping)보다 오히려 치료의 보류가 도덕적인 부담이 더 큰 경우도 있다. 대부분 의료 행위는 치료를 시작한 연후에야 적절한 진단과 예후 파악이 가능하므로 환자에게 적절한 치료가 무엇인지를 비로소 결정할 수 있다. 치료를 보류하는 것은 아예 처음부터 이를 거부하는 것(not starting)이기에 비윤리적이고 환자에게 궁극적인 해악을 끼치게 될 수도 있기 때문이다.34)

미국의 경우 1983년 대통령 직속 "윤리문제 연구 자문위원회"는 치료를 처음부터 시작하지 않는 것과 치료를 중단하는 것 자체는 흔히 생각하는 것처럼 그 자체로서 중요한 도덕적 구분이 아니라는 것을 지적한 바 있다. 치료의 보류에 적합한 정당화의 조건은 동시에 치료의 중단과 철회에 관한 충분조건이 된다는 것이다. 더 나가서 위원회는 치료의 시작과 유지에 관해서 높은 요구 조건과 기준을 설정하는 것은 때로는 성공할 수도 있는 중환자의 치료에 대한 시도를 아예 처음부터 봉쇄하는 결과를 자아내고, 이것은 결국 환자들 모두에게 손해가 될 수 있다는 것을 밝힌다. 위원회는 증언을 통해 많은 의사들이 이분척추(spina bifida) 장애 신생아의 치료를 (어떤 신생아들은 비록 일생을 심한 불구와 신체 장애아로 살아야 하지만 적극적인 초기 치료를 통해 증세가 호전될 수 있음에도 불구하고 치료가 시작되었지만 성공하지 못한 신생아들의 치료 중단에 대한 부담 때문에) 시작하기 꺼리는 이유가 이러한 상황과 밀접하게 연관되어 있음을 밝힌다.35)

또한 그 반면에 치료의 중단에 관한 높은 요구 조건은 환자에게 무의미한 치료가 될 수 있는 상황을 연장시키는 경우를 빈번하게 발생시킴으로써 환자 본인과 주위에 적극적인 해악을 끼치게 된다는 점도 지적된다. 그래서 미국의 일부 주 법원에서는 "치료의 효과가 없다고 판명 나면 의사는 그 치료를 계속할 의무가 없다"고 판결하였다. 치료의 중단은 치료의 포기로 무조건 비난되어서는 안 된다. 무의미한 치료의 연장은 또한 의료 분배의 문제도 야기한다. 의약품과 의사의 수는 한정되어 있고 현실적으로 환자의 수요가 공급을 초과할 경우, 의약품과 의사의 기술을 어떤 한 환자에게 한정하는 것은 다른 환자들의 건강권과 진료권을 침해하는 결과를 가져온다.

의사의 본질적 임무가 치료라는 점을 감안하면, 치료의 중단과 보류라는 행위(action)와 부작위(inaction, omission)가 환자의 치료와 그 결과에 어떤 상관관계가 있는지를 물어야지, 단순한 이분법적 분류는 도움이 되지 않을 것이다. 치료의 중단이나 보류에 대한 결정은 환자의 이익과 소망, 환자 가족들의 의견, 그리고 의사의 전문적 지식에 따른 권고가 균형을 이루어 신중하게 내려져야 할 것이다.

2) 특수치료와 일상치료

특수치료(extraordinary treatment)와 일상치료(ordinary treatment)의 구분은 생명유지 치료의 보류와 중단의 문제, 그리고 안락사와 존엄사, 죽이는 것과 죽게 방치하는 것의 문제와 밀접하게 연관되어 있으므로, 생사문제에 관련된 어려운 의학적 결정을 내리는 데 중요한 지침이 되는 것으로 간주되어왔다. 특히 의사결정 능력이 없는 환자의 경우에는 생명유치 치료의 중단에 관련된 사법적 판결의 근거가 되어왔다.36) 제럴드 켈리(Gerald Kelly)의 정의에 따르면, "생명을 보존하려는 일상치료 수단은 지나친 비용이나 고통 혹은 다른 불편함을 야기하지 않으면서 획득되거나 사용될 수 있으므로 환자에게 치료의 이득에 관한 합당한 기대를 주는 모든 의약품, 치료 및 수술을 지칭한다." 반면에 "생명을 보존하려는 특수치료 수단은 지나친 비용이나 고통 혹은 다른 불편함을 야기하지 않고서는 획득되거나 사용될 수 없고, 설사 사용된다고 해도 환자에게 기대한 바의 합당한 효과를 주지 못하는 모든 의약품, 치료 및 수술을 지칭한다."37)

이러한 특수치료와 일상치료의 구분은 일반적 의료 관행, 법정 판결, 로마 가톨릭교회 등에 의해서 지지되고 있다. 즉 의료 전문인은 후자의 의무는 있지만 전자의 의무는 없다고 간주된다. 의사는 일상치료를 해야 할 의무를 지니나 특수치료를 해야 할 의무를 지니지 않는다. 즉 특수치료를 수행하지 않는 것은 악행에 해당되지 않으나, 일상치료를 수행하지 않는 것은 악행에 해당된다. 특히 로마 가톨릭교회는 이 구분을 의미 있게 받아들인다. 그래서 환자 자신이 일상치료의 거부로 사망한 경우는 자살(자의적 적극적 안락사)에 해당되지만 특수치료를 거부하여 죽으면 그렇지 않은 것(자의적 소극적 안락사)으로 간주된다. 그런데 의사가 일상치료를 하지 않음으로써 환자가 사망한 경우는 살인(한 예로 응급환자에 대한 의료 태만 혹은 치료 포기, 말기 중환자가 치료

받기를 원하는 경우에는 반자발적 적극적 안락사, 말기 중환자가 의사 결정 능력이 없을 경우에는 비자발적 적극적 안락사)에 해당된다. 1973년 미국 의사협회(American Medical Association)는 의도적으로 환자의 생명을 끊는 것은 허용될 수 없는 반면에 생물학적 죽음을 목전에 두고 있다는 확고한 증거가 있는 경우 환자의 생명을 연장시켜주는 특수치료 수단을 사용하지 않는 것은 허용될 수 있다는 전통적인 견해를 수용한 바 있다. 이것은 적극적 안락사는 허용될 수 없지만 소극적 안락사는 허용될 수 있다는 입장으로 이해된다. 임종식의 『생명의 시작과 끝』에서는 (1) 생명을 단축시키는 특수수단을 사용하는 경우: 독극물 주입, (2) 생명을 연장시키는 일반수단을 사용하지 않은 경우: 음식물 투여 중단, (3) 생명을 단축시키는 일반수단을 사용하는 경우: 마약성 진통제의 반복적 투여, (4) 생명을 연장시키는 특수수단을 사용하지 않는 경우: 식물인간의 경우 인공호흡기 제거 중 처음 두 경우는 적극적인 안락사로, 나머지 두 경우는 소극적인 안락사로 분류하고 있다. 그러나 이러한 구분이 가능하기 위해서는 특수치료 수단과 일상치료 수단에 대한 구분이 언제나 명확하게 제시되어야만 한다.[38]

그러나 이 두 치료의 구체적이고도 실질적인 구분은 몇몇 경계가 분명한 경우를 제외하고는 매우 어렵다. 의술의 발달에 따라 특수치료에 속한 의술이 일상치료가 되는 상황이 빈번하게 발생한다. 의학과 생물 유전공학의 급속한 발전은 금년에는 특수치료이었던 것을 그 다음해에는 일상치료로 만들기도 한다. 반면에 심장수술과 같은 치료 행위는 매우 비용이 많이 들고 고통스러울 뿐만 아니라 불편하기도 하지만 여전히 특정한 병을 치료할 수 있는 표준적인 방법이 되었다. 그런데 의학적 관점에서의 표준적인 치료가 윤리적 관점에서 일상적인가 특수적인가의 문제가 제기될 수 있다. 의학적 관점에서 일상치료는 특정한 병에 대한 표준적인 치료 요법이거나 공인된 치료 요법이다. 혹은 특정한 병을 치료하는 데 일상적으로 예상되는 치료 방법이다. 그래서 의사가 그러한 일반적이고 관례적이고 표준적이고 공인된 치료 요법을 상회하는 영웅적이고 비관례적인 치료를 할 경우 특수치료가 된다. 그러나 의학적 관점과 의료 관행에서의 이러한 특수치료와 일상치료의 구분은 도덕적 구분에 기본 골격을 제공해주기는 하지만 결정적인 것이 아니다. 한 예로 재벌 2세와 소녀 가장이 비용은 많이 들지만 위험이나 고통이 크게 따르지 않는 수술을 통해 치료할 수 있는 동일한 질병을 앓고 있다고 가정해보자. 재벌 2세의 경우에 그 수술은 일상치료인 반면 소녀 가장에게는 특수치료일 수밖에 없다. 만약 의료복지가 잘 발달되어 국가가 수술비를 대준다면 소녀 가장에게도 그 수술은 일상치료가 될 것이다. 물론 재벌 2세의 경우에도 높은 비용을 감당할 수 있지만 위험이나 고통이 따르는 다른 수술은 여전히 특수치료가 될 것은 당연한 일이다. 이러한 논의를 통해서 우리는 단순한가 복잡한가, 자연적인가 인위적인가, 비용이 많이 드는가 그렇지 않은가, 관례적인가 영웅적인가 등에 관련된 특수치료와 일상치료의 구분은 절대적이 아니고 시간과 상황에 따라 변하는 상대적인 구분이라는 것을 인식해야 할 것이다.39)

의료 관행에 관련된 또 다른 문제를 살펴보기로 하자. 의료 전문직에 종사하는 사람들의 임무는 환자들을 치료하고, 건강을 회복시키고, 생명을 보존하는 일이다. 따라서 의료 전문직에 종사하는 사람들은 모든 병을 치유하기 위해서 가능한 한 모든 방법을 강구하려는 경향이 있다. 즉 생명을 유지하기 위한 특수치료 수단에 의존하게 되는 경향이 크다. 사회 부유층도 의료소비에서의 특수치료 수단을 추구하려는 성향이 강하다. 김일순 예방의학 의사와 미국의 의료윤리학자 니콜라스 포션(Nicholas Fotion)은 이러한 경향과 성향은 의학 발전에 공헌을 하기도 하지만 의료 수가의 상승을 가져오고, 또한 의학의 급속한 발전과 특수치료 수단에의 지나친 의존은 의인성(iatrogenic) 질환 혹은 기술인성(technogenic) 질환을 낳게 된다고 지적하고 있다.40)

1983년 미국 대통령 직속 "윤리문제 연구 자문위원회"는 어떤 치료가 특수적인가 일상적인가의 구분이 환자가 그것을 수용해야만 하는가 아니면 거부해야만 하는가를 결정해서는 안 된다고 권고하고 있다. 왜냐하면 그러한 구분은 관례성(usualness), 복잡성(complexity), 침습성(invasiveness), 인공성(artificiality), 비용(expense), 그리고 치료의 유효성(availability of care) 등 상충되고 애매모호한 요소들에 근거하여 혼란스럽게 사용되어왔기 때문이라는 것이다. 그러나 만약 그 구분이 그 고유한 의미, 즉 종합적으로 고려해볼 때 한 상황에서 어떤 치료가 환자에게 주는 부담이 그 이득에 비해서 너무 큰 것이 아닌가를 각 요소의 상대적 가중치를 고려하여 결정하는 것을 의미한다면 최소한 유용한 개념이라는 것은 인정되고 있다. 위원회는 최종적으로 의료 정책에 대한 공공적 논의는 어떤 치료가 일상적인가 특수적인가를 단순하게 카테고리화하는 것에 의거해서는 안 되고, 오히려 어떤 치료에 대한 찬성과 반대 논변의 정당한 근거에 의거해야 한다는 것을 권고한다.41) 이러한 "정당근거적 접근방식(good reasons approach)"은 우리가 이번 항 말미에서 논의하게 될 비용편익 분석에 근거한 선택적 치료와 의무적 치료의 구분으로 나타나게 된다.

3) 의도한 결과와 단순히 예견한 결과

(1) 이중결과의 원리의 적용과 그 문제점들

의료 행위에서 자주 발생하는 상황 중의 하나는 계획된 의료 행위가 두 가지 결과나 효과, 즉 하나는 좋고 하나는 나쁜 결과나 효과를 갖는 경우이다. 전자는 합법적이며 또한 우리가 성취하고자 하는 결과이다. 반면에 후자는 해악이며 우리가 의도하지 않은 효과이나, 전자와 분리할 수 없는 결과이다. 이러한 구분의 근거는 의도한 결과(intending effects)와 단순히 예견한 결과(merely foreseeing effects)는 도덕적으로 차이가 있다는 신념이다. 이러한 신념을 정식화한 것이 자연법 사상과 로마 가톨릭교회 전통에서 유전되어 의무론적 윤리체계에서 널리 수용되고 있는 이른바 "이중결과의 원리" 혹은 "이중효과의 원리(the principle of double effect)"이다.42) 이중결과의 원리는 모든 의료 행위가 갖는 양면성으로 인해 중요한 의미를 지닌다. 즉 모든 의료 행위는 긍정적인 결과와 부정적인 결과를 아울러 지닌다. 이때 의사가 선한 결과를 의도하였는데, 그 치료 행위로 인해 불가피하게 악한 결과가 부작용(side effects)으로 발생한다면 의사는 그 악행에 대해 책임이 없다는 것이 이중결과의 원리 옹호론자들의 해명이다. 이중결과의 원리는 부작용이 있는 약을 복용하는 것에서부터 고통과 심각한 후유 장애가 따르는 모든 수술과 보다 중대한 치료적 임신중절, 생명의료적 실험, 안락사, 의사 조력 자살 등 생사의 문제를 허용하거나 금지하는 도덕적 구분의 중대한 근거와 이유로서 제시되고 있다. 이중결과의 원리는 또한 피해보상과 처벌이 따르는 민법 및 형법과 아울러 민간인의 살상이 필연적으로 따르는 전략적 폭격의 경우를 옹호하거나 거부하는 전쟁윤리의 주요한 원리로서 원용되고 있다.43) 우리는, 비록 전쟁윤리에서 이중결과의 원리에 대한 논의가 직접적인 관련은 없지만 이중결과의 원리가 다양한 방면에 어떻게 적용되는지를 살펴봄으로써 그것에 대한 이해력을 증진할 수 있을 것이다. 형사법에 있어서 타인을 죽이려고 직접적으로 의도하지는 않았지만 단순히 예견한 결과로서 발생하게 될 살인을 인지하고 용인(容認)하였다면 미필적 고의에 의한 살인죄로 인정된다.44)

이중결과의 원리는 다음과 같이 정식화된다. 이중결과의 원리는 하나의 도덕원칙으로서 다음과 같은 일정한 조건이 만족되었을 때 하나는 좋고 하나는 나쁜 두 가지 결과를 갖는 행위를 수행하는 것이 합당하다고 규정한다. (1) 행위의 본래적 성질(intrinsic quality of the act): 행위 자체가 도덕적으로 선한 행위이거나 적어도 중립적인 행위이어야 한다. (2) 의도(intention): 행위자의 의도가 나쁜 결과에 있지 않고 좋은 결과에 있어야 한다. (3) 인과성(causality): 좋은 결과는 나쁜 결과의 수단이 되어 얻어져서는 안 된다. (4) 비례성(proportionality): 좋은 결과와 나쁜 결과는 그 중요성에서 비례적 균형이 잡혀야 한다.45)

첫째 조건은 우리는 결코 악을 행해서는 안 된다는 근본적인 도덕원리를 확인시켜준다. 그리고 어떤 행위가 좋은 결과를 낳는다고 해서 반드시 그것만으로 어떤 행위가 정당화되지 않는다는 비결과주의적 입장이 개진되고 있다. 둘째 조건은 이중결과의 원리의 핵심이다. 우리는 바람직하지 못한 결과를 단순히 예측할 뿐이지 그것을 의도하지 않으며 단지 그것을 선한 결과를 위해서 용인하는 것뿐이다. 형사재판에서도 범행 의도(*mens rea*)는 판결에서 가장 중요한 요소가 된다. 의도적 살인은 정당방위에 의한 살인이나 우발적 살인 혹은 과실치사보다 더 나쁘다. 셋째 조건은 나쁜 결과가 좋은 결과를 낳는 수단이 되어서는 안 된다는 것을 말한다. 이는 목적이 수단을 정당화시켜주지 못한다는 전통적인 도덕원리를 재진술해주고 있다. 넷째 조건은 어떤 행위가 나쁜 결과를 낳음에도 불구하고 그 행위를 수행할 경우 그에 상응하는 불가피할 만큼 중대한 균형 잡힌 이유가 있어야만 한다는 것이다. "인간을 대상으로 한 생체의학 연구에 대한 권고"로 1964년 제정된 세계의사회 「헬싱키 선언」이 그 기본원칙 제4조에 "인체를 이용한 생체의학 연구는 그 실험의 중요성이 적어도 피실험자가 받는 위험성에 비하여 월등하지 않는 한 합법적으로 수행될 수 없다"고 규정한 것은 좋은 사례이다.46) 이 조건은 우리 속담을 원용하면, "구더기 무서워 장 못 담가도 안 되지만, 빈대 잡으려고 초가삼간 다 태워도 안 된다"는 것이다.

이 조건은 특히 다음의 세 가지 요소를 포함하고 있다. (1) 선과 악을 계산할 경우 선이 적어도 악과 동등하거나 혹은 악을 상회해야만 한다. (2) 현재 우리가 의도하는 결과를 얻기 위한 덜 해로운 방법이 없다. (3) 현재 어떤 가치를 보호하기 위해서 의도한 결과와 방법이 미래에 그 가치를 해치는 것이 되어서는 안 된다. 즉 우리는 현재의 절박한 문제에 대한 특정의 해결책을 얻기 위해서 지름길로 가고 싶은 유혹을 받으나, 장기적인 관점에서는 그 기반을 무너뜨리는 시발점이 되어서는 안 된다는 것이다. 항생제 오남용은 한 사례가 될 수 있을 것이다. 물론 이것은 흔히 "미끄러운 언덕 논증(slippery slope argument)"으로 총칭되는 발단 논증인 "쐐기 논증(wedge argument)"과 "도덕적 퇴행 논증(morally regressive argument)"에 관한 보다 복잡한 논의가 필요한 것도 사실이다.47)

이렇게 명확하게 규정된 이중결과의 원리가 적용된다면, 생사가 달린 문제를 명확하게 판정할 수 있는 이점이 있는 것처럼 보인다. 예를 들면 이중결과의 원리의 네 가지 조건들이 만족될 경우, 나쁜 결과가 도덕적 지위를 지닌 인간의 죽음이라는 간접적 살인에 해당한다고 해도 허용될 수 있다는 것이다. 예를 들어 산모가 자궁암에 걸려 생명이 위독한 경우 산모의 생명을 구하려는 의도로 자궁암 수술을 하는 것은 도덕적으로 허용 가능하다. 이 경우 자궁암 수술은 그 자체로 보면 결코 허용 불가능한 치료는 아니며, 또 태아의 죽음이 산모를 살리기 위한 수단인 것도 아니다. 나아가서 비록 태아의 죽음이 예견되긴 했지만, 의사는 단지 산모의 생명을 구하는 것을 의도하였으며, 산모 생명이라는 선한 결과가 태아의 죽음이라는 나쁜 결과를 능가하고 있다. 따라서 우리는 이중결과의 원리의 네 가지 조건을 만족시키므로 자궁암 수술에 따른 임신중절을 허용 가능한 것으로 로마 기독교 전통에서도 인정하고 있는 이유를 잘 추론할 수 있을 것이다.48)

그러나 이중결과의 원리에 대한 윤리학적 논란과 실제적 적용에 있어서의 반론이 제기되고 있는 것도 사실이다. 이중결과의 원리는 행위와 결과의 구분과 의도한 결과와 의도하지 않았으나 예견된 결과의 구분을 통해 인간의 살인은 어떤 경우에도 불가하다는 절대주의적 강직성에서 자연법 사상과 로마 기독교적 전통과 의무론적 윤리설을 해방시킨 측면이 있는 것도 사실이다. 그러나 행위의 동기 내지 의도를 중시하는 이마누엘 칸트(Immanuel Kant)의 의무론적 윤리설과는 달리 최대다수의 최대행복을 추구하는 공리주의는 한 행위의 행복과 불행에 대한 결과(효용)를 중요한 요소로 간주하여 그 결과에 따라 행위를 평가한다. 따라서 공리주의자들은 의도했든 의도하지 않았든 우리가 나쁜 결과를 피해야 할 도덕적 의무를 지닌다고 주장한다. 그리고 한 행위의 옳고 그름은 그것에 대한 총체적인 효용 결과 계산을 통해서만 결정된다고 주장한다.49)

공리주의자들의 주장에도 일리는 있다. 특히 행위와 그 결과가 밀접하여 그 결과가 그 행위의 필연적 산물인 경우 행위와 결과를 엄밀하게 구분하기 어려울 것이다. 또한 이러한 경우에는 악한 결과를 낳은 행위가 선한 결과를 낳기 위한 불가분의 수단이 될 가능성이 높다. 이중결과의 원리에서 가장 논란이 되는 것은 행위와 그 결과의 구분보다 행위의 의도에 대한 구분일 것이다. 이중결과의 원리는 예상한 결과와 예상하지 못한 결과 중 예상한 결과만을 염두에 두고 그것을 다시 의도한 결과와 단순히 예견한 결과로 구분하는 셈이다. 그러면 예견하지 못한 결과는 어떻게 될 것인가? 한 행위의 예견하지 못한 결과로 타인에게 중대한 피해를 입힌 경우 이를 단순히 의도적인 결과가 아니기 때문에 그 행위는 도덕적으로 허용 가능하다고 하기에는 논란의 여지가 많다. 예견치 못한 (혹은 보다 정확하게는 적어도 합리적으로 예견할 수 있는) 돌발 사고를 잘 대처하지 못한 의사는 그 책임을 완전히 피할 수 없다는 주장은 충분한 도덕적, 법률적 근거를 가지고 있다. 의료 전문인은 그들이 선택한 의료 행위에 대한 모든 결과를 고려하지 못한 과오에 대해서 이중결과의 원리를 통해서 면책받을 수 없다. 의료 전문인은 의도한 결과만이 아니라 모든 합리적으로 예견 가능한 결과에 대해서도 책임을 져야만 한다. 물론 이러한 비예견적 결과가 합당한 진료를 다했다는 조건 아래 발생했다면 그것은 물론 면책이 될 것이다.

더 나아가서 우리는 의도한 좋은 결과와 의도하지는 않았지만 예견된 나쁜 결과가 과연 구분 가능한가를 물을 수 있다.50) 이론적으로는 가능할 수 있다고 해도 위의 자궁절제술에 따른 임신중절 사례에서 우리는 산모가 무엇을 의도하고 있었는지를 객관적으로 확인할 방법이 없다. 산모는 태아의 죽음을 의도하고, 자궁암 치료를 단지 예견할 수도 있다. 더욱이 태아의 죽음이 현대 의술로는 불가피했다면, 결국 태아의 죽음은 산모의 생명을 구하기 위한 불가피한 수단이 아닌가 하는 반론이 가능하다. 공리주의자들은 의도에 대한 구분이 현실적으로 어렵다면, 오히려 총체적인 비용편익 분석에 따라 행위를 평가하는 것이 더 합리적이라고 주장한다. 만일 예견된 결과가 아무리 나쁘더라도 그것이 이중결과의 원리 네 가지 조건을 충족시킨다면 언제나 정당화된다고 할 때, 수많은 피해가 이중결과의 원리라는 미명하에 정당화될 가능성도 얼마든지 있는 것이다.51)

이중결과의 원리는 이렇게 본다면 상이한 두 결과가 얽히는 모호한 상황을 분석할 수 있는 방법을 제공해주기는 하지만, 그 모호성을 완전히 제거해주지는 못할 것이다. 뿐만 아니라 그것은 우리가 행동하기에 앞서서 필연적으로 일어나는 우리의 양심의 소리를 의미심장하게 경청하여 그 행동에 대해서 심사숙고해야 한다는 도덕적 의무를 면제해주지는 못할 것이다.

(2) 정의전쟁론에서 이중결과의 원리

저명한 정의전쟁론자 마이클 월저(Michael Walzer)의 전쟁 수행의 정의에서 생명과 자유에 대한 권리는 준거적인 역할을 한다.52) 월저는 그것을 "근본적 원칙(fundamental principle)"이라고 말하면서 다음과 같이 요약한다: "자기 자신의 스스로의 행위에 의해서 권리를 포기하거나 혹은 상실하지 아니하고서는, 어느 누구도 싸우도록 강요되거나 자신의 생명에 대한 위험을 무릅쓰도록 강요되어서는 안 되며, 어느 누구도 전쟁이나 적대적인 행위에 의해서 위협받아서는 안 된다."53) 이러한 인권에 관한 근본적인 원칙으로부터 군인에 대한 무력 사용의 허용과 민간인에 대한 무력 사용의 금지가 도출된다. 첫 번째 전쟁 규약은 "일단 전쟁이 시작되면, 군인은 (그들이 부상당하거나 잡히지 않는 한) 언제든지 공격당할 수 있다"는 것이다. 즉 "군인은 전쟁에 참여함으로써 적군을 죽일 수 있는 권한도 가지지만 동시에 자신의 생명에 대한 권리도 포기하게 된다는 것이다."54) 두 번째 전쟁 규약은 "비전투원은 언제든지 공격을 받아서는 안 된다"는 것이다. 이러한 두 규약은 전투원과 비전투원에 대한 구분 혹은 차별(discrimination)의 원칙과 전투에서의 비전투원의 면책성 혹은 면제성(noncombatant immunity)의 원칙을 말한 것이다. 그러나 통상 전투에서는 이러한 구분의 원칙과 비전투원의 면제성의 원칙이 지켜지지 않는 경우가 비일비재하다. 그것은 전투 행위에서 불가피하게 발생하는 민간인에 대한 "부수적 피해" 혹은 "부대적 살상(collateral damage)"이 발생하기 때문이다.55)

이러한 경우와 관련해서 월저는 "이중결과의 원리(the doctrine of double effect)"를 다룬다.56) 이중결과의 원리는 민간인에 대한 피해를 야기하는 전투 행위는 그러한 나쁜 결과를 직접적으로 의도한 것이 아니라면 정당화될 수 있다는 것이다.57) (1) 그 행위는 전투의 목적으로 볼 때 그 자체로 혹은 적어도 중립적인 것으로서 적법한 전투 행위여야 한다. (2) 그 직접적인 결과인 군수물자의 파괴나 적군의 살상은 도덕적으로 수용될 수 있는 것이어야 한다. (3) 행위자의 의도가 좋아야 한다. 즉 그는 오직 수용될 수 있는 결과만을 목표로 해야 한다. 나쁜 결과가 그러한 목적의 하나여도 안 되고, 그러한 목적의 수단이어도 안 된다. (4) 좋은 결과는 나쁜 결과를 벌충할 만큼 충분히 커야 한다는 비례성의 원칙을 만족시켜야 한다. 그러나 월저는 민간인에 대한 의도하지 않았지만 예상할 수 있는 나쁜 결과는 비록 비례성의 원칙의 제약 속에 있기는 하지만 그러한 제약은 약한 것이기 때문에 이중결과의 원리는 모든 전쟁 행위, 심지어 원자폭탄 투하에 대한 "포괄적 정당화

(blanket justification)"를 제공해줄 수 있는 위험성도 있다고 지적한다.58) 또한 결국 민간인에 대한 사상자가 발생했다면 그것이 직접적인 의도나 결과에서 나왔든지 혹은 간접적인 의도나 결과에서 나왔든지 간에 결국은 마찬가지가 아닌가 하는 냉소적 비판도 무시할 수 없다는 것이다.59) 즉 직접성과 간접성의 구분을 통해 수단과 부수적 결과를 구분하는 것이 과연 타당한가 하는 점에서 그간에 많은 우려가 제기되었다.60)

월저는 여기서 이중결과의 원리를 보완하는 방책을 강구한다. 즉 발생하는 두 결과가 다음과 같은 이중적 규정의 산물이어야 한다는 것이다. 좋은 결과가 발생해야만 하고, 예상할 수 있는 나쁜 결과가 가능하면 축소되어야 한다. 즉 월저는 이중결과의 원리에서의 세 번째 조항을 보다 강화한다: "행위자의 의도가 좋아야 한다. 즉 그는 오직 수용할 만한 결과를 엄밀히 목표로 정해야 한다. 나쁜 결과가 그러한 목적의 하나여도 안 되고, 그러한 목적의 수단이어도 안 된다. 발생할 나쁜 결과를 염두에 두고, 자신에 대한 손해를 수용하면서 그것을 최소화할 수 있도록 해야 한다."61) 이러한 보완을 거쳐 월저는 "만약 민간인을 살리기 위해서는 군인의 생명에 대한 위험을 무릅써야 된다면 그러한 위험은 감수되어야 한다"고 강조한다.62) 예를 들면, 군사목표에 대한 폭격의 정확도를 높이고 민간인에 대한 살상을 줄이기 위해서 전투기가 대공포에 맞을 위험이 높은 저공비행을 해서 폭격하는 것을 생각할 수 있다는 것이다. 또한 여기서 우리는 전략 폭격 목표만을 정확히 타격하는 스마트 폭탄의 개발도 필요할 것이라고 덧붙일 수 있다.

그러나 이렇게 수정된 이중결과의 원리에 대해서도 심각한 비판이 제기되고 있다. 즉 월저가 배척하려고 했던 효용의 결과 계산에 의존하는 공리주의의 입장과 월저의 권리준거적 정의전쟁론은 결국 그 구별이 모호해진다는 것이다. 그리고 이중결과의 원리는 적어도 정의로운 전쟁을 수행하는 교전 당사국이 비례성의 원칙을 지킬 때만 적용 가능한 것이지, 침략전쟁을 일으킨 당사국이 침략전쟁의 승리를 위해서 사용할 수는 없다는 것이다.63) 이것은 전쟁 개시의 정의와 전쟁 수행의 정의를 분리해서 고려하는 월저의 입장에 심각한 타격을 가하는 것처럼 보인다. 그러나 월저는 "전쟁의 딜레마"라고 지적한 "점진적 연동 규칙(the sliding scale rule)", 즉 "[전쟁] 명분의 정의가 더 크면 클수록 그러한 명분을 위해서 더 많은 규칙을 위반할 수 있다"는 가능성을 심각하게 제시하고 있다.64)

월저는 가장 고전적인 전면전의 형태인 도시나 성 전체를 포위하거나 봉쇄하는 것이 이중결과의 원리에 의해서 정당화될 수 없다고 주장한다. 왜냐하면 그것은 전투병이나 민간인을 불문하고 인구 전체에 대해서 명시적이고 의도적인 위협과 해악을 가하려고 시도하기 때문이다.65) 월저는 전통적 테러리즘도 언급하고 있다. 테러리즘은 민간인에 대한 무차별적 살상으로서 전쟁의 정책적 책임이 있는 정부 관료와 전투병과 아무런 책임이 없는 민간인에 대한 도덕적 구분의 원칙을 위배하는 것으로 본질적으로 부정의한 것으로 간주된다.66)

4) 죽이는 것과 죽게 방치하는 것

죽이는 것(killing)과 죽게 방치하는 것(letting die) 사이의 전통적인 구분은 남에게 해악을 행함과 해악이 일어나도록 내버려둠 사이의 구분으로서 악행금지 원칙이 선명하게 적용되는 것으로 널리 간주되어왔다. 그 구분의 논리적, 윤리적 근거는 행위(작위, action, commission)와 부작위(inaction, omission)의 구분을 죽임의 물음에 적용시킨다는 것이다. 행위란 적극적으로 무엇을 행함을 의미하고, 부작위는 소극적으로 무엇을 행하지 않음을 의미한다. 대체로 행위로 인한 결과에 대해서는 그 행위자가 책임을 지지만, 부작위로 인한 결과에 대해서는 책임을 지지 않는다는 것이 죽이는 것과 죽게 방치하는 것의 전통적 구분에 관련된 신념이다. 이렇게 되면, 적극적인 행위를 통해 죽이는 것은 살인에 해당되는 악행이나, 소극적으로 죽도록 방치하는 것은 악행에 해당되지 않는다고 말할 수 있는 상황이 의료 현장에서 발생하게 된다.[67]

죽이는 것과 죽게 방치하는 것의 차이는 특히 적극적 안락사와 소극적 안락사를 구분하는 결정적인 근거가 된다고 간주되어왔다. 이미 우리는 특수치료와 일상치료에 관련해서 그러한 구분을 언급한 바 있다. 죽이는 것과 죽게 방치하는 것의 차이가 안락사의 허용 범위를 결정짓는 배경이 된다고 믿는 사람들은 죽게 방치하는 행위는 죽이는 행위와는 달리 도덕적으로 허용될 수 있다는 입장을 취한다. 이러한 입장에 따르면, 독극물을 투여하여 환자를 죽이는 적극적 안락사의 경우는 허용될 수 없지만, 인공호흡기를 제거하거나, 회복될 가망이 없는 폐렴 환자에게 항생제를 투여하지 않는 것 등은 환자를 죽게 방치하는 경우이므로 소극적인 안락사의 범주에 속하게 된다. 1973년 미국 의사협회는 의사가 환자의 죽음을 의도하는 적극적 안락사와 환자의 죽음을 의도하지 않는 소극적 안락사를 구분하고 소극적 안락사만을 옹호하는 전통적 견해를 수용한 이래, 각국에서 적극적 안락사는 허용되지 않고 있는 실정이다.

일부 반대자들은 이 구분이 도덕적으로 무의미하다고 주장하기도 한다. 왜냐하면 동기와 결과가 동일할 수 있기 때문이다. 예를 들어, 제임스 레이첼스(James Rachels)는 아들이 부모의 유산을 노려 화장실에서 넘어진 아버지를 병원으로 옮기지 않아 죽게 방치하는 것이나, 적극적으로 아버지를 살해하는 것은 윤리적인 관점에서 보아 구분 불가능하다고 주장한다. 따라서 그는 우리가 소극적 안락사를 수용할 수 있다면, 적극적 안락사도 수용해야 된다고 주장한다.[68] 그러나 이에 대해서 필리파 풋(Phillipa Foot)은 죽이는 것과 죽게 방치하는 것 사이의 도덕적 구분이 가지는 도덕적 중요성은 다른 것들이 동일하다면 어떤 사람을 죽이는 것이 어떤 사람을 죽게 허용하는 것보다 더 나쁘다는 데 있어야만 한다는 것으로 응수한다. 풋은 따라서 레이첼스의 주장이 의료 현장에서 적극적 안락사와 소극적 안락사의 구분을 무의미하게 만드는 것은 아니라고 강변한다.69) 전통적 구분의 옹호자들은 적극적 안락사를 허용할 경우에 야기될 "미끄러운 언덕 논증(slippery slope argument)"에 따른 생명경시 현상과 사회적 신뢰의 상실 등 사회적으로 유해한 결과를 든다.70) 더 나아가서 그들은 다른 사람의 생명을 직접적으로 해했을 때의 도덕적 죄책감이 더 크다는 심리적 사실에 의거한 인간의 법감정과 도덕 감정에 호소하면서 그 구분을 옹호하려고 한다. 또한 그들은, 자신이 고안한 기계와 약물을 제공하여 환자가 자살하게 하거나 혹은 자신이 직접 약물을 투입함으로써 환자를 안락사시켜 큰 사회적 파장을 일으킴으로써 의사 조력 자살의 대명사가 된 잭 케보키언(Jack Kevorkian) 사례는 적극적 안락사가 왜 허용될 수 없는가를 잘 말해주고 있다고 주장한다.

1983년 미국 대통령 직속 "윤리문제 연구 자문위원회"는 행위(작위)와 부작위의 구분을 통해 죽이는 것과 죽게 방치하는 것을 구분하는 것에 상당히 유보적인 평가를 내린다. 위원회는 물론 치료를 보류하거나 생략하여 죽음을 허용하는 모든 의료 행위가 수용될 수 있는 것은 아니지만, 환자나 그 대리인이 그러한 선택을 한 경우 도덕적으로 수용되고 그것은 살인법에 저촉되지 않는다는 것을 인정한다. 또한 독극물을 투입하는 적극적 안락사가 도덕적, 법적으로 심각하게 부당한 일임도 인정하고 있다. 그럼에도 불구하고 위원회는 행위(작위)와 부작위(행위의 보류, 생략, 포기)의 단순한 차이가 결코 무엇이 도덕적으로 바람직한 행위인가를 결정해주지 못한다고 지적한다. 오히려 어떤 특정한 행위나 부작위의 도덕적 수용 가능성은 다른 중대한 고려 사항들, 즉 달성해야 할 이익과 예상되는 피해의 균형, 죽어가는 사람에 대한 다른 사람들의 의무, 행위와 부작위의 구분에 관련된 위험성, 결과의 확실성 등에 의해서 평가되어야 한다고 권고한다. 특히 위원회는 행위와 부작위의 구분은 도덕적 책임에 대한 타당하지 못한 다음과 같은 신념을 전제하고 있다고 비판한다. (1) 인간의 행위는 현재 진행되고 있는 사태의 진행에 대한 하나의 간섭, 개입, 혹은 관여(intervention)이다. (2) 부작위는 관여가 아니다. (3) 인간은 직접 관여한 것만 책임이 있다. (혹은 인간은 적어도 의도적인 관여에 의도적인 부작위보다 더 큰 책임을 진다.) 이러한 도덕적 책임에 대한 신념은 "간섭", "개입", 혹은 "관여"의 개념에 대한 애매모호성에 근거하고 있기 때문에 매우 박약하다는 것이다. 예를 들면 어떤 사람은 불관여(회복 불능 상태 시 생명연장장치의 거부, 심폐소생술의 거부) 계획의 일환으로 한 행위(문서화된 당부나 유언)를 취할 수 있다. 따라서 사태의 진행 방향은 관여만이 아니라 불관여에 의해서도 얼마든지 바뀔 수 있는 것이다. 아무런 조치를 취하지 않는 것도 분명히 어떤 조치를 취하는 것이다. 그리고 어떤 사람이 그 사태의 발생을 (합리적으로 충분히) 막을 수 있었다고 믿는 것이 타당하다면, 그 사람은 불관여에 대한 책임을 면할 수 없다는 것이다.

따라서 이미 진료 중인 환자의 인공호흡기 제거는 소극적 안락사라기보다는 엄밀히 말해 그 결과의 확실성으로 말미암은 적극적 안락사로 분류되어야만 할 것이 아닌가? 이제 인공호흡기가 특수치료가 아니라 일상치료 방법이 되었다면 더욱 그러할 것이다. 따라서 죽이는 것과 죽게 방치하는 것의 구분보다는 오히려 정당화되는 죽임(a justified killing)과 정당화되지 않는 죽임(an unjustified killing)의 구분이 더 유용할 것이다. 대부분의 경우는 죽이는 것(엽기적 살인)이 죽게 방치하는 것(식물인간의 치료를 중단하는 일)보다 더 나쁘지만, 또 어떤 경우에는 죽게 방치하는 것(응급환자를 구할 수 있음에도 불구하고 구하지 않는 경우)이 죽이는 것(환자의 요구에 따라 안락하게 죽이는 것)보다 더 나쁠 수도 있다.

우리가 이상에서 살펴본 바와 같이, 악행금지 원칙의 구체적인 적용 범위와 관련해서 그 분수령(threshold)으로 제시된 생명유지 치료의 보류와 철회, 특수치료와 일상치료, 의도한 결과와 단순히 예견한 결과, 죽이는 것과 죽게 방치하는 것이라는 네 가지 전통적인 구분은 단지 대략적인 규칙(a rule of thumb)일 뿐이며 절대적인 도덕적 구분은 아니다. 구체적 상황 속에서 그 구분이 애매모호하거나, 혹은 경계가 불분명한 경우, 혹은 그러한 전통적 구분의 준수가 오히려 사태 해결을 방해하고 도움이 되지 않는 경우조차 있으므로, 단순 흑백논리와 "전부 아니면 무"라는 억지 강변에 따른 무조건적이고 기계적인 네 가지 구분의 적용은 경계해야 할 일이다.71) 따라서 위의 네 가지 구분 및 생명의료 관행에 관련된 제반 요소를 의무적인 진료와 선택적인 진료의 구분을 통해서 비판적으로 흡수 수용하여야 한다는 주장이 제기되고 있다. 즉 일부 학자들은 의무적인 진료와 선택적인 진료의 구분을 통해서 악행금지와 피해회피의 기준을 세우고자 시도하고 있다.72) 의무적 진료는 "해야만 하는 진료(obligatory to treat)"와 "금지된 진료(obligatory not to treat)"로 나뉜다. 특히 해야만 하는 진료는 환자의 이익에 관한 합당한 기대가 있어야 하고, 과도한 비용과 고통, 그리고 다른 불편함이 없다는 조건을 충족시켜야만 한다. 그리고 선택적 진료(optional to treat)는 해도 그만이고 하지 않아도 무방한 "중립적 진료(neutral treatment)"와 하지 않아도 (혹은 해도) 무방하나, 하면 (혹은 하지 않으면) 도덕적 선행으로 인정될 수 있는 "의무 이상의 진료(supererogatory treatment)"로 나뉜다. 따라서 의사는 금지된 진료와 해야만 하는 진료의 경우 그것들의 구분을 따르지 않으면 악행금지 원칙을 위반하게 된다. 하지만 선택적 진료의 경우에는 의사와 환자의 합의에 따라 진료행위가 이루어져야 할 것이다. 이러한 진료의 구분과 관련하여 가장 중요한 요소는 삶의 질(the quality of life)을 고려할 때 환자 자신이 받는 이득과 피해(혹은 이득과 비용, 이득과 위험)에 대한 정확하고도 과학적인 분석을 통한 균형적이고 신중한 결정이라고 할 수 있을 것이다.73) 물론 이러한 비용편익 분석의 무조건적 수용이나 산술적 계산으로의 전략은 결과주의로 경도될 수 있으므로, 우리는 의무론적이고 원칙주의적인 요소를 무시해서는 안 될 것이다.

3. 나쁜 결과의 회피 방법과 적절한 대응 태도

의료 행위와 그 치료 과정은 그 결과와 절차의 관계에서 볼 때, 완전 절차(perfect procedure)나 순수 절차(pure procedure)는 아니며, 불완전 절차(imperfect procedure)라고 할 수 있다. 미국의 철학자 존 롤즈(John Rawls)가 분류한 것처럼, 완전 절차는 올바른 결과에 대한 독립적인 기준이 있고, 이러한 기준을 만족시킬 수 있는 완전히 공정한 절차가 존재하는 경우이다. 예를 들면, 세 사람이 생일 케이크를 똑같이 나눈다고 할 때, 균등 분할이라는 독립적인 기준을 만족시키는 공정한 절차는 어떤 한 사람이 케이크를 똑같이 자르고 그 사람이 맨 마지막에 자기 몫을 집어 가는 경우일 것이다. 이 경우 아무도 불평을 할 이유가 없다. 불완전 절차는 사법재판의 경우처럼 "유죄자 처벌, 무죄자 방면"이라는 판결에 대한 독립적인 기준이 존재하기는 하지만 그러한 기준을 완벽하게 만족시키는 공정한 사법적 절차가 없기 때문에 오류가능성(fallibility)이 있는 불완전 절차가 된다. 이것은 판사가 고의로 부당한 판결을 하고 부패에 연루된 경우를 말하는 것이 아니라, 판사가 확보된 증거에 의거하여 정확한 사법적 원칙에 따라서 양심적인 판결을 내릴 경우에도 오판의 여지는 존재한다는 것을 말한다. 의료 행위는 환자의 이익이라는 결과에 대한 독립적 기준이 존재하기는 하지만 그 이익이 무엇인가에 대한 논란이 존재하고, 또한 그 이익이 확정된다고 하더라도 오진과 부작용과 후유 장애가 있기 때문에 그것을 완전히 실현시킬 수 없다는 점에서 불완전 절차이다. 같은 불완전 절차이기는 하지만 사법제도와 의료 행위의 차이는, 사법재판의 경우에는 설령 잘못 판단한 경우라도 나중에 되돌릴 수 있지만 생명과 관련된 의료 상황에서는 판단을 잘못 내린 경우 이미 사라진 생명을 되돌릴 수 있는 방법은 없다는 심각성이 존재한다는 것이다. 물론 의료 행위의 불완전 절차 속에 합당한 진료지만 원하는 치료 결과가 나오지 않은 경우와 불가피한 오진과 부작용뿐만 아니라 명백한 의료 과오와 의료 태만까지도 포함되어야 할 것인가는 여전히 논란의 여지가 있다. 의료 행위는 오진이나 의료 태만의 경우가 있기 때문에 노름이나 스포츠 경기처럼 결과에 대한 독립적인 기준이 없이 공정한 절차를 따른다면 어떠한 결과가 나오더라도 모두에게 수용되는 순수 절차는 아닐 것이다. 물론 사기 노름의 경우는 순수 절차가 아닌 것은 자명한 일이다. 의사가 근면하게 최신 기술과 최선의 노력으로 초기 치료와 추후적 치료에 정성을 다함으로써 합당한 진료 기준을 만족시킨 경우에는 비록 원하는 치료 결과를 거두지 못했다고 해도 그 결과는 합당하게 수용되어야만 한다는 점에서 의료 행위도 부분적으로 순수 절차적인 측면도 있다. 자본주의는 시장의 원리에 따라야 한다고 주장하는 사람들은 시장의 원리가 순수 절차적 정의라고 주장하지만, 시장에는 독과점, 높은 진입 장벽, 공공재 설비에 대한 시장의 실패, 빈부격차 심화가 상존하므로 순수 절차적 정의라고 하기에는 무리가 있지만, 그러한 제약이 어느 정도 해소된다면, 시장의 원리도 부분적으로 순수 절차적 정의라고 할 수 있다.[74]

이러한 관점과 아울러 우리는 톰 비첨(Tom L. Beauchamp)과 제임스 칠드레스(James F. Childress)가 『생명의료윤리의 원칙들』에서 제시한 것처럼 의도적인 해악(intentional harm)과 해악의 위험성(the risk of harm)을 구분해야만 할 것이다. 의료 행위는 의도적인 해악을 행하는 것이 아니라 환자의 건강 회복과 치유라는 보다 큰 목적을 위해서 해악의 위험성을 무릅쓰는 것으로 해석되어야 한다. 물론 위험성이 아주 높은 확실한 해악을 무릅쓰는 것은 의도적인 해악과 마찬가지일 수도 있다. 악행금지 원칙은 이러한 경우 피해와 해악을 끼치지 말고 피해를 줄 수 있는 위험을 만들지 말라는 의무로 해석된다.[75] 그렇다면 고의이든 아니든 의료 전문인은 환자에게 끼친 피해에 대해 언제 책임을 지는가? 이러한 관점에서 악행금지 원칙을 의료 현장에서 구체화하는 합당한 진료(due care)의 기준이 요구된다. 특히 의료사고 발생 시 이러한 기준은 도덕적, 법적 책임의 소재를 밝히는 데 유용하게 이용된다. 발생한 피해가 불가피한 경우는 합당한 것으로 간주될 수 있고, 위험의 정도가 크면 그만큼 긴박성과 필요성이 커야만 정당성을 확보할 수 있다. 또한 진료의 응급성도 피해나 위험의 정당성을 입증하는 데 고려되어야 할 중대한 요소이다.76)

환자에 대한 합당한 진료에서 벗어난 태만(negligence)에는 의도적이 아닌 부주의로 인한 피해뿐만 아니라 합당하지 못한 피해의 의도적인 부과도 포함된다. 태만이라는 용어는 어떤 형태의 의무 불이행에 적용되는 개념이다. 의료 과오(malpractice)는 합당한 진료의 기준이 지켜지지 않은 태만의 한 예가 될 것이다. 합당한 진료의 기준에 부합하기 위해서 의료 전문인은 적합한 훈련을 받아 진료에 필요한 지식과 기술을 익혀야 하며 또한 근면해야 할 것이다.77) 미국 의사협회에서 발표한 "의료윤리의 원칙들" 제V항에는 의료 전문인은 "계속적으로" 그러해야 한다는 점이 명시되어 있다. 진료 행위를 할 때 의료 전문인은 합당한 의료 기준을 준수하겠다는 명시적 약속을 한 셈이다.78) 치료가 환자에게 아무런 도움이 안 되고 도리어 해가 되어 그 기준이 지켜지지 않은 경우에만 의료 과오가 성립된다. 이러한 기준이 지켜졌다면 치료가 되지 않았다고 해서 환자는 의료 과오 소송을 제기할 수 없는 것이다.

이러한 합당한 의료 기준이 설정되었다고 해도 모든 의료 실수가 없어지고 피해가 전혀 발생하지 않는 것은 아니지만, 그래도 진료에 있어서 피해와 해악이 발생할 확률은 상당히 줄어들 것이다. 합당한 진료 기준의 설정에는 관습, 보건정책, 의술의 전문성, 의료과학기술의 수준과 한계 등이 종합적으로 고려되어야 한다. 물론 합당한 진료의 기준을 구체적으로 어느 정도로 정할 것인가는 논란의 대상이 되어온 것이 사실이다. 이러한 논란은 악행금지와 피해회피 의무의 범위가 어느 지점까지인가의 논란을 당연히 동반하게 된다.

이러한 관점에서 2000년에 의약분업의 실시로 야기된 "의사 파업 투쟁"이 3개월을 넘어서면서 과연 그것이 윤리적으로 허용될 수 있는가에 대한 논란이 제기된 것은 당연하다고 할 것이다. 의사 파업 투쟁은 합당한 진료 자체를 불가능하게 만드는 상황을 조성한 것으로, 비록 정의로운 의료제도의 마련과 정착이 시급하다는 점이 십분 이해된다고 하더라도, 환자의 불편함을 넘어서 환자의 건강권과 생명권을 위협하는 생명 위해(危害) 상황을 초래하는 수준의 파업 투쟁은 정당하지 못하다는 최소한의 기본적인 결론은 유도할 수 있을 것이다. 물론 왜곡된 의료제도하에서 환자들이 당하게 될 해악을 미리 예측할 수 있는 전문가의 입장에서 이러한 해악으로부터 환자들을 구출해내겠다는 의료계의 입장이 꼭 악행금지 원칙을 벗어난 것이라고 할 수는 없을 수도 있다. 오히려 현재의 해악보다 잘못된 제도로 인한 해악이 더 중대하다면 현재의 해악을 담보하면서라도 제도를 개혁하는 것이 더 윤리적이라고 생각할 수도 있다. 그렇지만 여전히 문제의 관건은 "현재 환자에게 허용될 수 있는 해악의 정도가 과연 어디까지인가"에 달려 있는 것이 사실이다.

의료 과오 소송에 대비하기 위해서 의료 전문인은 소위 방어의학(defensive medicine)을 실시하게 되는 경우가 많은데, 이것은 한편으로 경계해야 할 점도 있다. 방어의학은 오진이나 잘못 치료를 했을 때 환자들의 법적 소송에 대비하기 위해서 또는 오진을 방지하기 위해서 복잡하고 비용이 많이 드는 진단 방법 및 기구를 불필요할 정도로 많이 사용하는 경우이다. 방어의학은 환자들에게 많은 치료를 해주는 것을 의미하지만 반대로 이것은 의사들이 환자들의 완벽한 치료를 위해서 여러 가지 불필요한 검사나 시술을 함으로써 의료비를 상승시키는 요인이 되고 있다. 또한 방어의학으로 말미암아 의사들은 다른 의료 요원

(간호사와 치료 보조사 등)에게 치료의 책임을 위임하는 결과도 낳게 되었다.79)

이어서 의료 행위에서 나쁜 결과가 발생했을 경우에 의료 전문인과 환자의 적절한 태도에 대해서 논의해보기로 하자. 원칙적으로 가능한 치료의 경우 그러한 치료 행위에 의해 발생할 수 있는 치료 효과와 부작용 양면에 대한 충분한 설명이 이루어진 다음, 환자의 이해와 납득과 의료진의 전문지식이 어느 정도 균형을 이루는 상태에서 환자로부터 동의를 얻은 후 치료가 진행되어야 할 것이다. 의료 행위는 환자의 자율적 의사에 의한 동의에 따라 이루어지는 것이 나중에 의료 분쟁의 소지를 막는 바람직한 방향이라고 생각된다. 그러나 부득이한 사유로 이러한 과정이 생략되었을 경우 문제가 발생할 가능성이 높다. 여기서 환자와 보호자에게 치료에 대한 충분한 설명을 해주고 동의를 받기 어려운 상태에서 응급치료를 한 후 발생한 의료 부작용에 대해서 의료진은 어떻게 설명할 것인가의 문제부터 제기해보기로 하자.

이러한 경우에 발생한 문제에 대해서 의료진이 취해야 할 태도는 대체로 다음 두 가지로 생각할 수 있다. 그 하나는 "부득이한 상황"에 대한 설명을 통해 합리적인 결정이 이루어지기 어려운 위급한 상황에서 가장 합당한 차선책을 선택할 수밖에 없었던 것을 인식시키는 이해와 설득의 과정이다. 또 다른 하나는 치료가 이루어진 상황에서 치료로 인한 이익과 손해(치료 효과와 부작용)를 비교하여 설명해주는 일이다. 이것은 치료의 전(前) 단계에서 생략된 부분을 수행하는 것 이외에 향후의 치료에 대한 환자의 자율적인 의사(意思)에 따른 동의를 이끌어내는 역할을 동시에 하므로 대단히 중요하다. 따라서 의사는 환자가 고통스러운 치료 과정을 견딜 수 있도록 끊임없이 환자를 격려하고, 또한 보호자로 하여금 치료에 동참하도록 치료 과정 전반에 걸쳐 보다 적극적인 치료자로서의 입장을 견지해야 할 것이다.

의료 전문인들은 의료 행위에서 의도하지 않은 예견된 부작용뿐만 아니라 예견되지 않은 부작용이 나올 수는 있는 가능성에 대해서 항상 경계해야 하며, 이러한 예견되지 않은 부작용의 발견과 그 대처 방식 (돌발 상황의 예측과 대처)에 대한 연구를 통해 의학 발전에 기여해야 할 의무가 있다. 의료 전문인들은 모든 약(pharmacy)은 그 그리스어 어원이 말해주고 있듯이 독(*pharmakon*)에 따른 부작용(side effects)이 존재하고 있다는 것을 명심해야 한다. 또한 의료 전문인들은 대증요법과 즉효적 처방보다는 원인요법과 장기적이고도 근본적인 치유에 보다 관심을 기울여야 할 것이다. 물론 환자 자신도 의사의 처방이 없이 항생제를 복용하는 등의 약물의 오남용을 경계해야 하며, 자가 치료나 미신적 민간요법에 현혹되어 적절한 치료 시기를 놓치지 않도록 유의해야만 할 것이다. 마지막으로 언급할 것은 우리나라에서는 응급환자에 대한 의료체계와 병원체계에 대한 사회적 논란이 끊이지 않으므로 이 분야의 획기적인 개선은 악행금지와 피해회피 의무를 고양시키는 결정적 계기가 될 것이라는 점이다.

4. 악행금지 원칙의 적용에 대한 결의론(casuistry)

악행금지 원칙과 그 적용에 관련해서 논의한 네 가지 구분이 모두 포괄되는 사례를 발견하기는 쉽지 않다. 왜냐하면 악행금지 원칙과 그 적용에 관련된 네 가지 구분은 이미 논의한 것처럼 위험과 부작용을 동반하는 치료, 인공유산, 불임시술, 안락사, 뇌사, 장기이식, 가망 없는 퇴원과 의학적 충고에 반한 퇴원, 환자의 권리와 이익, 의사 조력 자살, 인간 대상 실험, 의사 파업 투쟁 등과 광범위하게 연관되어 있기 때문이다. 따라서 여기서 우리는 악행금지 원칙과 그 구체적인 적용에 관련해서 가장 복잡한 논란이 전개되고 있는 이중결과의 원리에 대한 사례 기반적인 귀납법적 결의론(決疑論, casuistry)을 통해서 탐구해보기로 하자.[80]

[사례] 이중결과의 원리의 적용과 그 한계

자궁절제술: 임신 초기의 임산부가 자궁암 진단을 받았다. 암의 병리학적 상태가 심각하여 임산부를 살릴 수 있는 유일한 방법은 태아가 들어 있는 자궁을 절제하는 길뿐이다. 자궁을 절제하지 않는다면 임산부는 물론 태아도 생존할 수 없으며, 제왕절개를 통하여 태아를 자궁으로부터 분리한다고 해도 현대 의학 기술로는 초기 단계의 태아를 살릴 수 없다.

쇄두술: 출산 중 태아의 머리가 산도에 끼어 임산부의 생명이 위태롭다. 임산부를 살릴 수 있는 유일한 방법은 태아의 머리를 부수어 산도로부터 제거하는 것이다. 한편 임산부를 죽게 방치한 후 제왕절개술을 통해 태아의 생명을 건질 수도 있다.

(1) 자궁절제술은 허용되지만 쇄두술은 허용될 수 없다는 로마 가톨릭의 전통적인 도덕적 구분을 이중결과의 원리에 의해서 제시해보라. 이러한 전통적인 구분은 죽이는 것과 죽게 방치하는 것의 구분과 관련이 있는가?

(2) 이중결과의 원리를 비판하면서, 자궁절제술과 쇄두술이 도덕적 차이가 없다고 주장하는 공리주의자들의 논변을 제시해보라. 공리주의자들은 자궁절제술이 용인된다면 쇄두술도 용인되어야 한다고 주장하고 있는가, 아니면 둘 다 거부하는 입장인가?

(3) 간접적 치료적 임신중절인 자궁절제술과 직접적 치료적 임신중절인 쇄두술에 대한 이중결과의 원리에 따른 전통적인 구분은 소극적 안락사와 적극적 안락사의 구분에 관련해서도 그대로 적용될 수 있는

지, 즉 이중결과의 원리에 따르면 소극적 안락사는 허용될 수 있지만 적극적 안락사는 허용될 수 없다는 논증이 타당한 유비추리(analogy)인지 평가해보라.

(4) 케보키언 사례의 경우 하급법원에서 무죄판결을 받은 것은 케보키언이 이중결과의 원리에 호소한 것으로 알려지고 있는데, 최종적으로 연방 법정에서 2급 살인죄를 언도 받은 것도 이중결과의 원리에 의한 것으로 알려지고 있다. 이것을 (3)번 토론 주제와 관련하여 설명해보라. 이것은 케보키언이 처음에는 단순히 환자 자신이 자살하도록 장치나 약물을 제공하다가 나중에는 자신이 직접 환자에게 약물을 투입했기 때문인가? 아니면 이중결과의 원리가 "귀에 걸면 귀걸이 코에 걸면 코걸이 식"으로 사용될 위험성이 있기 때문인가?[81]

을 아주 독특하고 새로운 것이 된다고 주장한다. 이러한 컴퓨터 윤리학의 독특성 문제는 월터 매너에 의해서 보다 엄밀한 이론적 기초를 갖게 된다.21) 그는 컴퓨터 윤리학은 컴퓨터 기술이 아니었으면 결코 나타날 수 없는 윤리적 문제들을 다루는 분야라고 주장하고, 컴퓨터가 사용되는 상황과 컴퓨터가 사용되지 않는 상황 사이에 어떠한 유추(analogy)도 불가능하다는 것을 여덟 가지 독특성 사례를 통해서 입증하려고 한다. 즉, 저장의 특이성, 다목적적 변용성, 기술의 복잡성, 처리의 신속성, 간편성, 복제의 용이성, 디지털 체제의 불연속성과 예측불가능성, 코드화의 독특성 등이 그것이다. 한 가지 예를 들면, 남의 예금 계좌의 이자에서 "티끌 모아 태산"을 만드는 살라미 수법(salami method)은 컴퓨터가 아니면 불가능하다.22) 이러한 논의를 배경으로 그는 컴퓨터 윤리학적 탐구의 독특성에 대한 정당화 과정을 다음 6단계로 나누어서 상세히 분석한다. (1) 컴퓨터 윤리학을 탐구하는 것은 책임 있는 전문가로서 활동 가능하게 해준다. (2) 컴퓨터 윤리학을 탐구하는 것은 컴퓨터 오용과 재해를 피할 수 있는 방법을 가르쳐줄 것이다. (3) 컴퓨터 윤리학을 탐구하는 것은 기술의 진보가 정책적 공백 상태를 계속해서 만들 것이기 때문이다. (4) 컴퓨터 윤리학을 탐구하는 것은 컴퓨터의 사용이 어떤 윤리적 문제들을 영구적으로 변형시키므로 독립적인 탐구를 요구하기 때문이다. (5) 컴퓨터 윤리학을 탐구하는 것은 컴퓨터 기술에 의해서 새로운 윤리적 문제들이 산출되고 있고 앞으로 산출될 것이기 때문이다. (6) 컴퓨터 윤리학을 탐구하는 것은 일련의 변형된 윤리적 문제들과 새로운 윤리적 문제들이 독특한 탐구 분야를 규정할 만큼 방대하고 일관된 것이기 때문이다. 물론 매너는 여덟 가지의 독특성 사례를 통해서 우리는 6단계에 도달하게 되었다고 주장한다. 그러나 이러한 매너의 주장이 보편적으로 수용되고 있는 것은 아니다. 정보체계 이론가인 월샴(G. Walsham)은 윤리학설을 이용하는 것은 그것이 학문적 탐구 작업에 있어서 누적적 전통(a cumulative tradition)을 제공해주기 때문이며, 컴퓨터에 기반한 정보체계에 관련된 윤리적 문제들을 다루기 위해서는 주류적 윤리학설과의 명백한 연계성을 가정해야만 한다고 주장한다.23) 현재로서 우리는 이러한 논쟁의 추이를 지켜볼 수밖에 없지만, 이러한 논쟁을 "전부가 아니면 무"라는 배타적 이분법으로 해석할 수는 없다. 아마도 새로운 윤리를 주장하는 사람들도 "무로부터의 창조(creatum ex nihilo)"를 주장하지는 않을 것이다.

이러한 컴퓨터 윤리학의 독특성 주장과 함께 1990년대 중반에 컴퓨터 윤리학의 제2세대가 태동한다. 이제 컴퓨터 윤리학은 이미 구축된 개념적 기초를 더욱 공고히 하는 한편, 정보통신사회의 각 분야에서의 의사결정 과정과 실제적 관행들을 포괄할 수 있는 준거틀을 발전시킴으로써, 정보통신기술의 적용에 있어서 비예측적 가능성을 축소시키려는 많은 노력을 경주한다.24) 아마도 컴퓨터 윤리학의 중요성에 관해서 가장 급진적인 견해를 주장하는 학자는 크리스티나 고니액(Krystyna Gorniak)일 것이다. 그녀는 정보통신윤리는 2백여 년 전 시작되었던 계몽주의 이후 윤리학에서의 가장 중요한 발전이라고 주장한다. 이마누엘 칸트(Immanuel Kant)와 제러미 벤담(Jeremy Bentham)은 인쇄기술과 산업기술에 의해서 변화된 새로운 혁명적 세계에 대한 대응으로서 그들의 윤리학을 도덕적 동기와 의무를 중시하는 의무론(deontology)과 최대다수의 최대행복을 지향하는 공리주의(utilitarianism)로 각각 발전시켰다. 그들의 윤리학은 공히 합리적이고 계산적인 능력을 갖추었을 뿐만 아니라 타인들과 보편적으로 공유할 수 있는 윤리성을 수용할 수 있는 개방적인 서구적 개인의 개념을 바탕으로 전개되었던 것이다. 그러나 그녀는 이제 컴퓨터와 정보통신기술의 비약적인 발전에 따라 디지털 컨버전스의 시대로 진입하여 텔레커뮤니케이션, 가상현실(virtual reality)과 시뮬레이션, 원격교육과 진료, 그리고 심지어는 사이버 섹스(cybersex)까지 가능한 정보통신사회와 공동체가 도래하고 있으므로, 그러한 사회와 공동체를 인도하고, 그러한 사회와 공동체에서의 행동과

제 1 장

정보통신문화와 도덕의 정체성 문제

1. 서론: 정보통신문화에 대한 다원론적 읽기의 윤리

오늘날 우리 사회의 지배적 담론은 정보사회라고 해도 과언이 아니다. 그러나 정보사회의 구체적인 모습과 그 문화적 양식은 현재 생성되는 과정에 있기 때문에 아직 고정적인 원형으로서 확립된 것은 아니다. 그래서 정보사회는 미래에 달성될 사회이고 현재는 사회 각 분야에서 정보화가 진행되고 있다는 점에서 정보화사회라는 용어가 많이 사용되고 있다.1) 부가가치 통신(value added network: VAN)이라는 용어가 자주 언급되고 있지만,2) 정보화사회의 진정한 부가가치 통신은 바람직한 정보사회의 실현을 위해서 우리가 어떠한 형태의 정보화 과정을 거쳐서 어떠한 삶의 질을 누리며 살 것인가에 대한 가치철학적인 규범적 논의일 것이다.

정보통신사회에 대한 가장 통상적인 이해는 컴퓨터와 통신기술이 결합한 컴퓨니케이션(compunication) 혹은 컴퓨터 매개 통신(computer mediated communication: CMC)을 통해서 정보의 축적, 처리, 분석과 전달 능력이 획기적으로 증대되면서 정보의 가치가 산업사회에서의 물질이나 에너지 못지않게 중요한 재화로서 인식되는 사회라는 것이다. 나아가서 이러한 사회는 인터넷과 종합정보 통신망(integrated services digital network: ISDN) 등 다양한 멀티미디어적 정보기술과 통신망이 가정, 직장, 경제, 문화, 교육 등 사회의 각 분야에 혁신적인 변화를 야기하는 사회로 인식된다. 정보사회에 대한 이러한 인식은 탈산업사회 혹은 후기 산업사회, 그리고 포스트모던 사회의 이론 등과 맞물려서 다양한 낙관적인 혹은 비관적인 사회문화적 모습을 드러낸다. 아무도 이러한 낙관적 전망과 비관적 전망을 일일이 열거할 수 없을 정도로, 그것은 다양하게 걸쳐 있다. 낙관적 전망부터 살펴보면, 경제적 영역에서는 집중화와 팽창, 표준화, 획일화, 착취 등과 같은 자본주의적 산업 생산과 그 내재적 결함의 종말이 오고, 정치적 영역에서는 보다 참여적인 전자민주주의와 분권화된 의사결정, 정보 접근의 기회 확대 등을 통한 지배 엘리트로부터 피지배 엘리트로의 권력 이동이 진행되고, 문화적 영역에서는 전자 시스템에 의해서 인간이 노동의 고통에서 벗어나게 되어 늘어난 여가 시간을 이용해 스스로 선택한 시간과 장소에서의 개별적인 문화의 향유가 가능하게 된다. 이에 대해 비관론적 시각은 다음과 같다. 경제적 영역에서는 생산 라인의 전자화에 따른 숙련 노동자들의 비숙련화와 실업화, 그리고 경제적 불평등의 영속화 내지는 재편성이 올 것이고, 정치적 영역에서는 정보통신기술을 통한 미증유의 집중화된 통제가 가능하게 되고, 문화적 영역에서는 다양한 문화적 향유보다는 전 지구적인 문화적 획일화와 대중 조작적 문화에의 종속화가 귀결된다.3)

정보문화란 "정보통신기술 및 서비스의 발달과 새로운 정보통신기기의 보급이 인간의 생활양식과 행동 전반에 영향을 미침에 따라 정보에 대한 중요성의 인식과 활용 의지를 나타내는 가치관과 규범, 그리고 행동 등 제 요소가 작용하는 문화적 체계"라고 정의할 수 있을 것이다.4) 정보통신기술의 사회적, 문화적 파장이라는 주제 아래 도덕의 정체성 (正體性) 문제를 다루면서, 가장 먼저 생각해야 할 문제는 우리가 정보통신기술이 사회와 문화에 어떠한 파장, 효과, 혹은 영향을 가져왔는가를 말할 때, 기술 결정론을 암묵적으로 수용하고 있는가 하는 점이다. 이러한 기술 결정론은 기술 변화가 사회제도와 문화를 변화시킨다고 보고 기술의 변화가 사회를 주도해나가는 입장을 고수하고 있고, 그러한 영향의 긍정적 혹은 부정적 측면을 강조한다. 이러한 기술 결정론에 대한 비판적 대안은 기술의 사회 결정론 혹은 이데올로기 결정론이다. 이러한 입장들은 기술의 발전 방향과 혁신의 정도, 그리고 기술의 전반적인 형태가 사회적, 제도적, 경제적, 문화적 혹은 이데올로기적 요소에 의해서 형성된다는 입장이다.5) 정보사회에 대한 논의는 전환론적 관점과 지속론적 관점, 그리고 낙관론적 관점과 비관론적 관점, 통제 증가적 관점과 통제 감소적 관점, 기술 결정론적 관점과 사회 결정론적 관점 등 다양한 관점들이 존재하고 있다. 비록 이러한 관점들이 이분법적으로 표시되었지만 그 양극단 사이에는 다양한 입장이 존재하고 있으며, 또한 이러한 관점들이 상호 착종되고 있다. 따라서 정보통신사회에서 가장 중요한 도덕의 정체성 문제는 정보통신사회와 그 문화에 대한 다원론적 읽기의 윤리학이 필요하다는 것이다.6) 물론 우리는 아직도 이러한 다양하고도 착종된 모든 관점들을 해결할 수 있는 객관적인 메타적 관점을 가지고 있는 것은 아니다. 우리는 다만 정보사회는 기술과 인간의 의지가 상호작용하고 결합되어 형성될 것이라는 점과 낙관적 전망과 비관적 전망의 도덕적 화해를 위한 종합적인 전망이 필요하다는 형식적인 언명을 할 수 있을 뿐이다. 그렇지만 우리는 이러한 도덕적 화해를 통해서 무조건적인 정보기술의 도입과 확충만이 찬란한 정보사회로 우리를 인도할 것이라는 무비판적인 기술 결정론의 입장만은 피해야 할 것이다.

우리는 정보사회와 문화에서의 도덕의 정체성 문제를 논의하기 위해서 2절에서는 정보통신시대의 윤리가 과연 전통적인 윤리 혹은 산업사회의 윤리와 판이한 새로운 윤리체계를 요구하는지, 아니면 전통적 윤리의 적용 혹은 적절한 변용으로 충분한 것인지의 문제를 다룬다. 3절에서는 정보사회에서 요구되는 규범과 도덕체계의 기초적 파악을 위해서 현재 인터넷 등 네트워크 혹은 공동체에서 많이 언급되고 있는 네티켓, 사용지침, 권리와 의무의 선언, 그리고 윤리강령 등에 대해서 살펴본다. 4절에서는 정보사회의 역기능과 도덕적인 문제들을 지적하고 그해결 방안을 제시한다. 물론 우리는 역기능과 문제들 중 비교적 많은 관심과 논쟁의 대상이 되어온 문제들을 대표적으로 다룬다. 즉, 사생활침해와 그 보호 대책, 소프트웨어 복제와 지적 재산권 문제, 그리고 해커의 문제, 그리고 나아가서 정보빈자와 정보부자에 관련된 분배적 정의의 문제를 다룰 것이다. 5절에서는 우리나라의 정보통신윤리 문제를 "정보통신윤리위원회"의 설립과 관련해서 논의한다. 이러한 논의는 음란 정보 등 불건전 정보의 유통과 그 제한 문제를 중심으로 하게 된다. 나아가서 우리나라의 정보화 정책을 비판적으로 보는 관점을 다루게된다. 이러한 논의를 배경으로 우리는 정보통신사회와 문화의 바람직한 도덕적 미래를 위해서 우리가 할 수 있는 현실적 노력들을 강구해보는 것으로 결론을 맺을 것이다.

2. 정보통신사회와 도덕의 정체성: 기존 도덕의 활용인가, 새로운 도덕의 수립인가

우리는 정보사회와 그 문화에 대한 해석에 다양한 입장이 있다는 것을 이미 언급했다. 특히 정보사회로의 이행의 문제에 있어서 산업사회에 관련한 전환론적 관점과 지속론적 관점, 그리고 이 양자를 종합시키려고 하는 구조론이 있다는 것에 주목할 필요가 있다.[7] 또한 정보통신

기술에 의해서 전개될 미래상에 대해서 낙관적인 입장과 비관적 입장이 있고, 낙관적 전망과 비관적 전망이 제시하는 확정적 미래 예측을 유보하고 새로운 통신기술을 어떻게 추진하는가에 따라 미래사회가 얼마든지 다른 모습으로 가시화될 수 있다는 주장을 전개하는 선-오용론(use-abuse)적 입장이 있다. 그리고 기술의 변화에 따라서 사회적 규범이 결정된다는 기술 결정론과 사회적 규범과 가치에 의해서 기술의 진보가 결정된다는 사회 결정론 혹은 이데올로기적 결정론이 존재하고 있다.8) 아마도 이러한 사회학적 입장에서 제시 가능한 다양한 규범적 체계가 존재할 것이다. 또한 이러한 사회학적 입장은 그 서술적 전망(descriptive prospect)과 규정적 전망(prescriptive prospect)을 상이하게 가질 수도 있다. 마치 비관론자들이 정보사회가 개인의 자율성을 억압하는 판옵티콘적 통제사회가 된다는 전망을 하면서도 개인의 자율성을 확대하기 위한 어떠한 전략을 제시하는 것처럼 말이다. 이러한 사회학적 입장과 정보통신사회 윤리의 연관 가능성을 추적하기란 쉽지 않다. 따라서 아직 서구 학계에서도 사회학적 연구와 윤리학적 연구를 종합적으로 연관시키는 작업을 성공적으로 수행하지 못하고 있다. 아마도 그러한 연관 가능성은 "하부구조가 상부구조를 인과적으로 결정한다는 어떤 마르크스 해석가도 아니고, 혹은 존재나 사실로부터 당위나 가치를 논리적으로 연역할 수 있다는 윤리적 자연주의자(ethical naturalist)는 아닐지라도 상하부구조 간의 관계가 우연적이거나 자의적인 어떤 것으로 생각하기는 어려울 것"이라고 생각해볼 수 있다.9) 또한 사회학적 입장과 윤리학적 입장을 결합하기 위해서는 윤리학의 고전적인 문제의 하나인 문화적 상대주의와 윤리적 보편주의 사이의 논쟁을 해결해야만 한다. 정보통신사회가 산업사회와는 획기적으로 다르다고 주장하는 사람들은 대체로 새로운 정보통신윤리를 주장하는 편이다. 이러한 것은 산업사회가 표준화, 동질성, 경쟁, 계층제, 자연정복, 물질적 만족, 능률성, 범주 내에서의 사고를 기본적 논리로 하는 반면에 정보사회는

탈표준화, 이질 혼합성, 공생과 상호 조화, 수평적 체제, 지속가능한 성
장, 문화적 만족, 윤리적 관심과 미학적 고양, 탈범주적 사고를 기본적
논리로 한다는 것에 근거하고 있다.10) 그런데, 정보사회가 산업사회의
연장선상에 있다고 생각하는 사람들은 산업사회의 윤리가 존속 혹은
더욱 첨예화되는 것으로 본다. 만약 정보사회가 산업사회의 연장선상에
존재한다면 정보사회의 윤리적 특성 역시 산업사회의 윤리가 극단화되
는 형태를 띨 것이다. 따라서 정보사회의 윤리적 특징은 이미 산업사회
에서 태동한 최소도덕화, 결과주의화, 외면적 책임윤리화, 사회윤리의
준법규화가 더욱 심화된다.11) 한편 다른 입장에서는 산업사회와 정보
사회의 연속성과 불연속성 여부에 관계없이 보편적인 도덕체계를 주장
하기도 한다.12) 컴퓨터 윤리의 선구자 중 한 사람인 데보라 존슨
(Deborah Johnson)의 경우도 컴퓨터의 사회학적 논의와 윤리학적 논의
를 구분한다. 사회학적 논의는 정보통신기술의 사회적 영향과 변화를
서술적 관점에서 탐구하고, 윤리학적 논의는 이러한 사회적 변화가 우
리의 통상적 도덕적 신념들과 인간관계에 미치는 영향을 규범적으로
탐구한다.13)

　산업사회와 정보사회의 불연속성을 강조하는 입장은 "문화지체 이론
(cultural lag theory)"에 의존한다. 문화지체 이론에 따르면, 한 사회의
가치와 규범적 변화는 그 사회의 기술적 변화보다 지체된다.14) 그래서
정보사회의 급속한 기술발전에 따른 도덕적 혹은 정책적 공백 상태
(moral or policy vacuum)가 존재한다. 이러한 도덕적, 정책적 공백 상
태는 컴퓨터가 도입되던 초기 단계에서 소프트웨어의 소유권에 대한
정책의 부재로 말미암아 도덕적 혼란 상태를 야기한 것이 단적인 예가
된다. 이러한 상황에서는 기존의 윤리적 개념과 학설들을 적용하는 것
은 불가능하다. 특히 기존의 윤리적 개념들과 학설들은 컴퓨터 도입으
로 야기되는 개념적 혼란(conceptual muddles)을 해결해줄 수가 없
다.15)

이러한 개념적 문제는 컴퓨터가 도입된 초기 단계가 아니라 현재까지도 논란의 대상이 되고 있다. 이러한 점에서 사생활(privacy)과 소프트웨어의 개념적 정의(定義) 문제가 또다시 제기된다. 새로운 정보통신윤리가 필요하다고 주장하는 사람들이 컴퓨터를 둘러싼 도덕적, 정책적 공백 상태를 확인해내고 기존의 윤리학설들의 단순한 적용이 불가능하다는 것을 밝혀낸 것은 타당해 보인다. 그러나 새로운 정보통신윤리가 필요하다는 것을 반대하는 사람들은 여전히 컴퓨터가 전반적인 도덕적 공백 상태에서 도입되어 사용되었다는 인상을 주는 것은 지나치게 오도된 것이라고 지적한다. 컴퓨터가 직장, 가정, 학교, 도서관, 정부기관에서 사용될 때 사람들은 이미 주어진 규칙과 관습, 그리고 사무기기 사용 방침과 정책을 가지고 있었다. 따라서 컴퓨터로 말미암은 공백 상태는 기존의 규칙과 관습들이 완전히 무관하다는 것을 의미하지는 않는다. 새로운 방침과 정책의 설정은 기존의 규칙과 원칙과 가치들의 확장 혹은 변형으로도 해결될 수 있다는 것이다. 즉, 개인의 존엄성과 자율성, 권리, 책임, 자유와 평등과 사회복지 등의 전통적 개념은 여전히 유효하다는 것이다. 이러한 점은 컴퓨터 도입에 따른 가장 괄목할 만한 논쟁들이 이러한 전통적 개념들을 둘러싸고 이루어지고 있다는 사실을 보면 명백히 드러난다. 이러한 반론은 컴퓨터로 야기된 문제는 전혀 새롭고 독특한 것이 아니라 옛날 문제가 새로운 모습으로 혹은 변형되어 나타난 것에 불과하다는 것이다.16) 또한 이러한 반론은 컴퓨터 사용은 도덕적, 정책적 공백 상태가 아니라 오히려 다양한 도덕적, 정책적 가치와 신념으로 점철된 상황 속에서 사용되게 되었다는 점도 아울러 지적한다. 즉, 정보통신사회는 다양한 가치들의 갈등 상황 속에서 존재하고 있다는 것이다. 이러한 가치의 갈등은 정보의 자유 대 정보의 보호, 정보 접근의 평등 대 불평등, 정보 분산 대 정보 집중, 정보의 공공성과 경제성, 사회적 책임 대 지성적 실험 등을 예로 들 수 있다.17)

정보통신윤리가 새롭고 독특한 것인가 아닌가의 문제를 보다 면밀하게 밝히기 위해서는 정보통신윤리의 발전 단계와 아울러 그 최근 동향에 주목해야 한다. 일반적으로 볼 때, 정보통신윤리가 새롭고 독특한 것이라고 주장하는 편에 그 증명의 부담이 존재한다. 따라서 정보통신윤리가 새롭고 독특한 것이라고 주장하는 사람들은 그 증명의 부담과 아울러 문화지체 이론을 수용하고 있을 가능성이 농후하기 때문에 나중에 나타날 새로운 규범체계의 구체적인 모습을 아직 제시하기가 어렵게 된다. 그래서 단지 새로운 규범체계가 필요하다는 필요성만을 소리 높이 외치는 경향이 있다. 그러나 우리는 새로운 규범체계의 구축이 어렵고 문화지체적 딜레마에 빠질 수 있는 위험성이 있다고 해서 전통윤리에 안주하거나 그 확대적 적용이나 약간의 변용으로 충분하다는 학문적 복지부동 자세를 취하고 있어서는 안 된다. 아마도 그러한 새로운 윤리는 우리의 당대에는 수립 불가능할지도 모르며, 수백 년이 걸릴 수도 있을 것이다. 컴퓨터 윤리학의 태동은 1970년대 중반에 월터 매너(Walter Manner)에 의해서 시작된다. 그는 "컴퓨터 윤리학"이라는 말을 최초로 사용했는데, 그것은 철학적 윤리학설을 컴퓨터 기술에 의해서 창조되고, 변형되고, 더욱 심화된 윤리적 문제들에 적용하는 것을 의미했다.18) 그는 1970년대 후반과 1980년대 초반에 컴퓨터 윤리학을 대학 교과과정에 도입하기 위한 많은 노력을 경주했다. 이어서 데보라 존슨 등 많은 학자들이 컴퓨터 윤리학을 더욱 발전시키게 된다. 데보라 존슨은 컴퓨터 윤리학이 완전히 새롭고 독특한 것은 아니고 기존의 윤리학설의 상황에 따라 적절히 적용하거나 혹은 재해석함으로써 가능하다고 생각했으며, 특히 직업윤리로서의 가능성을 보다 중시했다.19)

그런데 제임스 무어(James Moor)는 컴퓨터 혁명은 컴퓨터 자체가 가지는 "논리적 변용성(logical malleability)" 때문이라고 지적한다.20) 이러한 변용성 때문에, 컴퓨터는 입력, 출력, 논리적 연산의 운용으로 이루어질 수 있는 어떠한 체계와 활동에도 사용될 수 있게 되었다는 것이다. 그는 이러한 능력을 가진 컴퓨터에 의해 야기되는 윤리적 문제들

제 3 부

사이버 공간에서의 윤리

의사결정 과정에 지침이 되는 새롭고 강력한 윤리체계가 등장해야만 한다고 주장한다.25) 즉 그녀는 컴퓨터 윤리학은 윤리학에서 앞으로 전개될 주요한 발전의 산실이 될 것이라고 주장한다. 그녀는 그러한 윤리학의 구체적인 모습을 제시하고 있지 않지만, 개인주의적 인본주의와 전 지구적 윤리학의 접합을 시도하려는 것처럼 보인다. 아마도 그러한 윤리학은 자유주의 대 공동체주의, 특수주의 대 보편주의, 지방주의 대 세계주의의 대립들을 해소시킬 것이다. 이러한 제2세대 컴퓨터 윤리학은 전 지구적 정보윤리학(global information ethics)이 될 것이다.26)

이미 제2세대에 돌입한 정보통신윤리의 영역은 매우 광범위하다. 적용 대상으로 볼 때는 정보통신 사용자의 윤리, 정보통신 전문가의 윤리, 정보통신 사업자의 윤리가 있다.27) 주제별로 볼 때는 사생활 보호와 데이터베이스의 운용과 접근의 문제, 컴퓨터 소프트웨어의 소유권 문제, 컴퓨터 범죄와 해커의 문제, 컴퓨터 시스템의 안전과 취약성, 위험성의 문제, 네트워크상에서의 정보의 자유로운 유통과 불건전 정보의 제약의 문제, 정보통신 전문가의 책임의 문제, 내부 부정 고발의 문제, 가정과 직장에서의 삶의 질의 문제, 인간의 가치와 인공지능, 정보와 권력, 정보와 사회정의의 문제 등이 있다. 또한 규범체계의 서열상으로 볼 때는 가장 기초적이고 형식적인 규범 내용을 규정하는 사용지침(use policy)과 네티켓(netiquette), 윤리강령(the code of ethics), 도덕적 덕목과 갈등 해결의 원리, 그리고 목적론과 의무론, 덕의 윤리 등 포괄적인 규범적 체계들이 존재하고 있다. 또한 인터넷의 사용이 급속히 늘어난 이후, 전 지구적 윤리(global ethics) 문제가 중요한 주제로 부상하게 되었다. 전 지구적 정보윤리학(global information ethics)은 다음과 같은 문제들을 다룬다. (1) 정부부자와 정보빈자 사이의 불평등, (2) 정보의 집중적 유통에 따른 사회적 구조 조정과 혼란, (3) 정보체제의 집중화와 정보 전달 수단의 소유 집중화, (4) 영어 제국주의와 전문화된 기술주의, (5) 정보에 대한 공용적 무상적 접근의 감축, (6) 문화 침식과 문화 자립성

의 취약성 등이다.28)

근래에는 정보통신윤리를 대학교육에 포함시키려는 많은 시도가 행해지고 있다. 컴퓨터 윤리학의 체계적 교육을 위해서는 다음 3단계가 필요하다. (1) 통속적 컴퓨터 윤리(pop computer-ethics): 매스미디어에서 많이 언급되고 있는 컴퓨터 범죄 등 역기능 사례를 중심으로 정보통신기술의 사회적, 윤리적 영향에 대한 관심 유발과 경고적 교훈을 위한 윤리교육의 단계. (2) 의사(擬似) 컴퓨터 윤리(para computer ethics): 컴퓨터 윤리 문제에 관한 다양한 사례들을 모집하고 분류해서, 동일성과 차이점을 강조하고, 막연하나마 어떤 도덕적 개념을 부각시키려고 하는 윤리교육의 단계. (3) 이론적 컴퓨터 윤리(theoretical computer ethics): 구체적인 사례들에서 어떤 윤리학적 개념과 학설들을 연역할 수 있으며, 또한 보편적 개념과 윤리학설들이 구체적인 사례에 어떻게 적용될 수 있는가의 문제를 다루는 본격적인 철학적 윤리학의 단계.29) 이러한 3단계뿐만 아니라 사회학적 관점과 철학적 윤리학의 관점을 통합적으로 교과과정에 수용하려는 고차적 시도도 전개되고 있다.30)

우리는 정보통신윤리에 관련된 이러한 광범위한 문제들을 전부 다룰 수 없기 때문에, 몇 가지 중요한 것만을 간략히 다룰 것이다. 그리고 이러한 문제들을 다루는 데 있어서 규범윤리학적 관점에서 어떻게 일관된 입장을 견지할 수 있는가의 문제도 생각할 것이다. 아마도 정보통신사회에서는 사생활 보호, 자유로운 정보 유통과 정보권의 보장, 정보분배 문제의 해결 가능성 때문에, 그리고 사이버스페이스는 사람들이 자기의 사회적 위치가 숨겨진 채로, 혹은 알려진다고 해도 비교적 공정하게 토론에 참여할 수 있으므로 존 롤즈(John Rawls)의 무지의 장막 아래의 원초적 입장과 같은 면도 있기 때문에, 여전히 자유주의적인 사회계약론적 정의론이 유효할 것이다.31) 그러나 권리들 간의 갈등과 그 해소 원칙으로서, 그리고 정보 복지의 증진과 공익을 위한 제약의 관점으로서 공리주의 원칙도 여전히 중요할 것이다. 또한 정보통신사회에서

256

의 자기충족성, 자기발전성 혹은 자주성(do it yourself or can-do spirit)
의 윤리를 위해서는 아리스토텔레스적인 윤리적이고 심미적인 완전주
의가 요구될 것이다. 그리고 그러한 개인들 간의 자발적인 정보 교환
및 공동체적 참여를 위해서 어떤 행태의 (아마도 자유주의의 한 변형으
로서) 공동체주의가 필요할 것이다.[32] 물론 이러한 상이한 규범체계들
은 구체적인 도덕적 문제들의 해결에 있어서 상충 가능하며, 각기 다른
해결책을 제시할 수도 있다. 아마도 우리는 영역과 주제에 따라 입장이
달라지는 상황주의적 다원주의자가 될 수 있을 것이다.

3. 사이버스페이스에서의 규범: 네티켓, 네티즌의 권리와 의무, 그리고 윤리강령

사이버스페이스에서의 통신 주체자는 자기의 아이덴티티를 밝힐 필
요가 있을 경우를 제외하고는 PC 통신 시 그 익명성과 상대방과의 간
격성으로 인해서 혼자 있는 것처럼 생각되어 비윤리적 행동을 하게 되
기가 쉽다. 아마도 사이버스페이스에서는 동양적 덕목인 "혼자 있을 때
삼가 조심하라"는 신기독(愼其獨)이 필요할지도 모르겠다. 앞으로의 정
보사회는 멀티미디어 정보를 통합적으로 전송신하는 광통신 등 초고속
정보통신망의 설비에 따라서 비약적으로 발전할 것이다. 지역정보망
(LAN)의 전자게시판(BBS)으로부터 미국을 중심으로 하여 전 세계로
확장일로에 있는 인터넷에 이르기까지의 다양한 사이버스페이스가 존
재한다. 인터넷은 멀티미디어 하이퍼텍스트 정보저장 및 제공 사이트인
월드와이드웹(World Wide Web), 그리고 검색 엔진(browser)과 운영
엔진 혹은 프로그램인 네스케이프(Netscape), 야후(Yahoo), 마이크로소
프트 인터넷 익스플로러(Internet Explorer), 마이크로소프트 엣지(MS
Edge)와 빙(Bing), 구글(Google)과 구글 크롬(Chrome), 파이어폭스
(Firefox), 우리나라에서는 네이버(Naver), 다음(Daum), 줌(Zum) 등의

발전을 통해 많은 사람들에게 접속 가능한 세계가 된 지 얼마 되지 않았다. 이러한 세계는 마치 식민지 쟁탈전이나 도덕적 공백 상태처럼 보이지만, 거기에도 나름대로 성문화된 기본적 규범과 불문율 등이 있다. 또한 그러한 율법은 그 영역(domain)이 교육기관인지 혹은 영리기관인지에 따라서 달라지기도 한다.

사이버스페이스에서의 기초적 예절은 온라인 에티켓(online etiquette) 혹은 네트워크상의 에티켓이라는 뜻의 네티켓(netiquette)이다.33) 에티켓은 임의의 집단 사회로 입장하기 위한 최소한의 외면적인 형식적 규범으로서 초심자들에게 구체적인 관습적 행동지침을 줌과 아울러 잘못된 사용 태도로 말미암은 실수를 미연에 예방하기 위한 경고가 들어 있다. 흔히 에티켓은 임의의 집단 사회에서 고참자를 존경하고 그 내부적 결속을 다지므로 규칙을 숙지하지 못한 초심자들이나 외부자들에게 상당히 배타적이다. 또한 자주 제기되는 질문(frequently asked questions: FAQs)을 모아서 답변해놓은 곳이 있으므로 초심자들은 바보 같은 질문을 제기하지 말 것이 요구된다. 잘못 실수하면 메일 폭격(mail-bombing)을 당해 시스템이 다운되어버리기도 한다. 에티켓을 마스터한 고참자들 사이에는 자기들만의 은어가 사용되기도 한다. 이러한 에티켓은 주로 컴퓨터 사용자들을 대상으로 하고 있고, 인터넷 접속 서비스 제공자(Internet Service Provider)들과 기관 호스트들에게는 적절한 사용지침(a proper use policy)을 설정할 것이 요구된다.34)

네티켓은 전자우편(E-mail), 뉴스 그룹(New Groups), 인터넷 중계대화(Internet Relay Chat) 등을 기본으로 한 네트워크상의 에티켓이다.35) 금지 대상 항목은 단순히 짜증을 나게 하는 것부터, 심한 분노를 자아내는 것, 그리고 최악으로는 인터넷 자원의 효율적 이용을 망치는 것까지 있다. 그러한 네티켓 중 어떤 것은 간략하고 추상적인 "십계명" 같은 형식을 취하기도 한다.36) 또한 해야 할 것과 하지 말아야 할 것(Do and Don't)을 열거해놓기도 한다. 몇 가지 예를 들어보자. 전자우

편에서 대문자만을 쓰는 것은 고래고래 소리를 지르는 것(shouting)으로 간주된다, 약어나 감정 표현의 약호인 이모티콘(emoticons)을 가능한 한 사용한다, 수십 배수의 행운의 편지를 발송하는 것은 인터넷의 교통체증을 야기하는 것이므로 절대 보내지 않는다, 사용 도중 접속을 끊지 않는다 등이다. 물론 에티켓은 프라이버시 존중, 지적 재산권 존중 등 도덕적이고 법적인 문제들과도 관련되며, 보다 추상적인 도덕적 개념을 사용한 네티켓을 제시하고 있는 사이트들도 많이 있다.37)

네티즌(netizen)은 네트워크(network)상의 시민(citizen)이라는 뜻의 합성어이다. 근래에 이러한 네티즌에 관한 많은 "권리 장전" 혹은 "권리와 의무 장전"들이 생겨나고 있다.38) 그러한 장전들은 「미국독립선언문」과 같이 사이버스페이스에서의 (천부적인 자연권인) 정보권의 행사와 그에 따른 존중, 관용, 배려 등의 의무를 주장하는 것처럼 보인다. 그러나 정보권은 과연 「미국독립선언문」에 나온 생명권, 재산권과 행복추구권처럼 자연적인 권리일까? 사이버스페이스에서 정보권은 어느 정도 인정될 수 있을 것인가? 정보권은 인간은 기본적으로 행복을 추구하고 인간다운 삶을 영위하기 위한 최소한의 삶의 질(the quality of life)을 확보하기 위한 정보를 제공받아야 한다는 것을 의미한다. 정보는 이제 하나의 재화로서 재산권적 소유의 대상이 될 수 있을 것이다. 또한 정보는 생명체가 생명을 유지, 존속하는 데에 필수불가결하다는 점에서 생명권의 대상도 될 수 있다. 물론 이러한 것들은 일견 자명한 (self-evident) 것으로 보일 수도 있지만, 생명유지와 행복추구의 최소한의 기본요건으로서의 정보권의 대상이 되는 정보의 구체적인 내용과 전달 및 소유 방식은 재산권으로서의 정보권의 그것과는 다를 것이다. 이것은 마르크스가 『고타강령비판』에서 "각자의 능력에 따라 일하고 필요에 따라 분배한다"는 생산과 분배의 정의의 원칙을 말했을 때, 필요는 사치적 필요까지 포함한 모든 기본적 필요를 말하지 않은 것과 마찬가지다.39)

사이버스페이스에서 또 한 가지 중요한 규범체계는 컴퓨터 전문가들의 직업윤리의 문제이다. 컴퓨터 전문가 집단은 의사나 변호사 등 비교적 동일한 직업적 활동과 자격 기준을 갖춘 전문가 집단과 달리 많은 상이한 영역과 (심지어 공적인 자격이 필요 없는) 다양한 자격 기준을 가진 전문가들로 이루어진 집단이다. 즉 시스템 디자이너, 소프트웨어 디자이너, 반도체 연구가, 프로그래머, 통신전문가, 사설게시판 관리자, 컴퓨터 사무요원 등으로 이루어져 있다. 따라서 과연 컴퓨터 전문가 집단에 동일한 직업윤리를 설정하는 것이 가능한가에 대한 논란의 여지가 있다. 미국 ACM(The Association for Computer Machinery: 컴퓨터 기기협회)을 위시한 다양한 컴퓨터 전문가 단체들은 각기의 윤리강령과 전문가 행동지침(The code of ethics and Professional Conduct)을 가지고 있다.40) 물론 이러한 윤리강령과 행동지침이 추상적이고 구체성이 결여되고, 내부적으로 상호 모순될 수 있다는 비판이 제기된 것도 사실이다. 또한 윤리강령들은 전문가 집단의 공공적 이미지를 제고하고, 현상을 유지시키고, 기업적 이익을 촉진시키려는 의도가 숨어 있는 것으로 지적되어왔다.

이러한 윤리강령의 필요성은 구체적으로 다음 열두 가지로 정리된다. (1) 전문직업주의(professionalism)의 상징화, (2) 집단적 이익의 보호, (3) 회원의 에티켓 규정, (4) 선한 행동의 고취, (5) 회원의 교육, (6) 회원의 훈계, (7) 외부적 관계의 장려, (8) 기본적 도덕원칙의 열거, (9) 하위 규칙의 설정, (10) 지침의 제공, (11) 이상의 표현, (12) 회원의 권리와 의무의 성문화 등이다.41) 물론 성문화된 도덕원칙과 규칙과 지침들이 도덕적 행동을 보장해주는 것은 아니지만, 최소한의 도덕적 행위 영역을 구분해줄 수는 있다. 그러한 최소한의 영역으로는 흔히 공공적 이익, 진실, 정직, 공정성, 그리고 전문직업적 책임 등이 거론된다.42)

정보통신 전문가들의 덕목은 인간 위주의 수정 가능한 안전한 정보 시스템의 구축, 서비스 대상자에 대한 우선적 고려, 고객과 고용주에

대한 책임, 정직, 건전한 사회적 관계 유지, 전문성 계발, 어린이들에
대한 보호 등의 윤리적 책임이 언급된다. 대체적으로 정보통신 공동체
에서 필요한 덕목으로는 인간의 존엄성 존중, 창조성, 윤리의식, 책임
성, 자율성, 다양성, 공정한 경쟁, 감정적 유대, 참여 등이 거론되고 있
는 것을 볼 때 전통적 윤리 개념들이 여전히 중요하게 작용하고 있
다.43) 그런데 전 지구적 정보통신윤리학의 성립과 관련하여 중요한 한
가지 사실이 있다. 그것은 근래에 정보통신 국제연합회가 각 국가나 집
단 회원들의 윤리강령들을 종합하여 새로운 윤리강령을 만들려고 했으
나 그 윤리강령들이 너무나 다양하여 그러한 노력을 포기하고 몇 가지
보완적인 충고를 제시하는 것으로 그치고 말았다는 점이다.44)

4. 정보통신사회의 역기능과 도덕적 문제들

정보통신사회의 비관적 전망은 거대 문명사적인 것부터 컴퓨터 장기
과다 사용 시의 손목뼈 통증이라는 사소한(?) 문제까지 광범위하게 걸
쳐 있다. 우리는 이러한 정보사회의 역기능과 도덕적 문제들을 전부 다
룰 수는 없으므로, 비교적 많은 논란의 대상이 된 몇 가지 문제만을 간
략히 언급할 것이다. 정보통신사회의 역기능, 특히 정보통신상의 역기
능과 도덕적 문제들은 다음과 같이 정리된다.45) (1) 우발적 역기능: 정
보 과부화, 시스템 정지, 소문과 우연적 오보, 부주의에서 오는 명예훼
손, 가벼운 표절, 데이터의 부적절한 관리, (2) 사회적 역기능: 의도적
오보, 격렬한 반응, 의도적 중상, 희롱, 메일 폭격, 외설, 선동, 비인격화,
감시, (3) 경제적 역기능: 광고, 조장, 강권, 데이터의 목적 외 사용, 과
도한 표절, 지적 재산권의 침해, 해킹, 바이러스, 시스템 안전 침해, (4)
회피적 역기능: 우회화, 익명화, 엄폐화 등 헤아릴 수 없이 많다. 이러
한 역기능 중 우발적 역기능은 비교적 도덕적 논란의 여지가 적다고 하
겠으나, 다른 역기능들은 개념적인 혹은 도덕적인 논란과 관련되어 있

는 경우가 많다. 그중에서 사생활 침해의 문제, 소프트웨어 복제와 지적 재산권의 문제, 해커의 문제, 정보부자와 정보빈자의 문제만을 다루어보기로 하자.

1) 사생활의 침해와 그 최적적 보호 대책

흔히 프라이버시(privacy)로 표현되는 사생활에 대한 침해의 문제는 정보통신사회가 거대한 국가적 통제사회가 될 것이라는 문명사적인 비관론의 단초를 이룬다. 이것은 정보처리기술의 발달과 정치적, 경제적 이유에서 국민 개개인에 대한 정보를 사기업 혹은 국가기관에서 모집, 활용할 필요가 더욱 증대되고 있기 때문이다. 사생활 침해의 유형은 "모집 목적 이외의 이용", "개인정보의 비밀 모집", "개인기록정보의 오류", "개인정보의 남용", "개인에 대한 다양한 감시 방법" 등으로 분류된다. 이러한 사생활 침해에 대한 대책은 개인에 관한 정보는 그 개인 자신이 통제할 수 있는 "자기 정보 통제권"의 보장이다.46) 이러한 자기 정보 통제권은 국가기관과 사회적 조직들, 즉 정부, 국회, 법원, 국세청, 교정기관, 정보기관, 은행, 보험회사, 신용카드회사 등이 개인들에 관해서 획득할 수 있는 정보의 양과 정보에의 접근을 축소하는 것으로써 개인의 사적 영역(the private sphere)을 확장하는 것이다. 그러나 더 나아가서 정보사회에서는 개인들이 국가기관들과 사회적 조직들에 관해서 획득할 수 있는 정보의 양과 정보에의 접근을 확대함으로써 국가기관들과 사회적 조직들의 사적 영역을 축소하는 것이다. 즉, 이것은 국가기관들과 사회적 조직들에 관한 정보공개의 확대를 의미한다. 그러나 사생활 보호에 관한 이러한 대책들은 자유주의의 전통적 구분인 사적 영역과 공적 영역(the public sphere)에 대한 구분과 그 가능한 충돌에 대한 새로운 윤리적 문제를 제기하게 된다. 그렇다면 사생활은 절대적인 가치를 갖는 것인가? 만약 절대적이지 않다면 그것은 어떤 가치들과 충돌되며, 그 충돌 시 어떠한 비중으로 조정될 수 있는가?47)

사생활 보호와 다른 가치들과의 충돌 문제는 국가적 이익을 위해서 어느 정도까지 개인적 영역이 침해될 수 있느냐의 문제가 초점이다. 미국에서 많은 논란의 대상이 되었던 국가안보와 범죄예방을 위한 정보통신망에서의 도청 칩(clipper chip) 설치 문제를 비근한 예로 들 수 있다. 그런데 정보통신상의 암호화 문제와 관련하여 사생활 보호는 복잡한 양상을 갖게 된다. 만일 공공적 이익에 중대한 손실을 끼치는 정보가 사생활 보호라는 미명 아래 전혀 해독할 수 없는 암호 파일 속에 저장되었다면, 그것은 사생활 보호가 아니라 사생활을 철옹성으로 만드는 것이다. 따라서 사생활과 공익 사이의 합리적인 해결책은 사생활의 "최적적 보호(the optimal protection)" 상태를 어떻게 규정하는가에 달려 있다. 공공적 이익과 사회복지를 위해서 데이터베이스에 대한 효과적 사용을 주장하는 사람들은 강한 사생활 보호 정책은 무엇인가 숨길 것이 있는 사람들에게만 이득을 준다는 것이다. 따라서 아무것도 숨길 것이 없고 공지성(publicity)을 두려워하지 않는 사람들에게는 역으로 손해를 줄 수도 있다.48) 분명 이러한 주장은 우리나라의 금융실명제 논의를 통해서 그 (부분적) 타당성을 획득할 수 있다. 그러나 우리는 정보통신사회 전반에 관련하여 볼 때, 개인 대 국가기관들, 그리고 개인 대 회사조직들 간의 대립에서 개인이 언제나 불리한 위치에 있기 때문에, 개인의 사생활은 권력적 핸디캡에 따른 각별한 고려가 필요하다.

사생활 보호와 충돌될 수 있는 (그러나 궁극적으로는 사생활을 보호할 수도 있는) 사회적 가치들은 국가안보, 공중보건, 범죄예방, 공정한 조세, 복지 이양금과 연금 등 각종 사회적 보조금의 효율적 조정, 소비자의 효과적 보호, 시장추세의 측정, 신용불량자 색출을 통한 건전한 금융거래 확대, 공정한 고용자 선별, 각종 실명제를 통한 공지성의 혜택 등 헤아릴 수 없이 많다. 따라서 이러한 문제들을 논의하기 위해서는 사생활에 관한 엄밀한 개념적 정의가 필요하게 된다. 사생활은 우선 소극적으로 타인으로부터 방해받지 않고 "홀로 있을 수 있는 권리"에서 출발하여 사생활을 함부로 공개당하지 않을 기본적 권리로서 인정되었다. 이러한 소극적 권리는 개인의 정신적, 내적 자아와 신체적 상태에 대한 타인의 인식적 혹은 지각적 관찰력으로부터의 자유를 의미한다.[49] 그러나 이제 사생활권은 가족과 타인들과의 의미 있는 교류, 즉 사랑, 가족애, 결사체에의 소속감과 헌신을 온전히 보전하기 위해서, 공공 활동에서 편견 혹은 불리함을 극복하고 정치적 참여를 확대하기 위해서, 어떤 계획이나 연구를 방해받지 않고 자율적으로 은밀히 추구할 자유를 수호하기 위해서 정보통신사회에서 절실히 요구되고 있다.[50]

2) 소프트웨어 복제와 지적 재산권 문제

컴퓨터 소프트웨어의 복제 문제는 너무나 잘 알려진 것으로서 우리의 도덕적 치부라고 아니 할 수 없다. 슬프게도 불법복제는 우리나라에서 컴퓨터의 광범위한 보급에 기여했던, 그래서 정보통신사회로의 유입을 가능케 한 부도덕한, 그러나 어쩔 수 없는 애물단지 혹은 필요악이었는지도 모른다. 그리고 우리나라의 소프트웨어 산업이 발달하기 이전에는 외화를 절약하는 애국적 행위가 되었는지도 모른다. 물론 우리도 이제는 국제 저작권 협약인 「베른협약」에 가입하였기 때문에, 더 이상 그것은 애국적인 행위가 될 수 없고, 우리는 국제적 압력에 대응해야만 한다. 그러나 우리는 소프트웨어 복제 관행이 너무나 편재하고 있기 때문에, 그것이 불법적이지만 도덕적인 것인지, 아니면 불법적이고 부도덕한 것이지만 다들(얼마나?) 그렇게 하고 있기 때문에 법적 처벌이 보편화되어 있지 않고, 또 도덕적으로 비난될 수는 없는지를 따져보아야 할 것이다.

소프트웨어 복제와 소유권 문제는 전통적인 재산 개념에 대해서 많은 재고를 요청한다. 이러한 재고는 정보사회에서의 다른 어떤 문제보다도 윤리와 법의 착종된 관련성을 보여준다. 관련된 문제는 우리는 어떤 종류의 법을 왜 원하는지, 그것의 구체적 내용은 어떻게 규정될 수 있으며, 그것은 강제적으로 실행되어야 하는지의 여부이다. 서구의 사법적 전통은 발명자들이나 창안자들에게 권리를 부여함으로써 발명을 장려하는 "지적 재산권(intellectual property right)"을 발전시켜왔다. 지적 재산권은 저작권(copyright), 특허권(patents), 기업비밀보호(trade secrets) 등으로 이루어진다. 그러나 한편으로 이러한 지적 재산권은 과학과 기술의 기초요소들의 소유권은 인정하지 않는다는 단서 조항을 가진다. 왜냐하면 만약 그렇지 않다면 과학과 기술의 발전을 저해할 것이기 때문이다. 따라서 저작권의 경우에는 오직 아이디어의 표현(the expression of ideas)만을 보호하지 그 아이디어 자체에 대해서는 보호하지 않는다. 특허의 경우에도 자연의 법칙들과 수학적 공식들에 대해서는 인정되지 않는다. 이러한 단서 조항은 넓게 보아 인류문화의 발전을 장려하려는 의도라고 풀이된다.

그렇다면 컴퓨터 소프트웨어에 소유권을 부여한다는 것은 정확히 무엇을 의미하는가? 소프트웨어는 하나의 서비스인가 산출물인가? 컴퓨터 프로그램은 저작권법의 보호를 받는 아이디어의 표현인가, 아니면 컴퓨터의 내부적 구조를 변경하는 하나의 수학적 과정인가? 아니면 그것은 일련의 "심적 단계(mental steps)"로서 원리적으로 볼 때 인간의 의해서 일반적으로 수행되는 것이므로 소유권을 인정하기에 적절하지 않은 것인가? 우리가 소프트웨어에 소유권을 부여하면서, 사실은 수학적 과정 혹은 심적 단계에 대한 소유권도 부여하고 있는 것은 아닌가? 미국에서는 1980년에야 비로소 컴퓨터 소프트웨어에 대한 저작권을 인정하기 시작했다. 저작권은 아이디어 자체가 아니라 아이디어의 표현에 대한 사법적 권리를 부여하는 것이다. 그러나 여전히 소프트웨어의 어떤 측면에 정확히 소유권이 부여되는지 논란이 계속되었다. 특별히 그러한 논란은 소프트웨어 프로그램은 그 원시 코드(source code), 명령

구조(command structure)와 명령 단계(command sequence)뿐만이 아니라 화면으로 디스플레이될 때의 "외양과 느낌(the look and feel)"까지도 포함하는가를 둘러싸고 전개되었다. 엄밀하게 말한다면, 아마도 저작권법은 소프트웨어의 적절한 보호에 미흡한지도 모른다. 물론 소프트웨어에 특허권을 부여하는 것은 강력한 보호장치가 될 수 있지만 그것은 과학과 기술의 발전에 저해될 수도 있기 때문에 미국에서도 쉽사리 인정되지 않고 있다.

이러한 일련의 논란들은 우리를 재산권에 대한 철학적인 문제로 다시 돌아가게 만든다. 소유되어야 할 것은 무엇인가? 어떤 것을 소유한다는 것은 무슨 자격과 권리를 갖는 것인가? 결코 사적으로 소유되어서는 안 되는 것이 있는가? 있다면 그것은 무엇이고, 그 논거는 무엇인가? 소프트웨어 복제 문제를 해결하기 위해서는 적어도 다음 네 가지 방식이 존재할 수 있을 것이다. 첫째는 현행 법률을 아주 강력하게 시행하는 것이다. 이것은 정부의 방대한 감시가 필요하므로 개인생활의 막대한 침해를 가져올 것이다. 둘째는 현행 법률을 위반했을 경우 그 처벌을 매우 강화하는 것이다. 아마도 처벌에 대한 공포 때문에 불법적 복제 관행은 억제될 수 있을 것이지만 교정적 정의의 관점에서 문제가 될 수 있다. 셋째는 사이버스페이스에서 정보의 유통을 아주 철저하게 통제하는 것이다. 즉 정보집중 (혹은 정보사용 허가 및 저작권료 지불) 센터(clearing house)에 모든 정보가 흘러가게 하고 그 정보사용의 합법성 여부를 따지는 것이다. 그러나 이것은 정보체증을 유발할 뿐만 아니라 저작권료에 대한 거부감도 만만치 않을 것이다. 넷째는 현행 법률을 변경하여, 소프트웨어의 자유로운 복제가 가능하도록 함으로써 많은 사람을 불법적 행위로부터 구제하는 것이다. 물론 소프트웨어 제작자들은 반발을 할 것이다. 아마도, 다른 조건이 같다면, 정보통신사회에서 가장 바람직한 해결책은 네 번째인지도 모른다. 그러나 "다른 조건이 같다(other things being equal, *ceteris paribus*)"는 조항이 사실인지 아닌지를 밝혀내기 위해서는 소프트웨어의 무상사용을 반대하는 논거가 무엇이고, 그것이 얼마나 강력한 것인가를 밝혀내야만 한다.

이것이 바로 소프트웨어의 소유권에 대한 철학적 근거를 둘러싼 논쟁이 된다.51) 가장 기본적인 주장은 소프트웨어에 대한 특허와 저작권적 보호는 궁극적으로 실용과학의 증진이라는 사회적 이익에 의해서 정당화된다는 것이다. 물론 이러한 견해는 무조건적으로 자명한 것은 아니다. 소프트웨어 무상사용론자는 법이라는 것이 사회 전체가 그 법의 실행을 통해서 더 좋아지는지 나빠지는지의 여부에 관계없이 과학자의 발명품에 대한 자연권을 권리로서 보호하는 것은 아니라고 주장한다.52) 이것은 사실적인 판단임과 동시에 사변적인 판단이기도 하다. 왜냐하면 정보통신사회에서의 디지털 단말기 사용을 포함한 네트워크의 성장(the growth)과 네트워크 사용자들의 불법복제와 표절의 정도 (the extent) 사이의 비례적 혹은 반비례적 상관관계는 아마도 정확한 통계에 의존하여 확정하기는 힘들 것이기 때문이다. 통상적으로 비례적 상관관계는 소프트웨어 무상사용론자의 입장을 강화시켜줄 것이고, 반비례적 상관관계는 소프트웨어 저작권론자의 입장을 강화시켜줄 것이지만, 이것도 기계적인 것은 아니다. 소프트웨어 저작권론자도 불법복제가 성행하는 줄 알면서도 궁극적으로 시장점유율을 높이기 위해서, 혹은 나중의 업그레이드판으로 그 손실을 만회하기 위해서, 스스로 복사방지키를 제거할 수도 있다.

비록 우리가 저작권법과 특허권이 과학적 발전을 증진시킨다는 통상적 신념을 받아들인다고 해도, 그러한 목적을 위해서 구체적으로 어떠한 사법적 규정을 세울 것인가는 간단한 문제는 아니다. 통상적으로 저작권법에 의해서 촉발된 과학의 증진에 관한 적어도 세 가지의 경제철학적 이론들이 존재한다. (1) 소프트웨어의 소유를 통한 이득은 유능한 연구자들로 하여금 새로운 소프트웨어를 개발하려는 유인(incentives)을 준다. (2) 만약 소프트웨어를 저작권과 특허권에 의해서 보호하지 않는다면 기업비밀보호법에 의해서 보호해야 할 것이다. 그러나 그것은 연구자들이 그들의 발견과 발명을 공표하지 않게 된다는 것을 의미한다. 따라서 저작권과 특허권은 연구자들이 그들의 발명품으로부터 이익을 받으면서 동시에 그 발명품의 내용을 공개함으로써 연구자들의 미래 탐구 계획을 증진시킬 요량, 즉 기업비밀의 상호 교환으로 인정될 것이다. (3) 유용한 소프트웨어를 개발한 사람들을 부유하게 함으로써, 저작권법은 사회적 자원을 미래에 가장 큰 과학적 공헌을 할 수 있는 사람들에게 효율적으로 배분하는 효과를 가져올 것이다. 차례로 이것들은 개인적 "유인효과 이론", "기업비밀 교환 이론", "기대효과 이론"이라고 불린다. 현재 가장 지지를 받고 있는 이론은 세 번째 이론인데, 그것은 미국의 경우 왜 소프트웨어 연구를 수행하는 소수의 부유한 회사들에게 많은 저작권을 부여하고 있는가 하는 것을 설명할 수 있기 때문이다.53) 그런데 여기서 파생되는 한 가지 복잡한 문제는 소프트웨어 저작권을 인정하는 것은 판독할 수 없도록 코드화된 정보를 기업비밀로 보장한 것이냐의 여부이다. 기업비밀 교환 이론은 이것을 부정하지만, 기대효과 이론은 그것을 인정하고 있다. 그러나 기대효과 이론은 타사의 신제품을 분해하여 그 설계를 역으로 탐지하는 역설계(the reverse engineering)의 유혹을 불러일으킬지도 모른다.54)

우리는 여기서 소프트웨어가 마음대로 복사될 수 있는 상황이 되도록 노력하고 있는 사람들이 있다는 것을 지적해야만 할 것이고, 또한 그들의 주장이 무엇인가를 밝혀야만 할 것이다. 그들은 소프트웨어의 무상공급으로 인하여 우리 사회 전체는 큰 이익을 얻게 될 것이기 때문에, 소프트웨어 개발자의 공로는 경제적 이익으로 제공되어서는 안 되고 사회적 명예나 존경의 형태로 제공되어야 한다고 주장한다. 헤겔이 인류사를 "인정투쟁"의 관점에서 본 것과 관련해서, 어떤 사람은 비경제적 가치인 사회적 인정은 소프트웨어 개발의 노고를 보상하기에 충분하다고 주장하기도 한다.55) 그러나 소프트웨어의 저작권을 부여하지 않으려는 논리는 이것에 그치는 것이 아니라 저작권의 근거가 되는 응분, 경제적 유인에 대한 사실적, 사변적 논박들, 그리고 사적 재화와 공적 재화의 구분, 소프트웨어의 제약 없는 사용을 통한 문화와 과학의 발전 등에 대한 많은 비판적 논의를 필요로 하기 때문에 여기서 모두 다룰 수는 없다.56) 여기서 우리가 염두에 두어야 할 것은 저작권법은 단순히 저작권자의 권리만을 보호하는 것은 아니라는 것이다. 그것은 동시에 저작물의 이용을 통한 문화의 향상, 발전을 도모하고자 하는 이중적 목적을 가지고 있다. 이것은 이미 언급한 것처럼 문화의 향상, 발전이라는 측면이 저작권법의 내용을 제약하는 것이 될 수는 있는 것이다. 그러나 컴퓨터 윤리의 독특성을 주장하는 사람들이 우려하는 것처럼, 디지털 시대의 복제권은 점점 더 복잡한 양상을 띠어간다. 특히 디지털 기술의 영향은 복제권에도 많은 영향을 주고 있다. 근래에 가장 논란이 되고 있는 문제는 아날로그 형태로 저장된 저작물이 디지털 형태로 저장되고, 어떤 저작물이 컴퓨터의 램(ram)에 일시적으로 저장되고, 또한 램에 저장된 저작물이 컴퓨터 화면에 현시되는 것 등이다. 이러한 사례들은 현행 저작권법상 복제의 범위에 포함되는지, 포함되지 않는다면 복제의 범위에 포함시켜야 하는지, 많은 논란의 여지가 있다. 만일 디지털화는 새로운 권리, 즉 디지털화권을 가진다면, 미국 마이크로소프트사의 빌 게이츠(Bill Gates)가 세계 유명 예술작품들에 대한 디지털화권을 사들이고 있다는 보도는 우리를 전율케 하고도 남음이 있다.57) 수백 년(?) 동안 책 도둑은 도둑이 아니라는 정보 공동체주의적 의식에 머물러 있었던 우리는 과연 그 전율을 극복할 수 있을 것인가?

이러한 일련의 논란을 볼 때 우리는 단순히 법이 무엇을 말하고 있는가가 중요한 것이 아니라, 법이 무엇을 말해야 하는가가 중요하다는 것을 인식해야만 한다. 따라서 어떤 사람들은 실질적으로 중앙집권적 통제가 불가능한 인터넷의 사이버스페이스에서는 법률적 규제는 비효과적일 뿐만 아니라 바람직하지 않다고 주장한다.58) 그들은 암호기술

등 기술적 장치와 함께 윤리의식의 고양을 통해서만 사이버스페이스에서의 복제 문제는 해결될 수 있다고 주장한다. 그렇다면, 사이버스페이스는, 마르크스가 『공산당선언』에서 한 언명을 원용한다면, 거역할 수 없는 복제의 망령이 배회하는 장소가 되고 있는 것은 아닐까? 그러한 사이버스페이스에는 가상과 현실의 구별이 없다면, 가상현실적인 복제의 망령을 뿌리칠 수 없는 우리는 실제 현실적인 생물학적 자기복제마저도 실현시키게 될 것이 아닌가? 스스로에 대한 복제의 망령에서 벗어나기 위해서, 아마도 우리 인간들은 사이버 애완동물이나 사이버 스타를 보면서, 더 굶주린 사람들은 사이버 섹스에도 탐닉하면서, 인공지능(AI) 로봇의 위안이나 서비스를 받을 수밖에 없을 것인가? 아마도 그것은 정보통신사회가 주는 탈인간 철학(the posthuman philosophy)의 마지막 위안이 될지도 모른다. 이러한 사이버 홀릭적 탐닉에서 살아 나오는 길은 권태밖에 없을 것이다. 그것은 우리에게 사이버 터치(cyber-touch)에서 벗어나 생동하는 흙에 접하는 어스 터치(earth-touch)를 줄 것이다. 그렇다면 우리는 소극적이라도 잠시나마 기계화와 디지털화에 반대하는 러다이트(Luddite)가 되어버린 것이 아닌가?

3) 해커 윤리(?): 사이버스페이스에서의 사이비(似而非) 도덕

흔히 통신망을 통해 남의 컴퓨터에 접속하여 바이러스를 유포함으로써 시스템을 다운시킬 뿐만 아니라 컴퓨터 범죄를 일삼는 것으로 알려진 해커(hacker)들도 소프트웨어는 자유롭게 사용되어야 한다는 나름대로의 주장을 가지고 있다. 흔히 이것은 해커 윤리(hacker ethics)라는 말로 표시되기도 하는데, 그 주장은 다음과 같다. "컴퓨터에 대한 접근은 무제한적이고 완전하게 이루어져야 한다", "모든 정보는 무료여야 한다", "권력을 믿지 말고 분권화를 이루어나가야 한다", "컴퓨터로 예술과 아름다움을 창조할 수 있다", "컴퓨터는 우리의 삶의 향상시킨다"

등이다.59) 그렇다면 해커들은 소프트웨어의 불법복제를 통해 약간의 불안감과 죄의식에 떨었던 많은 사람들을 구원해주는 것 같기도 하다. 해커 윤리에는 또한 "해킹은 안전하게 시행되어야 한다", "어떠한 손상을 가해서도 안 된다", "어떠한 사람에게 손해를 끼쳐서도 안 된다", "해킹은 즐기는 기분으로 수행되어야 한다" 등의 조건들이 첨가되기도 한다.60) 따라서 해커는 컴퓨터 범죄를 일삼는 크래커(cracker)와 구분되어 사용되기도 한다. 불법적이고 비윤리적인 컴퓨터 범죄를 일삼는 이러한 크래커들이 일망타진되어야 한다는 데 이견이 있는 사람은 없을 것이다. 그런데 만약 해커들이 크래커들과 다르다면, 그들은 어떻게 평가되어야 하는가? 이러한 구분을 통해서 본다면, 해를 입히지 않고 순전한 과학적 호기심으로 남의 컴퓨터에 접속하는 것은 여전히 잘못이라도, 해커들의 생활은 아무런 통제 없는 자유분방한 삶을 사는 히피적 혹은 사이버펑크(cyberpunk)적 삶과 유사한 것처럼 보이기도 하고, 또 그 나름대로의 윤리적 메시지를 전달하고 있는 것 같다.61)

해커 윤리라는 말은 마치 플라톤이 도둑 집단에도 내부적 정의(正義)가 없다면 유지될 수 없다고 한 것처럼 어떤 내부적인 도덕적 기준을 가질 수 있다는 점에서 용인될 수 있을 것이다. 물론 기술적 탁월성은 언제나 도덕적 제약을 탈피하려고 한다는 그 엄청난 유혹은 플라톤의 『국가』에서 언급되었던 "기게스의 반지(Gyges' Ring)" 이래로 인류의 커다란 숙제가 되었다.62) 해커들은 기술적 탁월성을 통해서 선과 악의 피안을 초탈하는 니체적 초인인가, 아니면 현대적 로빈 후드인가, 사이버스페이스의 영웅인가?63) 해커들 혹은 크래커들에 대한 진정한 도덕적 문제는 기술적 탁월성을 통해서 그들의 부도덕성이 보상받고 만다는 것이다. 당분간은 비난과 정죄의 대상이 되더라도 그들은 결과적으로 영웅이 될 것이며, 대기업에서 그들을 취업시키고, 그들도 벤처기업으로 성공하기까지 한다. 우리나라에서도 그러한 경우가 있었다.64) 그러나 아마도 해커들에 대한 공공연한 찬양은 미국적 토양에서만 가능할지도 모른다. 미국에서 정보통신사회의 도래를 가장 강력하게 외치는 앨빈 토플러(Alvin Toffler)를 포함한 네 사람이 같이 쓰고 "진보와 자유의 재단"에 의해서 공표된 「사이버스페이스와 미국의 꿈」이라는 인터넷 온라인 논문에서 우리는 해커들에 대한 다음과 같은 구절을 발견할 수 있다.65)

"모든 사회적 압력을 무시하고 모든 규칙을 위반하면서, 비용이 저렴하고 널리 사용되고 있는 컴퓨팅을 강도 높게 접함으로써 일련의 기술을 개발한 해커라는 독특하게 미국적인 현상을 어떻게 설명할 것인가? 결국 이러한 기술들 덕분에 해커들은, 응용 소프트웨어 개발이든지 네트워크 운용이든지 간에, 높은 시장성을 획득하였다. 해커는 기술자, 발명가가 되었고, 미국에 사이버스페이스 개척과 정착의 주도권을 부여한 소규모 기업 형태로 새로운 부의 창출자가 되었다. 유럽과 일본의 더 형식화되고 규제화된 민주주의에서 해커들이 번성하는 것은 고사하고 살아남는 것을 상상하기란 쉽지 않다. 미국에서 해커들은 경제성장과 무역을 주도함에 있어 사활적인 중요성을 가지게 되었다. 왜일까? 미국인들은 여전히 순응보다는 개인성을 찬미하며, 합의보다는 성취를 보상하고, 다를 권리를 열렬하게 보호한다."

해커들에 대한 이러한 미국적 찬양은 우리나라의 윤리의식으로 수용할 수 있을 것인가? 만약에 해커 윤리가 있더라도, 그것은 사이버스페이스에서의 사이비 도덕일 뿐일 것이다. 그러나 그들의 사이비 도덕도 누구나 무료로 이용할 수 있는 프리웨어(free-ware)나 셰어웨어(share-ware)를 인터넷상에 올림으로써 그 윤리적 편모를 드러내고 있는 것도 사실이다. 이것은 결코 해커나 크래커를 찬양하자는 것이 아니다. 이러한 지적은 총과 대포라는 기술적 우월성을 통해서 인디언 문명, 아즈텍 문명, 그리고 잉카 문명을 멸망시켰던 서구의 전통은 해커와 크래커들에 의해서 살아 있는 것이 아닌지 하는 도덕적 우려를 나타내려고 할 뿐이다. 정보통신사회를 주도하는 서구문명, 아니 미국 문화 자체가 사실은 해커가 아닐까? 이러한 우려는 당연히 정보빈자와 정부부자 사이의 그 엄청난 간극이라는 국제적 문제로 우리를 인도하게 된다.

4) 정보빈자와 정부부자: 정보사회에서의 분배적 정의

정보빈자(the info-poor)와 정보부자(the info-rich)에 관련된 문제는 개인, 성별, 세대, 지역, 국가 사이에 다양하게 걸쳐 있다. 또한 그것은 정보의 소유와 접근뿐만 아니라 정보의 창출과 전달 방식에 이르기까지 광범위하게 걸쳐 있다.66) 물론 정보빈자와 정보부자에 대한 비판은 정보통신사회가 자본주의 사회의 연장이라는 지속론적 관점과 마르크스적 관점에서 가장 신랄하게 전개되고 있다. 그러나 우리가 정보통신사회로의 유입을 타당하게 본다면, 현실적으로 수용될 수 있는 대안으로 정보복지사회의 개념을 사용할 수 있을 것이다. 정보복지사회의 구체적 모형을 구축하려는 시도가 전무한 것은 아니지만,67) 아직까지 정보의 분배적 정의(distributive justice)에 관한 새로운 윤리학이 탄생한 것은 아니다. 따라서 우선 당분간은 존 롤즈(John Rawls)의 분배적 정의론에 약간의 변경을 가하여 그것을 정보복지사회의 분배적 정의 문제에 원용을 할 수 있을 것으로 생각된다. 정보사회에서 정보가 중요한 재화가 된다면 그것은 당연히 롤즈의 정의론에서 분배의 대상이 되는 사회적 기본가치(the primary social goods)의 목록에 포함되어야 할 것이다. 롤즈의 사회적 기본가치의 목록에는 권리와 자유, 기회와 권한, 소득과 부, 자존감의 기반이 들어 있다.68) 여기에 정보가 포함되지 말라는 법이 없다. 만약 정보사회에서 (흔히 정보사회론에서 주장되는 대로) 물질적 재화의 가치가 하향한다면, 사회적 기본가치의 목록에서 우리는 동산에 관련된 부와 재산권을 뺄 수도 있을 것이다. 그러나 그것은 아직은 시기상조일지도 모른다.

　물론 정보를 사회적 분배의 대상이 되는 사회적 기본가치로 보는 것은 선의 기초론(the thin theory of goods)에 불과할 것이다. 정보를 통해서 삶의 질이 향상된 바람직한 삶과 그 가치관을 정립하는 것은 선의 충분론(the full theory of goods)에 의해서 전개될 것이다. 여기서 롤즈의 정보복지적 정의론은 아리스토텔레스적 완전주의(perfectionism), 즉 각 개인들은 자신들의 선호와 기예를 최고도로 완전히 발휘하여 탁월성이 실현되도록 하는 개인적 삶의 원칙으로 수용할 수 있을 것이다. 그리고 롤즈가 정의원칙에 의해서 규제된 "질서정연한 사회(the well-ordered society)"를 다양한 소규모 "사회적 연합체들의 사회적 연합"으로 생각한다는 점에서 그것은 토론문화와 동일한 관심으로 이루어진 결사체들과 공동체들이 각각의 "자존감의 기반"을 갖고 번성할 정보통신사회의 모습으로 보아도 좋을 것이다.69) 물론 사이버스페이스에서의 가상 공동체(virtual community)가 롤즈 식으로 질서정연하지 않을 수도 있다. 즉, 느슨하고 이질적인 공동체라는 것이 더 정확할 수도 있다.70) 앞으로 정보복지사회에서 롤즈의 정의론을 어떻게 개조할 것인가는 철학자들의 큰 과제라고 할 것이다.

　정보통신문화가 부유층, 개인주의, 남자들로 가득 찬 미식축구 경기장, 뉴스 그룹의 토론장인 유스넷(Usenet)을 통한 비밀결사의 문화라는 지적은 이제 진부한 것이 되었다.71) 그리고 미국의 정보통신문화를 가장 극명하게 대변하는 문화적 메타포는 사이버 프런티어(cyberfrontier), 사이버스페이스(cyberspace), 정보초고속도로(the information super-highway), 정보통신기반(the information infrastructure)이다. 그러나 이러한 메타포 이면에는 "전 지구적 전자시장(the global electronic mar-ketplace)"이 도사리고 있는데, 이것은 미국이 세계화와 세계시장을 석권하려는 야심을 지적하는 것이다. 아마도 정보빈자와 정보부자에 관해서 근래의 관심을 끄는 논쟁은 "캘리포니아 이데올로기 논쟁"일 것이다. 이것은 미국의 정보통신문화가 히피적인 자유분방한 신좌파적 반문화와 비통제적 시장경제를 신봉하는 신보수주의적 자유지상주의, 그리고 기술 결정론이 교묘하게 결합된 이데올로기라고 보는 것이다.72) 과연 그러한 이데올로기가 우리나라에 수용될 수 있을 것인가? 이러한 문제는 단순히 미국의 이데올로기 문제가 아니다. 그것은 오히려 정보통신사회를 지향하는 우리나라의 정보화에 관련된 문화적, 도덕적 전략에도 깊숙이 연관된다. 그렇다면 우리나라 정보통신문화의 윤리는 어떠한 상황에 처해 있는가?

5. 우리나라의 정보통신윤리 문제

우리나라도 정보통신사회에서 전형적으로 나타나는 여러 가지 역기능들과 도덕적 문제들에서 예외는 아니다. 우리나라에서 아마도 가장 많은 우려를 자아내는 문제는 청소년 문제와 관련한 음란정보의 유통일 것이다. 이러한 문제와 관련해서, 우리나라에서는 한국정보통신진흥협회 산하에 "정보통신윤리위원회"가 설치되어 활발한 활동을 전개하고 있다. 정보통신윤리위원회는 "건전 정보문화 창달을 위한 대책을 강구"하고 "정보사회의 역기능에 대한 대책"을 마련하고, "정보사회의 윤리규범을 제시"하기 위해서 전기통신사업법의 규정에 의거 1995년 설립되었다.73) 정보통신윤리위원회는 「정보통신윤리강령」과 「정보윤리심의기준」을 발표했다.74) 그리고 "정보사회와 정보통신윤리 세미나", "인터넷 불건전 정보 방지 세미나"를 열었고, 고등학생들을 대상으로 한 "정보통신윤리의식 실태 조사"를 통해 BBS(전자게시판) 이용자 36퍼센트가 음란물을 경험했다는 결과를 발표하기도 했다.75) 근래에는 "정보통신윤리 캠페인"을 열고 네트워크상에서 음란, 폭력, 마약 등의 내용이 담긴 정보를 차단할 수 있는 "불건전 정보 차단 소프트웨어"를 시연하여, 정보사회의 역기능과 PC 통신과 컴퓨터 사용에 관련된 청소

년 문제를 우려하고 있는 많은 사람들의 관심을 끈 바 있다.76)

정보통신윤리위원회의 「정보통신윤리강령」은 정의로운 정보복지사회라는 이상을 표현하고, 인간의 존엄성, 지적 재산권 존중 등 중요한 도덕원칙들을 명시하고 있다. 아마도 가장 현실적인 관심은 불건전 정보 심의기준이 무엇인가에 있을 것이다. 「정보윤리심의기준」은 최소규제의 원칙, 공정성의 원칙, 비밀보호의 원칙 아래 다음과 같은 "불건전 정보 심의기준"을 설정하고 있다. 그 기준의 기본항목들을 보면, (1) 반국가적 내용, (2) 인권침해 내용, (3) 인명경시 내용, (3) 법과 질서의 존엄성 저해 내용, (5) 공개금지를 어긴 내용, (6) 성, 음담패설 내용, (7) 위화감 조성 내용, (8) 비과학적 생활태도 조장 내용, (9) 공중도덕과 사회윤리 저해 내용, (10) 국민정서에 반하는 내용, (11) 신앙의 자유에 반하는 내용, (12) 저작권 위배 내용, (13) 의약 등의 요용, 남용 조장 내용, (14) 불건전 오락물 등의 내용, (15) 출처 불명한 광고 내용이다. 각 항마다 세부항목이 있어서 이 심의기준을 일률적으로 평가하기는 어려우나, 과연 최소규제와 공정성의 원칙을 지킨 것인가 하고 의심을 품을 수도 있을 것이다. 대체로 이 심의기준은 목적론적 윤리설보다는 법칙론적 윤리설에 그 철학적 기초에 두고 있다. 그것은 소극적으로 정보사회를 살아나가는 사회성원이 지켜야 할 최소한의 기준을 내용으로 하고 있기 때문에, 적극적으로 정보사회를 구현하기 위한 공익의 실현 및 정보복지의 증대를 위한 규범적 기준이 부족한 실정이다. 첫째, 불건전 정보 심의기준은 추상적이고 형식적인 차원에서 벗어나지 못하고 있다. 비과학적 태도와 국민정서의 규정은 애매모호할 수도 있다. 둘째, 다분히 국가주의적 윤리가 강조되고 있어서 반국가, 법질서 유지, 위화감 등 자의적 해석이 가능할 수도 있는 기준에 의존하고 있다. 셋째, 불건전 정보의 분류기준들이 단순히 나열식으로 되어 있어서 체계가 결여되어 있고, 상호 모순이 될 가능성도 있다.77)

그러나 정보통신윤리위원회의 「정보통신윤리강령」과 「정보윤리심의 기준」에 대한 이러한 내부적 비판보다는 정보통신윤리위원회 자체에 대한 외부적 비판이 더욱 심각한 문제를 자아낸다. 근래에 "정보통신 검열 철폐를 위한 시민연대"는 「정보통신검열백서」를 발간하여, "정보 기본권(정보 접근권, 표현의 자유, 프라이버시)을 보장하라", "정부는 통신상의 검열/감시 행위를 즉각 중단하라", "위헌적 정보통신윤리위원 회는 즉각 해체하라", "모든 정보통신 서비스 업체는 검열/감시 행위를 즉각 중단하라"고 주장하고 있다.78) 우리는 여기서 이러한 미묘한 문제 들에 대해서 성급한 결론을 내릴 수 없다. 이러한 논란에 대한 결론은 우리가 어떠한 규제도 필요하지 않을 정도로 성숙한 정보통신문화를 이루고 있는가, 국가의 통제는 시민의 자율적인 통제로 대치할 수 있는 가, 시민의 자율적인 자정 능력은 어느 정도로 효과적인가 등의 많은 물음을 심각하게 고려해본 후에야 비로소 내릴 수 있을 것이다. 아마도 철학적인 결론은 롤즈가 말한 것처럼 "자유는 오직 자유를 위해서만 제한될 수 있다"는 점이다. 여기에는 두 가지 경우가 있다. 즉, 덜 광범 위한 자유가 모든 사람이 공유하는 자유의 전 체계를 강화할 경우와 덜 평등한 자유가 자유를 적게 가진 자들에게 용납될 수 있을 경우에만 허 용될 수 있다.79) 그러나 구체적으로 어떠한 경우가 그러한 경우이고, 우리의 경우가 과연 그러한 경우인가의 문제는 우리 스스로 자유로운 공론장 속에서 토론을 통해서 판단할 수밖에 없다. 정보통신윤리위원회 는 사회적 공익과 보수주의적 입장을 반영하고 있지만, 다양한 논의의 장을 열어놓고 있으므로 열띤 사회적 토론이 전개되어야 할 것이다.

　우리나라 정보통신윤리의 또 다른 문제의 하나는 정보통신윤리에 있 어서 우리가 최소한의 일목요연한 사법적 기준을 숙지하기도 쉽지 않 다는 것이다. 그것은 종합적으로 되어 있다기보다는 컴퓨터프로그램보 호법, 통신비밀보호법, 저작권법 등 다양한 법률 속에 흩어져 있으며, 정보통신의 규제도 방송위원회, 공연윤리위원회, 종합유성방송위원회, 저작권심의조정위원회, 정보통신윤리위원회 등으로 나누어져 실시되고

있고 그 권한 배정도 일정하지 않은 실정이다.80)

우리나라 인터넷 접속 현황을 보면 우리나라 정보통신사회의 현주소를 알 수 있을 것이다. 국내 비영리/영리 인터넷 가입기관 현황으로 보면 비영리 인터넷 가입기관은 3개 제공기관에 384개 기관이 가입하고 있다. 한편 영리 목적의 상용 인터넷 사업자들을 살펴보면 13개 인터넷 서비스 제공기관에 총 1,192개 기관이 가입되어 있다. 개인별 등록 현황은 비영리 기관과 영리 기관 사이에 더욱 차이가 난다. 사용자의 지역별 현황을 보면 지방화 시대, 분산화 시대에도 불구하고 당연히 수도권 지역으로 편중되어 있고, 인터넷 사용자의 직업별 현황을 보면 학생 특히 대학생과 정보통신기관 관련자들이 대부분을 차지하고 있다는 것을 알 수 있다. 가장 중요한 문제는 일반 사용자들의 인터넷 네트워크 접근이 제한되고 있다는 것이다. 특히 지방의 인터넷 사용자들은 시외전화요금을 부담하는 경제적 문제와 전용선을 사용하는 기관 사용자들에 비해서 현저하게 떨어지는 데이터 전송속도와 접속을 위한 교육 등 지원체계에 많은 문제점을 가지고 있다.81)

우리나라의 정보통신윤리 문제를 보다 근원적으로 다루기 위해서는 우리나라 정보화 추진 정책의 형성 배경과 내용, 그리고 정보화 추진 정책의 일환으로서의 정보문화 운동, 그리고 정보화 추진 정책의 이데올로기적 배경을 살펴보아야 한다. 이러한 문제는 미묘한 문제들이고 또한 피상적으로 다루어져서도 안 될 것이다. 여기서는 다만 "읽기의 윤리학"의 차원에서 간략한 언급만을 할 수 있을 뿐이다. 정보화 정책은 "본래 정보산업의 육성이라는 명시적 목표 가치 아래 추진되기 시작했으며, 보다 본질적으로는 [두 차례 오일쇼크 이후] 서구 자본주의의 위기와 그 대응 전략의 파급력과 불가분의 관계를 지니는 것"이라고 볼 수 있다. 우리나라 정보화 추진 정책의 주요 문제점을 살펴보자. 첫째, 1980년대 이후 정보화 정책이 국민 일반의 현존하는 기대와 욕구라기보다는 "한정된 산업 부분에 대한 시혜적 성격"이 짙었다는 것이다. 둘째, 정보사회로의 이행이 "밀실에서 논의되고 결정되었으며 단지 전시적으로 표방되고 전격적으로 추진되었다"는 것이다. 셋째, 국내의 정보화 추진 정책과 그 명분은 기존의 정보매체들이 언론 통폐합과 언론 기본법 등으로 압살당하고 있는 그 시점에서 바로 그 탄압 주체에 의해서 "정보사회의 자유로운 미래상"으로 제시되었다는 점에서 아이러니를 절감케 한다는 것이다. 넷째, 국내 정보화 추진 정책이 "기존의 격심한 지역 간, 계층 간 불평등 문제 등 사회적 현안을 우선적으로 해결하기보다는 오히려 그것을 심화시킬 가능성이 높다"는 것이다. 다섯째, 정보화 추진 정책은 선진 자본주의의 기술적 변화에 대한 추종적 대응이라는 점에서 "산업기술적 종속과 문화적 종속"을 예견케 한다는 것이다.[82] 불행히도 우리의 출발과 현실은 이렇다고 해도 우리는 정보사회로 향하는 세계사의 도도한 흐름을 무시할 수 없을 것이다. 우리는 역량을 총동원하여 마치 산업사회적 기반 없이도 정보화에서는 앞장설 수 있다는 "산업화는 늦었지만 정보화는 앞서가자"는 환상을 깸과 동시에 정보사회에서 소외된 사회부문들의 상대적 박탈감을 해소하고, 정보화 정책 결정에의 비판적 참여를 활성화해야 할 것이다. 정보사회에 대한 우리의 철학적 대응은 늦었지만, 철학은 언제나 어스름이 진 후에 날갯짓을 하는 미네르바의 올빼미라고 자인해볼 수밖에 없는 것이 아닐까?

6. 결론: 정보통신사회와 문화의 도덕적 미래

우리는 지금까지 정보통신사회와 문화에서의 도덕의 정체성 문제를 논하기 위해서, 정보통신상의 에티켓으로부터 정보사회에서의 고차적인 분배적 정의 문제까지 살펴보았다. 우리의 논의는 정보통신윤리에 관한 매우 기초적이고도 개괄적인 논의(a general survey)에 지나지 않을 것이다. 기껏해야 그것은 약간의 경고담을 포함한 의사(擬似) 정보윤리학(para-information ethics)적 수준을 벗어나지 못한다. 사실 철학이 정보통신윤리에 공헌하는 길이 있다면, 그것은 정보통신윤리의 이론적 측면을 명백하게 밝히는 일일 것이다. 비록 이 논문은 사회윤리적 관점에서는 롤즈의 정의론을 기반으로 해서 정보사회를 논한 바 있다. 즉 사이버스페이스를 정의원칙이 도출되는 공정한 배경적 상황인 원초적 입장으로 볼 수 있고, 정보가 분배의 대상이 되는 사회적 기본가치의 목록에 속하게 되고, 사상과 양심의 자유, 표현의 자유, 집회와 결사와 탈퇴의 자유 등 자유주의적 가치들이 정보사회에서도 여전히 중요하기 때문에 롤즈의 정의론이 정보사회에서 여전히 윤리적 효력을 가질 수 있다는 점에서 그리하였다. 그러나 우리는 롤즈의 자유주의적인 사회계약론적 정의론에 심정적으로 이론적으로 동조하기는 했으나, 정보통신윤리의 이론적 준거틀을 확실히 입증하고 정당화한 것은 아니다. 아마도 개인윤리적 관점에서는 가치선별적 정보의 탁월한 향유를 즐기되 그 방종적 탐닉을 방지할 수 있는 (윤리학과 미학이 접합되는 어떤 행태의) 쾌락주의적 윤리가 필요할 지도 모르겠다. 아마도 정보통신윤리의 적절한 윤리학적 모형을 설정하기 까지는 상당한 시간이 걸릴 것이지만, 2절에서 언급한 월터 매너(Walter Manner)와 크리스티나 고니액(Krystyna Gorniak)의 새로운 컴퓨터 윤리학과 전 지구적 윤리학에 관한 논의는 앞으로 다른 기회를 통해 좀 더 상세하게 다루어져야 할 것이다. 국내 학계 사정을 볼 때, 정보통신윤리 문제에 대한 철학적 연구는 빈곤했지만, 사회학적 경영학적 사법적 연구들은 어느 정도 진척되어왔다. 보다 원대하게는, 사회과학적 정보사회이론들과 철학적 윤리학설들을 접합시키는 학제적 시도가 있어야 된다는 희망을 피력해 본다. 이러한 희망은 정보통신사회에 대한 기술 결정론적인 일방적인 이해로부터 탈피하는 "기호학적 게릴라전" 혹은 "읽기의 윤리학"을 통해서만 실현 가능할 것이다.83)

정보통신사회의 도덕적 미래는 기술의 통제 불가능적 자율성과 인간

행동의 비의도적인 집단적 결과에도 불구하고, 결국 그것은 어떠한 형태의 정보통신사회와 문화를 수립할 것인가에 대한 우리의 현재적 자각과 윤리적 고려에 의해서 결정될 것이다. 물론 이러한 윤리적 고려는 기술이 인간의 통제가 가능한 중립적 도구라는 신념에 근거하고 있다. 아마도 이러한 신념은 윤리적 우려가 가져다주는 환상일지도 모른다. 아마도 정보통신윤리의 문제를 다루기 전에, 인간과 기술의 전반적 관련성에 대한 기술철학적 논의가 선결되어야 할지도 모르겠다.84) 우리는 근래에 정보통신기술에서도 많은 논의가 되고 있는 쌍방향 통신기술이 비록 경제적 동인에서 시작됐다고 하더라고, 그것은 인간을 정보의 수동적 수용자에서 적극적 선택자로 전환하고자 하는 규범적 자각에서 나타난 것이라고 결과론적으로 재해석할 수도 있을 것이다. 이러한 재해석은 정보통신사회에서 인간의 자율성 확대와 정보사회에서의 시민운동의 활성화와도 밀접하게 관련되어 있다. 더 나아가서 우리는 정보통신 매체와 망을 시민의 자유로운 이용(공용적 free-net 운동) 혹은 소유로 하는 운동으로까지 발전시켜야 할 것이다.85)

우리에게는 정보의 양도 중요하지만 정보의 질도 중요하다. 홍수가 났을 때 먹을 물이 귀해지는 것처럼, 우리는 정보의 홍수 속에서 우리가 가치 있다고 생각하는 정보를 수집하고 분석하고 활용하는 지혜를 지녀야 할 것이다. 전통적으로 철학은 데이터, 정보, 지식, 그리고 지혜와 통찰력을 단계적으로 구분해왔다고도 볼 수 있는데, 이러한 구분들이 정보통신사회에서 엄밀하게 적용될 수 없을지라도 우리는 그러한 구분을 위해서 노력해야만 할 것이다.86) 비록 사이버스페이스에서는 인간의 현실과 가상에 대한 인식적 분별력이 약화된다고 할지라도 그 속에서의 도덕이 단지 사이비 도덕이라고 체념할 필요는 없을 것이다. 그러나 정보통신윤리는 정보통신기술이 인간 자신의 자아 개념을 겸허하게 하향시킬 수밖에 없게 하는 네 번째 충격을 감안해야 한다.87) 인간의 존엄성이 상실되어가는 이때에, 철학이 정보사회와 문화의 가장 극명한 비관적 전망인 생의 가치나 의미의 상실, 정보과잉과 정보소외, 문화적인 억압 등을 해소할 방책을 제시할 수 있을 것인가?

우리나라에서 정보통신윤리를 정착시키기 위해서는 장기간 정보통신 사회의 윤리적 문제들에 대한 사회적 논쟁과 관심이 있어야 할 것이다. 구미에서는 정보통신윤리에 대한 다양한 연구소들이 설립되어 있고, 많은 학술잡지들이 출간되고 있고, 세계적인 학술회의들도 매우 빈번하게 열리고 있고, 교육과정에 정보통신윤리를 도입하기 위한 다양한 연구 프로젝트들이 있다.[88] 이미 많은 대학에서 수년 전부터 정보통신윤리가 정식 교과과정으로 채택된 바 있다. 어떤 컴퓨터 관련단체는 컴퓨터 윤리를 필수과목으로 요구하기도 한다. 우리 철학계도 이러한 문제들에 대해서 많은 관심을 기울여야 할 것이다. 물론 우리는 정보통신문화에서의 도덕의 정체성 문제를 다루면서 컴퓨터 윤리에 논의를 국한했지만, 기존의 대중매체에 관한 윤리, 즉 신문과 방송 등 언론 윤리, 도서와 잡지 등 출판윤리, 공연윤리, 도서관 정보윤리 등과 연계성을 가지고 종합적으로 논의할 필요가 있을 것이다.

우리는 정보통신사회에서의 도덕의 정체성에 관한 미래 논의가 충실히 전개되기를 기대하면서 지금으로부터 30년 전 "2000년 위원회"를 담당했던 다니엘 벨(Daniel Bell)의 다음과 같은 말을 인용하면서 우리의 논의를 마치려고 한다.[89]

"성 아우구스티누스(St. Agustine)가 말한 대로, 시간은 삼중적으로 현재이다. 현재는 지금 우리의 경험 속에 있고, 과거는 현재 기억 속에 있고, 미래는 현재 기대 속에 있다. 그렇다면, 2000년의 세계는 이미 도래하였다. 그것은 미래가 현재 우리가 내리는 결정과 설정한 환경과 일련의 제약 속에 형성되기 때문이다. 19세기 도시의 격자형 도로가 20세기 도시들의 선형적 모습을 결정하듯이, 새로운 고속도로망과 신도시들의 위치와 대학원 커리큘럼의 재조정과 컴퓨터 유틸리티를 단일한 체계로 할 것인가 아닌가에 관한 판단 등이 어우러져 21세기의 전반적 구조를 결정할 것이다. 미래는 멀리 떨어져 저만치 있는 것이 아니다. 그것은 현재로부터 시작된다."

[부록 I] 미국 컴퓨터기기 협회(ACM) 윤리강령 및 전문가 행동지침
"ACM Code of Ethics and Professional Conduct: Affirming our obligation to use our skills to benefit society"
<http://www.acm.org/code-of-ethics>

ACM은 2018년 6월 22일 새로운 윤리강령과 전문가 행동지침을 발표했다. 여기서는 원칙들만 번역하였다. 그 외 서문, 해제, 사례연구, 윤리강령과 전문가 행동지침 사용법 등이 있다.

1. 일반적인 도덕적 명법
   (ACM 협회 회원인) 나는 전문가로서 다음을 당위로서 수행한다.
   1.1. 모든 사람들은 컴퓨터 사용에서 이익을 취함과 아울러 책임을 진다는 것을 인정하며 사회와 인간의 복지에 공헌한다.
   1.2. 다른 사람에게 해를 끼치지 않는다.
   1.3. 정직하고 신뢰할 수 있도록 행동한다.
   1.4. 공정하고 차별이 없도록 행동한다.
   1.5. 새로운 아이디어들, 발명과 창안들, 창조적 작업들, 컴퓨터 기기의 새로운 구조를 산출할 수 있는 작업을 존중한다.
   1.6. 다른 사람의 사생활을 존중한다.
   1.7. 비밀 유지 및 보호 대상을 철저히 지킨다.

2. 직업적 전문가의 책임들
   (ACM 협회 회원인) 나는 전문가로서 다음을 당위로서 수행한다.
   2.1. 전문적 작업 과정과 산출 결과 모두에 있어서 높은 품질을 이루도록 노력한다.
   2.2. 전문적 능력과 행동, 윤리적 실행에서 높은 기준을 유지한다.
   2.3. 전문적 작업과 관련된 법규들을 숙지하고 존중한다.
   2.4. 적절한 전문적 검토와 조사를 수용하고 마련한다.
   2.5. 컴퓨터 시스템과 그 영향에 대해서 포괄적이고도 상세한 평가를 한다.

2.6. 자신의 능력 범위 안에서 있는 것만 작업을 수행한다.

2.7. 기술과 그 결과에 관련된 컴퓨터 사용에 대해서 공공적 인식과 이해를 증진한다.

2.8. 오직 허가되거나 공공선을 위해서 수행할 때만 컴퓨터를 사용하고 통신 자원에 접근한다.

2.9. 엄밀하고 사용상 안전한 시스템을 디자인하고 실행한다.

3. 직업적 전문가의 리더십 원칙들

(ACM 협회 회원인) 나는 전문가로서 다음을 당위로서 수행한다.

3.1. 모든 전문적 컴퓨터 작업을 하는 동안 공공선이 중심적 고려 사항임을 인지한다.

3.2. 모든 조직과 그룹의 회원들이 사회적 책임을 완성하는가에 대해서 분명히 하고, 촉진하며, 평가한다.

3.3. 직업적 전문가의 삶의 질이 증진되도록 인적 물적 자원들을 적절히 운영한다.

3.4. 윤리강령의 원칙들을 반영하는 정책들과 과정들을 명료화하고, 적용하고, 지지한다.

3.5. 조직과 그룹의 회원들이 직업적 전문가로 성장할 있도록 기회를 제공한다.

3.6. 시스템을 변경하거나 폐기할 때는 컴퓨터를 조심해서 다루어야 한다.

3.7. 사회의 기반 시설에 통합되는 컴퓨터 시스템은 잘 숙지해야 하고, 특별히 주의해서 다루어야 한다.

4. 윤리강령의 준수

(ACM 협회 회원인) 나는 전문가로서 다음을 당위로서 수행한다.

4.1. 이 윤리강령의 원칙들을 지지하고 증진시키며 존중한다.

4.2. 이 윤리강령의 위반은 협회 회원의 자격과 모순된다.

[부록 II] 컴퓨터 윤리의 십계명

The Computer Ethics Institute. "The Ten Commandments for Computer Ethics" <http://www.fau.edu/rinaldi/net/ten.html>

1. 컴퓨터를 사용하여 다른 사람에게 해를 끼치지 마라.
2. 다른 사람의 컴퓨터 작업을 방해하지 마라.
3. 다른 사람의 파일에 접근하지 마라.
4. 컴퓨터를 사용하여 도둑질하지 마라.
5. 컴퓨터를 사용하여 거짓 증언하지 마라.
6. 지불하지 않은 소프트웨어를 사용하거나 복사하지 마라.
7. 허가 없이 다른 사람의 컴퓨터 자원을 사용하지 마라.
8. 다른 사람의 지적인 산출물을 자기 것처럼 하지 마라.
9. 당신이 만들고 있는 프로그램의 사회적 결과를 생각하라.
10. 사려가 있고 남을 존중하는 방식으로 컴퓨터를 사용하라.

[부록 III] 네티켓의 기본적 규칙들

Virginia Shea. "Netiquette: Core Rules of Netiquette"
<http"//www.in.on.ca/tutorial/netiquette.html>

규칙 1. 인간과 통신하고 있음을 생각하라.
규칙 2. 실생활과 동일한 행동 기준을 온라인에서도 준수하라.
규칙 3. 사이버스페이스에서의 위치를 자각하라.
규칙 4. 다른 사람의 시간과 대역폭(bandwidth)을 존중하라.
규칙 5. 온라인에서도 훌륭하게 보이도록 행동하라.
규칙 6. 전문적 지식을 나누어주라.
규칙 7. 격정적인 상호반응이 억제되도록 하라.
규칙 8. 다른 사람의 사생활을 존중하라.
규칙 9. 당신의 힘을 남용하지 마라.
규칙 10. 다른 사람의 실수를 용서하라.

286

[부록 IV] 네티즌의 권리 선언

"The Declaration of the Rights of Netizens"

Michael Hauben and Ronda Hauben. Online Netbook. *Netizens: On the History and Impact of the Net*. 1996. Last Modified. 6/12/96. <http://www.columbia.edu/~rh120/netizen-rights.txt>

부록 IV에 수록된 것은 정보에 대한 보편적인 민중적 권리를 주장하는 것이다.

인터넷은 협동적이고 비상업적인 방식으로 구축된 인간 통신의 혁명을 대표한다는 것을 인식하면서 다음과 같은 네티즌의 권리를 선언한다. (여기서는 요약적으로 재정리하였음)

1. 네티즌은 무상의 혹은 저렴한 비용으로 보편적 접근(access)의 권리를 갖는다.
2. 네티즌은 아무런 보복의 공포 없이 지식의 교환을 증진시킬 수 있는 전자적 표현의 자유를 갖는다.
3. 네티즌은 검열되지 않는 표현의 자유를 갖는다.
4. 네티즌은 광범위하게 분산된 정보에 대해서 접근할 권리를 갖는다.
5. 네티즌은 지식과 정보에 대한 보편적이고도 동일한 접근의 권리를 갖는다.
6. 네티즌은 다른 사람들의 사상을 그 장점에 따라 고려한다.
7. 네티즌은 동일한 질적 시간적 접속(connection)의 권리를 갖는다.
8. 네티즌에게는 공식적 대변인이 없다.
9. 네티즌은 공공적인 민중적 목적과 참여를 지지한다.
10. 네티즌은 자발적 공헌을 함과 동시에 다른 사람으로부터 무상으로 주어진 공헌을 통해 이익을 취하지 않는다.
11. 네티즌은 개인적이고 상업적인 목적으로 통신망을 사용하려는 사람들로부터 공공적인 목적을 수호해야 한다.

제 2 장

익명성의 문제와 도덕규범의 구속력

1. 익명성과 도덕성의 악연: 반지의 제왕 신화

1) 플라톤의 기게스의 반지 신화: 익명성의 신화적 원형

근래에 상영되었던 「반지의 제왕: 왕의 귀환」은 3부작 중 최고의 영화라고 찬사를 받으며 전 세계에서 8억 5천만 달러의 흥행을 돌파하고 우리나라에서도 6백만 관객을 동원하였다. 연전에 상영되었던 1, 2부작을 모두 합하면 그 흥행은 미증유의 기록일 것이다. 그 반지를 끼면 보이지 않게 되고 또한 어두움 속에서도 환히 볼 수 있는 등 무소불위의 힘을 갖게 되는 절대반지를 둘러싸고 벌어지는 흥미진진한 모험과 무용담은 컴퓨터 그래픽의 영상 효과를 통해 우리의 마음속에 엄청난 판타지의 장을 각인시켜주었던 것이다. 이렇게 「반지의 제왕」 시리즈가 인류의 커다란 관심을 끌게 된 것은 우연이 아닐 것이다. 그것은 칼 구스타브 융(Carl Gustave Jung)이 주창했던 것처럼, 인류의 집단 무의식

속에 자리 잡은 반지의 제왕 신화의 "원형(archetype)"이 있었기 때문에 가능했을 것이다.1)

반지의 제왕 신화의 원형은 플라톤의 『국가』 제2권에 등장하는 "기게스의 반지(the Gyges' Ring)" 신화일 것이다.2) 제2권의 논의는 글라우콘(Glaucon)의 강력한 논변으로 시작된다. 소크라테스에 대한 그의 도전은 옳지 않은 행위에 따르는 피해, 즉 처벌에 대한 두려움 때문에 옳은 행동을 하게 된다는 생각의 잘못됨을 밝힘과 아울러 정의로움은 그 자체로 추구되어야 함을 논증해야 한다는 것이다. 즉 옳지 않은 행동에는 벌이 뒤따를 것이라는 통상적인 두려움이 없는 상태에서도 인간이 올바른 행위를 선택함을 입증해야만 한다는 것이다.3)

"올바름을 실천하는 사람들일지라도, 그걸 그들이 실천하는 것은 올바르지 못한 짓을 저지를 수 없는 무능 때문에 마지못해서 하는 것이라는 점은, 우리가 머릿속으로 다음과 같은 상정을 해보면, 가장 잘 알아볼 수 있을 겁니다. 각자에게, 즉 올바른 사람에게도 올바르지 못한 사람에게도 각자가 하고 싶은 것은 무엇이나 할 수 있는 자유를 부여한 다음, 각자의 욕망이 어디로 이끌고 가는지를, 그들을 따라가며, 관찰해볼 수 있을 것입니다. 그러면 우리는 올바른 사람도 그 탐욕 때문에 올바르지 못한 사람과 똑같은 방향으로 가고 있는 것을 현행 중에 포착하게 될 겁니다. 이는 모든 천성이 본디 쫓게 마련인 방향이지만 법에 의해서 강제로 평등에 대한 존중 쪽으로 천성이 유도되는 것일 뿐입니다."

여기서 처벌과 제재에 대한 그러한 두려움을 제거하는 가능성으로 기게스의 반지 전설이 도입되는데, 이것은 제10권에 언급되는 "하데스의 모자(Hades' Cap)"와 함께 자신의 정체성이 드러나 보이지 않을 수 있는 가능성을 설정하기 위한 것이다.4) 이러한 신통력을 가정하는 일은 그렇게 가정함으로써 사회적 관습(nomos)에서 비롯하는 모든 제약이 제거될 경우 사람들이 취할지도 모를, 있는 그대로의 모습을 노출시키기 위한 것이다.5) 기게스의 반지 신화는 다음과 같이 서술된다.6)

"제가 말씀드리고 있는 그 멋대로 할 수 있는 자유는 가령 옛날에 리디아인 기게스의 조상에게 생겼다고 사람들이 말하는 그러한 힘이 이들 두 사람에게 생길 경우에 가장 제격일 것입니다. 사실 그는 당시의 리디아의 통치자에게 고용된 목자였다고 하죠. 심한 뇌우와 지진이 있고 나서, 땅이 갈라지더니, 그가 양들에게 풀을 먹이고 있던 곳에도 갈라진 틈이 생겼다죠. 이를 보고 놀라워하면서 그는 아래로 내려갔죠. 이윽고 그는 사람들이 이야기로 전하는 다른 여러 가지의 놀라운 것도 보았지만, 또한 속이 비고 자그만 문들이 달린 청동 말 한 필을 보았고요. 그가 그 문 아래로 몸을 구부리고서 안을 들여다보니까, 사람 크기보다도 더 커 보이는 송장이 그 속에 있는 게 보였는데, 이 송장은 다른 것은 아무것도 걸친 것이 없이, 다만 손가락에 금반지를 끼고 있었고, 그는 그것을 빼 밖으로 나왔죠. 한데, 왕에게 양들에 관한 일을 보고하기 위해서 목자들이 늘 갖는 모임이 마침 있게 되었을 때, 그 역시 참석했는데, 그 반지를 끼고서였다죠. 다른 사람들과 함께 자리에 앉아 있던 그는 우연히도 반지의 보석받이(거미발)를 자신을 향해 손 안쪽으로 돌렸는데, 이 일이 있자 그 자신이 동석한 사람들에게 보이지 않게 되어, 그들은 그에 관해서 마치 떠나버린 사람에 관해서 말하듯 대화를 하였다죠. 이에 놀란 그가 다시 그 반지를 만지작거리면서 보석받이를 밖으로 향하게 돌렸더니 이 돌림과 함께 자신이 보이게 되었고요. 이를 알아차린 그는 과연 그 반지가 그런 힘을 지니고 있는지를 시험해보았는데, 역시 그에게 같은 일이, 즉 보석받이를 안쪽으로 돌리면 그가 보이지 않게 되나, 바깥으로 돌리면 보이게 되는 사태가 일어났다고 하죠. 이를 확인하게 된 그는 왕한테로 가는 사자들 속에 자신도 끼이게 곧바로 일을 꾸며서는, 그곳으로 가서 왕비와 간통을 한 후에 왕비와 더불어 왕을 덮쳐 살해한 다음, 왕국을 장악했다고 합니다."

이러한 기게스의 반지 신화가 주는 철학적 의미는 곧 이어서 다음과 같은 논증으로 전개된다.7)

"그러니, 만약에 이런 반지가 두 개 생겨서 하나는 올바른 사람이, 그리고 다른 하나는 올바르지 못한 사람이 끼게 된다면, 그런 경우 올바름 속에 머무르면서 남의 것을 멀리하고 그것에 손을 대지 않을 정도로 그처럼 철석같은 마음을 유지할 사람은 아무도 없을 것같이 생각됩니다. 말하자면 시장에서 자기가 갖고 싶은 것은 무엇이든지 두려움 없이 가질 수 있고, 또 어느 집에서든지 들어가서 자기가 원하는 사람이면 누구와도 교접할 수 있다면, 그리고 또 자기가 그러고 싶은 사람이면 누구든 죽이거나 속박에서 풀어줄 수 있으며, 또한 그 밖의 여러 가지에 있어서 인간들 사이에서 신과도 같은 존재로서 행세할 수 있다면 말씀입니다. 이처럼 행동할진대, 그는 다른 한쪽 사람과 조금도 다를 것이 없을 것이고, 양쪽 다가 똑같은 방향으로 갈 겁니다. 하지만 이것이야말로 누군가가, 올바름이 개인적으로는 좋은 것이 못 되기에, 아무도 자발적으로 올바르려고 하지 않고 부득이해서 그렇게 되는 것이라는 데 대한 강력한 증거로 주장함직합니다."

소크라테스는 철학사에서 잘 알려진 대로 이성, 기개, 욕망으로 삼분된 영혼이 이성적 지혜에 의해서 통괄됨으로써 기개에 의한 용기가 적당히 조절되고, 또한 욕망의 실현이 적절한 범위에서 절제될 수 있다고 보았다. 이때 영혼은 각각의 주어진 기능을 잘 수행할 뿐만 아니라 조화를 이루게 된다. 이러한 이성적 지혜에 의한 영혼의 조화와 내적 질서는 한 개인으로 하여금 정의로운 행동을 그 자체로서 행할 수 있는 내적 통제력과 도덕적 구속력을 주게 된다. 따라서 그 자체로서 정의로운 행위를 하는 것은 영혼의 조화를 외부적으로 구현하는 방식이 된다. 이러한 외부적 구현 방식은 국가 사회로 확대 유추되어 이성적 지혜를 가진 지배자 계급이 기개적 용기에 의거하는 수호자 계급과 욕망적 절제에 의거하는 생산자 계급을 통괄하고 지배할 때 최선의 조화롭고 정의로운 사회가 실현된다는 사회정의론으로 나타난다. 결국 정의를 그 자체로 실현하는 것은 개인적 영혼과 사회적 계층의 조화를 실현하는 최선의 이중적 선이 된다. 여기서 대부분의 사람들은 보지 못하는 선의 이데아(idea, eidos)를 이성적 지혜를 통해 인식하는 사람만이 철학자이고 또 그러한 철학자만이 선의 이데아를 궁극적으로 현실세계에 실현할 수 있으므로 국가의 통치자가 되어야 한다는 그 유명한 철인왕론이 등장하게 된다. 이러한 긴 논증 끝에 『국가』제10권에서 소크라테스는 다음과 같이 말한다.8)

"우리는 '올바름'이 그 자체로 혼 자체를 위해서 최선의 것임을 알게 되었으며, 혼으로서는, 자기가 '기게스의 반지'를 가졌건 갖지 않았건 간에, 그리고 그런 반지에 더하여 '보이지 않게 하는 (하데스의) 모자'를 가졌건 갖지 않았건 간에, 올바른 것들을 행하여야만 한다는 것을 알게 되지 않았는가?"

이러한 기게스의 반지 신화는 원래 헤로도토스(Herodotus)의 『역사』1권에 서술되었던 "리디아의 고사"로까지 소급될 수 있다.9) 그 책에는 기게스가 리디아의 왕이 된 내력이 다음과 같이 기술되어 있다. 기게스는 원래 리디아의 왕 칸다울레스의 신하였다. 그런데 왕은 자신의 왕비를 이 세상에서 가장 아름다운 여인이라고 확신해 마지않고 마냥 칭찬하였다. 왕은 그것을 말로만이 아니라 실제로 증명해 보이기 위해 기게스로 하여금 왕의 침소에 숨어 왕비의 벗은 모습을 볼 것을 요구한다. 기게스가 그러한 법도에 어긋난 명령을 거두어줄 것을 요청하나 받아들여지지 않는다. 기게스는 할 수 없이 그렇게 하나 문제의 발단은 왕비의 벗은 모습을 보고 나서 침소를 빠져나오다가 그만 왕비에게 발각되고 만 것이다. 다음날 왕비는 그를 불러 양자택일을 요구한다. 즉, 기게스가 칸다울레스를 죽이고 왕비와 함께 왕국을 차지하든가, 아니면 앞으로 왕의 명령에 무작정 복종해서 보아서는 안 되는 것을 보는 일이 다시 발생하지 않게 하기 위해 그를 죽인다는 것이다.10) 결국 기게스는 전자를 선택하여 칸다울레스가 숨어 있으라고 한 바로 그 자리에 숨었다가 왕을 죽이고 왕위에 오른다. 그리하여 그는 리디아 최초의 참주가 된다. 기게스의 힘의 원천은 결국 자신이 보이지 않으면서 대상을 볼 수 있는 데에 있었던 것이다.11)

이러한 익명성(anonymity)과 불가시성에 관련된 처벌받지 않을 가능성과 완전범죄의 이야기가 서양에만 있었던 것은 아니다. 불교 설화 "용수의 가면"은 익명성이 주는 절대적 자유와 힘을 통해 인간이 어떻게 도덕적 구속력과 사회적 제약을 벗어던질 수 있는지를 다시 한 번 잘 웅변해주고 있다. 용수(龍樹, 나가르주나)는 불교철학사의 주요 흐름인 중관철학, 즉 중도의 진리를 관찰하려는 유파를 대표하는 학자이다. 젊은 시절 용수가 자신의 친구와 함께 자신들의 몸을 숨길 수 있는 도술을 부려서 상상도 할 수 없는 온갖 일을 저지른다는 내용이 "용수의 가면" 설화에 잘 나타나 있다.12)

2) 투명인간과 할로우 맨: 익명성 문제의 현대적 유전

이러한 기게스의 반지 신화는 이렇게 하나의 원형으로 정착되어 영국의 작가 허버트 조지 웰스(Herbert George Wells)의 『투명인간(*The Invisible Man*)』에서 다시 나타난다. 이 작품은 그의 대표적 공상과학 소설로서 1897년에 발표되었다. 인체의 세포에 유리와 같은 빛의 굴절도를 주어서 타인의 눈에 보이지 않게 하는 약품을 발명한 사나이가 자기 육체가 보이지 않게 되는 것을 악용하여 재산과 권력을 차지하려고 온갖 악행을 자행하다가 끝내는 궁지에 몰려 죽게 된다는 것이 그 스토리이다.13) 투명인간의 도덕적 말로가 비참했다는 교훈은 2000년에 상영되어 커다란 인기를 끌었던 영화 「할로우 맨(Hollow Man)」에서 다시 반복된다.

「로보캅」, 「토탈 리콜」, 「원초적 본능」, 「쇼걸」에 이르기까지 화려한 볼거리로 광기와 폭력의 현장을 생생하게 그려온 폴 버호벤 감독은 뛰어난 컴퓨터 그래픽 기술로 완벽하게 투명인간을 형상화함으로써 그 고전적 소재를 현대적인 SF 스릴러물로 재구성했다. 과연 인간은 자신의 존재가 타인에게 드러나지 않는다면 어떠한 악행도 자행할 수밖에 없는가? 인간은 단지 자신의 정체가 드러났을 때만 사회규약 앞에서 도덕적인 존재가 되는가? 영화 「할로우 맨」은 이러한 중대한 철학적인 질문을 던진다고 볼 수 있다. 천재 과학자 세바스찬의 과학에 대한 과도한 집념과 광기가 투명인간을 만들어내고 그러한 투명인간이 사회의 규제에서 벗어나 벌이는 사악함의 전말이 적나라하게 묘사되고 있는 것이 영화의 기본 줄거리이다. 누구나 한 번쯤 상상해볼 만한 행위를 답습함으로써 투명인간이란 존재, 즉 행동의 제약, 나아가 사회의 규제로부터 벗어난 존재가 주는 공포와 그 한계를 다시 한 번 생각하게 한다.

천재 과학자 세바스찬이 투명인간이 되어 이웃집 여자를 강간하고, 잠자는 동료의 젖가슴이나 만지는 유치한 행위는 그가 꿈꿨던 원대한 계획을 기대한 관객들에게는 가소롭고 실망스러울 수밖에 없다. 그러나 우리가 한 번쯤 상상해본 호기심, 내 몸이 보이지 않는다면 가장 먼저 대중목욕탕에 가보고 싶다는 원초적 욕망은 천재 과학자 역시 꿈꾸었던 최초의 호기심인 것이다. 이것은 우리가 이미 헤로도토스의 『역사』에 나오는 "리디아의 고사"에서 익히 보았던 소재가 아닌가. 만약 우리가 투명인간이 된다면 무엇을 하고 싶은가? 어린 시절 한 번쯤은 상상해보았을 이 흥미로운 질문 앞에 많은 사람들은 재빨리 머리를 굴려 다양한 상상의 세계를 펼쳐 보일 것이다. 아무도 나의 행동을 볼 수 없고 제재할 수 없다면 우리는 무엇이든지 할 수 있고 어디든 갈 수 있을 것이다. 이 야릇한 흥분과 완전한 자유가 주는 결과에 대해 인간은 끊임없는 호기심을 보여왔고, 다양한 상상물을 만들어냈다. 도깨비감투를 빌려와 곤경에 처한 사람을 도와준다는 전래동화에서부터 과학의 발전이 빚어낸 도덕적 혼란을 그린 소설에 이르기까지, 투명인간은 수세기 동안 이어져온 매혹적인 상상의 소재인 것이다.14)

3) 사이버 공간에서의 투명인간 해프닝

이제 투명인간의 가능성은 익명성이 보장되는 사이버 공간에서 실제로 구현된다. 근래에 경찰과 네티즌 사이에 "사생활 침해"와 관련해서 많은 논란을 불러일으켰던 사건이 있다. 인터넷 화상 채팅 사이트를 통해 자신의 은밀한 부위를 다른 사람에게 보여주며 사이버 섹스에 탐닉해온 네티즌들이 무더기로 경찰에 적발되었다. 경찰이 음란 화상 채팅을 이유로 성인을 검거하기는 이번이 처음이었다고 한다. 피의자들은 "성인 인증이 되어야 입장 가능한 채팅방에서 우리끼리 즐긴 것뿐인데 어떻게 죄가 될 수 있느냐"고 항변하였지만 경찰의 한 관계자는 "조사 결과 불특정 네티즌들이 프로그램상의 '투명인간' 기능을 구입해 다른 사람의 음란 화상 채팅 장면을 볼 수 있다는 것을 피의자 자신들도 알고 있었고 또한 그것을 조장했기 때문에 입건할 수 있었다"고 설명했다. 1,500원을 내면 1시간 동안 사용할 수 있는 "투명인간" 기능은 "개설자"의 허가가 있어야 들어갈 수 있는 대화방에 자신의 존재를 드러내지 않고 입장, 다른 사람이 화상 채팅하는 화면을 지켜볼 수 있게 했다는 것이다.15) 결국 사이버 섹스 화상 채팅방에서의 투명인간의 출현은 기게스에게 왕비의 벗은 몸을 보게 했던 "리디아의 고사"가 다시 재현되고 있는 셈이다.

그렇다면 익명성과 도덕규범의 구속력 간의 문제는 인류의 가장 고색창연한 문제임과 동시에 사이버스페이스라는 가상현실 속에서 가장 초현대적인 혹은 포스트모던적인 문제가 되고 있는 셈이다. 이것이 바로 우리가 고전에 주목해야 할 이유가 된다. 고전은 어떤 의미에서 "과거의 미래(the future of the past)"를 적나라하게 드러낸다. 이러한 의미에서 컴퓨터 혹은 사이버 윤리학의 정체성과 위상에 대한 철학자 데보라 존슨(Deborah Johnson)의 견해는 적절하다고 평가된다. 그녀는 컴퓨터 혹은 사이버 윤리학이 완전히 새롭고 독특한 것이 아니라 기존의 윤리학설을 상황에 따라 적절히 적용하거나 혹은 재해석함으로써 가능하다고 주장한 바 있다. 즉 정보통신사회의 문제들은 일반적인 도덕적 문제들(generic moral issues)의 새로운 종(new species)이라는 것이다.16)

2. 근대 시민사회와 대중사회에서의 익명성과 도덕규범의 문제

1) 근대 시민사회의 익명성과 도덕규범

전통사회와 같은 대면적 공동체(face-to-face community)는 사회구성원들 모두가 대체로 서로의 정체성을 숙지하고 있는 거의 투명한 사회였다. 이러한 사회에서는 상호간에 숨겨진 부분이 없으므로 사생활권이 문제될 여지가 없었던 것이다. 이러한 전통사회에서의 인간관계는 전인적이거나 총체적인 자아들 간의 관계로서 공적인 삶과 사적인 삶 간의 구분이 불가능할 뿐만 아니라 불필요한 사회적 영역에서 이루어졌다. 그러나 전통사회의 해체로부터 도래한 근대 시민사회는 낯선 사람들(strangers)이 상이한 이해관계를 중심으로 이합집산하는 익명적 공간이다. 혈연과 지연 등을 공유하는 연고주의가 바탕이 된 자연적 전통사회와는 달리 시민사회는 각 개인들의 이익에 따라 의도적으로 조성되는 인위적 사회이다. 시민사회는 전통사회의 구체성과 정서적 유대를 상실하는 반면 무한한 역동성과 개방성을 얻게 된다는 점에서 열린사회의 이념과 보편윤리의 가능성을 보여주고 있다. 시민사회의 익명적 공간 속에서의 인간관계는 전인적이거나 총체적인 자아들 간의 관계라기보다는 부분적 인격이나 부분적 자아 간의 관계로 바뀐다. 이해관계를 중심으로 조건부의 잠정적 관계를 맺게 될 경우 사람들은 상대방을 도구나 수단으로 간주하게 되며, 자신의 전모를 노출하는 일은 상처 받을 가능성을 증대시킬 뿐인 것이다.

여기서 자아는 분열하여 공적인 공간에서 대면하게 되는 공적 자아와 다른 사적 공간에 숨어 있는 사적 자아로 이원화된다.17) 시민사회의 낯선 공간에서의 익명성은 전적인 익명성이라기보다는 공적 공간에 있어서는 일정한 정체성을 노출하지만 사적인 공간에 있어서는 익명성이 보장되므로 전체적으로 볼 때 반익명성이라고 하는 것이 더 정확할 것이다. 이와 같은 "공적 영역과 사적 영역의 구별"은 자유주의적 개인주의의 발생과 함께 더욱 공고화되었던 것이다.18) 그러나 이같이 공사의 공간이 구분됨으로써 개별 자아에 있어서도 공적 자아와 사적 자아가 분열되는 현상을 보이게 되며, 여기서 자아의 이중성이라는 새로운 문제가 생겨나게 된다. 근대 시민사회의 근간이 되는 자유주의적 개인주의의 이러한 도덕적 자아 분열에 대한 우려를 가장 심각하게 표명하고 있는 사조가 바로 1980년대 이후 영미 철학계에 등장한 공동체주의(communitarianism)이다. 공동체주의는 사적 영역의 무연고적인 자아를 공적 영역의 사회적 규범을 통해서 공적인 자아로의 도덕적 통합을 시도하려는 것이다.19)

근대 시민사회가 전개되면서 내면적인 심정의 윤리가 아닌 외면적인 책임의 윤리가 강조되고 동기주의보다는 결과주의가 중시된다. 사적인 개인 윤리에 대해서는 중립을 지키거나 관용의 태도를 취하는 동시에 도덕의 개념을 공적인 최소 도덕으로 몰고 감으로써 결국 준-법적인 도덕관에 이르게 된다. 이같이 법제화되어가는 도덕관이 그 극단에 이르게 되면, 장기적인 이해득실을 계산하는 합리적 타산판단이 도덕판단을 대신하는 탈도덕화 현상에 이르게 된다.20) 근대 이후 윤리적 지평이 축소됨으로써 최소도덕화, 사회윤리화, 자유주의화하는 경향은 결국 사회 구성원이 갖는 다원성 혹은 익명성의 도전에 대한 응답이라고 할 수 있다. 친한 공간에서는 도덕의 구속력이 상호간의 친밀성, 정체성 숙지, 연고성 등에 의해서 비교적 쉽게 확보되지만, 낯선 공간에서는 그것이 상호 간의 소원함, 익명성, 반투명성 등으로 인하여 견지되기가 쉽지 않다. 범행이나 비행을 저질러도 더 이상 숨을 공간이 없거나 완전범행이나 비행이 불가능한 여건과는 달리 범행이나 비행을 저질러도 숨을 여지가 얼마든지 있을 수 있는 익명의 공간에는 도덕적 구속력을 보장할 버팀목이 없다. 이런 뜻에서 "공간의 익명성과 도덕적 구속력 간에는 대체로 반비례적 함수관계가 성립한다"고 할 수 있다.21) 따라서 근대 시민사회와 대중사회에서는 공적 영역에서 시민들의 정체성과 신원을 확인하고 기록하고 통제하기 위한 출생과 사망 신고서, 주민등록증, 사회보장번호, 신분증 제도 등 다양한 기제들이 발전되어왔던 것이다. 따라서 아무도 공공적 장소에서 특별한 축제와 상황이 아니라면 복면이나 가면을 쓰고 다닐 수 없게 되었던 것이다.

2) 대중사회의 익명성과 도덕규범: 몰개성화 이론과 집단적 일탈 행동

근대 시민사회의 익명성이 가지는 특징은 대중사회의 또 다른 측면이라고 해석할 수 있을 것이다. 대중사회 속에서 각 개인은 모래알 같은, 즉 데이비드 리스먼(David Riesman)이 말한 "고독한 군중(the lonely crowd)" 속의 존재로서 윤리의식이 희박해지며, 군중심리에 편승하기 쉬워 도덕적으로 무책임해지기 쉽다.22) 지연적, 혈연적 결합이 붕괴되는 과정에서 형성된 근대 도시사회에서 가장 뚜렷하게 나타나는 대중화 현상의 하나가 익명성이다. 우리 한국사회에서도 거대 아파트 단지에서 옆집에 사는 사람을 인식은 하지만 그 사람의 구체적인 신원과 정체성을 알고 상호 교류하며 지내는 경우가 드문 것이 일상사가 된 지 오래이다. 현대인은 거대한 집단 속에서 하나의 분자로서 획일적 행동 양식을 취하게 된다. 이렇게 개인은 거대 집단의 불특정 다수인의 일원이 되어, 개인의 행동은 감추어지게 되고, 군중의 한 구성분자로 매몰되고 만다. 여기에서 개인의 익명성이 극명하게 드러나게 된다. 이러한 익명적 개인들이 존재하는 근대 도시에서의 인간적 관계는 사무적이고 표피적이고 비인간적이며 일시적이 된다. 따라서 사회규범이 해이해지므로 대중사회를 유지하기 위해서 대중 조작과 사회 통제가 필요하게 되는 것이다.

대중사회의 특징은 보통 다음과 같이 기술된다. (1) 대중사회는 원시 사회인 소규모 공동체와는 달리 많은 인구가 포함된 다중적 공동체이다. (2) 대중사회는 밀집된 국지적 집단이 아니라 널리 산재해 있는 집단 사회이다. (3) 대중은 이질적인 성원으로 구성되어 있으며, 거기에 속해 있는 사람들은 제각기 다른 여건이나 문화를 배경으로 하고 있다. (4) 대중은 익명적 개개인의 집합체로서 같은 라디오를 듣고 같은 신문을 읽고, 또 같은 영화를 보지만 서로가 누구인지를 모른다. (5) 대중은 조직화된 집단을 구성하지 않으며, 인정된 지도자도 숙고적인 행동 계획도 없다. (6) 대중에게는 공통적인 관습이나 전통 혹은 개개인의 행동을 통제할 만한 제도나 규제가 없다. (7) 대중은 무소속의 개인으로 구성된, 즉 어떤 집단 안에서의 지위를 대표하는 특수한 역할을 다하는 인간이 아니라 분산적인 존재이다. 요약하면, 대중사회는 결국 대규모성, 이질성, 익명성, 무규범성(아노미적 상황), 비조직성, 유동성을 특징으로 하고 있다.23)

익명성이 야기하는 도덕적 구속력의 약화 문제를 본격적으로 다룬 분야는 사회심리학이다. 프랑스의 구스타브 르 봉(Gustave Le Bon)은 프랑스 대혁명 기간 동안 나타난 폭도를 방불케 하는 군중 행동을 설명하기 위해서 1895년 군중심리학의 모델을 정립하게 된다. 르봉은 군중의 난폭성을 설명하기 위한 세 가지 특성을 도입하였는데, 그것이 바로 익명적 함몰, 전염성, 그리고 암시성이었다. 이러한 르봉의 분석은 나중에 "몰개성화 이론(deindividuation theory)"으로 발전하게 된다. 몰개성화란 개인의 특성이 함몰되어 개인의 행위에 대한 통제력이 약해지고 사회규범에 대한 관심이 약화된 심리 상태이다. 이러한 상태가 "탈금제" 혹은 "탈억제(disinhibition)"이다. 이 상태는 개인이 집단 속에 끼어 있어 개인적 책임의식이 희박해지고, 자신의 신분과 정체성이 감추어지고, 타인과의 구별성이 현저하지 않은 익명적인 경우에 초래되기 쉽다. 몰개성화가 되었을 때는 개인이 통상 지니고 있는 자신에 대한 통제감이 약해지고, 규범 질서가 지닌 행동 통제력도 약화되어 파괴적인 행동이 나타나게 되는 것이다. 몰개성화 이론은, 예를 들면 실험실에서 가운을 입고 복면을 한 소집단의 성원들이 일상복의 개인들보다 훨씬 더 공격적인 성향을 보인다는 심리학자 필립 짐바르도(Philip Zimbardo)의 실험 결과에 의해서 입증된 바 있다.24) 실제로 많은 범죄자들은 자신의 신분적 정체와 얼굴을 가리기 위해 복면을 하거나 마스크를 쓰거나 모자를 눌러 쓰거나 스타킹을 뒤집어쓰기도 한다. 백인우월주의를 부르짖으며 유색인종을 척결하겠다는 미국의 KKK단도 흰색 복면을 뒤집어쓰고 행동한다. 우리 사회에서 횡행하는 "사람들은 왜 예비군복만 입으면 개차반이 되는지 모르겠어"라는 핀잔은 익명성이 주는 몰개성화에 따른 집단적 일탈 행동을 단적으로 나타내준다고 하겠다.25) 축구 훌리건들이나 야구장의 난동자들도 역시 마찬가지로 설명될 수 있다.

　[표 1]은 익명성과 몰개성화가 집단적 일탈 행동에 미치는 영향을 일목요연하게 도표로 보여주고 있다.26) 즉, 한편으로 "집단의 존재와 크기(group presence and size)"에 따라 각 개인들이 사회적 집단 속에 매

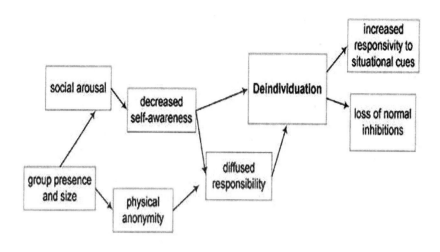

[표 1] 익명성과 몰개성화가 집단적 일탈 행동에 미치는 영향

몰되어 있다는 "사회적 자극 혹은 흥분(social arousal)"의 발생이 일어
난다. 이러한 발생은 "감소된 자기 인식(decreased self-awareness)"을
불러온다. 다른 한편으로 집단의 존재와 크기에 따라서 "물리적 익명성
(physical anonymity)"이 나타난다. 감소된 자기 인식과 물리적 익명성
은 공히 "책임감의 분산(diffused responsibility)"을 야기한다. 감소된
자기 인식과 책임감의 분산은 "몰개성화(deindividuation)" 상태로 이어
진다. 이러한 상태는 "상황적 단서에 대한 증가된 반응(increased re-
sponsivity to situational cues)"을 보이기도 하지만 결국 "정상적 금제
의 상실(loss of normal inhibitions)"을 가져오게 된다는 것이다.

　　그런데 "상황적 단서에 대한 증가된 반응" 문제는 결국 몰개성화 이
론이 비판을 받는 계기가 된다. 한편으로 집단이 제공하는 익명적 상태
가 성원을 폭력적으로 만들고, 당시 상황의 단서에 따른 의무나 부상된
규범에 의거하여 개인들의 행동이 파괴적일 수도 있지만, 다른 한편으
로 오히려 개인으로 있을 때보다 더 친사회적으로 나타날 수도 있기 때

문이다. 이슬람 국가에서 여성들이 자신의 모습을 감추기 위해서 쓰는 차도르는 개인에게 익명성을 제공하여 자유분방하게 하는 것이 아니라 여자들의 사회적 의무를 의식화시키는 역할을 하게 된다는 사실이 그 단적인 증거이다. 따라서 익명성에 의해서만 몰개성화를 설명하는 것은 충분하지 못한 점이 있다. 그래서 몰개성화 이론에 대한 대안으로 등장한 것이 "규범부상 이론(emergent norm theory)"이다. 예를 들어, 경찰과 대치하고 있는 상황에서 시위대가 폭력성을 띠기 쉬운 이유는 이들에게 공방전에 따른 자위의 필요성이 부각되어 수용되기 때문이라고 볼 수 있다. 즉 투석 행위는 개인들이 새롭게 부상한 행위 규범에 따라서 행동한 동조 행위라는 것이다. 이 이론은 집단의 행위가 항상 반규범적이 아니라는 점에서도 확인된다. 이를테면, 우리는 국상을 당해서 몰리는 애도의 인파는 잘 통제되고 있음을 알 수 있다.27) 사회심리학의 이러한 이론적 전개는 나중에 사이버 공간에서의 익명성이 주는 일탈 행동과 탈금제 효과를 설명하는 중요한 배경으로 작용하게 된다.

3) 익명성에 관한 다양한 사회적 관행과 현실 규범

서구사회에서 익명성 문제가 본격적으로 등장한 것은 르네상스 이후 근대적 개인의 출현과 그 궤를 같이한다고 볼 수 있다. 시나 소설 같은 문학작품과 예술작품에 익명과 가명, 그리고 필명과 예명을 사용하는 사회적 관습은 오래전부터 존재해왔다. 익명성(anonymity)이라는 영어 단어의 출현과 맥을 같이하는 익명적 작품의 효시는 1557년에 등장한 일련의 시작(詩作)들이었다고 한다.28) 익명성과 가명성(pseudonymity)에 대한 이러한 관행은 문학적, 예술적 표현의 자유를 확대하고, 예술 작품의 극적 효과와 신비감을 높이고, 나아가서 사회 저항적이거나 고발적인 주제 등 미묘한 사회적 문제를 다룬 작품의 저자들이 스스로를 보호하려는 다목적인 관점에서 발생했다. 서구의 경우 대부분의 여성

작가들, 그리고 미국의 경우 흑인 작가들이 처음 등장했을 때는 거의 가명으로 작품을 발표했다고 알려져 있다. 저명한 미국 작가 마크 트웨인(Mark Twain)은 가명이었으며 그의 본명은 사무엘 클레멘스(Samuel S. Clemens)이다.

물론 익명성과 가명성이 가장 많은 사회적 반향을 불러일으킨 것은 정치사회 분야이다. 근대 시민사회의 대두 이후에는 구(舊)정체와의 투쟁 상태에 있던 자유주의와 계몽주의의 시대에 볼테르(Voltaire, 필명, 즉 펜네임) 등 철학자들이 가명 작품을 많이 발표했던 바 있다. 18세기 정치적 자유와 언론 출판의 역사에서 중요한 사건은 두 영국인이 "카토(Cato)"라는 가명을 사용하여 1720년 『카토의 서한(*Cato's Letter*)』을 출간한 것이었다. 그리고 미국 독립의 투쟁 기간 동안 많은 소책자, 서책, 전단, 그리고 신문의 기사가 익명 혹은 가명을 통해 제작되고 배포되었고, 심지어 신문의 발행인까지도 가명으로 신문을 내었다고 한다. 미국인들에게 처음으로 영국으로부터의 분리 독립이라는 관념을 일깨워주었던 토머스 페인(Thomas Paine)의 『상식(*Common Sense*)』 초판이 "한 영국인(An Englishman)"이라는 가명으로 출간되었을 때 연방주의자들과 그 반대자들 사이에 가명을 사용하는 것에 대한 많은 논란이 전개되었던 바 있다.29)

철학 분야 전반을 볼 때 쇠렌 키에르케고르(Søren Kierkegaard)가 익명적 가명으로 가장 많은 작품을 발표했다고 전해지고 있다. 자아와 예술작품에 있어서의 익명성 문제는 유럽의 실존주의자들과 현상학자들과 포스트구조주의자들에 의해서 다루어진 바 있다. 포스트모던 미술작가들은 대도시에서의 익명성을 띤 낙서도 예술의 한 장르로서 취급하고 있기도 하다. 그러나 전반적으로 볼 때 철학적으로 많은 주목을 받지 못한 익명성의 문제를 근대 이후 가장 철저하게 다루고 또 익명성을 옹호한 사람은 벵자맹 콩스탕(Benjamin Constant)이다. 그는 자유주의적 개인주의 보루인 프라이버시의 관점에서, 보다 정확히는 무명성 혹은 은닉성(obscurité)의 관점에서 자신의 논의를 전개했다. 그는 공적 영역의 참여를 증진시키려는 공화주의자들, 도덕적 진실성을 중시하는 이마누엘 칸트(Immanuel Kant), 그리고 최대다수의 최대행복을 위한 개인들의 사회적 신원 통제와 계량의 필요성을 역설했던 제러미 벤담(Jeremy Bentham) ― 미셸 푸코(Michel Foucault)가 경계했던 그 유명한 중앙감시 체제인 원형감옥 판옵티콘(panopticon)의 설계자 ― 등에 맞서 익명성이 주는 프라이버시를 본격적으로 옹호하였다.30)

익명성이 주는 카타르시스적 해방감을 사회적 관습으로 정착시킨 것은 카니발, 가면무도회와 할로윈 가면놀이 등을 들 수 있을 것이다. 우리나라에서도 익명성을 통한 사회적 비판과 해학을 위한 탈춤이 성행했다. 또한 비록 익명서가 백안시당하고 그것을 작성한 자가 발각되면 엄벌에 처해지기는 했지만 조선시대에도 익명적 투서, 괘서, 벽서들이 존재했다, 특히 사회 기강이 문란했고 백성들의 언로가 막혔던 연산군과 중종 때에 탐관오리들의 학정을 고발하는 많은 익명적 투서가 등장했다고 한다.

근대 시민사회에서 익명성이 작동되고 있는 가장 중요한 사회적 제도는 보통·평등·직접·비밀선거라는 민주주의 선거제도이다. 비밀선거(secret vote)는 호명, 거수, 기립, 기명 등 공개선거(open vote)에 대립되는 것으로 선거인이 어느 후보자를 선출하는지 알 수 없도록 하는 것이다. 공개선거는 선거인의 투표 내용을 공개하는 것으로, 투표의 책임을 명백히 할 수 있는 장점이 있지만, 자유로운 의사 표시나 공정성을 방해할 위험이 크다. 비밀선거의 장점은 신원이 확인된 개인의 결정 과정이 구체적으로 밝혀지지 않고서도 투표를 통한 정치적 결정이라는 사회적 목적을 달성할 수 있다는 것이다. 위르겐 하버마스(Jürgen Habermas)는 "탈중심화된 현대사회에서 인민주권은 주체 없는 의사소통 절차의 '익명적 양식'을 통해 정치적 공중(公衆)의 구체적인 의지로 나타난다"고 주장한다.31) 그렇다면, 결국 민주주의의 기본 원칙인 다수결도 익명적 다수의 결정에 의존하고 있는 셈이다. 그러나 다른 한편으로 익명성은 민주사회에서의 다수결의 압제에 대한 소수자, 특히 소수 반대파 혹은 이의 제기자(dissent)에 대한 보호책으로도 작동한다는 데 그 묘미가 있다.32) 종합적으로 본다면, 익명성은 표현의 자유에 대한 한 보장책이 되는 셈이다. 물론 비밀선거는 엄밀한 의미에서는 익명성이라기보다는 실명자의 정치적 결정에 대한 비밀보장성(confidentiality)일 것이다. 의사와 환자, 혹은 변호사와 의뢰인 등의 업무 관계는 상호 간에는 실명적으로 전개되지만 대외적인 비밀보장성은 일종의 익명성으로 작용하고 있다고 볼 수 있다. 재판의 경우에도 원고나 피고의 신원이 공개되면 당사자들의 사생활이 침해되고, 또한 그 공개로 말미암아 사회적으로 많은 물의가 발생할 가능성이 크다면 비공개 재판도 실시되고 있다. 근래 대중매체에서 자주 발생하고 있는 "국민의 알 권리 대 개인의 초상권과 정보 보호 문제"도 익명성이 보장하는 프라이버시의 문제와 깊은 관련이 있다.

무엇보다도 익명성은 도덕적 관점에서 특정한 개인에 관계가 없는 무사성 혹은 몰개인성(impersonality)을 통한 공평성(fairness)과 불편부당성(impartiality)을 확보할 수 있다는 점에서 많은 호응을 받아온 것이 사실이다. 응모 작품이나 논문 혹은 시험 답안지를 이름을 가리고 평가하는 관례가 그 예가 될 것이다. 수년 전 예능계 대학입시에서 대학교수들의 과외가 문제가 되자 수험생들 앞에 장막을 쳐놓고 악기를 연주하게 했던 해프닝이 생각난다. 이것은 해프닝으로 치부될 것이 아니라 공사 구분이 모호하고 부패가 만연한 우리나라의 경우 매우 필요한 사회적 관례일 것이다. 외국의 유명 심포니 악단의 경우, 단원 채용시험을 장막을 쳐놓고 실시하는 것은 하나의 고정된 관례가 되었다고 한다. 정의의 여신이 눈을 가리고 있는 것은 몰개인성을 통한 판결의 공정성을 보장하기 위한 것이 아니었던가. 현대 규범철학의 전형을 제시한 존 롤즈(John Rawls)의 『정의론』(1971)에서도 정의원칙의 선택을 위한 배경적 상황인 원초적 입장(the original position)에 선택자들의 개인적 선호와 사회적 정체성을 익명화시키는 무지의 장막(the veil of ignorance)이 공정성으로서의 정의관을 보장하기 위한 철학적 장치로 도입되었던 것은 유명한 일이다.33) 익명성에 최고의 도덕성을 부여한 것은 단연코 아무도 모르게 한 순수한 이타적 행위가 최고의 도덕적 행위라는 『신약성경』의 언명일 것이다.34)

"너는 구제할 때 오른손이 하는 것을 왼손이 모르게 하여 네 구제함이 은밀하게 하라. 은밀한 중에 보시는 너의 아버지가 갚으시리라."

3. 사이버 공간에서 익명성의 탈금제 효과와 그 야누스적 얼굴

1) 사이버 공간의 특징과 익명성

정보통신사회의 기반인 사이버 공간은 이러한 근대 시민사회 혹은 대중사회에서의 익명성의 문제가 더욱 심화되어 혹은 새로운 양상으로 나타나고 있다. 근대 시민사회적 공간이 보장하는 익명성은 어떤 점에서 부분적 익명성이었다. 공적 자아와 사적인 자아는 상호 밀접하게 연계되어 있어서 비록 사적 자아가 숨겨진다고 해도 그 정체는 공공적 확인 절차를 통해 궁극적으로 확인될 수 있거나 추적될 수 있었던 것이다. 그러나 정보통신사회가 제공하는 사이버 공간의 익명성은 컴퓨터 매개 통신(computer-mediated communication: CMC)을 통한 통신매체의 접근 용이성과 저렴한 접근 비용, 그에 따른 익명성 실현의 용이성으로 인해서 보다 철저하면서도 쉽게 보장될 수 있는 익명성이 되었다. 여기에서 익명성이 갖는 명암과 그 야누스적 얼굴은 사이버 공간에서 보다 강화되고 증폭되어 나타난다. 이제 익명성은 무한히 해방적인 측면을 갖는 동시에 무한히 비도덕적인 측면을 가질 수 있는 것이다. 익명화된 자아 정체성의 관점에서 볼 때, 근현대사회에서의 공간의 익명화와 자아의 다원화는 정보화사회의 사이버 공간에 있어서 더욱 가속화되고 강화되기에 이른다. 사이버 공간에서 개인의 정체가 얼마든지 익명성 속에 숨겨질 수 있으며, 또한 이 같은 익명의 공간 속에서 개체의 이중성 내지 다중성이 자유로이 발현됨으로써 "다중자아(multiple self)"가 출현하게 된다. 다중자아는 자아의 해방임과 동시에 자아의 분열이라는 양면을 지니고 있다. 이러한 다중자아 속에서는 사이버상의 "성정체성 전환(gender-swapping)"과 같은 극단적인 것도 들어 있다. 이같이 익명적 사이버 공간의 다중자아들에 있어서 도덕성이 어떻게 확보되고 도덕적 책임은 어떤 방식으로 누구에게 귀속될 수 있는지는 사이버 윤리의 핵심적인 문제가 아닐 수 없다.35)

초기 컴퓨터 윤리학을 정립하는 데 공이 많은 제임스 무어(James Moor)는 「컴퓨터 윤리학이란 무엇인가?」라는 논문에서 익명성에 따른 "보이지 않은 오용(invisible abuse)"을 위시한 컴퓨터의 "불가시적 요소"를 정보통신혁명과 사이버 공간에서 가장 중요한 측면으로 간주한 바 있다.36) 또한 데보라 존슨(Deborah Johnson)도 익명성을 "전 지구적인 다면적 영역", "복제성"과 함께 사이버 공간에서 가장 중요한 세 가지 특성으로 간주한다.37) 덩컨 랭포드(Duncan Langford)도 전 지구적 규모, 익명성, 상호작용성을 인터넷의 가장 중요한 특징으로 들고 있다.38) 그리고 정보통신기술 사용에서의 일곱 가지 유혹을 포착했던 리처드 루빈(Richard Robin)은 그 속에 익명성과 프라이버시를 속도, 매체의 복제성, 심미적 매료감, 범죄에의 유혹, 국제적 영역, 파괴력과 함께 포함시키고 있다.39)

사이버 범죄를 논하는 곳에서 익명성은 언제나 단골로 거론되고 있다. 사이버 범죄는 비대면성, 익명성, 시간적·공간적 무제약성, 범죄의 발각 및 입증 곤란성, 자동성 및 반복성을 그 주요한 특징으로 하고 있다. 물론 현실 공간에서도 미궁에 빠진 사건이 많으나 대부분 범죄 현장에 범인의 신체적 출현으로 말미암은 다양한 증거들이 존재한다. 그래서 범죄의 물리적 주체가 확인 가능한 현실 공간에서는 범의, 즉 범죄 의도(*mens rea*)가 범죄를 구성하는 가장 중요한 여건이었다. 그러나 사이버 공간에서는 범죄의 둘리적 실체(*corpos delicit*)의 파악이 범죄를 입증하는 더욱 중요한 요소로 간주된다.

사이버 공간에서의 이러한 익명성은 보다 구체적으로 탈체현(disembodiment)과 신원적 정체성의 불가시성(invisibility)이 결합되는 방식으로 나타난다. 사회적 상호작용 과정에서 나타나는 상대의 정체성 확인은 인간관계의 가장 기본적인 출발점이 되고, 대면적 상호작용에서는 의상, 목소리, 신체, 몸짓 등을 통해 많은 신호가 전달된다. 이러한 신원적 정체성 확인을 통해 우리는 개인의 행동에 대한 책임 소재를 밝혀낼 수가 있는 것이다. 그러나 사이버 공간에서는 대면적 상호작용에서 발견되는 단서나 기호의 많은 것이 탈락됨으로써 문서화된 정보만이 제공되므로 비대면적인 익명성의 유지가 가능해진다.

2) 사이버 공간에서 익명성의 탈금제 효과와 그 야누스적 발현 양상

사이버 공간에서의 익명성은 개인의 실제 정체성을 드러내지 않음으로써 사회적 차별이나 정치적 보복에 대한 두려움 없이 진실한 목소리를 낼 수 있다는 긍정적인 측면에도 불구하고 사이버 공간에서 그 부정적인 측면 때문에 첨예한 쟁점 중의 하나가 되어왔다. 익명성은 개인을 사회적 보복으로부터 보호해주기도 하지만 이메일을 주고받으면서 발생하는 과장적이고 감정 폭발적인 언술 행위인, 소위 플레밍(flaming)의 만연에서 볼 수 있듯이 자신의 텍스트에 대한 도덕적 책임성을 약화시키기도 한다. 사이버 공간에서는 이렇게, 한편으로 볼 때, 익명성으로 인하여 의견을 자유롭게 표현하고 도덕적 구속력이 적어져 보다 개방적인 태도를 가지게 되는 "양성적 탈금제 효과(benign disinhibition effect)"가 나타난다. 이와 아울러, 다른 한편으로, 개인의 정체가 뚜렷이 드러나는 현실 세계에 비해서 개인의 행동에 대한 책임을 묻거나 강제력을 동원할 수 없어서 발생하는 각종의 "악성적 탈금제 효과(toxic disinhibition effect)"도 두드러지게 나타나는 것이다.40) 따라서 사이버 공간은 도덕적 자유지대(morality-free-zone) 혹은 윤리적 진공 상태(ethical vacuum)로서의 "익명의 바다"라고 폄하되기도 한다. 이러한 사이버 공간에서의 익명성과 탈금제 효과는 자유로운 의견의 표현과 다양한 자아 정체성의 실험과 새로운 인간관계의 형성을 가능하게 해 주지만 신뢰감의 상실과 무책임성과 무절제를 조장할 수 있다. 또한 자유로운 의견의 개진은 새로운 아이디어의 창출에는 효과적이지만 합의에 이르는 과정이나 의사결정에서의 비효율을 초래할 수도 있다. 익명적 사이버 공간이 제공하는 개방성과 다양성은 그 자체로서의 가치뿐만 아니라 평등한 대화 상황의 형성이라든지 온라인 사회적 항의 가능성과 민주적 참여 기회의 확대라는 긍정적인 측면을 포함하고 있지만, 집단의 경계가 개방됨으로써 개인 행위에 대한 집단규범의 영향력이 약화된다. 이에 따라 언어폭력, 절제되지 않은 비판, 분노, 혐오, 두려움이 표현되기도 하고, 현실 공간에서는 쉽게 접근할 수 없는 음란물이나 폭력물 같은 지하세계가 드러나기도 한다. 또한 사이버 집단의 경계 개방과 사이버 집단의 규모가 커지면서 익명성이 강화되어 현실 세계에서 존재하는 소위 "무임승차자 문제(the free-rider problem)"도 심화된다. 즉, 공공재와 사회적 협동의 혜택을 향유하기만 하고, 자신의 비용과 기여를 지불하거나 제공하지 않으려는 현상이 더욱 증폭되어 나타나게 되므로 사회적 협동과 상호 신뢰가 위기에 처하게 된다.41)

익명성 때문에 자아 정체성이 애매해지는 사이버 공간에서는 성별, 연령, 직업과 같은 범주적 속성보다는 텍스트 자체에서 제시되는 생각이나 아이디어가 중요시되는 측면도 있다. 이는 현실 공간에서 흔히 나타나는 성별, 연령, 직업 등에 따른 고정관념이나 편견의 영향이 줄어

든다는 것을 의미한다. 익명적 사이버 공간은 이미 언급한 것처럼 공정한 정의원칙을 도출하기 위해서 각 개인들의 사회적 정체성과 가치관에 무지의 장막을 드리웠던 존 롤즈(John Rawls)의 원초적 입장(the original position)에서의 공정성 효과를 가져오는 셈이다.42) 이렇게 익명적 사이버 공간에서는 대면적인 현실 상황에서 자연스럽게 다룰 수 없던 개인적인 문제점과 치부에 대해서 솔직하고 공개적인 논의를 할 수 있게 해준다. 따라서 알코올 중독자, 가정폭력 피해자, 인종 차별 희생자 등을 위한 다양한 자조적 혹은 상호 협조적인 컴퓨터 기반 원조 사회적 네트워크인 사이버 공동체가 탄생하기도 한다. 이러한 공동체에서는 어떤 사람들은 자신의 내밀한 감정이나 소망을 말하는 일종의 기독교적 고해성사의 장이 되기도 하고, 또한 그러한 내밀하고 진실한 표명에 대해서 상당한 친절함과 관대함을 보여주는 "순수 관계"를 통한 상호 부조의 장이 형성되기도 한다. 따라서 이러한 공동체에서는 익명의 상대를 실명의 상대보다 더 신뢰할 수 있다는 조사 결과도 나온 바 있다.43)

이렇게 익명적 사이버 공간의 탈금제 효과의 야누스적 측면은 사람들이 복합적이고 다양한 자아를 표출하여 다양한 문제 해결책과 의견 개진을 통해 존재의 새로운 방식을 추구하게 하지만 그 반면에 맹목적인 카타르시스를 추구하거나 불건전하고 병리적인 감정과 심성이 쉽게 표현될 수 있다는 점이 큰 문제이다. 따라서 사이버 공간에서는 타자 고려적인 성향보다는 타자가 실종되는 자기 고려적 혹은 도취적 성향만이 난무할 가능성이 많게 되므로 도덕성이 실종되는 것이다.44) 따라서 인간관계에서 기본이 되는 상호성과 상호 존중의 원칙이 무시되기 십상이다. 타자가 실종된 경우, 타자에 대한 관심은 다만 타인의 정보에 대한 관음증적이고 자의적인 호기심의 충족 때문에 발생할 뿐이다.

사이버 공간에서의 도덕적 자기 규제와 구속력의 약화는 비도덕적 행위가 멀리 떨어진 곳에서 발생한다는 믿음이 야기하는 "도덕적 격리

310

성(moral distancing)"과 그에 따른 행위의 결과에 대한 "도덕적 무지(moral ignorance)" 때문에 더욱 증폭된다.45) 도덕적 격리성과 무지는 소위 컴퓨터를 껐다가 다시 켜는 "리셋 증후군(reset syndrome)"과도 연관된다. 사이버스 공간으로부터 언제나 철수 혹은 탈출(exit)이 가능하고, 타인으로부터 언제든지 절연될 수 있다는 안이성은 리셋 증후군을 불러일으킨다. 리셋 증후군이 익명성보다 감정 폭발, 공격적 행동에 더 큰 영향을 미친다는 분석도 있다. 신원이나 정체가 확인될 수 없다는 점은 면책이나 피책의 단서가 되고 책임을 면제받거나 기피할 가능성은 또한 사이버 공간에 언제나 원하면 진입할 수 있다는 접근의 용이성으로 말미암아 의지의 나약이나 박약과 쉽게 결합됨으로써 범죄에의 반복적인 충동을 자극하거나 도덕적 둔감성을 조장하게 된다. 결국 이러한 익명적 가상공간의 매체적 특징과 심리적 특성, 그리고 그에 따른 도덕적 자기 규제 혹은 구속력의 약화가 결합되어 특히 사이버 범죄로 명명되는 보다 심각한 다양한 사회문제들이 발생하게 되어 많은 사람들의 우려를 자아내게 하고 있는 실정이다.

3) 사이버 공간의 익명성과 탈금제 효과: 그 연관성에 대한 이론적 고찰

우리는 이미 2절 2항과 3절 2항에서 익명성이 가져오는 몰개성화가 탈금제 효과를 야기하는 것을 고찰한 바 있다. 또한 우리는 사이버 공간에서 익명성이 탈금제 혹은 반규제적 행동을 야기하지만 그것은 일면적인 것이 아니고 양성적 탈금제 효과와 악성적 탈금제 효과 모두 산출하는 것을 살펴보았다. 익명성이 주는 탈금제 효과에 대해서는 다양한 철학적, 사회학적, 심리학적 이론들이 제시된 바 있다. 여기서는 2절 2항과 3절 2항과의 연계를 감안해서 사회심리학적 이론을 위주로 해서 그것들을 다루어보기로 하자.

대면적 의사소통과 대비해볼 때 컴퓨터 매개 통신이 익명성에 따른 탈금제 효과를 야기한다는 이론들은 몰개성화(deindividuation) 이론, 그리고 축소된 사회적 단서(reduced social cues) 이론, 그리고 사회적 실재감(social presence) 감소 이론, 자아인식(self-awareness) 이론, 그리고 사회적 정체성(social identity) 이론으로 분류된다.46) 몰개성화 이론은 이미 고찰된 바와 같이 현실 공간에서 익명성이 집단에 속한 개인들에게 몰개성화 현상을 야기하여 탈금제 현상을 발생시킨다는 것이다. 이처럼, 컴퓨터 사용자도 익명성의 상황 아래 컴퓨터에 집중을 하게 되면 자아인식이 약화되어 몰개성화되고 탈금제 효과가 발생한다는 것이다.47) 그러나 몰개성화 이론은 온라인상에서 컴퓨터 사용자가 단순히 금제가 풀리거나 억제되지 않은 것이 아니라 상황 특수적인 규범에 따르는 경향이 많다는 사실이 밝혀짐으로써 비판을 받게 된다. 이것은 우리가 이미 언급했던 규범부상 이론으로도 설명될 수 있다. 그리고 익명과 실명 설문조사에 대한 경험적 비교 연구도 하나의 반박 사례로 제시되었다. 즉, 인쇄된 설문지와 월드와이드웹상의 설문지 조사 비교 연구에서 자아인식, 자아존중, 사회적 우려, 사회적 욕구의 관점에서 볼 때 인쇄된 설문조사 때보다는 온라인상의 설문조사가 전반적으로 더 낮은 점수를 보였지만, 온라인상의 익명적인 상황과 실명적인 상황 사이의 차이는 크게 벌어지지 않았다는 것이다. 다시 말하면, 온라인상에서는 실명적이 되더라도 탈금제 효과가 여전히 발생한다는 것이다. 따라서 몰개성화에 이르는 중요한 필요조건인 익명성은 온라인상의 탈금제 행동에 결정적인 영향을 미치지 않는다는 반론이 제기되었다.

축소된 사회적 단서 이론, 혹은 사회적 단서 결여적 관점(cue fil-tered-out perspective)은 대면적 의사소통에 비해서 컴퓨터 매개 통신은 사회적 단서가 축소되거나 결핍되므로, 즉 익명성의 효과가 증진하므로 탈금제 현상을 보인다는 것이다. 그러나 이러한 축소된 사회적 단서 이론은, 비록 컴퓨터 매개 통신은 그러한 단서들이 축소되거나 결핍되었지만, 그 속에서도 다양한 텍스트적 언술 행위 이면에 존재하는 심리학적 성향 단서, 그리고 직업, 장소, 성 등 범주적 혹은 사회적 단서의 포착이 가능하므로 사회적 영향력과 상황적 규범의 영향력이 여전히 존재한다는 반론에 부닥치게 된다. 이러한 반론이 바로 "맥락 중시적 관점" 혹은 "사회적 상황 의존적 관점"이다.

사회적 실재감 감소 이론은 사회적 단서 결여적 관점과 일맥상통하는 점이 많은 이론이다. 이 이론은 컴퓨터 매개 통신은 면대면 통신에 비하여 그 매체 자체의 특성상 익명성의 효과가 증진되어 사회적 실재감이 감소하므로 비인격화(depersonalization)된 의사소통을 야기한다는 이론이다.48) 따라서 컴퓨터 매개 통신은 "친근하지 못하고, 정감적이지 못하여, 비인격적이므로 상업적 혹은 업무 중심적인 경향을 보인다"는 것이다.49) 철학 분야나 사회과학 분야에서 사이버스페이스의 특징으로 언급되고 있는 "타자의 상실"과 "공동체적 유대의 부재"에 따른 윤리 의식의 상실도 사회적 실재감 감소 이론과 연결될 수 있을 것이다.50) 그러나 이러한 컴퓨터 매개 통신에 대한 낮은 사회적 실재감 이론은 이미 언급한 것처럼 다양한 자조적 혹은 컴퓨터 매개 상호 원조 집단으로 이루어진 사이버 공동체의 발생을 무시한다는 결정적인 반론에 직면하게 된다.

이어서 주목할 만한 이론은 자아인식 이론이다. 이 이론은 사이버스페이스는 낮은 자기집중이 아니라 고도의 자기집중을 가져오기 때문에 사적인 자아인식 혹은 자아각성(private self-awareness)을 증진시킨다고 주장한다. 따라서 자신에 대한 타인의 평가나 자신의 사회적 위상이나 독특성을 인지하는 공적 자아인식(public self-awareness)은 감소한다는 것이다. 사이버 공간이 사적 자아인식을 증진시킨다는 주장은 컴퓨터 사용자는 결코 몰개성화되는 것이 아니라 자신의 가장 내밀한 생각, 느낌, 그리고 목적을 표출한다는 것이다. 따라서 사적 자아인식의 증진은 익명적인 상태에서 보다 솔직하게 자아를 개방하고 표출하는 자아노출, 자아공개, 혹은 자아개방(self-disclosure)의 상태로 이어진다는 것이다. 이러한 자아노출 이론은 사이버 공간에서의 탈금제 효과를 다중자아 혹은 복합 정체성으로 설명하려는 주장과도 밀접히 연계되어 있다. 그러나 이러한 자아인식 이론은 사회적 정체성 이론의 도전을 받게 된다.

사회적 정체성 이론은 맥락 중시적 관점과 규범부상 이론과 밀접한 관련을 가진다. 우리가 2절 2항에서 언급한 짐바르도의 실험 결과, 즉 실험실에서 가운을 입고 복면을 한 소집단의 성원들이 일상복의 개인들보다 훨씬 더 공격적인 성향을 보인다는 실험 결과는 몰개성화 이론에 의거하지 않고서도 그 몰개성화 효과, 즉 탈금제적 효과가 설명될 수 있다는 것이다. 하나의 개인으로서 자아에 대한 집중이 결여되는 상황에서 익명성은 자아인식 이론이 주장하는 것처럼 개인적 정체성을 작동시키기보다는 오히려 사회적 정체성을 작동시킨다는 것이다. 이것은 이슬람 여인들의 차도르의 예에서 이미 입증된 바 있다.

이러한 사회적 정체성 이론은 개인적 정체성이 아니라 사회적 정체성에 관련된 역할과 집단 내의 관계가 더욱 중요한 변수가 된다는 것이다. 따라서 한 사회적 집단이 다른 집단과 구별되는 현저한 특성을 가졌다면 그러한 특성과 결부된 규범에 의거하여 행동이 규제된다는 것이다. 따라서 몰개성화 이론이 제기한 주장, 즉 익명성을 통한 몰개성화 효과로 인해 일반적인 사회적 규범(general social norms)에 대한 탈금제 현상이 나타난다는 주장은 잘못된 것으로 비판된다. 사회적 정체성 이론에 의거하면, 익명성에 따른 몰개성화 효과가 오히려 상황 특수적 규범(situation-specific norms)에 더 순응하도록 만든다. 이러한 관점에서 사회정체성 이론은 보다 정확히는 "몰개성화 효과에 대한 사회적 정체성 이론(social identity theory of deindividuation effects: SIDE theory)"이 된다.[51]

사회적 정체성 이론은 집단 간의 대립(group polarization)을 설명하는 유효한 기제로 인정받고 있다. 온라인 토론에서 익명적이고 집단 간의 구분이 현저할 때 집단 간 대립이 더욱 격화되고 부정적 발언이 더 많았다고 한다. 그러나 사회적 정체성 이론은 집단 간 대립과 격화를 설명하는 데는 유효한 이론이지만, 사이버 공간에서의 탈금제 현상 일반을 설명하기에는 역부족이라는 비판이 제기된다. 왜냐하면, 자조적 혹은 상호 협조적 사이버 공동체에서 볼 수 있는 자아개방은 사회적 정체성이 아니라 사회적으로 부적절한 개인적 정보에 기반하고 있기 때문이다. 또한 이미 언급된 설문조사의 경우처럼 익명과 실명 여부에 관계없이 부정적 발언을 한 사례가 발견되었기 때문이다. 이렇게 사회적 정체성이 현저하지 않고 개인적 정체성이 현저할 때도, 즉 실명일 때도 사회적으로 바람직하지 못한 반응이 많이 나올 수 있다는 것이다.[52]

이러한 논의를 배경으로, 우리는 익명성이 탈금제 현상을 야기한다는 주장에 대한 다양한 반론을 해석할 수 있을 것이다. "온라인 토론에서 부정적 발언은 익명/실명 여부보다는 참여자의 도덕성에 기인할 가능성이 높다"는 주장은 맥락 중시적 관점에서 제기되었다.[53] 그리고 "익명성으로 인하여 사이버 공간에서 각종의 문제가 발생한다고 보는 것은 익명성에 대한 지나친 편견이다"는 주장은 다음 두 주장에 근거하고 있다.[54] 첫째, "익명의 조건에서 사람들이 특정 행동을 하게 만드는 것, 특히 타인에 대한 욕설이나 비방, 폭력 등과 같은 사회적 행동은 그 행동이 유발되는 특정 상황의 조건에 좌우된다. 이 조건은 익명성과 같은 일반적 조건이라기보다는 그 상황이 어떤 행동을 만들고 이들 행동이 어떤 과정을 거쳐서 유발되는가의 문제이다."[55] 이러한 주장은 사회적 상황 의존적 관점에 근거하고 있다. 더 나아가서 사회적 일탈 행동이 익명성보다는 "사람의 역할이나 사회적 관계 등과 같은 변수들이 더 강한 영향력을 발휘한다"고 주장한 것은 사회정체성 이론과 규범부상 이론의 관점에서 제시된 것으로 해석될 수 있다.[56] 둘째, "네티즌들이 현실세계에서 감히 상상조차 할 수 없는 자기 모습이나 행동을 무차별적으로 드러내는 것은 익명성 그 자체보다는 현실과 다른 모습을 표현하고 싶은 욕망에서 그 원인을 찾는 것이 더 정확할 것이다"는 주장은 우리가 이번 절 1항과 2항에서 언급된 사이버 공간상의 다중자아 혹은 복합 정체성 이론에 근거한 것으로 보인다.57)

이상의 논의와 반론들을 전반적으로 고찰해 볼 때, 우리는 익명성이 몰개성화와 그에 따른 탈금제를 야기하는 중요한 요인 중의 하나일 뿐이고, 또한 익명성이 해소되었다고 해도 탈금제 효과가 여전한 사례들이 많고, 더 나아가서 익명성에 따른 양성적 탈금제와 악성적 탈금제가 모두 존재한다는 것을 알게 되었다. 따라서 우리는, 그 양성적 측면과 악성적 측면의 비중을 재는 것이 사람마다 또는 관점마다 차이가 있겠지만, 결국 익명성은 도덕적으로 중립적이라는 결론을 내려야만 할 것이다.

4. 익명성의 순기능과 역기능에 따른 쟁점 분석과 효율적 규범 형성의 전망

1) 사이버 공간에서의 자아 정체성, 신원 확인 가능성, 익명성과 가명성

익명성은 개인의 정체성 혹은 신원이 상대적으로 감소하거나 부재하는 상황에 따라 규정된다. 즉, 익명성은 개인의 정체성과 신원적 특성이 확인, 연관, 귀속, 추적이 불가능한 다양한 수준의 상태이다. 개인의 정체성과 신원에 관련된 지식은 통상적으로 다음 일곱 가지로 요약될 수 있다.58) (1) 법적으로 등록된 성명, (2) 공간적 주소, (3) 그러한 법적 성명과 공간적 주소로 연관될 수 있는 주민등록번호 등 각종의 사회적 인식 번호와 차량 번호, 생물학적 특징, 그리고 가명, (4) 법적인 성명이나 공간적 주소로 연관될 수 없는 상징이나 번호 혹은 가명, (5) 법적인 성명이나 공간적 주소가 알려지지 않은 사람의 독특한 신체적 특징이나 반복되는 행위 패턴, (6) 사회적 범주, 즉 성별, 인종, 종교, 연령, 경제적 계층, 교육 정도 등 사회적 정체성, (7) 전문가 혹은 특수임무 종사자의 자격 혹은 일반적 신원 보증에 관련된 증서, 지식, 능력, 복장, 패스워드, 전자카드 등이다. 그렇다면 익명성의 정도와 수준은 이러한 일곱 가지의 신원 확인 가능성이 다양하게 감소하거나 부재하는 일련의 집합이 될 것이다.

보다 간결하게 익명성은 물리적 익명성, 사회적 익명성, 심리적 익명성 등으로 나누어지기도 한다. 우선 물리적 익명성은 성별, 연령, 신체적 특징이 배제된 상황이다. 그리고 사회적 익명성은 지위나 권위 등 사회적 정체성이 배제된 상황이다. 심리적 익명성은 개인적 선호, 지향, 감정, 생각의 부각되는 심리적 실명성의 반대 개념으로 도입된다. 사이버 공간에서는 물리적 익명성과 사회적 익명성은 확보되지만 어떤 의미에서 자아인식 이론의 자기노출 심리에 따른 심리적 실명성이 더욱 드러나는 공간이라고 할 수도 있다. 사이버 공간에서 개인의 정체성이 완전히 익명적인 경우는 드물지만 대화명이나 필명 같은 ID로 대리되는 가명과 패스워드를 통해 상대적인 익명성이 유지되는 것이다. 가명은 실제 이름은 아니지만 사용자의 정체성에 대한 일관성을 유지할 수 있게 해주고 그 사람의 행위나 말을 다른 사람들이 알아 볼 수 있게 해준다. 익명성과 마찬가지로 가명성은 어느 정도 자신의 정체성에 보호를 제공해줄 뿐만 아니라 익명성으로는 불가능한 자신의 이미지를 표현할 수 있게도 해준다. 이것이 바로 심리적 실명성 혹은 정체성이다. 사이버 ID의 상징적 표현물인 아바타는 그러한 이미지를 제공할 수 있는 또 다른 수단이 되기도 한다. 그러나 사이버 공간에서 다중 ID가 허용되는 도메인이 많으므로 고정적 이미지 제공이 언제나 가능한 것은 아니다. 또한 성정체성 전환, 그리고 (동성애자로 위장하여 동성애자 동호그룹에 끼어드는 것처럼) 성선호 위장도 가능하므로 가명성을 통한 심리적 실명성이 진실되게 부각되는 것은 아니다. 전체적으로 볼 때, 인터넷은 자신이 선택할 수 있는 다양한 수준의 익명성과 가명성을 가능하게 해준다. 자기 정체성의 그림자만 드러낼 수 있고, 자세한 부분까지 밝힐 수도 있는 것이다. 그 정도가 어떠하든 익명성과 가명성은 사용자들에게 자기공개를 조절하는 능력을 줌으로써 개인의 자유와 역량을 강화시켜주는 장점도 있다.

사이버스페이스에서 익명성은 추적 가능한 익명성과 가명성, 그리고 추적 불가능한 익명성과 가명성으로 나누어지기도 한다.59) 따라서 익명성을 극복하려는 정보 실명성은 의사소통 상호 상대방의 개인적 속성을 알 수 있는 콘텐츠로서의 실명, 즉 현명성(顯名性)과 제삼자의 입장에서 의사소통적 관계에 들어가 있는 당사자들의 신원을 사후적으로 확인할 수 있는 추적가능성으로서의 실명으로 대응된다.60) 익명성은 사이버 공간에서 적어도 두 사람 사이에서 발생하는 관계적 특성으로 비밀보장성(confidentiality)을 추구하며, 완전한 익명성이 아닌 별명이나 특수한 문자 혹은 숫자를 사용하여 전자우편주소나 채팅룸 등에서 ID를 사용하는 가명성과 자신의 가명적 ID를 밝히지 않고도 통신을 할 수 있는 "익명적 메일 시스템(remailers)"에서의 의사(擬似) 익명성(pseudo-anonymity)에 이르기까지 다양하다.

익명성의 문제가 복잡해지는 것은 타인의 정체를 도용하거나 로그아웃하지 않고 떠나 버린 타인의 아이디로 계속 접속하여 이용하거나 혹은 인터넷 서비스 공급자에게 접속을 하지 않고 상업적 PC방이나 공공적 PC를 사용하는 경우 실명의 추적이 더욱 어렵다는 것이다. 그러나 기술적인 측면에서 보았을 때 익명적 전송시스템과 암호화 기술에 의해서 보장된 익명성은 고도의 익명성을 보장하므로 더욱 큰 문제를 야기한다고 하겠다. 그러므로 익명성의 순기능과 역기능, 그리고 그 쟁점분석에 앞서서 익명성과 가명성, 그리고 실명성에 관한 개념적 분석이 필연적으로 요청된다. 결국 익명성은 자아의 정체성과 신원에 대한 확인 가능성과 추적 가능성이 단계적으로 탈락되는 다양한 수준에서 전개되므로 익명성의 문제를 논할 때 관건이 되는 것은 자아의 정체성과 결부된 익명성의 정확한 수준과 단계일 것이다.

2) 익명성의 순기능과 역기능에 결부된 찬반양론과 주요 쟁점 사항

통상적으로 익명적 통신의 장점으로는 범죄, 부정 등에 관한 매스컴의 독자적 조사에 필수적으로 요청되는 익명의 취재원 보호, 내부 고발자 혹은 공익 제보자의 보호, 법집행을 위한 정보제공자 혹은 증인의 보호, 알코올 중독자와 에이즈 감염자 등 신원이 밝혀지면 사회적으로 낙인이 찍히는 곤란한 상태에 있는 사람들의 자조심 앙양과 치료 가능성, 개인적 사생활의 보호와 언론과 표현과 사상의 자유, 비민주적 정부 비판에 따른 정치적 박해의 회피 등이 거론되고 있다. 그리고 그 해악으로는 스팸 메일, 해커와 크래커, 중상모략과 명예훼손, 증오성 메일, 비인격화와 아이디 사취와 도용이라는 의사(擬似) 신원, 온라인 금융 및 전자상거래 사기, 개인정보 누설, 정보에 대한 신뢰성 감소, 법집행의 곤란성, 그 외 돈세탁, 마약거래, 범죄단체의 조직과 연락, 지적재산권의 침해 등 사이버 범죄가 언급되고 있다.61)

현실 공간과 아울러 사이버 공간에서의 익명성의 순기능과 역기능, 그리고 그 쟁점에 관한 가장 포괄적인 정리를 해놓은 사람은 게리 막스 (Gary Marx)일 것이다. 그는 익명성을 옹호하는 열다섯 가지의 이유와 신원 확인 가능성을 옹호하는 열 가지 이유를 제시하고 있다.62) 익명성의 열다섯 가지 정당근거는 다음과 같다. (1) 정보 유통의 촉진, (2) 각종 연구를 위한 개인적 정보의 획득과 인터뷰, (3) 정보의 내용 자체에 대한 주의 집중 촉구, (4) 진실한 사례 보고와 정보 추구, 그리고 자조 정신의 증진, (5) 예를 들어 불법무기 자신 신고 기간 중 신고하면 불문에 부치는 경우처럼 큰 사회적 해악을 없애기 위해서 필요한 잠정적 조치, (6) 대규모 기부자나 로또 당첨자 혹은 사회적 논란의 대상이 되는 임무 수행자의 보호, (7) 대규모 땅을 살 때처럼 소문내지 않고 누가 땅을 사는지 모르게 진행하는 전략적인 경제적 이익의 보호, (8) 각종의 침입자들로부터 시간, 공간, 인격의 보호, (9) 공정한 심사의 수행, (10) 명성과 재산의 보호, (11) 정치적 박해의 회피, (12) 카니발과 가면무도회 등 사회적 축제, 우리나라의 경우 한때 그 유명했던 "묻지 마 관광"과 나이트클럽의 "부킹" 관행, 다인용방(Multi User Dimension or Dungeon: MUD) 온라인 게임 시 그 효과와 스릴의 증진, (13) 온라인에서의 성 전환, 인종 전환, 사회적으로 혐오되는 성적 기호의 추구처럼 어떤 비정상적 행동에 따를지도 모르는 실패, 당혹감, 사회적 비난 등이 가져올 부정적 효과를 제거하여 그 결과에 연연하지 않는 실험적 행동의 실시와 위험 부담의 감수 조장, (14) 상품 구매 이력 등 데이터베이스적인 사회적 감시를 벗어날 수 있는 프라이버시의 보호, (15) 통상적으로 사람들이 "발신자 전화번호 확인장치(caller ID)"에 거부감을 느끼는 현상에 관련된 전통적 안심과 기대. 정체성 혹은 신원 확인 가능성을 위한 열 가지 정당근거는 다음과 같다. (1) 도덕적 책임성, (2) 명성의 평가, (3) 마땅히 해야 할 지불과 정당한 공적 파악, (4) 고객관리를 통한 효율성과 서비스의 증진, (5) 전문적인 직업 능력의 승인과 자격증을 위한 관료제적 필요, (6) 예약 문화의 증진 등 상호 간의 신뢰 구축, (7) 장수자의 삶의 양태 조사 등 장기간의 리서치에서 피험자 파악, (8) 법정 전염병 환자 확인과 검역 등 공중보건과 불량상품 소환을 위한 소비자의 보호, (9) 인간관계의 친밀성 제고, (10) 건전한 사회생활의 영위를 위한 예비조건.

정보통신사회에서 익명성의 보장은, 비록 익명성이 그 탈금제 효과 때문에 사이버 범죄를 위시한 많은 역기능을 가지고 있지만, 미셸 푸코(Michel Foucault)가 경계했던 원형감옥인 판옵티콘(panopticon)과 같은 전자감시 사회(electronic surveillance society)에서 프라이버시를 지킬 수 있는 최후의 교두보이므로 매우 긴급하고도 중요한 사안이다. 개인의 컴퓨터 사용 정보를 온라인으로 접속하고 있는 사트의 서버측에 전달하는 쿠키(cookies)와 같은 프로그램과 다양한 "융합적 데이터베이스의 감시(merged database based surveillance)"로 말미암아 사용자의 취향과 소비 행태의 정체성은 여지없이 파악 당하고 마는 것이다.63)

익명성에 대해서 이러한 다양한 찬반양론이 분분함을 목도할 때, 사이버 공간에서의 익명성의 순기능과 역기능에 관한 구체적인 논쟁점이 익명성과 도덕적 책임, 법적 규제 대 인터넷의 본질, 안전과 프라이버시, 익명적 통신과 암호화 그리고 정부 권한의 한계, 전자상거래와 익명적 전자화폐의 문제들에 이르기까지 다양하게 걸쳐 있다는 것은 놀랄 만한 일이 아니다. 따라서 우리는 익명성에 관련된 순기능과 역기능이 야누스의 얼굴, 아니 천의 얼굴처럼 착종되어 있으므로 익명성에 대한 일면적인 혹은 일방적이 해결책에 대해서 경계해야만 할 것이다. 결국 익명성의 순기능과 역기능은 전통적인 가치인 자유 대 질서, 도덕적 책임 대 프라이버시, 공동체 대 개인주의, 표현의 자유 대 명예훼손과 희롱으로부터의 자유, 통신상의 정직한 직설적 표현 대 절제된 외교적 표현, 창조와 실험 대 오용과 무책임성, 내부 고발의 앙양 대 적정 절차, 알 권리 대 개인적 정보의 통제권, 시민에 대한 적절한 보편적 대우 대 다양한 개인적 격차와 차이점의 부각, 알려지고 싶은 욕구와 혼자 있고 싶은 욕구 사이의 다양한 사회적 가치와 덕목들 사이의 갈등 상황으로 대변되고 있으므로 일방적인 아닌 어떤 절충적인 해결책이 요구되고 있는 실정이다.

이러한 관점에서 하버드대학교 법학자 지아 B. 리(Gia B. Lee) 교수는 익명성의 문제에 대한 해결은 다음 세 가지 도전에 직면하고 있다고 지적한다.64) 첫 번째 도전은 익명성의 문제 해결이 익명성의 부정적 측면을 견제하는 동시에 긍정적인 측면을 조장하는 방식으로 구현될 수 있는가이다. 두 번째 도전은 사이버스페이스가 그 속성상 법적인 규제에 대한 일반적인 반발이 많은 곳이므로 어떻게 최소규제의 조건을 충족시킬 수 있는가이다. 세 번째 도전은 어떤 규제가 설령 실시되었다고 해도 그것이 과연 다양한 기술적 회피책과 그 실현의 국제적 제약을 감안해 볼 때, 실행이 가능한가이다. 익명성 문제에 대해서 흔히 가장 손쉬운 해결책이라고 생각되고 있는 정보 실명제는 과연 이러한 세 가지 도전에 응답할 수 있을 것인가.

3) 익명적 공간에서의 효율적인 규범 형성의 철학적 전망

우리가 이미 고찰한 바와 같이, 사이버 공간에서의 익명성은 각양의 정도를 가진 매우 복잡한 개념이고, 또 다양한 방식으로 다른 각종의 문제들, 즉 자아 정체성과 신원, 사생활, 언론의 자유, 민주주의, 책임, 비윤리적 행태와 사이버 범죄, 통신실명제를 포함한 사이버 공간의 통제와 검열 등과 다면적으로 관련되어 있다. 따라서 "모든 것을 고려해 볼 때 익명성이 좋은 것인지에 대한 어떠한 합의도 없고, 또 합의가 있을 것 같지 않다. 익명성은 바람직하거나 유해한 결과를 동시에 가지고 있다. 따라서 사람들은 각각 다른 방식으로 그 결과를 계량하고 있다"고 지적되고 있다.65)

익명적 공간에서의 효율적인 규범 형성의 과제를 달성하기 위해서는 우선 1997년 11월 캘리포니아 어바인(Irvine)에서 열린 미국 과학발전협회(American Association for the Advancement of Science: AAAS) 주관 심포지엄 "학술의 자유, 책임, 그리고 법"에서 제시된 정책 권고안에 주목하는 것이 좋을 것이다. 이 정책 권고안은 그 기본적 원칙으로 네 가지를 들고 있는데 우리는 그것을 하나의 타산지석으로 삼아 우리의 입장을 정립하는 데 원용해야 할 것으로 생각된다. 첫째, 온라인 상의 익명적 통신은 그 자체로 선도 아니고 악도 아니고 도덕적으로 중립적이라는 것이다. 우리는 3절 3항에서 이러한 주장의 이론적 기초를

322

제시한 바 있다. 익명성이 가져오는 탈금제 효과에는 이미 본 것처럼 양성적 탈금제와 악성적 탈금제가 공존하고 있다. 따라서 익명성은 그것이 사용되는 상황에 따라서 그 도덕적 함축성이 결정되므로 익명성의 해악에만 관심을 집중하여 규제 일변도로 나아가는 경우 익명성의 순기능을 저해할 뿐만 아니라 인터넷 발전 그 자체까지도 심각하게 저해할 수 있을 것이다. 둘째, 익명적 통신은 기본적 인권의 하나로 간주되어야 한다는 것이다. 따라서 익명성과 그에 따른 프라이버시권과 언론과 표현과 양심과 사상의 자유는 유엔 인권선언이나 각국의 헌법에서 도출될 수 있는 기본적 권리로 간주되어야 하며 이에 대한 제한은 반드시 오프라인에서의 제한과 동일한 수준과 맥락에서 이루어져야 하며 온라인에 대해서만 특별히 제한하는 것은 바람직하지 않다는 것이다. 셋째, 익명성의 정도와 그 허용 여부에 대한 판단은 국가가 아니라 해당 사이버 공동체가 자율적으로 수행할 수 있도록 허용되어야 한다는 것이다. 넷째, 각 개인은 그들의 신원과 정체성이 온라인상에서 공개되는 정도와 범위에 대한 정확한 정보를 획득할 수 있어야 한다는 것이다. 이 권고안은 이어서 익명성의 문제를 처리하기 위한 교육과 공공적 각성과 홍보, 그리고 정보통신 이용자들에 대한 윤리강령의 수립 등의 방안을 제시하고 있다. 나아가서 이 권고안은 법률적 규제의 실효성과 그 한계, 그리고 발송자의 이메일 머리말을 삭제하거나 가명으로 대치시켜주는 "익명적 재전송 메일 시스템(remailers)"의 존재, 암호화의 문제, 온라인 공간에서 안전과 상호 신뢰를 확보하기 위해서 사이버 범죄자의 신원을 추적하여 밝힐 사례와 방안, 그리고 국제간의 협력 문제 등을 다루고 있다.66)

우리가 익명성의 순기능과 역기능, 그리고 그 쟁점 사항을 통해서 인식한 것처럼 익명성의 문제에 대한 규범 체계의 구축은 유일무이하고도 단순한 절대주의적 규범 체계는 아닐 것이다. 그것은 상충하는 다양한 가치들의 조정과 새로운 상황 발생을 감안하는 일종의 다원주의적이고도 현실주의적인 "잠정협정적 상황윤리학(*modus vivendi* situational ethics)"의 형태를 취하게 될 것이다. 이러한 형태의 윤리학은 정부의 통제보다는 사이버 공간상의 자율적인 규제 방식을 우선적으로 추구하게 될 것이다. 물론 사이버 범죄를 방지하기 위해서 정부의 역할과 규제를 전혀 무시할 수는 없을 것이다. 이러한 관점에서 공적 영역에서의 실명제만이라도 도입하자는 주장이 제기되기도 하며, 그것은 충분히 이해될 수 있는 제안이다.67) 그러나 대부분의 강력범죄는 면식범에 의한 것이라는 사회적 통계를 신뢰하는 사람들은 정보 실명제가 표현의 자유를 억압한다는 반론을 강력히 제기하고 있다. 그리고 실명제가 실행되었다고 해도, 신원과 정체성의 기만과 도용 등 다양한 방식으로 익명성 유지가 가능하기 때문에 여전히 문제는 남는다고 하겠다. 이러한 관점에서 기술적 해결책이 주목을 받고 있다. 이러한 기술적 해결책은 표현의 자유에 따른 익명성을 보장하면서도 범죄, 도박, 음란물 배포 등 위법 행위가 있을 시 익명성을 제거할 수 있는 절충적 방식이다. 즉 온라인상에서 각 개인은 암호화(encryption)된 공공키(public key)를 사용하여 전자인증을 통한 익명성을 보장받되, 유사시 그 암호해독장치를 풀 수 있도록 하자는 "신원 위탁 방식"이다.

익명적 사이버 공간에서의 도덕적 구속력의 약화 문제를 모형화하려는 시도로는 우리가 3절 3항에서 고찰한 일련의 사회심리학적 이론들과 아울러 플라톤의 기게스의 반지 상황, 그리고 홉스적인 자연상태 모형, 그리고 두 사람의 죄수가 상호 불신으로 말미암아 모두 자백하여 더 많은 형을 사는 "수인의 딜레마 모형"과 "무임승차자 문제 모형" 등 다양하다.68) 이러한 모형화와 직간접적으로 관련되거나 혹은 무관하게 다양한 해결책이 제시되고 있다. 우선 익명성에 관련된 네티켓 수준의 준칙들이 제시된다. 그러한 준칙들로는 "네가 다른 사람으로부터 받은 동일한 익명적 이메일에 대해서 어떻게 느낄 것인가를 생각하면서 타인에게 네 자신의 익명적 이메일을 보내라"는 "익명성의 황금률(the golden rule)"이 있다. 그리고 자극적인 익명의 정보에 대해서는 "냉정하게 반응하라, 때로 최선의 반응은 침묵"이라는 격언도 있다. 이러한 준칙은 "좋은 행동은 긍정적으로 반응하고 나쁜 행동에는 무시하거나 혹은 경고함으로써 비도덕적인 자극을 철회하도록 행동을 유도한다"는 심리학의 "행동과 자극의 법칙"으로 제시되기도 한다.

그리고 사이버 공동체에서의 수인의 딜레마와 무임승차자 문제를 해결하기 위해서 "일단 협조하되 그 이후에는 협조에는 협조하고 비협조에는 비협조하거나 처벌을 가하라"는 "상호성의 윤리"가 제시되기도 한다.69) 또한 개인의 행동에 대한 "사회적 기억과 명성 제도"의 도입에 의거한 자생적 규범부상 이론이나 자유 시장적 해결책이 제시되기도 한다. 물론 홉스적인 사이버 군주의 출현을 지지하고 있는 사람은 거의 없지만, 홉스적 모형은 국가나 국제적 기구에 의한 사이버 공간에서의 최소한의 개입과 억제를 위한 배경적 상황으로 도입된다.70) 자생적 규범부상 이론과 관련하여 진화론적 인공적 도덕과 복잡계와 카오스 이론이 원용되기도 한다.71)

익명성이 야기하는 도덕적 문제를 해결하기 위한 방안으로 철학 분야에서는 사이버 공간상의 다중자아에 대한 자아에의 배려를 통한 통합의 윤리학, 그리고 이와 관련된 타자 배려의 윤리학이 제시되고 있다.72) 그리고 사이버 공간상에서 상실된 우리의 신체를 윤리학적인 인격적 주체로서 대두시켜야 한다는 "몸의 윤리학"이 제시되고 있다.73) 또한 우리나라 전통도덕을 옹호하는 유학계 일각에서는 "혼자 있을 때 행동과 생각을 더욱 조심하고 삼가라"는 "신독(愼獨)"과 몸의 욕망을 다스려 몸의 도덕적 성향을 닦는 "수신(修身)"의 선비정신이 재현되어야 한다는 주장도 제기되고 있는 실정이다. 이러한 다양한 모형과 해결책들을 목도할 때, 앞으로 어느 모형과 해결책이 사회규범의 토너먼트에서 보다 효과적이고 안정적인 방편으로 부상하게 될 것인지를 지켜보는 것은 매우 흥미진진한 일이 될 것이다.

익명성의 문제에 대한 포괄적이고 종합적인 논의는 그 문제에 관련된 모든 정보통신정책 수립과 정보통신윤리강령과 도덕규칙들의 기반이 되는 철학적 관점에서의 최소한의 원칙적 합의점을 도출해냄으로써 인터넷 실명제 등의 각종의 법적 제재와 규정에 대한 윤리적 입각점과 평가기준을 제공할 수 있을 것이다. 특히 사이버 공간에서의 익명성의 문제는 익명적 공간에서의 도덕적 구속력과 책임성이 미약하다는 점 때문에 인터넷이 일상화되는 사회적 변화 상황과 정보통신 분야를 견인차로 하여 선진사회로 진입하려는 국가적 목표와 아울러 전통적 도덕과 현대적 가치관 사이에서 갈등하면서 가치규범을 형성하고 있는 과정에 있는, 우리 사회의 미래의 주역이 될 청소년층에 직접적으로 관련되고 커다란 영향을 미치고 있다는 점에서 중차대하게 다루어져야 할 필요가 있다. 이 논문은 그러한 필요를 충족시키기 위한 시도로부터 출발했다.

온라인상에서나 오프라인상에서 자기공개(self-disclosure)와 자기은닉(self-concealment) 사이의 건전한 균형을 유지하는 것은 이제 포스트모던적 사이버 시대를 살아가는 우리에게 주어진 최대의 (헤로도토스와 플라톤으로부터 유전된) 고색창연한 윤리적 과제가 되었다. 익명성에 대한 우리 인간의 전반적인 두려움은 결국 보이지 않는 적과 아울러 우리 인간의 최종적 익명성인 죽음을 통한 영원한 망각 때문이 아닐까? 살아 있는 동안 우리의 익명성은 우리의 자아 속에 자리 잡은 우리 자신의 그림자, 즉 억압되어 해방을 간절히 기다리는 동물적 욕망을 상징한다. 그렇다면 익명성의 문제는 결국 우리 인간이 인간이면서 동시에 동물이라는 평범한 진리를 다시 한 번 자각하게 만든다. 그것은 우리가 매일 경험하는 낮과 밤의 교차처럼 우리 인간사회에서 영원히 존재할 것이다.

또한 익명성의 문제는 이 세계 속에 우리 자신들만이 아니라 타인들도 존재한다는 또 하나의 평범한 진리를 깨닫게 만든다. 기게스의 반지는 더 이상 존재해서는 안 될 것이다. 「반지의 제왕」의 완결편 「왕의 귀환」에서 그 귀환은 결국 그 열두 번째 절대반지가 그것이 만들어진 "불의 산"의 용암 속에서 녹아 없어진 뒤에야 비로소 가능하지 않았는가. 그렇지만 반지에 대한 선택은 여전히 우리의 몫이다. 강요된 실명제는 억지로 반지를 빼는 꼴이 될 것이다. 물론 악의 세력은 척결해야겠지만, 신과 악마 사이의 중간계에 존재하는 우리 인간은 기다려야 한다. 왜냐하면 때로 혼자 있고 싶은 익명성이 주는 프라이버시 속에서 "타인의 시선은 지옥"이지만, 그래도 우리는 때때로 그러한 타인의 시선과 관심을 그리워하는 존재이기도 할 것이기 때문이다.

제 3 장

디지털 컨버전스 시대의 인간 의식과 행동의 변화

1. 디지털 컨버전스의 해명과 그 변화 이해의 방법론

1) 디지털 컨버전스의 개념적 이해

디지털 컨버전스(digital convergence)는 하나의 기기와 서비스에 모든 정보통신기술을 묶은 새로운 형태의 융합으로서 크게는 유선과 무선의 통합, 통신과 방송의 융합, 온라인과 오프라인의 결합의 세 가지로 압축될 수 있다.1) 또한 그것은 미디어와 정보와 통신의 융합과 아울러 기술과 시장과 서비스의 융합을 지칭하기도 한다.2) 따라서 디지털 컨버전스는 정보통신기술의 영역에서 뿐만 아니라 시장과 경제의 모든 분야에 걸쳐 일어나고 있다고 보아야 할 것이다. 그렇다면 디지털 컨버전스에서 흔히 융합으로 번역되는 컨버전스의 개념을 보다 엄밀하게 이해할 필요가 있을 것이다. 우선 융합(融合)은 통합(統合)이 아니라고 보는 것이 더 타당할 것이다. 물론 다가오는 유비쿼터스(ubiquitous, omnipresence: 편재[遍在]) 시대에는 모든 사물과 기기에 소형 컴퓨터 칩이 내장되어 단일 네트워크로 연결됨으로써 언제 어디서나 편리하게 정보를 이용할 수 있다는 주장도 있는 것이 사실이다. 그러나 이러한 융합의 모델은 "사람들로 하여금 미래의 미디어 형태에 대하여 잘못된 인식을 이끌어낸다고 한다. 즉, 현재 진행되고 있는 융합 현상이 보다 적은 수의 커뮤니케이션 형태로 변화하거나 또는 과거의 행태들이 소멸할 것이라는 오해를 심어준다는 것이다."3) 따라서 디지털 컨버전스는 모든 것이 하나로 합쳐지는 통합이 아니라 다양한 기능을 갖춘 호환성이 증가하는 잡종성과 이종 교배를 그 특징으로 보아야 할 것이다.4) 이러한 관점에서 우리는 하나의 커다란 줄기에 모든 것을 당기어 섭렵하는 통섭(統攝)과 다양한 줄기들 사이를 당기어 상호 소통을 추구하는 통섭(通攝)을 구분할 필요가 있다.5) 디지털 컨버전스는 에드워드 윌슨(Edward Wilson)이 주창했던 생물학 위주의 수직적, 흡수적 통섭(統攝, consilience)이 아니라 수평적, 횡단적 소통을 지향하는 통섭(通攝)으로 보는 것이 더 타당할 것이다.6) 또한 우리는 융합과 분산은 동전의 양면임을 이해해야 할 것이다. 따라서 우리는 디지털 컨버전스를 통한 창조적 분산(creative diversion)을 지향해야 할 것이다.7) 디지털 컨버전스는 미디어의 관점에서 "단정적으로 전망하면 미디어 산업은 집중과 분산의 양상을 보일 것이며, 미디어와 콘텐츠는 융합과 편재의 양상을 보일 것이다. 개인 또는 집단이 갖는 문화 권력 또한 집중과 분산의 양상을 보일 것이다."8)

디지털 컨버전스를 통해 우리는 별개적인 것으로 논의되었던 지식사회와 정보사회가 비로소 결합되어 진정한 "지식정보사회"로 발전될 수 있는 계기가 마련되었다고 볼 수 있다.9) 디지털 컨버전스가 주도하는 지식정보사회에서는 정보만이 아니라 창조적 지식의 융합적 소통을 통해 기존과 다른 가치를 창조하는 가치 혁명과 정보소통 양식의 패러다임 자체가 변화하는 것으로 이해되어야 할 것이다. 즉 디지털 컨버전스는 "일종의 체제 혁신을 통한 가치 혁명"인 것이다.10) 또한 미디어의 융합은 여러 미디어의 통합이 아니라 패러다임의 변화로서 "독립적인 디지털 기술, 서비스가 통합되어 새로운 가치를 창출하는 현상"이라고 보아야 할 것이다.11)

2) 디지털 컨버전스가 야기한 변화의 이해를 위한 방법론적 고찰

디지털 컨버전스가 미디어 환경에 많은 변화를 초래할 것은 분명하지만 기술의 발전 전망을 제외하고는 어떤 결과를 초래할 것인가는 아직 예측하기가 어려운 실정이다. 특히 디지털 컨버전스가 어떠한 사회적 결과를 가져올 것인가, 그리고 인간의 의식과 행동에는 궁극적으로 어떠한 변화를 야기할 것인가를 포착하기는 쉽지 않다. 그 이유는 두 가지로 요약될 수 있다.12) 하나는 지금까지 디지털 컨버전스에 관한 논의가 주로 기술 결정론적 접근 방식에서 추진되어왔기 때문에 협소하고 왜곡된 논의에 봉착할 수밖에 없었기 때문이다. 또 하나는 디지털 컨버전스의 사회적 영향력은 얼마간의 시간이 지난 다음에 측정이 가능할 것이기 때문이다.

이러한 두 가지 문제점을 극복하기 위해서는 우선 과학과 기술은 일방적으로 인간사회를 변화시킨다는 기술 결정론(technological determinism)에 의거한 정보(화)사회론에 전적으로 의거하기보다는 사회적으로 구성된 것으로 보는 사회 구성론(social construction theory)적 관점과13) 기술과 사회는 공진화(coevolution)한다는 관점과14) 다양한 디지털 매체의 선택과 향유에 있어서 인간은 능동적이고 합리적인 선택적 행위자가 된다는 관점이 보완되어야 할 것이다.15) 또한 과학과 기술이 야기한 결과의 예측에서도 합리적인 기대 효과(expected effect)만이 아니라 예상치 못했던 사회적 결과인 창발적 효과(emergent effect)도 감안해야 한다.16) 가장 중요한 관점은 "미래에 대한 예측이 기존의 상황 속에서 길러진 인간들의 관계와 경제적 동기, 그리고 심리적 요인을 무시하고 단지 기술적 가능성만을 토대로 한다면 올바른 분석이 나올 수 없다는 것이다."17) 사회적 영향력의 발현은 시간 격차가 있다는 주장은 보다 엄밀하게 보면 기술의 발전이 사회적으로 확산되려면 20-30년이 걸린다는 주장으로 볼 수 있다. 그러나 이제 디지털 컨버전스가 본격적으로 논의된 지 거의 20년이 다 되었으므로 디지털 융합 현상이 가져온 결과는 희미하지만 그래도 일반적이 추세에 따른 대체적인 윤곽을 파악할 수 있는 시기가 되었다고 본다.18)

디지털 컨버전스가 가져온 사회적 변화를 올바르게 파악하기 위해서 우리는 또한 디지털 유토피아와 디지털 디스토피아의 양극단 사이의 균형적 비전이 필요할 것이다. 우리는 디지털 유토피아의 낙관론인 "클릭 하나로 어디서 무엇이든지 가능하다"는 주장과 디지털 디스토피아의 비관론인 "디지털 융합 기술이 자아내는 허위 욕구의 충족을 끊임없이 수동적으로 추구함으로써 인간성을 상실하고 폐쇄적 함몰과 사회적 고립을 자초하게 된다"는 주장 사이에 균형 있는 비전을 가질 필요가 있다.19)

3) 인간 의식과 행동의 변화: 일반적 추세

디지털 컨버전스가 가져오는 인간 의식과 행동 변화의 일반적 추세를 본다면 우리는 디지털 인간은 사회적 고립인이 될 것이라는 견해와 디지털 인간은 보편적 인간으로서 인류 통합을 달성하게 될 것이라는 견해가 대립하고 있음을 알게 된다. 이러한 대립에 상응하여 디지털 컨버전스 시대에는 집단적 소비와 개인 중심 소비 형태가 동시에 존재하는 디지털 홀리즘(holism)과 디지털 미이즘(meism)의 대립, 이동과 속도를 중시하는 유목민적 성향과 안정과 정착을 중시하는 농경민적 성향이 상존하는 디지털 노마디즘(normadism)과 디지털 코쿠니즘(cocoonism)의 대립, 그리고 이성적, 합리적 소비와 감성적, 과시적 소비의 양면성을 보이는 디지털 합리주의와 디지털 탐미주의의 대립이라는 상반된 이항 대립의 양면성이 지적되기도 한다.[20]

디지털 컨버전스 시대에 인간은 사회적 고립인이 될 것이라는 전망은 다음과 같이 전개된다. 한 도시의 은둔자가 모든 인간적인 물리적 접촉으로부터 유리된 방에 앉아서 인터넷을 통해 식품 등 생필품을 주문하고, 때때로 비디오 컨퍼런스를 하면서 컴퓨터를 통해서 일을 하는 경우를 상상해보라는 것이다. 물론 그런 사람들의 경우도 동일한 관심과 취미를 가진 널리 떨어진 익명의 사람들과 사이버 공동체를 통해 교류할 수 있다. 그러한 사이버 공동체에 속한 사람들은 매우 동질적이어서 매우 깊은 인간관계를 발전시킬 수도 있을 것이다. 그러나 대면적인 인간관계는 인간의 물리적, 정신적 건강과 행복을 위해서 실제적으로 필수적인 것이다. 아마도 내향적이고 소외된 인간은 사회로부터 고립되기 위해서 더욱더 디지털 네트워크를 이용하게 될 것이다. 범죄 혹은 범죄에 대한 공포, 가족의 해체, 그리고 다른 사회적 문제들은 그러한 사회적 고립을 촉진시키는 요인이 될 것이다. 그러나 그러한 문제들로부터의 직면이 아니라 탈출을 시도하는 것은 결국 사회적 병리 현상인 것이다.[21] 물론 심한 경우에는 인터넷 중독과 게임 중독, 사이버 섹스에 탐닉하면서 자폐적인 삶을 사는 디지털 폐인도 실제로 존재하는 것도 사실이라고 할 것이다.[22] 2019년 종반부에 발생하여 전 세계에 전염된 코로나 바이러스 감염증(Covid-19)의 세계적 대유행인 팬데믹(pandemic) 상황은 사회적 거리두기와 모임 인원 제한, 그리고 자가 격리를 그 예방책으로 실시함으로써 디지털 사회적 고립인을 더욱 가속화하고 있다. 물론 확진자들은 지정 병동 내에서 나을 때까지 격리 치료를 받아야만 한다.

디지털 인간은 보편적 인간으로서 인류 통합을 달성하게 될 것이라는 전망은 다음과 같이 진행된다. 그간 사회과학에서는 경제적 합리성을 가진 인간 모형인 호모 에코노미쿠스(*homo economicus*)가 주도하고 있었으나,23) 이제는 정보 인간인 호모 인포마티쿠스(*homo informaticus*)인 호모 디지털(*homo digital*)은 경제적 합리성으로 무장한 호모 에코노미쿠스, 지식을 추구하는 호모 아카데미쿠스(*homo academicus*), 유희적 인간인 호모 루덴스(*homo ludens*), 클릭 손가락 공작 인간인 호모 파베르(*homo faber*), 노동 인간인 호모 레이버란스(*homo laborans*)를 통합하는 하나의 보편적 신인류(the Universal Neo-Human, *Homo Totus*)로 등장하게 된다는 것이다.24) 우선 디지털 융합적인 사이버 공간에서는 일과 놀이 사이의 경계 의식이 희미해지므로, 노동 인간과 유희적 인간이 융합된다. 또한 이러한 융합은 클릭 손가락 공작인인 호모 파베르의 공작적 행위를 통해서 이루어진다.25) 디지털 융합 시대에서의 지식정보사회는 지식이 곧 경제이고, 문화적 콘텐츠가 돈이 되는 사회이므로 호모 아카데미쿠스와 호모 에코노미쿠스도 융합된다. 호모 아카데미쿠스와 호모 에코노미쿠스의 융합에 대해서 피에르 레비(Pierre Lévy)는 이렇게 말한다: "인류의 탄생으로부터 인간은 가상성을 지니고 있었으며, 가상성의 구현은 호모 에코노미쿠스와 호모 아카데미쿠스의 통합으로 나타나고 있다. 집단지성(collective intelligence)은 경제와 상업을 부정하지 않고 오히려 경제와 비즈니스를 자양분으로 삼고 숙성된다."26)

피에르 레비는 발전된 디지털 융합 테크놀로지에 의해서 구성되는 인터넷의 거대한 사이버 공간인 누스피어(noosphere)에서 인간의 잠재적 역능이 통합되어 호모 사피엔스(*homo sapiens*)의 집단지성으로 발현된다고 주장한다.27) 집단지성으로서의 인터넷은 집단적 기억과 지식이 저장되고 교류되며, 사이버 섹스 등을 통한 집단 무의식적 욕망이 침투하고, 프로게이머의 경우 마치 꿈을 꾸는 것을 인식하는 자각몽(自覺夢, lucid dream)적 의식 현상이 가능하며, 다양한 사이버 공동체를 통한 상호 교류로 말미암아 인류는 고양된 정신과 의식을 가지게 되고,

나아가서는 영성적 교류도 가능하게 된다는 것이다.28)

4) 인간 의식과 행동의 변화: 구체적 경향

디지털 컨버전스 테크놀로지가 야기하는 인간 의식과 행동의 변화는 보다 구체적으로 다음과 같이 파악될 수 있을 것이다. 우선 인간의 의식적 측면에서 볼 때는 자아 중심적 사회(self-centered society)가 도래하게 될 것이다.29) 그러한 사회에서는 디지털 융합을 통해 웰빙과 고도의 삶의 질을 향유하려는 개인 중심적, 자기 운명애(*amor fati*)적 선호와 가치, 그리고 행복의 추구가 주요한 삶의 방식이 될 것이다. 또한 이러한 사회에서는 스스로가 모든 문제를 해결하는 자조(自助) 의식이 강화되고, 다원적 개방성과 감성적 심미성이 추구되고, 노동과 여가, 가상과 현실 등에 대한 경계 의식이 완화될 것이다. 인간의 행동적 측면에서 보면, 편리성, 신속성, 임의성이 추구되지만 매체와 정보에 대한 자율적인 선택 가능하므로 단순 사고와 심층 사고를 병존할 수 있게 될 것이다.30) 즉 디지털 컨버전스 시대에서 인간은 피상적이고 단편적인 내용을 많이 접하게 되지만 자신의 동기를 유발시키는 한두 분야에서는 아주 깊고 심층적인 지식을 갖게 될 수 있는 것이다. 이러한 심층지식은 인터넷에서의 지식 검색과 탐색을 통한 지식의 축적과 아울러 각종 지식과 취미의 동호 공동체로서의 사이버 공동체와 토론 공동체를 통해서 더욱 촉진될 것이다. 그런데 디지털 컨버전스 기술에 의한 자아 지향성의 확대는 이미 우리가 사회적 고립인 대 보편적 인간이라는 일반적 추세의 관점에서 본 것과 상응하게 "폐쇄적 자아"와 "관여적 자아"라는 양대 방향으로 분기하는 경향이 있는 것으로 알려지고 있다. 즉 개인주의도 "자폐적 개인주의"와 "참여적 개인주의"로 분화되는 경향이 있다는 것이다. 최근 우리 한국 사회에서도 대비될 수 있는 "폐인"과 "논객"이 바로 여기에 대응한다고 할 것이다.31)

그리고 다양한 디지털 융합 기술은 고도의 의사소통 능력을 가지면서 자신의 주변 환경을 조작하고 통제할 수 있는 개인의 역량을 기본적으로 증가시킴으로써 다양한 사회적 경제적 활동에 자발적으로 참여하고 디지털 문화를 능동적으로 소비함으로써 "체험지향 대중"이 된다. 디지털 인간은 소비는 물론 제품 개발, 유통 과정에도 직접 참여하는 소비자인 프로슈머(prosumer)임과 동시에 디지털 콘텐츠를 스스로 창조하고 또 창조될 수 있도록 협력하는 창조자-협력자(creator-collaborator)로 나타난다.[32] 또한 다양한 디지털 융합 기술을 적극적으로 사용하고 소비하고 지식과 정보와 같은 무형의 사냥감을 찾아 스스로 디지털 세계를 여행하는 디지털 유목민적인 독특한 문화 및 삶의 양식을 추구하는 새로운 세대들이 등장하게 된다. 즉 넷(Net) 세대의 다양한 특징을 보이는 N세대, 디지털 문화에 열정적으로 참여(passionate participation)하는 세대인 P세대, 그리고 모바일(Mobile) 퍼스널 기기로 무장한 M세대가 그들이다. 종합적으로 디지털 인간은 디지털 융합기술이 주는 원격 조정과 방송통신의 비동시적 향유를 통해서 자신의 시공간에 대한 자율적 통제자로 나타나게 된다.[33] 여기서 "황금시간대는 각자 자신의 시간이 된다(Prime Time is My Time)."[34]

5) 인간 의식과 행동 변화의 파악을 위한 신유형

근래에 디지털 컨버전스가 주는 인간 의식과 행동 변화의 예측에서 "독립변수로서의 기술이 종속변수인 사회에 일방적인 영향(impacts, effects)을 미치게 된다고 보는 관점"인 기술 결정론을 회피하기 위한 신유형이 제시되어 주목을 끌고 있다.[35] 기술 결정론을 피하기 위한 두 가지 관점이 제시되고 있는데, 그것은 "합리적 행위자 접근방식(rational actor approach)"과 "창발적 과정론(emergent process view)"이다.[36] 합리적 행위자 접근방식은 "기술의 사용이 인간의 행위에 미치는 결과는 기술 자체에서 오는 것이 아니라 언제 어떻게 기술을 사용할 것인가에 대한 개인들의 선택에서 온다"는 전제에 입각해 있다.37) 따라서 개인들은 다양한 매체들 중에서 자신의 목적을 실현하기 위한 합리적 행위자의 관점에서 선택하게 된다. 예들 들면, 말이 지나치게 많은 사람에게는 전화를 하기보다는 보다 간결한 의사소통 행위를 위해서 이메일을 선택한다든가, 십대들이 데이트 신청에서 자신들의 소심성(nervousness)을 감추기 위해서 십대들이 애용하는 문자 메시지 등을 보내는 것이다. 여기서는 합리적인 기대 효과에 의거하여 발생할 수 있는 영향과 결과를 예측할 수 있다. 창발적 과정론은 사용자의 의도와 개인들이 의사소통을 하기 위해서 사용하는 매체 사이의 상호작용은 예측할 수 없는 의도하지 않은 결과를 수반한다는 것을 주장한다.38) 이것은 사용자가 부정적 결과를 피하려는 최선의 노력에도 불구하고 발생하며, 혹을 그들의 행동 때문에도 발생하게 되는 것이다. 그러한 부정적 결과는 인터넷 중독, 감정 폭발적인 언사인 플레밍(flaming) 등 악성적 탈금제적 행위들, 자아 정체성 기만, 사이버 섹스에의 탐닉 등을 들 수 있다.

　기술 결정론을 피하기 위한 합리적 행위자 접근방식과 창발적 과정론을 결합하여 애덤 조인슨(Adam N. Joinson)은 합리적 행위자의 기대효과와 창발적 과정론의 창발효과를 포괄하는 "기대효과와 창발효과에 관한 전략적 동기적 사용자 유형", 즉 SMEE 유형(The Strategic and Motivated User, Expected and Emergent Effects Framework)을 [표 1]과 같이 제시한다.39) 그러나 기대효과와 창발효과는 어떤 경우에는 엄밀하게 구분하기가 어려운 것이 문제점으로 지적되고 있기도 하다. [표 1]에서는 인터넷 사용자들의 기대와 창발에 의한 결과들을 잘 범주화하고 있다. 즉 심리적 결과들(Psychological outcomes)은, 예들 들면, 자아 인식의 변화(self-awareness changes), 감소된 책임감(reduced accountability), 사회적 정체성의 현저성(social identity salience), 감정

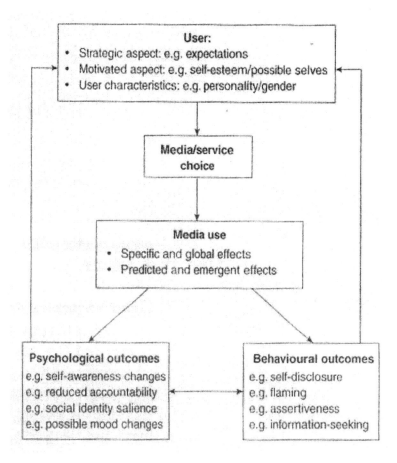

[표 1] 전략적, 동기적 사용자(SMEE) 유형

상태(mood)의 가능한 변화(possible mood changes)를 들 수 있다. 행동
적 결과들(Behavioral outcomes)은 자기 노출(self-disclosure), 감정 폭
발적인 언사인 플레밍(flaming), 단호한 자기주장(assertiveness), 정보
추구(information-seeking)를 들 수 있을 것이다. 사용자(user) 측면을
보게 되면, 사용자의 기대(expectations)를 실현하는 전략적 측면
(strategic aspect)이 있고, 자긍심(self-esteem)과 가능한 다중적 자아들
(possible selves)에 관한 동기적 측면(mtivated aspect)이 있고, 사용자
의 개인적 품성(personality)과 성차(gender)에 관한 사용자 특징(uer
characteristics)의 측면이 있다. 이러한 측면들에 근거해서 매체와 서비
스의 선택(media/service)이 이루어지고, 매체를 사용함(media use)으로
써 특수적, 전반적 효과들(specific and global effects), 그리고 예상적,
창발적 효과들(predicated and emergent effects)이 발생하게 되는데, 보
다 자세하게는 위에서 언급한 심리적 결과들과 행동적 결과들이 발생
하게 되는 것이다.

6) 디지털 기술과 뇌 기능의 변환

디지털 기술은 뇌 기능 자체의 변환을 가져온다는 주장이 근래에 제
기되었다. 『디지털 시대의 뇌(*iBrain*)』에서 미국 캘리포니아 대학교의
신경과학자 게리 스몰(Gary Small)은 디지털 기술이 뇌의 신경 회로에
미치는 영향을 자기공명 영상장치로 파악한 결과를 발표하였다.40) 인
터넷을 즐겨 사용하는 사람들의 뇌는 전두엽의 정보통합 부위인 배측
면 전전두피질(背側面 前前頭皮質, dorsolateral prefrontal cortex:
DLPFC)이 활성화하는 것으로 밝혀졌다. 배측면 전전두피질의 활성화
는 자유자재로 디지털 기기를 사용하는 디지털 원주민(digital native)과
그렇지 못하는 디지털 이주민(digital immigrant) 사이에 현격한 차이가
나는 것으로 조사되었다. 그러나 지나친 반복적 활성화는 결국 "지속적

부분 집중력(continuous partial attention)" 상태를 초래한다는 사실도 아울러 밝혀졌다.41) 이러한 상태는 한 가지 일에 제대로 주의를 집중하지 못하면서 이것저것에 대한 방만한 관심을 갖는 상태를 말한다. 몇 시간 동안 쉬지 않고 디지털 기기에 매달린 사람은 종국적으로는 "기술적 뇌 소모(techno-brain burnout)" 상태에 이르게 된다.

게리 스몰의 연구는 1994년 미국 교육부 발표를 또 한 번 입증하고 강화시켜준 셈이다. 미국 교육부는 미국 전체 아동의 30퍼센트가 혼자 TV를 시청하고 비디오 게임에 탐닉한 결과 "집중력 결핍 과잉 행동장애 증후군(Attention Deficit Hyperactivity Disorders)"에 걸려 수업을 제대로 듣지 못하고 소정의 학습효과도 올리지 못하는 것으로 발표한 바 있다.42) "각종 정보가 범람하는 사회에서는 인간의 호기심과 동기가 다양한 정보 자극에 의해서 여러 방향으로 이끌리기 때문에 사고가 산만해지고 자신의 내면세계에 대한 관심이 약화될 가능성이 높다"는 것은 이미 잘 알려진 사실이다.43)

2. 디지털 컨버전스 시대에서의 익명성과 탈금제 효과에 대한 이론적 고찰

1) 새로운 이론들의 등장

우리는 본서 제3부 제2장에서 「익명성의 문제와 도덕규범의 구속력」을 자세히 천착한 바 있다. 거기서 언급하지 못한 근래의 두 이론들은 다음과 같다.

근래에 등장한 이론으로는 "다요인적 설명(multi-factor explanations)"과 "프라이버시 준거적 접근방식(a privacy-based approach)"이 있다. 다요인적 설명은 존 슐러(John Suler)가 제시한 것으로, 그간의 잘 알려진 이론들의 요소들과 심리분석 이론의 요소들을 결합하여 온라인 금제 효과를 야기하는 여섯 가지 요소들을 종합한 것이다.44) 그러한 여섯 가지 요소들은 분열적 익명성(dissociative anonymity), 불가시성(invisibility), 비동시성(asynchronicity), 유아주의적 수용(solipsistic introjection), 분열적 상상(dissociative imagination), 그리고 권위의 최소화(minimization of authority)이다. 슐러는 온라인에서의 익명성은 사람들의 온라인 자아를 칸막이 치는 구획화(compartmentalization)를 가져오므로 사람들의 온라인에서의 행동이 자신의 것이 아니라는 합리적 정당화를 가져온다고 주장한다.45)

프라이버시 준거적 접근방식은 애덤 조인슨과 카리나 페인(Carina Paine)에 의해서 주장된 것으로, 인터넷 활동에 대한 감시의 증가는 오직 익명성에만 준거한 온라인 행동에 대한 설명과 규제를 비현실적인 것으로 만든다는 것이다.46) 따라서 우리는 누구에게 사용자가 비익명적인가, 그리고 어떤 형식으로 말인가 하고 물을 필요가 있다는 것이다. 프라이버시 준거적 접근방식에 따르면 우리는 탈금제적 행동을 자아내는 미디어의 측면들을 충분히 고려해야 할 뿐만 아니라 동시에 개인적 사용자들의 동기와 심리적 과정과 그들이 처한 특수한 사회적 상황을 고려해야 한다고 주장한다. 즉 탈금제적 행동을 이해하는 데는 신뢰(trust), 통제(control), 그리고 손익 계산(costs and benefits analysis)도 필수적이라는 것이다.

이상의 논의들을 전반적으로 고찰해볼 때, 우리는 다요인적 설명에 따르면 익명성이 몰개성화와 그에 따른 탈금제 효과를 야기하는 중요한 요인 중의 하나일 뿐이고, 또한 익명성이 해소되었다고 해도 탈금제 효과가 여전한 사례들이 많고, 또한 완전한 익명성은 디지털 융합 시대에서의 발전된 감시 기술에 때문에 엄밀한 의미에서 사이버 공간에서는 존재할 수 없으므로 프라이버시의 보호의 관점에서 접근하는 것이 필요하다는 점도 알게 되었다.

2) 우리나라에서의 익명성 문제 논란

우리나라에서는 사이버 공간에서의 익명성에 관한 사회적 논란이 가중되고 있는 실정이다. 어느 유명 여배우 자살에 따른 반향으로 악플, 악의적 루머 유포를 방지하기 위한 선플 운동이 벌어지고, 각종 수준의 실명제의 도입이 논의되고 있으며, 또한 포털 사이트 운영자 책임론도 아울러 등장하고 있다. 여당은 악성 댓글 유포 때는 9년 이하의 징역에 처하는 "사이버 모욕죄" 법안을 발의 중에 있으며,[47] 경찰은 지난 한 달간 인터넷 악성 댓글, 모욕, 협박에 대한 집중 단속을 벌인 결과 총 2,030명을 검거해서 그중 11명을 구속했다고 11월 9일 밝힌 바 있다.[48] 그러나 사이버 모욕죄에 반대하는 일단의 전문가들은 "사이버 모욕죄 입법 시도에 반대하며, 그 시도를 철회할 것을 촉구한다"는 선언을 한 바 있다.[49] 그들은 "정부 여당의 독선적인 법안 발의 과정에 대해서 깊은 우려를 표명"하고, "비친고죄로 입안된 사이버 모욕죄가 체제유지를 위해 이용될 가능성에 대해서 유려를 표명하여 그러한 이유로 사이버 모욕죄를 반대한다"고 밝히고, "인터넷을 부정적으로 바라보는 정부와 여당의 시각에 대해서 우려를 표명하고자 한다"고 선언했다.

헌법재판소는 2015년 7월 30일 "흑색선전 막을 제도가 필요하다"는 인식 아래 선거 기간 중 적용되는 인터넷 실명제에 대해서 재판관 5(합헌) 대 4(위헌)로 합헌 결정했다. 공직선거법은 선거운동 기간에는 인터넷 언론사, 포털 사이트 게시판 등에 정당과 후보자를 지지하거나 반대하는 글을 올릴 때에는 실명 인증을 받도록 규정하고 있다. 한 재판관은 소수 의견으로 "해당 조항이 정치적 의사표현을 위축시킨다"고 반대하였다. 그러나 다수 찬성 의견은 실명 인증 기간을 선거 운동 기간 중으로 한정하고, 실명 확인 후에도 개인정보가 노출되지 않으므로 실명 인증 표시만 나타나므로 "정치적 익명 표현의 자유, 개인정보 자기결정권, 언론의 자유를 침해하지 않는다"고 주장했다.[50]

3) 익명성과 자아 정체성 위기와 그 치유 가능성: 융의 심리철학적 관점

　익명성이 야기하는 도덕적 구속력의 약화 문제를 해결하기 위한 방안으로 철학 분야에서는 사이버 공간상의 다중자아에 대한 자아에의 배려를 통한 통합의 윤리학, 그리고 이와 관련된 타자 배려의 윤리학이 제시되고 있다.51) 물론 이러한 다중자아와 분열된 자아의 통합과 자아와 타자의 통합은 플라톤적인 이성적 지혜를 통한 영혼의 조화, 그리고 근대적인 엄격한 위계질서에 의한 이성 위주의 일원론적 자아의 통합으로 가능한 것은 아닐 것이다. 사이버 공간과 현실 공간을 통합하고, 또 파편적이고 다중자아의 여러 측면을 통합하고, 자아와 타자, 즉 사적인 자기 인식(private self-awareness)과 공적인 자기 인식(public self-awareness)을 도덕적으로 통합하는 것은 하나의 다면적 자아(Protean self) 혹은 유연한 자아(flexible self)에 의한 느슨한 통합이 될 것이다. 각 개별적 부분들은 가능한 한 각개의 개별성을 유지하여 일견 혼란스러운 것 같으면서도 "하나의 사회로서의 자아"에 어떤 질서가 존재하는 그러한 형태가 될 것이다.52) 여기서 통합적인 자아관과 파편적인 자아관은 서로 상보적인 것이 될 것이다. 우리가 사이버 공간을 통해서 경험하는 다양한 온라인 페르소나들(online personae)과 사이버 에고들(cyber-egos)은 그 중 어떤 것도 영구적으로 지배적인 것이 될 수 없는 어떤 전체를 형성하는 데 공헌하게 될 것이다.53) 다양한 페르소나들 사이의 느슨하지만 통합적인 연관 관계의 가능성은 우리가 본서 제3부 제2장 「익명성의 문제와 도덕규범의 구속력」에서 처음에서 언급한 반지의 제왕 신화를 통해서 언급한 칼 구스타브 융(Carl Gustav Jung)이 제기했던 집단 무의식에 잠재된 원형(archetype) 이론을 통해서 찾아볼 수 있을 것이다. 다중자아론을 비교적 낙관적 관점에서 개진했던 셰리 터클(Sherry Turkle)은 그 가능성을 이렇게 언급한다.54)

"칼 융의 심리학은 개인이 가능한 한 모든 유형의 인격을 접해 보고, 그 인격들이 보편적 원형(순결한 처녀와 어머니, 쪼그랑 할머니, 영원한 젊은이와 노인 등)의 발현임을 이해할 필요가 있다고 강조했다. 융은 이런 과정을 거쳐서 우리 각자가 상대방 성별의 자아(남성의 아니마[anima]와 여성의 아니무스[animus])뿐만 아니라 **자신의 어두운 측면**을 잘 이해할 수 있다고 보았다(융은 남성에게는 억압된 여성적 특성이, 반대로 여성에게는 억압된 남성적 특징이 있다고 생각했다). 그는 이런 사상 탓에 주류 프로이트 학파에게 추방당할 수밖에 없었다."

이제 우리는 칼 구스타브 융을 다시 불러 와야 할 것이다. 보편적 원형을 통해 자신의 그림자인 "어두운 측면"을 잘 이해할 수 있다고 본 융의 이론은 익명성이 야기하는 도덕적 구속력의 약화, 즉 사이버 공간에서 익명성의 가면 속에 가려져 천방지축으로 발현된 다양한 페르소나들의 병리적 측면을 치유할 단초를 제공하는 듯이 보인다. 우리는 여기서 가면 뒤의 인격이라는 페르소나와 인류의 집단 무의식을 통해 발현된 다양한 신화들 이면에 존재하는 원형 이론은 모두 융에 의해서 제창되었다는 것을 주지해야만 할 것이다.55)

인터넷 혁명은 어떤 의미에서 기술혁명이 아니라 자아 정체성 혁명이다. 모든 것을 드러낼 수밖에 없는 현실과는 달리 인터넷에서 우리는 자신을 감출 수 있는 특권이 존재한다. 본 연구의 주요 주제의 하나인 익명성의 문제와 도덕규범의 구속력 약화 현상은 사이버 공간에서 발생하는 "자아 정체성 위기"와 밀접한 관련을 가진다. 익명성은 다중자아와 복합 정체성을 가능케 함으로써 다양한 사이버에고와 페르소나의 발현을 자극한다. 그래서 사이버 공간에서 우리는 다양한 정체성 실험을 통해 우리 자신을 풍부하게 하고 다양한 역할적 기능을 수행함으로써 사이버 신인류, 즉 사이버적인 총체적 인간(cyber *homo totus*)을 출현시킨 것처럼 보인다. 그러나 동시에 우리는 타자 인식이 상실된 파편적이고 분절적인 자아가 산출하는 나르시스적인 퇴행과 탐닉의 나락으로 빠져 들 수밖에 없는 도덕적 일탈 현상도 보인다. 그렇다면 "익명성은 알코올과 마찬가지로 적당히 즐겨야만 유용한 것이다. … 누구도 온라인에서 평생 동안 신분을 이리저리 바꾸면서 익명으로만 살 수는 없다. 이는 마치 알코올이나 도박, 마약에 빠지는 경우와 마찬가지다. 네트는 비록 신체에 악영향을 미치지는 않지만, 그래도 탐닉적인 요소를 가지고 있는 것만은 분명하다."56) 현실 공간이나 사이버 공간 모두에서 익명성은 개방성과 평등성과 솔직성이라는 양성적 탈금제 효과와 무책임성과 무절제와 신뢰성 상실이라는 악성적 탈금제 효과를 동시에 발생시킨다. 결국 "숨김이 또 다른 드러냄을 낳은 것이다. 현실의 금기와 제약과 허울을 숨겼더니 감춰진 자유와 다양성과 끼가 드러난 것이다."57)

본장 2절에서 탐구했던 익명성이 야기하는 도덕규범의 구속력 약화 문제, 즉 익명성의 탈금제 효과는 우리에게 금제하는 자아가 진정한 자아이고 그러한 금제를 탈출한 자아는 진정한 자아가 아니라는 생각을 가지게 할지도 모른다. 아니면 정반대로 문화적 구속과 사회규범의 굴레를 벗어남으로써 나타난 탈금제 효과는 억압된 진정한 자아를 분출한다고 생각할 수도 있을 것이다. 그러나 진정한 자아란 없다. 만약 우리가 우리의 공격적 성향을 현실 공간에서는 억제하고 있다가 사이버 공간에서 분출한다면, 그러한 두 가지 행동은 모두 각기 다른 상황에서 떠오른 우리 인격의 중요한 측면들이다. 우리의 자아 정체성과 인격은 어떤 층위(layers) 속에 존재하는 것이 아니라, 주어진 임의의 환경과 상호작용으로 연관된 감정과 기억과 사고라는 일련의 다발(clusters)과 성운 형상(constellations)을 내포하는 "심리 내적의 장(intrapsychic field)"일 뿐이다.58) 그렇다면 온라인상에서 다면적 자아와 유연한 자아에서 다양한 페르소나들의 통합은 느슨한 연결고리만을 가질 뿐이며, 어떤 하나의 페르소나와 이성적 능력 같은 일원적인 지배나 단일한 기능에 의해서 통제되는 것은 아닐 것이다.

이제 우리는 온라인 자아만이 아니라 오프라인 자아도 그러한 다면적 자아와 유연한 자아의 한 측면으로 간주해야 할 시점에 온 것이다. 즉, 사적인 자아인식과 공적인 자아인식, 혹은 내적 정체성과 외적 정체성의 도덕적 통합은 시대적 사명이 된 것이다. 이러한 의미에서 우리는 사이버 공간을 통해 자신의 삶의 질을 높일 뿐만 아니라 오프라인과 온라인을 종합적으로 삶의 현장으로 고려하는 복합적인 삶의 전략이 필요할 것이다. 왜냐하면 현실 공간의 문제를 회피하고 도피하는 수단으로 사이버 공간이 활용되어서는 삶을 윤택하게 할 수 없기 때문이다.59) 온라인과 오프라인의 삶에 대한 "통합 원칙(the integration principle)"에는 다음과 같은 일반적 준칙들이 있다.60) 1. 온라인 친구에게 오프라인 삶에 대해서 말하라. 2. 오프라인 친구에게 온라인 삶에 대해서 말하라. 3. 온라인 친구를 오프라인에서 직접 만나라. 4. 오프라인 친구를 온라인에 만나라. 5. 온라인 행동을 오프라인에서 실행하라. 6. 오프라인 행동을 온라인에서 실행하라. 물론 이러한 준칙들 중 준칙 5. 온라인 행동을 오프라인에서 실행하라는 것과 준칙 3. 온라인 친구를 오프라인에서 직접 만나라라는 것은 실행되기 어려운 점도 있을 것이다. 특히 온라인 친구를 오프라인에서 만났을 때 오는 어떤 실망감 혹은 좌절감, 혹은 그러한 만남으로 말미암아 성적 공격이나 스토킹의의 대상이 될 수 있는 위험성은 감안되어야 할 것이다.

사이버 공간에서의 다면적 자아와 유연한 자아에 대한 도덕적 통합의 가능성으로서 융의 페르소나와 원형의 심리철학적 이론을 좀 더 자세히 살펴보기로 하자. 융에 의하면 한 개인이 심리학적으로 건강한 것은 의식적 마음과 무의식적 마음의 역동적 균형을 이루고 있을 때라고 한다. 무의식과 의식 외에도 그러한 힘은 직관과 합리성, 정서와 사고, 본능과 이성과 같은 다른 대립물들, 그리고 내향성과 외향성, 지배와 동조, 부정과 순응 같은 다양하게 짝지어진 인격성의 측면들에 대한 균형에도 작용하는 것이다. 현실 공간과 사이버 공간에서의 익명성과 관련하여 융의 원형 이론 중 관련이 있는 것은 트릭스터(trickster)와 그림자(shadow)이다.61)

트릭스터는 사기꾼, 협잡꾼, 마술사 등으로 우리가 지닌 심리적인 반항적 에너지를 상징한다. 트릭스터는 아무런 분명한 도덕률을 갖고 있지 않고, 도덕률과 질서를 일시적으로 무너뜨리고 조롱하고자 하는 충동 외에는 어떠한 일관된 규약에도 매여 있지 않다. 가장 고약할 때 트릭스터는 우리의 자신감을 파괴하고, 우리가 가장 소중히 여기는 믿음을 뒤집어엎지만, 긍정적인 목적에도 봉사한다. 트릭스터는 우리를 자극하여 자기만족에서 벗어나게 하고 우리의 목표에 대한 재검토를 강요한다. 이러한 트릭스터 원형은 사이버 공간에서의 다양한 일탈 행동자들, 즉 해커와 크래커, 그리고 사이버펑크족(cyberfunk)에게 적용될 수 있을 것이다. 이러한 트릭스터들이 간혹 비도덕적이기는 하지만 문화적 영웅으로 비치는 것은 그들의 뛰어난 기술이 하나의 마법처럼 작용하기 때문일 것이다.62)

그림자도 억압되어 있는 것을 붕괴시키는 일종의 에너지로서 인간 본성 중에서 제멋대로 구는 자기본위적인 측면을 상징한다. 그림자는 서양의 도덕률에서는 명백한 악덕으로 간주된다. 그림자는 우리가 수치스러워 무의식 속에 파묻어버리고자 하는 비천하고 반사회적인 욕망을 나타낸다. 그림자는 우리가 그것에 대한 통제를 잃기라도 하면 우리를 어두운 행동으로 몰아갈지도 모른다고 느끼는 내적 공포인 것이다. 외부로 투사되면 그림자는 자신 보다 약한 사람을 희생양으로 삼으려는 충동이 된다. 그러나 그림자는 긍정적인 역할도 가지고 있다. 그것은 우리의 내부의 창조적인 긴장을 형성하고, 우리 삶 속에서 극복해야 할 내적 장애물을 만들어준다. 우리는 생애 초년기의 사회화 과정에서, 부모의 사랑과 사회적 기대치를 받아들여 그림자를 억압한다. 만년의 삶에서 그림자를 받아 드리는 것은 상당한 정신적인 노력을 필요로 한다.

아마도 공자가 『논어』 「위정편」에서 말했던 "인생 70세의 종심소욕 불유구(七十而 從心所欲 不踰矩)"의 단계, 즉 "일흔 살에는 마음속에서 일어나는 욕구를 따라도 법도에 어긋나지 않는다"는 단계는 자신의 그림자를 수용하여 순화 극복했다는 이야기일 것이다. 현실 공간이나 사이버 공간에서 우리 인류의 집단 무의식의 원형들인 트릭스터, 그림자, 그리고 (가능하게) 기게스의 반지를 분명히 이해하고 파악한다면, 또한 그러한 원형들이 익명성을 통해서 사이버 공간에서 반복적으로 등장하는 이유도 분명히 이해하고 파악한다면, 아마도 우리는 익명성으로부터 발현하는 심리적 갈등과 탈금제를 심리철학적으로 제어할 수 있는 역동적 힘을 얻게 될 것이다.

3. 뉴미디어에 대한 매체철학적 해석

1) 뉴미디어와 소통에 대한 철학적 성찰

이 시대를 규정하고 있는 뉴미디어라는 정보기술에 대한 반성은 기본적으로는 매체철학적 특성을 갖지만 궁극적으로는 그것을 넘어서 시대와 인간에 대한 성찰적 비판을 지향한다. 왜냐하면 다양한 매체는 소통의 기술이고 소통은 인간의 본질이며, 인간은 여전히 시대의 중요한 축을 담당하고 있기 때문이다.[63]

"인간은 소통하는 동물"이라고 정의할 수 있을 것이다.[64] 인간은 소통 없이는 삶을 영위할 수 없는 존재이다. 하물며 고독을 즐기는 사람의 삶이라도 궁극적으로는 타자와의 소통을 전제로 형성되어 있으며 마음 한구석에서는 알게 모르게 어떤 방식으로든 이를 갈망하고 있다고 갈파할 수 있을 것이다. 예를 들면, 사랑, 우정, 인정, 효도, 충성에서부터 증오, 갈등, 배신, 오해 등에 이르기까지 인간의 삶을 구성하는 모든 관계적 감정과 덕목은 궁극적으로 소통을 매개로 이루어진다. 인간

사이의 소통을 매개하는 기술이 미디어, 즉 매체인 것이다. 매체란 소통의 방식이나 수단을 뜻한다. 뉴미디어는 신문, 라디오, 텔레비전 따위의 전통적 미디어에 대하여, 정보통신기술의 발달로 새로이 등장한 각종 인터넷/모바일 미디어들을 지칭하는 것이 일반적인 구분법이다. 전통적 미디어가 정보의 일방적 전달과 배분에 그친 데 반해, 뉴미디어는 소통 당사자들 간의 양방향의 접속과 소통을 지향한다. 미디어의 발달로 말미암아 시간적 간격과 공간적 거리를 뛰어넘는 소통이 가능하게 되었다. 뉴미디어의 도움을 전제로 세계의 모든 인구가 실시간으로 하나로 연결될 수 있는 가능성은 이제 꿈이 아닌 현실로서 우리에게 등장한다.

그런데 다른 한편으로 "뉴미디어는 역설적이게도 소통 당사자들을 바로 그 소통의 원천으로부터 소외시키는 것"이 문제점으로 지적되어 왔다.65) 소통되는 것은 소통 당사자들의 온전한 존재와 삶의 문맥으로부터 종종 유리되어 있는, 매체를 통해서 조작 가능한 이미지와 언어들뿐이다. 끊임없이 메시지가 오고가지만 거기에는 소통의 정서적 진정성과 인간적 유대감이 결여되어 있다. 뉴미디어가 매개하는 메시지는 2인칭적 소통이 아닌 3인칭적 정보에 더 가깝다. 그 이유의 하나는 뉴미디어가 여전히 정보 전달의 수단이었던 전통적 미디어의 연장선상에 있기 때문이다. 뉴미디어는 전통적 미디어의 여러 기능들을 통합하여 이를 소통하는 쌍방이 동시에 이용할 수 있도록 발전시킨 매체이다. 반면인간은 소통을 통해 정보의 전달을 넘어서 인정과 이해를 지향한다. 소통은 이러한 정서적 차원의 동기에 근거해 있다. 그리고 정서적 차원의 인정과 이해는 이미지와 언어뿐 아니라 소통 당사자의 눈빛, 낯빛, 몸짓, 그리고 소통의 장소를 감싸는 분위기 등에 크게 의존한다. 이러한 신체적, 맥락적 요소를 원천적으로 소외시킨 상태에서 뉴미디어에만 의존하는 소통은 정보나 의사 전달을 넘어서기 어렵다. 이러한 주장은 소위 컴퓨터 매개 통신에 대한 "축소된 사회적 단서(reduced social cues)

이론", 그리고 "사회적 실재감(social presence) 감소 이론"에 복합적으로 근거하고 있는 듯이 보인다.66)

뉴미디어의 발달로 말미암아 이제 우리는 단지 마우스 클릭만으로도 무한에 가까운 양의 3인칭적 정보에 접속할 수 있게 되었다. 접속 가능성이 거의 언제나 지척도 아닌 바로 우리 손끝에까지 다가서 있다는 점에서 접속은 선택 사항이 아니라 우리를 강요하여 사용하지 않을 수 없도록 하는 "도발적 요청"에 가깝다.67) 접속은 소통의 도구나 수단을 넘어서 우리의 의지를 시험하고 우리의 삶을 교란시킨다. 뉴미디어의 도발적 요청과 유혹 앞에서 절욕과 중용의 수양은 전통시대의 윤리가 아니라 바로 뉴미디어 시대에 요구되는 덕목인 것처럼 보인다. 그러나 전통사회에 착근되어 있는 이러한 전통적 윤리가 뉴미디어 시대에 과연 다시 한 번 제 역할을 발휘할 수 있는지는 의문이다.68) 그렇다면 우리는 어떠한 관점에서 뉴미디어 시대의 정보통신윤리를 수립할 수 있을지 심각하게 고민해보아야 할 것이다.

시대에 대한 진단과 처방은 시대의 근거와 계보에 대한 깊은 이해를 바탕으로 내려져야 한다. 따라서 우리 시대의 총아인 뉴미디어를 다음과 같은 절차와 방식으로 접근해볼 필요가 있다.

우선 뉴미디어를 기술의 관점에서 접근할 필요가 있다. 뉴미디어가 마르틴 하이데거(Martin Heidegger)가 말한 현대 기술의 성격, 즉 "몰아세움(Ge-stell)"과 "도발적 요청"의 이념을 구현하고 있으며, 서구 형이상학의 역사와 그 역사의 종결부에 놓여 있는 현대 기술의 맥락에서 논구되어야 한다는 점이 입증되어야 한다.69) 현대 기술에 대한 하이데거의 통찰은 몰아세움, 도발적 요청, 부품 사이의 관계를 다음과 같이 정리한다.70)

현대 기술의 본질은 몰아세움이다.
몰아세움은 현대 기술의 탈은폐 방식이다.

몰아세움의 특징은 도발적 요청이다.

현대 기술은 모든 존재자를 부품으로서 탈은폐시킨다.

이어서 뉴미디어는 다음과 같은 철학적 문제들을 제기한다는 점이 밝혀져야 할 것이다.71) 첫째, 뉴미디어의 기술적 토대에 해당하는 디지털 혁명이 차이에 대한 기존의 아날로그적 이해를 변형시킨다. 차이에 대한 디지털적 해석을 예비하고 있는 아이작 뉴턴(Isaac Newton)의 고전 물리학, 주세페 페아노(Giuseppe Peano)의 수학 기초론, 페르디낭드 소쉬르(Ferdinand de Saussure)의 구조언어학에 대한 간략한 논의를 통해 이러한 이론들이 지양하고자 했던 차이에 대한 아날로그적 해석의 가치와 의의를 디지털적 해석의 그것과 비교해 부각시킬 필요가 있다.72) 둘째, 뉴미디어를 비롯한 현대의 첨단기술의 허브라고 할 수 있는 컴퓨터가 과연 소통의 새로운 파트너일 수 있는지를 비판적으로 검토될 필요가 있다. 이에 대한 부정적 결론은 첨단 기술의 시대에도 인간은 궁극적으로 인간하고만 소통할 수밖에 없는 운명임을 함축하게 될 것이다.73) 셋째, 뉴미디어가 소통의 근본 양상을 2인칭의 전통적 소통에서 3인칭의 정보 전달로 변모시킨다는 점에 주목해야 할 필요가 있다. 그리고 이러한 현상이 인간관계를 포함하는 세상의 모든 존재자와 사건과 관계를 3인칭으로 평준화하는 서구 형이상학의 흐름과 맥을 같이 하고 있음을 규명되어야 할 것이다.74)

최종적으로는 수많은 가상현실 및 타자와의 접속 가능성을 도발적으로 요청하는 뉴미디어가 바로 그 이유로 말미암아 인간의 삶으로부터 초점과 의미를 유리시킴으로써 현대에 만연한 허무주의를 촉진시키고 완성시킨다는 점이 부각되어야 할 것이다. 허무주의는 3인칭적 평준화의 필연적 귀결이기도 한 것이다.75)

"형이상학, 기술, 차이, 인칭, 소통, 그리고 허무주의는 서로 분리된 주제들이 아니다."76) 서구 형이상학의 역사, 기술의 본질, 그리고 차이에 대한 성찰은 뉴미디어에 대한 논의를 위한 형이상학적 배경을 이룬다. 인칭과 소통에 대한 성찰은 뉴미디어의 대두로 변모를 겪게 된 소통의 지형도에 대한 인식론적 분석의 대상이 된다. 허무주의에 대한 성찰은 뉴미디어 시대가 함축하는 세계관과 가치관에 대한 반성을 수행할 수 있게 한다.77) 그렇다면 이제 뉴미디어와 허무주의에 대한 관계를 상론해보도록 하자.

2) 뉴미디어와 허무주의

뉴미디어의 기술적 본질이라 할 수 있는 원격 효과와 원격 통신의 철학적 효시는 플라톤의 이데아론으로 소급될 수 있다. 플라톤의 이데아론에 따르면 우리가 살고 있는 현상계는 그 너머에 존재하는 이데아계의 (불완전한) 원격 효과이다. 이데아계와의 원격 통신을 통해 현상계는 이데아계를 (불완전하게) 재현하고 있다. 현상계는 이데아계의 (불완전한) 복사품에 불과할 뿐이다. 이데아계가 원본이고 현상계가 복사본이라는 점에서 현상계는 가상일 뿐이고, 이데아계가 참다운 실재(reality)이다. 이데아계와 현상계 사이에는 건널 수 없는 존재론적 간극이 놓여 있지만 복사와 재현이라는 원격 작용은 두 세계 사이의 간극을 뛰어넘어 동시적으로 실현된다. 두 세계는 원격 작용을 매개로 접속되어 있다.78)

이데아계로부터 현상계로의 일방적 원격 통신이라는 점에서 뉴미디어의 쌍방향 통신과 차이가 있기는 하지만, 플라톤의 구상에는 뉴미디어 시대를 예고하는 철학적 함축들이 깔려 있다고 평가할 수 있을 것이다. 예컨대 현상계의 실재성에 대한 부정과 이데아계에 대한 전도된 예찬은 오늘날에는 가상현실과 가짜 복제물인 시뮬라크르(simulacre)에 대한 전도된 예찬으로 전승되고 있다. 그러나 여기서 중요한 것은 진선미 등의 제반 가치를 현상계가 아닌 이데아계로 귀속시키는 허무주의적 설정이다. 플라톤의 구도에서 이데아계를 괄호치고, 현상계만을 논의의 대상으로 한다면, 거기서 우리는 모든 가치와 의미가 부정된 허무주의를 보게 될 뿐이다. 왜냐하면 가치와 의미는 현상계가 아닌 이데아계에서 발견되어야 하기 때문이다. 따라서 우리는 "현상계에 대한 허무주의가 뉴미디어 시대에도 그대로 전승되고 있다"고 평가할 수 있다.79)

현대에 이르러 세계는 기술에 의해 지배되고 통제되어야 할 존재자의 총체로서 노정되게 된다. 기술은 이제 시대의 한 분야가 아니라 과학에서부터 산업, 예술에 이르기까지 시대를 총괄하는 보편적인 시스템이 되었다. 따라서 "인간은 더 이상 존재와의 관계를 이해하지 못한 채 기술에 의한 지배와 통제의 대상으로 전락하고 만다."80) 인간과 기술은 소통의 매체인 뉴미디어를 통해 접속한다. 뉴미디어 기술이 인간에게 새로움에 대한 호기심과 욕망의 무한한 가능성을 열어주고 이에 대한 충족을 즉석에서 보장하며 수많은 타자들과의 소통을 주선하는 것은 그 장점이라고 할 수도 있을 것이다. 이 과정에서 인간은 그 어떠한 전통이나 규범의 속박에서 벗어나 뉴미디어 기술이 제공하는 가능성을 스스로 선택하여, 어떤 삶의 방식을 자발적으로 구가함으로써 개인의 역량이 강화되는 것 같은 환상과 착각에 빠지기도 한다. 그러나 삶의 양식에 대한 이러한 자발적 선택과 소통의 가능성은 삶의 문맥으로부터 유리된 익명적인 것이라는 점에서 비본래적인 것이다. 뉴미디어 기술은 인간으로 하여금 변화를 맹목적으로 좇게 하여 그 어느 곳에도 머물지 않고 부단히 이동하도록 독촉하고 몰아세운다. 그러나 인간이 자신의 정체성과 터전을 손쉽게 말소하고 대체함으로써 접속한 그 많은 정보와 소통은 단지 통속적인 관심과 공허한 잡담에 불과할 뿐이다. 정체성과 터전의 말소를 전제로 한 접속과 소통이므로 그 결과는 자신에게조차도 고유한 의미를 가지지 못할 뿐만 아니라 자신의 기호와 취미의 한계를 넘어서 어떤 사회적 의미와 가치에로 확장되거나 유의미하게 연결되지 못한다. 클릭 공작인의 클릭만으로 이루어진 접속이고 노력 없이 이루어진 충족이기에 이를 통해 얻어지는 것은 몰아(没我)의 도취도 노마드적 탈주의 자유도 아니고, 그때마다의 한시적인 한 줌의 표피적 즐거움과 또 다른 호기심과 욕구를 끝없이 좇는 정처 없는 방황이 빚어내는 오랜 고단함과 허탈감뿐이다. 본래적 소통은 이러한 탈주체적, 몰역사적인 무한한 가능성과의 자의적 접속에 의해서가 아니라 "역사와 전통에 의해 전승되는 일정한 구체적 가능성에 대한 책임 있는 선택과 실천에 의해서 비로소 열린다."81)

뉴미디어가 제공하는 가능성은 한편으로는 새롭고 무한정해 보이지만 다른 한편으로는 철저히 기술을 매개로 하고 있다는 사실에 주목해야 한다. 우리의 삶이 기술과의 접속을 지향하지 않을 수 없을 때 우리는 기술을 넘어서는 그 어떠한 본래적 가능성에 대해서도 보거나 인정하지 않게 된다. 즉 우리에게 주어지는 무한한 가능성은 기술의 눈높이에서 일차원적으로 평준화된 가능성일 뿐이다. 이로 말미암아 세계는 오로지 기술적 개념에 의해 기술적 틀 내에서만 노정될 뿐이다. 이러한 세계에서 모든 것은 제 고유한 의미를 잃은 채 무의미한 사소한 기능적 부품으로 탈은폐 되고 이로써 기술이 담보하는 무한한 가능성의 의미도 탈색된다. 인간을 역사적 존재자이게끔 하는 시간의 세 계기인 과거, 현재, 미래의 경계도 모호해져 전통의 권위를 간직한 과거나 인간 행위가 지향하는 목적을 간직한 미래는 뒷전으로 물러나고 이와 관련을 맺지 못한 현재의 순간만이 익명으로 부각되고 또한 바로 망각된다. 뉴미디어 기술이 함축하는 허무주의는 이처럼 소통과 존재자와 시간의 본질을 왜곡한다. 인간의 유의미한 행위를 특징짓는 지속과 개입(commitment)은 이제 단절과 고립으로 대체된다. 요컨대 뉴미디어 기술은 인간 자신을 틀 지우는 책임에 대해서 뿐 아니라 그와 타자의 삶을 연결 짓는 의미의 문맥으로부터 인간을 해방시킨다. 그러나 사실 "뉴미디어 기술이 초래하는 해방에는 그 진정성이 결여되어 있다는 점에서 해방이라기보다는 유리나 탈구에 가깝다"고 평가할 수 있을 것이다.82)

허무주의와 기술은 동전의 양면이나 일심동체에 비유할 수 있다. 허무주의가 기술의 세계관이라면 기술은 허무주의의 구현물이라고 할 수 있다. 그러나 세계관으로서의 허무주의는 세계관이라는 표현이 함축하는 정신적 경지에 대한 철저한 부정과 왜곡으로 점철되어 있다. 허무주의의 세계관에서 정신은 사물들을 관리하고 계산하는 지능으로 왜곡되고, 그 지능은 다시 다른 어떤 것에 봉사하기 위한 도구로 전락한다. 그리고 시, 예술, 종교 등의 정신적 세계는 문화로 전환되어 의식적으로 관리 감독되며 궁극적으로는 문명의 장식품이 되어버리고 만다. 이 과정에서 인문학을 떠받치는 정신이 뿌리째 뽑히고 그 자리에 물질주의와 과학주의가 위세를 떨친다. 결국 "뉴미디어는 이러한 허무주의적 세계관을 완성하는 소통의 형식"이라고 볼 수 있다.83) 이러한 허무주의를 극복할 수 있는 길은 인문학적 사유와 인간 주체성의 회복뿐이라고 단언할 수 있을 것이다.84)

4. 탈근대적 사회에서의 개인과 공동체 관계의 변화

1) 개인과 공동체의 관계에 대한 근대적 모델

"개인"은 근대 이전의 사회와 근대사회의 질적 차이를 명확하게 나타내주는 범주이다.85) 근대 이전 "개인"은 사회적 범주로서 뿐만 아니라 학문적 범주로서도 중요한 의미를 갖지 못했다면, 근대사회의 출현과 더불어 "개인"은 사회적 범주이자 학문적 범주로서의 중요성을 인정받고 있다. 근대의 출현은 그래서 개인의 발견과 그 맥을 같이하며,86) 다양한 형태의 개인주의의 등장은 이러한 변화를 단적으로 보여주는 사례이기도 하다.87)

개인이 의미 있는 범주로 부상하고 난 이후 개인과 사회의 관계는 매우 다양하게 변해왔다. 개인의 발견과 더불어 동시에 진행된 국민국가(nation-state)의 등장은 개인을 외부에서 강제하는 사회가 단지 개념일 뿐만 아니라 실제적 힘임을 입증하였고, 근대사회의 전개 과정에서 "개인"은 또 다른 근대적 위기에 처하기도 했다.88)

2) 탈근대적 사회의 조건과 탈근대적 개인의 등장, 그리고 정보화 시대의 개인화

하지만 후기 근대사회에 접어들면서 근대적인 개인과 사회의 관계를 새로운 각도에서 파악해야만 하는 급진적인 단절의 징후가 사회 곳곳에서 등장하고 있다. 이러한 단절은 컴퓨터 매개 의사소통 양식이 광범위하게 확산되면서 더더욱 급진적으로 실현되고 있다. 근대사회는 한편으로 개인을 사회적인 학문적 범주로 대두시켰다. 다른 한편으로 의사소통 양식이라는 측면에 국한시켜서 볼 때 "개인"은 "대중"이라는 범주로 환원되었다. 그러나 익명적 다수의 "대중"으로 범주화되었던 "개인"은 컴퓨터 기반 의사소통 양식이 등장하게 됨에 따라 익명적 다수의 대중에서 벗어나 실제적 범주로 재편되고 있다. 이러한 변화를 우리는 정보화 시대의 "개인화"라고 명명할 수 있을 것이다.89)

정보화 시대의 개인화 징후는 사회 곳곳에서 발견된다. 웹 미디어의 개인화 경향에 따라 빠르게 확산되고 있는 온라인의 개인화된 공간들, 즉 미니홈피, 블로그 등은 그 대표적인 사례들로 언급될 수 있다. 개인 기반 온라인 공간의 사회적 확산에도 불구하고 이에 대한 사회문화적 논의는 부족하다. 이것은 디지털 기술에 기반한 새로운 사회현상이 너무나 가파르게 생성, 변화되고 있다는 데 가장 큰 이유가 있다. 디지털 정보기술의 가속화는 새로운 현상에 대한 사회적 논의와 일상적 인식을 획득하기도 전에 또 다른 기술사회적 트렌드를 만들어내는 촉진제로 제공되고 있기 때문이다. 또한 개인화에 대한 평가는 대체로 개인의 승리 혹은 공동체의 부재라는 양분화된 형태를 띠고 있다.

이러한 견해는 온라인 공간의 다양한 관계성에 대한 평가에서도 유사하게 나타난다. 온라인 인간관계에 대한 낙관론은 온라인에서 형성된 개인적, 사회적 관계망을 새로운 공동체로 파악하고 컴퓨니케이션(compunication)이 대인관계들을 물리적 지역성의 규정으로부터 해방시키며, 새롭고 실재하는 인간관계들과 공동체를 위한 기회를 제공하는 것으로 본다. 이와 대조적으로 비관론의 시각은 전통적, 본질주의적 시각에 입각하여 온라인 커뮤니티의 실재성에 의문을 제기한다. 즉, 온라인상의 관계들이 전자적 접속에 의해 형성된 일시적인 것이기 때문에 진지하지 않고, 비인격적이고, 그리고 종종 적대적이며, 오로지 공동체의 환영만이 온라인상에서 만들어질 수 있다고 본다. 이러한 일방적 매혹이나 단순한 거부는 새로운 유형의 상호작용 방식에 대한 이해를 어렵게 한다. 근래에 "플래시 몹(flash mob)" 현상이 두드러지는데, 불특정 다수의 사람들이 이메일과 휴대전화 문자 메시지를 통해 특정한 날짜, 시간, 장소를 정한 뒤 모인 다음, 약속된 (대부분 황당한) 행동을 하고 아무 일 없었다는 듯이 흩어지는 모임이나 행위를 말한다. 이러한 플래시 몹은 인터넷을 이용해 오프라인, 즉 현실세계로 나오는 공동체의 경향으로도 정의된다.[90] 물론 안정적이고 지속적인 경향은 아닐지라도 말이다.

새로운 정보기술의 트렌드 생산력과 사회적 해석 간의 지체 관계는 우리 삶과 일상에 대한 현실적이고 비판적인 성찰을 간과하게 한다. 이러한 점에서 온라인의 개인 중심성 강화가 갖는 사회문화적 의미와 구체적인 과정에 대한 분석적 논의는 반드시 필요할 것이다.

탈근대적 사회에서의 개인과 공동체 관계의 변화를 개인이 사회와 맺는 관계의 변화를 중심으로 살펴보는 것도 중요하다. 우리는 한편으로는 근대사회가 출현한 이후 "개인"이 발견된 이래, "개인"이 처한 급격한 변동을 조망해보고 이를 해석할 필요가 있다. 이를 위해서는 근대사회의 출현 이후 생겨난 변화부터 근래의 문화적 변동까지를 고려하여 개인과 사회관계의 재정립을 해석하고 이를 토대로 미래의 변화를 예측해야만 할 것이다.

개인과 사회의 관계는 철학적 주제일 뿐만 아니라 사회학적 탐색이 요구되는 주제이다. 사회학은 "사회"라는 추상적 개념이 등장하면서 동시에 등장한 대표적인 근대적 학문이며, 근대적인 사회와 개인의 관계를 내재화한 학문이기도 하다. 우리의 목표는 철학적 접근이라기보다는 오히려 사회학적 접근이다. 우리는 사회학적 접근 방식과 미디어 연구의 접근 방식을 접합시키려 한다. 왜냐하면 근대적 사회가 발생한 이후 나타나는 유의미한 변화 중에서 개인과 또 다른 개인, 즉 집합체로서의 사회와의 관계는 미디어를 매개로 이뤄지기 때문이다.

미디어는 기술적 구성물이지만, 그저 단순히 기술적 구성물에 불과하다면 미디어에 관한 사회학은 불필요하다. 미디어 학자 마셜 맥루한 (Marshall McLuhan)의 너무나 유명한 테제 "미디어가 메시지다"는 미디어 사회학의 필요성에 대한 언급이기도 하다. 우리는 한 시대의 특징을 파악할 때, 그 시대에 통용되었던 메시지의 내용이 아니라 메시지가 전달되고 순환되는 형식, 즉 그 시대의 지배적인 미디어에 주목할 수도 있다. 특정 미디어가 지배적인 위치를 차지하고 있는 시대의 담론은 그 미디어의 영향을 받는다. 책이 지배하던 시대의 지배적 담론과 텔레비전이 지배하는 시대의 지배적 담론의 차이는 시대를 주도하는 미디어의 차이에서 기인한다. 미디어는 인간과 인간 사이의 의사소통 양식에도 변화를 준다. 이 과정은 매우 적극적이고 포괄적이다. 미디어는 인간과 인간 간의 소통, 인간이 세상을 지각하는 방식, 그리고 인간이 자신의 경험을 조직하는 양식 등에 영향을 준다. 의사소통 양식의 변화와 사회의 문화적 변동은 밀접하게 연결되어 있다.

미디어는 문화적 구성물이다. 특정 미디어는 특정 문화를 산출한다. 문화적 구성물인 미디어의 파급 범위는 우리가 생각하는 것 이상으로 넓으며, 그 깊이도 상상 외로 깊다. 미디어가 바뀌면 모든 것이 바뀔 수도 있다. 맥루한의 다음과 같은 주장이 과장만은 아니다: "미디어는 실제로 이전부터 당연시되어왔던 모든 사고와 행동, 그리고 관습에 대해 재고하도록 강요하고 있으며, 또한 재평가하도록 요구하고 있다. 모든 것은 변화하고 있다. 당신과 당신의 가족도, 당신의 이웃과 당신의 교육도, 당신의 직업과 당신의 정부도, 그리고 당신의 타인과의 관계까지도 변화하고 있다. 그것도 엄청나게 변화하고 있는 것이다."91)

미디어는 발신자와 수신자 사이의 매개체이다. 미디어는 발신자와 수신자를 이어준다. 사이에 있는 미디어는 수단이지만, 수단은 매개되는 것을 압도하기도 한다. 발신자와 수신자 사이에 어떤 매개자가 끼어드느냐에 따라 의사소통의 결과도 달라진다. 연인과의 이별로 인한 충격은 동일하지만, 충격의 강도는 전달 형식에 따라 다르다. 직접 대면을 통한 통보와 편지를 통한 통보, 문자 메시지를 이용한 통보, 전화를 통한 통보는 모두 다른 의미를 지닌다. 개인과 개인 사이의 미디어는 텍스트 기반일 수도, 음성 중심적일 수도, 이미지를 이용한 전달일 수도 있다. 미디어의 역사에서 미디어의 주된 양태는 변화해왔다. 텍스트 기반 미디어가 압도적인 시대가 있었는가 하면, 이미지 중심 미디어가 가장 큰 영향력을 발휘한 시대도 있었다.

우리는 근대사회의 출현과 더불어 형성된 개인과 사회 사이의 관계에 대한 이분법적 태도를 짚어볼 것이다. 개인과 공동체에 대한 근대적 모델은 그 양면성을 보이고 있다. 즉 근대사회에서 비로소 유의미한 범주로서 개인이 등장했으나, 국민국가와 사회화 과정으로 상쇄된 바 있다. 근대사회가 발전함에 따라 개인은 매스미디어 지배사회에서의 수동적 의사소통과 대중사회에서 고독한 군중으로 전락했다는 지적이 비판이론을 통해서 제기된 바 있다.92) 그러나 탈근대적 사회의 조건으로 재개인화된 탈근대적 개인이 등장했고, 정보화 시대의 도래로 개인화가 가속되었다. 그리고 지식의 표현 형태, 지식의 전달 방식도 변화하였다. 즉 문자 인식 능력인 텍스트-리터러시(Text-Literacy)에서 다양한 유형

의 정보 활용 능력인 멀티-리터러시(Multi-Literacy)로의 변환이 이루어
진 것이다.[93] 또한 지식 생산자와 생산된 지식의 발신자도 변화하게 된
다. 그래서 전통적 지식인과 구별되는 지적 대중이 출현 가능하게 되었
던 것이다.

우리는 개인과 사회 사이의 관계의 탈근대적 변동의 배경을 살펴볼
필요가 있다. 앞서의 논의가 발견된 근대적 범주인 "개인"이 어떻게 무
화되는가 하는 것이라면, 그 이후의 논의는 무화된 개인이 다시 역능화
되는 과정, 즉 성찰적 근대화가 야기하는 개인화의 조건들을 다룰 필요
가 있다.

3) 디지털 정보화와 개인화 커뮤니티

이어서 디지털 정보화와 관련된 개인과 공동체의 변화를 온라인 커
뮤니티를 통해 논의할 필요성이 대두된다. 온라인 사회관계에 대한 세
가지 입장이 있다. 즉 공동체 환영론(幻影論), 공동체 실재론, 공동체
구성론이 그것이다. 말 그대로 공동체 환영론은 온라인 공동체가 하나
의 환영이나 환상이라는 주장이고, 공동체 실재론은 온라인 공동체가
하나의 실재적 공동체라는 주장이고, 공동체 구성론은 온라인 공동체는
다양한 관심을 가진 개인들에 의해서 사회적으로 구성된 것이라는 주
장으로서 우리는 사회적 구성론의 입장에 선다.[94]

이러한 이론적 입각점을 통해 근대 이후 사회관계 및 개인화에 대한
긍정론과 부정론이라는 이분법을 넘어, 개인 지향적 사회관계로의 변형
이라는 관점이 갖는 타당성과 유용성에 대한 이론적 논의를 진행해야
할 것이다. 이어서 "개인화"의 키워드를 중심으로 PC 통신 동호회, 인
터넷 카페, 그리고 블로그 등에 이르는 온라인 공간의 변천 과정을 살
펴보아야 할 것이다. 이를 통해 온라인 공간의 개인화 경향이 어떠한
추세적 경로를 통해 형성되어왔는지도 논의될 수 있을 것이다. 온라인

커뮤니티의 변천 과정은 대략적으로 보면 다음과 같다. 우선 PC 통신 동호회는 온라인 커뮤니티의 출현으로 볼 수 있고, 인터넷 카페는 온라인 커뮤니티가 대중화되는 것이며, 미니홈피와 블로그는 개인 지향적인 온라인 커뮤니티이며, 온라인과 모바일 미디어의 융합은 온라인 커뮤니티와 사용자들의 이동성이 심화되는 유비쿼터스 커뮤니티를 산출해낸다.95)

4) 온라인 문화의 개인화와 공동체성, 그리고 온라인 문화의 한계

온라인 문화의 개인 지향성과 공동체성의 관계가 분석될 필요가 있다. 그래서 퍼스널 미디어의 광범위한 도입과 그러한 퍼스널 미디어가 주는 개인 지향적 상호작용성이 형성하고 있는 새로운 부족주의(tribalism) 문화의 등장에 주목해야 한다. 특히 온라인 참여자들이 규정하고 의미를 부여하는 과정을 통해 생성되는 고유의 문화적 구성 방식 및 다양한 실천 구조에 대한 분석이 필요할 것이다.

온라인 문화의 가능성과 한계점으로는, 비록 온라인 문화가 개인 지향성에 근거한 다양한 온라인 커뮤니티를 산출하였지만, 온라인 공간의 상업화와 지구화된 네트워크에서의 미국 주도의 맥월드화(MacWorld/MacDonalization)와 개인에 대한 지구화된 관리사회의 통제, 그리고 디지털 기술이 주는 원형감옥인 판옵티콘(panopticon)식 감시에 따른 개인의 자유와 프라이버시의 침해가 지적될 수 있을 것이다. 그러나 디지털 기술이 주는 원형감옥식의 감시에 대항하여 다양한 온라인 시민 공동체의 역감시로서의 시민적 저항의 생성 가능성은 하나의 희망적 단서라고 볼 수 있을 것이다.96)

5. 디지털 컨버전스 시대의 과제

디지털 컨버전스 시대는 정보통신사회의 연장선상에서 정보통신기술을 고도로 융합하여 발전시킨 사회가 될 것이다. 우리는 디지털 컨버전스 시대가 주는 각종의 편리성에 따른 행복감을 향유하면서도 한편으로는 디지털 융합 기기에의 탐닉 및 중독 현상 등 인간성을 상실하는 각종 부정적 측면을 극복하여 "디지털 시대에서의 인간성의 회복(being human in the digital age)"을 추구하는 것이 중요한 과제라고 할 것이다.97) 인간사회의 모든 구성원은 소속된 규율체계에 따라서 구체적으로 규정된 행위 양식을 수행하도록 요구된다. 도덕적 주체로서 인간은 각자의 가치를 합리적으로 증진시키려는 선(善)의 능력과 각자의 선이 타인의 가치와 선의 증진과 조화로운 방식으로 합당하게 추구되도록 하는 정당성의 능력을 동시에 가져야만 한다. 도덕적 주체로서 인간은 이러한 두 가지 도덕적 능력에 따라서 자연인으로서 인간에서 주어진 자연적 의무와 사회적 위치와 역할에 따른 사회적 책무를 다하여야 한다. 정보통신사회에서의 이러한 의무와 책무들을 구체적으로 규정하는 것이 바로 정보통신윤리이다. 이러한 정보통신윤리는 디지털 컨버전스 시대에서도 더욱 요청된다고 할 것이다.

디지털 인간의 최대 고뇌는 아마도 정보홍수, 정보비만, 데이터 스모그(data smog) 속에서 어떻게 유의미하고 가치 있는 정보와 지식을 판별하여 사용할 수 있는가 하는 점일 것이다. 따라서 디지털 인간의 고뇌는 어떠한 정보를 어떻게 어느 수준에서 획득하여 사용할 것인가 하는 것이다. 즉 이러한 모든 과정적 고뇌는 "정보를 저장할 것인가 말 것인가, 그것이 문제로다(To save or not to save (data), that is the question)"라는 햄릿적 고뇌로 요약될 수 있을 것이다.98)

동양사회에서 인간에 대한 가장 신랄한 도덕적 비난은 짐승인 금수(禽獸)보다 못하다는 것이다. 사이버스페이스에서의 인간의 신뢰성이 틀림없이 집으로 돌아와 소식을 전하는 통신 비둘기인 전서구(傳書鳩)보다 못한대서야 말이 될 것인가? 인간은 사이버스페이스의 가상현실 속에서도 여전히 도덕적 인간, 즉 호모 모랄리스(*homo moralis*)로서의 자긍심을 포기해서는 안 될 것이다. 정보통신사회에서의 디지털 소식이 우리의 말초적 신경을 자극하고 찰나적인 호기심과 흥분만을 자아내는 것이 아니라, 삶의 유용한 방편이 되면서도 교육적 효과를 증진하며 학문적 탐구를 충족시키고, 궁극적으로 인생의 유의미성과 진정성의 향상을 위한 유익한 정보가 되어야 한다는 것은 정보통신사회에서 정보통신 사업자와 전문가, 그리고 정보 제공자와 사용자 모두에 대한 절실한 도덕적 요청이 될 것이다.

디지털 컨버전스 시대의 과제는 디지털 해독 능력의 향상, 디지털 격차(digital divide)로 인한 세대 간, 계층 간의 간극 극복, 보편적 접근권 확보, 아날로그 시대와의 단절 완화, IT가 대신 할 수 없는 인간 능력의 가치 확보, 느림과 여유의 철학, 자율적 규제 윤리, 프라이버시의 보호, 사회적 고립의 극복, 디지털 중독 현상 극복 등 다양하게 걸쳐 있다.99) 결국 디지털 컨버전스(digital convergence)가 창조적 분산(creative diversion)으로 발현될 수 있느냐 하는 것은 디지털 컨버전스 시대의 또 다른 중요한 과제가 될 것이다.100)

후 주

제1부 현대 윤리학의 기원과 방법론

제1장 논리실증주의의 검증원리와 형이상학과 윤리학의 배제

1) J. O. Wisdom, "Metamorphoses of the Verification Theory of Meaning," *Mind*, Vol. 72 (1963), pp.335-347.

2) Morris Weitz, "Analysis, Philosophical," *Encyclopedia of Philosophy*, Paul Edwards, ed. (New York: Macmillan, 1967), p.102. 헴펠의 논문은 Carl G. Hempel, "Problems and Changes in the Empiricist Criterion of Meaning," *Revue Internationale de Philosophie*, Vol. 4 (1950), pp.41-63 참조. 이 논문 은 Alfred J. Ayer, ed. *Logical Positivism* (New York: The Free Press, 1959), pp.108-126에 재수록. 저자는 재수록된 논문을 이용했다.

3) Hempel, "Problems and Changes in the Empiricist Criterion of Meaning," p.119.

4) R. W. Ashby, "Verifiability," *Encyclopedia of Philosophy*, Paul Edwards, ed. (New York: Macmillan, 1967), p.240.

5) 명제, 진술, 그리고 문장의 구분에 관련된 복잡한 문제는 본 논문에서는 취 급하지 않을 것이다. 따라서 본 논문에서는 명제, 진술, 문장을 특별한 의미 의 구분이 없이 혼용해서 사용할 것이다. 그러한 문제는 E. J. Lemmon, "Sentences, Statements, and Propositions," Jay F. Rosenberg and Charles Travis, eds. *Readings in the Philosophy of Language* (Englewood Cliffs, New Jersey: Prentice Hall, 1971), pp.233-250 참조.

6) Alfred J. Ayer, "The Vienna Circle," *The Foundations of Analytic Philosophy: Midwest Studies in Philosophy*, Vol. 6, Peter French et al., eds. (Minneapolis: University of Minnesota Press, 1981), p.187.

7) John Rajchman and Cornel West, eds. *Post-Analytic Philosophy* (New York: Columbia University Press, 1985).

8) Moritz Schlick, "Meaning and Verification," *The Philosophical Review*, Vol. 45 (1936), pp.339-369. Rpt. in Herbert Feigl and Wilfrid Sellars, eds. *Readings in Philosophical Analysis* (New York: Appleton-Centry-Crofts, Inc., 1949), p.148.

9) Rudolf Carnap, "The Elimination of Metaphysics through Logical Analysis of Language," *Erkenntnis*, Vol. 2 (1932), 220-241. Rpt. in Alfred J. Ayer, ed. *Logical Positivism* (New York: The Free Press, 1959), pp.60-81.

10) 보다 명확하게는 도덕 언어의 환호와 야유 이론(Hurrah-boo theory of moral language)이다. John V. Canfield, ed. *Philosophy of Meaning, Knowledge and Value in the Twentieth Century: Routledge History of Philosophy*, Vol. 10 (London: Routledge, 1997), Michael Stingl, Ch. 5. "Ethics I (1900-45)," pp.134-162, p.149에서 재인용. 도덕 언어의 환호와 야유 이론은 C. D. Broad, "Is 'goodness' the name of a Simple Non-natural Quality?" *Proceedings of the Aristotelian Society*, Vol. 34 (1933-4), pp.249-368 참조.

11) 이모티비즘(emotivism)은 우리말로는 정의론(情意論) 혹은 정의주의(情意主義)로 번역된다. 도덕 정서론(情緖論)이라는 번역도 보인다. 본서에서는 세 가지 용어를 병용하여 사용하였다. 본서에서 이모티비즘은 제1부 제3장에서 본격적으로 논의되고, 제2장과 제4장에서도 간략하게 논의된다.

12) Oswald Hanfling, *Logical Positivism* (New York: Columbia University Press, 1981), p.13.

13) W. V. Quine, "Two Dogmas of Empiricism," *The Philosophical Review*, Vol. 60 (1951), pp.20-43. Rpt. in Herbert Feigl and Wilfrid Sellars, eds. *New Readings in Philosophical Analysis* (New York: Appleton, 1972), p.81.

14) Ludwig Wittgenstein, *Tractatus Logico-Philosophicus* (Leipzig, 1921). trans. by D. F. Pears and B. F. McGuinness (London: Routledge and Kegan Paul, 1961), 4.112. 더 자세한 논의는 Young Sik Park, "Wittgenstein's Version of Verifiability in the *Tractatus*," Ph.D. Dissertation, Department of Philosophy, Emory University (1975) 참조. 그리고 본 논문은 검증원리에 대한 전반적인 이해를 위해서 박영식 교수님의 다음 두 논문에 크게 힘입었음을 밝히고 싶다. 박영식, 「논리적 경험주의와 가명제」, 『인문과학』(연세대학교 인문학연구원), 제17권 (1967. 6), pp.53-76; 박영식, 「검증원리의 문제」, 『인문과학』(연세대학교 인문학연구원), 제19권 (1968. 6), pp.85-108.

15) Hempel, "Problems and Changes in the Empiricist Criterion of Meaning,"

p.111.

16) Alfred J. Ayer, *Language, Truth and Logic* (London: Gollancz, 1936). 본 논문에서는 Penguin Books edition (1971)을 이용했음. p.48. 번역본으로는 알프레드 J. 에이어, 송하석 옮김, 『언어, 논리, 진리』 (파주: 나남, 2010) 참조.

17) Schlick, "Meaning and Verification," p.148.

18) 같은 논문, p.150.

19) 같은 곳.

20) 같은 논문, p.154.

21) Hempel, "Problems and Changes in the Empiricist Criterion of Meaning," p.111.

22) 같은 논문, pp.112-113.

23) 같은 논문, p.112.

24) Karl Popper, *Logik der Forschung* (Wien: J. Springer, 1935), p.113.

25) Hempel, "Problems and Changes in the Empiricist Criterion of Meaning," p.113.

26) Peter Binns, "The Supposed Asymmetry between Falsification and Verification," *Dialectica*, Vol. 32 (1978), pp.29-39. 이 논문에서 빈스는 비대칭성을 부인한다. 즉, 그는 반증가능성의 기준은 스스로의 기준을 비난함이 없이는 검증가능성의 기준을 비난할 수 없다는 것을 주장한다.

27) Hempel, "Problems and Changes in the Empiricist Criterion of Meaning," p.114.

28) 같은 논문, p.114.

29) Moritz Schlick, "Die Causalität in der gegenwartigen Physik," *Naturwissenschaft*, Vol. 19 (1931), pp.145-162.

30) Ayer, *Language, Truth, and Logic*, p.50.

31) 같은 책, p.50.

32) 같은 책, p.52.

33) Barry R. Gross, *Analytic Philosophy: An Historical Introduction* (New York: Pegasus, 1970), p.119.

34) Ayer, *Language, Truth, and Logic*, p.15.

35) Isaiah Berlin, "Verifiability in Principle," *Proceedings of the Aristotelian Society*, New Series, Vol. 39 (1938-1939), p.234.

36) Ayer, *Language, Truth, and Logic*, p.17.

37) Hempel, "Problems and Changes in the Empiricist Criterion of Meaning," p.115.

38) Alonzo Church, "Review of Ayer's *Language, Truth, and Logic*, 2nd edition," *The Journal of Symbolic Logic*, Vol. 14 (1949), p.53.

39) Hempel, "Problems and Changes in the Empiricist Criterion of Meaning," p.117.

40) 같은 논문, p.118.

41) Rudolf Carnap, "Testability and Meaning," *Philosophy of Science*, Vol. 3 (1936), pp.419-471; Vol. 4 (1937), pp.2-39. Rpt. in *Classics of Analytic Philosophy*, ed. R. Ammerman (New York: McGraw-Hill, 1965), pp.145-146. 카르납이 성향성의 개념을 "물에 녹는 성향이 있는" 것을 예를 들어 논의한 것은 박정순, 『사회계약론적 윤리학과 합리적 선택: 홉스, 롤즈, 고티에』 (서울: 철학과현실사, 2019), p.779, 후주 108 참조. 한국철학회 분석철학연구회 편, *Readings in the Analytic Philosophy* (서울: 1977), pp.200-245에 재수록.

42) Hempel, "Problems and Changes in the Empiricist Criterion of Meaning," p.120.

43) 같은 논문, p.126.

44) James O. Urmson, *Philosophical Analysis* (Oxford: Clarendon Press, 1956), p.178.

45) Quine, "Two Dogmas of Empiricism," pp.81-94.

46) 같은 논문, p.92.

47) 같은 논문, p.93.

48) Jonathan Cohen, "Is a Criterion of Verifiability Possible?" *Midwest Studies in Philosophy*, Vol. 5 (1980), pp.347-353; L. Goddard, "Significance, Necessity, and Verification," *Notre Dame Journal of Formal Logic*, Vol. 21 (1980), pp.193-214.

49) D. J. O'Conor, "Some Consequences of Professor Ayer's Verification Principle," *Analysis*, Vol. 10 (1945-1950); R. Browning and J. Watling, "Amending the Verification Principle," *Analysis*, Vol. 11 (1950-1951); Peter Nidditch, "A Defence of Ayer's Verifiability against Church's Criticism," *Mind*, Vol. 52 (1962), pp.88-89; C. F. Presely, "Argument about Meaningfulness," *British Journal for the Philosophy of Science*, Vol. 12 (1961), pp.225-234. 코헨은 후주 48 참조.

50) Goddard, "Significance, Necessity, and Verification." pp.193-214.

51) David Rynin, "Vindication of L*G*C*L P*S*T*V*SM," *Proceedings and Addresses of the American Philosophical Association*, Vol. 30 (1957), pp.45-67.

52) 같은 논문, p.59.

53) Carl G. Hempel, "Remarks by the Author," Alfred J. Ayer, ed. *Logical Positivism* (New York: The Free Press, 1959), p.128, n.1.

54) Hanfling, *Logical Positivism*, p.43.

55) Quine, "Two Dogmas of Empiricism," p.93.

56) Hempel, "Problems and Changes in the Empiricist Criterion of Meaning," p.123.

57) Cohen, "Is a Criterion of Verifiability Possible?" p.351.

58) Ayer, "Vienna Circle," p.184.

59) Alfred J. Ayer, *The Central Questions of Philosophy* (Harmondsworth: Penguin Books, 1973), pp.29-30.

60) Alfred J. Ayer, *Philosophy in the Twentieth Century* (New York: Random House, 1982), pp.140-141. 고딕체는 저자의 강조.

61) Ashby, "Verifiability," p.246.

62) 잘 알려진 바와 같이, 비트겐슈타인은 나중에 그의 철학적 입장을 변경한다. 검증원리가 판을 치던 시절, 그는 검증원리에 대해서 다음과 같은 강의를 했다고 전해지고 있다.

"강의 초두에 그는 '한 명제의 의미는 그것이 검증되는 방식이다'라는 유명한 언명을 했다. 그러나 그는 그 언명이 다만 '당신은 한 명제의 의미를 그것이 검증되는 방식을 물음으로써 결정할 수 있다'는 뜻으로 말했다는 것을 밝히고 나서, '이것은 필연적으로 하나의 **주먹구구**일 수밖에 없는데, 그 이유는 검증이라는 말이 상이한 의미를 가지고 있고, 또한 때때로 그것이 어떻게 검증되는가 하는 질문은 무의미한 경우가 있기 때문이다'라고 곧 덧붙였다고 한다."

G. E. Moore, "Wittgenstein's Lectures in 1930-33," *Mind*, Vol. 63 (1954), p.14. 고딕체 강조는 저자가 부가함.

63) Hilary Putnam, "After Empiricism," in *Post-Analytic Philosophy*, p.29. 힐러리 퍼트남은 형이상학을 배제하려는 논리실증주의의 여러 시도들 그 자체가 하나의 고도의 형이상학적 체계들이었다고 지적한다. 그러나 그는 비록 논리실증주의가 형이상학을 배제하는 데는 실패했지만, 현대 기호논리, 언어이론, 인지과학의 많은 부분들은 그러한 시도들의 파생물이라는 단서를 달고 있다. 논리실증주의와 형이상학의 관계에 대한 가장 포괄적인 논의는 Gustav

Bergmann, *The Metaphysics of Logical Positivism* (New York: Longmans, 1954) 참조. 그리고 형이상학적 체계의 현대적 부활에 대해서는 Robert C. Neville, ed. *New Essays in Metaphysics* (Albany: State University of New York Press, 1987) 참조.

제2장 일상언어와 도덕적 합리성: 툴민의 정당근거적 접근방식을 중심으로

1) G. E. Moore, *Principia Ethica* (Cambridge: Cambridge University Press, 1903). 번역본으로는 G. E. 무어, 정석해 옮김, 『윤리학 원리』 (서울: 민중서관, 1958); G. E. 무어, 김상득 옮김, 『윤리학 원리』 (파주: 아카넷, 2018). G. E.는 George Edward이다. Kurt Baier, *The Moral Point of View: A Rational Basis of Ethics* (Ithaca: Cornell University Press, 1958); Bernard Gert, "Analytic Philosophy and Ethics," Lawrence C. Becker, ed. *Encyclopedia of Ethics*, Vol. 1 (New York: Garland Publishing, 1992), pp.39-41.

2) Stephen Toulmin, *An Examination of the Place of Reason in Ethics* (Cambridge: Cambridge University Press, 1950). 툴민은 1986년 새로운 서문과 함께 그 책을 다시 출간한다: *The Place of Reason in Ethics* (with a New Preface) (Chicago: University of Chicago Press, 1986). 정당근거적 접근방식을 취하고 있었던 철학자들은 툴민과 바이어 이외에도 Stuart Hampshire, Henry Aiken, Marcus Singer, G. R. Grice, Kai Nielsen, A. I. Melden, A. E. Murphy, Carl Wellman, John Rawls, David Gauthier 등을 들 수 있다.

3) David Copp, "Metaethics," Lawrence C. Becker, ed. *Encyclopedia of Ethics*, Vol. 2 (New York: Garland Publishing, 1992), p.794.

4) J. O. Urmson, *Philosophical Analysis: Its Development between the Two World Wars* (Oxford: Clarendon Press, 1956), p.179.

5) Roger N. Hancock, *Twentieth Century Ethics* (New York: Columbia University Press, 1974), "VI. The Good Reasons Approach," "VII. The Return to Normative Ethics."

6) 툴민의 정당근거적 접근방식이 이모티비즘과 공리주의를 느슨하게 결합한 것에 불과하다고 주장한 사람은 William S. Sahakian, *Ethics: An Introduction to Theories and Problems* (New York: Barnes & Noble Books, 1974), p.234. 그리고 Brand Blanshard, *Reason and Goodness* (London: 1961), p.261 참조. 이모티비즘(emotivism)은 정의론(情意論), 정의주의(情意主義), 도덕 정서설(情緒說)로 번역된다. 이모티비즘은 본서에서 정의론과 정의주

의와 병행해서 사용되었다.

7) Toulmin, *The Place of Reason in Ethics*, p.3. 우리는 "정당근거적 접근방식 (the good reasons approach)"을 논하면서 구체적으로 무엇이 좋은(good), 정당한(right), 타당한(valid), 건전한(sound), 수용할 만한(worthy of acceptance), 보증된(warranted), 혹은 결정적인(conclusive) 이유들 혹은 근거들인가, 그리고 그 반대의 근거들은 무엇인가에 대한 세세한 분석을 하지는 못할 것이다. 그러한 분석은 툴민 자신도 구체적으로 제시하지 않고 있다. 그러한 분석은 화용론적 의미론에 관한 엄밀한 분석을 필요로 한다. 여기서 정당근거는 도덕적 결론을 지지할 수 있는 다양한 근거들에 대한 대표적 명칭으로만 일단 간주하기로 하자.

8) 같은 곳.

9) 같은 책, p.5; Charles L. Stevenson, *Ethics and Language* (New Haven: Yale University Press, 1944); A. J. Ayer, *Language, Truth and Logic* (London: Victor Gollancz, 1936). 번역본으로는 알프레드 J. 에이어, 송하석 옮김, 『언어, 논리, 진리』 (파주: 나남, 2010). A. J.는 Alfred Jules이다.

10) Toulmin, *The Place of Reason in Ethics*, p.5.

11) 같은 책, p.10.

12) 같은 책, p.18.

13) 같은 책, p.28.

14) 같은 책, p.28.

15) 같은 책, p.36.

16) 같은 책, p.42. 툴민은 여기서 객관적 윤리설과 주관적 윤리설이 모두 가정하고 있는 의미의 지시 이론(the referential theory of meaning)에 대해서 비판하고 있는 것이다. 지시 이론을 포함해서 윤리학설이 가정하고 있는 의미론에 대해서는 W. D. Hudson, *Modern Moral Philosophy*, 2nd edn. (New York: St. Martin's Press, 1983) 참조.

17) 주관적 윤리설에 대한 툴민의 비판은 도덕의 영역에 소위 "선호에는 논쟁이 없다(*De gustinus non est disputandum*)"는 라틴 경구를 도입하려는 시도에 대한 비판으로 해석될 수 있다. 자세한 논의는 Paul W. Taylor, *Principles of Ethics: An Introduction* (Encino, California: Dickenson Publishing Co., 1975), pp.180-181 참조. 번역본은 폴 테일러, 김영진 옮김, 『윤리학의 기본원리』 (서울: 서광사, 1985).

18) Toulmin, *The Place of Reason in Ethics*, p.37.

19) 같은 책, pp.38-39.

20) 같은 책, p.51. 스티븐슨과 에이어의 입장은 통상적으로 이모티비즘으로 간

주되고 있는데, 툴민이 그 둘의 입장을 주관적 윤리설과 명령적 윤리설로 구분하고 있는 것이 과연 타당한 것인가 하는 문제가 제기될 수 있다. 그리고 명령적 윤리설은 오히려 R. M. 헤어의 규정주의(prescriptivism)에 적용되는 것이 더 나을지도 모른다는 의문도 제기될 수 있을 것이다.

21) Toulmin, *The Place of Reason in Ethics*, p.57.

22) 같은 책, p.56.

23) 같은 책, p.63.

24) 같은 책, p.130.

25) 같은 책, p.83.

26) 같은 책, p.80, p.84.

27) 같은 책, pp.70-72.

28) 같은 책, p.83.

29) 같은 책, p.84.

30) 같은 책, p.83, p.165.

31) 같은 책, p.102.

32) 같은 책, p.95.

33) 같은 책, p.114.

34) 같은 책, p.84.

35) 같은 책, p.130.

36) Sahakian, *Ethics: An Introduction to Theories and Problems*, p.231.

37) Toulmin, *The Place of Reason in Ethics*, p.168.

38) 같은 책, p.168.

39) 같은 책, p.121.

40) 같은 책, p.130.

41) 같은 책, p.129.

42) 같은 책, p.150.

43) 같은 책, p.136.

44) 같은 책, p.137.

45) 같은 책, p.223.

46) 같은 책, p.140.

47) 같은 책, p139.

48) 같은 책, p.141.

49) 같은 책, p.142.

50) 물론 툴민은 자기의 입장은 도덕적 추론이 순전히 목적론(teleology)이라고

주장하는 고전적 공리주의와는 다르다는 것을 밝힌다(Toulmin, *The Place of Reason in Ethics*, p.142). 즉 그는 동기와 결과를 동시에 고려함으로써 의무론(deontology)과 목적론의 전통적인 대립을 해소하려고 한다. 그러나 툴민은 공동체적 도덕규범의 초기 형성 단계에서는 의무론적 추론이 중요하지만 비판적 단계에서는 목적론적 고려사항이 점점 더 중요하게 된다는 것을 강조한다는 점에서 여전히 영국의 공리주의적 전통을 따르고 있다.

51) Toulmin, *The Place of Reason in Ethics*, p.145.

52) 같은 책, p.147.

53) 툴민의 이러한 생각은 후일 소위 간접적 결과주의의 한 원형이 된다. 간접적 결과주의에 대한 자세한 논의는 Conrad D. Johnson, *Moral Legislation: A Legal-Political Model for Indirect Consequentialist Reasoning* (Cambridge: Cambridge University Press, 1991) 참조.

54) Toulmin, *The Place of Reason in Ethics*, p.148.

55) 같은 책, p.149.

56) 툴민의 입장을 규칙 공리주의로 해석하고 있는 것은 Richard B. Brandt, "Toward A Credible Form of Utilitarianism," Michael D. Bayles, ed. *Contemporary Utilitarianism* (Garden City, New York: Anchor Books, 1968), pp.143-186, p.146.

57) Toulmin, *The Place of Reason Ethics*, p.160.

58) 같은 책, p.156.

59) 같은 책, p.153.

60) 같은 곳.

61) 같은 책, p.161.

62) 같은 곳.

63) 툴민은 1986년 새로 쓴 서문에서 『윤리학에서 이성의 위치』는 도덕적 규칙의 보편성에 대한 의문을 통해서 암묵적으로 "결의론의 부활"을 선도했다는 것을 강조한다("New Preface," 1986, p.xii). 결의론은 특수적 사례에서 보편적 원칙들이 상충하는 경우 그것을 해결하기 위한 다양한 방도를 모색하는 것으로서 소위 사례 중심적(case by case) 논의를 중요한 것으로 간주한다. 나중에 툴민은 존슨과 함께 결의론에 대한 다음과 같은 대작을 완성하게 된다. Albert R. Jonsen and Stephen Toulmin, *The Abuse of Casuistry: A History of Moral Reasoning* (Berkely: University of California Press, 1988). 번역본으로는 앨버트 존슨 · 스티븐 툴민, 권복규 · 박인숙 옮김, 『결의론의 남용: 도덕 추론의 역사』 (서울: 로더스, 2014).

64) Stephen Toulmin, "Principles of Morality," *Philosophy*, Vol. 31 (April,

1956), p.150.

65) Toulmin, *The Place of Reason Ethics*, p.189.

66) 같은 책, p.190.

67) 같은 책, p.3.

68) 같은 곳.

69) 같은 책, p.153.

70) 같은 책, p.153, p.157.

71) 같은 책, p.207.

72) 같은 책, p.295.

73) 같은 책, p.153, p.203.

74) 같은 책, p.153.

75) 같은 책, p.203, p.208.

76) 같은 책, p.208.

77) 같은 책, p.209.

78) 같은 책, p.211.

79) 같은 책, p.219.

80) John Rawls, "Review of Stephen Toulmin's *An Examination of the Place of Reason in Ethics*," *The Philosophical Review*, Vol. 60 (1951), pp.572-580.

81) 같은 논문, p.572.

82) 같은 논문, p.580.

83) 후일 롤즈가 다음 논문을 발표한 것으로 미루어 볼 때 롤즈에 대한 툴민의 이러한 영향은 지대한 것이라고 생각된다. "The Independence of Moral Theory," *Proceedings and Addresses of the American Philosophical Association*, Vol. 48 (1974-5), pp.5-22.

84) Rawls, "Review of Stephen Toulmin's *An Examination of the Place of Reason in Ethics*," p.574.

85) 롤즈는 툴민이 도덕적 추론의 종류에 관한 이러한 제한 조건들을 명백히 하지 못했다는 것을 인식하고, 그의 초기 논문에서 합리적 판단자와 숙고적 판단에 관련된 조건들을 다룬다. "Outline of a Decision Procedure for Ethics," *Philosophical Review*, Vol. 60 (1951), pp.177-197.

86) Rawls, "Review of Stephen Toulmin's *An Examination of the Place of Reason in Ethics*," p.574.

87) 같은 논문, p.576.

88) 같은 논문, p.577.

89) 같은 곳.

90) 같은 논문, p.578.

91) 롤즈의 대작 *A Theory of Justice* (Cambridge: Harvard University Press, 1971)는 결국 이러한 초기 생각을 발전시킨 것이라고 볼 수 있을 것이다. 번역본으로는 존 롤즈, 황경식 옮김, 『사회정의론』 (서울: 서광사, 1977)이 있다. 그리고 존 롤즈, 황경식 옮김, 『정의론』 (서울: 이학사, 2003). 이것은 *A Theory of Justice*, 제2판 (1999)을 번역한 것이다.

92) Rawls, "Review of Stephen Toulmin's *An Examination of the Place of Reason in Ethics*," p.579. 나중에 롤즈는 툴민이 사회적 관행 자체를 정당화하는 것과 그러한 관행에 속하는 어떤 특정한 행동을 정당화하는 것을 구분한 점을 중요한 것으로 파악하고 툴민의 저작을 논평할 때 그 중요성을 인식하지 못했다는 것을 시인한다. John Rawls, "Two Concepts of Rules," *Philosophical Review,* Vol .64 (1955), pp.3-32, footnote 3. 이러한 점은 툴민이 고전적 공리주의자가 아니고 부정적 공리주의자 혹은 규칙 공리주의자라는 우리의 논의를 통해서 이미 지적했다. 롤즈도 초기에는 규칙 공리주의를 통해서 공리주의의 더 적합한 유형에로의 변경 문제에 접근했으나 원리적으로 그것이 불가능함을 자각하고 사회계약론적 분배정의론으로 나아가게 된다.

93) Cf. Toulmin, *The Place of Reason in Ethics*, p.160, p.224; William Frankena, "Ethical Theory," Roderick M. Chisholm et al., eds. *Philosophy* (Engelwood Cliffs, New Jersey: Prentice-Hall, 1964), p.437.

94) George C. Kerner, *The Revolution in Ethical Theory* (Oxford: Oxford University Press, 1966), Ch. 3. "Stephen Toulmin," p.126.

95) Toulmin, *The Place of Reason in Ethics*, p.4, p.55, p.224.

96) Cf. 같은 책, p.154.

97) K. E. Goodpaster, ed. *Perspectives on Morality: Essays by William Frankena* (Notre Dame: University of Notre Dame Press, 1976), "5. Ethical Naturalism Renovated," p.38.

98) R. M. Hare, "Review of *An Examination of the Place of Reason in Ethics*," *Philosophical Quarterly*, Vol. 1 (1951), pp.372-375, p.374.

99) D. H. Monro, "Are Moral Problems Genuine?" *Mind*, Vol. 55 (1956), pp.166-183.

100) Alan Donagan, "Twentieth-Century Anglo-American Ethics," in Lawrence C. Becker, ed. *A History of Western Ethics* (New York: Garland Publi-

shing, 1992), pp.144-155.

101) William Sacksteder, "Review of Stephen Toulmin's *An Examination of the Place of Reason in Ethics*," *Ethics*, Vol. 62 (1952), pp.217-219.

102) Cf. Toulmin, *The Place of Reason in Ethics*, p.208. 자세한 논의는 Kai Nielsen, *Why Be Moral?* (Buffalo, New York: Prometheus Books, 1989) 참조. 툴민에 관련해서는 Ch. 5. "Good-Reasons Approach Revisited," pp.101-102 참조.

103) 현대 게임이론에서 인간관계의 가장 효율적이고도 고차적인 원칙은 "변형된 응수전략(tit for tat)"으로 처음에는 협동을 하고, 나중에는 상대방이 협동하면 협동하고, 비협동하면 비협동하는 방식의 행위 전략이다. 이것은 Robert Axelrod, *The Evolution of Cooperation* (New York: Basic Books, 1984)에서 제시되었다. 진화론적 생물학에서는 로버트 트리버스(Robert Trivers)가 "The Evolution of Reciprocal Altruism," *Quarterly Review of Biology*, Vol. 37 (1971), pp.35-57에서 제시한 "상호적 이타주의(reciprocal altruism)"로 알려져 있다. "Reciprocal Altruism," *Wikipedia*. 피를 서로 나누어 먹는 흡혈박쥐가 응수전략을 따른다는 것은 유명한 예이다. 최재천, "호혜성 이타주의,"『네이버 캐스트』참조. 그리고 리 듀커킨, 장석봉 옮김,『동물들의 사회생활: 동물들의 속임수와 협동에 관하여』(서울: 지호, 2002) 참조.

104) Baier, *The Moral Point of View: A Rational Basis of Ethics*. 툴민은 이성(reason)과 자기애(self-love)의 관계를 간략하게 다루고 있다. 자기애는 정당성의 관념을 약화시키고 압도할 수 있는 경우가 빈번한데, 그 경우 이성에 호소하는 것은 무의미하다. 그러나 툴민은 합리적인 사람이라면 자기애가 계속해서 정당성을 압도하도록 행위하지는 못할 것이란 점을 주장한다. Toulmin, *The Place of Reason in Ethics*, pp.163-165.

105) David Gauthier, *Morals By Agreement* (Oxford: Clarendon Press, 1976). 번역본으로는 데이비드 고티에, 김형철 옮김,『합의도덕론』(서울: 철학과현실사, 1993). 그리고 박정순,『사회계약론적 윤리학과 합리적 선택: 홉스, 롤즈, 고티에』(서울: 철학과현실사, 2019) 참조. John Rawls, *A Theory of Justice* (Cambridge: Harvard University Press, 1971).

106) John Rawls, "The Kantian Constructivism in Moral Theory," *The Journal of Philosophy*, Vol. 77 (1980), pp.515-572. 합리성은 자신의 가치관을 실현하고 증진시키는 능력이며, 합당성은 공정한 배경적인 사회적 조건을 준수하려는 정의감의 능력이다. p.525. 롤즈는 여기서 합당성은 합리성을 전제하지만 또한 그것을 종속시킨다는 것을 명백히 한다. p.530. 자세한 논의는 박정순,『존 롤즈의 정의론: 전개와 변천』(서울: 철학과현실사, 2019), p.182 참조. 자세한 논의는 또한 Alan Gewirth, "Rationality vs. Reasonableness,"

Lawrence C. Becker, ed. *Encyclopedia of Ethics* (New York: Garland Publishing, 1992), pp.1069-1070 참조.

107) Stephen Toulmin, *The Place of Reason in Ethics* (Chicago: University of Chicago Press, 1986). "New Preface," p.xii.

108) 본 논문 2절 3항 마지막 문단과 후주 63 참조.

109) Cf. Stephen Toulmin, "How Medicine Saved the Life of Ethics?" *Perspectives in Biology and Medicine*, Vol. 25 (1982), pp.736-750.

110) R. B. Brandt, "The Future of Ethics," *Noûs*, Vol. 15 (1981), pp.31-40; p.31.

111) Alan Gewirth, "The Future of Ethics: The Moral Powers of Reason," *Noûs*, Vol. 15 (1981), pp.15-30, p.19.

112) 본 논문 3절 후주 105 참조.

113) 이러한 문제를 구체적 다루고 있는 것은 James P. Sterba, "13. Toulmin to Rawls," Robert J. Cavalier, James Gouinlock, and James P. Sterba, eds. *Ethics in the History of Western Philosophy* (New York: St. Martin's Press, 1989), pp.399-420 참조.

114) 툴민에서 롤즈까지의 경로에 대한 이러한 해석은 Richard M. Fox and Joseph P. DeMarco, "1. The Challenge of Applied Ethics," Joseph P. DeMarco and Richard M. Fox, eds. *New Directions in Ethics: The Challenge of Applied Ethics* (New York & London: Routledge & Kegan Paul, 1986), pp.1-18, p.11 참조.

115) David Gauthier, *Practical Reasoning: The Structure and Foundations of Prudential and Moral Arguments and Their Exemplification in Discourse* (Oxford: Clarendon Press, 1963).

116) David Gauthier, *The Logic of Leviathan: Moral and Political Theory of Thomas Hobbes* (Oxford: Clarendon Press, 1969); David Gauthier, ed. *Morality and Rational Self-Interest* (Englewood Cliffs: Prentice Hall, 1970).

117) Charles R. Plott, "Axiomatic Social Choice Theory: An Overview and Interpretation," *American Journal of Political Science*, Vol. 20 (1976), pp.511-596.

118) Bernard Walliser, "Instrumental Rationality and Cognitive Rationality," *Theory and Decision*, Vol. 27 (1989), pp.7-36; Morton A. Kaplan, "Means/Ends Rationality," *Ethics*, Vol. 87 (1976), pp.61-65.

119) Gauthier, *Morals by Agreement*, p.59.

120) 롤즈와 고티에와 합리적 선택이론의 관계는 박정순, 『사회계약론적 윤리학

과 합리적 선택: 흡스, 롤즈, 고티에』; 박정순, 『존 롤즈의 정의론: 전개와
변천』 참조. 본 논문에서 다루지 못한 툴민의 저작들과 툴민에 관한 저작은
다음과 같다. 도덕의 합리성과 추론의 문제에 관심 있는 후학들이 논의를 이
어가기를 바라 마지않는다. Stephen Toulmin, *Return to Reason* (Cambridge:
Harvard University Press, 2001); Stephen Toulmin, *The Use of Argument*
(Cambridge: Cambridge University Press, 1st edition, 1958; 2nd edition,
2003); Richard D. Rieke and Allan Janik. *An Introduction to Reasoning*
(New York: Macmillan Publishing Co., 1st edition, 1978; 2nd edition,
1984); David Hitchcock and Bart Verheij, ed. *Arguing on the Toulmin
Model: New Essays in a Argument Analysis and Evaluation* (Dordrecht:
Springer, 2006).

제3장 감정의 윤리학적 사활

1) J. E. Tiles, "The Combat of Passion and Reason," *Philosophy*, Vol. 52
   (1977), pp.312-330.
2) 언제 이러한 삼분법(intellect, passion, conation; cognition, emotion, voli-
   tion)이 정식화되었는지는 역사적으로 분명치 않으나(플라톤으로부터 프로이
   트까지 걸쳐 있으므로), 현재 쓰이고 있는 의미는 17세기의 철학적 심리학의
   산물이었다는 것이 통설이다. 도덕철학의 관점에서 삼분법에 대한 구체적인
   논의는 Ilman Dilman, "Reason, Passion and the Will," *Philosophy*, Vol. 59
   (1984), pp.185-263 참조.
3) Jon Elster, ed. *The Multiple Self* (Cambridge: Cambridge University Press,
   1986), "Introduction," pp.1-34.
4) 견유학파(the Cynics) 철학자인 디오게네스(Diogenes)도 우리의 마음을 괴롭
   히는 욕심을 버려야 한다고 주장한 점에서 이성중심주의의 전통에 소속된
   것으로 볼 수 있다. 그러나 그는 이성적 지식이 행복을 가져다주지 못한다고
   본 점과 개 같은 생활을 영위함으로써 인간과 동물의 구분을 무화시킨 점에
   서 이성중심주의에 대한 반동의 한 전형으로 볼 수 있다. 그는 공공적 장소
   에서 자위행위를 행했다고 하는데, 이것은 우리가 욕망으로부터 완전히 자유
   롭지 못하지만 욕망의 자급자족을 통해서 적어도 욕망의 충족을 타인에게
   의존하지 않는다는 철학자의 "자기충족성(self-sufficiency)"을 지향하는 것이
   다. 흔히 직립 인간(*homo erectus*)이 이성적 인간(*homo sapiens*)이나 공작적
   인간(*homo faber*)의 선구가 된다고 생각되고 있으나, 디오게네스는 인간이
   직립하게 됨으로써 양손이 정확히 성기 부위와 일치하게 되어 언제나 성적
   감정을 촉발할 수 있는 상태로 이르게 되었다는 것을 최초로 깨달은 사람이

다. 그러나 직립 인간은 이성적 인간의 모습으로서 직립 이전의 상태로 돌아가는 자세, 즉 네 발로 기는 남성 위에 여성이 타고 있는 모습은 감정에 대한 이성의 우위를 비웃는 도덕적 혹은 성적 냉소주의(moral or sexual cynicism)를 적나라하게 드러내고 있는 것도 사실이다. 아리스토텔레스가 말이 되어 고급 창부 필리스(Phyllis)를 태우고 있는 그림, 한스 발둥 그린(Hans Baldung Grien)의 목판화, "Aristotle and Phyllis: Beauty Swings Her Whip Over Wisdom"(1513)은 그 원형이다. 미국의 섹스 숍(sex shop)에 가면 그러한 포즈의 광고를 흔히 목격할 수 있다. 이 그림이 수록되고 설명된 책은 Peter Sloterdijk, *The Critique of Cynical Reason* (Minneapolis: University of Minneapolis, 1987), p.255. 이에 대한 설명은 p.254. 번역본으로는 페터 슬로터다이크, 이진우 · 박미애 옮김, 『냉소적 이성 비판 1』 (서울: 에코리브르, 2005).

5) Robert C. Solomon, "The Philosophy of Emotions," Michael Lewis and Jeannette M. Haviland, eds. *Handbook of Emotions* (New York: The Guilford Press, 1993), pp.3-15. 주인과 노예의 메타포는 성 아우구스티누스가 스토아학파 철학자들(에픽테투스와 마르쿠스 아우렐리우스)에 대해서 다음과 같이 말한 구절에서 극명하게 드러난다. St. Augustine, *City of God*, trans. D. S. Wiesen (London: Heinemann, 1968), IX, 4: "스토아학파의 철학자들은 정념의 노예가 되는 것(enslavement)을 거부하고 현명한 인간의 지성과 합리성을 옹호한다. … 그러한 현인들의 마음은 아무런 동요(perturbation)도 허용하지 않는다. 아니 그 반대로서, 마음 자체가 정념의 주인(master)이며, 마음은 정념들에 순응하는 것이 아니고 오히려 그것들에 확고부동하게 대응함으로써 미덕의 완전한 지배를 유지한다." 헤겔의 『정신현상학』의 유명한 테제인 "주인과 노예의 변증법"은 생사를 건 상호 인정 투쟁에서 그 단초가 시작되는데, 주노의 갈림길은 "죽음의 공포"를 극복하느냐의 여부이다. 이러한 의미에서 헤겔의 『정신현상학』은 이성의 정신현상학만이 아니라 감정의 정신현상학이라고도 할 수 있겠다. 홉스의 『리바이어던』에서 죽음의 공포는 사람들로 하여금 "만인의 대한 만인의 투쟁 상태"인 "자연상태"를 탈피하고, 절대군주를 옹립하여 그 신민이 되는 사회계약을 맺게 하는 결정적 동기이다. 홉스에게서 윤리학은 "인간 정념(passions)의 귀결"을 탐구하는 학문이다. 어떤 의미에서 서양철학사에서 "주인과 노예의 변증법"은 주로 사회철학적 관점에서 논의되어온 것이 사실이나, 우리는 그것을 이성과 감정의 투쟁사로서 포괄적으로 재해석할 필요가 있다. 헤겔이 『정신현상학』에서 밝혀준 것처럼 "주인과 노예에 관한 논리"는 동시에 그 관계에 대한 "해체의 논리"이기도 하다. 우리는 주인과 노예의 변증법에서 주인과 노예의 원초적 갈림길뿐만 아니라 그 이후에 오는 주인과 노예 관계의 "역

전"에 대해서 감정이 어떠한 역할을 하고 있는지도 주목하여 탐구하지 않으면 안 될 것이다. 박정순, "The Dialectic of Master and Slave in Hegel's *Phenomenology of Spirit*," 『매지논총』 (연세대학교 매지학술연구소, 1999), pp.93-133.

6) John Morreall, "Humor and Emotion," *American Philosophical Quarterly*, Vol. 20 (1983), pp.297-304.

7) 스토아학파의 *apatheia*가 오늘날 우리가 이해하는 감정(emotion)의 전면적 말살을 의미하는지에 대한 논란의 여지는 상존해 있다. 기본적 개념인 παθη (pathe)는 우리의 영혼을 혼란시키는 감정의 어떤 측면 혹은 감정들 중 일부의 감정만을 의미한다고 샤퍼는 주장한다. Jerome Shaffer, "An Assessment of Emotion," *American Philosophical Quarterly*, Vol. 20 (1983), pp.161-173. 쾌락의 역설은 현대 경제학적 용어로 해석하면 "쾌락의 한계효용체감의 법칙"이라고 말할 수 있다. 즉 쾌락을 의식적으로 무제약적으로 추구하면 오히려 불쾌를 경험할 뿐이라는 것이다. 쾌락에 대한 급격한 한계효용의 하락을 방지하는 것은 어느 정도 금욕주의적 요소를 갖는다는 것을 의미한다. Cf. "Paradox of hedonism," *Wikipedia*. 스토아학파와 에피쿠로스학파에 대한 자세한 논의는 다음 두 책 참조. Brad Inwood, *Ethics and Human Action in Early Stoicism* (Oxford: Clarendon Press, 1985); J. M. List, *Epicurus: An Introduction* (Cambridge: Cambridge University Press, 1972).

8) 감각에 대해서 마음이 받아들이는 느낌 혹은 기분(feeling)과 감정 사이의 관계는 느낌이 감정의 필수적인 측면인가에 대한 문제가 그 기본을 이루고 있다. 자세한 논의는 Stephen R. Leighton, "Feelings and Emotion," *Review of Metaphysics*, Vol. 38 (1984), pp.303-320 참조.

9) R. Lawrie, "Passions," *Philosophy & Phenomenological Research*, Vol. 41 (1980), p.106. 정념(passion)의 라틴어 어원인 patior는 "노예가 된다, 지배를 당한다(being acted upon, being subject to something, being mastered or overpowered)"는 뜻을 가지고 있다.

10) 합리주의자 철학자 데카르트가 정념을 동물적 정기와 마음의 활동이 내는 땀으로 본 것은 당연한 일이다. 그러나 정념과 그것들 사이의 구체적 관계는 그렇게 단순한 것은 아니다. René Descartes, "The Passions of the Soul," *The Philosophical Writings of Descartes*, Two Vols. trans. John Cottingham, et al. (Cambridge: Cambridge University Press, 1985), Vol. 1, p.330. 데카르트의 「정념론」에 대한 논의는 김상환, 「데카르트의 「정념론」과 철학적 이성의 한계」, 오영환 외, 『과학과 형이상학』 (서울: 자유사상사, 1993), pp.97-122 참조.

11) Ronald de Sousa, "Emotions," Lawrence C. Becker, ed. *Encyclopedia of*

Ethics (New York: Garland Publishing, Inc., 1992), p.302. 서양철학사에서 감정은 가까이 할 수도 없고 그렇다고 멀리 할 수도 없는 "불가근 불가원(不可近 不可遠)"의 애물단지였다고나 할까.

12) 서양의 기독교 전통에서 7개의 미덕과 7개의 악덕이 전해온다. 7개의 미덕은 플라톤의 4원덕(元德), 즉 지혜, 용기, 절제, 정의에 중세 기독교의 3신덕(信德), 즉 믿음, 소망, 사랑을 보탠 것이다. 나중에 교황 그레고리우스 1세는 590년에 7개의 미덕을 순결, 절제, 사랑, 근면, 인내, 친절, 겸손으로 정의하였고, 그에 대칭되는 7개의 악덕을 정욕, 폭음/폭식, 탐욕, 나태, 분노, 시기심, 자만으로 정의하였다. Cf. "Seven virtues," and "Seven deadly sins," *Wikipedia*.

13) James Wallace, *Virtues and Vices* (Ithaca: Cornell University Press, 1978).

14) Aristotle, *The Nichomachean Ethics*, trans. J. A. K. Thomson (New York: Penguin Books, 1955), Book II. 특히 1106a20-1109b26. 물론 아리스토텔레스는 본질적으로 사악한 행동, 즉 간통, 절도, 살인과 같은 행위에는 중용의 원칙이 적용되지 않는 것으로 보았다. 또한 그는 본질적으로 사악한 감정, 즉 악의(malice), 몰염치(shamelessness), 시기심(envy)과 같은 감정에도 중용의 원칙이 적용되지 않는 것으로 보았다. 이러한 행위들과 감정들은 그 자체가 본질적으로 사악한 것으로, 그것들이 지닌 과잉 혹은 부족 상태 때문에 그러한 것은 아니다. 그러나 특수적 덕목의 중용을 논할 때 아리스토텔레스는 본질적으로 사악한 감정이라고 간주했던 악의, 몰염치, 시기심을 과잉 혹은 부족 상태로 파악한다. 즉 수치심(shame)에 관련해서 그 중용은 온당한 수치심(modest shame)이고, 과잉 상태는 소심함(shyness), 부족 상태는 몰염치(shamelessness)이다. 그리고 분노(indignation)에 관련해서 그 중용은 정당한 분노(righteous indignation)이고, 과잉 상태는 시기심이고, 부족 상태는 악의적 즐김(malicious enjoyment)이다. 아무튼, 통상적으로는 시기심, 질투심, 동기 없는 악의, 그리고 인종 차별에 관련된 감정과 같은 어떤 형태의 증오 혹은 원망, 그리고 낙담과 우울 등이 본질적으로 사악한 혹은 좋지 않은 감정 형태로 생각되고 있는 것은 사실이다. 모든 미덕들과 악덕들 사이에서 중용적 덕목의 고유한 이름이 있으나 그것이 없는 것은 야망(ambition, *philotimos*)이다. 야망은 그 자체로 과잉 상태인 악덕이지만 그 자체로 미덕이 될 수도 있다. 그에 대한 중용적 덕목의 이름은 적절한 야망이고, 부족 상태도 야망 없음(*aphilotimos*)이다. 일본의 북해도 삿포로 제국대학에서 일본 청년들을 가르치던 미국인 교수 윌리엄 클라크(William S. Clark) 박사가 "소년이여, 야망을 가져라(Boys, be ambitious)"라고 일본을 떠나면서 1877년 일갈한 것은 유명하다.

15) David Hume, *A Treatise of Human Understanding*, L. A. Selby-Bigge, 2nd

edition (Oxford: Clarendon Press, 1978), Book II, Sec. III, p.415. 흄은 정념을 이성의 통제로부터 해방하였지만, 그것을 어떤 의미에서는 비이성적으로 만든 것도 사실이다. 즉 그는 "내 손가락 하나를 긁히는 것보다 전 세계가 파괴되는 것을 더 좋아한다고 해서 이성에 반하는 것은 아니다"라고 천명한다. 같은 책, p.416. 물론 여기서의 이성이 다만 정념이 선택한 목적과 욕망을 실현하기 위한 도구적 합리성(instrumental rationality)이라고 한다면, 비이성적이라는 말이 가진 부정적 의미는 약화될 것이다.

16) Friedrich Nietzsche, *The Birth of Tragedy*, trans. Walter Kaufmann (New York: Vintage Books, 1967); *Thus Spoke Zarathustra*, trans. Walter Kaufmann (New York: Penguin Books, 1966); *The Will to Power*, trans. Walter Kaufmann and R. J. Hollingdale (New York: Vintage Books, 1968).

17) Genevieve Lloyd, *The Man of Reason* (London: Methuen, 1984).

18) 논리학 교과서의 오류론에서 "감정에 호소하는 오류(fallacy of appealing to the emotion)"는 크게는 비형식적 오류 혹은 자료적 오류로 분류되고, 구체적으로는 "논점일탈의 오류(fallacy of irrelevant conclusion)"로 분류된다. "감정에 호소하는 오류"로 중인(衆人)의 "감정에 호소하는 논증(argumentum ad passiones)"과 "연민(憐愍)의 정에 호소하는 논증(argumentum ad misericordiam)", 그리고 "존경에의 논증(argumentum ad vercundiam)"이 언급되고 있다. 감정은 우리의 판단과 전혀 무관한(irrelevant) 것으로 간주되는 논리학의 독선은 이제 "감정도 하나의 판단이다"라고 주장하는 감정의 인지주의적 입장(cognitivistic view of emotion)을 심각하게 고려하지 않으면 안 될 것이다. Robert Solomon, *The Passions: The Myth and Nature of Human Emotion* (New York: Doubleday, 1976); Joel Marks, "A Theory of Emotion," *Philosophical Studies,* Vol. 42 (1982), pp.227-242 참조.

19) Dilman, "Reason, Passion and the Will," p.1; Irving Thalberg, "Avoiding the Emotion-Thought Conundrum," *Philosophy*, Vol. 55 (1980), pp.396-402.

20) 감정과 이성에 관련된 이러한 딜레마는 조엘 마크스가 제기한 것이다. 그는 감정에 관련된 입장이 인지주의든지, 비인지주의든지, 가부장적 남성주의든지, 여성주의든지 간에 딜레마는 존재한다고 본다. Joel Marks, "Emotion East and West: Introduction to A Comparative Philosophy," *Philosophy East & West*, Vol. 41 (1991), pp.5-6. 원래 이러한 딜레마는 도널드 데이비드슨이 합리성과 비합리성의 관계에 대해 제기한 것이다. Donald Davidson, "Paradox of Irrationality," Richard Wollheim and James Hopkins, eds. *Philosophical Essays on Freud* (Cambridge: Cambridge University Press, 1982), p.305. 즉 우리가 비합리성을 합리적으로 아주 잘 설명하면, 비합리

성은 합리성의 드러나지 않았던 한 형태가 되며, 반면에 우리가 비합리성을 비합리적인 것으로 간단하게 치부하면, 우리는 합리성의 배경 속으로 후퇴하는 것이 되며, 이것은 비합리성을 진단하고 분석하는 우리의 합리적 능력에 손상을 가하게 된다는 것이다.

21) 파스칼도 인정했듯이 "마음은 이성으로서 어림할 수 없는 저들만의 근거를 가지고 있다(The heart has its reasons that reason knows nothing of)." 블레즈 파스칼, 최종훈 옮김, 『팡세』 (서울: 두란노서원, 2020), 2부 분류되지 않는 원고, 시리즈 2 "도박," p.262.

22) 사드의 생존 연대(1740-1814)는 프랑스의 구제도가 부패의 극에 달할 때부터 프랑스 혁명 이후까지이다. 이 시기에는 "종교적 도덕성에 기초하는 '낮의 생활'과 동물적 탐욕에 기초하는 '밤의 생활'이 극단적으로 양극화되어, 이중화되었던 시기이다. 그런 환경에서 성장한 사드는 자신의 다양한 여성편력을 토대로 하여 사디즘의 성문학을 창출했던 것이다." Marquis De Sade, *La Philosophie dan la Boudoir* (Philosophy in the Bedroom), 1795. 사드, 이화열 옮김, 『안방철학』 (서울: 새터, 1992). 해제는 마광수, "사드 문학의 이해를 위하여," pp.5-15. 사드의 성생활은 결국 낮과 밤의 이분법, 이성과 감성의 전통적 이분법을 해소한 셈일까? 아니면 강화한 셈일까? 『안방철학』 번역본의 제사는 『문학과 악』을 썼던 신비주의적 에로티시즘의 신봉자 조르주 바타유(Georges Bataille)의 그 유명한 말이다. "우리 인간에게는 두 가지 가능성밖에 없다. 초라한 개체에 머무는 금욕의 길이 그 하나라면, 다른 하나는 존재의 정상으로서 '에로티시즘'에 외마디와 함께 나를 던져 맡기는 일이다." 대비해보건대, 파스칼이 『팡세』에서 제시했던 "내기 논증(wager)", 즉 신의 존재를 믿고 성실한 기독교인이 되는 것이 무신론자가 되어 방탕하게 지내는 것보다 천국과 지옥에 대한 도박의 합리적 관점으로 볼 때 절대적으로 유리하다는 것은 바타유의 이분법에 대한 정반대의 선택 가능성을 말하고 있다. 파스칼, 최종훈 옮김, 『팡세』, 2부 분류되지 않는 원고, 시리즈 2 "도박," pp.253-263. 그러나 파스칼의 "내기 논증"은 자신의 사후의 생을 천국의 반대쪽으로 걸었던 돈 주앙(Don Juan)에 의해서 파기된다. 우리의 삶이 가진 부조리를 적나라하게 드러낸 『시지프스의 신화』에서 카뮈는 돈 주앙주의를 멋지게 해설하고 있다. 알베르 카뮈, 장재형·이정식 옮김, 『시지프스의 신화』 (서울: 다문, 1990), 「부조리한 인간」, "돈 주앙주의," pp.104-113. 공리주의 진영 내에서 전개되었던 벤담의 "양적 공리주의"와 밀의 "질적 공리주의"의 싸움도 이분법에 대한 정반대의 선택 가능성을 놓고 전개되고 있는 것이다. 양 진영은 "다른 조건이 같다면, 압정놀이(pushpin)가 시작(poetry)만큼 좋다"와 "만족한 돼지보다는 불만족한 인간이 되는 것이 더 낫다. 만족한 바보보다는 불만족한 소크라테스가 되는 것이 더 낫다"는

캐치프레이즈를 각각 내세운다.

23) Cf. Abigali Solomon-Godeau, "Living with Contradictions," Andrew Ross, ed. *Universal Abandon?* (Minneapolis: University of Minnesota Press, 1988), pp.191-213.

24) 기본적으로 이러한 태도는 Bernard Williams, *Problems of the Self* (Cambridge: Cambridge University Press, 1973), Chap. 13. "Morality and the Emotions," p.209에서 찾아볼 수 있다. 이모티비즘에 관한 본격적인 논의는 J. O. Urmson, *The Emotive Theory of Ethics* (New York: Oxford University Press, 1968) 참조. 재구성까지는 아니더라도 철학사적인 관점에서 이모티비즘을 전반적으로 재해석하려는 시도는 Stephen Satris, *Ethical Emotivism* (Dordrecht: Martinus Nijhoff Publishers, 1987) 참조.

25) 박정순, 「논리실증주의의 검증원리와 형이상학」, 오영환 외, 『과학과 형이상학』 (서울: 자유사상사, 1993), pp.285-307. 본서 제1부 제2장에 제목을 약간 바꾸어 수록.

26) Ronald de Sousa, *The Rationality of Emotion* (Cambridge: The MIT Press, 1990), p.305. 미국적 상황에서 보면, 이모티비즘은 (살인과 암살과 린치와 폭력 등 극악한 감정의 발현으로 정치적, 경제적, 인종적, 종교적, 도덕적 견해차가 대립되고 있는) 일상성의 지옥을 (승인과 불승인이라는 보다 유순한 감정의 표현으로 그러한 견해차를 설명함으로써) 그래도 살 만하고 괜찮은 세상으로 착각케 하는 도덕적 환각제임과 동시에 피 끓는 흥분을 가라앉히는 혈압강하제이기도 하다.
미소 냉전시대에는 두 나라 모두 자신들의 정치경제체제가 옳다고 확신하였다. 따라서 자신들의 정치경제체제에 대한 비판이나 대립하고 있는 나라의 정치경제체제를 두둔하는 것은 상호주관적 타당성을 가질 수 없고 다만 자신들의 감정이나 선호를 표출하는 이모티비즘에 불과한 것으로 간주되었다. 따라서 이모티비즘은 한 사회의 구성원들의 개인적인 감정과 선호는 사회비판으로 작동할 수 없다는 이데올로기적 정당화의 기제로 사용되었던 것이다. 한스 핑크는 원자론적 개인주의에 의거한 이모티비즘과 이모티비즘을 산출한 논리실증주의는 제2차 세계대전 후 냉전시대에 붐을 일으켰던 자본주의에 대한 "새로운 냉소적인 자기 정당화(a new, cynical self-justification)"를 제공한 이론적 운동이라고 해석한다. Hans Fink, *Social Philosophy* (London and New York: Methuen, 1981), p.106.

27) Alasdair MacIntyre, *After Virtue*, 2nd edn. (Notre Dame: University of Notre Dame Press, 1984; 1st edn. 1981), pp.11-14, pp.16-35.

28) 이러한 매킨타이어의 주장을 평가하기 위해서는 자유주의와 이모티비즘의 관계, 그리고 자유주의와 공동체주의 사이의 논쟁을 전반적으로 다루지 않으

면 안 되는데, 이것은 본 논문의 범위를 벗어나는 것이다. 이 주제는 박정순, 「윤리학에서 감정의 위치와 역할」, 『철학』, 제55집 (1998), pp.305-335 참조. 이 논문은 본서 제1부 제4장 「윤리학에서 감정의 위치와 역할: 공동체주의, 여성주의, 자유주의」라는 제목으로 수록.

29) Ernest Sosa, "Moral Relativism, Cognitivism, and Defeasible Rules," *Social Philosophy & Policy*, Vol. 11 (1994), pp.116-138, "II. Emotivism Redux," pp.120-124.

30) Sousa, *The Rationality of Emotion*, p.304.

31) John V. Canfield, ed. *Philosophy of Meaning, Knowledge and Value in the Twentieth Century: Routledge History of Philosophy*, Vol. 10 (London: Routledge, 1997), Michael Stingl, Ch. 5. "Ethics I (1900-45)," pp.134-162, p.149에서 재인용. 도덕 언어의 환호와 야유 이론은 C. D. Broad, "Is 'goodness' the name of a Simple Non-natural Quality?" *Proceedings of the Aristotelian Society*, Vol. 34 (1933-4), pp.249-368 참조.

32) Brand Blanshard, *Reason and Goodness* (London: George Allen & Unwin, 1961), p.243.

33) Cheshire Calhoun and Robert C. Solomon, eds. *What is an Emotion?* (New York: Oxford University Press, 1984), "Introduction," p.32.

34) 교정가능성의 문제는 원래 Vincent Tomas, "Ethical Disagreement and the Emotive Theory of Values," *Mind*, Vol. 60 (1951), pp.209-221에서 제기된 것이다. 자세한 논의는 김태길, 『윤리학』 (서울: 박영사, 1964; 제6판 1974), pp.263-270 참조. 우리나라에서는 김태길 교수님의 이모티비즘에 대한 논의가 그 출발점이며, 동시에 그 이상 가는 논의가 아직까지 없었다는 것을 지적하고 싶다. 또 다른 저서는 김태길, 『윤리학 개설 / Naturalism and Emotivism』 (서울: 철학과현실사, 2010) 참조.

35) Sousa, *The Rationality of Emotion*, p.304.

36) Charles L. Stevenson, *Ethics and Language* (New Haven: Yale University Press, 1944), pp.2-3. 자세한 논의는 황경식, 「情意的 意味의 起源: C. L. Stevenson의 意味論 是非」, 『철학』 제11집 (1977), pp.39-66 참조.

37) 플라톤은 사악한 시기심(malicious envy)을 의미하는 "phthonos"이라는 용어를 사용한 바 있다. *Philebus*, 47e. Sousa, *The Rationality of Emotion*, p.275, pp.289-290.

38) Richard R. Brandt, "Emotive Theory of Ethics," *The Encyclopedia of Philosophy*, ed. Paul Edwards (New York: The Macmillan Company, 1976), p.496.

39) *Video meliora proboque deteriora sequor* (Latin) / I see and approve of the better things; I follow the worse: Ovid.

40) Sousa, *The Rationality of Emotion*, p.305. 이러한 수사의 주장은 서양윤리학에서 유구한 전통을 가진 것으로 볼 수 있는 "이상적으로 동정적이고 공평한 관망자(ideally sympathetic and impartial observer)"의 도덕적 공감과 상상력을 인정하지 않는 것은 아니다. 그는 이모티비즘이 조건적인 도덕적 진술을 무의미하게 만든다는 점에서 그렇게 주장한 것이다. 그러한 관망자는 다른 사람들의 입장에 자신을 가상적으로 집어넣어서 자기가 어떠한 감정과 태도를 갖게 되는가를 통해서 도덕적 평가를 내리는 판정자라고 생각되고 있다. Roderick Firth, "Ethical Absolutism and the Ideal Observer," *Philosophy & Phenomenological Research*, Vol. 12 (1952), pp.317-345 참조. 또한 이러한 문제는 도덕적 상상력의 문제뿐만 아니라 문학, 예술, 미학 등에 있어서 감정이입과 감정적 상상력에 관한 복잡한 논의를 필요로 한다. 자세한 논의는 Richard Moran, "The Expression of Feeling in Imagination," *The Philosophical Review*, Vol. 103 (1994), pp.75-106 참조.

41) Sousa, *The Rationality of Emotion*, p.305. 원래 도덕적 조건절의 문제는 Williams, *Problems of the Self*, pp.212-214에서 제시된 것이다.

42) George C. Kerner, "Passions and the Cognitive Foundations of Ethics," *Philosophy & Phenomenological Research*, Vol. 31 (1970), p.185. 그러나 감정 자체가 인지적이라고 해도, 이모티비즘은 감정을 기술하는 것이 아니라 감정을 표현하는 것이기 때문에 여전히 비인지주의적이라고 생각될 수 있다. 이러한 생각은 우리가 본 논문 4절에서 다룰 앨런 기바드(Allan Gibbard) 등에 의해서 견지되고 있다.

43) 현대 윤리학의 발전 단계는 다음 두 논문을 참조. Michael Stingl, "Ethics I (1900-45)," pp.134-162; Robert L. Arrington, "Ethics II (1945 to the present)," pp.163-196, Canfield, ed. *Philosophy of Meaning, Knowledge and Value in the Twentieth Century, Routledge History of Philosophy*, Vol. 10.

44) John Rawls, *A Theory of Justice* (Cambridge: Harvard University Press, 1971). 번역본으로는 존 롤즈, 황경식 옮김, 『사회정의론』 (서울: 서광사, 1977). 1999년 개정판은 존 롤즈, 황경식 옮김, 『정의론』 (서울: 이학사, 2003) 참조. David Gauthier, *Morals By Agreement* (Oxford: Clarendon Press, 1986), 번역본으로는 데이비드 고티에, 김형철 옮김, 『합의도덕론』 (서울: 철학과현실사, 1993). 롤즈는 나중에 합리적 선택이론을 기초로 삼으려는 초기의 입장을 약화시키기는 했지만 제한된 범위 안에서 합리적 선택이론이 여전히 중요한 역할을 한다는 것을 인정하고 있다. 롤즈와 고티에의 입장에 대한 전반적인 논의는 박정순, 『존 롤즈의 정의론: 전개와 변천』 (서

울: 철학과현실사, 2019). 박정순, 『사회계약론적 윤리학과 합리적 선택: 홉스, 롤즈, 고티에』 (서울: 철학과현실사, 2019) 참조.

45) 두 모형에 대한 전반적인 논의는 황경식, 「도덕판단의 성립요건: 도덕적 입장의 제모형」, 『철학』, 제19집, pp.55-94 참조.

46) 롤즈는 이미 초기 논문 "Sense of Justice," *The Philosophical Review*, Vol. 72 (1963), pp.281-305에서 루소를 찬양하면서 그의 공감 혹은 동정심 이론에 기초한 정의론을 발전시키겠다는 야심을 토로한 바 있다. 물론 롤즈는 분배적 정의의 문제가 첨예하게 대립하는 곳에서는, "인류애"와 같은 고차적이고 추상적인 동정심이 아니라 공감된 "계약적 정의감"이 일차적인 것이 된다고 주장한다.

47) 롤즈, 황경식 옮김, 『사회정의론』, p.72.

48) 상대적 박탈감의 문제는 W. G. Runciman, *Relative Deprivation and Social Justice* (London: Routledge and Kegan Paul, 1966)에서 제기된 것이다.

49) 박정순, 『존 롤즈의 정의론: 전개와 변천』, pp.86-90. 여기서는 롤즈의 입장에 대한 케네스 애로(Kenneth Arrow)의 비판이 논구되고 있다.

50) 롤즈, 황경식 옮김, 『사회정의론』, 제40장 "공정성으로서의 정의에 대한 칸트적 해석".

51) 이마누엘 칸트의 초기 저작에서는 영국의 도덕감 이론, 특히 프랜시스 허치슨(Francis Hutcheson)의 이론에 영향을 받았다는 사실이 밝혀지고 있다. 즉 칸트는 미학적 감정을 논하는 가운데 "젊은이들의 도덕적 감정을 높은 수준의 감수성을 갖도록 고양시켜야 한다"고 주장했다. Immanuel Kant, *Observations on the Feeling of the Beautiful and the Sublime* (1764), trans. J. T. Goldthwait (Berkeley, University of California Press, 1960), p.116. 자세한 논의는 Keith Ward, *The Development of Kant's View of Ethics* (Oxford: Basil Blackwell, 1972), Chapter II. "The Doctrine of Moral Feeling" 참조.

52) Virginia Held, "Non-contractual Society: A Feminist View," *Canadian Journal of Philosophy*, supplementary Vol. 13 (1987), pp.111-137. 보다 포괄적인 관점에서의 논의는 Carol Gilligan, *In a Different Voices: Psychological Theory and Women's Development* (Cambridge: Harvard University, 1982). 번역본으로는 캐롤 길리건, 허란주 옮김, 『심리이론과 여성의 발달』 (서울: 철학과현실사: 1994). 로버트 솔로몬(Robert Solomon)은 길리건의 이러한 비판은 우리가 본장 1절 서론에서 언급한 이성과 감정에 대한 전통적인 이분법을 고수하는 것이 될 뿐만 아니라 아울러 남성과 여성의 차이를 고정시키는 가부장적 질서 내에 그 비판을 위치시키는 모순에 빠진다고 지적한다. 여성의 감정적 감수성이 남성보다 더 민감하다는 것을 인정하는 것

그 자체가 바로 남성우월적 이데올로기에 따른 허위의식이라는 것이다. 감정은 남녀를 불문하고 인간 모두가 지니고 있는 보편적인 것이며 또한 그렇게 되어야 한다고 솔로몬은 주장한다. Robert C. Solomon, "Beyond Reason: The Importance of Emotion in Philosophy," James Ogilvy, ed. *Revisioning Philosophy* (Albany: State University of New York Press, 1992), p.33. 롤즈의 정의론과 여성주의적 관점의 구체적 논의는 박정순, 『존 롤즈의 정의론: 진개와 변천』, 제3부 제3장 "자유주의와 여성주의 정의론," pp.391-436 참조.

53) Robert Nozick, *Anarchy, State, and Utopia* (New York: Basic Books, 1974). 번역본으로는 로버트 노직, 남경희 옮김, 『아나키에서 유토피아로: 자유주의 국가의 철학적 기초』 (서울: 문학과지성사, 1983) 참조.

54) 고티에, 김형철 옮김, 『합의도덕론』, 제11장 "자유주의적 개인", pp.472-476.

55) 같은 책, p.347. 원문에는 "Both intellect and emotion make her a moral being"으로 되어 있다. 여기서 her는 자유주의적 개인으로서 고티에가 주장하는 "협상적인 정의로운 사회"에서 살게 되는 인간이다.

56) 이러한 문제에 대한 구체적인 논의는 Laurence Thomas, "Rationality and Affectivity: The Metaphysics of the Moral Self," Ellen Frankel Paul, et al. eds. *The New Social Contract* (Oxford: Basil Blackwell, 1988), pp.154-172 참조.

57) Jon Elster, "Rationality, Emotions, and Social Sciences," *Synthesis*, Vol. 98 (1994), pp.21-49, p.35.

58) 감정에 관한 신념-욕구 이론과 다른 이론들과의 기본적인 대비는 O. H. Green, *The Emotions: A Philosophical Theory* (Dordrecht: Kluwer Academic Publishers, 1992), pp.xi-xiv 참조.

59) 이것은 감정을 다음 요소들의 복합체로 보는 것이다. 즉 (1) 육체적 느낌 (bodily feelings), (2) 일련의 관심 집중과 의도성(attentional, intentional sets), (3) 평가와 판단(evaluations, judgments), (4) 욕구, 충동, 그리고 행동의 경향(desires, impulse, inclination to behave).

60) Cf. John Rawls, "The Independence of Moral Theory," *Proceedings and Addresses of the American Philosophical Association*, Vol. 48 (1975), pp.5-22.

61) 감정적 고려, 배려, 염려가 모든 윤리학설의 동기적 배경으로 자리 잡고 있다는 주장도 감정이 윤리학의 본질적 기초가 되어야 한다는 주장의 하나로 볼 수 있을 것이다. 선한 인간, 즉 도덕적 인간은 배려(care)의 감정을 품지 않으면 안 된다는 것이다. 물론 그러한 배려의 대상은 다양할 수 있다. 즉 공리주의처럼 모든 유정적(有情的) 존재(sentient beings), 이기주의처럼 자

기 자신의 이익, 이타주의처럼 타인의 이익, 혹은 칸트 윤리학에서처럼 도덕법칙 혹은 의무가 대상이 될 수 있다. Joel Marks, "Emotion East and West: Introduction to A Comparative Philosophy," p.2. 그러나 이러한 주장은 배려의 지나친 개념적 포괄성에 대한 문제를 야기한다. 또한 이와 비슷한 주장이 존경 혹은 존경심(respect)에 대해서도 전개되고 있다. 즉 칸트의 의무론은 도덕법칙에 대한 존경심을 전제하고 있다는 것이다. 그러나 문제는 의무론적 도덕법칙에 대한 존경심은 다른 감정과 동기들과는 그 내용에 있어서 판이하다는 것이다. 이러한 관점에서 존경 혹은 존경심 자체가 감정인가 아닌가 하는 논란이 제기되고 있기도 하다. 어쨌든 심지어는 흔히 부도덕한 감정으로 간주되고 있는 복수심과 시기심이 정의(특히 시정적 정의와 교환적 정의)와 평등의 본질적 기초였다는 주장도 제기되고 있다. 인간사회의 도덕과 법체계는 그러한 원시적 복수 혹은 시기의 감정을 제도적으로 순화 혹은 반영하고 있는 것이 불과하다는 것이다. "너 이웃을 사랑하라" 그리고 "네가 남에게 대접받기를 원하는 대로 남을 대접하라"는 예수의 말씀은 "눈에는 눈, 이에는 이"라는 고대의 엄밀한 교정적 정의의 원칙을 완전히 극복한 것인가 아니면 순화시킨 것에 불과한가? 박정순, 「철학용어 해설: 정의」, 『철학과 현실』, 통권 13호 (1992년 여름), pp.354-363 참조.

62) Owen Flanagan, *Varieties of Moral Personality: Ethics and Psychological Realism* (Cambridge: Harvard University Press, 1991).

63) Alvin I. Goldman, "Ethics and Cognitive Science," *Ethics*, Vol. 103 (1993), pp.337-360.

64) Amélie Oksenberg Rorty, *Explaining Emotions* (Berkeley: University of California Press, 1980), "Introduction," p.1.

65) 어떤 심리학자들은 감정에 관한 수백 종의 정의들을 분석하고 분류한 결과, 다음과 같은 가장 포괄적인 정의를 이끌어낸다. P. R. Kleinginna, Jr. and A. M. Kleinginna, "A Categorized List of Emotional Definitions, with Suggestions for A Consensual Definition," *Motivation and Emotion*, Vol. 5 (1981), pp.345-379. 물론 이러한 정의는 감정에 대한 모든 가능성을 다 포함하고 있으므로 너무나 포괄적이라는 비판이 당연히 제기된다.

"감정은 신경호르몬계에 의해서 중재된 주관적 객관적 요소들 사이의 상호작용에 관한 일련의 복합체이다. 따라서 감정은 (a) 흥분된 느낌과 쾌/불쾌와 같은 정서적 경험을 일으키고, (b) 감정적으로 연관된 지각적 효과, 평가, 분류 과정과 같은 인지적 과정을 산출하고, (c) 흥분의 조건에 대한 광범위한 생리적 조절을 활성화하고, (d) 언제나 그러한 것은 아니지만, 흔히 표현성, 목표지향성, 그리고 적응성을 가진 행동을 유발한다."

66) 저자가 보기에 감정의 인지주의 전반에 대한 가장 좋은 소개 논문은 다음 논

문이다. John Deigh, "Cognitivism in the Theory of Emotions," *Ethics*, Vol. 104 (1994), pp.824-854.

67) L. A. Blum, *Friendship, Altruism, and Morality* (London: Routledge and Kegan Paul, 1980).

68) John Sabini and Maury Silver, "Emotions, Responsibility, and Character," Ferdinand Schoeman, ed. *Responsibility, Character, and the Emotions* (Cambridge: Cambridge University Press, 1987), pp.166-175. 공동체주의를 감정을 통해서 구성하려는 시도 중 역사적으로 가장 중요한 것은 프랑스의 공상적 사회주의자 샤를 푸리에(Charles Fourier)의 "파랑주(phalange)" 공동체 사상이다. 그는 『산업의 협동사회적 신세계』(1845)에서 "정념인력론(情念引力論)"이 인간 본성을 공동체적 삶에 적합하도록 개조할 수 있다고 주장한다. 푸리에에 의하면 인간의 정념은 세 가지 목적을 지향하고 있다. 그 첫째는 개체적 인간의 정념으로서 미각, 촉각, 시각, 청각, 후각의 오감에 대한 쾌락적 만족이다. 둘째는 인간의 상호적 정념으로서 우정, 야심, 애정, 부성애의 추구이다. 셋째는 이들 하위 개념들을 결합하고 통일하는 것으로서 모의정념, 변덕정념, 복합정념의 발현이다. 푸리에는 정념인력 가운데 인간 정념의 통일 기능을 수행하는 셋째의 정념들을 중시하고 그것들을 만족시킬 수 있는 노동과 소비의 공동체를 구성하려고 시도한다. 푸리에의 "정념인력론"은 감정의 공통체적 윤리학 및 정치학의 과제로서 충실히 논의되어야만 할 것이다.

69) Richard Rorty, "Human Rights, Rationality, and Sentimentality," *The Yale Review*, Vol. 81 (1993), pp.1-20. 여기서 로티는 우리 인간을 동물들로부터 구별하는 것은 "우리 인간은 인식할 수 있으나 동물들은 다만 느낄 뿐이다"라는 것이 아니라 오히려 "우리 인간은 동물들보다도 더 심원하게 서로에 대해서 느낄 수 있다"는 것이라고 주장한다. p.10.

70) 이러한 주장의 근거는 Jeremy Bentham, *An Introduction to the Principles of Morals and Legislation* (New York: Anchor Books, 1973), Chapter 17, 각주 1에서 천명된 다음과 같은 말이다:

"독재자의 손에 의해서가 아니고는 어느 누구에 의해서도 유보될 수 없는 권리를 인간 이외의 여타 동물들이 획득하는 날이 올 것이다. 프랑스 혁명은 이미 피부색의 차이가 왜 한 인간이 아무런 제재와 보상도 없이 고문당하도록 내버려져야 하는가에 대한 이유가 되지 못한다는 것을 밝혔다. 다리의 수, 피부에 털이 나있는가의 여부, 그리고 꼬리뼈의 유무가 어떤 감각적 존재(sensitive being)를 그와 같은 동일한 운명에 처하도록 내버려두는 충분한 이유가 역시 되지 못한다는 것을 인식하는 날이 올 것이다. (쾌락과 고통을 느끼는) 감각성이 아니고서 어디에서 그러한 넘을 수 없는

고려의 기준을 찾을 수 있을 것인가? 그것은 이성의 능력인가? 아니면 혹
은 담화의 능력인가? 그러나 성숙한 말과 개는 갓난아이보다는 훨씬 합리
적이고 말도 통하는 편이다. 만약 말과 개가 그렇지 않다고 한다면 무엇이
고려의 대상이 될 것인가? 문제는 그것들이 이성을 사용할 수 있느냐 혹
은 말할 수 있느냐의 여부가 아니라 오히려 그들이 고통을 느낄 수 있느
냐(Can they suffer?)의 여부일 것이다."
공리주의 환경윤리학은 박정순, 『존 롤즈의 정의론: 전개와 변천』, 제3부 제
5장 "자유주의와 환경보호," pp.504-508 참조.

71) Leo Montana, "Understanding Oughts by Assessing Moral Reasoning or
Moral Emotions," Gil C. Noam and Thomas E. Wren, ed. *The Moral Self*
(Cambridge: The MIT Press, 1993), p.295. 칸트가 윤리학에서 배제하려고
하는 것은 이익과 욕구, 그리고 심리적 경향성(inclinations)이라고 할 수 있
는 충동, 감정, 정념을 모두 포함한다. Immanuel Kant, *Groundwork of the
Metaphysics of Morals*, trans. H. J. Paton (New York: Harper Torch
Books, 1964).

72) Ronald de Sousa, *The Rationality of Emotion* (Cambridge: The MIT Press,
1990). Allan Gibbard, *Wise Choices, Apt Feelings: A Theory of Normative
Judgment* (Cambridge: Harvard University Press, 1990). Justin Oakley,
Morality and Emotions (London: Routledge, 1992).

73) Calhoun and Solomon, *What is an Emotion?*, p.31.

74) 이와 비슷한 견해를 피력한 저작은 Patricia S. Greenspan, *Emotions &
Reasons: An Inquiry into Emotional Justification* (New York: Routledge,
1988).

75) Sousa, *The Rationality of Emotion*, p.1.

76) 같은 책, p.196.

77) 같은 책, p.201.

78) "유티프로 딜레마"는 유티프로와 소크라테스 사이에서 벌어진 논쟁에서 발
생했다. 소크라테스가 살인을 한 아버지를 고발하려는 유티프로에게 그 이유
를 묻자 유티프로는 그러한 고발이 신에 대한 경건성을 나타낸다고 답하였
다. 그러자 소크라테스는 유티프로에게 묻기를, 그렇다면 경건성은 그것이
경건하기 때문에 신이 좋아하는 것인가, 아니면 그것은 신이 좋아하기 때문
에 경건한 것인가 하고 반문하여 유티프로를 딜레마의 궁지로 몰아넣는다.
Platon, *Euthyphro*, 10a. 이 문제는 현재까지 종교철학과 윤리학에서 하나의
난제로서 유전되어 내려와 여전히 논란이 계속되고 있으며, 또한 여전히 다
양한 해결책들이 제시되고 있다. Cf. "Euthyphro dilemma," *Wikipedia*. 번역
본은 플라톤, 강성훈 옮김, 『에우튀프론(*Euthyphron*)』 (서울: 이제이북스,

2017), 10a, p.76. 이후 딜레마에 대한 논의는 16a, 마지막 p.90까지 계속된다.

79) Sousa, *The Rationality of Emotion*, pp.304-305.

80) 같은 책, p.330.

81) Gibbard, *Wise Choices, Apt Feelings*, p.7.

82) 같은 책, p.42.

83) 순환성의 문제를 기바드에 대해서 비판적으로 다루고 있는 것은 Justin D'Arms and Daniel Jacobson, "Expressivism, Morality, and the Emotions," *Ethics*, Vol. 104 (1994), p.747, 우호적으로 다루고 있는 것은 Simon Blackburn, "Wise Feeling, Apt Reading," *Ethics*, Vol. 102 (1992), p.354 참조.

84) Carroll E. Ezard, *Human Emotions* (New York: Plenum Press, 1977), Ch. 16. "Guilt, Conscience, and Morality".

85) Gibbard, *Wise Choices, Apt Feelings*, pp.201-203.

86) Oakley, *Morality and Emotions*, p.41.

87) 저자의 입장은 Jung Soon Park, *Contractarian Liberal Ethics and the Theory of Rational Choice* (New York: Peter Lang Publishing Co., 1992) 참조.

88) Oakley, *Morality and Emotions*, p.2. Aristotle, *The Nichomachean Ethics*, Book II, Chapter 6, 1106b15-29.

89) Oakley, *Morality and Emotions*, p.6.

90) Cf. Harry G. Frankfurt, *The Importance of What We Care About* (Cambridge: Cambridge University Press, 1988); Michel Foucault, *The Care of the Self*, Vol. 3 of *The History of Sexuality*, 3 Vols. trans. Robert Hurley (New York: Vintage Books, 1988).

91) Oakley, *Morality and Emotions*, p.180.

92) 이것은 마치 일단 마약 중독이 되면 자신의 의지로는 억제할 수 없는 충동이 되지만, 그러한 상황을 충분히 예견할 수 있었다면, 마약 중독의 초기 조건을 마련한 것은 자신의 책임이 된다는 입론과 비슷하다. 율리시즈가 사이렌의 유혹을 피하기 위해서 귀를 막고, 부하들에게 스스로를 돛대에 묶으라고 명령한 것은 이러한 전략의 원형으로 흔히 인용되고 있다. Jon Elster, *Ulysses and the Sirens: Studies in Rationality and Irrationality* (Cambridge: Cambridge University Press, 1979).

93) Oakley, *Morality and Emotions*, p.247. 감정에 대한 책임은 이미 사르트르와 솔로몬에 의해서 제기된 바 있다. Jean Paul Sartre, *The Emotions: Sketch*

of a Theory, trans. B. Frechtman (New York: Philosophical Library, 1948; original 1939); Robert C. Solomon, "Emotion and Choice," *The Review of Metaphysics*, Vol. 12 (1973), pp.210-232.

94) 감정의 평가에 관한 전반적인 논의는 Steven L. Loss, "Evaluating the Emotions," *The Journal of Philosophy*, Vol. 81 (1984), pp.309-326 참조.

95) Gary Watson, ed. *Free Will* (Oxford: Oxford University Press, 1982). 게리 왓슨 엮음, 최용철 옮김, 『자유의지와 결정론』 (서울: 서광사, 1990) 참조. 우리는 여기서 실존주의적 결단에도, 그리고 합리적 선택이론에서의 최종적 결정은 결단적 선택(resolute choice)이라고 주장하는 매클레넌의 입장에도 주목해야 한다. Edward F. McClennen, *Rationality and Dynamic Choice: Foundational Explorations* (Cambridge: Cambridge University Press, 1990). 또한 우리는 순수한 결단을 통해 감정을 극복하는 방식을 말한 바 있는 칸트에도 주목해야 한다. Immanuel Kant, *The Conflict of The Faculties*, trans. Mary J. Gregor (Lincoln: University of Nebraska Press, 1979), "On the Power of Mind to Master Its Morbid Feeling by Sheer Resolution".

96) Israel Scheffler, "In Praise of the Cognitive Emotions," *Teacher's College Record*, Vol. 79 (1977), pp.171-186.

97) 본서 제1부 제2장에서 다루었던 스티븐 툴민(Stephen Toulmin)은 결의론에 대한 대표적인 저서의 저자이기도 하다. Albert R. Jonsen and Stephen Toulmin, *The Abuse of Casuistry: A History of Moral Reasoning* (Berkely: University of California Press, 1988). 자세한 사항은 본서 제1부 제2장 후주 63 참조.

98) "Emotional Intelligence" and "Social Intelligence," *Wikipedia*. 감성 지능과 사회 지능에 관한 방대하고도 심층적인 저서는 다음과 같다. Reuven Bar-On and James D. A. Parker, T*he Handbook of Emotional Intelligence: Theory, Development, Assessment, and Application at Home, School, and in the Workplace* (San Francisco, Calif.: Jossey-Bass, 2000).

99) Christopher Lasch, *The Culture of Narcissism: American Life in an Age of Diminishing Expectations* (New York: W. W. Norton & Co., Inc., 1979). 번역본은 크리스토퍼 라쉬, 최경도 옮김, 『나르시시즘의 문화』 (서울: 문학과지성사, 1989), "역자 후기," p.287: "이 책에서 저자는 과도한 억압을 받고 도덕적으로 경직된 초기 자본주의 시대의 '경제인(economic man)' — 그는 오랫동안 유지되어온 제도와 관습의 숭배자이다 — 이 오늘날에는 근심에 시달리고 내면적 공허감으로 인하여 필사적으로 의미 있는 삶을 찾아 헤매는 충동적인 '심리인(psychological man)'으로 변모했다고 말한다. 이 부르주아적 개인주의의 최종 산물인 '심리인'에게는 단지 현재만이 중요할 따름이

며 항상 즉각적인 자기만족을 요구하면서도 결코 충족되지 않는 욕망의 상태에서 삶이 영위된다."

감정에 대한 연구가 지난 20년간 폭발적으로 늘어난 것은 현대인의 나르시시즘적 경향과 무관하지 않다는 지적이 많다.

100) Michael Stocker, "The Schizophrenia of Modern Ethical Theories," *Journal of Philosophy*, Vol. 73 (1976), pp.453-466.

101) 이러한 감정의 특수성은 여성주의도 옹호하는 것이다. 박정순, 「현대 윤리학의 지평 확대와 여성주의 윤리학의 공헌」, 『철학사상』, 제20권 (2005), pp.168-179.

102) 이러한 관점에서 주목을 끄는 논문은 John Cottingham, "Partiality, Favoritism and Morality," *The Philosophical Quarterly*, Vol. 36 (1986), pp.357-373 참조.

103) R. M. Hare, *Freedom and Reason* (Oxford: Clarendon Press, 1963).

104) 기독교의 황금률과 유교의 충서지도에 대한 비교적 고찰은 박정순, 『마이클 샌델의 정의론, 무엇이 문제인가』 (서울: 철학과현실사, 2016), pp.108-112.

105) Martha C. Nussbaum, *The Therapy of Desire: Theory and Practice in Hellenistic Ethics* (Princeton: Princeton University Press, 1992). Jerome Neu, *Emotion, Thought & Therapy: A Study of Hume and Spinoza and the Relationship of Philosophical Theories of the Emotions to Psychological Theories of Therapy* (London: Routledge & Kegan Paul, 1977).

106) 자세한 소개와 논의는 Shlomit C. Schuster, "Philosophy As If It Matters: The Practice of Philosophical Counseling," *Critical Review*, Vol. 6 (1993), pp.587-599 참조. 국내 논저로는 김영진, 『철학적 병에 대한 진단과 처방: 임상철학』 (서울: 철학과현실사, 2004); 임지혜, 「소통의 존재론, 그리고 임상철학」, 『존재론 연구』 제37권 (2015년 4월), pp.195-221; 이남진, 「철학상담의 어제와 오늘, 그리고 미래」, 『철학 실천과 상담』 제1권 (2018년 8월), pp.121-148 참조.

107) 위안문학으로서의 철학은 안티폰(Antiphon)이 본격적으로 시작했다고 한다. 우리는 철학사를 통해 익히 잘 알고 있는 아리스토텔레스의 "비극을 통한 영혼의 정화", 보다 엄밀하게는 "감정의 정화(catharsis)", 그리고 보에티우스(Boethius)의 『철학의 위안』 (AD 524)을 염두에 두어야 할 것이다.

108) Charles Darwin, *The Expression of Emotions in Man and Animals* (London: Murray, 1872).

109) Francis Fukuyama, *The End of History and The Last Man* (New York:

The Free Press, 1992).

110) E. W. Sinnott, *The Bridge of Life* (New York: Simon and Schuster, 1966), pp.181-182.

제4장 윤리학에서 감정의 위치와 역할: 공동체주의, 여성주의, 자유주의

1) 이성과 감정의 이분법이 인간 정신 내부에서의 구분이 아니고 오히려 정신과 육체라는 보다 근본적인 이분법에 근거하고 있다는 주장도 제기된다. 이성에 대한 감정의 열등한 위치는 정신에 대한 육체의 열등한 위치와 동일선상에 있다는 것이다. Michael Lewis and Jeannette M. Haviland, eds. *Handbook of Emotions* (New York: The Guilford Press, 1993), "Preface," p.ix.

2) Paul Lauritzen, "Errors of an Ill-Reasoning Reason: The Disparagement of Emotions in the Moral Life," *The Journal of Value Inquiry*, Vol. 25 (1991), pp.5-21; Aaron Ben-Ze'ev, "Emotions and Morality," *The Journal of Value Inquiry*, Vol. 31 (1997), pp.195-212.

3) Ronald de Sousa, "Emotion," Lawrence C. Becker, ed. *Encyclopedia of Ethics* (New York: Garland Publishing, Inc., 1992), pp.302-304. 그러나 서양윤리학에서 감정은 일차적으로 그 변덕성, 불합리성, 공정한 상황 파악의 방해, 수동성과 도덕적 책임 추궁의 불가능성, 윤리적 보편화가 불가능한 특수성으로 말미암아 윤리학의 영역에서 배제되어온 것이 사실이다. 감정의 윤리학적 위치와 역할에 관한 논의는 결국 감정에 대한 이러한 뿌리 깊은 부정적 신념을 어떻게 변화시킬 수 있느냐에 달려 있다.

4) Andrew Ortony, Gerald L. Clore and Allan Collins, *The Cognitive Structure of Emotions* (New York: Cambridge University Press, 1988).

5) 서양윤리학에서 감정의 위치와 역할, 감정의 윤리학의 최근 면모, 그리고 감정이 무엇인가에 대한 논의는 저자의 졸고 참조. 박정순, 「감정의 윤리학적 사활」, 정대현 외, 『감성의 철학』 (서울: 민음사, 1996), pp.69-124.

6) John Rawls, *A Theory of Justice* (Cambridge, Mass.: Harvard University Press, 1971). 번역본은 존 롤즈, 황경식 옮김, 『사회정의론』 (서울: 서광사, 1977).

7) Alasdair MacIntyre, *After Virtue* (Notre Dame, Indiana: University of Notre Dame Press, 1981; 2nd edition 1984). 번역본은 알래스데어 매킨타이어, 이진우 옮김, 『덕의 상실』 (서울: 문예출판사, 1997). 정의주의(情意主義)는 정의(正義), 정의론(正義論)과의 혼동을 피하기 위해서 항상 "정의주의", "정의주의적"으로 표기함.

8) Carol Gilligan, *In a Different Voice: Psychological Theory and Women's Development* (Cambridge, Mass.: Harvard University Press, 1982). 번역본은 캐롤 길리건, 허란주 옮김, 『심리이론과 여성의 발달』 (서울: 철학과현실사, 1994).

9) 물론 공동체주의와 여성주의가 이성과 감정에 관련해서 자유주의를 비판하는 점에서는 상반되지만, 자유주의의 개인주의적인 합리적 자아와 그러한 자아의 무연고성, 그리고 추상적인 권리, 의무, 계약, 정의의 개념을 비판하는 점에서는 서로 동조한다. Susan Hekman, "The Embodiment of the Subject: Feminism and the Communitarian Critique of Liberalism," *The Journal of Politics*, Vol. 54 (1992), pp.1098-1119 참조. 그러나 여성주의는 공동체주의가 주장하는 가족적, 공동체적 연고성은 가부장적인 보수적 질서를 옹호하는 것에 불과하다고 비판하고 있다. 자유주의, 공동체주의, 여성주의 3자에 대한 구체적인 상호 비교는 본 논문의 범위를 벗어난다. 구체적 상호 비교는 Elizabeth Frazer and Nicola Lacey, *The Politics of Community: A Feminist Critique of the Liberal Communitarian Debate* (Toronto: University of Toronto Press,1993) 참조.

10) MacIntyre, *After Virtue*, 2nd edition, Ch. 2, Ch. 3.

11) 같은 책, p.12.

12) 정의주의에 대한 자세한 논의는 황경식, 「정의적(情意的) 의미의 기원: C. L. Stevenson의 의미론 시비」, 『철학』, 제11집 (1977), pp.39-66 참조.

13) MacIntyre, *After Virtue*, 2nd edition, pp.6-10.

14) 같은 책, p.19, p.21.

15) 같은 책, p.30, p.73.

16) 같은 책, p.23.

17) 같은 책, Ch. 4, Ch. 5, Ch. 6.

18) 같은 책, p.70, p.66.

19) 같은 책, p.47.

20) 같은 책, pp.62-66.

21) 같은 책, p.85.

22) 같은 책, p.118.

23) 매킨타이어는 『덕의 상실』 후속작에서도 여전히 자유주의적 개인주의 문화가 정의주의적 양상을 극명하게 드러낸다고 주장한다. 자유주의적 개인주의 문화에서는 "비합리적 설득이 합리적 논증을 대체한다"는 것이다. Alasdair MacIntyre, *Whose Justice? Which Rationality?* (Notre Dame: University of Notre Dame Press, 1988), "XVIII. Liberalism Transformed into a Tradition,"

p.343.

24) MacIntyre, *After Virtue*, 2nd edition, pp.19-22. 매킨타이어는 세 가지 이유를 들면서 정의주의가 도덕적 용어의 의미론(the theory of meaning)으로서는 오류라고 생각하지만, 자유주의적 개인주의 문화에서의 도덕적 용어의 사용론(the theory of use)으로서는 참이라고 생각한다. 같은 책, pp.12-13, pp.18-19. 어떤 문맥에서는 이러한 구분 없이 자유주의적 개인주의 문화에서는 "사람들이 … 정의주의가 마치 참인 것처럼 생각하고, 말하고 행위한다. … 정의주의는 우리 문화에 구현되어 있다"고 지적한다. 같은 책, p.22. MacIntyre, *Whose Justice? Which Rationality?*에서도 이 점이 다시 주장된다. p.343.

25) MacIntyre, *After Virtue*, 2nd edition, p.26. Frazer and Lacey, *The Politics of Community: A Feminist Critique of the Liberal Communitarian Debate*, p.62. 물론 도구적 합리성에 대한 이러한 비판은 매킨타이어도 자세히 천착하고 있는 막스 베버적인 도구적 합리성에 대한 비판으로서 호르크하이머와 아도르노의 『계몽의 변증법』(1947) 이후 서양철학에서 연속적인 주제가 된 것이 사실이다. 번역본은 M. 호르크하이머 · Th. W. 아도르노, 『계몽의 변증법』(서울: 문예출판사, 1995). 그러나 오늘날 사회과학과 윤리학, 진화론적 생물학의 분야에서 도구적 합리성에 기반한 합리적 선택이론이 지배적인 방법론으로 사용되고 있는 것은 무시할 수 없는 엄연한 사실이다. Cf. 박정순, 『사회계약론적 윤리학과 합리적 선택: 홉스, 롤즈, 고티에』(서울: 철학과현실사, 2019).

26) 자유주의는 개인들의 자유롭게 표현된 선호와 의도를 기본적인 도덕적 고려 사항으로 간주한다. 그러한 개인들의 선호와 의도를 하나의 공통된 공공적 합리성에 의해서 판정하는 것은 거부된다. 그리고 개인들의 다원적이고도 주관적인 선호로부터 한 사회가 작동하고 유지될 수 있는 정의의 조건에 대한 최소한의 중첩적 합의를 민주적인 방식으로 이끌어낼 수 있다는 것이 롤즈가 주장하는 자유주의 윤리학의 요체인 것이다. John Rawls, "The Domain of the Political and Overlapping Consensus," *New York University Law Review*, Vol. 64. 1989. pp.233-255.

27) Arne Johan Vetlesen, *Perception, Empathy, and Judgement* (Pennsylvania: The Pennsylvania State University Press, 1994), p.77.

28) MacIntyre, *After Virtue*, 2nd edition, p.149.

29) 아리스토텔레스 철학과 감정에 관한 논의는 W. W. Fortenbaugh, *Aristotle on Emotions* (London: Duckworth, 1975)가 압권이다. 공동체주의를 감정의 윤리학으로 해석하는 논문은 Martha C. Nussbaum, "Compassion: The Basic Social Emotion," *Social Philosophy and Policy*, Vol. 13 (1996),

pp.27-58 참조.

30) MacIntyre, *After Virtue*, 2nd edition, p.149.

31) 같은 책, p.119.

32) Vetlesen, *Perception, Empathy, and Judgement*, "1.7. After MacIntyre: The Philosophical Urgency of Overcoming Emotivism," p.83. 물론 매킨타이어의 관점에서 보면 그러한 손상은 자신의 아리스토텔레스적 덕의 윤리를 수용하면 간단히 치유되겠지만, 덕의 윤리를 통해서 정의주의를 해소하는 방식에 대한 논의는 본 논문의 범위를 벗어나는 일이다.

33) Virginia Held, "Feminist Transformation of Moral Theory," *Philosophy and Phenomenological Research*, Vol. 50 (1990), pp.321-344.

34) Jean Bethke Elshtain, *Public Man, Private Woman* (Princeton: Princeton University Press, 1981). 그리고 Martha C. Nussbaum, "Emotions and Women's Capabilities," Martha C. Nussbaum and Jonathan Glover, eds. *Women, Culture, and Development* (Oxford: Clarendon Press, 1995), pp.360-395.

35) Genevieve Lloyd, T*he Man of Reason: Male and Female in Western Philosophy* (Minneapolis: University of Minnesota Press, 1984).

36) Catherine A. Lutz, "Engendered Emotion: Gender, Power, and the Rhetoric of Emotional Control in American Discourse," Lutz and Lila Abu-Lughod, eds. *Language and the Politics of Emotion* (Cambridge: Cambridge University Press, 1990), p.69.

37) 같은 곳.

38) Sally Sedgwick, "Can Kant's Ethics Survive the Feminist Critique?" *Pacific Philosophical Quarterly*, Vol. 71 (1990), pp.60-79.

39) Rawls, *A Theory of Justice*, p.460, p.462.

40) Lawrence Kohlberg, *Essays on Moral Development*, Vol. 1. *The Philosophy of Moral Development* (New York: Harper & Row, 1981).

41) Lawrence Kohlberg, "Justice as Reversibility: The Claim to Moral Adequacy of a Highest Stage of Moral Development," *The Philosophy of Moral Development*, p.199. 상호 전환성은 다른 사람 입장 되어보기, 즉 처지를 바꾸어 생각하는 역지사지(易地思之)이다.

42) 캐롤 길리건, 허란주 옮김, 『심리이론과 여성의 발달』, p.297.

43) 같은 책, pp.39-42.

44) Owen Flanagan and Kathryn Jackson, "Justice, Care and Gender: The Kohlberg-Gilligan Debate Revisited," *Ethics*, Vol. 97 (1987), pp.622-637;

조성민, 「도덕적 추론과 도덕성 함양」, 한국철학회 편, 『현대의 윤리적 상황과 철학적 대응』(1992), pp.220-235; 허란주, 「정의의 입장에 대한 페미니즘의 도전: 도덕적 성숙에 관한 논쟁」, 차인석 외, 『사회철학대계』, 제3권 (서울: 민음사, 1993), pp.328-351; 허란주, 「정의론과 페미니즘적 대안: 정의와 보살핌」, 그리스도교 철학연구소 편, 『현대사회와 정의』(서울: 철학과현실사, 1995), pp.314-340.

45) Lawrence Kohlberg, *Essays on Moral Development*, Vol. 2. *The Psychology of Moral Development* (New York: Harper & Row, 1984), p.348.

46) 근래의 비판 중 돋보이는 것은 Joan C. Toronto, *Moral Boundaries: A Political Argument for an Ethic of Care* (New York: Routledge, 1993), p.63. 여성주의적 입장에서는 아니지만 동일한 비판은 Lawrence Hinman, *Ethics: A Pluralistic Approach to Moral Theory* (Belmont, CA: Wadsworth/Thomson Learning, 3rd edition 2003), p.316.

47) Karen Green, *The Woman of Reason* (Cambridge: The Polity Press, 1995), p.154.

48) 물론 길리건은 정의의 입장과 보살핌이 입장이 상보적이라는 것을 자주 강조하고 있다. 캐롤 길리건, 허란주 옮김, 『심리이론과 여성의 발달』, p.177, p.285, p.290. 그러나 나중에 길리건은 두 입장을 토끼/오리 형상처럼 이것으로도 보이고 저것으로도 보이지만 둘 모두로 보일 수는 없는 "관심(초점) 집중 현상(focus phenomenon)"이라고, 혹은 마치 두 개의 음악적 주제가 서로 관련이 있지만 독립된 멜로디로서 재빠르게 화답하여 전체적 화음을 이루는 "이중 푸가(double fugue)"라고 주장하기도 하였다. 혹자들은 상이한 입장을 조화시키려고 해서는 안 되고, "많은 소리가 들리도록 하라(Let many voices be heard)"는 다원주의적 입장을 주장하기도 한다. 자세한 논의는 Susan J. Hekman, *Moral Voices, Moral Selves: Carol Gilligan and Feminist Moral Theory* (Cambridge: Polity Press, 1995), pp.1-33 참조.

49) Held, "Feminist Transformation of Moral Theory," p.331.

50) 같은 논문, p.333.

51) Frazer and Lacey, *The Politics of Community: A Feminist Critique of the Liberal Communitarian Debate*, p.48, p.62.

52) 합리성을 공평무사성으로 간주하는 전통적 입장은 Stephen L. Darwall, *Impartial Reason* (Ithaca: Cornell University Press, 1983) 참조.

53) 흄과 칸트의 간격을 좁혀보려고 시도하는 논문은 A. T. Nuyen, "Sense, Passions and Morals in Hume and Kant," *Kantstudien* (1991), pp.29-41 참조.

54) Milton L. Myers, *The Soul of Modern Economic Man: Ideas of Self-Interest, Thomas Hobbes to Adam Smith* (Chicago: University of Chicago Press, 1983).

55) Thomas Hobbes, *Leviathan*, ed. with Introduction, C. B. Macpherson (Harmondsworth: Penguin Books. 1986), Ch. 13, p.188; Jean Hampton, *Hobbes and Social Contract Tradition* (Cambridge: Cambridge University Press, 1986), pp.58-79.

56) 우리는 개인들의 자유롭게 표출된 선호와 감정이 결코 자의적이 아니라는 비판적 논의를 통해서 매킨타이어의 정의주의적 낙인찍기에서 최악의 요소는 사라졌다고 본다(본장 2절 후주 14 참조). 그렇다면 최악의 요소가 사라진 매킨타이어의 정의주의는 자유주의가 감정의 윤리학이라는 주장으로 우호적으로 해석될 수 있을 것이다.

57) John Rawls, "Outline of a Decision Procedure for Ethics," *The Philosophical Review*, Vol. 60 (1951), pp.171-197.

58) Rawls, *A Theory of Justice*, p.136.

59) 같은 책, p.17, p.47.

60) 같은 책, p.129.

61) 같은 책, p.251.

62) 칸트도 초기에는 영국의 도덕감학파의 영향을 받았다는 사실이 밝혀지고 있다. 칸트의 윤리학에서 감정의 문제는 김상봉, 「칸트 윤리학과 동정심 문제」, 한국칸트학회 편, 『칸트와 윤리학』 (서울: 민음사, 1996), pp.125-155 참조.

63) 황경식, 「도덕적 구성주의: 롤즈의 정의론을 중심으로」, 『철학』 제16호 (1981년 가을), p.57.

64) Rawls, *A Theory of Justice*, p.51.

65) 같은 책, p.499.

66) 같은 책, p.288, p.292. 세대 간 정의에 대한 구체적 논의는 김형철, 「환경위기와 세대 간 분배정의」, 한국사회 · 윤리학회 편, 『사회계약론 연구』 (서울: 철학과현실사, 1993), pp.361-396 참조.

67) Susan Moller Okin, "Reason and Feeling in Thinking about Justice," *Ethics*, Vol. 99 (1989), pp.229-249. 오킨은 롤즈의 정의론에서 이성과 감정의 조화 가능성에 대한 이러한 해석도 롤즈가 가족 내에서의 정의 문제를 다루지 않고 있기 때문에 여성주의적 관점에서는 아직도 불충분한 것이라고 생각한다. 같은 논문, p.231.

68) John Rawls, "Justice as Fairness: Political not Metaphysical," *Philosophy and Public Affairs*, Vol. 14 (1985), p.224, n.2. 물론 롤즈는 합리적 선택이

론을 전부 버린 것은 아니고, 다만 그것이 정의감이라는 합당성(the reasonable)의 조건 아래에서만 전개될 수 있다고 입장을 수정한다. 합당성은 우리의 직관적인 도덕적 신념인 정의감에 의거한 것으로서 원초적 입장의 당사자들을 자유롭고 평등하게 대우하는 공정한 배경적 상황을 수용함으로써 표출된다. 이제 합리적 선택이론의 합리성(the rational)은 합당성의 제약 아래에서만 가동하게 되는 것이다. 황경식, 「도덕적 구성주의: 롤즈의 정의론을 중심으로」, p.59 참조.

69) Okin, "Reason and Feeling in Thinking about Justice," p.235.

70) 같은 논문, p.242.

71) 같은 논문, p.244.

72) 같은 논문, p.246. 롤즈는 『정의론』에서 이미 차등의 원칙에 대해서 각자의 천부적 재능을 "공동자산(common assets)"으로 간주한다는 점과 차등의 원칙이 "박애(fraternity)"의 이상을 실현한다는 점을 언급함으로써 이러한 해석의 가능성을 열어놓은 것이 사실이다. Rawls, *A Theory of Justice*, p.101, p.150.

73) Okin, "Reason and Feeling in Thinking about Justice," p.248.

74) 이러한 입장에서 가장 주목할 만한 것은 Sidney Callahan, "The Role of Emotion in Ethical Decision Making," *Hastings Center Report* (June/July, 1988), pp.9-14. 그리고 Arne Johan Vetlesen, *Perception, Empathy, and Judgment*. 여성주의의 관점에서 돋보이는 책은 Karen Green, *The Woman of Reason*.

75) 우리 철학계에서도 감정의 중요성이 인식되어 한국 현상학회는 "감정의 현상학"이라는 제하로 5개의 논문을 싣고 있다. 『현대 한국에서의 철학의 제문제』, 한민족철학자대회 대회보 2 (1991) 참조. 박정순, 「감정의 윤리학적 사활」이 실린 『감성의 철학』 (1996)은 철학연구회 1994년 추계 발표회에서 발표된 감성에 관한 10편의 논문이 출간된 것이다.

76) MacIntyre, *After Virtue*, 2nd edition, p.149.

77) Robert C. Roberts, "Aristotle on Virtue and Emotions," *Philosophical Studies*, Vol. 56 (1989), pp.293-306 참조.

78) Ruth Anna Putnam, "Why Not a Feminist Theory of Justice," Martha C. Nussbaum and Jonathan Glover. eds. *Women, Culture, and Development* (Oxford: Clarendon Press, 1995), pp.298-331.

79) Nussbaum, "Emotions and Women's Capabilities," p.389, n.19.

80) Vetlesen, *Perception, Empathy, and Judgment*, p.372, n.20.

81) Special Issue, "Emotions and Rational Choice," *Rationality and Society*,

Vol. 5, No. 2 (1993)에는 (1) 감정이 합리적 행동으로부터 도출될 수 있다, (2) 합리성이 감정으로부터 도출될 수 있다, (3) 합리성과 감정은 더 깊은 근원적 과정과 연결될 수 있다는 세 가지 입장을 반영한 총 6편의 논문이 수록되어 있다.

82) Mary Midgley, "The Flight from Blame," *Philosophy*, Vol. 62 (1987), pp.271-291.

83) Vetlesen, *Perception, Empathy, and Judgment*, p.18.

84) 본장 후주 48 참조. Callahan, "The Role of Emotion in Ethical Decision Making," p.10.

제2부 응용윤리학의 관점

제1장 윤리학에서 본 기업윤리관

1) Richard T. De George, "The Status of Business Ethics: Past and Future," *Journal of Business Ethics*, Vol. 6 (1987), pp.201-211.

2) 오종석 · 정동섭, 「경쟁우위의 원천으로서의 기업윤리」, 『경영 · 경제연구』, 제18권 (부산대학교, 1999), pp.151-199.

3) Ronald Duska, "Business Ethics: Oxymoron or Good Business," *Business Ethics Quarterly*, Vol. 10 (2000), pp.111-129; Robert C. Solomon and Kristine R. Hanson, *It's Good Business* (Atheneum: Macmillan, 1985); Posted by Jim, "Idle Thought — The Myth of Amoral Business," *El Naranjal*, Sunday, November 3, 2013, pp.1-2; Robert E. Frederick, "Is Good Ethics Good Business?" S. M. Nathale and J. B. Wilson, eds. *The Ethical Contexts for Business Ethics* (Lanham: University Press of America, 1990), pp.119-126; Lynn Sharp Paine, "Does Ethics Pay?" *Business Ethics Quarterly*, Vol. 10 (2000), pp.319-330.

4) M. G. Velasquez, *Business Ethics: Concepts and Cases*. 3rd edition (Englewood Cliffs, N.J.: Prentice Hall, 1992), p.1.

5) Th. van. Willigenburg, *Inside the Ethical Expert: Problem Solving in Applied Ethics* (Kok Pharos: Kampen, 1991), Introduction.

6) 존 롤즈, 황경식 옮김, 『정의론』, 개정판, (서울: 이학사, 2003).

7) George, "The Status of Business Ethics: Past and Future," pp.201-211.

8) Ronald Jeurissen, "The Social Function of Business Ethics," *Business*

Ethics Quarterly, Vol. 10 (2000), p.821.

9) William H. Shaw, "Business Ethics Today: A Survey," *Journal of Business Ethics*, Vol. 15 (1996), pp.489-500. 도덕적 사고 혹은 도덕적 반성은 엄밀하게는 구체적인 판단과 원리 사이의 단순한 왕복 운동이 아니라 새로운 상황에 직면하면, 판단에 비추어 원칙을 재고하고 원칙에 비추어 판단을 재고한다. 현대철학에서 이러한 입증과 반증의 변증법적인 학문적 방법론은 롤즈에 의해서 이미 제시된 바 있다. 롤즈는 그것을 "반성적 평형(reflective equilibrium)"이라고 명명했다: "이러한 상태를 나는 반성적 평형이라 부르기로 한다. 그것을 평형이라고 하는 것은 최종적으로 우리의 원칙과 판단들이 서로 들어맞기 때문이며, 그것을 반성적이라고 하는 것은 우리의 판단이 따를 원칙이 무엇이며 판단이 도출될 전제 조건이 무엇인가를 우리가 알고 있기 때문이다." 롤즈, 황경식 옮김, 『정의론』, p.56.

10) LaRue Tone Hosmer, "Why Be Moral? A Different Rationale For Managers," *Business Ethics Quarterly*, Vol. 4 (1994), pp.191-204.

11) 이러한 네 가지 유형의 종합적인 정리는 Rogene A. Buchholz, *Fundamental Concepts and Problems in Business Ethics* (Englewood Cliffs, N.J.: Prentice Hall, 1989), Ch. 2, 그리고 노만 보우이, 황경식·정원섭 옮김, 『기업윤리: 사업은 사업이고 윤리는 윤리인가』 (서울: 철학과현실사, 1990), 제7장을 주로 참조.

12) Richard T. De George, *Business Ethics*, 2nd edition (New York: Macmillan, 1986), pp.3-11.

13) Solomon and Hanson, *It's Good Business*, p.19.

14) Milton Friedman, "The Social Responsibility of Business is To Increase Profits," *The New York Times Magazine* (September 13, 1970), pp.122-26.

15) 본장 후주 3 참조.

16) Lisa H. Newton, "The Internal Morality of the Corporation," *Journal of Business Ethics*, Vol. 5 (1986), pp.249-258.

17) 이러한 입장의 자세한 설명은 Buchholz, *Fundamental Concepts and Problems in Business* Ethics, pp.24-26 참조.

18) 첫 번째 인용절은 박헌준·권인수, 「기업윤리연구의 최근동향과 실증연구 과제」, 『기업윤리연구』, 제8집 (2004), pp.1-2. 인용절의 내용은 박헌준 편, 『한국의 기업윤리: 현실과 과제』 (서울: 박영사, 2000) 참조. 두 번째 인용절은 정원규, 「기업의 사회적 책임에 대한 철학적 고찰」, 『기업윤리연구』, 제5집 (2002), p.105.

19) Garry R. Weaver and Linda Klebe Trevino, "Normative and Empirical

Business Ethics: Separation, Marriage of Convenience, or Marriage of Necessity?" *Business Ethics Quarterly*, Vol. 4 (1994), pp.129-143.

20) Michael Yeo, "Philosophy and Its Host: The Case of Business Ethics," E. Winkler and J. Coombs, eds. *Applied Ethics: A Reader* (Oxford: Blackwell, 1993), pp.250-268.

21) C. Dyke, *Philosophy of Economics* (Englewood Cliffs: Prentice Hall. 1981), p.29.

22) William Stanley Jevons, *Principles of Political Economy* (New York: A. M. Kelly, 1871), p.9.

23) Dyke, *Philosophy of Economics*, p.29. 경제이론의 출발점으로서의 경제인간 의 개념은 어떠한 하나의 경제이론이나 학파도 저작권 혹은 지적 소유권을 주장할 수 없다. 이러한 경제인간의 개념은 수요공급의 법칙이 적용되는 시 장과 필연적인 연관을 가지며 이러한 연관은 모든 고전 경제학파와 오스트 리아 경제학파를 포함한 신고전 경제학파에서 공히 가정되고 있다. p.29, n.6.

24) Matin Hollis and Edward Nell, *Rational Economic Man: A Philosophical Critique of Neo-classicial Economics* (Cambridge University Press, 1975), p.54

25) Amitai Etzioni, *The Moral Dimension: Toward A New Economics* (New York: Free Press. 1988), p.140.

26) Shaun Hargreaves Heap and Martin Hollis, "Economic Man," *The New Palgrave: A Dictionary of Economics* (New York: Macmillan Press, 1987), pp.54-55.

27) Barry Schwartz, *The Battle For Human Nature: Science, Morality and Moral Life* (New York: W. W. Norton, 1986), p.152.

28) Frank Ackerman et al. eds. *Human Well-Being and Economic Goals* (Washington, D.C.: Island Press, 1997) p.2. 여기서는 경제적 번영이 인간복 지에 관계되는 세 가지 방식, 즉 공헌, 중립, 방해를 자세히 다룬다.

29) 박정순, 「호모 에코노미쿠스 생살부」, 『철학연구』, 21권 (고려대 철학연구소, 1998), p.18. Herbert Simon, *Models of Man* (New York: John Wiley & Sons, 1957) 참조.

30) General Radnitsky and Peter Bernholz, eds. *Economic Imperialism* (New York: Paragon House, 1987). 이러한 경제학적 제국주의를 통해서 우리는 통상적으로 경제의 영역이라고 생각되지 않았던 분야에까지 경제학적 설명 을 확장하게 된다. 법관의 판결, 그리고 정치인(선거직)과 관료들의 행동도 모두 "부의 극대화 계산"에 의해서 설명된다. 부모의 자식에 대한 사랑도 노

후를 대비한 반포지효(反哺之孝)적 보살핌에 대한 계약 불입금으로 설명된다. 그리고 직장에서의 양심과 사업상의 정직도 승진의 효과적인 추구와 장기적인 신용 구축을 통한 최선의 판매 전략으로 해석될 수 있다. G. Brennan G. and James Buchanan, "The Normative Purpose of Economics Science: Rediscovery of An Eighteenth-Century Method," *International Journal of Law and Economics*, Vol. 1 (1981), p.158.

31) 경제학자들은 나름대로 철학의 고전적인 문제의 하나인 존재와 당위의 문제 (Is-Ought Problem)를 자의적으로 해결한 셈이다.

32) Heap and Hollis, "Economic Man," p.54.

33) 프랜시스 후쿠야마, 이상훈 옮김, 『역사의 종말: 역사의 종점에선 최후의 인간』 (서울: 한마음사, 1992). 물론 후쿠야마는 호모 에코노미쿠스가 인류 역사에서 하나의 원동력으로 작용해왔다는 것을 부인하지는 않는다. 그러나 그는 플라톤적 기개의 발현을 통한 헤겔적 상호 인정 투쟁이 보다 중요한 역사적 원동력이라고 생각한다.

34) Thomas Carlyle, "Occasional Discourse on the Negro Question," *Fraser's Magazine for Town and Country*, Vol. XL (1849), p.672; Tibor Scitovsky, *The Joyless Economy: An Inquiry into Human Satisfaction and Consumer Dissatisfaction* (New York: Oxford University Press, 1976); John Ruskin, *Unto This Last* (Oxford: Oxford University Press, 1943), p.14n.

35) Thomas Carlyle, *Latter-Day Pamphlets*. Project Gutenberg (1850).

36) Herman Daly and John B. Cobb, Jr., *For the Common Good: Redirecting the Economy toward Community, the Environment, and a Sustainable Future* (Boston: Beacon Press, 1989).

37) 장 보드리야르, 이상률 옮김, 『소비의 사회: 그 신화의 구조』 (서울: 문예출판사, 1991), p.91.

38) John Ladd, "Morality and The Ideal of Rationality in Formal Organization," *Monist*, Vol. 54 (1970), pp.488-516.

39) Kenneth E. Goodpaster and John B. Matthews, "Can a Corporation Have a Conscience?" *Harvard Business Review* (1982), pp.132-141.

40) 김해천, 『경영윤리 기본』 (서울: 박영사, 2003), pp.72-75.

41) 김정동, 「경제논리와 기업윤리」, 『연세경영연구』, 제36권 (1999), p.125.

42) 같은 논문, p.161.

43) 같은 곳.

44) D. W. Haslett, "Is Inheritance Justified?" *Philosophy and Public Affairs*, Vol. 15 (1986), pp.122-155.

45) David Gauthier, *Morals By Agreement* (Oxford: Clarendon Press, 1986).

46) 같은 책, Ch. XI. "The Liberal Individual".

47) 같은 책, p.167.

48) 같은 책, p.182. 수학적 확률론과 합리적 선택이론이 동원된 고티에의 이러한 입론은 간략히 요약하기에는 기술적으로 난해한 부분이 많다. 자세한 논의는 박정순, 「고티에의 합의도덕론과 그 정치철학적 위상」, 차인석 외, 『사회철학 대계 2』 (서울: 민음사, 1991), pp.370-379, 특히 p.376 참조.

49) Gauthier, *Morals By Agreement*, p.4. 고티에의 이러한 주장은 넓게 보면 사회생물학적 윤리학의 결론, 즉 "처음에는 일단 협동하지만 그 뒤로는 상대방의 대응을 반복하라", 즉 협동에는 협동, 배반에는 배반하는 응수전략(tit for tat)이 진화론적으로 가장 효율적이라는 주장과 일맥상통하는 것으로 해석할 수 있다 같은 책, p.169. 이러한 관점은 정연교, 「생물학적 인간관」, 남기영 외, 『인간이란 무엇인가?』 (서울: 민음사, 1997), p.52. 동일한 관점에서 선심파, 얌체파, 호혜파 중 호혜파가 최대 이익을 얻는다는 주장은 이한구, 「이기주의의 관점에서 본 성숙한 사회」, 『철학과 현실』 (서울: 철학문화연구소, 2001), p.84.

50) Gauthier, *Morals By Agreement*, pp.169-170.

51) 같은 책, p.178.

52) 같은 책, p.179.

53) Jean Jacques Rousseau, *Of the Social Contract*, trans. with an Introduction by Charles M. Sherover (New York: HarperTrad, 1985), Bk. iii, Ch. 15, Sec. 291, p.92.

54) Jody S. Kraus and Jules L. Coleman, "Morality and the Theory of Rational Choice," *Ethics*, Vol. 97 (1987), p.745.

55) 고티에에 관련해서는 아니지만 장·단기적 이윤 추구의 관점에서 도덕성과 합리성을 논의한 것은 노만 보우이, 황경식·정원섭 옮김, 『기업윤리: 사업은 사업이고 윤리는 윤리인가』, pp.252-261 참조.

56) Bart Victor and Carroll Underwood Stephens, "Business Ethics: A Synthesis of Normative Philosophy and Empirical Stephens," *Business Ethics Quarterly*, Vol. 4 (1994), pp.145-155.

57) 이 말은 헬베티우스(Helvetius)가 *De l'esprit* (Paris, 1758)에서 한 말로 알려지고 있다. Jane J. Mansbridge, ed. *Beyond Self-Interest* (Chicago: University of Chicago Press. 1990), p.6에서 재인용.

58) Gauthier, *Morals By Agreement*, p.4.

59) Daly and Cobb, *For the Common Good*.

60) 후쿠야마, 이상훈 옮김, 『역사의 종말: 역사의 종점에선 최후의 인간』, 각주 33 참조.

61) 프랜시스 후쿠야마, 구승회 옮김, 『트러스트』 (서울: 한국경제신문사, 1996), p.30.

62) G. Davidson and P. Davidson, *Economics for a Civilized Society* (New York: W. W. Norton, 1988).

63) 불량품 문제는 기술과 정보의 우위를 점하고 있는 생산자와 용역 제공자가 소비자를 우롱하는 것이고, 역조 선택 현상은 가령 보험회사와 가입자 간의 정보 차이 때문에 사건 발생 확률이 높은 가입자 집단이 선별적으로 모여 드는 현상을 말한다. Andrew Schotter, *The Free Market Economics: A Critical Appraisal* (New York: St. Martin's Press. 1985), pp.51-54.

64) Jung Soon Park, *Contractarian Liberal Ethics and the Theory of Rational Choice* (Peter Lang: New York, 1992), p.179.

65) 『논어(論語)』 「학이편(學而篇)」: "자공이 '가난해도 아첨하지 않고 돈이 많아도 교만하지 않으면 어떻습니까?' 하고 묻자 공자께서 말씀하셨다. '좋은 말이다. 그러나 가난하면서도 도를 즐기며 돈이 많으면서도 예를 좋아하는 것만은 못하다.'(子貢曰 貧而無諂 富而無驕 何如. 子曰 可也 未若貧而樂 富而好禮者也)"

제2장 공직윤리: 현대적 의미의 청렴성 개념과 그 윤리적 기반의 구축

1) Gerald E. Caiden, O. P. Dwivedi and Joseph Jabbra, eds. *Where Corruption Lives* (Bloomfield: Kumarian Press, 2001), p.6.

2) L. Michael, Hager, "Bureaucratic Corruption in India," *Comparative Political Science*, Vol. 6 (1973), p.197; 이영균, 「공무원 부정부패의 원인과 방지대책」, 『한국행정논집』, 제8권 (1996), p.15; Caiden et al. *Where Corruption Lives*, p.4.

3) 부패방지위원회, 『청렴국가건설을 위한 부패방지 기본계획』 (2002), p.10.

4) 국가청렴위원회, 『청렴국가건설을 위한 공직자 부패방지 가이드』 (2005), p.9.

5) Peter Larmour and Nick Wolanin, eds. *Corruption and Anti-Corruption* (Canberra: Asia Pacific Press, 2002), pp.xi-xii.

6) 신윤환, 「부정부패의 정치경제학」, 『사회평론』 (1992. 6), p.136.

7) OECD, *Ethics In the Public Service: Current Issues and Practice. Public Management(PUMA) Occasional Papers*, No. 14 (1996), p.11.

8) 이서행, 「반부패의식과 제도로서의 청백리 규범문화」, 『한국부패학회보』, 제

7권 (2002), pp.81-101. p.92; 김택, 「공직윤리와 청백리 사상에 관한 연구」, 『한국부패학회보』, 제9권 (2004), pp.96-97.

9) 김택, 「공직윤리와 청백리 사상에 관한 연구」, p.97.

10) 이재선, 「한국인의 멋과 지혜: 청빈을 삶의 가치로 삼아온 선비정신과 여유의 멋」, 『북한』, 11월호 (1987), 통권 191호, pp.158-161. 선비정신에 대한 규정은 국립국어원 우리말 샘에서 인용.

11) 이서행, 『청백리정신과 공직윤리』 (서울: 인간사랑, 1990), p.186.

12) 감사교육원, 『청백리정신과 감사인』 (1996), p.102.

13) 같은 책, p.104.

14) 『맹자(孟子)』「양혜왕장구(梁惠王章句) 상(上)」, 7절; 『논어(論語)』「학이편(學而篇)」: "자공이 '가난해도 아첨하지 않고 돈이 많아도 교만하지 않으면 어떻습니까?' 하고 묻자 공자께서 말씀하셨다. '좋은 말이다. 그러나 가난하면서도 도를 즐기며 돈이 많으면서도 예를 좋아하는 것만은 못하다.'(子貢曰 貧而無諂 富而無驕 何如. 子曰 可也. 未若貧而樂 富而好禮者也)"

15) 김영봉, 「청부론인가, 청빈론인가」, 『기독교사상』, 제46권 (2002), pp.232-245.

16) 『맹자』「만장장구(万章章句) 하(下)」, 1절.

17) 이러한 해석 중 시기심이 경제발전이 정체된 비영합적 사회에서 평등에 대한 한 요구로서 발생할 수도 있다는 설명에 대한 비판적 논의는 존 롤즈, 황경식 옮김, 『정의론』 (서울: 이학사, 2003), p.689.

18) 같은 곳.

19) 감사교육원, 『청백리정신과 감사인』, p.112.

20) 김상겸, 「한국사회의 청렴성 제고를 위한 헌법적 고찰」, 『헌법학 연구』, 제12권 (2006), pp.249-280 p.255.

21) 같은 논문, p.257.

22) 롤즈, 황경식 옮김, 『정의론』, p.170.

23) 같은 책, p.168-169.

24) Cora Diamond, "Integrity," Lawrence Becker and Charlotte Becker, eds. *Encyclopedia of Ethics* (New York: Routledge, 2001), p.864. 청렴성이 복합적인 덕목이라는 관점에서 부패문제도 덕의 윤리의 관점에서 전개되어야 한다는 주장은 Jeff Everett, Dean Neu and Abu Shiraz Rahaman, "The Global Fight Against Corruption: A Foucaultian, Virtue-Ethics Framing," *Journal of Business Ethics*, Vol. 65 (200), pp.1-12.

25) Lynne McFall, "Integrity," *Ethics*, Vol. 98 (1987), p.20.

26) Daniel Putman, "Integrity and Moral Development," *The Journal of Value*

Inquiry, Vol. 39 (1996), pp.237-246. Joseph A. Petrick and John F. Quinn, "The Integrity Capacity Construct and Moral Progress in Business," *Journal of Business Ethics*, Vol. 23 (2000), pp.3-18.

27) Brian Connelly, Scott Lilienfeld and Kelly M. Scheelk, "Integrity Test and Morality," *International Journal of Selection And Assessment*, Vol. 14 (2006), p.82.

28) Murray Barrick, and Michael Mount, "The Big Five Personality Dimensions and Job Performance: A Meta-Analysis," *Personnel Psychology*, Vol. 44 (1991), pp.1-26.

29) Thomas Becker, "Integrity in Organization: Beyond Honest and Conscientiousness," *Academy of Management Review*, Vol. 23 (1998), pp.154-161.

30) 같은 논문, p.158.

31) 같은 논문, p.157.

32) Petrick and Quinn, "The Integrity Capacity Construct and Moral Progress in Business."

33) 같은 논문, p.4.

34) 같은 곳; Damian Cox, Marguerite La Caze and Michael Levine, "Integrity," *Stanford Encyclopedia of Philosophy* (2005), pp.1-16.
<http://plato.stanford.edu>

35) Petrick and Quinn, "The Integrity Capacity Construct and Moral Progress in Business," pp.4-15.

36) 이것은 소위 콜버그의 도덕발전 3수준 6단계론에 근거한 것이다. Lawrence Kohlberg, *Essays on Moral Development*: Vol. II. *The Psychology of Moral Development: The Nature and Validity of Moral Stages* (San Francisco: Harper & Row, 1984).

37) 사회적 자본의 개념은 다음 두 논문 참조. Alejandro Portes, "Social Capital: Its Origin and Applications in Modern Sociology," *Annual Review of Sociology*, Vol. 24 (1998), pp.1-24. 그리고 James Coleman, "Social capital in the creation of human capital," *American Journal of Sociology*," Vol. 94 (suppl., 1988), pp.95-120.

38) Petrick and Quinn, "The Integrity Capacity Construct and Moral Progress in Business," p.16.

39) 김택, 「공직윤리와 청백리 사상에 관한 연구」, p.111. 강조 부가.

40) John T. Noonan, Jr., *Bribes* (Berkely: University of California Press, 1984), pp.685-693.

41) 같은 책, pp.693-702; 존 누난, 이순영 옮김. 『뇌물의 역사』 (서울: 한세, 1996), pp.483-499.

42) OECD, *Ethics In the Public Service: Current Issues and Practice,* pp.1-63.

43) John Rawls, "Kantian Constructivism in Moral Theory," *The Journal of Philosophy*, Vol. 77 (1980), p.530.

44) Michael Walzer, *Spheres of Justice: A Defence of Pluralism and Equality* (New York: Basic Books, 1983). 번역본으로는 마이크 왈쩌, 정원섭 외 옮김, 『정의와 다원적 평등: 정의의 영역들』 (서울: 철학과현실사, 1999).

45) 박정순, 『마이클 월저의 사회사상과 철학적 깨달음: 복합평등, 철학의 여신, 마방진』 (서울: 철학과현실사, 2017) 참조.

46) 누난, 이순영 옮김, 『뇌물의 역사』, p.499.

47) 같은 책, pp.8-9.

48) Noonan, *Bribes*, p.xix.

49) 누난, 이순영 옮김, 『뇌물의 역사』, pp.506-507. 강조 부가.

50) 같은 책, p.3.

51) Noonan, *Bribes*, p.xxi.

52) 누난, 이순영 옮김, 『뇌물의 역사』, p.473.

53) Kohlberg, *Essays on Moral Development*: Vol. II. *The Psychology of Moral Development: The Nature and Validity of Moral Stages.*

54) 누난, 이순영 옮김, 『뇌물의 역사』, p.4, pp.471-472.

55) OECD, *Ethics In the Public Service: Current Issues and Practice,* pp.1-63.

제3장 생명의료윤리에서 악행금지 원칙

1) 이 논문은 한국의료윤리교육학회 편, 『의료윤리학』 (서울: 계축문화사, 제2 판, 2003), pp.81-103에 수록된 저자의 글(제2장 2절 "악행금지 원칙")을 수정 증보하여 본서에 수록한 것이다.
「히포크라테스 선서」의 신구 버전과 그에 대한 설명, 그리고 히포크라테스 선서와 율법을 논한 것은 리사 슈와츠·폴 프리스·로버트 핸드리, 조비룡·김대군·박균열·정규동 옮김, 『사례 중심의 의료윤리』 (고양: 도서출판 인간사랑, 2008), pp.418-424.

2) T. L. 비첨·J. F. 칠드레스, 박찬구·최경석·김수정·인선호·조선우·추정완 옮김, 『생명의료윤리의 원칙들』, 제6판 (부천: 부크크, 2017), p.267. 원서는 Tom L. Beauchamp and James F. Childress. *Principles of Biomedical Ethics* (New York: Oxford University Press, 1st edition 1979; 6th edition

2009). 여기서는 생명의료윤리의 영역에서 일반적 지침으로 사용되는 네 가지 도덕원칙들을 제시하고 자세히 천착하고 있다. 즉, (1) 자율성 존중 (respect for autonomy), (2) 해악금지(nonmaleficence), (3) 선행(beneficence), (4) 정의(justice)가 그것들이다.

3) "Ahimsa," *Wikipedia.*

4) 존 롤즈, 황경식 옮김, 『정의론』 (서울: 이학사, 2003), p.162.

5) 도덕의 개념수는 존 롤즈, 황경식 옮김, 『정의론』, 18절 "개인에 대한 원칙: 공정성의 원칙", 19절 "개인에 대한 원칙: 자연적 의무", 51절 "자연적 의무의 원칙에 대한 논증", 52절 "공정성의 원칙에 대한 논증"에서 상세히 논의되고 있다.

6) 같은 책, p.512.

7) 같은 책, p.142.

8) 같은 책, pp.69-70.

9) 같은 책, pp.187-195.

10) John Rawls, "Kantian Constructivism in Moral Theory," *The Journal of Philosophy*, Vol. 77 (1980), p.530.

11) 존 롤즈, 황경식 옮김, 『정의론』, pp.514-516.

12) 같은 책, p.567.

13) 같은 책, p.36.

14) 같은 책, p.401. 제2우선성 규칙(효율성과 복지에 대한 정의의 우선성): 정의의 제2원칙은 서열상 효율성의 원칙이나 이득의 총량의 극대화 원칙에 우선해야 한다. 효율성의 원칙은 12절 제2원칙에 대한 해석에서 논의된다. 효율성의 원칙은 파레토 최적성(Pareto Optimality)으로서 "어떤 형태가 효율적이라고 할 경우는 그 형태를 변경시킴으로서 다른 사람들(최소한 한 사람)을 빈곤하게 하지 않고 동시에 약간의 사람들(최소한 한 사람)을 부유하게 할 가능성이 더 이상 없을 때"라는 것이다. 같은 책, 파레토 최적성은 p.112, 인용은 p.113.

15) 같은 책, pp.167-171, pp.438-449.

16) 같은 책, pp.164-167, pp.449-458.

17) "신의성실의 원칙," 『한경 경제용어사전』, 『네이버 지식백과』. 신의(fidelity)의 원칙과 진실한(bona fide) 약속은 존 롤즈, 황경식 옮김, 『정의론』, pp.451-453 참조.

18) 존 롤즈, 황경식 옮김, 『정의론』, p.171.

19) 칸트는 자신과 타인들에 대한 완전한 의무와 불완전한 의무의 네 가지 구별을 다음과 같이 설명하고 있다. 자살(자신에 대한 완전한 의무 어김)과 거짓

약속의 행위들(타인에 대한 완전한 의무 어김)은 그것들의 준칙이 모순 없이
는 결코 보편적인 자연법칙으로 생각될 수 없을 뿐만 아니라 의욕할 수도
없는 것으로 완전한 의무의 대상들이다. 반면에, 향락 추구(능력을 증진해야
할 자신에 대한 불완전한 의무 어김)와 자선 회피(타인에 대한 불완전한 의
무 어김)의 행위들은 그것들의 준칙이 보편적인 자연법칙으로 생각될 수 있
으므로 내적 불가능성이 발생하지는 않지만 그것들의 준칙이 자연법칙의 보
편성으로 승격되기를 의욕한다는 것은 불가능하나. 선사는 엄격하고 엄밀한
것으로 내버리고 돌아보지 아니하는 방기(放棄)를 할 수 없는 것이고, 후자
는 단지 느슨한 것으로 의무 이상의 행위로서 공적을 세우는 것이다. 이마누
엘 칸트, 백종현 옮김, 『윤리형이상학 정초』 (서울: 아카넷, 2005), B53
IV422-B57 IV424.

20) "Eye for an eye," *Wikipedia*.

21) "United States Declaration of Independence," Preamble. *Wikipedia*. 보편적
인권 이념에 대해서는 박정순, 『존 롤즈의 정의론: 전개와 변천』 (서울: 철학
과현실사, 2019), 제4장 "인권 이념의 철학적 고찰," pp.437-471 참조.

22) "Declaration of the Rights of Man and of the Citizen," *Wikipedia*.

23) Harm에 대한 논의는 Matthew Hanser, "Harm," Hugh LaFollette, ed. *The
International Encyclopedia of Ethics*, Vol. IV (West Sussex, UK: Wiley-
Blackwell, 2013), pp.2299-2307. 그리고 Joel Feinberg, "Harm and
Offense," Lawrence C. Becker and Charlotte B. Becker, eds. *Encyclopedia
of Ethics*, 2nd edition (New York and London: Routledge, 2001), pp.652-
655.

24) T. 샤논 · J. 디지아코모, 황경식 · 김상득 옮김, 『생의윤리학이란?』 (서울: 서
광사, 1988), p.37; 박정순, 『마이클 샌델의 정의론, 무엇이 문제인가』 (서울:
철학과현실사, 2016), p.84.

25) 밀과 그의 악행(금지) 원칙과 자유 원칙에 대한 옹호는 논의는 Piers Norris
Turner, "'Harm' and Mill's Harm Principle," *Ethics*, Vol. 124 (January
2014), p.319.

26) 존 스튜어트 밀, 서병훈 옮김, 『존 스튜어트 밀 선집』 (서울: 책세상, 2020),
『자유론』, 제1장, 머리말, p.320.

27) 머리말 p.314, p.320, p.324, 제3장 개별성, pp.383-384, 제5장 현실 적용,
pp.438-439.

28) 같은 책, 제3장 개별성, p.393.

29) William Frankena, *Ethics*, 2nd ed. (Englewood Cliffs, N.J.: Prentice Hall,
1973), p.47.

30) The Nuremberg Medical Trial, "The Nuremberg Code" (1947). 서문과 총 10개조로 이루어져 있다. 영어 전문은 Tom L. Beauchamp, LeRoy Walters, Jeffrey P. Kahn, and Anna C. Mastroianni, *Comtemporary Issues in Bioethics*, Seventh Edition (Belmont: Thomson-Wadsworth, 2003, 2008), p.70-71. 강령의 번역은 구영모 엮음, 『생명의료윤리』 (서울: 동녘, 2000), pp.228-229.

31) 한국의료윤리교육학회 편, 『의료윤리학』, p.451.

32) 비첨·칠드레스, 박찬구 외 옮김, 『생명의료윤리의 원칙들』, p.265; Cf. "Primun non nocere," *Wikipedia*.

33) 한국의료윤리교육학회 편, 『의료윤리학』, 제6장 1절 "안락사와 임종 환자의 권리," 참조.

34) 연명치료의 유보와 중단은 비첨·칠드레스, 박찬구 외 옮김, 『생명의료윤리의 원칙들』, pp.277-282를 기본적으로 참조하였다. 그리고 James Rachels, "Killing and Letting Die," Lawrence C. Becker and Charlotte B. Becker, Editors, *Encyclopedia of Ethics*, 2nd edition (New York and London: Routledge, 2001), pp.947-950. 또한 Lippert-Rasmussen, Kasper, "Killing," Hugh LaFollete, ed. *The International Encyclopedia of Ethics* (West Sussex, UK: Wiley-Blackwell, 2013), pp.2918-2928.

35) President's Commission for the Study of Ethical Problems. *Deciding to Forego Life-Sustaining Treatment* (Washington, D.C.: Government Printing Office, 1983).

36) 특수치료와 일상치료는 비첨·칠드레스, 박찬구 외 옮김, 『생명의료윤리의 원칙들』, pp.282-283, pp.296-305을 기본적으로 참조하였다.

37) Gerald Kelly, "The Duty to Preserve Life," *Theological Studies*, Vol. 12, No. 2, p.550.

38) 임종식, 『생명의 시작과 끝: 생명의료윤리입문서』 (서울: 도서출판 모멘나무, 1999), 제6장 안락사, pp.285-346.

39) Rev. James McTavish, "Justice and Health Care: When 'ordinary' is extra-ordinary," *The Linacre Quarterly*, Vol. 83, No. 1 (2016 Feb.), pp.23-64.

40) 김일순·N. 포션 편역, 『의료윤리: 삶과 죽음, 그 영원한 숙제』 (서울: 연세대학교 출판부, 1982), 제1장 1절 "의료 윤리학은 왜 대두되었는가?" pp.3-12; 김일순·N. 포션, 『새롭게 알아야 할 의료윤리』 (서울: 현암사, 1993), p.209.

41) President's Commission for the Study of Ethical Problems.

42) Beauchamp and Childress, *Principles of Biomedical Ethics*, "The Rule of

Double Effect," pp.162-166.

43) William David Solomon, "Doble Effect," Lawrence C. Becker and Charlotte B. Becker, eds. *Encyclopedia of Ethics*, 2nd edition (London: Routledge, 2001), pp.418-420. Don Marquis, "Doctrine of Double Effect," Hugh LaFollete, ed. *The International Encyclopedia of Ethics* (West Sussex, UK: Wiley-Blackwell, 2013), pp.1435-1443.

44) 미필적 고의(未必的 故意, *dolus eventualis*)는 "자기의 행위로 인하여 어떤 범죄 결과의 발생가능성을 인식(예견)하였음에도 불구하고 그 결과의 발생을 인용(認容)한 심리 상태를 말한다. 예컨대, 보험금을 탈 목적으로 밤에 자기의 집에 방화(放火)할 때에 혹시 옆집까지 연소(延燒)하여 잠자던 사람이 타죽을지도 모른다고 예견하면서도, 타죽어도 할 수 없다고 생각하고 방화한 경우와 같다. 미필적 고의는 불확정적 고의의 하나이다." "미필적 고의,"『두산백과』,『네이버 지식백과』.

45) Beauchamp and Childress, *Principles of Biomedical Ethics*, "The Rule of Double Effect," pp.162-166.

46) 1962년 제정되어 2013년 7차로 수정되었던 "헬싱키 선언: 인간 대상 의학연구 윤리원칙"은 전문은 구영모 엮음,『생명의료윤리』, pp.230-238.

47) 한국의료윤리교육학회 편,『의료윤리학』, pp.337-338; Ronald Yezzi, *Medical Ethics: Thinking About Unavoidable Questions* (New York: Holt, Rinehart and Winston, 1980), p.119.
"미끄러운 언덕 논증(slippery slope argument)"은 기본적으로 미끄러운 언덕에서처럼 우리가 한 번 미끄러지면 가속이 붙어 더욱 세게 미끄러지는 현상을 말한다. 그래서 한 번 부도덕한 행동을 하게 되면, 마약에 중독되는 것처럼 부도덕한 행위를 거리낌 없이 더 심하게 퇴행적으로 하게 된다는 것을 주장하는 것이 "도덕적 퇴행 논증(morally regressive argument)"이다. Eugene Volokh, "Slippery Slope Arguments," Hugh LaFollete, ed. *The International Encyclopedia of Ethics* (West Sussex, UK: Willey-Blackwell, 2013), pp.4923-4929. 물건들의 사이를 벌리는 데 쓰이기도 하는 쐐기에 비유한 "쐐기 원칙(wedge principle)"은 "발단 논증"으로서 우리가 쐐기를 박는 것은 나무가 쪼개질 때까지 그것을 박기 위함이다. 즉 한 번 불합리하고 비도덕적인 행위를 허용하면 그것이 발단이 되어 더 깊숙이 빠져들어 가서 더욱 심각해질 수밖에 없다는 것이다. 궁극적으로는 마치 판도라의 상자를 한 번 열면 온갖 악이 쏟아져 나오는 것처럼 말이다. Govert Den Hartogh, "The Slippery Slope Argument," Helga Kuhse and Peter Singer, eds. *A Companion to Bioethics*, 2nd edition (West Sussex, UK: Wiley-Blackwell, 2009), pp.321-332; 김일순 · N 포션,『새롭게 알아야 할 의료 윤리』, "미끄러운 언덕 논리는 배제될 수 있는가?" pp.188-196; 박정순, 『마이클 샌델의 정의론, 무엇이 문제인가』 (서울: 철학과현실사, 2016), 제2장 후주 96, pp.447-448.

48) Beauchamp and Childress, *Principles of Biomedical Ethics*, p.163.

49) 이러한 비판은 공리주의자 밀이 제기한 것이다. 존 스튜어트 밀, 이을상 옮김, 『공리주의』 (서울: 지식을 만드는 지식, 2011), 제2장 "공리주의란 무엇인가?" pp.51-52: "윤리학의 임무는 우리의 의무가 무엇인지, 어떤 검증을 거쳐야 의무를 알 수 있는지를 우리에게 알려주는 것이다. 그러나 어떠한 윤리체계도 모든 행위가 의무감이라는 오직 하나의 동기로부터만 나와야 된다고 요구하지는 않는다. 반면에 우리 행위의 99퍼센트는 다른 동기들로부터 나오지만, 그것이 의무의 법칙에 위반되지 않는다면, 아무런 문제가 없는 것이다. 공리주의 도덕론자는 동기가 행위자의 가치를 크게 좌우할지라도 행위의 도덕성과는 아무런 관계가 없다는 점을 다른 입장에서 있는 사람보다 더 역설해왔기 때문에 이런 특수한 오해가 공리주의에 반대하는 이유가 된다는 것은 공리주의 이론에 대해 더 한층 부당한 일이다. 물에 빠진 동포를 구한 사람은 그 동기가 의무로부터 나온 것이든, 보상을 목적으로 한 것이든 관계없이 도덕적으로 옳은 일을 한 것이다." 의료윤리 일반에서 공리주의적 접근 방식은 헤어(R. M. Hare)의 "A Utilitarianism Approach," Kuhse and Singer, ed. *A Companion to Bioethics*, pp.85-90.

50) 그러한 구분에 대한 비판에 관련하여 다음의 사례가 제시된다. 일단의 탐험가들이 협소한 출구에 한 거구의 대원이 끼어서 움직이지 못하게 되면서 동굴에 갇히는 상황이 발생했다. 그런데 물이 차오르고 있고, 동굴에서 탈출하기 위해서는 협소한 출구를 다이너마이트로 폭발시켜야만 한다. 그럴 경우 거구의 대원은 죽게 된다. 그렇다면 우리의 의도는 거구의 대원을 죽이기 위한 것이었다고 해야 할 것인가? 아니면 우리의 의도는 대원들이 동굴에서 빠져나오는 것이며, 그것을 실현하기 위한 다이너마이트 폭발과 그에 따른 거구의 대원의 죽음은 예견했지만 의도하지는 않았던 나쁜 결과일 뿐인가? 이 경우 거구의 대원의 죽음과 나머지 대원들이 동굴 탈출은 필연적으로 연결되어 있기 때문에 의도된 좋은 결과와 의도되지 않은 나쁜 결과를 구분하려는 동기주의적, 의도주의적 윤리학은 설득력을 갖기 어려울 것이다. Helga Kuhse, "Euthanasia," Peter Singer, *A Companion to Ethics* (Oxford: Blackwell Reference, 1991), p.300. 이에 대한 논의는 문성학, 「칸트 윤리학의 네 가지 문제점」, 『칸트연구』, 제13집 (2004), p.99 참조. 원래 이 사례는 두 갈래 선로들에 있는 상이한 수의 인부들을 앞에 둔 기관사가 제동 장치가 고장 났을 때 어느 철로로 가야 하는가 하는 트롤리 문제를 최초로 제기했던 Philippa Foot, "The Problem of Abortion and the Doctrine of the

Double Effect," *Oxford Review*, No. 5 (1967), pp.5-15에서 제기된 것이다. 저자가 이용한 논문은 Philippa Foot, *Virtues and Vices and Other Essays in Moral Philosophy* (Berkeley: University of California Press, 1978), pp.19-32에 전재된 것이다. 동굴 사례는 p.21에 나옴. 트롤리 문제는 박정순, 마이클 샌델의 정의론, 무엇이 문제인가』(서울: 철학과현실사, 2016), pp.58-67, pp.230-232 참조.

동굴 영화로 참고할 것은 「생텀(Sanctum)」(미국, 오스트레일리아, 2011)이 있다. 생텀은 전인미답의 동굴을 타인의 침해를 받지 않은 성스러운 곳, 즉 성소(聖所)로 묘사한 것이다. 지구상에서 가장 깊고 큰 거대한 해저 동굴 "에사 알라"를 탐험하던 대원들은 열대 폭풍에 휩쓸려 지상으로 연결된 출구가 차단되어 수중미로에 갇히게 되자 더욱 깊은 곳으로 내려가 해저 출구를 찾으려고 한다. 그 과정에서 얼마 남지 않은 식량, 비어가는 산소통, 꺼져가는 불빛 때문에 무수한 생사의 갈림길에 서게 되고 대원들은 하나둘씩 죽어간다. 자기 혼자만 살겠다고 무리하게 전진하다가 죽고, 다들 전진하는데 의견 차이로 그 자리에서 혼자 머뭇거리다 고립무원이 되어 혼자 죽고, 수중 동굴을 통해 안전한 곳으로 잠수해 들어가다가 숨이 다해 죽는 상황들이 벌어진다. 그리고 다른 동료 대원들을 위해서 자기 생명을 포기하거나, 중상을 입고 살 가망이 없자 동료 대원들에게 안락사를 부탁하는 장면 등이 연속적으로 이어진다. 마지막은 탐험 비용을 댄 투자자의 아들 조쉬만이 천신만고 끝에 해저 출구를 찾아 수면으로 올라와서 해변에 당도하여 쓰러지는 감명 깊은 장면이다. 『네이버 영화』참조.

51) 이중결과의 원리에 대한 포괄적인 논의는 임종식, 『생명의 시작과 끝: 생명의료윤리입문서』(서울: 로뎀나무, 1999), "이중결과의 원리," pp.67-97 참조. 이중결과의 원리에 대한 체계적인 비판은 T. M. Scanlon, *Moral Dimension: Meaning, Permissibility and Blame* (Cambridge: Harvard University Press, 2010). Ch. 1. "The Illusory Appeal of Doble Effects," pp.8-36.

52) 이하 저자의 논문, 박정순, 「마이클 왈쩌의 정의전쟁론: 그 이론적 구성체계와 한계에 대한 비판적 고찰」, 『철학연구』, 제68집 (2005), pp.77-131 중 pp.99-101 발췌. 그리고 박정순, 「9·11 테러 사건 1주년에 즈음한 '정의로운 전쟁론'의 대가 마이클 왈쩌 교수와의 특별대담: '테러와의 전쟁'과 '정의로운 전쟁론' 그리고 미국 좌파의 향방」, 『철학연구』, 제68집 (2005), pp.121-142. 위 논문과 대담은 철학연구회 편, 『정의로운 전쟁은 가능한가』(서울: 철학과현실사, 2006)에 제4장과 부록으로 재수록됨. 마이클 월저의 사상에 대한 전반적인 논의는 박정순, 『마이클 월저의 사회사상과 철학적 깨달음: 복합평등, 철학의 여신, 마방진』(서울: 철학과현실사, 2017) 참조. Michael Walzer, *Just and Unjust Wars: A Moral Argument With Historical*

Illustrations (New York: Basic Books, Inc, 1977). 번역본으로는 마이클 월저, 권영근·김덕현·이석구 옮김, 『마르스의 두 얼굴: 정당한 전쟁·부당한 전쟁』 (서울: 연경문화사, 2007).

53) Walzer, *Just and Unjust Wars*, p.135.

54) 같은 책, p.138.

55) 부수적 피해(collateral damage)는 군사 행동으로 인한 민간인의 인적, 물적 피해를 말한다. 아놀드 슈워제네거 주연의 영화 「콜래트럴 데미지」(미국, 2002) 참조. 이 영화는 콜롬비아 영사관 직원들을 대상으로 자행된 폭탄 테러에서 주인공의 아내와 아들이 테러의 부수적 피해로 죽는 것으로부터 시작한다. 영화에서 주인공인 LA 소방관 고디는 테러에 대한 수사가 진척을 보이지 않자 직접 테러리스트를 응징하기 위해 콜롬비아 정글로 떠나 테러리스트 반군을 대상으로 복수를 하려고 고군분투한다. 『네이버 영화』 참조. 원래 부수적 피해는 정의로운 전쟁에 임하는 전쟁 당사국의 군사행동에 따른 민간인들의 피해를 말하지만, 여기서는 테러리스트들의 폭탄 테러에서 원래 목표가 아닌 민간들이 죽었으므로 부수적 피해라고 지칭하는 것이다. 만약 테러리스트들이 민간인을 목표로 폭탄 테러를 자행했다면 그것은 부수적 피해가 아니라 직접적 피해이다.

56) 임종식은 principle of double effect는 좋고 나쁜 두 종류의 effect를 초래하는 행위가 도덕적으로 허용될 수 있는가 하는 것에 주안점이 있다고 해석한다. 그러한 허용 가능성 판정은 원인적 행위와 그 결과라는 인과관계(cause and effect)에 달려 있으므로 "이중효과의 원리"보다는 "이중결과의 원리"로 번역되는 것이 더 적절하다고 주장한다. 임종식, 『생명의 시작과 끝: 생명의 료윤리입문서』, p.72.

57) Walzer, *Just and Unjust Wars*, p.153.

58) 같은 곳.

59) 같은 곳.

60) Alison MacIntyre, "Doing Away with Double Effect," *Ethics*, Vol. 111 (2001), p.220. 임종식, 『생명의 시작과 끝: 생명의료윤리입문서』, p.84.

61) Walzer, *Just and Unjust Wars*, p.155.

62) 같은 책, p.156.

63) Brian Orend, *Michael Walzer on War and Justice* (Montreal: McGill-Queen's University Press, 2000), pp.120-121.

64) Walzer, *Just and Unjust Wars*, p.229.

65) 같은 책, p.170.

66) 같은 책, p.198.

67) 구영모, 「죽임과 죽게 내버려둠 사이의 구분에 관하여」, 『철학』 제51집 (1997년 여름), pp.321-376; 구영모 엮음, 『생명의료윤리』, 제3부 "죽음은 과연 인간에게 주어진 마지막 의무인가?" pp.131-173.

68) James Rachels, "Active and Passive Euthanasia." *New England Journal of Medicine*, Vol. 292 (January 9, 1975), pp.78-80.

69) Foot, "Euthanasia", *Philosophy and Public Affairs*, Vol. 6, No. 2, pp.85-112. Reprinted *Virtues and Vices*, pp.33-61.

70) 박정순, 『마이클 샌델의 정의론, 무엇이 문제인가』 (서울: 철학과현실사, 2016), 제2장 후주 96, p.447.

71) 우리의 논의는 비첨·칠드레스, 박찬구 외 옮김, 『생명의료윤리의 원칙들』, 5장 "해악금지," pp.265-348에서 네 가지를 원용했고, 전반적인 평가도 그에 따랐다.

72) 같은 책, pp.296-300.

73) 같은 책, pp.300-305.

74) 신자유주의 이데올로기에는 자유시장 근본주의, 자유방임주의적 최소론, 자립적 개인주의가 있다. 박정순, 『사회계약론적 윤리학과 합리적 선택이론: 홉스, 롤즈, 고티에』 (서울: 철학과현실사, 2019), 부록 제2장 "세계시장과 인간 삶의 조건," p.381.

75) 비첨·칠드레스, 박찬구 외 옮김, 『생명의료윤리의 원칙들』, 5장 "해악금지," p.273.

76) 같은 책, 5장 "해악금지," pp.273-277.

77) 같은 책, 5장 "해악금지," pp.274-276.

78) "Principles of Medical Ethics, 1980," American Medical Association. Rem B. Edwards and Glenn C. Graber, *Bio-Ethics* (San Diego: Harcourt Brace Jovanovich, Publishes, 1988), p.41.

79) Frank A. Sloan and John H. Shadle, "Is there empirical evidence for 'Defensive Medicine'?: A Reassessment," *Journal of Health Economics*, Vol. 28, Issue 2 (March, 2009), pp.481-491.

80) 생명윤리학의 방법론에서 결의론적 방법을 논하고 있는 것은 김상득, 『생명의료윤리학』 (서울: 철학과현실사, 2000), pp.359-361. 결의론은 윤리와 종교의 일반원리를 특정한 구체적인 인간행위의 갈등적 상황에 사례적으로 적용하여 그 해결을 모색하는 방법이다. 결의론이라는 한자어는 의문을 해결한다는 뜻이다. "결의론," 『교육학용어사전』, 『네이버 지식백과』.

81) 보다 자세한 논의는 한국의료윤리교육학회 편, 『의료윤리학』 (서울: 계축문화사, 제2판, 2003), 제6장 1절 "안락사와 임종환자의 권리" 참조.

제3부 사이버 공간에서의 윤리

제1장 정보통신문화와 도덕의 정체성 문제

1) 정보화사회(informatisation or informatization society)는 정보사회(information society)로 넘어가는 과도기적 사회로 볼 수 있다. 그러나 정보사회라는 개념은 산업사회와의 불연속성을 강조하는 것이고 정보화사회라는 개념은 기존의 산업사회와의 연속성을 강조하는 것으로 볼 수도 있다. Frank Webster, *Theories of The Information Society* (London: Routledge, 1995), p.5.

2) 부가가치 통신은 기종과 통신방식이 서로 다른 기업들의 컴퓨터가 서로 통신할 수 있도록 중계해주는 통신망 서비스의 하나로서, 물류, 창고업계, 유통업계 등 동일업종의 정보교환이나, 제조와 판매 간의 수주업무와 상품정보의 전송, 교환 등 광범위한 분야에서 활용되고 있다.

3) 낙관적 전망과 비관적 전망의 포괄적인 논의는 Rob King, *Hopes and Horrors: Technological Utopianism and Anti-Utopianism in Narratives of Computerization* (Washington D.C.: Academic Press, 1996) 참조. 그리고 대니얼 버스타인 · 데이비드 클라인, 김광전 옮김, 『정보고속도로의 꿈과 악몽』(서울: 한국경제신문사, 1996). 그리고 이 책을 인용하여 13가지의 낙관적 전망과 9가지의 비관적 전망을 논의한 김형철, 「정보사회의 윤리」, 『철학과 현실』, 가을호 (1996), pp.89-90 참조. 본문에서 논의는 강상현, 『정보통신혁명과 한국사회』(서울: 한나래, 1996), p.128에서 인용함.

4) 한세억, 『정보사회의 규범과 윤리정착에 관한 연구』(서울: 한국정보문화센터, 1995), p.15.

5) Robin Williams and David Edge, "The Social Shaping of Technology," Williams H. Dutton, ed. *Information and Communication Technologies* (Oxford: Oxford University Press, 1996), pp.52-67; Jennifer Slack and Fred Frejes, eds. *The Ideology of the Information Age* (Norwood, N.J.: Ablex, 1987).

6) 이러한 다원적 "읽기의 윤리학"은 J. Hillis Miller, *The Ethics of Reading* (Columbia University Press, 1986) 참조. 물론 이러한 다원론적 읽기가 정보통신사회에 대한 다양한 관점들을 객관적으로 해결할 수 있는 가능성을 주는 것은 아니다. 그러한 다원론적 읽기도 언제나 오역의 가능성은 있다. 정보통신사회에 대한 기술 결정론적인 획일적인 이해를 극복하고, 다양한 이론들을 정리하고 분석한 국내서적으로는 강상현, 『정보통신혁명과 한국 사회』, 제2부 「정보사회로의 이행에 관한 논쟁」을 참조.

7) Ian Miles, "The Information Society: Competing Perspectives on the Social

and Economic Implications of Information and Communication Techno-logies," in Williams H. Dutton, ed. *Information and Communication Technologies* (Oxford: Oxford University Press, 1996), pp.37-52. 전환론적 관점은 정보통신기술에 의한 사회구조 전반의 혁명적 변화를 강조하는 입장이고, 지속론적 관점은 오늘날의 정보통신기술의 발전에도 불구하고 그것은 기존의 지배세력의 도구에 불과한 것이기 때문에 정보사회는 산업사회의 연장에 불과한 것으로 보는 입장이다. 이에 비해서 구조론적 관점은 정보통신기술이 지닌 변화의 잠재력은 인정하면서도 그것이 혁명적인 사회변화를 가져온다는 데 대해서는 반대하며 동시에 정보통신기술을 지배도구나 이데올로기적 수단으로 보는 입장에 대해서도 반대하는 중립적인 관점을 말한다. 강상현, 『정보통신혁명과 한국 사회』, p.124.

8) 같은 책, p.228.

9) 황경식, 「산업사회·윤리·정보사회」, 한국사회·윤리학회 발표 논문 (1997. 2), p.2. 황경식 교수의 논문은 산업사회에서 정보사회로의 이행 문제와 정보통신윤리의 문제를 결합하려고 시도하고 있는 논문으로 평가될 수 있다.

10) 한세억, 『정보사회의 규범과 윤리정착에 관한 연구』, p.66.

11) 황경식, 「산업사회·윤리·정보사회」, p.11.

12) 김형철, 「정보사회의 윤리」, p.86. "정보사회라고 해서 별다른 형태의 가치관과 가치기준이 따로 있다는 것은 잘못된 생각이다. 인간이 삶을 영위하는 데 적용해야 할 가치기준은 시간과 공간을 초월해서 동일한 것이다. 우리는 윤리의 기준에 대한 일관된 신념을 가지고 살아야 한다. 그러나 가치기준의 적용방식과 수단만이 기술의 발달에 따라서 변화되어갈 따름이다." 보다 엄밀하게 보면, 도덕기준의 내용적 보편주의를 주장하면서도 적용적 상황주의를 주장할 수도 있다.

13) Deborah G. Johnson, "Computers," Lawrence C. Becker, ed. *Encyclopedia of Ethics* (New York: Garland Publishing, Inc., 1992), p.191.

14) 문화지체 이론은 모든 사회가 반드시 고정된 동일한 발전 단계를 통과하는 것은 아니지만, 그래도 일정한 방향, 즉 선의 진화를 하여왔다고 보는 보편적 진화론(the Universal Theory of Evolution)의 일종이다. 이 이론은 William F. Ogburn, *Social Change with Respect to Culture and Original Nature* (New York: Viking, 1950)에서 제시되었다.

15) James H. Moor, "What is Computer Ethics?" *Metaphilosophy*, Vol. 16 (1985), p.267.

16) Deborah G. Johnson and Helen Nissenbaum, eds. *Computers, Ethics and Social Values* (Englewood Cliffs, New Jersey, 1995), "Introduction: What

is Computer Ethics?" p.3.

17) 한세억, 『정보사회의 규범과 윤리정착에 관한 연구』, pp.24-26. 이러한 문제에 대한 광범위한 논의는 Virginia E. Rezmierski, "Managing Information Technology Issues of Ethics and Values," Online Manuscript.
   <http://cause-www.colorado/information/sources/ir-library/text/cem9233.txt>

18) Simon Rogers, "The Ethics of Computing: the first and second generations." 1996. <http://idun.unl.ac.uk:80/~11sadlerc/src/ETHrog.html>

19) Deborah G. Johnson, *Computer Ethics* (Englewood Cliffs: Prantice-Hall, 1985).

20) Moor, "What is Computer Ethics?" p.269.

21) Walter Manner, "Unique Ethical Problems in Information Technology," *Science and Engineering Ethics*, Vol. 2 (1996), pp.137-154.

22) 이러한 살라미 수법은 소위 소수점 이하를 떼어 내는 사취 수법(round-down fraud)으로 악용된다. 1991년까지 알려진 최고액은 38만 5천 달러이다. David O. Arnold, *Computers and Society Impact* (New York: Mitchell McGraw-Hill, 1991), p.406.

23) G. Walsham, "Ethical Theory, Codes of Ethics and IS Practice," *Information Systems Journal*, Vol. 6 (1996), pp.69-81.

24) Simon Rogerson and Terrell Ward Bynum, "Cyberspace: The Ethical Frontier" (1996). <http://www.cms.dmu.ac.uk/CCSR/ccsr/the_art/theart.html>

25) Krystyna Gorniak-Kocikowska, "The Computer Revolution and the Problem of Global Ethics," *Science and Engineering Ethics*, Vol. 2 (1996), pp.177-190.

26) Terrell Ward Bynum and Simon Rogerson, "Global Information Ethics," *Science and Engineering Ethics*, Vol. 2 (1996), pp.131-135. Special Issue 로 Global Information Ethics을 다룸.

27) 이용태, 「통신전문가의 직업윤리」, 임희섭 외, 『새 시대의 직업윤리』 (서울: 신사회공동선운동연합, 1996), pp.209-234.

28) Thomas J. Froethlich, "Library and Information professions," Lawrence C. Becker, ed. *Encyclopedia of Ethics* (New York: Garland Publishing Inc., 1992), pp.711-716.

29) Terrell Ward Bynum, "Computer Ethics in the Computer Science Curriculum," *Research Center on Computing and Society*.
   <http://www.scsu-cs.ctstateu.edu/rccs/tce-art.html>

30) Chuck Huff et al, "Integrating the Ethical and Social Context of Compu-

ting into the Computer Science Curriculum," *Science and Engineering Ethics*, Vol. 2 (1996), pp.211-224.

31) 존 롤즈, 황경식 옮김, 『정의론』 (서울: 이학사, 2003).

32) 정보통신윤리의 전문가들 사이에서도 전통적인 윤리학의 수용은 상이하게 전개되고 있다. Richard O. Mason은 사회계약론을, James Moor는 벤담의 공리주의를, Deborah Johnson은 칸트적 의무론을, Jacek Sojka는 아리스토텔레스적 덕의 윤리학을 선호한다. Krystyna Gorniak-Kocikowska, "The Computer Revolution and the Problem of Global Ethics," p.184.

33) Virginia Shea, *Netiquette* (San Francisco: Albion Books, 1994).

34) 박순백, 「통신예절」. 『정보화사회』 (1989. 9), pp.14-19.

35) 인터넷에서 네티켓을 자세하게 다루고 있는 사이트는 Arlene H. Rinaldi, "The Net: User Guidelines and Netiquette." <http://www.fau.edu/rinaldi/net/index.html> 참조.

36) The Computer Ethics Institute, "The Ten Commandments for Computer Ethics." 본장, 제3부 제1장 부록 II 참조. <http://www.fau.edu/rinaldi/net/ten.html>

37) Virginia Shea, "Netiquette: Core Rules of Netiquette." 본장, 제3부 제1장 부록 III 참조. <http://www.in.on.ca/tutorial/netiquette.html>

38) 이러한 권리와 의무 장전은 다양한 입장을 반영하고 있다. 가장 급진적인 보편적 민중적 권리와 의무를 주장하는 것으로부터 상업적 권리와 의무를 인정하는 것까지 다양하다. 심지어는 전자적 학습자(electronic learners)의 권리장전도 있다. 자세한 논의는 The Aspen Institute, "An Information Bill of Rights and Responsibilities." <http://www.aspeninst.org/dir/current/Infobill.html> 부록 IV에 수록한 것은 정보에 대한 보편적인 민중적 권리를 주장하는 것이다. Michael Hauben and Ronda Hauben의 Online Netbook, *Netizens: On the History and Impact of the Net* (1996)에서 인용. Last Modified. 6/12/96. <http://www.columbia.edu/~rh120/netizen-rights.txt>

39) Karl Marx, *Critique of Gotha Program*, in Lewis S. Feur, ed. *Marx & Engels: Basic Writings on Politics and Philosophy* (Garden City: Anchor Books, 1959), p.119.

40) "ACM Code of Ethics and Professional Conduct," *Communications of the ACM*, Vol. 36, No. 2 (1993), pp.99-102. ACM은 2018년 6월 22일 새로운 윤리강령과 전문가 행동지침을 발표했다. 본장, 제3부 제1장 부록 I 참조. "ACM Code of Ethics and Professional Conduct: Affirming our obligation to use our skills to benefit society." <http://www.acm.org/code-of-ethics>

420

41) Keven Bowyer, *Ethics and Computing*, Ch. 3. "Professional Codes of Ethics". <http://www.computer.org/cspress/catalog/bp07130/chat.html>

42) Effy Oz, "Ethical Standards for Computer Professionals: A Comparative Analysis of Four Major Codes," *Journal of Business Ethics*, Vol. 12 (1993), pp.709-726.

43) 이용태, 「통신전문가의 직업윤리」, pp.225-232. 한세억, 『정보사회의 규범과 윤리정착에 관한 연구』, pp.78-82.

44) Jacques Berleur, "International Federation for Information Processing's Framework for Computer Ethics," *Science and Engineering Ethics*, Vol. 2 (1996), pp.155-165.

45) Roger Clarke, "Net-Etiquette: Mini Case Studies of Dysfunctional Human Behavior on the Net," (Original Version, 10, April, 1995; Last Amended, 1 March, 1997).
<http://www.anu.edu.au/people/Roger.Clarke/II/Netethiquettecases>

46) 강성완, 『정보사회의 역기능과 대응방안에 관한 연구』 (서울: 중앙대학교 행정대학원 석사학위논문, 1991), pp.10-25.

47) Deborah G. Johnson and Helen Nissenbaum, eds. "Introduction: Privacy and Databases," in *Computers, Ethics, and Social Values* (Englewood Cliffs, N.J.: Prentice Hall, 1995), p.265.

48) Richard A. Posner, "An Economic Theory of Privacy," Deborah G. Johnson and Helen Nissenbaum, eds. *Computers, Ethics, and Social Values* (Englewood Cliffs, N.J.: Prentice Hall, 1995), pp.332-350.

49) Richard A. Spinello, *Ethical Aspects of Information Age* (Englewood Cliffs: Prentice Hall, 1995), Ch. 5. "Privacy in the Information Age".

50) Seumas Miller, "Privacy and Computers," (1997). <http://www.csu.edu.au/special/conference/apwww95/papers/smiller/smiller. html>

51) Andrew Alexander, "Intellectual Property: The Impact of the Web." (1995). <http://www.csu.edu.au/special/conference/apwww95/aalexsan/aalexsan.html>

52) Helen Nissenbaum, "Should I Copy My Neighbor's Software," Johnson and Nissenbaum. eds. *Computers, Ethics, and Social Values*, pp.200-213.

53) John W. Snapper, "Introduction: Ownership of Computer Software," Johnson and Nissenbaum. eds. *Computers, Ethics & Social Values*, pp.148-153.

54) 과학과 기술의 발전을 위해서, 또한 후진국에서 선진국의 발전된 기술을 따라가기 위해서 역설계는 필요한 것일지도 모른다. 우리나라의 "컴퓨터 프로

그램 보호법"에서도 다른 프로그램과 호환성 있는 프로그램을 창작하기 위
한 "역설계"를 허용하는 내용이 추가되어 개정되었다. 이것은 프로그램 저작
권의 제한 대상이었던 (1) 재판을 위하여 필요한 경우, (2) 교육기관 등에서
수업과정에의 제공, (3) 고등학교 이하의 교과용 도서에 게재, (4) 가정과 같
은 한정된 장소에서 개인적 목적을 위한 복제 등 4개 요건에 학교의 입학시
험 또는 검정고시를 위하여 필요한 경우와 역설계가 추가된 것이다. 신각철,
「'컴퓨터프로램보호법' 개성(예고안)에 대한 검토」, 『정보화사회』, 제90권
(1995. 5), pp.40-46 참조.

55) Alexander, "Intellectual Property," pp.1-5.

56) Richard Stallman, "Why Software Should Be Free," Johnson and
Nissenbaum eds. *Computers, Ethics, Social Values*, pp.190-200.

57) 채명기, 「디지털 시대의 복제권」, 계간 『저작권』 (서울: 저작권심의조정위원
회), 1997년 봄호, pp.23-32. 빌 게이츠가 세계 유명 예술작품들에 대한 디지
털화권을 사들이고 있다는 보도는 나중에 사실이 아니라는 것으로 밝혀졌다.
그는 자신이 번 돈으로 "빌 앤드 멜린다 게이츠 재단(Bill & Melinda Gates
Foundation)"을 2000년 설립하여 세워 전 세계적으로 질병 치료, 식량 문제
해결, 교육 문제 해결, 빈민층 구제 등 각종의 자선 활동을 행하고 있다.

58) G. A. Keyworth, II, "People and Society in Cyberspace." 키워스는 "진보와
자유재단"의 의장이다. <http://www.pff.org/pff/tsot-1.html>

59) 김영한, 『사이버트렌드』 (서울: 고려원 미디어, 1996), p.159.

60) IHTFP Hack Gallery, "The Hacker Ethic." Last modified. 1996/02/06.
<http://fishwrap.mit.edu/Hacks/misc/ethics/html>

61) 하위문화 혹은 반문화적 현상으로서 해커, 크래커, 사이버펑크에 대한 자세
한 논의는 Kathie Hafner and John Markoff, *Cyberpunk: Outlaws and
Hackers on the Computer Frontier* (New York: Simon & Schuster, 1991)
참조.

62) 박종현 역주, 『플라톤의 국가』 (서울: 서광사, 1997), 359c-360b.

63) Steven Levy, *Hackers: Heroes of the Computer Revolution* (Garden City:
Anchor/ Doubleday Press, 1984).

64) 안철수, 「정보사회의 역기능과 대응방안」, 『정보사회와 통신윤리 세미나』
(정보통신윤리위원회, 1995. 6. 7), pp.27-39.

65) Alvin Toffler et al, "Cyberspace and American Dream: A Magna Carta for
the Knowledge Age." Release 1.2. August 22, 1994.
<http://www.pff.org/pff/position.html>
나중에 이 온라인 논문이 국내에 번역되어 있는 것을 발견하고 그 번역을 참

조함. 홍성태 엮음, 『사이버공간, 사이버 문화』 (서울: 문화과학사, 1996), 안
정옥 옮김, 「사이버스페이스와 미국의 꿈: 지식시대를 위한 헌장」, p.26.

66) Trevor Haywood, *Info-Rich - Info-Poor: Access and Exchange in the Globalization in the Information Society* (London: Bowker-Saur, 1995).

67) 인터넷상에서 정보복지사회에 대한 가장 심층적인 논의는 다음 참조. Center For Civic Networking, "The Internet and the Poor." <http://www.civicnet.org/articles/otherdocs/interp~3.htm#E19E1>

68) 존 롤즈, 황경식 옮김, 『사회정의론』 (서울: 서광사, 1977), p.112.

69) 존 롤즈, 황경식 옮김, 『사회정의론』, p.536. 롤즈에 따르면, 사회적 연합체
들의 사회적 연합이라고 해석할 수 있는 공동체는 "그 성원들이 자유로운
제도에 의해서 일깨워진 서로간의 **탁월성**과 **개성**을 향유하며, 그 전 체계가
모든 사람들에게 인정되고 즐거움을 완전한 활동에 있어서 각자의 선을 하
나의 요소로 인정하고 있는 그러한 인간 공동체(community of humankind)
에 이르게 된다." p.532. 삽입된 강조는 아리스토텔레스적 완전주의에 대한
전거이다.

70) 가상 공동체에 대한 논의는 Howard Rheingold, *The Virtual Community: Homesteading on the Electronic Frontier* (New York: Harper Perennial, 1993) 참조. <http://www.well.com/user/hlr/vcbook/vcbook1/html>

71) Neil McBride and Simon Rogerson, "The Effect of Global Information Systems on Business Vision and Values." Center for Computing and Social Responsibility (1995), "10. Cultural Perspective." <http://www.dmu.ac.uk/CCSR/ccsr/pubs/papers/bits95.html>

72) Richard Barbrook and Andy Cameron, "The California Ideology" (1996). <http://www.wmin.ac.uk/media/HRC/ci/calif5.html> 번역본은 홍성태, 『사이
버공간, 사이버문화』 참조.

73) 정보통신위원회에 대한 소개는 정보통신위원회 홈페이지 참조. 이것은 1997
년 4월 29일 개설되었다. <http//www.ice.kr>. 정보통신위원회는 불건전한
정보통신의 억제와 정보문화 창달을 위해서 설립된 기구로서 1995년 4월 법
정 기구로서 출범하였다. 그러나 2008년 2월 「방송통신위원회의 설치 및 운
영에 관한 법률」에 따라 구 방송위원회와 구 정보통신윤리위원회가 통폐합
되어 정부 유관기관인 대한민국 방송통신심의위원회로서 출범하였다. 웹사
이트는 <http://www.kocsc.or.kr>.

74) 「정보윤리심의기준」은 정보통신위원회 웹사이트 홈페이지나 『정보화사회』,
제61권 (1992, 12), pp.58-62 참조. 나중에 방송통신심의위원회의 「정보통신에
관한 심의규정」(시행 2015년 12월 16일)으로 개정되었다.
「정보통신윤리강령」(1995. 6. 7)은 다음과 같다.

「정보통신윤리위원회 정보통신윤리강령」

정보시대가 다가오고 있다. 정보통신기술의 발달로 시간과 공간의 장벽이 무너지고 세계가 하나 되는 시대를 맞고 있다. 우리 모두는 정보시대의 주인이 되어 유익한 정보를 서로 나누고 인류의 행복과 높은 이상이 실현되는 사회를 만들어야 할 책임이 있다.

모든 정보는 정확하고 성실하게 활용되어야 하며 인간의 존엄성을 지키고 삶의 품위를 높이는 데 이용되어야 한다. 개인의 창의력과 소식의 능률을 향상시키며 나라의 발전과 민족문화의 창조적 계승을 도모하고 세계가 더불어 번영하는 데 이바지하도록 정보 문화를 가꾸어 나가야 한다.

우리는 정보의 제공과 활용에 있어 서로의 인권을 존중하고 나라의 법질서를 준수하며 국민 정서에 맞는 미풍양속을 바로 세우는 시민 의식 형성에 앞장선다. 바른 언어를 사용하고 공중도덕을 지킴으로써 정보 질서를 확립하고 국가의 기밀이나 개인의 사생활과 지적재산권은 보호하되 유용한 정보는 함께 나누는 마음가짐이 새로운 가치관으로 뿌리내리도록 노력한다. 아울러 모든 개인과 지역에 정보의 공개와 활용의 혜택이 골고루 돌아가도록 힘씀으로써 밝고 정의로운 복지 사회를 이룩하는 데 최선을 다한다.

우리는 정보시대를 살아가는 민주 시민으로서 건전한 윤리가 정보사회의 기반을 이루어야 한다는 데 뜻을 모으고 이 뜻이 실현되도록 성실하게 노력할 것을 다짐한다.

75) 정보통신윤리위원회, 「정보통신윤리의식 실태조사」, 『정보화사회』, 제99권 (1996. 3), pp.40-47.

76) 1997년 4월 29일 열린 "정보통신윤리 캠페인"에서는 「정보통신 사업자 윤리 실천 강령」과 「자원봉사자 결의문」 등이 공포되었다. 미국에서도 미의회 도움으로 윤리 캠페인을 벌인 바 있다. National Computer Ethics & Responsibilities Campaign (NCERC), June 21, 1994.
   <http://cpsr.org/cpsr/sociology/mcerc.pr>

77) 한세억, 『정보사회의 규범과 윤리정착에 관한 연구』, pp.74-75.

78) 「정보통신 검열철폐를 위한 시민연대」, 『정보통신검열백서』 (1996, 11. 20). Internet e-mail. anticensor@mail.cybercom.co.kr

79) 존 롤즈, 황경식 옮김, 『사회정의론』, p.317.

80) 신각철, 「정보통신윤리위원회의 기능과 역할」, 『정보화사회』, 제91권 (1995. 6), pp.46-49.

81) 이사범, 「인터넷 정보보호 대책에 관한 연구」, 『정보화사회』, 제112권 (1997. 4), pp.43-53.

82) 강상현, 『정보통신혁명과 한국사회』, p.229. 이러한 비판들은 강상현 교수의

의견을 그대로 수용한 것이다.

83) 기호학적 게릴라전은 주어진 메시지를 새롭게 재해석하거나 대립적으로 해석하는 전략을 말한다. 존 킨, 주동황 외 옮김, 『언론과 민주주의』 (서울: 나남, 1995), p.6.

84) 임홍빈, 『기술문명과 철학』 (서울: 문예출판사, 1995).

85) Center for Civic Networking, *Information Infrastructure: Public Space for the 21st Century.* <http://www.civicnet.org>

86) 정보의 단계에 대한 논의는 Trevor Haywood, *Info-Rich Info-Poor*, Ch.1. The Information-knowledge Chain 참조.

87) (1) 코페르니쿠스적 혁명(지동설의 확립), (2) 다윈의 진화설(인간과 동물의 절대적 구분의 상실), (3) 마르크스(경제적 하부구조)와 프로이트(비합리적 성적 충동의 무의식)에 이어서, (4) 컴퓨터와 인공지능(인간 지성에의 도전)이 주는 충격이다. M. David Ermann et al. eds. *Computers, Ethics, and Society* (New York: Oxford University Press, 1990), "Introduction," p.18.

88) 정보통신윤리에 관한 연구소, 기관, 교육 커리큘럼을 잘 소개해놓은 웹사이트는 다음 참조. Center for Computing and Social Responsibility, Ethical Web Sites. <http://www.cms.dmu.ac.uk/CCSR/ccsr/web_lnks/ethwebsit.html>

89) Daniel Bell, "The Year 2000-The Trajectory of an Idea," *Daedalus*, Vol. 96 (1967), p.639.

제2장 익명성의 문제와 도덕규범의 구속력

1) Jungian archetypes, "Archetype," *Wikipedia*.

2) 박종현 역주. 『플라톤의 국가』. 서울: 서광사, 1997.

3) 같은 책, 395b-c.

4) 같은 책, 612b.

5) Michael Davis, "The Tragedy of Law: Gyges in Herodotus and Plato," *The Review of Metaphysics*, Vol. 53 (March, 2000), pp.635-655; 이성원, 「귀게스 전설과 철학적 사유의 출현」, 『서양고전학연구』, 제18집 (2002), pp.61-75.

6) 박종현 역주, 『플라톤의 국가』, 359c-360b.

7) 같은 책, 360b-c.

8) 같은 책, 612b.

9) 박광순 옮김, 『헤로도토스의 역사』 (서울: 범우사, 1987).

10) 같은 책, 1. 11.

11) Davis, "The Tragedy of Law: Gyges in Herodotus and Plato," p.643-644. 이성원, 「귀게스 전설과 철학적 사유의 출현," p.64.

12) 박병기, 「가상공간의 문화철학적 의미와 윤리적 지향」, 『범한철학』, 제28집 (2003), pp.305-324.

13) "투명인간," 『동아세계대백과사전』 (서울: 동아출판사, 1982).

14) 류혜숙, 「'할로우 맨' 영화평」, 『Webzine Bookian』 (2000), pp.1-2.

15) 최승현 기자, 『조선일보』, "투명인간 해프닝," 2003년 8월 26일자, A9면.

16) Deborah G. Johnson, *Computer Ethics* (Englewood Cliffs, N.J.: Prentice Hall, 1985; 3rd. ed. 2001). 생물분류학과 논리학의 관점에서 볼 때, 종 (species)은 속 혹은 유(genus)에 포섭된다. 하나의 새로운 종은 다른 종들로 부터 자신을 구별시켜주는 종차라는 독특한 특성을 가지고 있지만, 동시에 종은 속 혹은 유에 포섭되어 있는 모든 다른 종들의 집합체들에게 공통된 발생학적인 혹은 개념적인 특성도 지니고 있다. 이와 관련한 정보통신사회에 서의 도덕의 정체성에 대한 논의는 박정순, 「정보통신문화와 도덕의 정체성 문제」. 『철학』, 별책 5권 (1998), pp.243-289. 본서 제3부 제1장에 재수록됨.

17) 강흥렬・윤준수・황경식, 『고도정보사회의 정보윤리 확립을 위한 정책방안』 (서울: 정보통신정책연구원, 1997), pp.47-48.

18) Susan Moller Okin, Moller, *Justice, Gender and the Family* (New York: Basic Books, 1989), p.111.

19) 박정순, 「자유주의 대 공동체주의 논쟁의 방법론적 쟁점」, 『철학연구』, 제33 집 (1993), pp.33-62.

20) 황경식, 『이론과 실천』 (서울: 철학과현실사, 1998), pp.88-89.

21) 황경식, 「사이버시대, 정체성의 위기인가」, 『인간연구』, 4호 (2003), p.18.

22) 데이비드 리스먼, 류근일 옮김, 『고독한 군중』 (서울: 동서문화사, 제3판, 2016).

23) 장을병, 「대중사회와 Mass Communication의 기능」, 『성균관대학교 논문집』, 제9권 (1964), p.216.

24) 필립 짐바르도, 이충호・임지원 옮김, 『루시퍼 이펙트』 (서울: 웅진지식하우 스, 2007).

25) 최창호, 『무엇이 사람을 움직이는가: 사이코 실험실』 (서울: 학지사, 2002).

26) Mike Perry, "Deindividuation" (1998), p.2. <http://www.units.muohio.edu/psybesite/fans/deindividuation>

27) 한규석, 『사회심리학의 이해』 (서울: 학지사, 1995), p.399.

28) Anne Ferry, Anne, "Anonymity: The Literary History of a World," *New Literary History*, Vol. 33 (2002), p.194.

정영화, 「가상공간의 익명성과 개인정보 보호」, 『사이버 공간의 윤리적 쟁점들』 (서울: 대화문화아카데미, 2001), p.49.

30) Paul de Hert, "The Case of Anonymity in Western Political Philosophy: Benjamin Constant's Refutation of Republican and Utilitarian Arguments Against Anonymity," C. Nicoll, et al. eds. *Digital Anonymity and the Law: Tensions and Dimensions* (T.M.C: Asser Institute, 2003), pp.47-97. 현재 미국의 경우도 대체로 자유주의 진영은 정보 실명제를 반대하나 공화주의적 입장을 대변하는 진영은 정보 실명제를 찬성하고 있다. 한상희, 「사이버공간에서의 익명성과 책임」, *CLIS Monthly*, 5/6호, 정보통신정책연구원 (2003), pp.19-20.

31) Jürgen Habermas, *Faktizität und Geltung* (FfM: 1992), p.7. 강홍렬·윤준수·황경식, 『고도정보사회의 정보윤리 확립을 위한 정책방안』, p.67에서 재인용.

32) 정영화, 「가상공간의 익명성과 개인정보 보호」, p.50.

33) 존 롤즈, 황경식 옮김, 『사회정의론』 (서울: 서광사, 2003), p.195. 롤즈의 정의론에서 원초적 입장의 구성조건 중의 하나인 무지의 장막에 대한 논의는 박정순, 『존 롤즈의 정의론: 전개와 변천』 (서울: 철학과현실사, 2019), pp.35-36 참조.

34) 「마태복음」, 6장 3-4절.

35) 황경식, 「사이버시대, 정체성의 위기인가」, p.18.

36) James Moor, "What is Computer Ethics?" *Metaphilosophy*. Vol. 16 (1985), pp.266-275.

37) Deborah G. Johnson, *Computer Ethics* (Englewood Cliffs, N.J.: Prentice Hall, 1985; 3rd. ed. 2001), p.95.

38) Duncan Langford, ed. *Internet Ethics* (London: Macmillan Press, 2000), p.54.

39) Ricard Rubin, "Moral Distancing and the Use of Information Technologies: The Seven Temptations," J. M. Kizza, ed. *Social and Ethical Effect of the Computer Revolution* (London: McFarland, 1996), pp.127-130.

40) John Suler, "The Psychology of Cyberspace" (2003), Ch. 1. <http://www.rider.edu/suler/psycyber/psycyber.html>.

41) 마크 스미스·피터 폴록 편, 조동기 옮김, 『사이버공간과 공동체』 (파주: 나남출판, 2001), pp.425-426. 무임승차자 문제 일반은 박정순, 『사회계약론적 윤리학과 합리적 선택: 홉스, 롤즈, 고티에』 (서울: 철학과현실사, 2019), pp.84-89 참조.

후주 427

42) 존 롤즈, 황경식 옮김, 『사회정의론』. 본장 후주 33 참조.

43) 조동기, 「정보화사회에서 개인의 정체성과 프라이버시에 관한 연구」, 『사회과학정책연구』, 제18권 (1996), p.51.

44) 이종관, 「가상현실의 형이상학과 윤리학」, 『철학』, 제5집 (1998), p.336.

45) Rubin, "Moral Distancing and the Use of Information Technologies: The Seven Temptations," p.124; Langford, ed. *Internet Ethics*, p.132.

46) Jayne Gakenbach, ed. *Psychology and the Internet* (San Diego: Academic Press, 1998), pp.48-53.

47) 황상민·한규석 편, 『사이버 공간의 심리』 (서울: 박영사, 1999), p.19, p.34.

48) 같은 책, p.33.

49) Adam N. Joinson, "Causes and Implications of Disinhibition Behavior on the Internet," Jayne Gakenbach, ed. *Psychology and the Internet* (San Diego: Academic Press, 1998), p.50.

50) 이종관, 「가상현실의 형이상학과 윤리학」, 『철학』, p.335; 류승호, 「정보사회의 윤리: 정보공간의 일탈과 규제」, 정보사회학회 편, 『정보사회의 이해』 (서울: 나남출판, 1998), p.229.

51) Gakenbach, ed. *Psychology and the Internet*, p.49.

52) 같은 책, p.52.

53) 박인우, 「인터넷의 익명성과 불건전 행위 그리고 윤리교육」, 『서울교육』, 제43권 (2001), p.127.

54) 이명진, 「사이버공간의 한계: 온라인상의 익명성을 중심으로」, 『한국 사회』, 제14집 (2001), p.133.

55) 황상민, 「인간행동의 규칙과 사이버 공간의 의미: 윤리 문제와 행동 통제의 탐색」, 함께 하는 시민행동 엮음, 『인터넷 한국의 10가지 쟁점』 (서울: 역사넷. 2002), p.62.

56) 같은 곳. 황상민, 『사이버공간에 또 다른 내가 있다』 (서울: 김영사, 2000), pp.220-229.

57) 민경배, 「네티즌 자유 가로막는 실명제」, 『주간동아』, 제282호 (2001년 5월 3일). 황상민, 『사이버공간에 또 다른 내가 있다』, p.42.

58) Gary Marx, "What's In A Name? Some Reflections on the Sociology of Anonymity," *Information Society*, Vol. 15 (1999, pp.100-102.

59) Rob Kling, Ya-ching Lee, Al Teich, and Marks Frankel, "Assessing Anonymous Communication on the Internet: Policy Deliberations," *The Information Society*, Vol. 15 (1999), p.81.

60) 한상희, 「사이버공간에서의 익명성과 책임」, p.15.

61) Kling, et al. "Assessing Anonymous Communication on the Internet: Policy Deliberations," pp.79-87.

62) Marx, "What's In A Name? Some Reflections on the Sociology of Anonymity," pp.99-112.

63) 권태환·조형제·한상진, 『정보사회의 이해』 (서울: 미래M&B, 1997), 제13장 "네트의 빛과 그림자" 참조.

64) Lee, Gia B. "Addressing Anonymous Messages in Cyberspace," *Journal of Computer-Mediated Communication,* Vol. 2. 1996. pp.1-9.

65) Michael Froomkin, "Flood Control on the Information Ocean: Living with Anonymity, Digital Cash, and Distributed Databases," *Pittsburgh Journal of Law and Commerce,* 395 (1996), pp.1-56.

66) Al Teich, Mark Frankel, Rob Kling, and Ya-Ching Lee, "Anonymous Communication Policies for the Internet: Results and Recommendations of the AAAS Conference," *The Information Society,* Vol. 15 (1999), pp.71-78.

67) 강홍렬·윤준수·황경식, 『고도정보사회의 정보윤리 확립을 위한 정책방안』, p.181.

68) Kathleen A. Wallace, "Anonymity," *Ethics and Information Technology,* Vol. 1 (1999), pp.23-35; 마크 스미스·피터 폴록 편, 조동기 옮김, 『사이버공간과 공동체』, p.417. 수인의 딜레마와 무임승차자 문제는 박정순, 『사회계약론적 윤리학과 합리적 선택: 홉스, 롤즈, 고티에』, pp.80-89 참조. 또한 간략한 설명으로는 박정순, 『마이클 샌델의 정의론, 무엇이 문제인가』 (서울: 철학과현실사, 2016), 제4장 후주 82, pp.504-506.

69) 상호성의 윤리는 기본적으로 황동률로서 카브카가 주장한 것이다. 그것은 "Do unto others as they do unto you"이다. 즉 "다른 사람이 너한테 대접한 것처럼 너도 다른 사람을 대접하라"이다. Gregory S. Kavka, *Hobbesian Moral and Political Theory* (Princeton: Princeton University Press, 1986), p.347, 각주 3. 쉬운 속담 표현은 "Like for Like"이다. 즉 "은혜는 은혜로, 원한은 원한으로 갚다"이다. 우리 말 속담, "오는 말이 고와야 가는 말도 곱다"도 황동률로 볼 수 있다. 황동률은 우리말로는 "티격태격"적인 행위이며, 영어로는 응수전략(tit for tat)이라고 할 수 있다. "Tit for Tat," *Wikipedia.* 본문에서 언급된 상호성이 윤리는 보다 엄밀하게는 현대 게임이론에서 인간관계의 가장 효율적이고도 고차적인 원칙은 "변형된 응수전략"으로서 처음에는 협동을 하고, 나중에는 상대방이 협동하면 협동하고, 비협동하면 비협동하는 방식의 행위 전략이다. 이것은 Robert Axelrod, *The Evolution of Cooperation* (New York: Basic Books, 1984)에서 제시되었다. "변형된 응수전략"은 오리후지 가츠히로, 노재현 옮김, 『현명한 이기주의』 (서울: 참솔,

2001), 특히 5장 "게임이론으로 본 도덕" 참조. 진화론적 생물학에서는 로버트 트리버스(Robert Trivers)가 "The Evolution of Reciprocal Altruism," *Quarterly Review of Biology*, Vol. 37 (1971), pp.35-57에서 제시한 "상호적 이타주의(reciprocal altruism)"로 알려져 있다. "Reciprocal Altruism," *Wikipedia*. 피를 서로 나누어 먹는 흡혈박쥐가 응수전략을 따른다는 것은 유명한 예이다. 최재천, "호혜성 이타주의,"『네이버 캐스트』참조. 그리고 리 듀커킨, 장석봉 옮김,『동물들의 사회생활: 동물들의 속임수와 협동에 관하여』(서울: 지호, 2002) 참조. 이상의 논의는 박정순,『마이클 샌델의 정의론, 무엇이 문제인가』(서울: 철학과현실사, 2016), 제2장 후주 163, pp.459-460 참조.

70) 홉스적 모형에 대한 철학적 논의는 박정순,『사회계약론적 윤리학과 합리적 선택: 홉스, 롤즈, 고티에』, "제3장 홉스, 롤즈 그리고 사회계약론적 딜레마" 참조.

71) Peter Danielson, "Pseudonyms, Mailboats, and Virtual Letterheads: The Evolution of Computer-Mediated Ethics," Charles Ess, ed. *Philosophical Perspectives On Computer-Mediated Communication* (Albany, State University of New York Press, 1996). pp.67-93. 박상수,『디지털 정보사회의 정보윤리에 관한 연구: 진화론적 체계윤리와 카오스 이론을 중심으로』(서울대학교 대학원 박사학위 논문, 2000).

72) 이종관,「가상현실의 형이상학과 윤리학」. 황경식,「사이버시대, 정체성의 위기인가」.

73) 김선희.『사이버시대의 인격과 몸』. 파주: 아카넷, 2004.

제3장 디지털 컨버전스 시대의 인간 의식과 행동의 변화

1) 본장은 박정순,「디지털 컨버전스 시대의 인간 의식과 행동의 변화」.『한국 사회의 방송・통신 패러다임 변화 연구 워크숍 자료집: 컨버전스 기초연구』. (서울: 정보통신정책연구원, 2008), pp.105-127에서 발췌하여 전재함. 저자는 정보통신정책연구원,『2008 메가트렌드 기초연구과제: 의식과 행동 영역』에 서 기획총괄위원으로 활동하면서 본장을 집필하였다. 3절 이승종의「뉴미디 어에 대한 매체철학적 해석」, 4절 노명우의「탈근대사회에서의 개인과 공동 체 관계의 변화」는『의식과 행동 영역』의 기초연구과제로서 기획총괄위원과 협의해서 연구과제를 추진하도록 되어 있다.

2) T. Baldwin et al. *Convergence: Integrating Media, Information, & Communication* (London: Sage Publications, 1996) 참조. 이지순 외,『21세 기 메가트렌드: IT는 한국을 어떻게 변화시키는가』(서울: 서울대학교 출판

부, 2006), p.296.

3) 류춘렬, 「컨버전스와 사회 변동」, 유재천 외, 『디지털 컨버전스』 (서울: 커뮤니케이션북스, 2004), p.3.

4) 디지털융합연구원 편저, 『디지털 컨버전스 전략』 (서울: 교보문고, 2005), p.28, p.311; 류춘렬, 「컨버전스와 사회변동」, p.25; 김용섭, 『대한민국 디지털』 (서울: 한국경제신문, 2006), p.128.

5) 이광래, 『방법을 철학한다: 해체에서 융합으로』 (서울: 지와 사랑, 2008), p.136.

6) 에드워드 윌슨, 최재천·장대익 옮김, 『통섭: 지식의 대통합』 (서울: 사이언스북스, 2005).

7) 헨리 젠킨스, 김정희원·김동심 옮김, 『컨버전스컬처』 (서울: 비즈앤비즈, 2008), p.28; Kinji Ono, ed. *Digital Convergence for Creative Divergence: International Conference on Computer Communication 1999 Proceedings* (International Council for Computer, 1999).

8) 강홍렬 외, 『메카트렌드 코리아』, (서울: 한길사, 2006), p.367.

9) 임현진·서이종, 「21세기 한국사회: 지식사회냐 정보사회냐」, 『사회와 문화』, 12권 (2000), pp.257-296.

10) 디지털 융합연구원 편저, 『디지털 컨버전스 전략』, p.98.

11) 김대호, 「미디어 융합의 이해」, 유네스코 정보사회 성찰 포럼 2002, p.4.

12) 유재천, 「디지털 컨버전스 시대를 열며」, 유재천 외, 『디지털 컨버전스』 (서울: 커뮤니케이션북스, 2004), p.2.

13) 이영희, 「정보기술문명과 사회적 선택」, 『인간연구』, 제4호 (2003), p.60.

14) J. S. Stewart, J. R. Williams, "The Coevolution of Society and Multimedia Technology," G. D. Garson, ed. *Social Dimension of Information Technology: Issues for New Millennium* (IGI Global, 2000), pp.46-62; 류춘렬, 「컨버전스와 사회 변동」, p.42.

15) Adam N. Joinson, *Understanding the Psychology of Internet Behavior* (London: Macmillan, 2003), p.51; Klaus Brunstein and Jacques Berleur, *Human Choice and Computers* (Boston: Kluwer Academic Publishers, 2002).

16) Joinson, *Understanding of the Psychology of Internet Behavior*, p.175.

17) 류춘렬, 「컨버전스와 사회 변동」, p.43.

18) 같은 논문, p.45.

19) Carolyn A. Lin, "An Integrated Communication Technology and Social Change Typology," Carolyn A. Lin, et al., ed. *Communication Technology*

and Social Change (London: Lawrence Erlbaum Associates, 2007), pp.299-300에서 감시 기능, 지식 기능, 의사소통 기능, 오락 기능, 상업 기능 등 다섯 가지 관점에서 찬반론을 개진하면서 균형적인 시각이 필요하다는 점을 주장한다.

20) 강홍렬 외, 『메가트렌드 코리아』, p.69.

21) Baldwin et al. *Convergence*, p.387.

22) 황상민의 도발적 제목을 참조. 황상민, 『대한민국 사이버 신인류: 폐인, 그들이 세상을 바꾼다』 (서울: 21세기북스, 2004).

23) 유재천, 「디지털 컨버전스 시대를 열며」, p.8.

24) John Vince and Rae Earnshaw, ed. *Digital Convergence: The Information Revolution* (London: Springer-Verlag, 1999), p.33.

25) 김열규, 『고독한 호모디지털』 (서울: 한길사, 2002), p.45.

26) 피에르 레비, 김동윤·손주경·조준형 옮김, 『누스페어(*Noosphere*)』 (서울: 생각의 나무, 2003), p.10.

27) 피에르 레비, 권수경 옮김, 『집단지성』 (서울: 문학과지성사, 2002). 위키피디아(Wikipedia)는 집단지성의 전형적 예이다.

28) Jayne Gackenbach, ed. *Psychology of the Internet* (San Diego: Academic Press, 1998), Pt. III.

29) 김종길·김문조, 『한국디지털 사회의 이해』, (서울: 집문당, 2006), p.15.

30) 류춘렬, 「컨버전스와 사회 변동」. p.46.

31) 김종길, 김문조, 『한국디지털 사회의 이해』, p.16.

32) Andy Covell, *Digital Convergence Phase 2* (Stipes Publishing, 2004).

33) Baldwin et al., *Convergence*, p.388.

34) 니콜라스 네그로폰테, 백욱인 옮김, 『디지털이다』 (서울: 커뮤니케이션북스, 1995), p.165.

35) 이영희, 「정보기술문명과 사회적 선택」. p.60.

36) Joinson, *Understanding the Psychology of Internet*, p.52.

37) M. L. Markus, "Finding A Happy Medium" *ACM Transactions On Information Systems*, Vol. 12 (1994), p.122.

38) 같은 곳; J. Pfeffer, *Organization and Organization Theory* (Marshfield. MA: Pitman, 1982).

39) Joinson, *Understanding the Psychology of the Internet Behavior*, p.177.

40) Gary Small and Gigi Vorgan, *iBrain* (Collins Living, 2008).

41) 이에 대한 간략한 논의는 이인식의 멋진 과학: 「뇌가 바뀌고 있다」. 『조선일

보』, 2008년 11월 8-9일자, B6 참조.

42) 이구형, 『디지털 제대로 이해하기』 (서울: 지성사, 1993), p.174.

43) 손동현, 「정보사회에서의 질서와 경쟁양식의 변모에 관하여」, 『인문과학』, 성균관대학교, 제30권 제1호 (2000), p.34.

44) J. Suler, "The Psychology of the Cyberspace," 2008.

45) J. Suler, "The Online Disinhibition Effect," *CyberPsychology and Behavior*, Vol. 7 (2004), p.322.

46) Adam N. Joinson and C. B. Paine, "Self-Disclosure, Privacy and the Internet," Adam N. Joinson, et al., eds. *Oxford Hand Book of Internet* (Oxford: Oxford University Press, 2007).

47) "与 사이버 모욕죄 법안 발의," 『조선일보』, 2008년 11월 1일자, A1.

48) " '인터넷 악성댓글.모욕.협박' 2천30명 검거," 『연합뉴스』, 2008년 11월 9일자.

49) "사이버모욕죄 입법시도에 반대하며, 철회할 것을 촉구한다," 『경실련 뉴스』, 2008년 11월 11일자.

50) 백민정 기자, "선거기간 인터넷 실명제 5대 4로 합헌," 『중앙일보』, 2015년 7월 32일, 8면.

51) 이종관, 「가상현실의 형이상학과 윤리학」, 『철학』, 제54집 (1998). pp.319-350. 황경식, 「사이버시대, 정체성의 위기인가」, 『인간연구』, 제4호 (2003). pp.5-30. 자아에의 배려의 윤리학의 중요한 시도로는 미셸 푸코, 이혜숙.이영복 공역, 『성의 역사』, 제3권, 『자기에의 배려』 (서울: 도서출판 나남, 1990)으로 국내에서도 번역되었다. 본장 2절 3항은 박정순, 『익명성의 문제와 도덕규범의 구속력』 (과천: 정보통신정책연구원, 2004), pp.119-121, pp.129-132에서 발췌하여 전재하였음을 밝힌다.

52) 황경식, 「사이버시대, 정체성의 위기인가」, p.28.

53) Gakenbach, ed. Psychology of the Internet, p.39.

54) 셰리 터클, 최유식 옮김, 『스크린 위의 삶: 인터넷과 컴퓨터 시대의 인간』 (서울: 민음사, 2003), p.401 (강조 추가).

55) 페르소나(persona)는 진정한 자신과는 달리 다른 사람에게 투사된 성격을 말한다. 이 용어는 칼 융이 만들었는데 에트루리아의 어릿광대들이 쓰던 가면을 뜻하는 라틴어에서 유래한 것이다. 융에 따르면 페르소나가 있기 때문에 개인은 생활 속에서 자신의 역할을 반영할 수 있으며, 따라서 자기 주변 세계와 상호관계를 맺을 수 있다. 또한 자신의 고유한 심리구조와 사회적 요구 간의 타협점에 도달할 수 있기 때문에 페르소나는 개인이 사회적 요구에 적응할 수 있게 한다. 집단 무의식(collective unconsciousness)은 전 인류에 공

통되는 무의식의 한 형태로서 하나의 원형(archetype), 즉 보편적인 원초적 상(像)과 관련된 된다. 이러한 원초적 상으로서의 원형은 인류의 신화, 종교, 전설, 제의 등에 나타나는 상징과 더불어 자주 되풀이하여 나타나는 근본적인 상징, 성격, 유형을 지칭한다. 이상의 간략한 설명은 『브리태니커 백과사전』 참조.

56) 에스터 다이슨, 남경태 옮김, 『인터넷: 디지털 문명이 열린다』 (서울: 경향신문사, 1997), p,311.

57) 데이비드 와인버거, 신현승 옮김, 『인터넷은 휴머니즘이다』 (서울: 명진출판, 2003), p.15.

58) Suler, "The Online Disinhibition Effect," p.6.

59) 서이종, 『인터넷 커뮤니티와 한국사회』 (서울: 한울 아카데미, 2002), p.268.

60) Suler, "Integration Principle," pp.2-3, in "Bringing Online and Offline Living Together. The Integration Principle," <http://users.rider.edu/psycyber/integrate.html>, pp.1-3, from
"The Psychology of Cyberspace," 2003, <http://users.rider.edu/psycyber/integrate.html>

61) 본 연구에서 개진한 융의 이론은 데이비드 폰태너, 최승자 옮김, 『상징의 비밀』 (서울: 문학동네, 1998), pp.11-17 참조.

62) 박정순, 「정보통신문화와 도덕의 정체성 문제」, 『철학』, 별책 5권 (1998), pp.272-273. David Bell and Barbara M. Kennedy. eds. *The Cybercultures Reader* (London: Routledge, 2000).

63) 본절은 이승종, 「뉴미디어에 대한 매체철학적 해석」, 『컨버전스 기초연구 시리즈 최종연구보고서』 (서울: 정보통신정책연구원, 2008)에 기초하여 논의를 전개하였다.

64) 같은 논문, p.4.

65) 같은 논문, p.4, p.37.

66) 박정순, 『익명성의 문제와 도덕규범의 구속력』, p.45.

67) 이승종, 「뉴미디어에 대한 매체철학적 해석」, p.5.

68) 같은 곳.

69) "몰아세움"과 "도발적 요청"에 대한 자세한 논의는 이승종, 「뉴미디어에 대한 매체철학적 해석」, 제2장 8절, 9절 참조.

70) 같은 논문, p.40.

71) 같은 논문, p.5.

72) 자세한 논의는 같은 논문, 제2장 "기술에 대한 성찰" 참조.

73) 자세한 논의는 같은 논문, 제3장 "뉴미디어의 철학" 제2절 "컴퓨터와의 소

통" 참조.

74) 자세한 논의는 같은 논문, 제3장 "뉴미디어의 철학" 제3절 "소통의 인칭과 매체" 참조.

75) 같은 논문, p.6.

76) 같은 논문, p.19.

77) 같은 논문, p.16.

78) 같은 논문, p.88.

79) 같은 곳.

80) 같은 논문 p.89. 이승종의 연구, 「뉴미디어에 대한 매체철학적 해석」은 뉴미디어 사회에 대한 기존의 사회과학적 논의의 한계를 극복하여 서양철학사에 근거한 방대하고도 포괄적인 기술철학적 관점에서 매체철학을 논의하고 있으므로 학술적 유의성의 매우 높다. 결국 이 연구는 뉴미디어 시대에는 물질주의와 과학주의가 횡행함으로써 인간 존재가 지닌 본연의 가치와 의미를 부정하고 망각하게 되는 허무주의에 귀착하여 되며, 이것은 또한 사유의 부재와 주체의 실종이 야기되는 인문학적 위기를 자아낸다고 진단한다. 이승종의 주장은 뉴미디어 기술사회에서 인간이 더 이상 존재와의 관계를 이해하지 못한 채 기술에 의한 지배와 통제의 대상으로 전락하고 만다는 허무주의적인 전망, 즉 "기술 결정론적 허무주의"에 근거하고 있다고 볼 수 있다. 그러나 역으로 그러한 허무주의를 극복할 수 있는 인문학적 사유와 주체의 회복은 기술 결정론에 의거해서는 안 될 것이다. 그렇다면 인문학적 사유와 사유 주체의 회복은 어떠한 기술철학과 매체철학에 근거해서 달성될 수 있느냐 하는 점은 추후 연구를 위한 중대한 과제가 되어야만 할 것이다. 인문학적 사유의 회복이 자칫 뉴미디어로부터의 도피에만 근거한다면 이것은 현실 도피적, 아니면 시대부정적 혹은 시대착오적 제안이 될 가능성도 있기 때문이다.
하이데거의 기술철학은 흔히 "허무주의 매체론적 관점"으로 분류된다. 이승종 연구, 「뉴미디어에 대한 매체철학적 해석」 이외에 하이데거 기술철학을 매체철학의 관점에서 논구하고 있는 것은 프랑크 하르트만, 이상엽 옮김, 『미디어철학』 (서울: 선학사, 2008) 참조. 그리고 허무주의 매체론을 낭만주의 매체론과 정보사회론 관점과 비교 논의하고 있는 것은 황주성, 「방송통신 융합의 철학적 비전」, 『한국 사회의 방송·통신 패러다임 변화 심포지움』 (정보통신정책연구원, 2008), pp.20-25 참조.

81) 이승종, 「뉴미디어에 대한 매체철학적 해석」, pp.89-90.

82) 같은 논문, p.90.

83) 같은 논문, p.91.

84) 같은 논문, pp.94-95.

85) 본절은 노명우, 「탈근대사회에서의 개인과 공동체 관계의 변화」, 『컨버전스 기초연구 시리즈 최종연구보고서』 (서울: 정보통신정책연구원, 2008)에 기초하여 논의를 전개하였다.

86) 아론 구레비치, 이현주 옮김, 『개인주의의 등장』 (서울: 새물결, 2002).

87) 알랭 로랑, 김용민 옮김, 『개인주의의 역사』 (서울: 한길사, 2001).

88) 노명우, 「탈근대사회에서의 개인과 공동체 관계의 변화」, p.36.

89) 같은 논문, p.85.

90) "플래시 몹," 『시사상식사전』, 『네이버 지식백과』. 플래시 몹은 특정 웹사이트에 갑자기 사람들이 섬광처럼 구름처럼 모여드는 현상인 "플래쉬 크라우드"(flash crowd)와 모였다가는 깨끗하게 쿨하게 사라지는, 뜻을 같이 하는 군중이라는 뜻의 "스마트 몹"(smart mob)의 합성어이다.

91) 마셜 맥루한, 김진홍 옮김, 『미디어는 메시지이다』 (서울: 커뮤니케이션북스, 2001). p.8.

92) 데이비드 리스먼, 류근일 옮김, 『고독한 군중』 (서울: 동서문화사, 제3판, 2016).

93) 노명우, 「탈근대사회에서의 개인과 공동체 관계의 변화」, p.50.

94) 같은 논문, p.68.

95) 같은 논문, pp.68-85.

96) 같은 논문, p.100.

97) Mark Curtis, *Distraction: Being Human in the Digital Age* (Future Text: 2005). 정보화 시대의 일반적 과제에 대해서는 유광수 · 배득종 · 박정순 외, 『정보화 시대의 민주주의』 (서울: 나노미디어, 2000).

98) 한국경제신문, 『데이터 혁명: 디지털 컨버전스를 강화시키는 힘』 (서울: 한국경제신문 한경비피, 2006), p.10.

99) 여러 논저 참조. 김용섭, 『대한민국 디지털』; 강홍렬 외, 『메가트렌드 코리아』; 이재경, 「정보화사회의 세 가지 이론적 관점과 한국사회의 과제」, 『사회과학연구논총』 (이화여자대학교, 5호, 2000), pp.217-242; 이영희, 「정보기술문명과 사회적 선택」.

100) Kinji Ono, ed. *Digital Convergence for Creative Divergence: International Conference on Computer Communication 1999 Proceedings* (International Council for Computer, 1999).

참고문헌

제1부 현대 윤리학의 기원과 방법론

제1장 논리실증주의의 검증원리와 형이상학과 윤리학의 배제

알프레드 J. 에이어. 송하석 옮김. 『언어, 논리, 진리』. 파주: 나남, 2010.

박정순. 『사회계약론적 윤리학과 합리적 선택: 홉스, 롤즈, 고티에』. 서울: 철학과현실사, 2019.

박영식. 「논리적 경험주의와 가명제」. 『인문과학』. 연세대학교 인문학연구원. 제17권. 1967. 6. pp.53-76.

____. 「검증원리의 문제」. 『인문과학』. 연세대학교 인문학연구원. 제19권. 1968. 6. pp.85-108.

한국철학회 분석철학연구회 편. *Readings in the Analytic Philosophy*. 서울, 1977.

Ashby, R. W. "Verifiability." *Encyclopedia of Philosophy*. Paul Edwards. ed. New York: Macmillan, 1967.

Alfred J. Ayer. *Language, Truth, and Logic*. London: Gollancz, 1936.

____. ed. *Logical Positivism*. New York: The Free Press, 1959.

____. *The Central Questions of Philosophy*. Harmondsworth: Penguin Books, 1973.

____. "The Vienna Circle." *The Foundations of Analytic Philosophy: Midwest Studies in Philosophy*. Vol. 6. eds. Peter French. et al. Minneapolis: University of Minnesota Press, 1981.

Bergmann, Gustav. *The Metaphysics of Logical Positivism.* New York: Longmans, 1954.

Binns, Peter. "The Supposed Asymmetry between Falsification and Verification." *Dialectica.* Vol. 32. 1978. pp.29-39.

Berlin, Isaiah. "Verifiability in Principle." *Proceedings of the Aristotelian Society.* New Series. Vol. 39. 1938-39. pp.225-249.

Broad, C. D. "Is 'goodness' the name of a Simple Non-natural Quality?" *Proceedings of the Aristotelian Society.* Vol. 34. 1933-34. pp.249-368.

Canfield, John V. ed. *Philosophy of Meaning, Knowledge and Value in the Twentieth Century: Routledge History of Philosophy.* Vol. 10. London: Routledge, 1997. Michael Stingl. Ch. 5. Ethics I. 1900-45. pp.134-162.

Carnap, Rudolf. "The Elimination of Metaphysics through Logical Analysis of Language." *Erkenntnis.* Vol. 2. 1932. pp.220-241. Rpt. in Alfred J. Ayer. ed. *Logical Positivism.* New York: The Free Press, 1959. pp.60-81.

_____. "Testability and Meaning." *Philosophy of Science.* Vol. 3. 1936. pp.419-471; Vol. 4. 1937. pp.2-39. Rpt. in *Classics of Analytic Philosophy.* ed. R. Ammerman. New York: McGraw-Hill, 1965.

Church, Alonzo. "Review of Ayer's *Language, Truth, and Logic.* 2nd edition." *The Journal of Symbolic Logic.* Vol. 14. 1949. pp.52-53.

Cohen, Jonathan. "Is a Criterion of Verifiability Possible?" *Midwest Studies in Philosophy.* Vol. 5. 1980, pp.347-353.

Feigl, Herbert. and Wilfrid Sellars. eds. *Readings in Philosophical Analysis.* New York: Appleton-Centry-Crofts, Inc., 1949.

_____. *New Readings in Philosophical Analysis.* New York: Appleton-Centry-Crofts, Inc., 1972.

Goddard, L. "Significance, Necessity, and Verification." *Notre Dame Journal of Formal Logic.* Vol. 21. 1980. pp.193-214.

Gross, Barry. R. *Analytic Philosophy: An Historical Introduction.* New York: Pegasus, 1970.

Hanfling, Oswald. *Logical Positivism.* New York: Columbia University Press, 1981.

Hempel, Carl G. "Problems and Changes in the Empiricist Criterion of Meaning." *Revue Internationale de Philosophie*. Vol. 4. 1950. pp.41-63.

____. "Problems and Changes in the Empiricist Criterion of Meaning." Alfred J. Ayer. ed. *Logical Positivism*. New York: The Free Press, 1959. pp.108-126.

____. "Remarks by the Author." Alfred J. Ayer. ed. *Logical Positivism*. New York: The Free Press, 1959. pp.127-129.

Lemmon, E. J. "Sentences, Statements, and Propositions." Jay F. Rosenberg and Charles Travis. eds. *Readings in the Philosophy of Language*. Englewood Cliffs, New Jersey: Prentice Hall, 1971. pp.233-250.

Neville, Robert C. ed. *New Essays in Metaphysics*. Albany: State University of New York Press, 1987.

Park, Yong Sik. *Wittgenstein's Version of Verifiability in the Tractatus*. Ph.D. Dissertation. Department of Philosophy. Emory University, 1975.

Popper, Karl. *Logik der Forschung*. Wien: J. Springer, 1935.

Putnam, Hilary. "After Empiricism." John Rajchman and Cornel West. eds. *Post-Analytic Philosophy*. New York: Columbia University Press, 1985.

Rajchman, John and Cornel West. eds. *Post-Analytic Philosophy*. New York: Columbia University Press, 1985.

Rynin, David. "Vindication of L*G*C*L P*S*T*V*SM." *Proceedings and Addresses of the American Philosophical Association*. Vol. 30. 1957. pp.45-67.

Schlick, Moritz. "Die Causalität in der gegenwartigen Physik." *Naturwissenschaft*. Vol. 19. 1931. pp.145-162.

____. "Meaning and Verification." *The Philosophical Review*. Vol. 45. 1936. pp.339-369.

Quine, W. V. "Two Dogmas of Empiricism." *The Philosophical Review*. Vol. 60. 1951. pp.20-43. Rpt. in *New Readings in Philosophical Analysis*. Herbert Feigl and Wilfrid Sellars. eds. New York: Appleton-Centry-Crofts, Inc., 1972.

Urmson, J. O. *Philosophical Analysis*. Oxford: Clarendon Press, 1956.

Weitz, Morris. "Analysis, Philosophical." *Encyclopedia of Philosophy*. Paul Edwards. ed. New York: Macmillan, 1967.

Wisdom, J. O. "Metamorphoses of the Verification Theory of Meaning." *Mind*. Vol. 34. 1963. pp.335-347.

Wittgenstein, Ludwig. *Tractatus Logico-Philosophicus. Annalen der Natur-philosophie*. 14. 1921. trans. by D. F. Pears and B. F. McGuinness. London: Routledge and Kegan Paul, 1961.

제2장 일상언어와 도덕적 합리성: 툴민의 정당근거적 접근방식을 중심으로

데이비드 고티에. 김형철 옮김. 『합의도덕론』. 서울: 철학과현실사, 1993.

박정순. 『사회계약론적 윤리학과 합리적 선택: 홉스, 롤즈, 고티에』. 서울: 철학과현실사, 2019.

____. 『존 롤즈의 정의론: 전개와 변천』. 서울: 철학과현실사, 2019.

알프레드 J. 에이어. 송하석 옮김. 『언어, 논리, 진리』. 파주: 나남, 2010.

존 롤즈. 황경식 옮김. 『사회정의론』. 서울: 서광사, 1977.

존 롤즈. 황경식 옮김. 『정의론』. 서울: 이학사, 2003.

폴 테일러. 김영진 옮김. 『윤리학의 기본원리』. 서울: 서광사, 1985.

앨버트 존슨·스티븐 툴민. 권복규·박인숙 옮김. 『결의론의 남용: 도덕 추론의 역사』. 서울: 로더스, 2014.

G. E. 무어. 정석해 옮김. 『윤리학 원리』. 서울: 민중서관, 1958.

G. E. 무어. 김상득 옮김. 『윤리학 원리』. 파주: 아카넷, 2018.

Ayer, A. J. *Language, Truth and Logic*. London: Victor Gollancz, 1936.

Axelrod, Robert. *The Evolution of Cooperation*. New York: Basic Books, 1984.

Baier, Kurt. *The Moral Point of View: A Rational Basis of Ethics*. Ithaca: Cornell University Press, 1958.

Blanshard, Brand. *Reason and Goodness*. London: George Allen & Unwin, 1961.

Brandt, Richard B. "Toward A Credible Form of Utilitarianism." Michael D. Bayles. ed. *Contemporary Utilitarianism*. Garden City, New York: Anchor Books, 1968.

_____. "The Future of Ethics." *Noûs*. Vol. 15. 1981. pp.31-40.

Copp, David. "Metaethics." Lawrence C. Becker. ed. *Encyclopedia of Ethics*. Vol. 2. New York: Garland Publishing, 1992. pp.790-798

Donagan, Alan. "Twentieth-Century Anglo-American Ethics." Lawrence C. Becker. ed. *A History of Western Ethics*. New York: Garland Publishing, 1992. pp.144-155.

Fox, Richard M. and Joseph P. DeMarco. "1. The Challenge of Applied Ethics." Joseph P. DeMarco and Richard M. Fox. eds. *New Directions in Ethics: The Challenge of Applied Ethics*. New York & London: Routledge & Kegan Paul, 1986. pp.1-18.

Frankena, William. "Ethical Theory." Roderick M. Chisholm et al. eds. *Philosophy*. Engelwood Cliffs, New Jersey: Prentice-Hall, 1964. pp.345-463.

Gauthier, David. *Practical Reasoning: The Structure and Foundations of Prudential and Moral Arguments and Their Exemplification in Discourse*. Oxford: Clarendon Press, 1963.

_____. *The Logic of Leviathan: Moral and Political Theory of Thomas Hobbes*. Oxford: Clarendon Press, 1969.

_____. ed. *Morality and Rational Self-Interest*. Englewood Cliffs: Prentice Hall, 1970.

_____. *Morals By Agreement*. Oxford: Clarendon Press, 1976.

Gert, Bernard. "Analytic Philosophy and Ethics." Lawrence C. Becker. ed. *Encyclopedia of Ethics*. Vol. 1. New York: Garland Publishing, 1992. pp.39-41.

Gewirth, Alan. "The Future of Ethics: The Moral Powers of Reason." *Noûs*. Vol. 15. 1981. pp.15-30.

_____. "Rationality vs. Reasonableness." Lawrence C. Becker. ed. *Encyclopedia of Ethics*. New York: Garland Publishing, 1992. pp.1069-1070.

Goodpaster, K. E. ed. *Perspectives on Morality: Essays by William Frankena*. Notre Dame: University of Notre Dame Press, 1976.

Hancock, Roger N. *Twentieth Century Ethics*. New York: Columbia University Press, 1974.

Hare, R. M. "Review of An Examination of the Place of Reason in

Ethics." *Philosophical Quarterly*. Vol. 1. 1951. pp.372-375.

Hitchcock, David and Bart Verheij. ed. *Arguing on the Toulmin Model: New Essays in a Argument Analysis and Evaluation*. Dordrecht: Springer, 2006.

Hudson, W. D. *Modern Moral Philosophy*. 2nd edn. New York: St. Martin's Press, 1983.

Johnson, Conrad D. *Moral Legislation: A Legal-Political Model for Indirect Consequentialist Reasoning*. Cambridge: Cambridge University Press, 1991.

Jonsen, Albert R. and Stephen Toulmin. *The Abuse of Casuistry: A History of Moral Reasoning*. Berkely: University of California Press, 1988.

Kaplan, Morton A. "Means/Ends Rationality." *Ethics*. Vol. 87. 1976. pp.61-65.

Kerner, George C. *The Revolution in Ethical Theory*. Oxford: Oxford University Press, 1966. Ch. 3. "Stephen Toulmin."

Monro, D. H. "Are Moral Problems Genuine?" *Mind*. Vol. 55. 1956. pp.166-183.

Moore, G. E. *Principia Ethica*. Cambridge: Cambdge University Press, 1903.

Nielsen, Kai. *Why Be Moral?* Buffalo, New York: Prometheus Books, 1989.

Plott, Charles R. "Axiomatic Social Choice Theory: An Overview and Interpretation." *American Journal of Political Science*. Vol. 20. 1976. pp.511-596.

Rawls, John. "Review of Stephen Toulmin's An Examination of the Place of Reason in Ethics." *The Philosophical Review*. Vol. 60. 1951. pp.572-580.

____. "Outline of a Decision Procedure for Ethics." *The Philosophical Review*. Vol. 60. 1951. pp.177-197.

____. "Two Concepts of Rules." *The Philosophical Review*. Vol. 64. 1955. pp.3-32.

____. *A Theory of Justice*. Cambridge: Harvard University Press, 1971.

_____. "The Independence of Moral Theory." *Proceedings and Addresses of the American Philosophical Association*. Vol. 48. 1974-75. pp.5-22.

_____. "The Kantian Constructivism in Moral Theory." *The Journal of Philosophy*. Vol. 77. 1980. pp.515-572.

Sacksteder, William. "Review of Stephen Toulmin's An Examination of the Place of Reason in Ethics." *Ethics*. Vol. 62. 1952. pp.217-219.

Sahakian, William S. *Ethics: An Introduction to Theories and Problems*. New York: Barnes & Noble Books, 1974.

Sterba, James P. "13. Toulmin to Rawls." Robert J. Cavalier, James Gouinlock and James P. Sterba. eds. *Ethics in the History of Western Philosophy*. New York: St. Martin's Press, 1989. pp.399-420.

Stevenson, Charles L. *Ethics and Language*. New Haven: Yale University Press, 1944.

Taylor, Paul W. *Principles of Ethics: An Introduction*. Encino, California: Dickenson Publishing Co., 1975.

Toulmin, Stephen. *An Examination of the Place of Reason in Ethics*. Cambridge: Cambridge University Press, 1950.

_____. "Principles of Morality." *Philosophy*. Vol. 31. 1956. pp.145-160.

_____. "How Medicine Saved the Life of Ethics?" *Perspectives in Biology and Medicine*. Vol. 25. 1982. pp.736-750.

_____. *The Place of Reason in Ethics* (with a New Preface). Chicago: University of Chicago Press, 1986.

_____. *Return to Reason*. Cambridge: Harvard University Press, 2001.

_____. *The Use of Argument*. Cambridge: Cambridge University Press, 1st edition 1958; 2nd edition 2003.

_____. Richard D. Rieke and Allan Janik. *An Introduction to Reasoning*. New York: Macmillan Publishing Co., 1978, 2nd edition 1984.

Trivers, Robert. "The Evolution of Reciprocal Altruism," *Quarterly Review of Biology*. Vol. 37. 1971. pp.35-57.

Urmson, J. O. *Philosophical Analysis: Its Development between the Two World Wars*. Oxford: Clarendon Press, 1956.

Walliser, Bernard. "Instrumental Rationality and Cognitive Rationality." *Theory and Decision*. Vol. 27. 1989. pp.7-36.

제3장 감정의 윤리학적 사활

게리 왓슨 엮음. 최용철 옮김. 『자유의지와 결정론』. 서울: 서광사, 1990.

김상환. 「데카르트의 『정념론』과 철학적 이성의 한계」. 오영환 외. 『과학과 형이상학』. 서울: 자유사상사, 1993. pp.97-122.

김영진. 『철학적 병에 대한 진단과 처방: 임상철학』. 서울: 철학과현실사, 2004.

김태길. 『윤리학』. 서울: 박영사, 1964; 제6판 1974.

____. 『윤리학 개설: Naturalism and Emotivism』. 서울: 철학과현실사, 2010.

데이비드 고티에. 김형철 옮김. 『합의도덕론』. 서울: 철학과현실사, 1993.

로버트 노직. 남경희 옮김. 『아나키에서 유토피아로: 자유주의 국가의 철학적 기초』. 서울: 문학과지성사, 1983.

마광수. 「사드 문학의 이해를 위하여」. 사드. 이화열 옮김. 『안방철학』. 서울: 새터, 1992. pp.5-15.

박정순. 「철학용어 해설: 정의」, 『철학과 현실』. 통권 13호. 1992년 여름. pp.354-363.

____. 「논리실증주의의 검증원리와 형이상학」. 오영환 외. 『과학과 형이상학』. 서울: 자유사상사, 1993. pp.285-307.

____. 「윤리학에서 감정의 위치와 역할」, 『철학』. 제55집. 1998. pp,305-335.

____. "The Dialectic of Master and Slave in Hegel's Phenomenology of Spirit." 『매지논총』. 연세대학교 매지학술연구소, 1999. pp.93-133.

____. 「현대 윤리학의 지평 확대와 여성주의 윤리학의 공헌」. 『철학사상』, 제20권. 2005. pp.168-179.

____. 『마이클 샌델의 정의론, 무엇이 문제인가』. 서울: 철학과현실사, 2016.

____. 『존 롤즈의 정의론: 전개와 변천』. 서울: 철학과현실사, 2019.

____. 『사회계약론적 윤리학과 합리적 선택: 홉스, 롤즈, 고티에』. 서울: 철학과현실사, 2019.

블레즈 파스칼. 최종훈 옮김. 『팡세』. 서울: 두란노서원, 2020.

알베르 카뮈. 장재형·이정식 옮김. 『시지프스의 신화』. 서울: 다문, 1990.

이남진. 「철학상담의 어제와 오늘, 그리고 미래」. 『철학 실천과 상담』. 제1권. 2018년 8월. pp.121-148.

임지혜. 「소통의 존재론, 그리고 임상철학」. 『존재론 연구』. 제37권. 2015
년 4월. pp,195-221.

존 롤즈. 황경식 옮김. 『정의론』. 서울: 이학사, 2003.

크리스토퍼 라쉬. 최경도 옮김. 『나르시시즘의 문화』. 서울: 문학과지성사,
1989.

페터 슬로터다이크. 이진우, 박미애 옮김. 『냉소적 이성 비판 1』. 서울: 에
코리브르, 2005.

플라톤. 강성훈 옮김. 『에우튀프론』(Euthyphron). 서울: 이제이북스, 2017.

황경식. 「情意的 意味의 起源: C. L. Stevenson의 意味論 是非」. 『철학』. 제
11집. 1977. pp.39-66.

____. 「도덕판단의 성립요건: 도덕적 입장의 제 모형」. 『철학』. 제19집.
1985. pp.55-94.

Bar-On, Reuven and James D. A. Parker. *The Handbook of Emotional
Intelligence: Theory, Development, Assessment, and Application at
Home, School, and in the Workplace.* San Francisco, Calif.: Jossey-
Bass, 2000.

Becker, Lawrence C. ed. *Encyclopedia of Ethics.* New York: Garland
Publishing, Inc., 1992. pp.302-304.

Blackburn, Simon. "Wise Feeling, Apt Reading." *Ethics.* Vol. 102. 1992.
pp.342-356.

Blanshard, Brand. *Reason and Goodness.* London: George Allen &
Unwin, 1961.

Blum, L. A. *Friendship, Altruism, and Morality.* London: Routledge and
Kegan Paul, 1980.

Brandt. Richard R. "Emotive Theory of Ethics." *The Encyclopedia of
Philosophy.* ed. Paul Edwards. New York: The Macmillan Company,
1976. pp.493-496.

Broad, C. D. "Is 'goodness' the Name of a Simple Non-natural Quality?"
Proceedings of the Aristotelian Society. Vol. 34. 1933-34. pp.249-368.

Calhoun, Cheshire and Robert C. Solomon. eds. *What is an Emotion?*
New York: Oxford University Press, 1984.

Canfield, John V. ed. *Philosophy of Meaning, Knowledge and Value in the Twentieth Century: Routledge History of Philosophy.* Vol. 10. London: Routledge, 1997.

Cottingham, John. "Partiality, Favoritism and Morality." *The Philosophical Quarterly.* Vol. 36. 1986. pp.357-373.

D'Arms, Justin and Daniel Jacobson. "Expressivism, Morality, and the Emotions." *Ethics.* Vol. 104. 1994. pp.739-763.

Darwin, Charles. *The Expression of Emotions in Man and Animals.* London: Murray, 1872.

Davidson, Donald. "Paradox of Irrationality." Richard Wollheim and James Hopkins. eds. *Philosophical Essays on Freud.* Cambridge: Cambridge University Press, 1982. pp.289-305.

Deigh, John. "Cognitivism in the Theory of Emotions." *Ethics.* Vol. 104. 1994. pp.824-854.

Descartes, Rene. "The Passions of the Soul." *The Philosophical Writings of Descartes.* Two Vols. trans. John Cottingham. et al. Cambridge: Cambridge University Press, 1985.

Dilman, Ilman. "Reason, Passion and the Will." *Philosophy.* Vol. 59. 1984. pp.185-263.

Elster, Jon. *Ulysses and the Sirens: Studies in Rationality and Irrationality.* Cambridge: Cambridge University Press, 1979.

____. ed. *The Multiple Self.* Cambridge: Cambridge University Press, 1986.

____. "Rationality, Emotions, and Social Sciences." *Synthesis.* Vol. 98. 1994. pp.21-49.

Ezard, Carroll E. *Human Emotions.* New York: Plenum Press, 1977. Ch. 16. "Guilt, Conscience, and Morality."

Foucault, Michel. *The Care of the Self.* Vol. 3 of *The History of Sexuality,* 3 Vols. trans. Robert Hurley. New York: Vintage Books, 1988.

Fink, Hans. *Social Philosophy.* London and New York: Methuen, 1981.

Firth, Roderick. "Ethical Absolutism and the Ideal Observer." *Philosophy & Phenomenological Research.* Vol. 12. 1952. pp.317-345.

Flanagan, Owen. *Varieties of Moral Personality: Ethics and Psychological*

446

Realism. Cambridge: Harvard University Press, 1991.

Fukuyama, Francis. *The End of History and The Last Man*. New York: The Free Press, 1992.

Frankfurt, Harry G. *The Importance of What We Care About*. Cambridge: Cambridge University Press, 1988.

Gauthier, David. *Morals By Agreement*. Oxford: Clarendon Press, 1986.

Gibbard, Allan. *Wise Choices, Apt Feelings: A Theory of Normative Judgment*. Cambridge: Harvard University Press, 1990.

Goldman, Alvin I. "Ethics and Cognitive Science." *Ethics*. Vol. 103. 1993. pp.337-360.

Green, O. H. *The Emotions: A Philosophical Theory*. Dordrecht: Kluwer Academic Publishers, 1992.

Greenspan, Patricia S. *Emotions & Reasons: An Inquiry into Emotional Justification*. New York: Routledge, 1988.

Hare, R. M. *Freedom and Reason*. Oxford: Clarendon Press, 1963.

Inwood, Brad. *Ethics and Human Action in Early Stoicism*. Oxford: Clarendon Press, 1985.

Kant, Immanuel. *Observations on the Feeling of the Beautiful and the Sublime* (1764). trans. J. T. Goldthwait. Berkeley: University of California Press, 1960.

_____. *Groundwork of the Metaphysics of Morals*. trans. H. J. Paton. New York: Harper Torch Books, 1964.

_____. *The Conflict of The Faculties*. trans. Mary J. Gregor. Lincoln: University of Nebraska Press, 1979. "On the Power of Mind to Master Its Morbid Feeling by Sheer Resolution."

Kerner, George C. "Passions and the Cognitive Foundations of Ethics." *Philosophy & Phenomenological Research*. Vol. 31. 1970. pp.177-192.

Kleinginna, Jr. P. R. and A. M. Kleinginna. "A Categorized List of Emotional Definitions, with Suggestions for A Consensual Definition." *Motivation and Emotion*. Vol. 5. 1981. pp.345-379.

Lasch, Christopher. *The Culture of Narcissism: American Life in an Age of Diminishing Expectations*. New York: W. W. Norton & Co., Inc., 1979.

Lawrie, R. "Passions." *Philosophy & Phenomenological Research.* Vol. 41. 1980. pp.106-126.

List, J. M. *Epicurus: An Introduction.* Cambridge: Cambridge University Press, 1972.

Leighton, Stephen R. "Feelings and Emotion." *Review of Metaphysics.* Vol. 38. 1984. pp.303-320.

Lloyd, Genevieve. *The Man of Reason.* London: Methuen, 1984.

Loss, Steven L. "Evaluating the Emotions." *The Journal of Philosophy.* Vol. 81. 1984. pp.309-326.

MacIntyre, Alasdair. *After Virtue.* 2nd edn. Notre Dame: University of Notre Dame Press, 1984; 1st edn. 1981.

Marks, Joel. "A Theory of Emotion." *Philosophical Studies.* Vol. 42. 1982. pp.227-242.

____. "Emotion East and West: Introduction to A Comparative Philosophy." *Philosophy East & West.* Vol. 41. 1991. pp.1-30.

McClennen, Edward F. *Rationality and Dynamic Choice: Foundational Explorations.* Cambridge: Cambridge University Press, 1990.

Montana, Leo. "Understanding Oughts by Assessing Moral Reasoning or Moral Emotions." Gil C. Noam and Thomas E. Wren. eds. *The Moral Self.* Cambridge: The MIT Press, 1993. pp.292-308.

Moran, Richard. "The Expression of Feeling in Imagination." *The Philosophical Review.* Vol. 103. 1994. pp.75-106.

Morreall, John. "Humor and Emotion." *American Philosophical Quarterly.* Vol. 20. 1983. pp.297-304.

Neu, Jerome. *Emotion, Thought & Therapy: A Study of Hume and Spinoza and the Relationship of Philosophical Theories of the Emotions to Psychological Theories of Therapy.* London: Routledge & Kegan Paul, 1977.

Nietzsche, Friedrich. *Thus Spoke Zaratustra.* trans. Walter Kaufmann. New York: Penguin Books, 1966.

____. *The Birth of Tragedy.* trans. Walter Kaufmann. New York: Vintage Books, 1967.

____. *The Will to Power.* trans. Walter Kaufmann and R. J. Hollingdale.

New York: Vintage Books, 1968.

Nozick, Robert. *Anarchy, State, and Utopia*. New York: Basic Books, 1974.

Nussbaum, Martha C. *The Therapy of Desire: Theory and Practice in Hellenistic Ethics*. Princeton: Princeton University Press, 1992.

Oakley, Justin. *Morality and Emotions*. London: Routledge, 1992.

Park, Jung Soon. *Contractarian Liberal Ethics and the Theory of Rational Choice*. New York: Peter Lang Publishing Co., 1992.

Rawls, John. "Sense of Justice." *The Philosophical Review*. Vol. 72. 1963. pp.281-305.

_____. *A Theory of Justice*. Cambridge: Harvard University Press, 1971.

_____. "The Independence of Moral Theory." *Proceedings and Addresses of the American Philosophical Association*. Vol. 48. 1975. pp.5-22.

Rorty, Amélie Oksenberg. *Explaining Emotions*. Berkeley: University of California Press, 1980.

Rorty, Richard. "Human Rights, Rationality, and Sentimentality." *The Yale Review*. Vol. 81. 1993. pp.1-20.

Runciman, W. G. *Relative Deprivation and Social Justice*. London: Routledge and Kegan Paul, 1966.

Sabini, John and Maury Silver. "Emotions, Responsibility, and Character." Ferdinand Schoeman. ed. *Responsibility, Character, and the Emotions*. Cambridge: Cambridge University Press, 1987. pp.166-175.

Sartre, Jean Paul. *The Emotions: Sketch of a Theory*. trans. B. Frechtman. New York: Philosophical Library, 1948; original 1939.

Satris, Stephen. *Ethical Emotivism*. Dordrecht: Martinus Nijhoff Publishers, 1987.

Schuster, Shlomit C. "Philosophy As If It Matters: The Practice of Philosophical Counseling." *Critical Review*. Vol. 6. 1993. pp.587-599.

Shaffer, Jerome. "An Assessment of Emotion." *American Philosophical Quarterly*. Vol. 20. 1983. pp.161-173.

Scheffler, Israel. "In Praise of the Cognitive Emotions." *Teacher's College Record*. Vol. 79. 1977. pp.171-186.

Sinnott, E. W. *The Bridge of Life*. New York: Simon and Schuster, 1966.

Sloterdijk, Peter. *The Critique of Cynical Reason*. Minneapolis: University of Minneapolis, 1987.

Solomon-Godeau, Abigali. "Living with Contradictions." Andrew Ross. ed. *Universal Abandon?* Minneapolis: University of Minnesota Press, 1988. pp.191-213.

Solomon. Robert C. "Emotion and Choice." *The Review of Metaphysics*. Vol. 12. 1973. pp.210-232.

____. *The Passions: The Myth and Nature of Human Emotion*. New York: Doubleday, 1976.

____. "Beyond Reason: The Importance of Emotion in Philosophy." James Ogilvy. ed. *Revisioning Philosophy*. Albany: State University of New York Press, 1992. pp.19-47.

____. "The Philosophy of Emotions." Michael Lewis and Jeannette M. Haviland. eds. *Handbook of Emotions*. New York: The Guilford Press, 1993. pp.3-15.

Sosa, Ernest. "Moral Relativism, Cognitivism, and Defeasible Rules." *Social Philosophy & Policy*. Vol. 11. 1994. pp.116-138.

Sousa, Ronald de. *The Rationality of Emotion*. Cambridge: The MIT Press, 1990.

____. "Emotion." Lawrence C. Becker. ed. *Encyclopedia of Ethics*. New York: Garland Publishing, Inc., 1992. pp.302-304.

Stevenson, Charles L. *Ethics and Language*. New Haven: Yale University Press, 1944.

Stingl, Michael. "Ethics I (1900-45)." pp.134-162; Robert L. Arrington. "Ethics II (1945 to the present)." pp.163-196. John V. Canfield, *Philosophy of Meaning, Knowledge and Value in the Twentieth Century, Routledge History of Philosophy* 10. London: Routledge, 1997.

Stocker, Michael. "The Schizophrenia of Modern Ethical Theories." *Journal of Philosophy*. Vol. 73. 1976. pp.453-466.

Thalberg, Irving. "Avoiding the Emotion-Thought Conundrum." *Philosophy*. Vol. 55. 1980. pp.396-402.

Tiles, J. E. "The Combat of Passion and Reason." *Philosophy*. Vol. 52. 1977. pp.312-330.

450

Thomas, Laurence. "Rationality and Affectivity: The Metaphysics of the Moral Self." Ellen Frankel Paul. et al. eds. *The New Social Contract.* Oxford: Basil Blackwell, 1988. pp.154-172.

Tomas, Vincent. "Ethical Disagreement and the Emotive Theory of Values." *Mind.* Vol. 60. 1951. pp.209-221.

Urmson, J. O. *The Emotive Theory of Ethics.* New York: Oxford University Press, 1968.

Wallace, James. *Virtues and Vices.* Ithaca: Cornell University Press, 1978.

Ward, Keith. *The Development of Kant's View of Ethics.* Oxford: Basil Blackwell, 1972. Chapter II. "The Doctrine of Moral Feeling."

Watson, Gary. ed. *Free Will.* Oxford: Oxford University Press, 1982.

Williams, Bernard. *Problems of the Self.* Cambridge: Cambridge University Press, 1973.

"Emotional Intelligence." and "Social Intelligence." *Wikipedia.*

"Euthyphro dilemma." *Wikipedia.*

"Paradox of hedonism." *Wikipedia.*

"Seven virtues." and "Seven deadly sins." *Wikipedia.*

제4장 윤리학에서 감정의 위치와 역할: 공동체주의, 여성주의, 자유주의

김상봉. 「칸트 윤리학과 동정심 문제」. 한국칸트학회 편. 『칸트와 윤리학』. 서울: 민음사, 1996. pp.125-155.

김형철. 「환경위기와 세대 간 분배정의」. 한국사회·윤리학회 편. 『사회계약론 연구』. 서울: 철학과현실사, 1993. pp.361-396.

박정순. 「감정의 윤리학적 사활」. 정대현 외. 『감성의 철학』. 서울: 민음사, 1996. pp.69-124.

____.『사회계약론적 윤리학과 합리적 선택: 홉스, 롤즈, 고티에』. 서울: 철학과현실사, 2019.

알래스데어 매킨타이어. 이진우 옮김. 『덕의 상실』. 서울: 문예출판사, 1997.

조성민, 「도덕적 추론과 도덕성 함양」. 한국철학회 편. 『현대의 윤리적 상황과 철학적 대응』. 1992. pp.220-235.

존 롤즈. 황경식 옮김. 『사회정의론』. 서울: 서광사, 1977.

캐롤 길리건, 허란주 옮김. 『심리이론과 여성의 발달』. 서울: 철학현실사,

1994.

허란주. 「정의의 입장에 대한 페미니즘의 도전: 도덕적 성숙에 관한 논쟁」. 차인석 외. 『사회철학대계』. 제3권. 서울: 민음사, 1993. pp.328-351.

____. 「정의론과 페미니즘적 대안: 정의와 보살핌」. 그리스도교 철학연구소 편. 『현대사회와 정의』. 서울: 철학과현실사, 1995. pp.314-340.

황경식. 「정의적(情意的) 의미의 기원: C. L. Stevenson의 의미론 시비」. 『철학』. 제11집. 1977. pp.39-66.

____. 「도덕적 구성주의: 롤즈의 정의론을 중심으로」. 『철학』. 제16호. 1981년 가을. pp.49-69.

M. 호르크하이머 · Th. W. 아도르노. 『계몽의 변증법』. 서울: 문예출판사, 1995.

Ben-Ze'ev, Aaron. "Emotions and Morality." *The Journal of Value Inquiry*. Vol. 31. 1997. pp.195-212.

Callahan, Sidney. "The Role of Emotion in Ethical Decision Making." *Hastings Center Report*. June/July, 1988. pp.9-14.

Darwall, Stephen L. *Impartial Reason*. Ithaca: Cornell University Press, 1983.

Elshtain, Jean Bethke. *Public Man, Private Woman*. Princeton: Princeton University Press, 1981.

Flanagan, Owen and Kathryn Jackson. "Justice, Care and Gender: The Kohlberg-Gilligan Debate Revisited." *Ethics*. Vol. 97. 1987. pp.622-637.

Frazer, Elizabeth and Nicola Lacey. *The Politics of Community: A Feminist Critique of the Liberal-Communitarian Debate*. Toronto: University of Toronto Press, 1993.

Gilligan, Carol. *In a Different Voice: Psychological Theory and Women's Development*. Cambridge, Mass.: Harvard University Press, 1982.

Green, Karen. *The Woman of Reason*. Cambridge: The Polity Press, 1995.

Hekman, Susan. "The Embodiment of the Subject: Feminism and the Communitarian Critique of Liberalism." *The Journal of Politics*. Vol. 54. 1992. pp.1098-1119.

____. *Moral Voices, Moral Selves: Carol Gilligan and Feminist Moral Theory*. Cambridge: Polity Press, 1995.

Held, Virginia. "Feminist Transformation of Moral Theory." *Philosophy and Phenomenological Research*. Vol. 50. 1990. pp.321-344.

Hinman, Lawrence. *Ethics: A Pluralistic Approach to Moral Theory*. Belmont, CA: Wadsworth/Thomson Learning, 3rd edition, 2003.

Kohlberg, Lawrence. *Essays on Moral Development*. Vol. 1. *The Philosophy of Moral Development*. New York: Harper & Row, 1981.

____. *Essays on Moral Development*. Vol. 2. *The Psychology of Moral Development*. New York: Harper & Row, 1984.

____. "Justice as Reversibility: The Claim to Moral Adequacy of a Highest Stage of Moral Development." *The Philosophy of Moral Development*. New York: Harper & Row, 1981.

Lauritzen, Paul. "Errors of an Ill-Reasoning Reason: The Disparagement of Emotions in the Moral Life." *The Journal of Value Inquiry*. Vol. 25. 1991. pp.5-21.

Lewis, Michael and Jeannette M. Haviland. eds. *Handbook of Emotions*. New York: The Guilford Press, 1993.

Lloyd, Genevieve. *The Man of Reason: Male and Female in Western Philosophy*. Minneapolis: University of Minnesota Press, 1984.

Lutz, Catherine A. "Engendered Emotion: Gender, Power, and the Rhetoric of Emotional Control in American Discourse." Lutz and Lila Abu-Lughod. eds. *Language and the Politics of Emotion*. Cambridge: Cambridge University Press, 1990, pp.69-91.

MacIntyre, Alasdair. *After Virtue*. Notre Dame, Indiana: University of Notre Dame Press, 1981; 2nd edition 1984.

____. *Whose justice? Which Rationality?* Notre Dame: University of Notre Dame Press, 1988.

Midgley, Mary. "The Flight from Blame." *Philosophy*. Vol. 62. 1987. pp.271-291.

Myers, Milton L. *The Soul of Modern Economic Man: Ideas of Self-Interest: Thomas Hobbes to Adam Smith*. Chicago: University of Chicago Press, 1983.

Nussbaum, Martha. "Emotions and Women's Capabilities." Martha C. Nussbaum and Jonathan Glover. eds. *Women, Culture, and Develop-*

ment. Oxford: Clarendon Press, 1995. pp.360-395.

____. "Compassion: The Basic Social Emotion." *Social Philosophy and Policy.* Vol. 13. 1996. pp.27-58.

Nuyen, A. T. "Sense, Passions and Morals in Hume and Kant." *Kantstudien.* 1991. pp.29-41.

Okin, Susan Moller. "Reason and Feeling in Thinking about Justice." *Ethics.* Vol. 99. 1989. pp.229-249.

Ortony, Andrew. Gerald L. Clore and Allan Collins. *The Cognitive Structure of Emotions.* New York: Cambridge University Press, 1988.

Putnam, Ruth Anna. "Why Not a Feminist Theory of Justice." Martha C. Nussbaum and Jonathan Glover. eds. *Women, Culture, and Development.* Oxford: Clarendon Press, 1995. pp.298-331.

Rawls, John. "Outline of a Decision Procedure for Ethics." *The Philosophical Review.* Vol. 60. 1951. pp.171-197.

____. *A Theory of Justice.* Cambridge, Mass.: Harvard University Press, 1971.

____. "Justice as Fairness: Political not Metaphysical." *Philosophy and Public Affairs.* Vol. 14. 1985. pp.223-251.

____. "The Domain of the Political and Overlapping Consensus." *New York University Law Review.* Vol. 64. 1989. pp.233-255.

Roberts, Robert C. "Aristotle on Virtue and Emotions." *Philosophical Studies.* Vol. 56. 1989. pp.293-306.

Sousa, Ronald de. "Emotion." Lawrence C. Becker. ed. *Encyclopedia of Ethics.* New York: Garland Publishing, Inc., 1992. pp.302-304.

Toronto, Joan C. *Moral Boundaries: A Political Argument for an Ethic of Care.* New York: Routledge, 1993.

Vetlesen, Arne Johan. *Perception, Empathy, and Judgement.* Pennsylvania: The Pennsylvania State University Press, 1994.

제2부 응용윤리학의 관점

제1장 윤리학에서 본 기업윤리관

김정동. 「경제논리와 기업윤리」. 『연세경영연구』. 제36권. 1999. pp.125-164.

김해천. 『경영윤리 기본』. 서울: 박영사, 2003.

노만 보우이. 황경식·정원섭 옮김. 『기업윤리: 사업은 사업이고 윤리는 윤리인가』. 서울: 철학과현실사, 1990.

박정순. 「고티에의 합의도덕론과 그 정치철학적 위상」. 차인석 외. 『사회철학 대계 2』. 서울: 민음사, 1991. pp.350-379.

_____. 「호모 에코노미쿠스 생살부」. 『철학연구』. 21권. 고려대 철학연구소. 1998. pp.1-41.

박헌준 엮음. 『한국의 기업윤리: 현실과 과제』. 서울: 박영사, 2000.

박헌준·권인수. 「기업윤리연구의 최근동향과 실증연구 과제」. 『기업윤리연구』. 제8집. 2004. pp.1-31.

오종석·정동섭. 「경쟁우위의 원천으로서의 기업윤리」. 『경영·경제연구』. 제18권. 부산대학교. 1999. pp.151-199.

이한구. 「이기주의의 관점에서 본 성숙한 사회」. 『철학과 현실』. 철학문화연구소. 2001. pp.83-87.

장 보드리야르, 이상률 옮김. 『소비의 사회: 그 신화의 구조』. 서울: 문예출판사, 1991.

정연교. 「생물학적 인간관」. 남기영 외. 『인간이란 무엇인가?』. 서울: 민음사, 1997.

정원규. 「기업의 사회적 책임에 대한 철학적 고찰」. 『기업윤리연구』. 제5집. 2002. pp.91-107.

존 롤즈. 황경식 옮김. 『정의론』. 개정판. 서울: 이학사, 2003.

프랜시스 후쿠야마. 이상훈 옮김. 『역사의 종말: 역사의 종점에선 최후의 인간』. 서울: 한마음사, 1992.

프랜시스 후쿠야마. 구승회 옮김. 『트러스트』. 서울: 한국경제신문사, 1996.

Ackerman, Frank et al. eds. *Human Well-Being and Economic Goals*. Washington, D.C. Island Press, 1997.

Brennan, G. and James Buchanan, "The Normative Purpose of Economics

Science: Rediscovery of An Eighteenth-Century Method." *International Journal of Law and Economic*. Vol. 1. 1981.

Buchholz, Rogene A. *Fundamental Concepts and Problems in Business Ethics*. Englewood Cliffs, N.J.: Prentice Hall, 1989.

Carlyle, Thomas. "Occasional Discourse on the Negro Question." *Fraser's Magazine for Town and Country*. Vol. XL. 1849.

____. *Latter-Day Pamphlets*. Project Gutenberg. 1850.

Daly, Herman and John B. Cobb, Jr. *For the Common Good: Redirecting the Economy toward Community, the Environment, and a Sustainable Future*. Boston: Beacon Press, 1989.

Davidson, G. and P. Davidson. *Economics for a Civilized Society*. New York: W. W. Norton, 1988.

De George, Richard. T. *Business Ethics*. 2nd ed. New York: Macmillan, 1986.

____. "The Status of Business Ethics: Past and Future." *Journal of Business Ethics*. Vol. 6. 1987. pp.201-211.

Duska, Ronald. "Business Ethics: Oxymoron or Good Business." *Business Ethics Quarterly*. Vol. 10. 2000. pp.111-129.

Dyke, C. *Philosophy of Economics*. Englewood Cliffs: Prentice Hall, 1981.

Etzioni, Amitai. *The Moral Dimension: Toward A New Economics*. New York: Free Press, 1988.

Frederick, Robert E. "Is Good Ethics Good Business?" S. M. Nathale and J. B. Wilson, eds. *The Ethical Contexts for Business Ethics*. Lanham: University Press of America, 1990. pp.119-126.

Friedman, Milton. "The Social Responsibility of Business is To Increase Profits." *The New York Times Magazine*. September 13, 1970. pp.122-126.

Gauther, David. *Morals By Agreement*. Oxford: Clarendon Press, 1986.

Goodpaster, Kenneth E. and John B. Matthews, "Can a Corporation Have a Conscience?" *Harvard Business Review*. Vol. 60. 1982. pp.132-141.

Haslett, D. W. "Is Inheritance Justified?" *Philosophy and Public Affairs*. Vol. 15. 1986. pp.122-155.

Heap, Shaun Hargreaves and Martin Hollis. "Economic Man." *The New*

Palgrave: A Dictionary of Economics. New York: Macmillan Press, 1987.

Hollis, Martin and Edward Nell. *Rational Economic Man: A Philosophical Critique of Neo-classicial Economics*. Cambridge University Press, 1975.

Hosmer, LaRue Tone. "Why Be Moral? A Different Rationale For Managers." *Business Ethics Quarterly*. Vol. 4. 1994. pp.191-204.

Jeurissen, Ronald. "The Social Function of Business Ethics." *Business Ethics Quarterly*. Vol. 10. 2000. pp.821-843.

Jevons, William Stanley. *Principles of Political Economy*. New York: A. M. Kelly, 1871.

Jim. "Idle Thought — The Myth of Amoral Business." *El Naranjal*. Sunday, November 3, 2013. pp.1-2.

Kraus, Jody S. and Jules L. Coleman. "Morality and the Theory of Rational Choice." *Ethics*. Vol. 97. 1987. pp.715-749.

Ladd, John. "Morality and The Ideal of Rationality in Formal Organization." *Monist*. Vol. 54. 1970. pp.488-516.

Mansbridge, Jane J. ed. *Beyond Self-Interest*. Chicago: University of Chicago Press, 1990.

Newton, Lisa H. "The Internal Morality of the Corporation." *Journal of Business Ethics*. Vol. 5. 1986. pp.249-258.

Park, Jung Soon. *Contractarian Liberal Ethics and the Theory of Rational Choice*. Peter Lang: New York, 1992.

Paine, Lynn Sharp. "Does Ethics Pay?" *Business Ethics Quarterly*. Vol. 10. 2000. pp.319-330.

Radnitsky, General and Peter Bernholz. eds. *Economic Imperialism*. New York: Paragon House, 1987.

Rousseau, Jean Jacques. *Of the Social Contract*. trans. with an Introduction by Charles M. Sherover. New York: Harper Trad, 1985..

Ruskin, John. *Unto This Last*. Oxford: Oxford University Press, 1943.

Schotter, Andrew. *The Free Market Economics: A Critical Appraisal*. New York: St. Martin's Press. 1985.

Schwartz, Barry. *The Battle For Human Nature: Science, Morality and Moral Life*. New York: W. W. Norton, 1986.

Scitovsky, Tibor. *The Joyless Economy: An Inquiry into Human Satisfaction and Consumer Dissatisfaction.* New York: Oxford University Press, 1976.

Shaw, William H. "Business Ethics Today: A Survey," *Journal of Business Ethics.* Vol. 15. 1996. pp.489-500.

Solomon, Robert C. and Kristine R. Hanson. *It's Good Business.* Atheneum: Macmillan, 1985.

Velasquez, M. G. *Business Ethics: Concepts and Cases.* 3rd ed. Englewood Cliffs, N.J.: Prentice Hall, 1992.

Victor, Bart and Carroll Underwood Stephens. "Business Ethics: A Synthesis of Normative Philosophy and Empirical Science." *Business Ethics Quarterly.* Vol. 4. 1994. pp.145-155.

Weaver, Garry R. and Linda Klebe Trevino. "Normative and Empirical Business Ethics: Separation, Marriage of Convenience, or Marriage of Necessity?" *Business Ethics Quarterly.* Vol. 4. 1994. pp.129-143.

Willigenburg, Th. van. *Inside the Ethical Expert: Problem Solving in Applied Ethics.* Kok Pharos: Kampen, 1991.

Yeo, Michael. "Philosophy and Its Host: The Case of Business Ethics." E. Winkler and J. Coombs. eds. *Applied Ethics: A Reader.* Oxford: Blackwell, 1993. pp.250-268.

제2장 공직윤리: 현대적 의미의 청렴성 개념과 그 윤리적 기반의 구축

감사교육원. 『청백리정신과 감사인』. 1996.

국가청렴위원회. 『청렴국가건설을 위한 공직자 부패방지 가이드』. 2005.

김상겸. 「한국사회의 청렴성 제고를 위한 헌법적 고찰」. 『헌법학 연구』. 제12권. 2006. pp.249-280.

김영봉. 「청부론인가, 청빈론인가」. 『기독교사상』. 제46권. 2002. pp.232-245.

김택. 「공직윤리와 청백리 사상에 관한 연구」. 『한국부패학회보』. 제9권. 2004. pp.87-118.

마이크 왈쩌. 정원섭 외 옮김. 『정의와 다원적 평등: 정의의 영역들』. 서울: 철학과현실사, 1999.

박정순. 『마이클 월저의 사회사상과 철학적 깨달음: 복합평등, 철학의 여신,

마방진』. 서울: 철학과현실사, 2017.

부패방지위원회. 『청렴국가건설을 위한 부패방지 기본계획』. 2002.

신윤환. 「부정부패의 정치경제학」. 『사회평론』. 6월. 1992. pp.134-141.

이서행. 『청백리정신과 공직윤리』. 서울: 인간사랑, 1990.

____. 「반부패의식과 제도로서의 청백리 규범문화」. 『한국부패학회보』. 제7
권. 2002. pp.81-101.

이영균. 「공무원 부정부패의 원인과 방지대책」. 『한국행정논집』. 제8권.
1996. pp.1-23.

이재선. 「한국인의 멋과 지혜: 청빈을 삶의 가치로 삼아온 선비정신과 여유
의 멋」. 『북한』. 11월호. 1987. 통권 제191호. pp.158-161.

존 누난. 이순영 옮김. 『뇌물의 역사』. 서울: 한세, 1996.

존 롤즈. 황경식 옮김. 『정의론』. 서울: 이학사, 2003.

Barrick, Murray and Michael Mount. "The Big Five Personality
Dimensions and Job Performance: A Meta-Analysis." *Personnel Psycho-
logy.* Vol. 44. 1991. pp.1-26.

Becker, Thomas. "Integrity in Organization: Beyond Honest and
Conscientiousness." *Academy of Management Review.* Vol. 23. 1998.
pp.154-161.

Caiden, Gerald E., O. P. Dwivedi and Joseph Jabbra. eds. *Where
Corruption Lives.* Bloomfield: Kumarian Press, 2001.

Coleman, James. "Social capital in the creation of human capital."
American Journal of Sociology. Vol. 94. suppl., 1988. pp.95-120.

Connelly, Brian. Scott Lilienfeld and Kelly M. Scheelk. "Integrity Test
and Morality." *International Journal of Selection And Assessment.* Vol.
14. 2006. pp.82-86.

Cox, Damian. Marguerite La Caze and Michael Levine. "Integrity."
Stanford Encyclopedia of Philosophy (http://plato.stanford.edu). 2005.
pp.1-16.

Diamond, Cora. "Integrity." Lawrence Becker and Charlotte Becker. eds.
Encyclopedia of Ethics. New York: Routledge, 2001. pp.863-866.

Everett, Jeff., Dean Neu and Abu Shiraz Rahaman. "The Global Fight
Against Corruption: A Foucaultian, Virtue-Ethics Framing." *Journal of*

Business Ethics. Vol. 65. 2006. pp.1-12.

Hager, L. Michael. "Bureaucratic Corruption in India." *Comparative Political Science*. Vol. 6. 1973. pp.197-219.

Kohlberg, Lawrence. *Essays on Moral Development*. Vol. II. *The Psychology of Moral Development: The Nature and Validity of Moral Stages*. San Francisco: Harper & Row, 1984.

Larmour, Peter and Nick Wolanin. eds. *Corruption and Anti-Corruption*. Canberra: Asia Pacific Press, 2002.

McFall, Lynne. "Integrity." *Ethics*. Vol. 98. 1987. pp.5-20.

Noonan, Jr., John T. *Bribes*. Berkely: University of California Press, 1984.

OECD. *Ethics In the Public Service: Current Issues and Practice*. Public Management(PUMA) Occasional Papers. No. 14. 1996. pp.1-63.

Petrick, Joseph A. and John F. Quinn. "The Integrity Capacity Construct and Moral Progress in Business." *Journal of Business Ethics*. Vol. 23. 2000. pp.3-18.

Putman, Daniel. "Integrity and Moral Development." *The Journal of Value Inquiry*. Vol. 39. 1996. pp.237-246.

Portes, Alejandro. "Social Capital: Its Origin and Applications in Modern Sociology." *Annual Review of Sociology*. Vol. 24. 1998. pp.1-24.

Rawls, John. "Kantian Constructivism in Moral Theory." *The Journal of Philosophy*. Vol. 77. 1980. pp.515-572.

Walzer, Michael. *Spheres of Justice: A Defence of Pluralism and Equality*. New York: Basic Books, 1983.

제3장 생명의료윤리에서 악행금지 원칙

구영모. 「죽임과 죽게 내버려둠 사이의 구분에 관하여」. 『철학』 제51집. 서울: 한국철학회, 1997년 여름. pp.321-376.

구영모 엮음. 『생명의료윤리』. 서울: 동녘, 2010.

김상득. 『생명의료 윤리학』. 서울: 철학과현실사, 2000.

김일순 · N. 포션 편역. 『의료윤리: 삶과 죽음, 그 영원한 숙제』. 서울: 연세대학교 출판부, 1982.

김일순 · N. 포션. 『새롭게 알아야 할 의료윤리』. 서울: 현암사, 1993.

마이클 월저. 권영근·김덕현·이석구 옮김. 『마르스의 두 얼굴: 정당한 전쟁·부당한 전쟁』. 서울: 연경문화사, 2007.

문성학. 「칸트 윤리학의 네 가지 문제점」. 『칸트연구』. 제13집. 2004. pp.87-116.

리사 슈와츠·폴 프리스·로버트 핸드리. 조비룡·김대군·박균열·정규동 옮김. 『사례중심의 의료윤리』. 고양: 도서출판 인간사랑, 2008.

박정순. 「마이클 왈쩌의 정의전쟁론: 그 이론적 구성체계와 한계에 대한 비판적 고찰」. 『철학연구』. 제68집. 2005. pp.77-131.

____. 「9·11 테러 사건 1주년에 즈음한 '정의로운 전쟁론'의 대가 마이클 왈쩌 교수와의 특별대담: '테러와의 전쟁'과 '정의로운 전쟁론' 그리고 미국 좌파의 향방」. 『철학연구』. 제68집. 2005. pp.121-142.

____. 『마이클 월저의 사회사상과 철학적 깨달음: 복합평등, 철학의 여신, 마방진』. 서울: 철학과현실사, 2017.

____. 『마이클 샌델의 정의론, 무엇이 문제인가』. 서울: 철학과현실사, 2019.

____. 『사회계약론적 윤리학과 합리적 선택이론: 홉스, 롤즈, 고티에』. 서울: 철학과현실사, 2019.

T. L. 비첨·J. F. 칠드레스, 박찬구·최경석·김수정·인선호·조선우·추정완 옮김. 『생명의료윤리의 원칙들』. 부천: 부크크, 2017.

T. 샤논·J. 디지아코모. 황경식·김상득 옮김, 『생의윤리학이란?』. 서울: 서광사, 1988.

윌리엄 프랑케나. 황경식 옮김. 『윤리학』. 서울: 종로서적, 1984.

이마누엘 칸트. 백종현 옮김. 『윤리형이상학 정초』. 서울: 아카넷, 2005.

임종식. 『생명의 시작과 끝: 생명의료윤리입문서』. 서울: 도서출판 로뎀나무, 1999.

존 롤즈. 황경식 옮김. 『정의론』. 서울: 이학사, 2003.

존 스튜어트 밀. 이을상 옮김. 『공리주의』. 서울: 지식을 만드는 지식, 2011.

존 스튜어트 밀. 서병훈 옮김. 『자유론』. 『존 스튜어트 밀 선집』. 서울: 책세상, 2020.

철학연구회 편. 『정의로운 전쟁은 가능한가』. 서울: 철학과현실사, 2006.

한국의료윤리교육학회 편. 『의료윤리학』. 서울: 계축문화사, 제2판, 2003.

"미필적 고의." 『두산백과』, 『네이버 지식백과』.

"신의성실의 원칙." 『한경 경제용어사전』, 『네이버 지식백과』.

Beauchamp, Tom L. and James F. Childress. *Principles of Biomedical Ethics*. New York: Oxford University Press, 1st edition 1979; 6th edition 2009.

Beauchamp, Tom L. LeRoy Walters. Jeffrey P. Kahn, and Anna C. Mastroianni. *Comtemporary Issues in Bioethics*. 7th edition. Belmont: Thomson-Wadsworth, 2003; 2008.

Feinberg, Joel. "Harm and Offense." Lawrence C. Becker and Charlotte B. Becker, Editors, *Encyclopedia of Ethics*. 2nd edition. New York and London: Routledge, 2001. pp.652-655.

Foot, Philippa. "The Problem of Abortion and the Doctrine of the Double Effect." *Oxford Review*. No. 5. 1967. pp.5-15.

_____. "Euthanasia." *Philosophy and Public Affairs*. Vol. 6, No. 2. 1977. pp.85-112. Reprinted *Virtues and Vices*. below, pp.33-61.

_____. *Virtues and Vices and Other Essays in Moral Philosophy*. Berkeley: University of California Press. 1978.

Frankena, William. *Ethics*. 2nd edition. Englewood Cliffs, N.J.: Prentice Hall, 1973.

Hanser, Matthew. "Harm." Hugh LaFollette. ed. *The International Encyclopedia of Ethics*. Vol. IV. West Sussex, UK: Wiley-Blackwell, 2013. pp.2299-2307.

Hare, R. M. "A Utilitarianism Approach." Helga Kuhse and Peter Singer. eds. *A Companion to Bioethics*. 2nd edition. West Sussex, UK: Wiley-Blackwell, 2009. pp.85-90.

Hartogh, Govert Den. "The Slippery Slope Argument." Helga Kuhse and Peter Singer. eds. *A Companion to Bioethics*. 2nd edition. West Sussex, UK: Wiley-Blackwell, 2009. pp.321-332.

Kelly, Gerald. "The Duty to Preserve Life." *Theological Studies*. Vol. 12. No. 2. pp.550-556.

Kuhse, Helga. "Euthanasia." Peter Singer. *A Companion to Ethics*. Oxford: Blackwell Reference, 1991. pp.294-302.

Lippert-Rasmussen, Kasper. "Killing." Hugh LaFollete. ed. *The International Encyclopedia of Ethics*. West Sussex, UK: Wiley-Blackwell, 2013. pp.2918-2928.

MacIntyre, Alison. "Doing Away with Double Effect." *Ethics*. Vol. 111. 2001. pp.219-255.

Marquis, Don. "Doctrine of Double Effect." Hugh LaFollete. ed. *The International Encyclopedia of Ethics*. West Sussex, UK: Wiley-Blackwell, 2013. pp.1435-1443.

Munson, Ronald. *Intervention and Reflection: Basic Issues in Medical Ethics*. Belmont, California: Wadsworth Publishing Co., 1983.

Orend, Brian. *Michael Walzer on War and Justice*. Montreal: McGill-Queen's University Press, 2000.

President's Commission for the Study of Ethical Problems. *Deciding to Forego Life-Sustaining Treatment*. Washington, D.C.: Government Printing Office, 1983.

"Principle of Medical Ethics, 1980." American Medical Association. Edwards, Rem B. and Glenn C. Graber. *Bio-Ethics*. San Diego: Harcourt Brace Jovanovich Publishers, 1988.

Rachels, James. "Active and Passive Euthanasia." *New England Journal of Medicine*, Vol. 292. January 9. 1975. pp.78-80.

____. "Killing and Letting Die." Lawrence C. Becker and Charlotte B. Becker. eds. *Encyclopedia of Ethics*. 2nd edition. New York and London: Routledge, 2001. pp.947-950.

Rawls, John. "Kantian Constructivism in Moral Theory." *The Journal of Philosophy*. Vol. 77. 1980. pp.515-572.

Rev. McTavish, James. "Justice and Health Care: When 'ordinary' is extraordinary." *The Linacre Quarterly*. Vol. 83. No. 1. 2016 Feb. pp.23-64.

Scanlon, T. M. *Moral Dimension: Meaning, Permissibility and Blame*. Cambridge: Harvard University Press, 2010. Ch. 1. "The Illusory Appeal of Doble Effects." pp.8-36.

Sloan, Frank A. and John H. Shadle. "Is there empirical evidence for 'Defensive Medicine'?: A Reassessment." *Journal of Health Economics*. Vol. 28. Issue 2. March, 2009. pp.481-491.

Solomon, William David. "Doble Effect." Lawrence C. Becker and Charlotte B. Becker. eds. *Encyclopedia of Ethics*. 2nd edition. London:

Routledge, 2001. pp.418-420.

The Nuremberg Medical Trial. "The Nuremberg Code." 1947. 영어 전문은 Tom L. Beauchamp, LeRoy Walters, Jeffrey P. Kahn, and Anna C. Mastroianni. *Comtemporary Issues in Bioethics.* 7th edition. Belmont: Thomson-Wadsworth, 2003; 2008. pp.70-71.

Turner, Piers Norris. "'Harm' and Mill's Harm Principle." *Ethics.* Vol. 124. January 2014. pp299-326.

Volokh, Eugene. "Slippery Slope Arguments" Hugh LaFollete. ed. *The International Encyclopedia of Ethics.* West Sussex, UK: Willey-Blackwell. 2013. pp.4923-4929.

Yezzi, Ronald. *Medical Ethics: Thinking About Unavoidable Questions.* New York: Holt, Rinehart and Winston, 1980.

Walzer, Michael. *Just and Unjust Wars: A Moral Argument With Historical Illustrations.* New York: Basic Books, Inc., 1977.

"Ahimsa." *Wikipedia.*

"Declaration of the Rights of Man and of the Citizen." *Wikipedia.*

"Eye for an eye." *Wikipedia.*

"Primun non nocere." *Wikipedia.*

"United States Declaration of Independence." Preamble. *Wikipedia.*

제3부 사이버 공간에서의 윤리

제1장 정보통신문화와 도덕의 정체성 문제

강상현. 『정보통신혁명과 한국사회』. 서울: 한나래, 1996.

강성완. 『정보사회의 역기능과 대응방안에 관한 연구』. 서울: 중앙대학교 행정대학원 석사학위논문, 1991.

김영한. 『사이버트렌드』. 서울: 고려원 미디어, 1996.

김형철. 「정보사회의 윤리」. 『철학과 현실』. 가을호. 1996. pp.86-98.

대니얼 버스타인·데이비드 클라인. 김광전 옮김. 『정보고속도로의 꿈과 악몽』. 서울: 한국경제신문사, 1996.

박순백. 「통신예절」. 『정보화사회』. 1989. 9월호. pp.14-19.

박종현 역주. 『플라톤의 국가』. 서울: 서광사, 1997.

안정옥 옮김. 「사이버스페이스와 미국의 꿈: 지식시대를 위한 헌장」. 홍성
태 엮음. 『사이버공간, 사이버 문화』. 서울: 문화과학사, 1996. pp.15-41.

안철수. 「정보사회의 역기능과 대응방안」. 『정보사회와 통신윤리 세미나』.
정보통신윤리위원회. 1995. 6. 7. pp.27-39.

이사범. 「인터넷 정보보호 대책에 관한 연구」. 『정보화 사회』. 제112권.
1997. 4. pp.43-53.

이용태. 「통신전문가의 직업윤리」. 임희섭 외. 『새 시대의 직업윤리』. 서울:
신사회공동선운동연합, 1996. pp.209-234.

임홍빈. 『기술문명과 철학』. 서울: 문예출판사, 1995.

신각철. 「'컴퓨터프로램보호법' 개정(예고안)에 대한 검토」. 『정보화사회』.
제90권. 1995. 5. pp.40-46.

_____. 「정보통신윤리위원회의 기능과 역할」. 『정보화사회』. 제91권. 1995.
6. pp.46-49.

정보통신윤리위원회. <http//www.ice.or.kr> 방송통신심의위원회로 2008년 2
월 이관. <http://www.kocsc.or.kr>

정보통신윤리위원회. 「정보통신윤리의식 실태조사」. 『정보화사회』. 제99권.
1996. 3. pp.40-47.

「정보통신윤리심의기준」. 『정보화사회』. 제61권. 1992. 12. pp.58-62.

「정보통신 검열철폐를 위한 시민연대」. 『정보통신검열백서』. 1996. 11. 20.
Internet e-mail. anticensor@mail.cybercom.co.kr

존 롤즈. 황경식 옮김. 『사회정의론』. 서울: 서광사, 1977.

존 롤즈. 황경식 옮김. 『정의론』. 서울: 이학사, 2003.

존 킨. 주동황 외 옮김. 『언론과 민주주의』. 서울: 나남, 1995.

채명기. 「디지털 시대의 복제권」. 계간 『저작권』. 서울: 저작권심의조정위원
회. 1997년 봄호, pp.23-32.

한세억. 『정보사회의 규범과 윤리정착에 관한 연구』. 서울: 한국정보문화센
터, 1995.

황경식. 「산업사회·윤리·정보사회」. 한국사회·윤리학회 발표 논문. 1997.
2. pp.1-14.

"ACM Code of Ethics and Professional Conduct." *Communication of the
ACM*. Vol. 36. No. 2. 1993. pp.99-102.
<http://web.mit.edu/ethics/www/codes/ACMcode.html>

"ACM Code of Ethics and Professional Conduct: Affirming our obligation to use our skills to benefit society." (2018. 6. 22). <http://www.acm.org/code-of-ethics>

Alexander, Andrew. "Intellectual Property: The Impact of the Web." 1995. <http://www.csu.edu.au/special/conference/apwww95/aalexsan/aalexsan.html>

Arnold, David O. *Computers and Society Impact*. New York: Mitchell McGraw-Hill, 1991.

Barbrook, Richard and Andy Cameron. "The California Ideology." 1996. <http://www.wmin.ac.uk/media/HRC/ci/calif5.html>

Bell, Daniel. "The Year 2000-The Trajectory of an Idea." *Daedalus*. Vol. 96. 1967. pp.639-651.

Berleur, Jacques. "International Federation for Information Processing's Framework for Computer Ethics." *Science and Engineering Ethics*. Vol. 2. 1996. pp.155-165.

Bowyer, Keven. *Ethics and Computing*. Ch. 3. "Professional Codes of Ethics. <http://www.computer.org/cspress/catalog/bp07130/chat.html>

Bynum, Terrell Ward. "Computer Ethics in the Computer Science Curriculum," *Research Center on Computing and Society*. <http://www.scsu-cs.ctstateu.edu/rccs/tce-art.html>

Bynum, Terrell Ward and Simon Rogerson. "Global Information Ethics." *Science and Engineering Ethics*. Vol. 2. 1996. pp.131-135.

Center for Civic Networking, *Information Infrastructure: Public Space for the 21st Century*. <http://www.civicnet.org>

Center For Civic Networking. "The Internet and the Poor." <http://www.civicnet.org/articles/otherdocs/interp ~3.htm#E19E1.

Center for Computing and Social Responsibility, *Ethical Web Sites*. <http://www.cms.dmu.ac.kr/CCSR/ccsr/web_lnks/ethwebsit.html>

Clarke, Roger. "Net-Etiquette: Mini Case Studies of Dysfunctional Human Behavior on the Net." (Original Version, 10, April, 1995; Last Amended, 1 March, 1997) <http://www.anu.edu.au/people/Roger.Clarke/II/Netethiquettecases>

Ermann, M. David. et al. eds. *Computers, Ethics, and Society*. New York: Oxford University Press, 1990.

Froethlich, Thomas J. "Library and Information professions." Lawrence C. Becker. ed. *Encyclopedia of Ethics*. New York: Garland Publishing Inc., 1992. pp.711-716.

Gorniak-Kocikowska, Krystyna. "The Computer Revolution and the Problem of Global Ethics." *Science and Engineering Ethics*. Vol. 2. 1996. pp.177-190.

Hafner, Kathie and John Markoff. *Cyberpunk: Outlaws and Hackers on the Computer Frontier*. New York: Simon & Schuster, 1991.

Hauben, Michael and Ronda Hauben. Online Netbook. *Netizens: On the History and Impact of the Net*. 1996.
<http://www.columbia.edu/~rh120/netizen-rights.txt>

Haywood, Trevor. *Info-Rich Info-Poor: Access and Exchange in the Globalization in the Information Society*. London: Bowker-Saur, 1995.

Huff, Chuck. et al. "Integrating the Ethical and Social Context of Computing into the Computer Science Curriculum." *Science and Engineering Ethics*. Vol. 2. 1996. pp.211-224.

IHTFP Hack Gallery. "The Hacker Ethic." Last modified. 1996/02/06.
<http://fishwrap.mit.edu/Hacks/misc/ethics/html>

Jonhson, Deborah G. *Computer Ethics*. Englewood Cliffs: Prantice-Hall, 1985.

____. "Computers." Lawrence C. Becker. ed. *Encyclopedia of Ethics*. New York: Garland Publishing, Inc., 1992. pp.191-194.

Johnson, Deborah G. and Helen Nissenbaum. eds. *Computers, Ethics and Social Values*. Englewood Cliffs, New Jersey, 1995.

Keyworth, G. A. II. "People and Society in Cyberspace."
<http://www.pff.org/pff/tsot-1.htm>

King, Rob. *Hopes and Horrors: Technological Utopianism and Anti-Utopianism in Narratives of Computerization*. Washington D.C.: Academic Press, 1996.

Levy, Steven. *Hackers: Heroes of the Computer Revolution*. Garden City: Anchor/Doubleday Press, 1984.

Manner, Walter. "Unique Ethical Problems in Information Technology." *Science and Engineering Ethics*. Vol. 2. 1996. pp.137-154.

Marx, Karl. Critique of Gotha Program. Lewis S. Feur. ed. *Marx & Engels: Basic Writings on Politics and Philosophy*. Garden City: Anchor Books, 1959.

McBride, Neil and Simon Rogerson. "The Effect of Global Information Systems on Business Vision and Values." *Center for Computing and Social Responsibility*. 1995.
<http://www.dmu.ac.uk/CCSR/ccsr/pubs/papers/bits95.html>

Miles, Ian. "The Information Society: Competing Perspectives on the Social and Economic Implications of Information and Communication Technologies." Williams H. Dutton, ed. *Information and Communication Technologies*. Oxford: Oxford University Press, 1996. pp.37-52.

Miller, J. Hillis. *The Ethics of Reading*. Columbia University Press, 1986.

Miller, Seumas. "Privacy and Computers." 1997.
<http://www.csu.edu.au/special/conference/apwww95/papers/smiller/smiller.html>

Moor, James H. "What is Computer Ethics?" *Metaphilosophy*. Vol. 6. 1985. pp.266-275.

National Computer Ethics & Responsibilities Campaign. NCERC. June 21, 1994. <http://cpsr.org/cpsr/sociology/mcerc.pr>

Nissenbaum, Helen. "Should I Copy My Neighbor's Software." Deborah G. Johnson and Helen Nissenbaum. eds. *Computers, Ethics, and Social Values*. Englewood Cliffs, N.J.: Prentice Hall, 1995. pp.200-213.

Ogburn, William F. *Social Change with Respect to Culture and Original Nature*. New York: Viking, 1950.

OZ, Effy. "Ethical Standards for Computer Professionals: A Comparative Analysis of Four Major Codes." *Journal of Business Ethics*. Vol. 12. 1993. pp.709-726.

Posner, Richard A. "An Economic Theory of Privacy" Deborah G. Johnson and Helen Nissenbaum. eds. *Computers, Ethics, and Social Values*. Englewood Cliffs, N.J.: Prentice Hall, 1995. pp.332-350.

Rezmierski, Virginia E. "Managing Information Technology Issues of Ethics and Values." Online Manuscript.
<http://cause=www.colorado/information/sources/ir-library/text/cem9233.txt>

Rheingold, Howard. *The Virtual Community: Homesteading on the Electronic Frontier.* New York: Harper Perennial, 1993.
<http://www.well.com/user/hlr/vcbook/vcbook1/html>

Rinaldi, Arlene H. "The Net: User Guidelines and Netiquette."
<http://www.fau.edu/rinaldi/net/index.html>

Rogers, Simon. "The Ethics of Computing: the first and second generations." 1996. <http://idun.unl.ac.uk:80/~11sadlerc/src/ETHrog.html>

Rogerson, Simon and Terrell Ward Bynum. "Cyberspace: The Ethical Frontier." 1996.
<http://www.cms.dmu.ac.uk/CCSR/ccsr/the_art/theart.html>

Shea, Virginia. Netiquette. San Francisco: Albion Books, 1994.

____. "Netiquette: Core Rules of Netiquette."
<http://www.in.on.ca/tutorial/netiquette.html>

Slack, Jennifer and Fred Frejes. eds. *The Ideology of the Information Age.* Norwood, N.J.: Ablex, 1987.

Snapper, John W. "Introduction: Ownership of Computer Software." Deborah G. Johnson and Helen Nissenbaum. eds. *Computers, Ethics & Social Values.* Englewood Cliffs, N.J.: Prentice Hall, 1995. pp.148-153.

Spinello, Richard A. *Ethical Aspects of Information Age.* Englewood Cliffs, N.J.: Prentice Hall, 1995.

Stallman, Richard. "Why Software Should Be Free." Deborah G. Johnson and Helen Nissenbaum. eds. *Computers, Ethics & Social Values.* Englewood Cliffs, N.J.: Prentice Hall, 1995. pp.190-200.

The Aspen Institute. "An Information Bill of Rights and Responsibilities."
<http://www.aspeninst.org/dir/current/Infobill.html>

The Computer Ethics Institute. "The Ten Commandments for Computer Ethics." <http://www.fau.edu/rinaldi/net/ten.html>

Toffler, Alvin. et al. "Cyberspace and American Dream: A Magna Carta for the Knowledge Age." Release 1.2. August 22, 1994.
<http://www.pff.org/pff/position.html>

Walsham, G. "Ethical Theory, Codes of Ethics and IS Practice." *Information Systems Journal.* Vol. 6. 1996. pp.69-81.

Webster, Frank. *Theories of The Information Society.* London: Routledge,

1995.

Williams, Robin and David Edge. "The Social Shaping of Technology."
Williams H. Dutton, ed. *Information and Communication Technologies.*
Oxford: Oxford University Press, 1996. pp.52-67.

제2장 익명성의 문제와 도덕규범의 구속력

강홍렬·윤준수·황경식.『고도정보사회의 정보윤리 확립을 위한 정책방안』.
서울: 정보통신정책연구원, 1997.

권태환·조형제·한상진 엮음.『정보사회의 이해』. 서울: 미래M&B, 1997.

김선희.『사이버시대의 인격과 몸』. 파주: 아카넷, 2004.

데이비드 리스먼. 류근일 옮김.『고독한 군중』. 서울: 동서문화사, 제3판,
2016.

『동아세계대백과사전』. 서울: 동아출판사, 1982.

류혜숙.「'할로우 맨' 영화평」.『Webzine Bookian』. 2000. pp.1-2.

마크 스미스·피터 콜록 엮음. 조동기 옮김.『사이버공간과 공동체』. 파주:
나남출판, 2001.

민경배.「네티즌 자유 가로막는 실명제」.『주간동아』. 제282호. 2001. 5. 3.

류승호.「정보사회의 윤리: 정보공간의 일탈과 규제」. 정보사회학회 편.『정
보사회의 이해』. 서울: 나남출판, 1998. pp.227-247.

리 듀커킨. 장석봉 옮김.『동물들의 사회생활: 동물들의 속임수와 협동에 관
하여』. 서울: 지호, 2002.

박광순 옮김.『헤로도토스의 역사』. 서울: 범우사, 1987.

박병기.「가상공간의 문화철학적 의미와 윤리적 지향」.『범한철학』. 제28집.
2003. pp.305-324.

박상수.『디지털 정보사회의 정보윤리에 관한 연구: 진화론적 체계윤리와
카오스 이론을 중심으로』. 서울대학교 대학원 박사학위 논문. 2000.

박인우.「인터넷의 익명성과 불건전 행위 그리고 윤리교육」.『서울교육』.
제43권. 2001. pp.125-127.

박정순.「자유주의 대 공동체주의 논쟁의 방법론적 쟁점」.『철학연구』. 제
33집. 1993. pp.33-62.

_____.「정보통신문화와 도덕의 정체성 문제」.『철학』. 별책 5권. 1998.
pp.243-289.

_____. 『마이클 샌델의 정의론, 무엇이 문제인가』. 서울: 철학과현실사, 2016.

_____. 『사회계약론적 윤리학과 합리적 선택: 홉스, 롤즈, 고티에』. 서울: 철학과현실사, 2019.

_____. 『존 롤즈의 정의론: 전개와 변천』. 서울: 철학과현실사, 2019.

박종현 역주. 『플라톤의 국가』. 서울: 서광사, 1997.

오리후지 가츠히로. 노재현 옮김. 『현명한 이기주의』. 서울: 참솔, 2001.

이명진. 「사이버공간의 한계: 온라인상의 익명성을 중심으로」. 『한국 사회』. 제14집. 2001. pp.119-144.

이성원. 「귀게스 전설과 철학적 사유의 출현」. 『서양고전학연구』. 제18집. 2002. pp.61-75.

이종관. 「가상현실의 형이상학과 윤리학」. 『철학』. 제54집. 1998. pp.319-350.

장을병. 「대중사회와 Mass Communication의 기능」. 『성균관대학교 논문집』. 제9권. 1964. pp.209-235.

정영화. 「가상공간의 익명성과 개인정보 보호」. 『사이버 공간의 윤리적 쟁점들』. 서울: 대화문화아카데미, 2001. pp.48-83.

조동기. 「정보화사회에서 개인의 정체성과 프라이버시에 관한 연구」. 『사회과학정책연구』. 제18권. 1996. pp.29-55.

존 롤즈. 황경식 옮김. 『사회정의론』. 서울: 서광사, 2003.

최승현 기자. 『조선일보』. 「투명인간 해프닝」. 2003년 8월 26일자, A9면.

최창호. 『무엇이 사람을 움직이는가: 사이코 실험실』. 서울: 학지사, 2002.

한규석. 『사회심리학의 이해』. 서울: 학지사, 1995.

한상희. 「사이버공간에서의 익명성과 책임」. *CLIS Monthly*. 5/6호. 정보통신정책연구원. 2003. pp.14-25.

한세억. 『정보사회의 규범과 윤리정착에 관한 연구』. 서울: 한국정보문화센터, 1995.

황경식. 『이론과 실천』. 서울: 철학과현실사, 1998.

_____. 「사이버시대, 정체성의 위기인가」. 『인간연구』. 제4호. 2003. pp.5-30.

황상민·한규석 편저. 『사이버 공간의 심리』. 서울: 박영사, 1999.

황상민. 『사이버공간에 또 다른 내가 있다』. 서울: 김영사, 2000.

_____. 「인간행동의 규칙과 사이버 공간의 의미: 윤리 문제와 행동 통제의 탐색」. 함께 하는 시민행동 엮음. 『인터넷 한국의 10가지 쟁점』. 서울: 역사넷. 2002. pp.55-71.

Axelrod, Robert. *The Evolution of Cooperation*. New York: Basic Books, 1984.

Danielson, Peter. "Pseudonyms, Mailboats, and Virtual Letterheads: The Evolution of Computer-Mediated Ethics." Charles Ess. ed. *Philosophical Perspectives On Computer-Mediated Communication*. Albany, State University of New York Press, 1996. pp.67-93.

Davis, Michael. "The Tragedy of Law: Gyges in Herodotus and Plato." *The Review of Metaphysics*. Vol. 53. March, 2000. pp.635-655.

de Hert, Paul. "The Case of Anonymity in Western Political Philosophy: Benjamin Constant's Refutation of Republican and Utilitarian Arguments Against Anonymity." Nicoll, C. et al. eds. *Digital Anonymity and the Law: Tensions and Dimensions*. T.M.C: Asser Institute. 2003. pp.47-97.

Ferry, Anne. "Anonymity: The Literary History of a World." *New Literary History*. Vol. 33. 2002. pp.193-214.

Froomkin, Michael. "Flood Control on the Information Ocean: Living with Anonymity, Digital Cash, and Distributed Databases." *Pittsburgh Journal of Law and Commerce* 395. 1996. pp.1-56.

Gakenbach, Jayne. ed. *Psychology and the Internet*. San Diego: Academic Press, 1998.

Habermas, Jürgen. *Faktizität und Geltung*. FfM.1992.

Johnson, Deborah G. *Computer Ethics*. Englewood Cliffs, N.J.: Prentice Hall, 1985; 3rd ed. 2001.

Joinson, Adam N. "Causes and Implications of Disinhibition Behavior on the Internet." Jayne Gakenbach, ed. *Psychology and the Internet*. San Diego: Academic Press, 1998. pp.43-60.

Gregory S. Kavka. *Hobbesian Moral and Political Theory*. Princeton: Princeton University Press, 1986.

Kling, Rob, Ya-ching Lee, Al Teich, and Marks Frankel. "Assessing Anonymous Communication on the Internet: Policy Deliberations." *The Information Society*. Vol. 15. 1999. pp.79-87.

Langford, Duncan. ed. *Internet Ethics*. London: Macmillan Press, 2000.

Lee, Gia B. "Addressing Anonymous Messages in Cyberspace." *Journal of*

472

Computer-Mediated Communication. Vol. 2. 1996. pp.1-9.

Marx, Gary. "What's In A Name? Some Reflections on the Sociology of Anonymity." *Information Society*. Vol. 15. 1999. pp.99-112.

Moor, James. "What is Computer Ethics?" *Metaphilosophy*. Vol. 16. 1985. pp.266-275.

Okin, Susan Moller. *Justice, Gender and the Family*. New York: Basic Books, 1989.

Perry, Mike. "Deindividuation." 1998. pp.1-7.
<http://www.units.muohio.edu/psybesite/fans/deindividuation>.

Rubin, Richard. "Moral Distancing and the Use of Information Technologies: The Seven Temptations." J. M. Kizza. ed. *Social and Ethical Effect of the Computer Revolution*. London: McFarland, 1996. pp.124-135.

Suler, John. 2003. "The Psychology of Cyberspace." 2003.
<http://www.rider.edu/suler/psycyber/psycyber.html>.

Teich, Al., Mark Frankel, Rob Kling, and Ya-Ching Lee. "Anonymous Communication Policies for the Internet: Results and Recommendations of the AAAS Conference." *The Information Society*. Vol. 15. 1999. pp.71-78.

Trivers, Robert. "The Evolution of Reciprocal Altruism." *Quarterly Review of Biology*. Vol. 37. 1971. pp.35-57.

Wallace, Kathleen A. "Anonymity." *Ethics and Information Technology*. Vol. 1. 1999. pp.23-35.

"Jungian archetypes." "Archetype." *Wikipedia*.

제3장 디지털 컨버전스 시대의 인간 의식과 행동의 변화

강홍렬 외. 『메가트렌드 코리아』. 서울: 한길사, 2006.

김대호. 「미디어 융합의 이해」. 유네스코 정보사회 성찰 포럼. 2002.

김열규. 『고독한 호모디지털』. 서울: 한길사, 2002.

김용섭. 『대한민국 디지털』. 서울: 한국경제신문, 2006.

김종길 · 김문조. 『한국디지털 사회의 이해』. 서울: 집문당, 2006.

노명우. 「탈근대사회에서의 개인과 공동체 관계의 변화」. 『컨버전스 기초연구 시리즈 최종연구보고서』. 서울: 정보통신정책연구원, 2008.

니콜라스 네그로폰테. 백욱인 옮김. 『디지털이다』. 서울: 커뮤니케이션북스, 1995.

데이비드 리스먼. 류근일 옮김. 『고독한 군중』. 서울: 동서문화사, 제3판, 2016.

데이비드 와인버거. 신현승 옮김. 『인터넷은 휴머니즘이다』. 서울: 명진출판, 2003.

데이비드 폰태너. 최승자 옮김. 『상징의 비밀』. 서울: 문학동네, 1998.

디지털융합연구원 편저. 『디지털 컨버전스 전략』. 서울: 교보문고, 2005.

류춘렬. 「컨버전스와 사회 변동」. 유재천 외. 『디지털 컨버전스』. 서울: 커뮤니케이션북스, 2004. pp.14-50.

마크 스미스·피터 콜록. 조동기 옮김. 『사이버공간과 공동체』. 서울: 나남출판, 2001.

마샬 맥루한. 김진홍 옮김. 『미디어는 메시지이다』. 서울: 커뮤니케이션북스, 2001.

미셸 푸코. 이혜숙·이영목 옮김. 『성의 역사』. 제3권. 『자기에의 배려』. 서울: 도서출판 나남, 1990.

박정순. 「정보통신문화와 도덕의 정체성 문제」. 『철학』. 별책 5권. 1998. pp.243-289.

_____. 『익명성의 문제와 도덕규범의 구속력』. IT의 사회·문화적 영향 연구: 21세기 한국 메가드렌드 시리즈 04-09. 서울: 정보통신정책연구원, 2004.

_____. 「디지털 컨버전스 시대의 인간 의식과 행동의 변화」. 『한국사회의 방송·통신 패러다임 변화 연구 워크숍 자료집: 컨버전스 기초연구』. 서울: 정보통신정책연구원, 2008. pp.105-127.

서이종. 『인터넷 커뮤니티와 한국사회』. 서울: 한울 아카데미, 2002.

손동현. 『정보사회에서의 질서와 경쟁양식의 변모에 관하여』. 『인문과학』. 성균관대학교. 제30권 제1호. 2000. pp.25-48.

아론 구레비치. 이현주 옮김. 『개인주의의 등장』. 서울: 새물결, 2002.

알랭 로랑. 김용민 옮김. 『개인주의의 역사』. 서울: 한길사, 2001.

에드워드 윌슨. 최재천·장대익 옮김. 『통섭: 지식의 대통합』. 서울: 사이언스북스, 2005.

에스터 다이슨. 남경태 옮김. 『인터넷: 디지털 문명이 열린다』. 서울: 경향신문사, 1997.

유광수·배득종·박정순 외. 『정보화 시대의 민주주의』. 서울: 나노미디어, 2000.

유재천. 「디지털 컨버전스 시대를 열며」. 유재천 외. 『디지털 컨버전스』. 서울: 커뮤니케이션북스, 2004. pp.2-13.

이구형. 『디지털 제대로 이해하기』. 서울: 지성사, 1993.

이광래. 『방법을 철학한다: 해체에서 융합으로』. 서울: 지와 사랑, 2008.

이승종. 「뉴미디어에 대한 매체철학적 해석」. 『컨버전스 기초연구 시리즈 최종연구보고서』. 서울: 정보통신정책연구원, 2008.

이영희. 「정보기술문명과 사회적 선택」. 『인간연구』. 제4호. 2003. pp.58-80.

이종관. 「가상현실의 형이상학과 윤리학」. 『철학』. 제54집. 1998. pp.319-350

이재경. 「정보화 사회에 대한 세 가지 이론적 관점과 한국사회의 과제」. 『사회과학연구논총』. 이화여자대학교. 5호. 2000. pp.217-242.

이지순 외. 『21세기 메가트렌드: IT는 한국을 어떻게 변화시키는가』. 서울: 서울대학교 출판부, 2006.

임현진·서이종. 「21세기 한국사회: 지식사회냐 정보사회냐」. 『사회와 문화』. 12권. 2000. pp.257-296.

조동기. 「정보화사회에서 개인의 정체성과 프라이버시에 관한 연구」. 『사회과학정책연구』. 제18권. 1996. pp.29-55.

존 롤즈. 황경식 옮김. 『사회정의론』. 서울: 서광사, 2003.

피에르 레비. 권수경 옮김. 『집단지성』. 서울: 문학과지성사, 2002.

피에르 레비. 김동윤·손주경·조준형 옮김. 『누스페어』. 서울: 생각의 나무, 2003.

프랑크 하르트만. 이상엽 옮김. 『미디어철학』. 서울: 선학사, 2008.

한국경제신문. 『데이터 혁명: 디지털 컨버전스를 강화시키는 힘』. 서울: 한국경제신문 한경비피, 2006.

헨리 젠킨스. 김정희원·김동신 옮김 (2008). 『컨버전스컬처』. 서울: 비즈앤비즈, 2008.

황경식. 『이론과 실천』. 서울: 철학과현실사, 1998.

____. 「사이버시대, 정체성의 위기인가」. 『인간연구』. 제4호. 2003. pp.5-30.

황상민. 『대한민국 사이버 신인류: 폐인, 그들이 세상을 바꾼다』. 서울: 21

세기 북스, 2004.

황상민 · 한규석 편저. 『사이버 공간의 심리』. 서울: 박영사, 1999.

황주성. 「방송통신융합의 철학적 비전」. 『한국 사회의 방송 · 통신 패러다임 변화 심포지움』. 정보통신정책연구원. 2008. pp.7-54.

Baldwin, T. et al. *Convergence: Integrating Media, Information & Communication.* London: Sage Publications, 1996.

Bell, David and Barbara M. Kennedy. eds. *The Cybercultures Reader.* London: Routledge, 2000.

Brunstein, Klaus and Jacques Berleur. *Human Choice and Computers.* Boston: Kluwer Academic Publishers, 2002.

Covell, Andy. *Digital Convergence Phase 2.* Stipes Publishing, 2004.

Curtis, Mark. *Distraction: Being Human in the Digital Age.* Future Text, 2005.

Gackenbach, Jayne. ed. *Psychology of the Internet.* San Diego: Academic Press, 1998.

____. ed. *Psychology of the Internet.* Amsterdam: Elsevier, 2007.

Langford, Duncan. ed. *Internet Ethics.* London: Macmillan Press, 2000.

Lin, Carolyn A. "An Integrated Communication Technology and Social Change Typology." Carolyn A. Lin et al. eds. *Communication Technology and Social Change.* London: Lawrence Erlbaum Associates, 2007. pp.283-307.

Markus, M. L. "Finding A Happy Medium." *ACM Transactions On Information Systems.* Vol. 12. 1994. pp.119-149.

John, Deborah G. "Computers." Lawrence C. Becker. ed. *Encyclopedia of Ethics.* New York: Garland Publishing, Inc., 1992. pp.191-194.

Joinson, Adam N. *Understanding the Psychology of Internet Behavior.* Macmillan, 2003.

Joinson, Adam N. and C. B. Paine. "Self-Disclosure, Privacy and the Internet." Adam N. Joinson et al. eds. *Oxford Hand Book of Internet.* Oxford: Oxford University Press, 2007.

Ono, Kinji. ed. *Digital Convergence for Creative Divergence: International Conference on Computer Communication 1999 Proceedings.* International Council for Computer, 1999.

Pfeffer, J. *Organization and Organization Theory*. Marshfield. MA: Pitman, 1982.

Rubin, Ricard. "Moral Distancing and the Use of Information Technologies." J. M. Kizza. ed. *Social and Ethical Effects of the Computer Revolution*. London: McFarland, 1996. pp.124-135.

Small, Gary and Gigi Vorgan. *iBrain*. Collins Living, 2008.

Stewart, J. S. & R. Williams. "The Coevolution of Society and Multimedia Technology." G. D. Garson. ed. *Social Dimension of Information Technology: Issues for New Millennium*. IGI Global. 2000. pp.46-62.

Suler, J. "The Psychology of Cyberspace." 2003.
<http://www.rider.edu/suler/psycyber/psycyber.html>.

____. "Bringing Online and Offline Living Together. The Integration Principle."
<http://users.rider.edu/psycyber/integrate.html> from "The Psychology of Cyberspace." 2003.

____. "The Online Disinhibition Effect." *CyberPsychology and Behavior*, 7. 2004. pp.321-326.

Vince, John and Rae Earnshaw. ed. *Digital Convergence: The Information Revolution*. London: Springer-Verlag, 1999.

찾아보기

박정순(朴政淳)

연세대학교 철학과를 졸업하고, 동대학원에서 석사학위를, 그리고 미국 에모리대
학교(Emory University) 철학과에서 철학박사학위를 받았다. 현대 영미 윤리학과
사회철학 전공이며, 연세대학교 미래캠퍼스 철학과 교수로 정년퇴임하였다. 아인
슈타인이 생전에 연구했던 세계적으로 저명한 연구기관인 미국 뉴저지주 프린스
턴시 소재 고등학술연구원(The Institute for Advanced Study)의 사회과학부(The
School of Social Science) 방문 연구원(visiting member)을 1년간(2001. 9.-2002.
8.) 지냈다. 그 시절 세계적인 공동체주의자이자 사회철학자로서 정의전쟁론과 복
합평등론으로 유명한 마이클 월저(Michael Walzer) 교수에게 1년간 사사했다. 그
리고 한국철학회의 세계 석학 초빙강좌인 <다산기념 철학강좌> 운영위원장을 6
년간(2002-2007) 역임했다. 재임 이전에는 칼 오토 아펠(Karl-Otto Apel), 마이클
월저, 존 설(John Searle), 찰스 테일러(Charles Taylor), 슬라보예 지젝(Slavoj
Žižek) 등이, 재임 중에는 페터 슬로터다이크(Peter Sloterdijk), 마이클 샌델
(Michael Sandel), 피터 싱어(Peter Singer) 등 세계적 석학들이 한국에 초빙되어
강연하였다. 또한 한국윤리학회 회장을 5년간(2005-2009) 역임했으며, 2006년 한
국윤리학회장 재임 중 국가청렴위원회의 연구 프로젝트를 한국윤리학회가 맡은
것이 인연이 되어 수년간 전국 관공서에 청렴 강연을 하였다. 2008년 8월 서울에
서 열린 <제22차 세계철학대회>의 한국조직위원회의 홍보위원회에서 부위원장
으로 활동하면서 홍보 실무를 관장하였으며 일반대중들이 철학에 친숙하게 다가
갈 수 있도록 하는 데 일조했다.

주요 저술로는 Contractarian Liberal Ethics and The Theory of Rational Choice
(New York: Peter Lang, 1992), 『익명성의 문제와 도덕규범의 구속력』(2004),
『롤즈 정의론과 그 이후』(공저, 2009), 『마이클 샌델의 정의론, 무엇이 문제인가:
지혜의 자각과 자기발견을 위한 철학적 여로』(2016), 『마이클 월저의 사회사상과
철학적 깨달음: 복합평등, 철학의 여신, 마방진』(2017), 『사회계약론적 윤리학과
합리적 선택: 홉스, 롤즈, 고티에』(2019), 『존 롤즈의 정의론: 전개와 변천』
(2019), 『윤리적 삶과 사회적 규범의 성찰』(공저, 2020), 『정의론과 정치철학』(공
저, 2020), 『인간은 만물의 척도인가』(역서, 1995), 『자유주의를 넘어서』(공역,
1999) 등이 있다.

현대 윤리학의 기원과 동향

1판 1쇄 인쇄	2021년 11월 5일
1판 1쇄 발행	2021년 11월 10일
지은이	박 정 순
발행인	전 춘 호
발행처	철학과현실사
출판등록	1987년 12월 15일 제300-1987-36호

서울시 종로구 동숭동 1-45
전화번호 579-5908
팩시밀리 572-2830

ISBN 978-89-7775-854-4 93190
값 25,000원